신촌에 피운 배꽃

앨리스 아펜젤러의 편지 1916~1949

신촌에 피운 배꽃

앨리스 아펜젤러의 편지 1916~1949

펴낸날 1판 1쇄 2025년 4월 24일
편역자 오정화 · 김수연 | **펴낸이** 주소현 | **펴낸곳** 이화여자대학교출판문화원
주소 서울특별시 서대문구 이화여대길 52(우 03760) | **등록** 1954년 7월 6일 제9-61호
전화 02) 3277-2965 (편집), 02) 362-6076 (마케팅) | **팩스** 02) 312-4312
전자우편 press@ewha.ac.kr | **홈페이지** www.ewhapress.com
책임편집 이지예 | **디자인** 정혜진

ISBN 979-11-5890-543-9 03990
값 35,000원

앨리스 아펜젤러의 편지 1916~1949

Letters of Alice Appenzeller

신촌에 피운 배꽃

오정화·김수연 편역

이화여자대학교출판문화원

어린 시절(1888년)

이화학당 교사(1915년)

이화여자전문학교 교장(1937년)

이화여자대학교 명예총장(1946년)

앨리스 R. 아펜젤러(Alice Rebecca Appenzeller, 1885~1950)

머리말

앨리스 아펜젤러는 한국 최초의 여자대학인 이화여자전문학교의 설립자로서 신촌에 새 캠퍼스를 만들어 찬란하고 빛나는 배꽃을 피웠다. 메리 스크랜튼 선생님이 한 명의 학생으로 이화를 시작한 이래, 이화학당에 대학과가 개설된 것은 1910년 룰루 프라이 당장에 의해서였고, "대학"으로 정식 인가를 받은 것은 1925년 4월 23일 아펜젤러 당장 때였으며, 이때 아펜젤러는 첫 "총장"이 되었다. 사실 공식적으로 아펜젤러는 이화여자전문학교의 교장이었다. 그러나 일제가 인가해준 "이화여자전문학교"는 선교사들이 세우고자 했던 학교가 아니었다. 이화학당 대학과를 개설한 프라이 당장도, 이화여자전문학교로 등록을 허가받고 첫 교장이 된 아펜젤러 당장도 "이화대학 Ewha College"이라고 불렀다. 아펜젤러는 편지에서 항상 자신을 이화대학의 총장president이라고 칭했지 이화여자전문학교 교장이라고 칭하지 않았으며, 자신의 뒤를 이은 김활란에게도 교장이라고 부르지 않고 항상 총장이라고 불렀다. 미국의 명문 여자대학과 같은 수준을 만들고자 했지 결코 일제가 강압한 전문학교 수준을 원하지 않았던 것이다.

프라이 당장이 이화학당 내에 대학과를 1910년 설치한 이래 이화는 대학 설립을 꿈꾸었으나, 일제는 1911년에는 조선교육령, 1915년에는 '전문학교규칙'과 '개정사립학교규칙'을 공포하여 민족교육을 탄압하고 대학 설립을 막았다. 일제의 식민정책에 의해 대학 설립의 꿈이 무참하게 깨졌을 때,

1922년 당장으로 취임한 아펜젤러는 당시 조선인에게 허락되었던 최고고등교육기관인 전문학교 인가를 받기 위해 전심을 기울였다. 대학과는 정동에 있었지만, 아펜젤러는 대학 교육을 할 수 있는 캠퍼스가 필요하다고 판단하여 열악한 재정 상태에도 불구하고 대학 캠퍼스를 구입하기 위해 모든 노력을 경주했다. 1923년 11월 그레이 부인에게 신촌 캠퍼스 부지를 살 수 있는 기금을 기부받고 마침내 1924년 부지를 구입할 수 있었는데, 이 부지에 새 캠퍼스를 짓겠다는 계획은 이화여자전문학교가 인가를 받을 수 있게 하는 중요한 요건이 되었다.

1925년 6월 24일자 편지는 그레이 부인에게 전문학교 인가를 받은 기쁨과 감사를 전하는 편지인데, 여기에서 아펜젤러는 "창립 40주년 기념식에서 우리 학교를 '전문학교'라고 발표하게 되어서 매우 기뻤습니다"라고 보고한다. 그러나 그 말이, 일제가 조선인의 대학 설립을 막고 대신 강요한 전문학교가 되어 기쁘다는 뜻이 결코 아니라는 것은 바로 이어진 말에서 나타난다. "우리 학교의 영어 이름은 Ewha College입니다." 아펜젤러는 이 짧고 단호한 문장을 통해 한국의 여성들을 위한 수준 높은 대학 교육을 지향하겠다는 의지를 밝히고 있는 것이다.

아펜젤러는 그 의지를 실현하기 위해 많은 노력을 기울였으며, 이를 위해서는 특히 자신이 졸업한 미국의 명문여자대학인 웰즐리대학과 같이 좋은 건물을 갖춘 캠퍼스가 필수적이라고 판단했다. 1928년부터 2년 넘게 건축비 모금을 위해 미국으로 가 뉴욕에서 모금실행위원회 사무실을 두고 모금활동을 했으며, 1932년에 귀국하여 신촌 캠퍼스 공사를 시작했다. 마침내 1935년 3월 9일 이화여자전문학교는 신촌 캠퍼스로 이전하게 되었고, 그 해 창립기념일에 본관(파이퍼홀), 음악관(케이스홀, 지금의 대학원관)과 강당(에머슨홀, 지금의 중강당), 체육관(토머스홀, 지금의 체육관A동)의 네 개 건물을 봉헌했다. 1936년 창립기념일에는 기숙사(진선미관), 보육관(지금의 대학원별관), 영학관, 가사실습소(1950년 한국전쟁으로 전소되어 지금은 그 자리에 아령당이 세워짐)의 네 개 건물을 봉헌했으며, 1938년에는 선교사 숙소인 롱뷰Longview(지금의 연구관)를 건축했다. 해방 후 1948년에는 과학관(지금의 약학관A동)을 착공하는 데 결정적 역할을 함으로써, 아펜젤러는 사실상 대강당을 제외하고는 현재 캠퍼스에 있는 아름다운 석조건물들을 모두 건축했다고 할 수 있다.

아펜젤러는 재미이화대학교협동위원회에 보낸 1948년 9월 8일자 편지에서 과학관 건축을 허락하고 지원해주기를 요청한다. 이 편지에서 그녀는 1931~1932년의 경험을 이야기하는데, 당시는 일제가 벌인 전투인 만주사변이 일어난 때였고 이에 따라 세계 정세가 격변했기 때문에 건축은 무모한 일이므로 계획을 중단하라는 명령이 언제 미국에서 올지 모르는 상황이었다. 그럼에도 불구하고 건설 계획을 강력하게 추진하여 1932년 3월에 공사를 시작했으며, 여덟 개의 건물로 이루어진 전체 학교를 완공했다. 아펜젤러는 이때의 경험을 상기시키며 과학 연구의 필요성이 급증하니 과학관 공사도 허락해달라고 간청한다. 비록 선교사들은 그때 세운 건물들에서 5년간 가르친 후 1940년 11월에 철수해야 했지만, 전쟁이 끝나고 해방 후 한국으로 다시 돌아왔을 때 이 건물들이 얼마나 중요했는지 깨닫게 되었음을 강조한다. “이 위풍당당한 학교 건물들이 사용될 수 있게 이곳에 있지 않았다면” 일제에 의해 “여성고등교육은 전쟁 기간 동안 완전히 소멸되어버렸을 것”을 알게 되었다면서, 지금도 1931년과 마찬가지로 미래를 알 수 없는 상황이지만, “두려움이 아니라 믿음이 승리한다는 것”을 그때 배웠기 때문에 지금도 전진할 용기를 갖게 되었다고 고백하고 있다.

아펜젤러가 수많은 어려움 속에서도 이처럼 큰일들을 해낼 수 있었던 것은 하나님을 사랑하고, 한국을 사랑하고, 이화를 사랑했으며, 그 사랑을 실천해나갔기 때문이라고 생각한다. 그녀는 한국 땅에서 태어난 첫 번째 서양 아기였던 것을 늘 자랑스럽게 여겼고 자신을 한국인, 동양인이라고 불렀다. 아버지 헨리 G. 아펜젤러Henry Gerhard Appenzeller와 어머니 엘라 아펜젤러

Ella Jane Appenzeller는 1885년 6월 20일 제물포에 도착했고 11월 9일 앨리스 아펜젤러를 서울 정동에서 출산했다. 1900년에 헨리 아펜젤러가 안식년을 맞아 온 가족이 펜실베이니아주로 가게 되었는데, 1901년에 헨리 아펜젤러가 한국으로 돌아올 때 나머지 가족들도 곧 돌아올 계획이었으나 앨리스의 건강이 좋지 않아 회복되는 대로 돌아오기로 계획을 변경하게 되었다. 그런데 1902년 6월에 헨리 아펜젤러가 성서번역위원회 참석을 위해 인천에서 목포로 가던 중 선박 사고가 났고, 그 자신은 구조되었음에도 함께 배에 타고 있던 한국인 친구들을 구하고자 배로 돌아갔다가 죽음을 맞이했다.

이 일로 나머지 아펜젤러 가족들은 한국으로 돌아오지 못한 채 미국에서 지내게 되었다. 남편을 잃고 혼자된 엘라 아펜젤러는 자신을 희생하며 네 자녀가 모두 대학 교육까지 마치도록 최선을 다했고 세계 선교, 특히 한국 선교에 대한 사명감을 자녀들에게 심어주었다. 앨리스는 펜실베이니아 랭커스터에서 쉬펀학교를 1905년에 졸업하고, 웰즐리대학에서 1909년 학사학위를 받았으며, 컬럼비아대학교 사범대학에서 1922년 교육학 석사학위를 받았고, 1937년에는 보스턴대학교에서 명예 교육학박사학위를 받았다. 1915년 1월 미감리회 WFMS(여성해외선교회)의 파송을 받고 한국으로 돌아왔으며, 남동생인 헨리 D. 아펜젤러를 비롯하여 동생들 세 명이 모두 한국과 일본에 선교사로 와서 사역했다.

1940년 미일 관계 악화로 선교사들이 철수하게 되었을 때 아펜젤러가 쓴 편지에는 이화에 대한 걱정, 한국에 대한 염려가 절절히 나타나 있다. 미국 정부가 선교사들에게 철수하라고 강권했고, 특히 여선교사들은 남아 있지 말라고 강력히 촉구했기 때문에 떠날 수밖에 없는 상황이긴 했지만, 아펜젤러는 선교사의 존재가 매일 한국인 동료들을 힘들게 하고 고통스럽게 하는 것 때문이 아니라면 떠나지 않았을 것임을 여러 번 밝힌다. 그들을 도와주기 위해서는 선교사들이 "한국에서 사라져주어야" 했기 때문에 떠나오긴 했지만(1940년 12월 16일 편지), 철수를 앞두고 김활란 교장과 서로 껴안고 울며, 살아 있는 한 평생 이화를 위해 일하기로 서약한 이야기(1940년 11월 26일 편지)에는 가슴이 미어진다. 앨리스는 "기도와 현명한 도움"이 김활란을 위해 해줄 수 있는 최선이라면서, 실질적인 도움을 주기 위해 백방으로 노력하며 하나님께서 도와주시기를 간절히 기도한다.

선교사들이 남아 있는 것이 한국인들에게 피해를 주었기 때문에 선교사 철수 명령을 받아들여 귀국하긴 했으나, 외국에서 대학으로 오는 돈을 막는 법을 통과시킨 일제의 탄압 속에서 이화가 어떻게 될까 애타게 걱정하며 무슨 수를 써서든 지원금을 보내주려고 선교회나 친구들에게 안타깝게 호소하고 애쓰는 모습, 일제의 핍박과 재정적 어려움 속에 이화여전 교장을 하고 있는 김활란을 안타깝게 여기며 어떻게든 도와주기 위해 백방으로 노력하고 기도하는 모습을 아펜젤러의 이화 사랑이 여실히 드러나 있는 편지들을 통해 확인할 수 있다. 한편으로 이 편지들은 아펜젤러와 여러 선교사들의 걱정을 통해 김활란 교장이 당시 학교를 꾸리기 위해 당면했던 어려움을 생생하게 느낄 수 있게 하기도 한다.

미국으로 철수하면서도 평생 한국인들을 위해 계속 일할 것이고 언젠가 한국인들을 다시 만나길 바란다고 했던 아펜젤러는 스캐릿대학에서 일하면서도 틈틈이 이화를 위해 애쓸 뿐 아니라, 한국으로 돌아갈 수 있을 때까지 적어도 한인들 옆에서 한인들을 돕기 위해 하와이로 떠난다. 한국이 해방되어 한국으로 돌아갈 수 있게 되었을 때 쓴 편지(1946년 12월 4일 편지)에는 어떤 편지보다도 그 축복에 대한 기쁨과 감사가 넘쳐나고 있다. 해방 후 한국인들이 놓여 있는 열악한 상황을 목도하고는 분단 상황 속에 가난에 빠져 있는 한국인들, 특히 여성들이 당하는 고통을 보며 가슴 아파하면서 미국에 있는 친구들에게 도움을 호소하는 동시에 구호 활동에 전념한다. 한국이 놓인 경제적 어려움 속에서도 여학생들에게 과학 공부와 연구를 할 수 있도록 해주는 것이 시급함을 강조하며, 과학관을 짓기 위해 미국에 있는 지원자들을 설득하여 건축 허가를 받아냈고 건축을 시작하게 했다.

한국을 위해, 이화를 위해 혼신의 힘을 다하여 헌신하던 아펜젤러는 1950년 2월 20일 오전 11시, 그토록 사랑했던 이화여자대학교 강당에서 채플을 인도하던 중 쓰러져 하나님 품에 안겼다. 장례식은 그녀의 아버지인 헨리 G. 아펜젤러가 세운 정동교회에서 사회장으로 거행되었고, 아펜젤러 가족과 평생의 친구였으며 미국에서 독립운동을 하던 때 이 책에도 실린 여러 편지를 주고받기도 했던 이승만 대통령은 장례식에 참석하여 애도를 표하는 담화를 발표했다. 랭커스터 제일감리교회에서 열린 추도회에서 엘리자베스 리Elizabeth M. Lee는 아펜젤러가 이화대학의 지적이고 영적인 삶을 발전시켰고, 한국 여성들의 삶에 씨앗을 심어 빛나는 기독교적 인격으로 싹트게 하고 풍성한 열매를 맺도록 했다고 그녀의 공적을 기렸다. 양화진 외국인 선교사 묘원으로 영구차가 떠나던 날, 많은 사람들과 차가 긴 장례 행렬을 이루며 평생 이화와 한국을 위해 헌신한 그녀가 떠나는 길을 애도했다. 그리고 아펜젤러는 그토록 사랑했던 한국 땅에 묻혔다.

이 책에 실린 편지는 앨리스 아펜젤러가 선교사로 파송되어 이화학당에서 1년간 교사 생활을 하고 여름방학을 맞은 때인 1916년 8월 19일부터 시작되고 있다. 그녀의 편지는 사적인 것도 있지만, 이화를 위해 꾸준히 지원해주는 "친구들" 그리고 선교 사역에 함께하고 있는 이들과 주고 받은 것이 대부분이다. 편지들을 읽노라면 앨리스 아펜젤러와 많은 (독신)여선교사들이 머나먼 한국 땅에 와서 땀과 눈물과 기도로 이화를 세우는 데 함께 했고, 또 많은 미국에 있는 친구들이 꾸준히 지원금을 보내 이화의 발전을 도왔음을 깨닫게 된다. 1920~1930년대는 사실 아직 미국에서도 여성의 지위가 그렇게 높다고 할 수 없었던 때인데, 이화에 온 많은 여선교사들의 용감하고 헌신적인 섬김과, 이화를 위해 크고 작은 후원금을 꾸준히 지원한 많은 여성 및 여성단체들에 대해 읽으며, 이화대학은 여성들을 위해서뿐 아니라 여성들에 의해서 세워졌음을 다시 한번 깨닫게 된다. 또한 그녀의 편지에는 이화와 관련된 선교사들 외에도 많은 내한 선교사들이 언급되고 있어서, 당시 얼마나 많은 선교사들이 이 땅에 와서 한국을 위해 사역했는지, 그들이 한국인들과 함께 일제에 저항하여 얼마나 많은 고난을 당했는지, 한국이 그들의 기도와 헌신에 얼마나 힘입은 바가 큰지도 다시 한번 생각하게 된다.

아펜젤러 선생님의 편지를 번역하는 작업은 내게 큰 공부였고, 많은 것을 배울 수 있는 기회였다. 1972년 이화여자대학교에 입학하여 학부와 대학원을 다녔고, 유학 후 이대 교수가 되어 정년 퇴임할 때까지 이화에서 가르쳤으며, 지금도 학교법인 이화학당에서 일을 맡고 있으니, 내 깐에는 50년 넘게 제법 이화를 알고 있다고 생각했었다. 그러나 아펜젤러 선생님의 편지를 번역하면서 우리 이화대학이 얼마나 많은 선교사님들의 기도와 헌신으로 세워졌는지에 대해 처음으로 알게 되는 것이 너무 많았다. 선교사 선생님들이 일제에 맞서 고생하며 우리 대학을 세우고 발전시키신 그 수고에 벅찬 감동을 받았고 깊은 감사를 느꼈다.

이화역사관에서 그동안 소장하고 있던 자료들을 출간하기로 기획하고 내게 아펜젤러 선생님의 편지를 편역하는 이 뜻깊은 작업을 하게 해준 백옥경 관장과 자료 정리며 역사적 사실 확인 등 많은 작업을 도와준 손현지 연구원에게 진심으로 감사의 마음을 전한다. 함께 공동 작업을 하며 많은 수고를 아끼지 않은 김수연 박사에게도 감사를 전하며, 이 책의 출판을 위해 애써준 이화여자대학교출판문화원과 꼼꼼하게 교정해준 이지예 편집자에게도 감사를 전한다. 이화 창립 150주년 기념 역사 편찬 사업의 일환으로 이화역사관이 기획한 이 책이 출간되기까지 지원을 아끼지 않으신 김은미 전 총장님과 이향숙 총장님께도 심심한 감사를 드린다.

2025년 4월

오정화

차례

일러두기

1. 본문의 '[ ]'는 옮긴이가 추가한 것이다.
2. 판독이 어려운 원문의 경우, 철자 수와 무관하게 '□□□□'로 표시했다. ○○이나 ×× 등은 본문에 있는 것을 그대로 옮긴 것이다.
3. 앨리스 아펜젤러가 보낸 편지가 아니라 수신한 편지인 경우, 해당 편지의 서두에 발신인의 이름을 < > 안에 밝혀두었다.
4. "Miss"가 나이와 상관없이 결혼하지 않은 여성을 높여 부르는 호칭이므로 그 의미를 살려 대부분의 경우 "~ 양"으로 번역하지 않고 "미스 ~"로 번역했다.
5. 박사학위 소지자와 의사에게 붙이는 호칭인 "Dr."는 모두 "~ 박사"로 번역했다.
6. 성경 인용의 경우, 여러 한글성경(개역개정, 새번역 등)과 영어성경(KJV, NIV, ESV 등)을 종합적으로 참고하여 문맥에 어울리게 번역했다.
7. 미주는 모두 옮긴이주이다.

Letters of Alice Appenzeller

1장

선교사로 파송되어 이화에 와서

1916년

한국 소래 해변
1916년 8월 19일

다른 편지를 인용하는 것으로 편지를 시작하려고 합니다. 인용하는 편지는 중국에 있는 두 선교사가, 지금 내가 쓰려는 편지와 마찬가지로 휴가 중에 쓴 것입니다.

"여러분은 우리 가족이 우리가 대학에서 정말 공부를 하고 있는지 궁금해했던 것을 기억하시지요? 우리는 매번 소풍이나 학급 발표회에 대해서는 생생히 묘사하고 농구 시즌에 관해서도 상세하게 설명했지만, 대학 생활의 학문적인 면에 중점을 두고 매일 꽤 많은 시간을 쓰고 있다는 사실은 거의 전한 적이 없었습니다. 이 편지를 읽은 후 우리가 '선교에 관련된 일'을 정말 하고 있는지 궁금해하시리라는 생각이 듭니다. 우리가 선교와 관련된 일은 의도적으로 생략한 채 주변 상황과 우리가 보낸 좋은 시간만 살짝 들여다보시게 했으니까요."

이제 휴가가 거의 다 끝나가고 있고, 나는 아주 건강하며 걱정할 것이 없다는 것 외에는 별로 전할 말이 없습니다. 휴가의 가장 좋은 점은 휴식을 취하고 재충전을 해서 앞으로 무슨 일이든 맞이할 준비가 된다는 것입니다. 그러나 아직 답장을 쓰지 못한 채 서울로 가져가야 하는 편지들을 생각하면 마음이 좀 무겁습니다. 그래도 누구의 방해도 받지 않는 한적함과 느긋함으로 채워진 여름, 뛰어나게 아름다운 곳에서 친한 친구들과 함께한 휴가에 대해서는 아쉬움이 없습니다. 이 양과 내가 만 쪽으로 튀어나온 바위 절벽 위에 지어진 작은 초가집 안에 있는 것을 상상해보세요. 파도는 우리 발밑에서 끊임없이 노래를 부르고, 조금 오른쪽에는 만을 둘러싼 황금빛 해변이 수 킬로미터나 펼쳐져 있습니다. 우리의 주위에는 연초록빛 산들이 있고, 수평선 위로 여섯 개의 섬이 은빛 바다를 보석처럼 수놓고 있습니다. 키플링의 시구[1]가 생각납니다.

"정적이 흐르는 동쪽,
오팔 해변에 일렁이는 보랏빛 파도와
마힘 숲의 고요함 속에서."

그리고 만이 범선으로 가득 찰 때는,

"정처 없이 표류하던 범선이 돛을 들어 올리고
동양과 서양이 하나 되는 곳."

여기가 정말 그렇습니다. 바닷가 바로 옆에 소나무 숲도 있는데, 우리는 그곳에 종종 책을 가지고 가서 나른한 오후를 보냅니다.

소래에 온 우리 모두 하나님께서 우리에게 이곳을 주신 것은 특별한 축복이라고 생각합니다. 우리는 한국 전역에서 온 100여 명의 선교사들로, 이곳에서 한두 달간 지내며 새로운 사람이 됩니다. 조직적인 것은 거의 없고 모두 원하는 대로 하며 지냅니다. 함께하는 것을 즐기며 지난 한 달 동안 먼저 매일 성경 수업을 들었고, 다음에는 일본어로 수업을 들었는데, 한국어뿐만 아니라 일본어도 배워야 하기 때문입니다. 그 후에 해변에서 운동을 하고, 나이 든 뱃사공이 젓는 그림 같은 돛단배를 타고 달빛을 받으며 만으로 나아가 저녁 내내 노래를 불렀습니다. 소풍, 산책, 노래, 함께하는 많은 조용한 대화로 즐거운 나날을 보내고 있습니다. 휴식을 과업으로 삼고 공부나 일은 하고 싶은 만큼만 했기에, 과업을 잘 달성했다고 생각합니다. 7월에 2년 차 어학 공부를 마쳐서 이제 3년 차 공부를 시작할 수 있습니다.

여러분은 선교사적인 사치가 무엇인지 알기 위해 이 모든 것을 하는 데 정확히 얼마가 드는지 궁금하실 것 같습니다! 우리는 휴가 동안 초가집을 사용하는 데 80달러를 지불하고, 모든 일에 성실하며 헌신적으로 시중을 들어주는 이에게 한 달에 9달러를 지불하고, 생활비로 하루 평균 50센트를 쓰고 있으며, 교통비는 총 10달러가 듭니다.

전에는 이처럼 자유로운 휴가를 즐겨본 적이 없습니다. 화덕 앞에서 보낸 찌는 듯 덥던 미국에서의 휴가를 생각하면, 여러분 모두가 길고 힘든 겨울을 보낸 후에는 나처럼 완벽한 휴식을 취했으면 좋겠습니다. 하지만 부엌에서 어머니[2]와 함께 있을 수만 있다면 아주 기꺼이 이 모든 것을 포기해버릴 것입니다 — 지금의 삶을 풍요롭게 하는 모든 좋은 선물들에 감사하지만, 이처럼 좋은 날들을 어머니와 함께한 시간과 맞바꾸라고 한다면 단 한 시간도 바꾸지 않을 것입니다.

지난봄 내내 무엇 때문에 그리도 바빠서 여러분에게 편지를 쓸 수 없었을까요? 정말이지, 매일 매 순간 바빴다는 것 외에는 기억나지 않습니다. 3월에는 총회, 시험, 졸업식이 있었습니다. 방학 동안에 새로운 방이 준비되어서 이제 학생들의 방 맞은편 건물에 살고 있습니다. 다른 방들만큼 좋진 않지만, 우리 이화의 모든 방은 좋은 옷장이 갖춰져 있고 충분한 햇빛이 들어서 지내기에 편합니다. 새 학기가 시작되고, 학생들이 작은 칸타타를 선보이고 체육 문화를 보여주는 봄의 큰 행사인 메이데이[3] 행사를 했습니다. 모든 학생에게 즐거운 축제인 학교 소풍도 갔습니다. 총회에서 나는 당장 서리로 임명되었고, 당장님[4]은 봄에 지방 여행을 떠나면서 300여 명의 구성원과 그들의 3천 개의 요구사항을 처리하는 일을 내게 맡기셨습니다. 나는 그 기간에 공부를 많이 하지는 못했지만, 수업을 하며 일이 생기면 최선을 다해 처리했습니다. 학교를 맡기 전에 학교의 운영에 대해 배워야 할 것이 매우 많습니다. 이번 겨울에 그런 일에 관한 더 많은 책임을 지게 될 것을 알고 있지만, 나 자신이 그런 일에 적합하다고는 결코 생각하지 않습니다. 여러분의 도움이 일 년 내내 매우 많이 필요할 것입니다.

참석했던 집회 중 가장 인상 깊었던 것은 학기 마지막 날에 열렸던 모임입니다. 학생들의 제안으로 새벽 5시 30분에 모였으며, 인도자 목사님은 하나님께서 그들에게 부여하신 많은 재능에 대해 말했습니다. 하나님께서 이 나라의 다른 어떤 소녀들보다도 그들에게 더 많은 재능을 주셨을 것이며, 그래서 그들에게 더 많은 것이 요구된다고 설명했습니다. 다음으로는 이번 여름, 여성들과 소녀들을 위한 개인적인 사역에 시간을 할애하며 참여할 수 있는 학생이 얼마나 되는지 물었습니다. 우리는 그 일에 대한 열정으로 학생들의 얼굴이 불타오르는 것을 볼 수 있었습니다. 그들은 한 명 한 명 일어

이화학당 교사 시절의 앨리스 아펜젤러(1916년)

* 왼쪽부터 마리 쳐치, 메리 아펜젤러, 룰루 프라이, 오라 터틀, 조지아 브라운리, 지넷 헐버트, 지넷 월터, 앨리스 아펜젤러, 그레이스 우드

나 여름 동안 최대 30일을 약속했고, 이는 내 기억이 맞는다면 한 사람에게 총 3년 이상의 지속적인 서비스를 제공하는 것에 해당하는 시간이었습니다. 그것은 그들이 가진 모든 재능을 주신 그리스도께 감사하는 사랑 안에서 기쁘고 즐겁게 이루어졌습니다. 몇 주 후에 우리가 모두 만났을 때, 그들이 여름 동안의 경험에 대해 말하는 것을 들으면 재미있을 것입니다.

날이 점점 선선해져서 다시 일을 해야겠다는 생각과 학생들에게 돌아가고 싶다는 갈망을 느끼기 시작합니다. 저학년은 9월 1일에 학기가 시작하지만, 내가 가르치기 시작하는 것은 20일부터입니다. 이 작은 초가집은 "머무르세요"라고 말하지만 꼬불꼬불한 길은 "가세요"라고 말하고, 나는 이 길이 어디로 인도하는지 보기 위해 며칠 후 이곳을 떠납니다.

1917년

한국 서울 이화학당
1917년 11월 12일

멀리 있는 친애하는 친구들에게,

이화의 선교사들은 여러분이 지속해서 베풀어주는 친절에 부응해 충분히 많은 편지를 보냈어야 마땅한데, 제대로 보내지 못해 오래전부터 아쉬워해 왔습니다. 여러분 한 분 한 분에게 우리에 대해 알고 싶어 하시는 것들, 그리고 여러분의 현재 관심사인 우리의 사역에 대해 알려드릴 기회가 있기를 바랍니다. 우리는 여러분의 관심이 더 많은 정보를 통해 더 커질 것이라고 믿고 있습니다. 그래서 비록 발신인이 낯선 이름일지라도, 우리 친구들이 학교에 관한 소식을 들으면 기뻐하실 것이라 믿고, 이화의 일반적인 일들에 대한 편지를 서로 번갈아 쓰려고 노력하고 있습니다. 인내심을 가지고 기다리시면 총애하시는 선교사의 편지가 반드시 도착할 것입니다!

만일 여러분이 이 가을에 서울에 있었다면 우리의 연합 복음전도의 노력에 대해 많이 들으셨을 것입니다. 특별한 목표는 그리스도를 알지 못하는 가장 가까운 사람에게 다가가 그가 우리 주님의 제자가 될 때까지 포기하지 않고 개인적으로 확실하게 노력을 기울이는 것이었습니다. 그리스도인들은 큰 열의를 가지고 이 계획에 참여했으며, 많은 사람이 10월에 대부분의 시간을 개인 임무에 할애했습니다. 도시 전역에서 이런 특별한 집회를 하기 시작했을 때 그리스도인들이 긴 일과를 마치고 "볏단"을 가져오는 광경을 보는 것은 흥미로웠습니다. 그들은 자기가 데려온 사람 옆에 앉았습니다 — 잘 차려입고 하인을 데리고 온 여성도 있었고, 기민한 학생도 있었고, 분명한 의문 앞에서 결심을 하고 온 부유해 보이는 사업가도 있었으며, 생각에 잠긴 눈으로 예수님을 믿는 것이 정말 도움이 되는지 묻고 있는 가난한 할머니도 있었습니다. 목사님은 마음속을 살피는 설교 후에 다음과 같은 권고를 했는데, 기독교 환경에 익숙한 미국인의 귀에는 낯설게 들릴 것입니다.

"그리스도를 따르는 사람은 우상이나 영혼 숭배와 아무 상관이 없으므로 그런 것들의 표식을 모두 제거해야 합니다. 그리고 일요일과 수요일 정해진 시간에는 모두 교회에 가서 예배를 드리고 가르침을 받게 됩니다. 여러분은 하나님의 말씀인 성경책과 찬송가집을 원하게 될 것이고, 그것을 항상 교회에 가져가고 싶을 것입니다. 여러분을 이곳으로 인도한 사람들이, 지금 여러분이 사랑하기를 배우고 있는 우리 주 예수에 대한 믿음 안에 굳게 서도록 도와줄 것입니다."

우리 이화 학생들은 집회에 참석하고, 누구보다 많이 기도하고, 매일학교 학생들의 집을 방문하면서 최대한 열심히 복음전도에 참여했습니다. 약 800명의 "새 신자"를 얻은 것으로 추정되는데, 지속적인 "후속" 사역을 통해 새 신자들이 모두 진정한 그리스도인이 되기를 바랍니다. 새 신자 중 많은 사람에게 진정한 그리스도인이 되는 것은 힘든 싸움이 될 것이므로 큰 도움이 필요하니 기도를 부탁드립니다.

한국의 가을을 대표하는 행사 중에서 잘 알려진 것 하나는 모든 주부가 겨울 "김치"를 만드는 때입니다. 김치는 한국 음식에서 빼놓을 수 없는 매콤한 피클입니다. 겨울 김치는 첫서리 후 배추가 자르기에 적당해지는 순간, 어디에서나 같은 시기에 담가야 합니다. 그때는 다른 어떤 일도 중요하지 않습니다 — 사업이나 수업이나 모든 것이 신성한 "김장방학"[5]에 길을 양보합니다. 그래서 이화는 본부를 제외한 모든 부서를 닫고 일주일 동안 200여

김장방학에 함께 김장을 하는 학생들

명의 이화 가족을 위한 김치를 담가 큰 술통 모양의 흙으로 빚은 독 160개에 넣는 일을 합니다. 먼저 사람들이 재료를 수레에 싣고, 혹은 직접 들고 옵니다 — 수천 포기의 배추, 무, 붉은 고추, 양파, 많은 양의 마늘, 생강 그리고 동양인이 아니면 알 수 없는 신비로운 맛난 재료들입니다. 그런 다음 학생들과 교사들은 오랜 시간 얼음같이 차가운 채소를 가지고 작업을 합니다. 분류하고, 씻고, 껍질을 벗기고, 자르고, 배춧잎 사이에 양념을 채워 넣고, 마지막으로 그것들을 통 속에 꾹꾹 담습니다. 그들은 집에서 즐거운 모임을 가질 때처럼 즐겁게 노래하고 수다를 떨며 재미있는 시간을 보냅니다. 그들은 또한 이기적이지 않아서 서로를 도와주려고 합니다. 바로 오늘 아침에 한 교사가 가장 연약한 대학과 학생 한 명을 밖에서 일하지 않게 해달라고 부탁하러 왔는데, 그녀는 늑막염으로 죽을 뻔한 적이 있는 허약한 학생이었습니다. 알아보려고 나갔을 때 명랑한 합창이 나를 맞이했습니다.

"말 안 듣는 학생이 저기 있어요! 저 아이를 말려주세요!"

명령을 어겼다고 그 학생을 꾸짖었을 때 그녀의 밝은 얼굴에는 매우 괴로운 표정이 엄습했고, 자기도 다들 함께 하는 김치 담그는 일을 해낼 수 있다고 고집을 부렸습니다.

김치가 완전히 "익으면" 김치 냄새가 조리실에 진동하기 때문에 미국인 방문객들은 보통 손수건을 코에 갖다 댑니다. 하지만 익은 김치는 강한 냄새가 나는 치즈와 같아서 김치를 좋아하는 사람에게는 매우 맛있는 음식이며, 나도 그런 사람 중의 한 명입니다!

학기마다 오싹한 사건이 일어나긴 하지만, 이상하게도 그런 사건들은 꼭 미스 프라이가 나라 전역을 돌며 "마지막 지푸라기" 순회를 시작하고, 경험이 부족하여 일에 익숙해질 틈도 없이 이런 일을 경험하게 되는 나 같은 대리인의 손에 학교가 맡겨진 후 발생합니다. 우리에게 가장 소중한 교사 중 한 명은 어린 시절, 파렴치한 어머니에게서 구출되었습니다. 그 어머니는 딸을 시집보내 한몫을 챙기려 했지만 뜻대로 되지 않자, 다른 두 딸만큼은 반드시 그렇게 하겠다고 결심했습니다. 미스 프라이는 그 교사가 집으로 돌아가는 것이 안전하지 않다고 판단했고, 결국 그 교사는 14년 동안 집에 가지 않았습니다. 올가을 그녀의 어머니가 금전적 비리로 체포되어 감옥에 있는 동안, 큰딸인 그녀는 아버지와 함께 열세 살이지만 여덟 살처럼 보이는 둘째 딸을 학교에 맡기고, 아직 아기인 막내는 친척 집에 보냈습니다. 그러나 딸의 분명한 의사에 반해서, 그리고 좋은 그리스도인인 아버지가 집을 비운 상황에 그 어머니는 둘째 딸을 스물다섯 살 남성과 결혼시키기로 했고, 이미 15달러를 보증금으로 받은 상태였습니다. 그 어머니는 출소하자마자 이화로 달려와 아이들을 달라고 요구하며, 아이들 없이는 살 수 없다면서 온갖 항의와 함께 아이들을 데려갈 수 없다면 차라리 자살하겠다고 미친 듯이 저항했습니다. 그 거래에 대해 아무것도 몰랐던 큰딸은 단호한 성격의 어머니가 협박을 실천할까 봐 두려워하며 딸로서 자신이 무엇을 해야 할지 몰라 괴로워했습니다. 어느 날 밤, 그 어머니는 학교로 와서 아이들을 줄 때까지 자리를 떠나지 않겠다며 미친 사람처럼 소동을 피워댔고, 결국 우리는 아이들을 포기할 수밖에 없었습니다. 그렇지만 우리는 그 어머니가 바로 도시를 떠나지 못하도록 일단 살펴보면서 딸들의 아버지가 돌아오기를 소망하며 기도했습니다.

다음 날 밤 그 아버지를 보내주신 분은 확실히 주님이셨습니다. 그 아버지는 몸집은 작았지만 엄청난 분노와 정당한 명분으로 강해져 있었습니다.

그 아버지는 눈을 번뜩이며 말했습니다. "나는 내 자식들을 학교에 보내기로 결심했습니다. 아내는 어린 딸을 팔아버리려고 하고 있으며, 거래가 실패할까 봐 두려워서 지금 제정신이 아닙니다. 그 남자는 수개월간 돈으로 나를 매수하려 했습니다. '당신은 매우 가난하니 내가 도와주게 해주시오.'라고 말하곤 했지요. 나는 대답했습니다. '아니오, 우리가 굶어 죽어도 당신이 상관할 바가 아니오! 당신은 내 소중한 아이를 데려가려고 하는데, 절대 안 됩니다! 감히 아내에게 한 푼이라도 줄 생각조차 하지 마시오!' 그렇게 그 남자를 돌려보냈는데 내가 사업 때문에 떠나 있던 사이에 아내가 이런 죄를 저질렀습니다." 그 아버지는 이 문제를 해결하는 데 도움을 주고 있던 미국인 목사에게 호소하듯이 물었습니다. "목사님, 그리스도인은 이런 일에서 어디까지 해도 됩니까? 제가 아내를 복종시키기 위해 무력을 사용하는 것은 잘못입니까?"

두 사람의 생명을 구하려면 구식 방법이 필요할 수 있겠다는 확신을 얻자, 그는 머리를 높이 치켜들고 밖으로 나갔습니다. 그가 어떤 방법을 사용했든 그것은 평소보다 더 설득력이 있었던 것 같습니다. 다음 날 그가 당당하게 아이를 데리고 왔기 때문입니다. 그 아이는 이제 우리 학교에서 가장 사랑스럽고 행복한 어린 학생이 되었습니다! 아이의 사랑스럽고 작은 얼굴을 보면, 알 수 없는 운명으로부터 그녀를 구하는 데 우리가 기여할 수 있도록 해주신 하나님께 감사드리지 않을 수 없습니다.

겨울이 일찍 시작되어 서늘하고 쾌청한데, 필수품들의 가격이 너무 올라서 현재 가진 예산으로 학교를 어떻게 운영해야 할지 모르겠습니다. 교사 월

급에 막대한 추가 비용이 들어가게 되는 등 정부의 기준이 높아져서 우리가 학교를 그 기준에 맞게 빨리 끌어올려야 하는 것은 말할 것도 없고, 만일 그 기준을 맞추지 못하면 생명과 재산을 바쳐 세운 우리 학교를 빼앗길 수도 있습니다. 하나님께서 우리에게 원하는 것을 반드시 보여주실 것을 믿으며 이 문제가 하나님께서 기뻐하시는 방식으로 해결되기를 매일 기도합니다. 성탄절이 다가오니, 이 학생들을 위해 성탄절 잔치를 준비할 수 있게 선물을 보내준 여러분을 생각하게 됩니다. 크리스마스 트리를 둘러싸고 "기쁘다 구주 오셨네"를 부를 때 우리는 하나님께서 위대한 선물[예수님]을 보내주신 것에 대해 감사할 것이며, 이 빈궁한 세상에 예수님을 전하는 일을 돕는 여러분에 대해서도 감사할 것입니다.

충심을 다해,

앨리스 R. 아펜젤러

1922년

한국 서울 이화학당

한국 소래 바닷가

1922년 7월 20일

친애하는 친구들에게,

뉴욕에서 마지막 일들을 마치고 바쁜 나날이 정말로 마무리되었을 때, 나는 기차 안의 내 자리에 털썩 주저앉아 뭔가를 읽을 힘도 없이 온종일 있었습니다. 실제로 한국에 도착하기 전까지는 내가 한국으로 돌아가는 중이라는 것이 사실처럼 느껴지지 않았으며, 그냥 안식년 휴가[6]의 즐겁고 다양한 경험이 계속되는 것 같아 보였습니다. 사우스밴드[인디애나주]와 시카고[일리노이주]에 있는 친구들을 잠깐씩 방문한 후, 여행 동반자로 두 명의 오랜 친구들을 만났고, 우리는 함께 자리를 잡고 앉아 솔트레이크[유타주]와 샤이엔[와이오밍주]을 지나며 펼쳐지는 거친 서부의 풍경을 감상했습니다. 샌프란시스코에서의 이틀은 마지막 쇼핑에 빠져서 보냈습니다. 앞으로 6년 동안 제대로 된 상점을 볼 수 없으리라는 것을 안다면 누구든 광적인 느낌에 사로잡힐 것입니다. 우리는 후저스테이트라는 예쁜 새 기선의 모습이 마음에 들었습니다만, 안타깝게도 겉모습뿐이었습니다! 예술적인 비품들을 갖추는 것이 대양 여객선의 주된 필요조건은 아닌 것 같습니다. 날씨가 그리 나쁘지 않았는데도 이 배는 심하게 흔들렸고, 우리는 그 속에서 꽤나 고생해야 했습니다. 하지만 항해는 아플 때조차 휴식이고 나는 휴식이 필요했기 때문에, 적어도 열흘은 더 배를 타고 싶었습니다.

우리는 요코하마에 너무 늦게 도착한 탓에, 도쿄에 있는 옛 친구들을 밤에 잠깐 만나는 것에 그쳤고, 요코하마의 멋진 상점들도 그저 흘끗 둘러보는 정도에 그쳤습니다. 하루를 더 보낸 후 고베에 도착했고, 거기에서 서울까지 이틀간의 여정을 위해 기차에 올랐습니다. 하지만 대한해협을 건너는 동안은 꽤나 힘든 밤을 보내야 했습니다. 논, 절이 있는 산, 나 같은 동양인[7]을 바라보는 기묘한 표정들이 얼마나 사랑스럽고 친숙하던지요. 미국에서의 시간은 참으로 즐거웠지만, 지금 이곳이야말로 내가 속한 곳이라는 확신이 어느 때보다 강하게 듭니다. 사람이 자신의 자리를 찾는 것은 인생의 커다란 기쁨 중 하나인데, 나는 내 자리가 이렇게 좋은 곳이어서 참 감사할 따름입니다.

3월 24일 저녁, 우리가 도착했을 때 이화학당 졸업식이 진행되고 있었습니다. 그 전날 유례없는 폭설이 내려 행사를 연기해야만 했답니다. 새로 가족이 된 제부[8]와, 몰라볼 정도로 자란 세 살배기 조카[9]를 포함해서 우리 가족을 잠깐 만난 후 서둘러 교회로 갔습니다. 그날과 이후 며칠 동안 아주 즐거운 재회의 시간을 가졌습니다. 새 학년이 4월 4일에 시작되었는데, 그 전에 친구들이 선물해준 예쁜 미국 물건들로 새 방을 꾸미는 기쁨을 누렸습니다. 그 후 한 달도 채 지나지 않아 남자 조카 리처드 닷지 아펜젤러[10]와 여자 조카 앨리스 레이시[11]가 태어났으며, 둘 다 나와 같은 구내, 즉 나와 같은 교정에서 살고 있습니다. 이곳이 이젠 나에게 진정한 집이라고 하는 것이 이상한가요?

귀국 후 변화된 환경에서 **나 자신을 찾는** 데에 많은 노력을 기울였습니다. 요즘 이곳은 모든 것이 변화하고 있고, 우리 젊은이들은 새로운 진취성을 보이며 우리가 할 수 있는 최선에 끊임없이 도전하면서 새로운 기준을 요구하고 있기 때문입니다. 나는 수업을 굉장히 많이 했는데, 올가을부터 당장이 되면[12] 학생들을 가르칠 시간이 점점 줄어들 것 같습니다. 가장 재미있었던

이화학당 대학과 제8회 졸업생들과 함께한 앨리스 아펜젤러(1922년)
* 뒷줄 왼쪽부터 김합라, 메리 영, 마리 쳐치, 에드나 밴플리트, 지넷 헐버트, 윤성덕

경험 중 하나는, 아직 한국에 없는 YWCA의 전신 격인 제1회 한국여자청년하령회에서 작은 역할을 맡았던 것입니다. 한국 여성들이 많은 어려움을 충분히 인식하면서도, 자국민의 사회적·종교적 고양을 위해 앞장서 개척해가는 책임을 스스로 짊어진 이러한 총회만큼 흥미로운 모임을 실버 베이[13]에서는 본 적이 없을 것입니다. 지금 나는 바닷가에 자리한 아늑한 오두막에서 진정한 휴식을 취하며, 여동생,[14] 제부, 아기 앨리스, 강아지 스캠프와 함께 8월 중순까지 이어질 휴가를 최대한 즐겨보려 합니다.

Letters of Alice Appenzeller

2장

이화학당 당장이 되어

1923년

한국 서울 이화학당
1923년 7월 18일

친애하는 친구들에게,

여러분 중 몇 분이 나의 일상을 궁금해하며 하루를 어떻게 보내는지 물어왔기에, 개인적인 이야기를 좀 해보려고 합니다.

나는 지금 이화학당이라는 커다란 기관에 소속되어 있는데, 이화학당에는 유치원부터 대학까지 총 여섯 개의 학제[1]가 있고 675명의 학생과 약 30명의 교사가 있습니다. 나는 작년부터 이곳에서 학교의 교육과 행정 업무를 담당하는 당장을 맡고 있습니다. 미스 월터[2]는 회계를 담당하며, 작년 한 해 동안 할 일이 많았던 건물[3]과 건축에 대한 책임을 지고 있습니다. 여덟 명 남짓의 선교사가 이곳에서 일하고 있는데, 언어 공부가 필요한 일부는 첫 2년 동안 정식으로 가르칠 수 없어서 교육 업무에는 거의 참여하지 못합니다. 유치원 교사와 음악 교사들은 각자의 분야에 전념하고 있습니다. 나는 일종의 총괄 관리자 역할을 하고 있어서, 때로는 이 일에 때로는 저 일에 특별히 시간을 쓰기도 하지만 대체로 전반적인 운영을 두루 살피며 일합니다. 학교의 행정은 미국과 거의 같지만, 추가되는 일들이 좀 있습니다. 정부의 관리들을 상대해야 하는 일이 있으며 이제 막 만들어지고 있는 교육 정책은 최선의 생각과 노력을 요구합니다. 그리고 학생들의 삶과 관련해서도 미국 학교에서보다 훨씬 더 다양한 문제에 관여해야 하는데, 사적인 가정 문제, 재정 문제, 결혼, 진로 등과 관련된 일들입니다. 여기에는 아직도 교육받은 매력적인 딸을 돈 많은 남성에게 시집보내거나, 심지어는 첩으로 보내려 하는 탐욕적인 부모들이 있습니다. 경제적으로 어렵고 도움을 필요로 하는 학생들도 많아 자립을 돕는 부서가 많은 도움을 주고 있습니다.

그런데 아직도 내가 무엇을 하는지에 대해서는 말하지 않았지요? 나는 매일 아침 총 네 과목을 가르치는데, 두 과목은 교육에 관한 것으로 그중 한 과목은 대학예과에서 한국어로 진행합니다. 그리고 나머지 두 과목은 대학과에서 영어로 강의하는 역사와 영어입니다. 이번 겨울에는 그렇게 많은 과목을 가르칠 여유가 없을지도 모르지만, 그중 어느 것도 쉽게 포기하고 싶지는 않습니다! 다른 나라에서 온 방문객이나 교육에 관심이 있는 일본인들 또는 한국인들이 종종 우리를 보러 오는데, 그들에게 우리의 교육을 보여주는 것은 기쁜 일입니다. 이 일에 보통 매일 하루의 일정 시간을 할애합니다. 그런 다음 11시 20분부터 12시까지 채플 시간을 갖고, 그 후에는 집무 시간을 갖습니다. 오후에는 사무적인 일, 면담, 그리고 당장이 해야 하는 수천 가지 일을 하며, 거의 매일 저녁에는 업무와 관련된 회의, 위원회 또는 모임을 갖습니다. 나는 음악에도 관심이 많아서, 한국에서 점점 더 중요한 오락으로 자리 잡아가고 있는 음악회를 돕는 일도 합니다. 우리 젊은이들이 건전한 오락을 즐길 수 있게 돕는 것이 우리의 중요한 사명 중 하나라고 항상 생각하고 있습니다.

학교에는 이문회, 선교회, 공주회[4] 등 다양한 동아리가 있고, 우리는 거기에서 일정한 역할을 합니다. 나는 공주회를 담당하고 있고, 모든 동아리 대표들에 대한 책임을 지고 있습니다. 올해 우리는 YWCA[5]를 조직했고, 나는 여기에 깊은 관심을 가지고 있습니다. 이번 여름 총회는 한국에서 이 새로운 운동이 자리 잡는 중요한 계기가 될 것입니다.

내 아버지[6]가 설립하셨고 내가 어린 시절부터 함께해온 제일교회[7]의 사역

이화학당의 각급 학제를 대표하는 학생들(1922~1923년경)
* 오른쪽부터 유치원, 보통학교, 고등보통학교, 대학예과, 유치원사범과, 대학과

에 대한 애정을 전하고 싶습니다. 그 교회의 태동과 성장은 내 가슴속에 깊이 자리 잡고 있습니다. 그다음으로 "외국인" 커뮤니티도 있습니다. 어린 시절의 친구들과 새로 사귄 친구들, 선교사들, 사업가들, 영사관원들이 함께 어울리는 이곳에서는 매우 즐겁고 유익한 사회적 교류가 이루어집니다. 영어 예배도 있고, 여성 클럽도 있고, 내가 가장 좋아하는 운동을 할 수 있는 테니스장도 있습니다. 겨울에는 서울을 둘러싼 아름다운 산들을 등반합니

다. 그리고 남동생,[8] 여동생과 그들의 가족이 이곳에서 함께 살고 있으니, 내가 왜 이리도 바쁘고 행복한지, 그리고 이 세상 어느 곳보다 이곳에서 살고 싶어 하는지 이해하시겠지요?

충심을 다해,

앨리스 R. 아펜젤러

1924년

1924년 1월 19일

친애하는 활란[9]에게,

나는 지금 제물포에 머물며 주말 동안 쉬면서 몇 통의 편지를 써보려고 해요. 이 낯선 타자기로 글을 쓰는 것이 쉽지 않지만, 혹여 오타가 나더라도 너그러이 이해해주리라 생각해요. 오랫동안 편지를 쓰고 싶었는데, 이제야 마음을 전할 수 있게 되었네요. 혹시 세계위원회가 워싱턴에서 열리는 총회에 참석하라고 초대장을 보내면, 어떤 일이 있어도 그 초대를 꼭 받아들이기를 바라요. 졸업을 앞둔 시점에 총회에 가는 것이 부담스러우리라는 것을 알지만, Y.W.가 어떤 단체인지 직접 참석해 확인하는 것이 이곳의 일에 매우 중요해요. 일부 보수적인 장로교인들은 세계 YWCA[10]가 너무 세속적이라는 등의 이유로 우리가 이 단체와 연합하는 것을 반대하고 있어요. 이번 총회는 지도자들과 접촉하고, 우리의 대의를 제시하고, 학생 한 명이 장학금을 받아 훈련받을 수 있도록 그들을 설득할 수 있는 유일한 기회가 될 거예요.

지원자와 관련해서, 합라[11]는 지도력이 필요한 그 자리에 자신이 적합한 후보가 아니라며 물러났어요. 에스더[12]도 여러 면에서 좋은 사람이라고는 생각하지만, 여기 있는 누구도 그녀가 그 자리에 적임자라고는 생각하지 않아요. 그녀는 균형감이 아직 부족하고, 현명한 지도자가 되기 위해 세상에서 더 많은 경험을 쌓을 필요가 있어요. 또한, 에스더는 이번 봄에 대학과를 졸업하는데, 그녀가 그곳에 가려 한다면 허가 절차 등에서 실질적인 어려움이 예상되며, 이러한 문제들이 우리의 일을 크게 방해할 수도 있으리라고 모두들 생각해요. 이는 단지 외국인들뿐만 아니라, 경험과 관심이 많은 모든 관계자의 공통된 의견이에요. 한편 성실[13]은 지난 1년 동안 복음주의 사회복지관(태화관)[14]에서 훌륭하게 일해왔고, 우리에게만이 아니라 장로교인과 남감리교인들에게도 인기가 아주 많아요. 뉴욕에 있던 그녀의 남자친구 염 씨가 지난여름 사망해서, 적어도 당분간 그 일은 끝났다고 생각해요. 어쨌든 5년 정도는 성실이에게 맡길 수 있을 것이라고 믿으며, 그녀가 우리를 잘 대표하리라 생각해요. 그녀가 다리를 저는 것이 심각한 장애가 되지는 않을 거예요. 이 의견에 대해 어떻게 생각하는지요? 당신은 우리가 그 장학금을 받을 수 있도록 누구보다 애써줄 것이므로, 성실이에 대해서도 할 수 있는 한 좋게 이야기해주었으면 좋겠어요. 김창준[15] 목사는 중앙교회에서 그녀가 했던 일에 대해 칭찬을 아끼지 않고 있으며, 그녀를 아는 사람들 역시 어디에서나 그녀를 아주 높이 평가하는 것 같아요. 성실이는 기꺼이 가고 싶어 하고 있으며 분명 최선을 다할 거예요.

훈련된 여성들이 필요하다는 당신의 생각은 맞아요. 하지만 돌아와 보면 지금 상황이 어떤지, 훈련을 받을 준비가 되어 있는 사람이나 그만큼의 책임을 감당할 자격이 있는 사람이 얼마나 적은지 알게 될 거예요. 김 앨리스[16]는 모교로 돌아온 학생의 매우 성공적인 사례입니다. 그녀는 모든 면에서 말할 수 없이 큰 도움이 되고, 학생들과 함께하는 일에서 두 사람 몫 이상의 역할을 해내며, 학교 일에 온 마음을 다해 기꺼이 헌신합니다. 그녀는 미스 쳐치[17]를 도와 프라이홀을 운영하며 매우 열심히 일해요. 그녀의 건강이 버텨낼 수 있을까 하는 것이 내 유일한 걱정이에요. 이번 여름 미스 영[18]이 안식년 휴가를 가면 음악 교사는 성덕[19]과 합라뿐이어서 김 앨리스는 사실상 혼자 남게 될 거예요. 에스더 벡[20]이 서둘러 돌아와 우리를 도와주기를 바랍니다. 우리는 지금 클로틸다 맥도웰 장학금[21]의 요건을 충족할 사람을 찾고 있어요. 그

요건에는 가르친 경험 등이 포함된다는 것을 알고 있을 거예요. 만약 합라가 그 장학금을 받겠다고 하면 그녀를 보낼 수도 있겠지만, 개인적인 문제들이 걸림돌이 되고 있어요. 돌아와서 일하기로 약속하는 것도 어려운 문제이지요. 여성들은 장학금을 받아 공부하러 가는 것은 좋아하면서도 돌아와 일해야 하는 의무에 얽매이는 것에는 부담을 느껴요. 성덕이 갈 수도 있겠지만 지금은 합라가 자격이 있는 유일한 사람이에요. 성덕은 아직 어립니다. 알다시피, 미국에서 장기 과정을 다 배울 수 있도록 한 학생을 재정적으로 지원할 자금을 모으는 것은 결코 쉬운 일이 아닙니다. 그래서 우리는 자금을 모으기 전에 공부하러 갈 사람에 대해 강한 확신을 갖길 원해요. 당신도 알겠지만, 우리가 당신을 위해 마련한 그 돈을 구하기 위해 우리 모두 열심히 노력했지요. 돈이 하늘에서 떨어지지는 않으니까요. 그러나 당신이 너무 훌륭하게 잘하고 있어서, 우리가 할 수 있는 모든 일을 해냈다는 사실이 정말 기쁩니다. 모두가 기뻐하고 있으며, 일반교육에서도 당신을 칭찬하는 말을 많이 들었어요. 당신이 들으면 고개를 돌릴 정도로요. 당신은 우리 중 누구에게든 **어떤 의무라도 있다고** 느끼면 안 돼요. 의무는 오직 당신의 민족과 하나님께만 있습니다. 얼마 전, 내가 대학 졸업을 도와주었던 옛 교사인 서광진 씨가 찾아와 5엔을 주며 나에게 진 빚을 갚기 시작하겠다고 했어요. 하지만 나에게가 아니라, 도움이 필요한 가난한 학생들에게 돌려주겠다고 말했어요. 나는 소리를 지를 만큼 기뻤어요. 돈을 돌려받는 것을 원하지 않으며, 그 돈을 다른 사람들에게 주기를 원한다고 항상 말했었거든요. 무엇보다도 바로 이렇게 돈을 돌려주는 것이 우리가 원하는 것이며, 우리가 받을 수 있는 가장 풍성하고 아름다운 보상일 거예요.

대학 부지를 구입하도록 받은 멋진 기부금 소식은 들었을 테지요. 우리는 현재 협상 중이며, 곧 그 부지를 소유하게 될 것 같습니다. 남감리교인들은 그들의 선교부에 이화에서 대학 사업을 우리와 함께 진행할 것을 요청하고 있어요. 그렇게 되면 우리는 대학 인가를 신청할 수 있게 되어서, 우리의 졸업장이 실질적인 가치를 지니게 될 거예요. 우리는 더 나은 여장을 갖추고 앞으로 나아가고 있어요. 하지만 일손이 너무 부족해서 현재 일하는 사람들은 과로로 지쳐가고 있고 끝내야 할 많은 일은 전혀 진척되지 않고 있습니다. 나는 이화에서 일할 속기사 겸 경리를 구하려고 노력하고 있어요. 학생들과 직접 일할 수 있도록 잘 훈련된 사람이 누구나 할 수 있는 단순하고 기계적인 사무직 업무에 대부분의 시간을 보내는 것은 너무 비효율적이에요. 우리는 모두 학교 편지를 쓰는 등 온갖 종류의 해야 할 일이 많은데, 시간이 없어서 아직 처리하지 못하고 있어요. 웰치 감독님[22]은 분명히 미스 딜링햄[23]이 안식년 휴가를 간 동안 미스 월터를 평양으로 보내려 하실 텐데, 미스 딜링햄이 돌아온 후에도 상황은 달라지지 않을 것이며, 그때는 오히려 미스 월터 없이는 거의 모든 것이 불가능한 상태가 될 거예요. 미스 헐버트[24]와 내가 회계 장부를 관리하고 있지만, 그녀는 그 일을 감당할 만큼 건강이 좋지 않고, 나 또한 내 직책의 다양한 업무로 인해 회계 장부 관리에 충분한 시간을 할애할 수 없는 상황이에요. 그러니 3년 계약으로 이곳에서 일할 의향이 있는 좋은 사무직원을 알고 있다면, 토머스 부인[25]에게 알려주세요. 사무직원의 도움을 받을 수 있다면 우리 학교는 지금보다 두 배는 더 효율적으로 운영될 것입니다. 물론 우리에게는 좋은 한국인 비서들이 있지만, 이 일은 세브란스에 있는 오웬스[26] 씨처럼 훈련된 미국인 비서가 필요해요.

오늘 처리해야 할 많은 편지를 여기로 가져왔으니, 이제 그만 마쳐야 할 것 같아요. 내 오타들이 당신을 괴롭히지 않았기를 바랍니다. 당신이 우리 중 누구보다도 읽기 좋은 편지를 타이핑할 수 있는 사람을 만나기 바라요. 당신이 하는 모든 일에 많은 사랑과 변함없는 관심을 가지고, 믿음의 기도를 드립니다.

오하이오, 델라웨어, 모넷홀 <발신인: 김활란>
1924년 2월 4일

친애하는 선생님들께,

선생님들께 편지를 쓴 지 너무 오래되어, 어디서부터 시작해야 할지 모르겠습니다. 집을 떠날 때는 앞으로의 2~3년이 매우 긴 시간처럼 느껴졌는데, 일 년 반이 지나고 돌이켜 보니 마치 한순간의 섬광 같습니다. 하지만 그 짧은 시간 동안, 앞으로 올 날들에 큰 자산이 될 경험을 했습니다. 고국으로 돌아가고 싶은 갈망은 매일 더 강렬해져서, 선생님들이 제게 감정을 제어할 수 있게 계속 소식을 보내주시지 않는다면 어느 날 제가 갑자기 그곳에 나타날지도 모릅니다. 매일 보고 듣는 경험들이 애국심과 민족에 대한 사랑을 더욱 깊게 해주고 있습니다.

학생자원운동 인디애나폴리스 총회[27]가 성탄절 후에 닷새 동안 열렸으며, 우리 한국인들은 많은 고통에 따르는 풍성한 축복을 받았습니다. 혼돈 속에서 어둠을 뚫고 "새벽 빛을 따르라"[28]라고 말씀하시는 예수님의 음성이 아니었다면 우리가 무엇을 할 수 있었을지 모르겠습니다. 물론 한국 대표단 중에는 우리와 주된 관심사가 다른 사람들도 있었고, 그 결과 그들은 그와 같은 쓴맛과 단맛의 조합을 맛보기를 거부했습니다. 설명이 너무 추상적이라 부연 설명이 필요할 것 같습니다. 말씀드리고 싶은 것은, 기독교계에도 물질적인 가치 기준이 자리를 잡고 있어서, 과거 영광스러운 도덕적 품성을 가졌으며 근래 큰 종교적 삶의 발전을 보여온 한국에는 회의 기간 내내 단 1분도 기여할 기회가 주어지지 않았다는 사실입니다. 저는 그 사실에 괴로워하며 한국을 위해, 세계를 위해 울어야 했습니다. 이 편지로 우리의 경험을 충분히 전달할 수는 없지만, 비록 미흡한 설명이나마 이해해주시리라 믿습니다. 돌아가면 우리의 경험에 대해 더 자세히 말씀드리고 싶습니다. 이러한 모든 경험은 선생님들과 저, 한국의 모든 사역자에게 더 큰 비전과 헌신을 요구합니다. 이런 주제에 관해 오래 이야기할 생각은 없으니 바로 다른 주제로 넘어가겠습니다.

웰치 감독님이 졸업식에서 연설하실 예정이라는 것을 학교 신문을 통해 방금 알게 되었습니다. 감독님을 여기에서 뵙게 되면 마치 고향에 있는 것처럼 느껴질 것 같아 너무 기쁩니다. 졸업 직후에는 필라델피아에 가서 마셀라[29]와 며칠을 보내고, 다시 뉴욕으로 가서 Y.W. 하계훈련에 참석할 계획입니다. 제게 그 훈련이 필요하다는 것을 알고 있으며, 상황이 허락한다면 오는 여름에 그 훈련을 받기를 희망합니다. 그 이후 다음 겨울 계획은 아직 확실하지 않습니다. 교수님들은 컬럼비아대학교보다는 보스턴대학교를 추천하시며, 보스턴대학교에서 더 좋은 장학금도 받을 수 있을 것 같습니다. 그래서 지금까지의 여건들로 보아서는 뉴욕보다 보스턴이 더 나은 선택인 것 같지만, 최종 결정을 내리기 전에 더 많은 상황을 고려하고 싶습니다.

중간고사를 마치고, 오늘 새 학기에 수강할 과목을 등록했습니다. 영문학 - 브라우닝의 작품과 빅토리아 시대 작가들의 작품 읽기, 초기 히브리 역사, 시편과 욥기, 종교교육 시행과 관련된 문제들, 철학 - 19세기 사고의 발달, 종교철학을 수강할 예정입니다. 이 과목들에서 많은 것을 배우기를 기대하고 있습니다. 지난 학기에는 철학 두 과목, 성경 한 과목, 토론 한 과목, 영문학 한 과목을 수강했는데, 영문학 과목의 경우 테니슨의 시를 연구하고 칼라일, 러스킨, 아널드의 시를 부수적으로 읽었습니다. 모든 과목의 교수님들이 주제를 아주 훌륭하게 전달해주셨습니다. 이 학교가 대도시에 있었다면, 저는 앞으로의 공부도 이곳에서 계속 하려고 했을 것입니다.[30]

선생님들께서 하고 계시는 일이 어떤 것인지를 되짚어드리기 위해, 최근 한 일본 여학생과 있었던 경험을 이야기해드리겠습니다. 저는 그녀와 같은 방을 쓰고 있는데, 우리 모두 매우 다정한 성격의 그녀와 함께하는 것을 즐거워합니다. 그녀는 도쿄여자대학을 졸업하고 오하이오웨슬리언대학 3학년으로 편입했는데, 학업을 따라가기가 너무 힘들어서 수업을 12시간만 듣고 있습니다. 그러나 그녀는 매우 똑똑하고 새로운 지식을 받아들일 수 있는 능력을 갖추고 있습니다. 말씀드리고자 하는 것은, 도쿄여자대학은 우리 대학과에서 제공하는 교육보다 더 나은 기초교육을 학생들에게 제공하지 못하는 것 같다는 것입니다. 선생님들께서 계속해서 훌륭한 일을 해주셔서 우리 학교가 더 강하고 더 수준 높은 교육기관이 되기를 바랍니다. 여학생들이 창의성과 비판적 사고력을 키울 수 있게 도와주십시오. 그런 능력이 없으면 세상에서 길을 잃을 것입니다. 제 의도와는 달리 명령조로 읽히게 쓰였네요.

이번 겨울에 제가 체력이 좋아졌다는 소식을 들으시면 다들 기뻐하시리라 생각됩니다. 평생 이렇게 건강하고 강하다고 느낀 적이 한 번도 없었던 것 같습니다. 이제 모든 종류의 싸움에 준비가 잘 되어 돌아갈 수 있을 것으로 기대합니다. 체력이 좋아진 것은 무엇보다 적절한 영양 공급을 받은 덕분이라고 생각합니다. 우리 여학생들도 적절한 영양 공급을 받으면 좋을 텐데요. 디모인[아이오와주] 총회에서 월터 선생님이 대학과 학생들이 예전보다 훨씬 더 좋은 식사를 하고 있다고 말씀하셔서 그 소식을 듣고 매우 기뻤습니다. 한국 여학생들이 적절한 영양을 공급받으면 더 수준 높은 공부를 하면서도 건강하게 교육받을 수 있을 것입니다. 이는 입증된 사실입니다. 어린 학생들에게도 사춘기 동안에 필요한 영양분이 모두 빨리, 적절히 공급되길 바랍니다. 밤 깊은 시간에 오랫동안 깨어서 이 모든 것과 우리 민족에게 필요한 수백 가지 것을 생각하며, 저나 친구 중 누군가가 마음껏 쓸 수 있는 보물상자를 가지고 있는 백만장자이고 억만장자이면 얼마나 좋을까 생각했습니다. 그러나 우리 아버지께서 세상에 있는 수십, 수백 억을 모두 소유하고 계시다는 것이 우리 모두가 도달해야 할 결론입니다. 우리가 하나님의 진정한 청지기가 되는 법을 사람들에게 가르치고 그들이 배운 바에 따라 살도록 돕는다면, 모든 문제는 결국 해결될 것입니다. 대학 부지에 관한 소식은 저에게 하나님께서 하시는 일에 대해 더 큰 믿음을 갖도록 자극했습니다. 이 좋은 소식과 앞으로 일어날 더 대단한 일들에 대해 선생님들 모두에게 축하를 드립니다.

최근에 모드 로이든[31]의 책을 읽고 여성에 대해 더 큰 자부심을 느꼈습니다. 선생님들 중 누군가는 모드 로이든과 연락이 되는 분도 계시겠지요. 그녀는 정말 대단하지 않나요? 하나님께서 허락하신다면 돌아가기 전에 그녀를 만나고 싶습니다. 사중복음의 열렬한 설교자일 뿐만 아니라 이토록 예리한 사상가가 우리 고등교육이 배출해야 할 인재입니다.

미국의 급진적 사회주의자인 스콧 니어링[32] 교수가 최근에 시카고에서 강연을 했습니다. 그의 강연 내용은 다음과 같습니다. 오늘날 유럽에서 유일하게 살아남은 자본주의 국가는 마지막 단계에 있는 대영제국입니다. 프랑스는 전쟁에서 승리했기 때문에 멸망했고 독일은 전쟁에서 패했기 때문에 멸망했습니다. 그리고 러시아는 오늘날 재건을 향해 나아가고 있는 유일한 생존 국가입니다. 니어링 교수가 말하고자 하는 것은, 자본주의의 낡은 시스템은 살아남을 수 없으며 이 새로운 시대는 새로운 시스템을 찾아야 한다는 것입니다. "러시아인들은 오늘날 새로운 시스템을 시도하고 새로운 방식으로 살기를 원하는 유일한 생존자들입니다. 미래에 더 나은 세상에서 살고 싶다면 우리가 원하는 세상을 만들어야 하고 그것을 발전시켜야 합니다." 저는 그의 생각에 대단한 진실이 담겨 있다고 생각하며, 그가 생각을 좀 더 발전시키고 변화를 위한 건설적이고 실용적인 제안을 한다면 세상에 큰 공헌을 하게 되리라고 생각합니다. 선생님들께서는 영국 노동당 지도부가 오늘날 의회에서 얻고 있는 힘에 대해 들어보셨을 것입니다. 만약 그들이 제안한 계획이 영국에서 성공한다면, 영국은 러시아가 겪었던 끔찍한 재앙을 겪지 않고도 경제 시스템 전반을 혁명적으로 바꿀 수 있을 것입니다. 오늘날 미국에서 진지한 생각을 가진 많은 사람들, 그리고 다음 세대 젊은이들이 오래된 원칙을 유지하는 가운데 낡은 질서는 바꾸기 위해 많은 고민을 나누고 있음을 알리기 위해 길게 적었습니다. 그들이 그런 생각을 많이 하고 있다는 것은 미래에 더 나은 대안을 찾을 수 있음을 알리는 가장 건전하고 희망적인 신호입니다.

내일부터 새 학기가 시작됩니다. 이제 이 편지를 마치고 다른 편지를 써야 할 것 같습니다. 개별적인 답변을 빨리 보내지는 못하지만, 선생님들로부터 소식을 들으면 항상 감사하고 기쁩니다. 특별히 미스 아펜젤러, 미스 헐버트, 미스 쳐치, 미스 영, 미스 모리스[33]가 보내주신 편지와 크리스마스 인사, 잡지들, 그리고 저를 격려해주시고 매일 일하고 생각하는 데 활력을 주기 위해 보내주신 소식들에 감사드리고 싶습니다. 다른 분들께도 보이지 않는 기도와 따뜻한 마음들에 감사를 전합니다. 하나님께서 저에게 충고, 제안, 꾸지람을 주라고 선생님들에게 말씀하신다면 언제든지 주저하지 말고 그렇게 해주세요, 저에게는 그런 것들이 필요하니까요. 그리고 제가 선생님들을 위해 어떤 식으로든 할 수 있는 일이 있다면 언제든지 말씀해주세요.

저를 위해 해주신 모든 일과 우리 민족을 위해 하고 계신 일들에 깊은 감사를 드립니다.[34]

사랑과 기도를 담아,
김활란

1924년 3월 20일

친애하는 활란에게,

21일 전에 당신이 보낸 짧은 편지가 막 도착했어요. 당신의 바쁜 삶에 공감하며, 지금처럼 잘 해내고 있는 모습에 대단하다는 생각이 들어요. 끊기지 않고 방해받지 않는 두어 시간 정도만 확보할 수 있다면 많은 일을 할 수 있을 텐데, 그런 시간은 좀처럼 오지 않고 해야 할 일이 많다 보니 많은 서신과 온갖 글이 처리되지 못한 채 쌓여 있군요. 우리는 이화를 위해 속기사 겸 경리를 공식적으로 구하고 있고, 모든 친구에게 적합한 여성을 찾을 수 있게 도와달라고 비공식적으로도 요청하고 있어요. 당신이 우리를 도와줄 수 있으면 좋겠어요. 만약 아는 사람이 있다면 그녀의 이름을 토머스 부인에게 알려주세요. 우리가 여기에서 해야 할 일을 제대로 하려면 사무 일을 할 사람의 도움이 꼭 필요해요.

당신을 위해 보고서 전문을 신의경[35]에게 요청했어요. 이 편지에 그 보고서를 동봉할 수 있도록 그녀가 보내주기를 바라고 있습니다. 이제 YWCA 활동에 대한 내 생각을 몇 가지 말하려고 하니, 도움이 되기를 바라요. 훈련된 인력을 확보하기 전에는 진정한 일을 할 수 없으리라 생각하므로, 인력 확보가 가장 우선이자 가장 중요합니다. 신 씨[36]가 당신을 보러 갈 것 같은데, 그 일에 대해 잘 알고 있으니 세부 사항을 알려줄 수 있을 거예요. 그는 며칠 후에 여기를 떠납니다. 뉴욕, 매디슨가, YMCA 앞으로 우편물을 보내면 그가 받을 수 있을 거예요.

상임 지도자를 위한 훈련은 해외에서 이루어져야 하며, 뉴욕 훈련학교가 가장 좋은 선택이라고 생각해요. 우리가 거기에 도우장학금을 요청했으니, Y.W. 사람들이 그 문제에 대해 물어볼 겁니다. 우리는 그 장학금의 규모가 어느 정도인지, 기숙사비와 수업료 모두를 포함하는지, 아니면 수업료만 해당하는지는 모르겠습니다. 하지만 용감한 우리 일행은 그 장학금을 받게 되면 어떻게든 김성실을 그 훈련학교에 보내기로 결정했어요. 아마 다른 분야에서도 이 장학금을 강력히 요구하고 있을 테지만, 우리를 위해 당신이 이 장학금을 꼭 받아낼 수 있기를 바라요. 우리는 장학금을 받을 수 있도록, 그리고 여기의 일을 대표하는 당신을 위해 열심히 기도하겠습니다. 당신의 편지를 읽으니 당신이 정말로 그 총회에 갈 것 같군요. 여기로 돌아올 때쯤에 당신은 총회의 장지문[37]이 될 것 같네요, 그렇지 않아요? 당신이 이 일을 좋아할 것이라고 생각하며, 특히 나의 아주 소중한 친구이자 시카고 총무인 미스 엘리너 리처드슨[38]을 총회에서 만나 이야기를 나누면 좋겠어요. 그녀는 선교사적인 마음을 가지고 있으며, 개인적인 재력은 없지만 우리에게 많은 도움이 될 거예요.

성실이가 다리를 저는 것 때문에 돌아와서 해야 할 일을 할 수 있을지 확신할 수는 없지만, 그녀의 다른 자격들은 모두 뛰어나요. 우리는 체형만 완벽하고 다른 것은 부족한 사람보다, 신체적 장애가 있더라도 올바른 영적·지적·사회적 자격이 있는 사람을 보내려고 해요. 성실이는 아주 건강하고, 건강에 문제가 전혀 없으며, 작년에는 여권용 정부 증명서도 받을 수 있었어요. 그녀는 이화를 떠나 일했던 그해에 훌륭하게 해냈어요. 한국인들이든 외국인들이든 그녀의 능력, 열정, 지도력에 대해 칭찬 일색이었습니다. 그녀가 미국에 도착하면 미국을 잘 받아들이고 친구도 잘 사귈 것이라고 생각하기에, 우리가 제공해야 할 것은 그녀를 위한 뱃삯과 여행 경비뿐이며, 그녀가 그것만으로도 충분히 시작할 수 있으리라 생각해요. 그들이 그녀에게 보장된 정기적인 수입을 원할지도 모르지만, 그것에 대해서는 우리 모두 조금은 힘들지라도 이 일을 시작하려면 그 길밖에는 없다고 생각해요. Y.W. 업무 경험이 없는 사람이 그 일을 할 수는 없을 거라 확신해요. 지금까지 우리는 최선을 다했지만, YWCA의 특징을 보여주는 진정한 사업을 한국에서 진행하고 있다고 하기는 어려운 상황이에요. 그러한 일을 할 사람이 없기 때문입니다. 그 일에 관심을 가지고 있는 사람들 모두가 다른 일에 매여 시간을 내지 못하고 있습니다. 당신도 성실이를 알고 있겠지만, 당신이 여기를 떠난 후로 많이 발전했어요. 김창준은 그의 교회에서 그녀가 했던 모든 일을 생각하며, 그녀로 인해 이화에 대한 자신의 생각이 완전히 바뀌었다고 해요. 전에는 이화의 학생들이 오만하다고 생각했으며, 그렇게 많은 것을 알고 그렇게 유능한지 몰랐다고 합니다. 그래서 지금 우리가 할 수 있는 가장 큰 일은 지도자를 배출하기 위한 훈련이라고 믿어요. 한 사람을 미국으로 보내고 계속 공부하도록 할 돈을 구하는 것은 큰일이지만, 적임자가 가면 그만한 가치가 있지요. 당신과의 경험이 우리에게 다른 사람을 계속해서 보내도록 노력하게 하네요. 그러나 적절한 자격을 갖춘 사람이 없어서 좋은 기회들이 낭비되고 있는 것은 정말 슬픈 일이에요. 이 기회 외에도 미시간대학교 장학금, 오리건의 가정과학과 장학금, 김 앨리스 자리에 음악과 장학금이 있지만, 아무도 갈 준비가 되어 있지 않아요. 우리는 모두 합라가 사랑 문제를 이겨내고 이뤄낸 뛰어난 도덕적 승리에 기뻐하고 있으며, 그녀가 내년에는 갈 수 있기를 바라고 있어요. 한때 그녀가 무너질까 봐 모두가 두려워했지만, 그녀의 더 나은 자아가 이겨냈고, 우리의 진심 어린 기도가 응답을 받았어요.

미국에서 훈련을 받는 것이 최선이지만, 동양에 있는 Y.W.에서 훈련받는 것도 차선책이 될 수 있습니다. 맥라렌 부인[39]이 돈을 마련해 7월에 유각경[40]을 상하이로 보내 한 달간 훈련을 받게 하려고 해요. 미스 딩맨[41]이 그것에 대해 우리에게 편지를 보내왔어요. 그녀는 우리 모두에게 좋은 친구이자 도움을 줄 수 있는 사람입니다. 미스 딩맨을 꼭 만나보세요. 이처럼 우리 일에 관심을 가지고 있는 새 친구들에게 더 자주 편지할 수 있었더라면 우리가 해낼 수 있는 일이 더 많았으리라는 아쉬움이 있습니다만, 그럴 수는 없었어요. 미스 딩맨에게 보내는 편지를 동봉하니, 이 편지를 그녀에게 전해주세요. 우리는 상하이에서 훈련받을 기회가 있어서 매우 기쁘고, 그것이 큰 의미가 있으리라고 생각해요.

지방 지부들은 이번 겨울에 평화롭게 동면하는 듯합니다. 서울이 그들을 위해 모든 것을 해주기를 기대하며, 지금 해주는 것이 충분하지 않다고 불평을 해요. 지난여름 열린 총회에 대한 불평이 있었는데, YMCA에서 열린 간사훈련 수업에 온 사람들에게 우리가 교통비를 지원했지만, 그들은 우리가 식비도 지원했어야 한다고 생각합니다. 지부들은 전국위원회의 일에 아무

기여도 하지 않고 있으며, 대가를 지불해야 할까 두려워서 지방 지부 활성화를 위한 대표자의 방문도 꺼리고 있습니다. 이토록 실망스러운 일들에 대해 전하는 것은 훈련된 지도력의 중요성을 이해시키고자 함입니다. 지방에서 관심을 가지기 전에 먼저 서울에 일종의 모범 지부가 있어야만 제대로 진행이 될 것 같아요. 지부들은 지난여름에 연합했지만, 이는 그냥 형식에 불과할 뿐 누구도 어떤 책임도 지고 싶어 하지 않아요.

서울시 지부가 전국 본부를 시기하여 문제가 있었지만 지금은 훨씬 개선되었어요. 서울시 지부는 약간의 일을 시작했지만, 전국 본부는 월례기도회와 비즈니스 모임을 열고, 여름 총회를 준비하는 것 외에는 별다른 활동을 하지 않고 있어요. 그들이 올해 이화에 오고 싶어 해서, 우리는 그들을 오게 하려고 해요. 지방 사람들이 총회와 관련된 모든 일과 재정적 책임에 감사하지도, 또 도움을 주지도 않아서 너무 안타까워요. 이러한 문제를 해결하려면 현재 우리가 가지고 있는 것보다 더 나은 지도력이 필요해요.

당신이 이 일에 관련된 하계 훈련 과정을 수강하게 되어 매우 기쁘고, 그 과정이 너무 힘들지 않기를 바라요. 내년에 당신이 어디에서 공부할 것인가가 중요한 문제인데, 하고 싶은 일에 가장 잘 맞는 장소와 공부를 찾기 바랍니다. 미스 월터가 당신이 보스턴을 고려하고 있다고 하더군요. 그러면서 더 많은 성경 수업을 듣기를 바란다고 알려주었어요. 성경 수업을 더 듣고자 한다면 보스턴대학교의 종교교육대학이 매우 좋으니, 뉴욕보다는 보스턴이 더 나을 것 같습니다. 당신이 로라[42]와 함께 있으면 정말 좋겠고, 미스 영도 내년에 보스턴에서 공부하고 싶어 해요. 당신이 성경 연구에 관심을 갖고 그것을 전공하고 싶어 한다니 정말 기쁩니다. 미스 트리치먼[43]이 이번 가을에 우리에게 오는데, 그녀는 시카고에서 종교교육 석사학위를 취득했어요. 당신은 그녀와 잘 협력해 일할 수 있을 것이며, 교수법, 즉 요즘 칭하는 말로 교육학도 가르칠 수 있을 거예요. 보스턴에서 1년간 지내는 것이 그 일을 위해 당신에게 가장 잘 맞으리라고 확신해요. 알다시피 여기에는 그것을 위한 수

많은 분야가 있어요.

사무실에서 방문자를 만나는 사이사이에 한 문장씩 썼더니 편지가 일관성이 많이 떨어지네요. 편지를 더 많이 쓰고, 일을 계획하고, 일할 시간을 더 많이 가질 수 있기를 학수고대하고 있어요. 처리하지 못하고 있는 일이 산더미 같은데, 사무 직원에게 맡길 수 있는 정도의 일에 내 시간을 쓰는 것은 잘못된 것 같아요.

최신 뉴스 중에 무엇을 알려주어야 할지 좀 살펴볼까요. 황 에스더가 고등 기숙사의 사감이 될 것이며, 이로써 우리는 모두 예전보다 더 나은 관리가 이루어질 것으로 기대하고 있어요. 김금봉, 그리고 확실치는 않지만 인사라 역시 묵던[44]에 있는 동 목사[45]의 학교로 가요. 전환자, 김엘라, 박순애는 원산으로 가고, 장은화는 추애경이 대학과에 오게 돼서 대신 대구로 가고, 최데이지, 양운삼, 임충자는 공주로 가요. 김노다는 여기에 머물 것이고, 캐서린은 이미 영변으로 갔어요. 우리는 졸업생 일부를 내보내게 되어 기뻐하고 있어요. 애경은 대구에서 이화를 알리는 가장 좋은 광고였다고들 하며, 대구에서 여섯 명의 학생이 와요. 우리는 그 어떤 때보다 큰 상급학교를 운영하게 될 거예요. 첫 대학 반에는 안로라와 외부에서 온 학생 두 명이 들어갈 것이며, 대학예과에는 정신여학교와 다른 학교 출신 학생들이 여러 명 들어옵니다. 지금까지 약 200명이 지원했어요. 미시간대학교에서 석사를 받았고 루퍼스[46] 박사의 추천을 받고 온 조정환[47] 씨가 대학에서 역사를 가르칠 예정이고, 일본에서 온 한 과학 교사가 고등보통학교[48]뿐만 아니라 더 높은 반을 가르칠 것입니다. 매년 더 좋은 자격을 갖춘 한국인 교사들이 생겨나고 있는 것은 이 일에 있어서 가장 고무적인 점이에요. 우리에게 올해는 최고의 해가 될 것이라고 생각해요. 6월에는 이화 동창 주간을 계획하고 있으며, 모든 졸업생이 방문할 수 있도록 노력할 것입니다. 당신도 함께할 수 있으면 참 좋을 텐데요. 우리는 창립기념일을 6월 20일경에 갖게 될 거예요. 당신은 그때 당신의 졸업식을 하고 있을 것 같네요.

1924년 9월 19일 <발신인: 김활란>

친애하는 아펜젤러 선생님께,

사무실을 계속 운영하기 위해 훈련학교[49]에 홀로 남아 있는 미스 스미스에게서 받은 답변을 동봉합니다. 그들 모두가 얼마나 그 학교에 성실이를 데리고 있으면서 도와주고 싶어 하는지 다시 한번 느끼실 수 있을 것입니다. 그리고 이화에 있는 영어를 쓰는 친구들에게 보내는 일반 편지도 동봉합니다. 모든 선교사 선생님들과 영어를 읽을 수 있는 제 한국 친구들에게 이 편지를 돌려가며 읽게 해주시기 바랍니다. 그들에게 한국어로도 일반 편지를 하나 더 쓸 계획이지만, 한동안 쓰지 못할 수도 있으니 그들을 생각하는 마음을 담아 이 편지를 보냅니다.

이제 돌아가서 제가 할 일에 대해 말씀드리겠습니다! 언제 돌아갈지는 아직 모릅니다. 여기에 온 목적을 달성하기 전에는 돌아가지 않으려 합니다. 그리고 돌아가기 전에 이루어야 할 궁극적인 목표에 대해 막 생각을 하기 시작했습니다. 그 일이 3년 내에는 이루어지기를 바랍니다. 하지만 아직 확실히 말할 수는 없습니다.

삶에 관한 과거의 모든 종교 및 철학과 비교해서, 적어도 제가 생각한 삶의 체계, 즉 기독교 철학을 우리 민족에게 소개하고 싶습니다. 그리고 우리 민족이 충분히 생각하여 자신만의 기독교와 실천할 수 있는 이상적인 삶의 철학을 가지도록 돕고 싶습니다. 선생님은 편지에서 오늘날 젊은이들이 성경에 관해 묻는 질문들에 대해 언급하셨지요. 그들이 종교의 본질과 성경의 정신에 중점을 두고 종합적인 사고를 하도록 도우려면 성경보다 많은 것을 공부해야 한다고 생각합니다. 그리고 제가 돌아가서 종교와 삶을 가르칠 때, 영감과 도움의 원천으로 성경만이 아니라 다른 좋은 종교 서적들도 가르치고 싶습니다. 우리의 종교인 기독교가 성경의 말과 글에만 의지하는 것이 아니라, 그 말들 뒤 혹은 너머에 있는 정신에 기초하기를 하나님께서 원하시고 예수님께서도 뜻하셨습니다. 성경 자체를 숭배하는 것은 돈이나 다른 신들을 숭배하는 것과 유사한 우상 숭배와 다를 바 없습니다. 성경에 대한 저의 존경과 관심이 조금이라도 줄어든 게 아닐까 하는 걱정은 잠시라도 하지 마십시오, 오히려 더욱 깊어졌음을 말씀드립니다. 성경은 영감과 올바른 정신의 원천입니다. 인생과 세상의 사실들을 무시한 채 어떤 책이 최고의 권위를 가졌다고 무지한 사람들에게 주장하고 우긴다면, 그것은 정말로 성경의 정신에 어긋나는 것이며 기독교적이지 않은 것이라고 생각합니다. 성경의 진리, 아름다움, 정신은 변호가 필요하지 않습니다. 그것들은 비판과 과학에 직면하여도 여전히 살아 있을 것입니다. 선생님이 제안하신 일을 준비하는 데에는 1년이 더 걸려도 충분하지 않습니다. 더 오래 머물면서 그 주제에 대해 더 깊이 공부해야 한다고 확신합니다. 네, 저는 성경을 가르칠 것입니다. 하지만 그 방식은 이전과 다를 것이며, 선생님이 원하는 방식이 아닐 수도 있습니다. 제 생각이 아직 명확하고 확실하지는 않지만, 그것(성경 연구를 지칭)을 '종교·철학과' 수업의 일부로 삼고자 합니다. 제 생각을 완전히 표현하기 어려운 점이 있지만, 선생님은 제 뜻을 이해해주실 것이라 믿습니다. 물론 그 문제에는 다른 측면도 있지만, 여기에서 언급하지는 않겠습니다. 선생님과 직접 얘기를 나눌 수 있으면 좋겠습니다. 제 생각이 옳지 않다면 저를 도와주시고 지도해주시기를 부탁드립니다.

이제 글을 마쳐야 합니다.

많은 사랑을 담아,

김활란

한국 서울 이화학당
1924년 11월 29일

친애하는 활란에게,

모두가 Y로 농구 경기를 보러 갔지만, 나는 오늘 저녁에 당신과 이야기를 나누고 싶네요. 내 타자기가 자꾸 이상을 일으켜 철자를 제대로 찍을 수 있을지 모르겠지만, 어쨌든 당신이 읽어내리라 믿고 쓸게요.

당신의 9월 19일자 편지를 받고 나서 많은 생각을 하며 기도해왔어요. 솔직히 고백하자면, 그 편지를 받고 크게 실망했어요. 당신이 유럽에 갈 거다, 박사학위를 위해 머물 거다, 신학을 공부할 거다 등등의 다양한 소문을 때때로 들었지만, 나는 직접 듣기 전까지는 그런 소문들을 보통 믿지 않아요. 그리고 지금, 내가 해야 할 말을 어떻게 전해야 당신이 제대로 이해할까 고민하고 있어요. 간단히 말해서, 내가 볼 수 있는 모든 관점에서 볼 때 당신이 석사학위를 받은 후 돌아오는 것이 더 나은 길이라고 생각해요. 김 앨리스는 졸업할 즈음에 1년 더 머물라는 아주 솔깃한 제안을 받았지만, 나는 그녀에게 돌아오라고 강권했어요. 더 많은 것에 대한 갈증은 나아지기는커녕 점점 더 심해지며, 어쨌든 알아야 할 모든 것을 다 배울 수 있는 사람은 아무도 없고, 우리가 배운 것을 우리보다 훨씬 축복받지 못한 사람들과 함께 나누어야 한다고 말했어요. 그녀만이 채울 수 있는 바로 그 명백한 자리로 돌아와달라고 간청했지요. 더 머물 것을 권하는 선생님들의 설득에 그녀는 결정을 내리기 매우 힘들어했지만 결국은 돌아왔고, 나는 그녀가 자신의 결정을 후회하지 않았으리라 생각해요. 그녀는 2년간 자리를 지키며 열심히 업무를 수행하겠다 했고(이제 2년 차에 접어들었어요), 수많은 활동을 이끌고 있어요. 1년 더 떨어져 있었다면 그녀와 민족 사이에 그만큼 많은 시간과 경험의 간격이 생겼을 것이며, 그녀가 불과 2년 만에 돌아왔을 때도 다시 적응하는 데 어려움을 느꼈다고 해요. 미스 영이 이 모든 이야기를 당신에게 전했을 테니 더 상세하게 이야기할 필요는 없겠죠.

성경을 가르칠 준비를 해달라고 당신에게 처음 편지했을 때보다 지금 이곳의 상황은 더 갈급해요. 미스 트리치먼이 건강상의 이유로 한국에 나오지 못하고 있어서, 가능한 가장 나은 선생님들이 성경 수업을 분담하고 있습니다. 당신이 알고 있는 것과 같은 예전 방식으로요. 우리는 물론 당신이 돌아오면 예전 방식으로 가르치지 않아도 될 것이라고 **기대하고** 있어요 — 교육 방식에 대한 걱정은 하지 마세요! 나는 진보적이고 더 나은 방향으로 나아가는 변화를 환영해요. 내가 당신에게 성경을 가르친 적이 있는지는 모르겠지만, 당신은 미스 파이[50]나 미스 헐버트 또는 내가, 당신이 미국에서 공부하며 갖게 된 것과 유사한 관점을 가지고 있음을 알게 되리라고 생각해요. 당신이 이곳에서 인식하지 못했을 수도 있지만, 이 분야의 보수주의자들은 나의 자유주의적 관점 때문에 내가 이 학교에 있는 것이 적합한지 매우 의구심을 품고 있어요! 당신이 도움이 될 만한 일이나 건설적인 일을 하려 할 때 제지하는 이는 아무도 없을 거예요. 학과의 명칭을 무엇으로 할 것인지, 학과를 어떻게 구성할 것인지는 당신이 여기서 일을 시작한 후에 고민해보면 될 거예요. 우리가 노력하고 있으니, 여러 면에서 과거의 학생들과는 전혀 다른 학생들을 만나게 될 겁니다. 당신이 언급했듯이 이 나라에는 성경을 거의 맹목적으로 숭배하는 위험에 빠져 있는 이들이 있지만, 나는 성경을 맹목적으로 숭배하지 않아요. 하지만 성경 공부만큼 매우 직접적이고 실질적으로 영적인 진리를 전달할 다른 방법이 없다는 것도 알고 있어요. 내가 이 학교에 있는 동안은 학교에서 항상 성경을 가르치길 바라요. 철학은 성숙한 지성의 학문이지만 지금까지는 우리 중 누구도 철학을 가르치도록 훈련받지 않았기 때문에 교과과정에도 포함하지 않았어요. 이제 철학을 가르칠 자격을 갖춘 사람들 — 취리히에서 박사학위를 받은 이 박사, 우리 교수 중 안동원 씨와 조 씨 등 — 이 몇 분 있어서 아마도 이번 봄에는 철학을 교과과정에 포함할 준비가 될 거예요. 모두가 철학을 전공한 것 같아요. 그러나 **당신이** 뛰어난 점은 오직 여성으로서, 한국인으로서, 자라나는 세대의 삶의 중심에 꼭 맞게 들어가 가르침을 줄 수 있다는 것입니다. 이 세상과 다음 세상에 의미를 부여하시는 예수 그리스도를 기쁘고 자유롭게 평생 섬기도록 인도할 수 있는 능력은 당신만이 가질 수 있는 큰 특권이니, 부디 너무 늦어서 이 기회를 놓치지 않기를 바랍니다.

당신은 2년 더 거기에 있는다고 해도 큰 차이가 없을 것이라고 생각할 수도 있겠죠. 당신이 돌아오기를 촉구하는 내가 극단적이라고 생각할 것 같아요. 어쩌면 당신은 한국 최초의 여성 박사가 되면[51] 2년 더 근무하는 것 이상으로 도움이 될 것이라고 주장할지도 모르겠습니다. 우리는 학문을 중시하므로, 이 일을 할 다른 사람이 있다면 당신에게 이렇게 간청하지 않을 거예요. 하지만 다른 사람이 없으며, 고등보통학교 1학년 이상의 학생들 400명이 당신을 필요로 해요. 물론 준비가 부족하다고 느끼고, 탐구하지 못한 진리의 세계가 앞에 있다는 것을 깨달았다는 사실은 당신이 무엇인가 배웠음을 의미하겠지요. 그러나 배움과 생각은 상대적일 뿐이며, 당신이 이루려는 목표는 달성할 수 없는 것입니다. 우리 각자는 계속 나아가면서 배우고, 자신이 가지고 있는 것을 통해 최선을 다해야 해요. 만약 당신이 돌아와서 5년 동안만 가르친다면, 이후 박사학위를 받기 위해 돌아갈 수 있도록 힘닿는 데까지 도울 것을 약속해요. 그동안 당신은 필요한 자료들을 수집하게 될 것이고, 당신이 하는 일은 민족에게 진정한 가치를 줄 것입니다. 만약 지금 그곳에 머문다면 당신의 민족이 아닌 **다른 사람들과** 접촉한 후 마음속에 떠오른 것에 힘쓰게 될 텐데, 결국 당신이 이 모든 일을 하는 것은 민족을 위함이 아닌가요. 공부를 계속하고자 하는 바람은 개인적인 교양이나 성장을 위해서가 아니라 공부를 통해 섬기기 위해서죠. 상황을 이해한다면, 어렵지만 영감을 주는 이 자리에 다시 끌리리라 생각해요. 미스 트리치먼이 한국에 헌신하기로 마음먹은 것도 당신의 영향이었어요. 이제 미스 트리치먼을 필요로 했던 것과 똑같은 필요가 당신을 부르고 있어요.

물론 이곳으로 돌아와서 종교교육을 가르치려면, 아마도 2학기에 당신이 수강할 과정을 변경해 좀 더 실용적인 과목들을 수강해야 할 수도 있어요. 초급 독일어는 졸업 학점을 채우기도 힘들고, 또한 어려운 언어이므로 (13년간 독일어를 가까이한 내 경험에서 이야기하는 거예요) 그보다는 더 많은 것을 얻을 수 있는 다른 과목을 고려하는 것이 좋겠습니다! 좋은 성경 과목들과 종교교육 이론 과목들을 수강할 수 있기를 바라요.

아무래도 마치기 전에 요약해보는 것이 좋겠어요. 1. 당신이 더 오래 떨어져 있을수록 변화하는 이 민족과 점점 더 멀어지게 됩니다. 신 씨는 불과 몇 달 만에 많은 것이 빠르게 변화한 것을 보았대요. 2. 이화에는 이 일을 할 사람이 없어요. 대학은 이번 봄에 정식으로 인가받기를 바라고 있으며, 모든 것이 앞으로 나아가고 있으므로 당신의 전문적인 도움이 꼭 필요해요. 3. 석사학위뿐이라 아는 것이 많지 않다고 느낄 수도 있지만, 당신은 석사학위를 가진 첫 한국 여성이 될 것이고, 이 일에 누구보다 적합한 자격을 갖추게 될 거예요. 4. 합리적인 근무 기간을 채우고 모든 상황이 괜찮아지면 당신이 학업을 이어갈 수 있게 지원을 아끼지 않겠습니다. 우리는 당신이 공부할 기회를 가질 자격이 있다는 것을 알고 있으며, 언젠가 박사학위를 취득해야 한다고 믿고 있어요. 그때쯤이면 당신은 정신적으로나 영적으로 재충전하기를 원할 거예요. 당신의 지인들, 하 씨 부인, 신 씨, 양 씨, 김 씨만 생각해도 알 수 있겠지만, 여기에 정말로 "온" 사람들은 더 나은 기회를 얻는 일에 어떠한 방해도 받지 않아요. 그때가 되면 당신은 더 성숙해질 것이고, 자신과 민족 모두를 위해 모든 면에서 자신의 일을 더 가치 있는 일로 만들 수 있을 거예요.

한 가지 더, 우리가 당신에게 **완전히** 공감하고 있다는 것을 다시 한번 확인시켜주고 싶어요. 2년간 이곳에서 멀리 떨어져 지내며 학문적인 분위기 속에서 갖게 된 당신의 현재 관점은 자연스러운 거예요. 당신을 신뢰하며,

당신이 진심으로 무엇이 최선인지 알고자 진지하게 노력하고 있다는 것을 알아요. 우리가 다르다는 것은 우리가 서로 이해하지 못한다는 의미가 아니라, 단지 여러 가지 것들을 접하면서 이 상황과 필요를 직시하고 있다는 의미예요. 나는 당신이 충분히 열린 마음을 가지고 있으니 이 호소에 귀 기울이고 가장 현명한 결정을 하리라 믿어요. 우리는 최대 다수의 최대 행복이라는 관점에서 이 주제를 보려고 노력하고 있으며, 당신도 그렇다는 것을 알아요. 당신에게 이와 같은 편지를 쓰는 것은 내 개인적인 견해를 전하려는 것이 아니라, 당신이 새로운 시대의 교사가 될 수 있도록 적절한 시기에 돌아오기를 간절히 바라는 모든 외국인 교수 그리고 이화 이사회의 지지를 전하려는 것입니다.

당신의 석사학위가 한국에서 우리가 하는 일이나 앞으로 수 년간 할 가능성이 있는 모든 일을 당국의 기준에 부합하게 만들어줄 자격이 될 거예요. 큰 관심과 걱정 속에 답변을 기다릴게요. 당신의 내년 여름 귀국 여부에 따라 이화가 어떻게 달라질 것인지 당신은 상상조차 하지 못할 거예요.

당신이 내 고향 이웃에 머물면서 내 교회 친구들을 만나고 있어 기뻐요. 밀러스빌[펜실베이니아주]의 학교에 다니는 친구들이 있을 때 나는 그곳에 자주 가곤 했어요. 하지만 보스턴도 내 고향이라고 느낍니다. 그 소중한 옛 장소를 알았던 것이 기쁘고, 나처럼 당신도 그곳을 좋아하기 바라요. 나의 웰즐리[52]에 꼭 가보겠다고 약속해줘요. 영문과 과장인 미스 하트에게 보내는 소개장을 동봉해요. 어쩌면 그녀가 여기에 왔을 때 당신이 만났을 수도 있어요. 미스 하트는 나의 소중한 친구로, 동양 학생들에게 특별한 관심이 있으니 당신을 위해 할 수 있는 모든 일을 해줄 거예요. 나의 또 다른 친구인 총장 미스 펜들턴, 성경학과 과장 미스 켄드릭도 여기에 온 적이 있습니다. 음악과의 맥도걸 교수 역시 나의 진정한 친구예요. 당신이 이 사람들을 활용하면 정말 좋겠어요. 이 이야기는 로라에게도 해당하니 웰즐리에 갈 기회가 있다면 나를 꼭 언급해주세요. 나는 1909년에 졸업했고, 여동생 아이다[53]는

1914년에 졸업했으니 정말 먼 옛날이군요. 웰즐리대학이 이 오래된 세상 속에서 가장 아름다운 곳 중 하나가 되는 5월이나 6월에 당신이 방문할 수 있으면 좋겠어요.

동봉한 것은 미스 영에게 주세요. 즐거운 성탄절과 최고의 새해가 되기를, 그리고 새해에는 당신이 우리에게 돌아오기를 소망해요!

변치 않는 사랑으로,

A.R.A.

교장 이임식 당시 아펜젤러와 김활란(1939년)

1925년

매사추세츠, 보스턴, 동 뉴턴로 11 <발신인: 김활란>

1925년 1월 4일

친애하는 아펜젤러 선생님께,

뉴욕에서 즐거운 시간을 보내고 돌아왔을 때 선생님의 11월 29일자 편지를 받았습니다. 뉴욕에서의 시간이 아주 즐거워서 우리는, 아니 적어도 저는 잠시 제가 김활란이라는 사실을 잊었던 것 같습니다. 뉴욕을 떠나와야 할 때는 무척 아쉬웠습니다. 이와 관련된 이야기들은 다른 분들이 전해주실 것이라 믿습니다. 그래서 더 긴급하게 이야기해야 하는 문제, 즉 우리의 일에 대해 말씀드리려고 합니다.

돌아가서 제가 이전에 보낸 편지를 보고 선생님이 왜 제 편지에 그렇게 실망하셨는지 짐작해보면 흥미로울 것 같습니다. 실망시켜드린 것에 대해 진심으로 사과드리며, 그런 의도는 전혀 아니었습니다. 그러나 그것은 과거의 일이고, 과거에 대해 푸념하기보다는 미래에 관해 이야기하고 기대하는 것이 더 많은 도움이 될 것입니다. 어쨌든 제가 마땅히 되어야 했던 그런 사람이 아니게 비쳤다면 용서를 구하고 싶습니다.

저는 내년 6월에 학교를 마친 후 가능한 한 빨리 고국으로 돌아갈 것입니다. 이런 결정을 내리게 된 주된 이유는 최근 집에서 온 편지였습니다. 이 세상에 머무실 수 있는 날이 많이 남지 않은 부모님이 저를 몹시 필요로 하십니다. 이 사실을 알게 되었을 때, 더는 미국에 있을 이유를 찾을 수 없었습니다. 특히 아버지는 제게 많은 기대를 가지고 계셔서 집의 상황에 대해 모두 말해주지 않으십니다. 모든 것이 괜찮다고만 말씀하시면서 제가 미국에 있기를 아직도 원하십니다. 그러나 오빠는 아버지의 바람과 달리 제가 돌아오기를 바라며 상세한 상황을 편지에 써서 보냈습니다. 그래서 저는 돌아가 부모님을 돕기로 결심했습니다. 제 결정에 영향을 준 두 번째 요인은 미국에 몇 년 더 머물겠다는 생각에 대한 많은 **진실된 친구들의** 강력한 반대 의견이었습니다. 그래서 구할 수 있는 가장 빠른 배를 타고 여름에 돌아가려고 합니다.

이제 제 계획에 대해 말씀드리겠습니다. 미리 돌아가서 학교 전체에 걸쳐 다양한 학년을 위한 과목을 준비하려고 합니다. 그것이 어떤 성격을 띠게 될지는 모르겠습니다. 그러나 성경이 그 계획의 가장 큰 부분을 차지하게 하고 싶습니다. 학교에서 저를 도와줄 수 있는 가장 적합한 분을 찾을 예정입니다. 계획이 구체화되는 대로 다시 알려드리겠습니다. 그런데 각 학년에 이 과목들이 몇 시간씩 배정되는지 알고 싶습니다. 그리고 보통학교, 고등보통학교, 대학예과 및 대학과에는 몇 개 학년이 있는지요? 또한 학교가 학과 수업에 필요한 참고 서적을 구입할 수 있는지 여부도 알고 싶습니다. 지금 생각하기로는, 다음 학년도가 끝나는 1926년 3월까지는 기존 과목을 유지하는 것이 최선일 것 같습니다. 그러면서 한편으로는, 앞으로 가르칠 교사들이 모여 공부하고, 필요하다면 전체 계획을 수정해 그다음 학년도부터 시행하면 될 것입니다. 그렇게 하면 더 성공적일 것 같아요. 제가 알아야 할 또 하나의 사항은 각 학기가 몇 주인지입니다. 제가 추측해볼 수 있고 크게 틀리지는 않겠지요. 그렇지만 정확한 정보를 주실 분이 계실 때 그런 불확실한 작업은 불필요하겠지요.

교사들 중 몇 분이 철학을 가르칠 수 있으시다면, 교과과정에 단 몇 시간만이라도 철학을 포함시키는 것을 권장드립니다. 잘만 가르친다면 철학 과목은 다른 어떤 과목보다도 학생들의 사고의 폭을 넓힐 것입니다.

우리는 뉴욕에 있는 동안 성실이를 만나보았습니다. 성실이는 제가 마지막으로 본 이후 아주 많이 발전해 있었습니다. 그녀는 우리에게 그곳 상황에 대한 매우 귀중한 최신 정보를 전해주었습니다. 우리는 그녀가 사랑받고 있으며, 보살핌도 잘 받고 있다는 것을 알 수 있었습니다. 성실이는 저에게 한국에 있는 협회[YWCA]에서 보낸 100달러에 대해 이야기했습니다. 그녀는 여비에 필요한 것이 아니라면 그 돈을 돌려보내야 한다는 것에 대해 명확하게 이해하지 못했던 것 같았습니다. 그리고 그러한 이해가 없다면, 이곳에 있는 사람들이 그녀에게 드는 남은 비용 전부를 충당해야 한다는 점에 미루어, 그녀로서는 그 돈을 돌려보내는 것이 불가능할 것입니다. 성실이를 어머니처럼 돌봐주는 미스 라이스에 따르면, 만일 성실이가 그 돈을 돌려보낸다면 다른 사람에게 도움을 요청하기가 매우 어려워질 것이라고 합니다. 협회가 그렇게 많은 돈을 포기하는 것이 매우 어려우리라는 것을 알지만, 그 돈이 다른 방향으로 백 배는 더 큰 가치를 만들어낼 가능성도 있습니다.

시간이 늦었는데 아직 쓸 편지가 많이 남아 있어서, 이제 작별 인사를 드려야 합니다. 가족 모두에게 안부 전해주시고, 칸로[54] 선생님에게 카드 보내주셔서 감사하다고 전해주세요. 모리스 선생님에게도 저를 대신해서 감사를 표해주시고 곧 편지 드리겠다고 전해주세요. 모리스 선생님의 선물을 적시에 받아서 성탄절 연휴에 공작새처럼 돌아다닐 수 있었습니다.

이 편지가 선생님에게 빨리 날아가서 저에 대한 불필요한 걱정이 해소되길 바랍니다.

언제나 많은 사랑을 담아,

김활란

추신. 동봉한 카드 감사합니다. 떠나기 전에 웰즐리에 잠깐 가보겠습니다.

그곳은 선생님의 학교이기도 하고 여학교이기도 해서 항상 가보고 싶었던 곳입니다. 그리고 제가 대학 성경 과목을 영어로 가르쳐야 하는지 여부도 알고 싶습니다.

서울, 1925년 3월 29일

친애하는 활란에게,

이 편지는 내가 바란 것보다 훨씬 더 늦어져서, 당신에게 편지를 쓰기 위해 오늘은 교회에 가지 않고 집에 있어야겠어요. 비서의 도움을 받게 되기 전에는 이런 문제가 항상 생기지 않을까 걱정이 돼요. 꼭 맞는 사람을 찾도록 도와주세요. 새롭게 발전한 사항들이 많아, 지금 이곳에 해야 할 일이 얼마나 많은지 정말 상상도 할 수 없을 거예요. 전문학교 등록이 진행 중이고, 시험도 치러지고 있으며, 과목들이 조정되고 있습니다. 그리고 한 달 안에 모든 공문서에 서명을 받길 바라고 있어요. 당신이 관심을 가질 만한 사항을 자세히 말해주고 싶지만 그럴 수가 없어서, 이번에는 가장 중요한 부분들을 설명하는 것만으로 만족해야겠어요.

당신의 소중한 1월 5일자 편지는 우리 모두의 마음에서 커다란 먹구름을 걷어냈어요. 내 유일한 후회는 당신에게 상처를 주는 글을 썼다는 거예요. 절대 의도한 바가 아닙니다. 이곳의 가족들도 그 편지를 보내기 전에 읽어보고 괜찮다고 했거든요. 당신이 오는 편이 더 낫다고 생각한 이유를 당신이 알아주었으면 했던 것뿐이에요. 당신의 가족이 돌아오기로 마음먹게 한 새롭고 강력한 이유인 것 같네요. 이 결정을 절대 후회하지 않을 것이라고 확신해요. 당신이 보냈던 편지와 내가 썼던 답장을 가지고 있으니, 원한다면 돌아온 다음에 읽어볼 수 있을 거예요. 우리는 종종 의견이 다를 수도 있지만, 항상 같은 목적과 같은 마음을 갖고 있으니 나머지는 중요하지 않다고 생각해요.

이번 학년도에는 기존의 성경 과목들을 계속 가르치자는 당신의 생각이 좋은 것 같아요. 대학과와 유치원사범과와 음악과의 수업 연한이 달라 교과과정을 다시 짜야 해요. 현재 교과과정은 다음과 같아요.

보통학교	–	6년	–	주당 3시간, 약 40주
고등보통학교	–	4년	–	주당 3시간, 약 40주
문과[55]	–	5년	–	주당 2시간, 약 40주
음악과[56]	–	4년	–	주당 2시간, 약 40주
유치원사범과[57]	–	2년	–	주당 2시간, 약 40주

대학 문과, 음악과, 유치원사범과 등에서 몇몇 과목은 처음에 함께 가르쳐야겠지만, 각 과는 자기 학생들에게 맞는 성경 과목을 자체적으로 두어야 한다고 생각해요. 당신이 성경 과목을 영어로 가르칠 필요는 없지만 학생들은 영어로 된 참고 서적들을 사용하게 될 것이고, 점점 더 많이 읽도록 권장해야 합니다.

당신이 좋은 참고 서적 목록을 가지고 있기를 바라지만, 책을 살 여윳돈이 사실 많지는 않아요. 필요한 책들이 어떤 것인지 알고 오면, 여기에 도착한 후 부족한 책은 여기에서 주문하는 것이 좋을 것 같습니다. 내가 올 때 책 몇 권을 가져왔는데, 특히 켄트의 여섯 권짜리 책 『역사적 성경』[58]을 가지고 와서 현재도 이 책을 사용하고 있어요. 지금 우리 도서실[59]에는 역사에 관한 좋은 참고 자료가 많이 있으며, 꾸준히 도서실 서가를 더 많은 책으로 채우고 있어요. 『헤이스팅스 성경사전』[60]을 소장하고 있는데, 광고에서 본 그의 새로운 책 『성경 백과사전』도 소장할 수 있으면 좋겠어요. 그렇지만 당신이 여기에서 책을 주문해도 똑같이 만족스러우리라 생각해요. 우리의 뉴욕 사무실에 있는 미스 에이미 G. 루이스와 항구적인 조정을 해놓아서, 책이 아주 빨리 도착하고 때때로 그녀를 통해 할인을 받기도 합니다. 우리는 학생들에게 교재를 사라고 권장하고 있으며, 실제로 상당히 많이들 사고 있어요. 나는 여윳돈으로 80달러어치의 책을 사서 왔어요. 우리는 도서실 업무에 대한 선물로 새 『브리태니커 백과사전』[61]을 막 받았어요.

YWCA를 사랑하는 우리는 모두 당신이 돌아오기를 학수고대하고 있습니다. 특히 여름 총회 개최에 대해 당신에게 기대를 걸고 있어요. 여름 총회가 어디에서 열릴지는 아직 완전히 결정되지 않았지만, 날짜는 언제나 8월 말이었어요. 우리에게는 당신의 조언과 경험이 필요하며, 당신은 당신의 모든 시간을 요구받게 될 거예요. 맥라렌 부인은 여전히 우리가 기둥처럼 의지하는 사람이에요. 심장에 문제가 있어서 많이 다니지는 못하지만, 우리는 그녀에게서 항상 영감을 얻어요.

우리는 성실에게 우리의 금전적인 어려움을 알리지 않았어야 했어요. 그녀에게 100달러를 돌려달라고 요구하려던 것은 절대 아니었어요. 사실 그중 30달러는 증기선 회사로부터 받은 것이니 우리의 빚은 70달러 남은 것이며, 그것도 언젠가 분명히 갚을 수 있을 것입니다. 내가 미스 라이스 혹은 미스 애덤스에게 편지를 썼으니 지금은 그들이 이 상황을 모두 이해하리라 생각해요. 이번 주에 그들에게서 그 100달러를 받았어요. 환전으로 인한 엄청난 손실 때문에 400엔 정도의 빚이 생겼지만 우리 사람들이 최대 한도까지 돈을 모아준 상황이라 여기에서는 더 이상 모금을 할 수가 없었어요. 그래서 나는 그 빚을 개인적인 것으로 간주하고, Y.W.에 관심이 있는 몇몇 부유한 친구들에게 편지를 썼어요. 누구에게서든 돈이 오면 빚을 갚을 수 있을 거예요. 그들이 그토록 많은 일을 해주고 있을 때 그 돈에 대해 언급한 것은 잘못이었다고 생각하지만, 나는 성실이 개인적으로 돈을 좀 받아서 일부를 갚을 수 있지 않을까 생각했어요. 그녀는 분명히 그 돈에 대해 걱정했고, 그래서 그들이 돈을 보냈지요. 나는 최선을 다해 갚겠지만, 지금 우리에게는 돈이 전혀 없어요. 돌아와 보면 어떤 상황인지 알게 될 거예요. 예산조차 매우 감당하기 어렵고, 당연히 있어야 할 비서조차 고용할 수 없어요. 하지만 당신이 우리를 도우러 올 때를 기다리고 있어요! 당신이 돌아와야만 하는 또 다른 이유예요! 새로운 이유를 매일 생각해낼 수 있네요.[62]

미스 월터와 미스 밴플리트[63]가 여러 학생에게서 온갖 좋은 소식을 가지고 왔어요. 비록 1년일지라도 미스 월터가 평양에 가게 된 것은 유감이지만, 어떻게든 최선의 결과가 나오기를 바라요. 지금은 대학을 분리하는 시기이므로 내년까지 반드시 그녀를 되찾아 와야 해요. 밴은 언제나처럼 사랑스럽고 우리에게 새로운 생기를 불어넣고 있어요. 다른 분들도 모두 돌아오면 우리는 노쇠한 말처럼 일에서 물러나 앉아 당분간 여러분이 이끌어가는 모습을 지켜보고만 싶을 것 같아요! 미스 쳐치와 미스 헐버트는 휴식이 많이 필요하고, 미스 칸로는 처리할 업무가 너무 많아 힘들어하는 것이 보이고, 미스 브라운리[64]는 건강이 좋지 않아요. 나는 여전히 강인하지만, 조금 천천히 일하는 게 나을 것 같다고 느끼게 만드는 작은 신호들이 나타나, 이번 여름에는 중국에 가서 진정한 휴식을 취해보려고 해요. 여기에 있는 동안에는 일을 덜 하는 것이 불가능하니까요.

이제 미스 영에게 편지를 써야 하므로, 당신과 로라에게 끝없는 사랑을 보내며 이 편지를 마치려고 해요. 우리는 두 사람을 아주 자랑스럽게 여기며, 이 행복하고 바쁜 곳으로 돌아오기를 간절히 바라요. 우리는 정말로 여러분이 꼭 필요해요.

편지를 마치기 전에 덧붙여야 할 말은, 우리가 중재위원회에 당신의 월급을 인상하도록 요청해줄 것을 건의했지만, 중재위원회는 그렇게 하면 미국에 갔다 온 사람과 여기서 교육받은 사람 사이에 너무 큰 격차가 생길 것이라 판단해 급여 인상을 요청하지 않기로 했다는 것이에요. 따라서 예산은 연간 600달러로 책정되었고, 당신의 월급은 100엔이 될 거예요. 생활비로 20엔까지는 들지 않을 것이므로, 비율로 보면 선교사들보다는 조금 더 여유가 있을 것입니다. 물론 다른 여러 측면도 있을 것이고 금전적인 문제는 언제나 까다롭지만, 현재로서는 이것이 우리가 할 수 있는 최선이라는 것을 알아주면 좋겠어요. 확실히 나중에는 더 많은 급여를 받게 될 거예요. 우리는 김 앨리스에게 매달 예산보다 10엔씩을 더 지급하고 있어요. 1년 전에 그 자리에 있던 모든 선생님에게 그만큼 월급을 올려줬기 때문이에요. 급여 목록이[65]

1925년 5월 2일[66]

친애하는 조지아[67] 언니께,

언니는 늘 **매우** 상냥하라고 하시지요! 성탄절 선물을 두 개나 받고도 감사 인사를 하지 않은 제가 상냥하다고는 생각하지 않으실 것 같아요! 제가 철저히 사업적인 관계에 있는 지역 사람들과 어려운 사람들에게 편지를 쓰는 동안, 정작 제 진짜 친구들에게는 소홀하게 되어 그들을 가장 오래 기다리게 만드는 것 같네요. 친애하는 미스 프라이가 이야기한, 다락에 뚜껑 문을 설치하고 나서 올라간 뒤 사다리를 끌어 올려버리는 것에 대한 농담을 자주 생각하곤 해요. 몇 달 동안 책상 위에 언니 편지와 같은 편지들이 쌓여 있었지만, 답장을 쓸 기회가 없었어요. 오늘은 쉬기 위해 다른 집으로 도망쳐 와서 친구들 몇 명에게 소식을 전하고 있어요. 언니가 "쉴 때는 아무것도 하지 마"라고 했던 말을 기억하고 있어요. 그 말을 따를 수 있다면 아주 훌륭한 명령일 테지만, 저는 좀 더 지쳐버린다면 모를까, 아직 그 정도의 여유는 없어서 쉴 때 편지를 읽거나 쓰고 있어요. 양심이 아주 조금이나마 더 가벼워지는 것이 가장 큰 기쁨이에요.

우리에게 편지와 초콜릿 돈[68]을 보내주셔서 정말 감사했어요. 미스 마커[69]가 그것을 가져와서, 저는 만수[70]에게 그의 몫을 주었고 그는 매우 기뻐하며 고등학생 딸에게 신발 한 켤레를 사주었어요. 그런데 애석하게도! 그 신은 다음 날 도둑맞았어요 — 알다시피 집에서는 신발을 벗어 문 밖 댓돌에 놓아두어야 하잖아요. 만수는 언제나 그렇듯 소중한 사람으로, 그와 함께 5월 29일과 30일에 이화 40주년을 축하하는 야외극을 준비하고 있어요. 이 극에 대해서는 상세한 보고가 있을 것이므로, 언니도 곧 아시게 될 거예요. 극은 우리 학교의 역사 전반을 다루게 될 예정이고, 미스 프라이의 이름도 명예의 전당에 오를 거예요. 토머스 부인과 웰치 감독님 부부가 오기로 되어 있는데, 토머스 부인은 이미 지금 한국의 북쪽 지방에 와 있어요. 만수 이야기로 돌아가 볼게요. 사랑스러운 작은 루시는 1월에 만수가 '마지막 아기가 될 것'이라고 공언한 아이를 낳다 거의 죽을 뻔했어요. 그녀는 고통을 견딜 힘이 없었고, 그 후 몇 주 동안 병원에서 심하게 앓았어요. 하지만 간신히 회복해 사랑스러운 대가족 — 그녀에게 정말 헌신적인 아들들과 딸들 — 과 함께할 수 있었고, 졸업식 날에는 세 자녀가 졸업하는 것을 보러 올 수도 있었어요. 마거릿은 대학과를, 샬럿은 "고등"(고등보통)학교를, 지넷은 보통학교(6년)를 졸업했어요. 마거릿은 지금 2년제 음악 과정을 밟기 위해 학교로 돌아왔어요. 그녀는 아름다운 소녀로, 구혼자들이 열렬히 따라다니고 있어서 그녀의 아버지가 결혼시키기 적당한 시기가 될 때까지 그들을 막느라 고생하고 있어요. 사무엘은 배재에서 마지막 학년이고 운동에 열심이에요. 만

수가 언니에게 편지를 쓰겠다고 했는데, 제가 기다렸다가 받아서 이 편지와 함께 보낼까 합니다만 오래 기다릴 수 있을지는 모르겠어요.

언니가 다른 엽서들도 받으실 수 있도록 조치할게요. 그것들을 좋아해주시니 정말 기뻐요. 엽서들을 보면 그 장소에 대한 좋은 기억이 떠올라요. 미스 힐먼[71]은 심장에 문제가 생겨서 몇 개월 동안 아팠지만, 지금은 길 건너 그레이하우스[72]에서 지내며 창밖으로 이화 전경을 즐기고 있어요. 우리는 김활란과 로라와 메리 영이 돌아오기를 매우 간절히 기다리고 있는데, 그들이 올 때까지 버티는 것이 정말 어려워요. 새로 등록되는 대학에 정규 음악과가 생기게 되어서 특히 음악을 가르칠 인력이 부족해요. 등록 서류들이 곧 승인을 받게 되리라고 생각하고 있어요. 우리에겐 거의 100명의 유치원생이 있고, 그 위로 약 730명의 학생이 있어요.

저는 일요일에 블랜치 베어[73]와 함께 지내고 있는데, 언니에게 편지를 쓰고 있다고 말했더니 특별히 자신의 안부를 전해주길 부탁하네요. 그녀는 서울에 있는 복음주의 사회복지관에 임명되었는데, 그 복지관은 도시 한복판 매우 좋은 위치에 있는 아름다운 신축 건물이에요. 그녀는 기혼 여성 및 나이 든 여성을 위한 학교를 담당하고 있으며, 그 외에도 온갖 다양한 사회봉사 업무를 하고 있어요.

우리는 미스 프라이의 생일에, 그녀를 아직 기억하고 있는 대학과 학생들과 여선생들을 초대해서 늘 하던 사탕 뽑기를 했어요. 언니가 보내준 돈으로는 새해에 특별한 잔치를 했고 그들이 매우 기뻐했답니다. 언니는 학교의 주요 행사에 대한 정보를 알려주는 일반 편지들을 계속 받고 있겠지요? 학교는 이제 바쁘고, 즐겁고, 또 규모가 상당히 큰 학교가 되었어요.

위생 상태에 대해 물어보셨는데, 결핵이 왜 이렇게 유행하는지 궁금하시죠. 아마 예전에는 충분히 따뜻한 환경을 제공하지 못했기 때문일 거예요. 가엾은 나이 든 파이어티[74]는 여기에 있었던 그 마지막 겨울에, 우리가 늘 그럴 수밖에 없었듯이 추운 교실에서 가르치다 지독한 감기에 걸렸고, 그 감기를 떨쳐낼 수 없었어요. 이제는 훨씬 더 일정한 온도를 유지하고 있어서 학생들과 선생들 모두 건강해지고 있어요. 그래서 이렇게 개선된 환경을 유지하는 것이 그만한 가치가 있음을 알게 되었지요. 미국에 두 아들이 있는 나이 드신 소중한 간호사 한나[75] 외에도, 이제 상주 여의사가 한 명 더 있어요.

저는 정말로 캘리포니아에서 언니에게 편지를 쓰려고 했어요. 그 귀중한 씨앗을 보내주셔서 감사했어요. 씨앗은 유명한 정원사인 미스 마커에게 줬는데, 잘 자랐는지는 아직 듣지 못했네요. 그녀는 이번 달에 안식년 휴가를 떠나요. 그간 너무 지쳐 보였던 그녀가 휴가를 가게 되어 기뻐요.

마거릿 노이즈 스키너를 다시 만나면 저의 사랑을 전해주시고, 저에 대해서도 얘기해주세요. 다음에 그녀의 남편이 서울에 오게 되면 저를 방문해주시길, 이화 근처로 그의 일행을 안내해주시길 바란다고요. 서울에서 이곳보다 더 흥미로운 곳을 볼 수는 없을 거예요.

저는 미스 프라이의 것이었던 코로나 타자기로 글을 쓰고 있어요. 사무실

이화학당 대학과와 고등보통학교 교직원들(1924년)

에서 이 타자기를 계속 사용하고 있는데, 너무 익숙해져서 이제 제 언더우드 타자기는 사용하지 않아요. 지금 이 타자기는 정밀검사가 필요하고 키들이 불규칙해 수리가 필요하지만, 그래도 이 타자기를 가지고 다닐 수 있어서 좋아요. 이번 여름에는 미스 쳐치와 함께 즈푸[76]에 갈 계획인데, 학교 편지들을 쓰기 위해 이 타자기를 가지고 가려고 해요.

김 앨리스는 미국에서 만난 훌륭한 한국인과 6월 1일에 결혼할 예정이에요. 그는 김 앨리스를 따라 한국으로 돌아와, 지금 세브란스에서 엑스레이 찍는 일을 하고 있어요.

이제 글을 마쳐야 해요. 르수드 씨, 그리고 이제는 알아볼 수 없을 정도로 자랐을 온 가족에게 안부를 전해주세요. 여름 잘 보내시고 모두 건강하시기를 바라요. 많이 사랑하고 자주 생각합니다.

사랑을 담아,

앨리스 R. 아펜젤러

미스 프라이의 물건들은 마음에 드셨는지요? 언니 집에 잘 어울리나요? 놋제품은 미스 마커가 가져갑니다.

Letters of Alice Appenzeller

3장

전문학교Ewha College 인가를 받다

1925년

1925년 6월 24일

친애하는 그레이 부인[1]께,

부인께서 기부해주신 대학 부지를 실제로 구매한 후, 이 몇 달 동안 저는 부인께 보내드릴, 또 새 대학의 기록 보관소에도 보관할 일종의 부지 기부 및 구매에 관한 진술서 같은 것을 쓸 시간을 기다려왔습니다. 저의 하루하루는 매 순간 반드시 따라야 하는 명령처럼 보이는 일들로 가득 차 있습니다. 비서의 도움 없이 서신을 관리하는 것이 얼마나 어려운 일인지 실감하게 되었습니다. 이 아름다운 계곡이 어떻게 "여자기독교대학"의 소유가 되었는지에 대한 설명을 동봉합니다. 너무나 낭만적인 이야기 아닌가요? 현지 신문들에 실린 이 구매에 대한 기사들을 모아놓았지만, 편지도 없이 이 기사들만 보내고 싶지는 않았습니다. 요청하신 대로, 이 구매와 관련하여 부인의 성함은 결코 언급되지 않았습니다. 그렇지만 이 진술서는 출판을 위한 것이 아니라 단지 기록을 위한 것이기에 부인의 성함을 넣었습니다. 언제든 성함을 사용해도 좋다고 동의해주시면, 우리는 여성을 위한 연합대학을 시작할 수 있게 한 친구들이 누구인지 사람들에게 매우 기쁘게 알릴 것입니다.

동봉된 재무제표는 우리가 해온 일들을 보여줄 것입니다. 우리는 부지 관리를 위해 유능한 관리인을 확보했는데, 그는 부인께서 그 추운 오후에 기다리셨던, 기억하고 계신 작은 교회의 일원입니다. 그 작은 교회는 같은 교회에 소속되어 있으면서도 함께 예배할 수 없는 800명이 넘는 신도들, 즉 남자 대학생들과 농사 짓는 이들을 수용하기 위해 그곳에 새로운 교회를 지을 예정입니다. 이 관리인은 한 달에 15엔을 받고 농지 사용권도 가지는데, 다섯 자녀를 기르고 교육하기에는 턱없이 부족한 돈입니다. 그의 딸 중 한 명은 이화에 다니고 있습니다. 가난한 사람들이 매일 땔감을 구하러 오는, 그리고 나무를 훔치고 싶은 유혹을 불러일으키는 땅에서 일한다는 것이 어려울 텐데도 그는 그 부지를 훌륭하게 관리하고 있습니다. 추운 겨우내 그는 나무 베는 소리가 들리면 바로 알아챌 수 있도록 숲속에 직접 짚으로 작은 참호를 만들고 거기에서 밤새워 지켰습니다. 누구도 그에게 그렇게 하라고 하지 않았지만, 그는 책임감을 느끼고 행동했습니다. 연희전문학교[2] 교장은 매일 걸어서 시내로 가는 길에 우리 부지를 지나가는데, 우리 부지가 이전보다 훨씬 더 잘 관리되고 있다고 말합니다. 우리는 관리인을 위해 작은 초가집을 지어주었고, 그는 거기에 우물 두 개를 팠습니다. 그가 이곳을 자신의 것처럼 정성껏 관리하는 이유는, 그의 종교적 신념이 자신이 할 수 있는 방식으로 하나님 나라의 일을 돕고자 하는 청지기 의식을 갖게 했기 때문입니다.

부지는 측량을 마쳤으며 상당한 양의 표석標石으로 경계를 표시했습니다. 지금은 철도 회사가 소유하고 있는 울퉁불퉁하고 작은 땅을 확보하기 위해 협상하고 있는데, 이 땅은 우리 부지의 남쪽으로 튀어 들어와 있습니다. 그 땅을 사려면 3,000엔 정도의 비용이 들 것입니다. 이 비용과 지금까지의 기타 비용들이 모두 부인께서 보내주신 돈의 잔액으로 충당되고 있습니다.

전에 이곳에 오셨을 때 세금 등도 계속 내주시겠다고 말씀하신 것을 기억합니다. 연간 200달러면 세금과 관리인의 급여, 부수적인 비용을 충당할 수 있을 것입니다. 부인께 가장 편리한 방식으로 가장 편리한 때에 보내주시면 매우 기쁘게 받도록 하겠습니다.

이화는 부인께서 보신 이후로 가장 흥미진진한 한 해를 보냈습니다. 우리는 정부 규정에 따라 대학을 설립했으며, 교육 당국으로부터 인가를 받았습니다. 5월 30일에는 웰치 감독님 부부가 참석하신 가운데 창립 40주년을 기념하며, 우리 학교를 "전문학교"라고 발표할 수 있게 되어 매우 기뻤습니다. 우리 학교의 영어 이름은 Ewha College[3]입니다. 이 인가를 통해 우리는 도쿄여자대학과 같은 등급으로 올라갔습니다. 우리가 하는 일은 크게 바뀌지 않았지만, 이제 우리의 졸업장은 훨씬 더 큰 의미를 가질 것입니다. 남작, 아니 이제 자작이 된 사이토 자작 부부는 처음부터 우리를 가장 우호적으로 지지해주었고 대학 등록을 하라고 열심히 권했습니다. 한국에 있는 모든 교단에서 학생들이 오고 있으며, 문과에 55명의 학생이 있고, 음악과에 15명의 학생이 있습니다. 우리가 여자대학 부지를 가지고 있고, 언젠가 대학을 그곳으로 이전할 계획이라는 사실이 이화여자전문학교의 등록을 가능하게 해주었습니다. 지금 있는 이곳은 대학에 적합하지 않지만, 이곳에서 등록한 후에 대학 부지로 발전해서 나가겠다는 우리의 계획이 흔쾌히 승인을 받은 것입니다.

웰치 감독님 부부는 1년 이상 멀리 가셨다가 이제 돌아오셨습니다. 마치 부모님이 집에 돌아오신 것 같은 느낌이 듭니다. 미감리회 WFMS[4] 한국 총

앨리스 아펜젤러가 구입한 이화학당 신촌 캠퍼스 부지(1920년대)

무 R. L. 토머스 부인이 창립 40주년 기념식에 귀빈으로 참석했습니다. 또한 많은 졸업생이 참석해 이화의 역사적인 장면을 재현하는 야외극을 공연했습니다. 그 프로그램을 동봉합니다. 저는 이화가 이룬 발전의 대부분을 개인적으로 회상하며, 하나님께서 이루신 일들에 가슴이 벅차올랐습니다. 여기에서는 일들이 아주 빨리 진행되고 그 일을 하는 우리의 수는 너무 적어서 때때로 낙담하게 됩니다. 이 편지를 쓰는 일처럼 밀려 있는 일들이 때때로 유령처럼 밤낮 저를 따라다닙니다. 그러나 우리가 부족함에도 하나님께서 우리를 사용하시고 일들을 이루어주신다는 기쁨이 있습니다.

부인과 따님들을 자주 생각합니다. 부인을 만난 적이 있다는 에비슨 부인[5]을 통해 부인의 소식을 들어서 좋았고, 얼마 전에는 캐머런 부인[6]으로부터 매우 좋은 편지를 받아서 기뻤습니다. 건강하시기를 바라며, 언젠가 부인께도 편지를 받을 수 있기를 바랍니다. 모든 분에게 심심한 안부를 전합니다.

충심을 다해,

앨리스 R. 아펜젤러

1926년

한국 서울 이화학당
1926년 7월 26일

친애하는 친구들에게,

휴가철이 다시 돌아왔고, 편지를 쓸 기회가 생겼습니다. 평소처럼 7월 16일에 방학을 계획하고 있었지만 당국이 그건 너무 빠르니 21일까지 수업을 해야 한다고 알려왔기 때문에, 올해는 방학이 늦게 시작되었습니다.[7] 9월 2일이 개학이라 개인적인 편지를 쓰거나 쉴 시간이 많지 않습니다. 나는 자연이 우리에게 제공한 아름다운 휴가지 두 곳 중 하나인 원산 해수욕장에 방금 와서, 남동생의 사랑스러운 가족과 함께 시간을 보내고 있습니다. 일 년 내내 아주 가까운 거리에 살고 있지만 그들과 자주 만나지 못하기 때문에, 아이들과 함께 있는 것이 무척 즐겁고 세 아이 모두 너무 사랑스럽습니다. 이번 여름에는 소래에 짓고 있는 내 작은 시골집에 가서 지낼 수 있기를 바랐는데, 일이 생각했던 것보다 더디게 진행되어서 선반이나 옷장 등의 물건을 배치하는 마무리 작업을 보러 8월에 열흘 정도 가볼 수 있는 게 다입니다. 내가 한국에 온 첫 여름에 아버지를 기념하여 내게 그 땅이 주어졌는데, 여러분이 때때로 선물로 보내주셨던 돈을 모두 그 땅에 작은 집을 짓는 데에 사용하고 있습니다. 지난 몇 년 동안 그 땅을 가지고만 있을 뿐, 거기에 집을 짓지 못해서 정말 부끄러웠습니다. 여러분이 보내주신 선물들이 없었다면 아직까지도 집을 짓는 것이 불가능했을 것입니다. 내 짝은 우리 선교회의 숙련된 간호사 미스 로젠버거[8]여서 우리는 그 작은 집을 "아펜로즈"라고 부르고 있습니다. 그녀는 지금 안식년 휴가 중이라 첫 두 여름에는 내가 그 집을 쓸 것이고, 그다음 두 여름에는 그녀를 위해 비워줄 계획입니다. 내년에 그곳에서 좋은 방학을 보내기를 기대하며, 이런 특권을 누리는 것이 모두 친구들 덕분임을 항상 기억하겠습니다.

올해는 여섯 개 과정 모두가 꾸준한 발전을 이룬 한 해였습니다. 대학의 발전이 가장 흥미롭다고 할 수 있으며, 남감리교인들이 우리 일에 합류해, 이제부터는 진정한 연합대학으로서 크게 확장될 것입니다.[9] 이번 봄에는 18개 고등학교에서 지원서를 받았는데, 그중 열 곳은 미션스쿨이 아니었습니다. 이는 우리 전문학교가 등록된 지 1년 만에 이미 자리를 잡았다는 것을 보여줍니다. 우리는 두 학과, 즉 문과와 음악과에 110명의 학생이 있는데, 지금 지속해서 문제가 되는 점은 그들을 모두 수용할 장소와 교원들을 충분히 확보하는 것입니다. 유치원 건물에는 큰 놀이방을 추가해서 모든 실습을 원활히 진행할 수 있게 되었습니다. 미국에서 교육을 받고 "돌아온 학생" 두 명, 김활란과 이 로라는 지난 9월에 왔는데, 학교 전체의 대들보로서 모든 면에서 큰 기쁨을 주고 있습니다. 단 한 가지 문제는 그들이 너무 많은 일을 맡아서 과로사하지 않도록 신경 써야 한다는 것입니다. 이번 여름에는 또 한 명의 교사를 미국에 공부하도록 보냈습니다. 그녀는 클로틸다 라이언 맥도웰[10] 연구비를 받았고, 캔자스시[미주리주]에 있는 호너학교에서 공부할 예정입니다.

지난봄에 다녀온 멋진 일본 여행은 올해의 특별한 사건이었습니다. 총독부 학무국은 고교급 이상의 미션스쿨 교장들을 모두 4월 19일부터 5월 13일까지 일본 교육 관광 여행에 초청했습니다. 교통비와 식사가 제공되는 아주 후한 제안이었습니다. 이 여행에서 가장 좋았던 점은 리더인 오다 씨가 우리가 모두 잘 알고, 또 많이 생각했던 인물이라는 것이었습니다. 오다 씨는 소년 시절에 나가사키에 있는 우리 학교들에서 교육을 받았고, 미국의 두 대학에서 학위를 받은 훌륭한 감리교 청년입니다. 그는 내가 아는 가장 진실한 신사 중 한 명으로, 우리의 편안함과 즐거움을 위해 할 수 있는 모든 일을 다 했습니다. 우리는 남녀 합쳐 27명이었고, 그때 일본에서 볼 만한 것은 모두 보았다고 해도 과언이 아닙니다. 우리는 수십 군데의 학교를 방문했고, 병원, 복지기관, 공장들을 방문했으며, 이 세상의 다른 어디에서도 볼 수 없을 아름다운 것들, 즉 멋진 정원, 고대 사찰, 그리고 사방에 만개한 벚꽃을 볼 수 있었습니다. 우리는 대부분의 사람은 볼 수 없는 곳에 입장할 수 있었고, 교육 및 시 당국자들을 만났으며, 왕족처럼 대우받았습니다. 그들은 우리가 그들의 나라에서 최고의 것들을 보고 인정하길 원했고(우리는 기꺼이 그렇게 했습니다), 또한 그들이 교육에서 이룬 발전을 보고 느끼기를 원했습니다. 우리는 물론 그와 같이 좋은 대우를 개인적으로 받아들여서는 안 된다는 것을 충분히 알고 있었습니다. 우리는 어디에서나 볼 수 있는 현대식 학교 건물과 그들이 교육 문제를 공략하는 데 사용하는 진지하고 현명한 방식에 깊은 인상을 받았습니다. 그들은 낡은 것은 어떤 것도 안 된다는 것을 우리가 알기 원하고, 그들의 제국 안에서 학교를 운영하고자 한다면 우리가 그들의 교육 계획을 따라가고 뒤처지지 않아야 한다는 점을 깨닫기를 바랐습니다. 우리 모두는 낮은 교육 기준과 부족한 교사들, 그리고 열악한 교육시설을 갖춘 학교는 더 이상 유지될 수 없음을 느꼈습니다. 열악한 학교들을 유지하는 것은 언제나 우리 주님의 이름에 누를 끼치는 일이었지만, 미션스쿨들은 지원이 거의 없어 그보다 더 열악한 경우가 너무 많았습니다.

여러분을 위해 우리의 여행을 간략히 정리해보도록 하겠습니다. 우리는 장거리 여행마다 특별히 제공되는 차량 덕분에 매우 편안하게 이동할 수 있었습니다. 첫 번째 목적지는 아름다운 내륙해에 자리한 미야지마섬이었습니다. 여기서 우리는 일본식 여관에 머물며 바닥에서 잤습니다. 마치 요정이라도 나올듯이 달빛 아래에서 아름다웠습니다. 히로시마에서는 남감리교회의 선교사 친구들과 즐거운 시간을 보냈고, 유명한 남감리교 여학교를 비롯한 여러 학교도 방문했습니다. 그곳의 아사노 정원은 일본에서도 손꼽히는 아름다운 정원입니다. 고베에서 우리는 여러 공립학교 외에 여학생을 위한 고베대학과 남학생을 위한 간세이대학을 살펴보았습니다. 오사카, 교토, 나고야에서는 시장들이 마련한 성대한 오찬을 대접받았는데, 아름다운 장식을 곁들인 프랑스 요리였습니다. 오사카는 미국의 여느 분주한 도시처럼 거대한 산업과 상업이 발달한 도시입니다. 우리는 어디에나 있을 법한 호텔에 머물렀고, 뉴욕 타임스와 별반 다르지 않아 보이는 큰 신문사 사무실들을 살펴보았습니다. 나는 운이 좋게도 교토에 대학 친구가 있어서 친구의 집에 머물렀고, 일행이 오사카에 있는 동안 오사카로 통근했습니다. 교토는 고대 수도이자 일본의 문화 중심지입니다. 우리의 가장 큰 관심사는 도시샤대학과 그 대학의 훌륭한 총장 에비나[11] 박사였는데, 에비나 박사는 40년 동안 기독교 사역을 활발히 해온, 일본에서 가장 훌륭한 지도자 중 한 사람입니다. 나라에서는 특별한 대접을 받았습니다. 나라는 멋진 사원들과 보석 같은 예술품들이 있는 오래된 도시로, 공원에는 약 700마리의 길들여진 사슴이 있고 사슴들은 공원을 이리저리 돌아다니며 사람들에게 먹을 것을 달라고 머리를 조아립니다. 관리인은 특별히 우리가 가까이에서 볼 수 있게 사슴들을 불러 모았습니다. 수백 마리의 사슴이 나팔 소리에 맞춰 달려오는 모습은 장관이었습니다. 거기에는 좋은 여자사범학교와 훌륭한 사원들이 있었는데, 일본에서 가장 큰 불상이 있는 사원도 있었습니다. 하지만 일요일을 보내며 방문했던 가마쿠라의 불상이 더 인상적이었습니다. 3년이 지났어도 여전히 황량한 도시인 요코하마가 우리의 마음에 가장 가까이 다가왔습니다. 그들이 재건에 사용하고 있는 담대한 방식, 짓고 있는 훌륭한 학교들, 모든 장애에도 굴하지 않는 사람들의 정신은 깊은 찬사를 불러일으켰습니다. 서울에서 관료로 일했던 요코하마 시장이 우리에게 베푼 멋진 오찬은 우리가 가장 즐겼던 행사 중 하나였습니다. 70명에 가까운 선교사, 교육자, 기독교 사역자들을 초청하여 정말 좋은 시간을 선사해주었습니다. 재건을 주도하는 시장의 연설은 새로운 요코하마 정신을 잘 보여주었습니다. 그는 도시를 구경할 때 타고 다닐 수 있도록 공식 차량도 제공해주었습니다. 우리가 가장 흥미롭게 본 것 중 하나는 지진 박물관이었는데, 이 박물관은 1923년 9월 1일 치명적인 지진[12]이 남긴 많은 유물을 전시하고 있었습니다.

도쿄는 학교, 기관, 연구실들이 끊임없이 움직이는 거대한 소용돌이 같았습니다. 우리는 테이코쿠호텔에서 두 번의 멋진 오찬을 가졌습니다. 하나는 우연히 우리와 동시에 방문하게 된 로스앤젤레스 무역위원회 사람들과 함께 일본-미국 협회에서 대접받은 오찬이었고, 다른 하나는 범태평양 연합이 주최한 오찬이었습니다. 첫 번째 오찬의 주최자는 도쿠가와 공이었는데, 그의 가문은 옛 일본의 "쇼군"[장군]으로 명성을 떨쳤으며, 닛코에 있는 그의 가족 묘지는 일본에서 가장 멋진 장소로 손꼽힙니다.[13] 그곳은 수백 그루의 삼나무가 자라고 있는 아름다운 산속에 자리 잡고 있습니다. 사원들로 이어지는 길은 32km에 달하고, 키가 큰 나무들이 길게 늘어서 있습니다. 붉은 옻칠을 한 사원들은 놋쇠와 금으로 화려하게 장식되어 있으며 그 사원들이 웅장한 고목들 사이로 빛나는 모습은 장관입니다. 거기에서 가장 멋있는 것은 붉은 탑일 것입니다. 그곳에 있는 내내 나는 솔로몬 성전과 히브리 성전 의식이 떠올랐습니다.

우리는 닛코에서 아름다운 호수까지 이어진 가파른 산을 세 시간가량 올라갔고, 5월 6일에 그곳에서 눈싸움도 했습니다. 우리는 그곳에서 하룻밤을 머물고 다음 날 비를 맞으며 걸어 내려왔습니다.

도쿄에서 맞이한 일요일에 우리는 300명의 학생이 모인 한인교회에 갔습니다. 그들은 우리에게 오찬을 대접해주었고, 나는 그곳에서 우리 학교 졸업생 몇 명을 만났습니다. 매주 일요일은 자유시간이었는데, 이는 바쁜 일정 속에서 각자 갖는 반가운 휴식이었습니다. 우리는 기차를 타고 일본의 알프스라 불리는 지역을 지나 돌아왔습니다. 그곳은 일본에서 가장 아름다운 풍경 중 하나로, 열 개의 터널을 통과하는 13시간의 긴 여정이었지만 충분히 그만한 가치가 있었습니다. 마지막 목적지인 나고야에서는 거대한 벽과 지하 감옥들이 있는 300년 된 봉건시대 성들을 보았는데, 꼭 유럽의 성 같았습니다. 이후 나는 우리 선교회가 새롭게 학교를 짓고 있는 나가사키를 이틀간 더 방문했습니다. 돌아와 보니 모든 일이 잘 진행되고 있었고, 내가 맡았던 업무도 잘 관리되고 있었습니다. 이번 여행은 나에게 매우 유익한 경험이었습니다.

우리의 연회가 열리기까지 한 달도 채 남지 않았고, 학교의 상위 과정들도 곧 마무리될 예정이었습니다. 올해는 대한제국의 마지막 황제가 서거하여 온 나라가 애도하는 분위기 속에 있었습니다.[14] 그로 인해 우리는 평소에 하던 메이데이 행사를 하지 않았습니다. 한국 전통 방식으로 거행된 장례식은 여러 날에 걸쳐 성대하게 치러졌으며, 예행연습과 장례 절차로 인해 도시 전체가 분주했습니다. 남동생과 나는 장례식에 초대되어, 서거한 왕의 형제들과 일왕의 특사, 그리고 도쿄 외교단을 대표하는 벨기에 대사를 한자리에서 볼 수 있었습니다. 평생 그렇게 많은 금색 레이스와 화려한 장식을 본 적이 없습니다.

앨리스 R. 아펜젤러

1927년

한국 서울 이화여전
1927년 11월 23일

친애하는 친구들에게,

일 년 내내 여러분에게 소식을 전하지 못한 채 다시 성탄절 기간이 돌아왔네요. 여러분을 잊은 적은 결코 없습니다. 다만 내 여동생은 나에게 뉴욕 일간지처럼 20만 통의 편지를 써서 돌리려고 애써서는 안 된다고 늘 이야기합니다. 여러분 중 누구도 빠뜨리고 싶지 않으니, 비록 여러 해가 걸리더라도 모두에게 편지하겠습니다.

나의 한 해는 네 부분으로 나뉩니다. 첫 3개월 동안은 한 학년도를 마치고 다음 학년도를 시작하며, 졸업생을 위한 일자리를 찾고 학사일정을 짜느라 정신없이 바쁜 가운데 많은 문제와 어려움에 부딪힙니다. 매년 바로 그때쯤이면 남쪽 바다로 여행을 떠나고 싶다는 생각을 합니다. 그러나 분주한 나날을 보내다 보면 4월이 오고, 새 학년도가 시작됩니다. 바깥은 모든 것이 신선하고 사랑스러워지며, 학교 분위기는 마치 밤이 낮으로 바뀌는 것처럼 확연히 달라집니다. 남동생과 나는 항상 "3월 15일"[15]을 두려워하는데, 다행히 내 남동생은 큰일 없이 올해를 무사히 보냈고, 우리는 갖가지 관료주의로 인한 어려움에도 불구하고 멋진 졸업식을 치렀습니다. 한국 역사상 처음으로, 인가를 받은 대학에서 문과 여덟 명, 음악과 세 명, 총 11명의 여학생이 졸업을 했습니다.

한국에서 4월, 5월, 6월은 천국과도 같은 계절로, 모두가 의욕적으로 일하는 때입니다. 나는 기쁘게도 북녘에 있는 우리 WFMS의 학교들을 방문하는 조사위원회에 참여하게 되었습니다. 지방을 돌며 많은 우리 여성들이 일하는 북적이는 작은 학교들을 둘러보는 것은 참 의미 있는 일이었습니다 — 할 일은 아주 많고 좋은 인적 자원이 있지만, 힘이 되는 것은 너무 없고 좌절스러운 것은 아주 많았습니다. 그들이 하는 일이 그들의 세대에 얼마나 의미가 있는지를 지켜보는 것이 좋습니다. 7월과 8월은 덥고 비가 많이 오는 계절입니다. 올해는 내가 휴가다운 휴가를 보낼 차례여서, 소래 바닷가에 있는 내 작은 집에서 지냈습니다. 친구와 나는 둘 다 스위스계여서 이 작은 집을 "샬레 아펜로즈"[16]라고 부르는데, 많은 친구들의 후원 덕분에 이 집을 지을 수 있었기에 더욱 애정이 가는 집입니다. 나는 소래에서 아홉 번의 여름을 보냈는데, 1915년 아버지를 기리기 위해 받은 이 땅 위에 비로소 작은 집을 갖게 되어 참으로 기쁩니다.

가을은 봄과 마찬가지로 사랑스러운 햇살이 내리쬐고, 바쁜 일상이 계속되는 시기입니다. 올해는 중국에 파견되었던 세 명의 선교사가 큰 도움을 주었습니다. 그들은 각자 해야 할 일이 있었음에도 자신의 일을 포기하고 오히려 우리를 돕기로 마음먹었고, 덕분에 우리는 한 해의 일정을 차질 없이 진행할 수 있었습니다. 특히 그들 중 두 명, 우후[안후이성 동남부]에서 온 블랜치 라욱스[17]와 난창[장시성 중부]에서 온 미니 라브[18]는 현재 저와 함께 있습니다.

아펜젤러 집안도 점점 커지고 있습니다. 지금 여기에 네 명의 여조카와 세 명의 남조카가 있습니다. 가장 최근에 추가된 가족은 11월 18일에 태어난 메리의 아들, 데이비드 아펜젤러 레이시입니다.[19] 나 조카 부자 아닌가요? 남편과 어린 두 아들과 함께 오하이오주 데이턴에 사는 아이다를 제외하면 우리 가족은 모두 여기서 잘 지내고 있습니다. 고국에 갔을 때 방문할 사람이 있다는 것은 참 좋은 일입니다. 나는 내년 봄에 고국에 가기로 되어 있었고, 아이다는 자기를 보러 워싱턴에 오라고 성화였지만, 나는 임기를 1년 더 연장하기로 했습니다. 그런데 공교롭게도 크롬 대위[20]가 데이턴으로 전임되면서, 아이다와는 한동안 떨어져지내야 할 것 같습니다. 헨리와 나는 학교들을 책임지고 있어서 가족 관계 외에도 많은 공통점을 가지고 있으며 학교 행사 등에 함께 참석합니다. 친구들을 한 해 더 만나지 못하는 것은 아쉽지만, 1929년은 나에게 굉장한 한 해가 될 것입니다. 그러니 경고하건데 여러분은 모두 축하할 준비를 해두셔야 할 것입니다.[21]

언제나 충실하게,

앨리스 R. 아펜젤러

1929년

뉴욕시, 5번가 150, 710호
오하이오, 데이턴, 1929년 11월 1일[22]

친애하는 친구들에게,

모두가 콜럼버스[오하이오주]에서 열린 성대한 WFMS 60주년[23] 기념식 소식을 듣고 싶어 하니, 기차 안에서 급히 짧은 편지를 긁적이고 사본을 만들도록 하겠습니다. 모든 면에서 대단한 집회였습니다. **첫째로** 엄청난 인파가 인상적이었는데, 사람들이 하도 많아서 점심 전에 가거나 점심시간 내내 앉아 있지 않으면 자리를 잡을 수 없었고 입석 자리조차도 얻을 수 없었습니다. 군중이 공개 회의 첫날부터 모여들어서 킹 에비뉴 교회는 항상 사람들로 꽉 찼습니다. 매코넬 감독님[24]의 말씀을 들으러 일요일 오전에 40분 일찍 갔는데도 안으로 들어갈 수 없었고, 내 입석 자리는 다른 사람 몫이 되었습니다. 감독님의 말씀을 듣지 못하고 떠나게 되어서 실망스러웠지만, 그날 다른 큰 예배가 두 개 있다는 것을 알았기에 집으로 돌아갔습니다.

위원회 예배가 내게는 모든 예배 중 가장 좋았습니다. 그렇게 화려하지는 않았지만, 선교 사역을 위한 최고의 정신으로 가득 차 있었습니다. 웰치 감독님은 어느 때보다 더 친절하고 상냥하셨으며, 매우 피곤해 보이셨는데도 여느 때와 같은 열정과 힘을 가지고 말씀하셨습니다. 웰치 부인과 엘리너도 그날 그곳에 있었습니다. 나는 엘리너와 베티 리[25]와 함께 호텔에서 아침을 먹었습니다 — 다른 시간은 안 되어서요! 엘리너는 곧 도쿄로 돌아가는데 그 동안 몸무게가 9kg 늘었습니다. 여기에 왔을 때는 매우 핼쑥했다고 합니다. 나는 엘리너가 여기에 있었으면 좋겠습니다 — 그녀가 없으면 웰치 부인이 너무 외로울 테니까요!

세션마다 수용할 수 있는 인원보다 2,000명은 더 많은 사람들이 집회에 참석하기를 원한다는 게 알려지자 60주년 기념식 운영에 대해 많은 비판이 쏟아졌습니다. 방의 뒤쪽과 옆면 주변에 부스[칸막이가 된 공간]를 설치한 것이 잘못이었습니다. 부스는 종일 어둡게 놔두어야 했고, 사람들은 내내 왁자지껄 떠들었으며 매우 혼란스러워 뒷자리에 앉은 사람들은 앞에서 하는 이야기를 들을 수 없었습니다. 경찰이 많이 도와주었지만, 멀리서 온 많은 여성들이 실망했습니다. 물론 명성은 자자해졌지만, 듣고 보고 싶어 하는 사람들에게는 힘든 일이었습니다. 프로그램은 모두 좋았고 제시간에 진행되었습니다. 마지막 날이 가장 좋았습니다. 우리는 새벽 4시에 일어나서 성찬식에 참여하기 위해 5시 전에 교회로 갔습니다. 성찬을 받은 사람들은 밖으로 나가게 해서, 3시간 동안 4,000명의 사람들이 성찬을 받을 수 있었습니다! 각국에서 온 선물들은 훌륭했으며, 내가 본 예배들 중 가장 아름다운 예배라고 느낄 정도였습니다. 나는 10분간의 발언권을 얻었습니다. 내가 발표한 "국가의 초상화"는 확성기 때문에 전달이 원활하진 않았지만, 내 목소리는 방해물들을 잘 뚫고 나가서 들렸다고 합니다. 특별한 소식은 『익스프레스 데일리』에 실릴 것입니다.

한국은 좋은 평판을 얻었습니다. 앨리스 헌터[26]는 부스를 훌륭하게 운영했고, 모두가 함께 도왔습니다. 작은 선물들도 아주 효과적이었습니다. 포장을 푸는 것을 도왔던 한 여성은 다른 어느 나라에서 온 것보다 한국에서 온 것들이 훨씬 상태가 좋았다고 말했습니다. 놋접시는 훌륭했으며, 큰 한국 놋주발에는 "잘 활용될 선물들"을 담아놓았습니다. 이후 그것들이 어떻게 되었는지는 듣지 못했습니다. 그곳에는 매우 많은 내한 선교사들이 왔고, 초반

에나 마지막에 모두 모습을 보였습니다. 미스 밀러[27]는 내한 선교회를 대변했습니다. 서은숙[28]은 특히 마지막 날 인상적인 연설을 했으며, 박인덕[29]은 회의 내내 큰 호평을 받았습니다. 인덕은 오래도록 지녀온 매력, 편안함, 상황에 대한 감각을 지니고 있을 뿐만 아니라, 거기에 자신의 발표를 "성공적으로" 만드는 엄청난 양의 미국적 활력을 더했습니다. 모두 그녀에게 열광했고, 끝없이 말을 하게 했습니다! 가엾게도, 그녀는 매우 피곤해 보였습니다. 그녀와 함께해서 즐거웠고, 뉴욕에 있는 브로크만 부인[30]의 아파트에서 그녀와 박 마리아[31]와 함께할 성탄절도 기대하고 있습니다. 나는 은숙과 인덕을 데리고 오하이오주립대학에 있는 Y.W. 그룹과 이야기를 나누었는데, 역시나 큰 호응을 받았습니다. 그 자리에서 대학 친구들이 나를 위해 준비한 두 번의 오찬에 인덕이 초대되었고, 그녀는 어디에서든 사람들을 매료시켰습니다. 이번 경험을 통해 인덕은 더욱 단단해졌고, 확신을 가지고 이야기를 이어갔습니다.

11월 4일, 데이턴 — 잉크가 다 떨어져서 부득이 연필로 적습니다.

예산에 대한 소식은 공식적인 서신을 통해 전해질 테니, 조금 더 기다려 주세요. 내가 들은 유일한 소리[32]는 "새로운 일을 위한 예산은 아무것도 없다"는 것이었습니다. 나는 회계과를 찾아가 가사과를 위해 최선을 다해 설득했고, 가사과에 대한 지원이 대학 운영을 위한 우리의 첫 번째 요구사항이라고 주장했습니다. 회계과가 새로운 생각을 받아들이는 데에는 시간이 걸리는데, 이 요구는 그들 대부분에게 완전히 새로운 것이었습니다. 간사들에게 충분히 홍보한다면 내년에는 예산을 받을 수도 있을 것입니다. 특히 미스 왁슨과 이야기를 나눴는데, 그녀는 웃으면서 "해리엇[33]은 5,000달러를 원하네요!"라고 말했습니다. 이에 미스 밀러가 "해리엇에게는 그 5,000달러가 정말 필요하지요!"라며 거들었습니다. 미스 밀러는 언제나처럼 사랑스러웠습니다. 미스 밀러는 분옥[34]이 이번 여름 그곳에 있을 것이라고 했습니다. 그녀는 분옥에게 정부의 요구가 없는 한 W. G.를 택하지 않는 것이 좋다고 조언했는데, 그것을 택하는 것이 그만한 가치가 없다고 생각했기 때문입니다. 어떻게든 그녀가 돌아오도록 해야 할 것 같습니다. 예산 문제는 가사과 운영에 치명적일 수 있지만, 아주 가치 있고 호소력 있는 일입니다. 단지 그것을 언급만 했을 뿐인데 이 역경을 잘 헤쳐나가라며 특별한 선물로 100달러를 받았습니다. 물론 여러분은 모두 내가 이 일에만 매달리느라 더 큰 목표를 놓쳐서는 안 된다는 것을 잘 아시지요. 그래서 나는 가장 중요한 대학 프로젝트를 내 생각과 모든 사람의 생각 속에 최우선으로 두려고 노력하고 있습니다. 여러분도 가사과와 관련해서 탄원과 청원을 이어가주시고 간사들에게 편지를 보내주세요. 그러면 아마도 내년 가을쯤에는 긍정적인 변화가 있을 것입니다. 그동안 나는 가능한 모든 지원을 하겠지만, 내게도 급한 일이 너무 많으니 전적으로 내게 의존하지는 마십시오. 활란, 머타,[35] 모네타[36]가 짐을 나누어 지고자 내년 가을 이곳으로 올 것입니다. 혼자서 감당하기에는 쉬운 일이 아닙니다만, 나는 결코 혼자라고 느끼지 않습니다. 여러분의 기도와 믿음의 힘을 느끼며, 지금까지 해온 그 어떤 일보다도 하나님의 인정을 깊이 실감하고 있습니다.

캐나다 선교국의 라벨 부인[37]과 함께 점심을 먹으며 충분히 이야기를 나누었기 때문에, 특별한 사정이 없는 한 토론토에는 가지 않을 것입니다. 캐나다 선교국은 이미 1931년까지 할 일을 다 정해놓았지만, 라벨 부인은 관심을 보였습니다. 나는 그녀에게 통계 자료를 전달했으며, 그녀는 그것을 받을 만한 분이라고 생각합니다. 지난봄 이후로 아무 소식을 듣지 못했고, 여름에 브라우니가 강연했던 모임에서도 새로운 조치에 대한 소식이 들려오지 않았습니다. 지속적인 홍보가 얼마나 필요한지를 다시금 깨닫게 합니다. 남장로회의 대의원인 켄터키주 레바논의 H. P. 쿠퍼 부인은 해리슨 부부도 그곳에 있다는 것을 알고 있었습니다. 그래서 쿠퍼 부인에게도 자료를 전달했습니다. 캐나다 교회는 우리처럼 돈을 먼저 사용한 뒤 모금하는 방식이 아니라, 사용하기 1년 전에 미리 모금하고, 용도를 승인받은 후 집행합니다. 켄터키에 있는 우리의 캐나다 친구들이, 함흥 학교를 위해 해왔던 것처럼 앞으로도 계속 힘을 보태주기를 바랍니다. 라벨 부인은 캐나다 교회가 마침내 그렇게 해낸 것을 매우 기뻐하는 것 같았습니다. 나를 라벨 부인에게 소개해 준 사람은 플로런스 후퍼[38]였습니다. 그녀는 캐나다인들이 어떤 일을 하기 시작하면 매우 큰 도움이 되었다고 말했습니다.

이제 모든 간사와 매우 친해졌다고 느낍니다. 그들은 확실히 친절하고, 모두가 특별히 이화와 한국 관련 사업을 사랑하는 것 같습니다.

나는 하루쯤 후에 내슈빌[테네시주]로 가서, 가사과와 대학 건축을 위해 미스 케이스[39]와 함께할 수 있는 일을 찾아보려고 합니다. (중요) 해리엇 모리스에게 – 현재 대학에 재학 중인 캐나다 선교사의 딸들이 몇 명이나 되는지 **정확히** 알아봐주세요. 내가 가지고 있는 자료에는 대학 재학생이 87명 정도로 나와 있고, 캐나다 여학생은 **한 명**뿐이라고 되어 있습니다. 이 때문에 캐나다 선교사들의 딸들을 우리가 교육하고 있다는 나의 주장이 라벨 부인에게 충분한 설득력을 가지지 못했어요.

앨리스 아펜젤러

1932년

1932년 9월 14일

친애하는 간사님들께,

여러분이 해외과 심의회와 관련된 회의를 하신다니, 이화여전의 최근 소식을 전해드리고자 합니다.

건축 계획 이것은 대단한 사건이자 오랜 기도에 대한 놀라운 응답입니다. 스와인하트[40] 총감독은 현재 이곳에서 물 공급, 도로 및 건물 배치 문제를 조사하고 있으며, 미국에 있는 이화위원회가 우리의 계획을 진행할 수 있도록 허가해준다는 전보를 기다리고 있습니다.

보리스 설계사무소[41]는 현재 미국 선교국의 갓스이대학과 고베대학을 건축하고 있으며, 이쪽 지역에서 우리가 알고 있는 최고의 건축가입니다. 그는 이미 우리 전문학교의 건축 계획을 준비해왔는데, 우리는 그 계획이 만족스럽기를 기대하고 있습니다.

현재 건축 자재들은 가격이 낮아져서, 우리가 가진 돈으로 2년 전보다 두 배 많은 자재를 구입할 수 있는 상황입니다. 돈이 현장에 도착하기 전에 환율이 오르지만 않는다면, 우리는 예상보다 두 배는 더 많은 자금을 확보할 수 있을 것입니다. 현재의 견적으로는 최첨단 방화 구조를 갖춘 대형 건물 세 채를 169,410달러에 지을 수 있습니다. 23에 환전을 계산하면[42] 736,568.80엔입니다.

물론 이만큼의 돈이 당장 수중에 떨어지는 것은 아니지만, 남감리회 부인회가 오는 11월에 이화여전을 위한 헌금을 모으고자 특별 기도 주간을 지정했습니다. 그들은 미스 에스더 케이스[43]를 추모하는 건물을 건축할 만큼의 기금이 마련되기를 바라고 있습니다. 좋았던 시절에는 이 모금이 8만 달러에 달했지만, 작년에는 2만 달러로 줄어들었다고 들었습니다.[44] 미스 케이스께서 이 일에 가지셨던 관심과, 거의 돌아가시는 날까지 기울이셨던 노력은 우리에게 큰 영감을 줄 것입니다. 그녀가 내게 보낸 그녀의 마지막 편지에는 "헌금이 많이 모일 수 있도록 기도해주십시오"라고 적혀 있었습니다.

우리는 또한 내년 청년 감사 헌금이 우리의 건축 기금으로 기부될 수도 있다는 소식에 고무되어 있습니다. 이제는 돈을 불안정한 은행이나 증권에 맡겨두는 대신 건축 자재로 바꿔야 할 때입니다. 우리는 이 캠퍼스로 이사하는 데 꼭 필요한 기본 필수품들만 갖추기 위해서도 이 제약 많은 건축 계획에 20만 달러 전액이 필요할 것입니다.

이 건축 견적에는 전체 장비에 대한 비용이 포함되어 있지 않습니다. 여기에서 가구를 가져가야 할지도 모르지만, 새 가구를 구입할 계획을 세우고자 합니다. 선교사나 한국인 여선생들의 숙소를 위한 예산도 아직 책정되지 않았습니다. 그들 역시 각각의 숙소가 필요합니다. 기억하시겠지만 오하이오주 메디슨빌의 에머슨 부인[45]은 유언장에 선교사 숙소를 위해 1만 달러를 지정한 바 있습니다.

예산 삭감 캐나다연합교회 여선교회에서 첫 번째 예산 삭감이 시작되었습니다. 1월 1일부터 다른 모든 사업은 25% 삭감되었고, 협력 사업은 10% 삭감되었습니다. 그들의 지원금은 정부의 인가를 받기 위해 중요한 단계에 있는 새로운 가사과에 전달되고 있었기 때문에, 가사과의 예산은 오히려 증액이 필요한 상황입니다. 따라서 거기에서 돈을 얼마라도 빼내는 것은 불가능할 것이므로, 결국 이번 삭감 조치는 학교 전체에 영향을 미칠 것입니다.

우리 선교회에서도 10% 삭감 가능성이 논의되었고, 이에 대한 면밀한 검토가 이루어졌습니다. 많은 사역자가 꼭 필요한 경우 자신의 예산을 삭감하겠다고 희생적으로 제안했습니다. 그런 제안을 한 서울의 가난하고 작은 매일학교[46]들을 생각할 때, 그리고 매우 어렵고 곤궁한 지방의 사역을 생각하면, 그러한 제안은 정말 감동적입니다. 무엇보다 다른 일의 예산은 삭감되어도 대학이 피해를 봐서는 안 된다고 결정한 동료 사역자들의 충성심에 이화여전에 있는 우리는 깊은 감동을 받았습니다. 그들은 우리가 신축 건물에 들어가게 되면 곧 예산 증액이 필요하리라는 것을 알고, 국가 전체를 섬기는 우리의 일에 대한 감사를 충성스럽게 표현했습니다. 채핀 부인[47]은 몇 년 전 새 성서학원으로 이사했을 때 적절한 난방을 할 돈이 없어서 발이 얼어붙었던 경험을 이야기하며, 우리가 같은 어려움을 겪지 않기를 바란다고 말했습니다. 우리는 동료 사역자들이 우리 학교에 대해 그렇게 생각할 때 그만한 가치가 있다는 것을 알고 있습니다.

그러나 여러분과 여러분 내면의 정신을 알고 있고, 현재 유리한 환율과 명백한 사업 여건 개선에 고무되어 예산 삭감이 현실화되지는 않을 것이라고 믿습니다. 여러분이 도와주신다면 그렇게 되지 않을 것이라고 확신합니다.

올해 좋은 만남을 갖게 되기를 기원합니다.

충심을 다해,

앨리스 R. 아펜젤러

한국 서울 이화여전
1932년 10월 14일

친애하는 친구들에게,

여러분 중 많은 분이 같은 소식에 관심이 있을 것 같아 일반 편지를 쓰겠습니다.

여름방학에 우리 가족은 각기 다른 곳으로 떠났습니다. 일부는 지리산으로, 일부는 일본, 원산, 소래, 금강산으로 갔습니다. 아름다운 휴가지에서 많은 복을 누렸고, 모두가 최고의 시간을 보냈습니다. 나는 충분한 휴식을 취하진 못했지만, 무척 만족스러운 시간을 보냈습니다. 소래에서 로지[48]와 함께 보낸 한 달은 정말 즐거웠습니다. 미스 발로우[49]도 지난주 우리와 함께 지냈습니다. 나는 사회위원회의 의장이라는 사소한 직함을 내려놓으려다, 최소한의 노력을 들여 그 일을 마무리했습니다. 학교 관련 서신과 일이 너무 많아서, 수북이 쌓인 제 개인 편지들은 평소만큼 신경을 쓰지 못했습니다.

8월 중순에는 일본에 가서 스와인하트 총감독이 도착하기를 기다리며, 캐서린 패닝[50]과 함께 노지리[51]에서 며칠간 즐거운 시간을 보냈습니다. 이후 가루이자와[52]에 있는 보리스 박사의 사무실에서 스와인하트를 만나, 현재 오클라호마주 털사에서 회의 중인 WFMS 해외과에 제출한 계획안을 검토했습니다. 우리는 그들에게서 사업 진행과 계약 체결을 허가해준다는 전보가 오기를 간절히 기다리고 있습니다.

본관에는 문과 및 가사과, 행정실, 도서관, 학생 식당, 실내 체육관 등이 들어올 예정입니다. 이 건물은 훗날 가사과와 행정동으로 사용될 것이며, 나무들 사이의 평평한 지역인 묘지 부지의 거의 정서 방향에 자리하게 될 것입니다. 본관의 거의 정남 쪽에 위치한 산비탈에는 음악관을 세울 계획인데, 그 안에는 연희전문학교 쪽을 향한 계곡을 내다보는 연습실들을 갖추게 될 것입니다. 40개의 연습실과 많은 강의실, 합창실, 그리고 500명을 수용할 수 있는 채플 강당이 생길 것입니다. 기숙사는 1930년에 메이데이 야외극이 열렸던 곳의 바로 위쪽에 있는 서쪽 언덕에 지어질 것입니다. 기숙사는 약 170명을 수용할 수 있는 규모로, 주방과 식당 등을 갖춘 교수 휴게실도 마련될 것입니다. 기숙사 뒤편 언덕에는 언제든 숙소를 지을 수 있는 공간도 확보되어 있습니다. 거기로 이사를 갈 때쯤에는 선교사들을 위한 숙소와 한국인 여교원들을 위한 숙소를 지을 수 있는 돈이 마련되기를 바랍니다.

현재 건축과 관련하여 놀라운 점은, 첫째로 우리가 스와인하트 총감독의 도움을 받는다는 것이고, 둘째로 환율이 아주 유리하고 가격이 매우 낮아 20만 달러로 이 건물들을 완공할 수 있다는 것입니다. 하지만 아직 자금이 확보된 것은 아닙니다. 다행히 남감리교회 여성들이 이번 가을 우리에게 특별 헌금을 해줄 예정이어서, 그 돈으로 기숙사를 지을 수 있기를 바랍니다. 또한 WFMS가 이 프로젝트를 지지하며 끝까지 지켜보겠다고, 즉 모든 것을 살피겠다고 우리에게 약속해주었습니다. 한편, 스와인하트 총감독은 부지 내 많은 무덤을 정리하고, 구획을 나누고, 도로 계획을 세우는 등의 예비 작업에 전념하고 있습니다. 스와인하트 부부는 센터에서 살고 있지만, 그는 그레이하우스를 본부로 삼아 조수들과 함께 바쁘게 일하고 있습니다.

안식년 휴가 중인 이들을 기다리고 있기는 하지만, 몇몇이 돌아와서 좋습니다. 머타 스토버와 에델 버츠[53]가 요전날 왔는데 매우 건강해 보였습니다. 그레이스 우드[54]는 집에서 여름을 보낸 후 돌아왔습니다. 메리 영과 밴은 11월에 옵니다. 모네타 트록셀은 지난봄에 돌아왔고 미스 대머런[55]은 시베리아를 거쳐 집으로 돌아갔습니다. 그녀는 허스트 부부,[56] 미스 딜링햄과 동행했으며, 이들은 모두 여행을 잘 마쳤지만 허스트 부부는 한국으로 돌아오는 길에 홍수와 붕괴로 인해 만주리滿洲里에서 11일 동안 발이 묶였습니다. 만주의 상황은 참혹합니다. 데밍 부인[57]은 자연재해와 인간이 초래한 참혹한 고통에 대한 글을 쓰고 있습니다. 만주에서는 매우 영웅적인 일들이 진행되고 있으며, 이는 우리가 누리는 안락함과 안전을 부끄럽게 만들 정도입니다. 우리의 상황은 여느 때와 같습니다. 얼마 전 모든 학교가 만주에서 사망한 이들의 영혼을 기리는 "제사" 의식에 참석하라는 명령을 받았습니다. 기독교 학교들은 모두 가기를 거부했고 평양에서는 압력이 있었습니다.[58] 우리는 일관된 정책을 따르고 있으며, 우리에게 조상 숭배나 영혼 숭배를 강요하는 것은 아무 소용이 없는 일입니다. 맥라렌[59] 박사는 그것이 근본 원칙이며, 이런 종교적 문제에 있어서 우리가 현재 가진 입장보다 훨씬 더 강경한 태도를 보여야 한다고 생각합니다. 그는 창조주보다 피조물을 숭배하는 것처럼 보이는 어떤 일에든 참여한다면 그것은 타협한 것이라고 합니다.

우리가 즐기고 있는 아름다운 가을 날씨를 상상해보세요 — 물들기 시작하는 나뭇잎들의 아름다움과 밝은 파란빛과 금빛의 날들을요. 일상을 벗어나 산행이나 보트 소풍을 할 수도 있고, 여학생들이 이러한 야외 활동을 즐기는 법을 배우는 것을 보며 기뻐하기도 합니다. 갈 수 있는 사람은 모두 금강산으로 여행을 떠났습니다. 그들은 금강산이 그 어느 때보다 더 아름답다고 말합니다.

우리 전문학교의 최근 프로젝트는 영학관[60]으로, 두 명의 영어 선생님과 예닐곱 명의 4학년 학생들이 그곳에서 함께 거주할 예정입니다. 그들은 오래된 디캠프[61]의 집 절반을 임대해 보관용 상자로 만든 화장대와 책장 등으로 그곳을 정리하며 아주 즐거워하고 있습니다.

캐시 블레어[62]와 브루스 헌트[63]는 9월 27일 평양에서 결혼한 후 지리산으로 신혼여행을 갔고, 레비[64] 박사와 루스 밀러[65]도 지난주에 결혼하여 지리산으로 신혼여행을 떠났습니다.

올해의 연방회의는 매우 흥미로웠으며, 간세이가쿠인대학의 우즈워스 학장이 형제회 대표를 맡았고, 윌 쇼[66]가 성찬식 설교를 했습니다. 올해에는 윌 블레어[67] 박사가 연합 복음 전도 활동을 이끌 예정입니다.

아펜젤러 가족은 모두 잘 있고 아이들은 다리가 부쩍 길어졌습니다. 아마 여러분은 이 아이들을 거의 알아보지 못할 것입니다. 마거릿은 자기 엄마만큼 키가 커서 엄마의 신발과 옷들을 달라고 할 정도입니다.

엘리너 파운드[68]와 도널드슨 쿤스[69]는 모두 가벼운 성홍열을 앓았습니다. 장티푸스 또한 유행하여 우리 기숙사에서도 몇몇이 앓았습니다.

커틀러[70] 박사는 치과 치료를 받으며 우리와 함께 시간을 보낸 후 평양으로 돌아갔습니다. 이곳에 있는 동안 그녀는 처음으로 금강산을 여행했습니다 — 주말에 미스 헐버트와 미스 베이커[71]가 동행했지요. 커틀러 박사는 정말 활동적입니다.

도쿄에서 열리는 영어교사 회의에 참석 중인 메리언 칸로는 10월 10일 요코하마에 도착하신 웰치 감독님 부부를 맞이했습니다. 그들은 도쿄에서 하루를 보냈고, 오후에는 WFMS 회관에서 열린 큰 환영식에도 참석했습니다. 사이토 총리 부부와 모든 일본 교회 지도자들이 이곳에 참석했다고 합니다. 이후 웰치 감독님 부부는 그날 저녁 배를 타고 떠나기 위해 요코하마로 돌아가셨습니다.

A.R.A.

Letters of Alice Appenzeller

4장

신촌 캠퍼스를 세우다

1935년

한국 서울 이화여전
1935년 6월 29일

친애하는 친구들에게,

봉헌식[1] 후 한 달이 지났지만, 아직 여러분 중 누구에게도 편지를 쓰지 못했습니다. 지난 한 달간 저는 봉헌식의 의미를 깊이 되새기고, 그 중요성에 대해 숙고하고, 쏟아지는 많은 아름다운 메시지들을 즐길 시간을 간절히 바랐습니다. 봉헌식 직후 일주일 정도 시간을 내어 봉헌식과 새 대학이 우리에게 주는 모든 의미에 관해 친구들에게 편지를 쓰고 싶었습니다. 하지만 한가로운 시간은 언제나 환영인데도, 가장 필요하다고 생각할 때는 찾아오는 법이 없어서, 이번 달에는 한가로운 시간이 **전혀** 없었습니다. 봉헌식 이후로 미뤄두었던 모든 일을 처리해야만 했거든요. 바로 다음 날 이사회가 열렸고, 월요일에는 정부 시찰단이 방문했습니다! 특히 웰치 감독님 부부가 이곳에 머무르고 계셨기 때문에 교회와 선교회에서 여러 모임을 마련했습니다. 이 방문은 감독님 부부의 마지막 공식 방문이었기에 우리는 당연히 가능한 한 많은 시간을 그분들과 함께 보내고 싶었습니다. 감독님 부부는 너그러우셨고, 큰 힘이 되어주셨으며, 유쾌하셨습니다. 우리는 어떤 자격으로든 그들을 다시 보내달라고 총회에 청원하고 있습니다. 감독님 부부는 우리에게 너무나 중요한 분들이기에, 오실 수 있음에도 오시지 못하는 상황이 된다면 정말 안타까울 것입니다.

우리의 새 형제가 될 톰 홉스[2]는 보통 가장 바쁜 시간에 찾아옵니다—아니면, 그의 존재가 누구보다도 시간을 더 많이 차지하고 평화로운 우리 집안을 더 많이 동요시키는 것 같습니다! 어쨌든 내가 이화에 머문 20년 동안, 딕시[3]가 "구애"라고 부른 이 기간만큼 응접실 문이 많이 닫혀 있었던 적은 없었던 것 같습니다. 밴은 평양에 갔을 때부터 그가 올 때까지 몸이 아팠지만, 그가 이곳에 머무는 동안에 매일 회복되더니 지금은 원래의 반짝이는 모습으로 돌아간 것 같습니다. 반짝인다는 표현은 그가 그녀를 위해 준비한 사랑스러운 백금 반지에만 해당되는 것이 아니었습니다. 그 반지는 테에 (아주 작은) 이화의 배꽃과 한국의 전통문양을 새겨넣었고 아름다운 세팅 위에 다이아몬드가 반짝이고 있었습니다. 코린[4]은 혼수 준비로 분주한 나날을 보냈고, 물건들은 벌써 제법 신부 용품처럼 보입니다. 웰치 부인은 나를 대신해 밴에게 줄 선물로 상하이에서 아름답게 조각된 녹나무 궤를 골라 오셨고, 밴은 이 궤를 아주 좋아하고 있습니다. 결혼식은 9월 11일 오후 4시, 구애의 장소였던 오래된 응접실에서 할 예정입니다. 작은 규모의 예식이지만 피로연은 크게 열 예정입니다. 그들은 두 달 동안 일본에 다녀온 뒤 이곳에서 생활할 것입니다. 밴은 자기가 가정 밖에서 하는 일은 무엇이든 이화를 위한 것일 거라고 말했고, 그 말에 우리는 조금 위안을 얻었습니다. 서울 어디에든 그녀가 돌아오기만 한다면 기쁠 것이고, 우리는 그녀가 항상 이화에 소속되어 있을 것임을 압니다. 우리는 톰 홉스도 기꺼이 환영할 것입니다.

이곳에서는 환영과 이별이 끊이지 않았습니다. 마리 쳐치는 봉헌식 직전인 5월 27일에 안식년 휴가를 마치고 돌아왔습니다. 그녀는 우리가 아침 8시 전에 서둘러 출발했다가 저녁 6시에야 돌아오면 꽤 피곤할 것이라고 걱정하고 있습니다. 우리는 커[5]네의 멋지고 오래된 뷰익 차를 선물과 같이 받았고, 운전기사도 생겨 왕래하는 것이 예전보다 쉬워졌습니다. 머타 스토버는 포드 차를 운전합니다. 우리가 이사한 후에는 이 두 차 중 하나를 팔 생각입니다. 둘 다 꽤 낡았지만 그래도 이곳의 험한 도로 사정을 생각하면 쓸 만한 편입니다.

J. 헐버트와 G. 우드는 부츠[6] 박사가 이끄는 대규모 일행과 함께 시베리아를 경유해 7월 1일에 떠날 것입니다. 스와인하트 총감독 부부는 여름이 끝날 때쯤에 돌아갈 계획이고요. 그는 우리를 위해 도시 수도를 연결하는 작업을 진행 중인데, 이는 매우 중요한 일이 될 것입니다. 그러나 니콜슨 부인[7]이 아름다운 헌정사에 썼듯이 우리는 이 일이 사업의 끝이 아니라 시작이라는 것을 깨닫고 있습니다. 총감독도 가능한 한 끝까지 해내고 싶어 하지만, 관절염이 급속히 진행되는 단계에 있어서 지금처럼 무한정 열심히 일할 수는 없는 상황입니다. 내 관절염은 그렇게 많이 진행되지 않았으며, 심부 엑스레이 치료가 진행을 늦추는 데 도움이 되기를 바라고 있습니다. 이 치료를 위해 2주나 3주마다 평양에 가야 하지만 벌써 6주가 지났습니다. 지금 기차를 타고 가고 있으며, 내일 돌아올 예정입니다. 이번에는 이보다 빨리 떠날 수가 없었습니다. 한 번 갔다 오는 데 드는 비용은 약 20엔입니다.

A.

1936년

한국 서울 이화여전
1936년 6월 2일

친애하는 친구들에게,

미소 짓는 날씨, 그리고 수천 명의 환한 얼굴과 함께 영광스러운 한 주를 보낸 창립 50주년 기념 행사가 마무리되었습니다.[8] 동봉된 프로그램을 보시면 이 50주년 행사에 대해 자세히 아실 수 있을 테고, 그 장면들을 눈앞에 그려보실지도 모르겠네요. 28일 목요일 오전 프로그램은 옛 이화 운동장에서 진행되었고 관중은 테라스와 본관을 마주 보고 자리했습니다. 우가키 총독이 참석했는데, 내가 알기로 그가 기독교학교를 방문한 것은 처음이었으며, 그가 낭독한 축사는 찬사로 가득 차 있었습니다.

이화여전 파이퍼홀[9] 너머에 있는 언덕에서 열린 봉헌식과 야외극[10]에는 엄청난 인파 — 7,000명에서 1만 명에 이르는 사람들 — 가 몰려들었습니다. 그들은 서로 배려하며 매우 예의 바르게 행동했지만, 인원이 많다 보니 확성기로도 사람들 모두가 들을 수는 없었고, 군중이 어수선해 많은 사람이 볼 수도 없었습니다. 그러나 무대는 화려하고 춤은 아름다웠습니다. 마지막에는 "엘리야"의 "하나님께 드리는 감사"가 연주되었습니다. 그 동안 학교 전체가 언덕을 따라 내려와 무대 위에서 한 무리가 되어 이삿날[11] 장면을 재연했는데, 우리는 모두 지난 몇 년간 받은 크나큰 축복의 강의 위대함을 느졌습니다.

축하 행사는 "이화주일"에 정동교회에서 열린 성대한 예배로 마무리되었으며, 여기서 내 남동생이 설교를 했습니다. 이제 우리는 미뤄두었던 일들로 다시 눈을 돌려야 합니다. 6월은 더운 날씨 속에서도 바쁜 나날이 될 것이고, 7월과 방학이 와야 비로소 휴식을 취할 수 있을 듯합니다.

날씨가 따뜻해지면서 나도 한결 건강이 좋아진 것 같고, 모든 부가적인 일을 무리 없이 아주 잘 처리해냈습니다. 현재 계획으로는 원산 해변에 있는 남동생 집에서 7월 15일부터 8월 25일까지 지내려고 합니다. 그들의 사랑스러운 딸 마거릿이 이번 달에 고등학교를 졸업하고, 7월에는 처음으로 가족과 떨어져 캘리포니아로 떠날 예정입니다. 나는 12월 초에 안식년 휴가를 떠나 호놀룰루와 캘리포니아에서 겨우내 햇볕이 잘 드는 날씨 속에서 지낼 계획입니다. 우리가 봄에 만날 수 있기를 바랍니다.

언제나 충실하게,

앨리스 R. 아펜젤러

이화여자전문학교 본관(파이퍼홀) 정초식(1933년)

완공된 본관(파이퍼홀) 전경(1935년경)

신촌 캠퍼스 이전 후 본관 앞에서 찬송가를 부르는 일행들(1935년)

* 아펜젤러는 스크랜튼의 사진을, 김활란은 프라이의 초상화를 들고 있다.

이화의 교수진(1935년)

* 왼쪽부터 지넷 헐버트, 리어 대머런, 메리 영, 애다 홀,
메리언 칸로, 애드나 밴플리트, 앨리스 아펜젤러

이화학당 창립 50주년 기념 축하식(1936년)

이화학당 창립 49주년(1935년)과
50주년(1936년)에 봉헌한 건물들(가사실습소가 사진에 빠짐)

* 왼쪽부터 당시 명칭으로 보육관, 케이스홀(음악관)과 에머슨홀(강당),
토머스홀(체육관), 영학관, 파이퍼홀(본관), 기숙사(진선미관)

이화학당 창립 50주년 기념 역사극 <강> 공연 모습(1936년)

* 아펜젤러 구상, 이희승 집필, 김신실 안무

이화학당 창립 50주년 기념
15년 이상 근속 교직원과 함께(1936년)

* 뒷줄 왼쪽부터 김활란, 정애식, 서광진, 마리 쳐치, 이창열, 애드나 홉스
앞줄 왼쪽부터 메리 영, 앨리스 아펜젤러, 김극배, 조만수, 조지아 브라운리, 이원식, 박 한나

1936년 8월 24일

내 소중한 사람이여,[12] 오늘 나는 우리 둘 모두에게 너무나 많은 것을 가져다준 지난 한 해를 돌아보며 하나님께 감사하고 있어요. 아마도 당신에게는 지난 한 해가 인생에서 가장 행복한 해였으리라고 생각하지만, 앞으로 더 행복한 날들이 기다리고 있을 것이라고 확신해요. 하나님 아버지께 더 가까워지고, 그분의 사랑 안에서 점점 더 깊어질수록 한 해 한 해가 전보다 더 좋은 해가 되기를 바라요. 당신에게 온 사랑이 다른 사람들에게도 축복이 되고 있고, 무엇보다 나에게 축복이 되고 있음에 나는 그 사랑에 감사하고 있어요. 그 사랑은 내게 너무나도 풍성하게 돌아왔으며, 내가 빼앗겼다고 생각했던 것이 더 아름다운 사랑으로 바뀌어 왔네요. 그래서 비록 내가 그 사랑을 항상 충분히 감사하거나 받아들일 수 있을 정도로 큰 사람이 아닐지라도 내가 기쁘고 감사해한다는 것, 그리고 기쁨과 감사가 내 안에서 자라나고 있으며 이를 위해 매일 기도하고 있음을 당신은 알 테지요.

지난 한 주 우리는 가장 여유롭고 호화롭게, 그리고 게으르고 행복하게 함께 시간을 보냈어요, 그렇지 않나요? 당신이 관대하고 반갑게 맞아주고 나를 곁에 두는 것을 꺼리지 않으리라는 것은 알고 있었지만, 톰이 그처럼 따뜻할 것이라고는 생각하지 못했어요. 당신과 톰 둘 다 내가 결코 갚을 수 없는 친절을 보여주어 감동했어요. 보다시피 나는 받는 데에 있어서는 매우 후한 사람이네요!

생일 축하해요, 그리고 나는 늘 가까이에 있을 터이니, 적어도 마흔여덟 번의 생일들을 더 함께하기로 해요!

더 많은 사랑을 듬뿍 담아 보내요.

당신의 오랜 친구,

앨리스

한국 서울 이화여전
1936년 9월 17일

친애하는

이번 정기총회 프로그램 안건 중에 이화 50주년 기념식이 포함되어 있는 것을 보았습니다. 그러므로 여러분이 이미 받은 자료에 더하여, 현재 준비 중인 기념 명판에 관해 알려드리고 싶습니다. 아쉽게도 철자에 오류가 있었고, 이곳에서는 수정 작업이 더디게 진행되다 보니 명판이 아직 완성되지는 않았습니다. 그것은 120×40cm 크기의 동판으로 만들어져서 우리의 행정동인 파이퍼홀 입구 우편함 위에 설치될 것입니다. 이 동판에 영어와 한국어로 새겨질 내용은 다음과 같습니다.

미감리회 여성해외선교회WFMS가
1886년 본교를 창립한 이래
그 발전에 필요한 물적 및 영적 후원을 계속하여
조선 여성에 대한 부단不斷의 신념을 표현했기에
정중히 감사를 표함
* * * * * * * * *
1936년 5월
창립 50주년 기념회[13]

이것은 미감리회 WFMS에 대한 우리의 자그마한 감사 표시입니다. 그들이 없었다면 이화도 없었을 것입니다.

또한, 두 설립자의 공로를 기려 얕게 양각한 동판도 제작했습니다. 일본에서는 물론이고 최근 한국에서도 설립자와 같이 학교가 경의를 표하고 싶은 인물들의 청동 조각상을 만드는 것이 관례가 되어가고 있습니다. 고마운 졸업생들에게 그렇게 돈을 쓰지 말라고 설득할 수도 있었겠지만, 그들은 미스 프라이를 위해 특별한 무언가를 남기고 싶어 했습니다. 그래서 미스 프라이와 스크랜튼 여사의 모습을 양각한 액자가 주조되었습니다. 그 초상화 아래에는 다음과 같은 글이 새겨져 있습니다.

1886년 이화학당의 설립자이며
한국에서의 여성 사역을 위한 최초의 선교사인
메리 피치 스크랜튼 여사(1832~1909)께
감사를 표하며 기념함
* * * * * * * * *
창립 50주년에 제작
1936년 5월

1910년 이화대학과 설립자이자
1914년 유치원사범과 설립자인
룰루 E. 프라이(1869~1921)께
감사를 표하며 기념함
* * * * * * * * *
동창회 제작
1936년 5월

현재 안식년 휴가 중인 우리의 대표들, 미스 메리언 칸로, 지넷 헐버트, 그리고 그레이스 우드가 여러분에게 필요한 모든 자료를 제공할 것입니다. 우리는 미스 헐버트와 미스 우드가 이번 가을에 돌아오기를 바라고 있습니다.

부득이 여러분에게 새 선교사들을 보내달라고 간청드릴 수밖에 없습니다. 영문학, 음악, 종교교육, 가사 과목을 가르칠 인력이 절실합니다. 증원 없이는 일을 계속하기 어렵습니다. 그레이스 우드는 가장 최근에 합류했는데도 이제는 노련한 선교사가 되었습니다. 나머지 사람들의 평균 연령은 거의 50세에 이릅니다. 현재 전문학교와 보육학교의 교직원 11명 중 유일하게 건강상의 제약 없이 업무를 수행할 수 있는 이는 남감리교 출신 한 명뿐입니다. 해리엇 모리스는 지난봄 과로로 지쳐 쓰러져 지금은 캠퍼스 밖에서 생활하며 아주 가벼운 업무만 보고 있습니다. 다른 이들도 자신의 일 이상의 부담을 감당하고 있지만, 이런저런 심각한 어려움을 겪고 있습니다. 선교사들이 이곳에서 이 엄청난 도전을 계속하려면 반드시 도움을 받아야 합니다.

현재 나는 공식적인 안식년 기간인데, 김활란 부교장이 한국 단독 대표로 스리랑카 콜롬보에서 열리는 세계 YWCA 총회에 참석 중이기에 그녀가 돌아올 때까지 기다리고 있습니다. 그녀는 귀국 후 교장 직무대리를 맡게 될 것입니다.

또한 우리는 여전히 숙소를 제공받기를 바라고 있습니다. "단체의 압박"이 앞서 언급한 건강 문제들을 일으킨 원인일 수 있습니다. 우리는 멀리서 출퇴근하거나, 창문을 열면 악기 연습하는 커다란 소리가 들리고 창문을 닫으면 둔탁한 울림이 느껴지는 음악관 위에서 생활하고 있습니다. 우리의 방들은 작고 혼잡하며 휴게실도 휴게시설도 없습니다. 언덕을 올라 케이스홀까지 걸어간 후 두 번 더 긴 계단을 오르는 일은 때로 너무도 버겁게 느껴집니다. 만약 건축비에서 미리 숙소 설치 자금을 떼어놓았다면 우리는 너무 바빠서 원하는 좋은 집을 짓기 어려웠을 테니, 그렇게 하지 않은 것은 오히려 잘 한 일이라는 생각이 듭니다. 이제 우리는 전액을 환전한 1만 달러라는 특별한 자원이 필요합니다.

머지않아 여러분 모두를 만날 수 있기를 바랍니다.

충심을 다해,
앨리스 R. 아펜젤러
교장

한국 서울 이화여전
1936년 11월 20일

친애하는 친구들에게,

조금만 있으면 거의 6년 만에 여러분 중 몇 분을 다시 만날 수 있을 것 같습니다.[14] 이번 안식년 휴가는 추운 날씨를 피하려고 계획했기 때문에, 호놀룰루에 잠시 들러 메리 Z. 올슨[15]을 만나고, 서부 해안에서 남은 겨울을 보낸 후, 3월에 밴과 톰 홉스와 함께 차로 남쪽 길을 달려 동부로 이동할 예정입니다. 그들이 샌 루이스 오비스포[캘리포니아주]에 있는 밴버스커크[16] 박사님 댁으로 나를 태우러 올 것입니다.

추수감사절 다음 날 서울을 떠나 치치부마루호를 타고 12월 11일 호놀룰루에 도착할 예정이며, 12월 24일에는 엠프레스오브재팬호를 타고 그곳을 떠날 예정입니다. 겨울 동안 우편물은 캘리포니아, 버클리, 르 콘테가 2326에 거주하는 조카 마거릿 아펜젤러를 통해 전달받을 것입니다. 선교국 주소인 뉴욕시, 5번가 150, 710호로도 언제든 나와 연락하실 수 있습니다.

이 사랑스러운 곳을 떠나면서, 지난 몇 해 동안 받은 모든 축복과 은혜에 감사하는 마음으로 내 잔은 다시 넘치고 있습니다. 새 대학이 완공되고, 유능하고 헌신적인 분들이 학교를 이끌어가는 것을 보면서 커다란 만족감을 느낍니다. 뛰어난 우리 졸업생인 김활란 박사가 내가 자리를 비우는 동안 교장 직무대리를 맡아줄 것입니다.

나는 생의 대부분을 한국에서 보냈기 때문에 한국은 나의 고향입니다. 그러나 안식년 휴가는 떠나는 사람들과 그들이 없는 동안 변화를 맞이하는 사람들 모두에게 좋은 것입니다. 1937년 어느 날 여러분과 만나게 되기를 기쁜 마음으로 고대하고 있습니다. 즐거운 성탄절과 복된 새해를 기원합니다.

충심을 다해,

앨리스 R. 아펜젤러

전문학교 선교사 교수진(1936년)

* 윗줄 왼쪽부터 시계방향으로 벨마 메이너, 메리 영, 블랜치 라욱스, 앨리스 아펜젤러, 캐서린 베이커, 애다 홀, 조지아 브라운리, 머타 스토버, 모네타 트록셀, 메리언 칸로, 해리엇 모리스, 리어 대머런

1937년

캘리포니아, 샌 루이스 오비스포, 퍼시픽로 884

1937년 3월 6일 오후 3시

친애하는 친구들에게,

오늘 아침 나는 홉스 씨에게서 "캔자스, 위치타, 오후 12시 30분. 월요일 오전 수술. 에드나는 용감하게 희망을 가지고 대처"라는 전보를 받았습니다. 그가 얼마나 많은 사람에게 이 말을 전하고 있는지는 모르겠지만 그들이 이 큰 시련 속에서 기도로 힘을 얻도록, 한국에서 그랬던 것처럼 기도할 줄 아는 여러 친구에게 이 소식을 전하는 일을 내가 맡았습니다. 여러분이 월요일뿐만 아니라 위험이 지나갈 때까지 계속해서 우리와 함께 기도해줄 것이라 믿습니다.

밴은 1월 29일 이곳에 도착했을 때 건강이 매우 나쁜 상태였고, 패서디나[캘리포니아주] 등에 머무는 동안 가능한 한 많이 쉬었지만 회복되지 않았습니다. 그리고 그곳을 떠나기 전인 2월 13일경 황달이 시작되었습니다. 톰과 밴 부부는 의학적 조언을 구했고, 여행을 계속해도 괜찮을 것이라는 말을 들었습니다. 그들이 위치타[캔자스주]에 도착했을 때 미스 월터는 즉시 밴을 의사에게 데려갔고, 일주일 전 밴은 진찰을 받기 위해 웨슬리 병원에 입원했습니다. 우리는 이번 수술이 담석 제거 수술일 것이라고 짐작하고 있습니다. 톰은 해리엇의 아버지인 월터 모리스 씨와 함께 리버로 1155에서 지내고 있습니다. 그곳에는 내가 언급했던 칸로, 노블 부부,[17] 도로시 스미스[18]의 부모 외에도 많은 한국 가족들이 있으며, 그들은 분명히 할 수 있는 모든 방법을 동원하여 도와줄 것입니다.

그녀의 소중한 생명을 구하고, 그토록 즐겁게 계획한 여행을 너무 오래 중단하지 않고 계속할 수 있도록, 여러분이 가장 좋고 실질적인 방법으로 도움을 주실 것이라고 믿습니다.

여러분 모두에게 많은 사랑을 보내며,
앨리스 아펜젤러

수신인[19]

1 뉴웰 부부	2 맥앤리스	3 노블 부부	4 딜링햄 - 항공
5 노튼 부부	6 라브	7 최이순	8 네비트
9 레이니	10 파이	11 레이시 - 항공	12 루카스
13 마거릿 A.	14 G. H. 존스 부인		

캘리포니아, 샌 루이스 오비스포, 퍼시픽로 884
1937년 3월 8일, 월요일, 11시 45분

친애하는 톰에게,

토요일 오후 8시 30분에 발송된 소중한 밴의 편지를 일요일 오후 3시 20

분에 받아보았어요! 편지가 도착하는 데 21시간도 안 걸리니 아주 멀리 떨어져 있다고 느껴지지 않네요. 그리고 나는 사랑하는 그녀의 침대 바로 옆에서 당신과 함께 마음속으로 그녀를 지켜보고 있으며, 그녀가 다시 건강해질 수 있으리라는 믿음을 가지고 끊임없이 기도하고 있어요. 수술에 관한 전보를 기다리고 있어서, 열차가 출발하기 직전까지는 이 편지를 보내지 않을 생각입니다. 나는 **무소식이 희소식**이라는 말을 기억하고 있으니, 당신은 나에게 신경 쓰지 않아도 되긴 하지만 그래도 계속 연락을 줄 것이라 믿고 있어요. 밴 박사님은 내게 큰 위안이 돼요. 그가 설명해주어서 우리는 상황의 심각성과 당신이 얼마나 많이 걱정하고 있을지를 알게 되었어요. 정말 예상치 못한 일이지만 그 눈 오던 날 위치타에 당신이 머무르고 있어서 정말 다행이에요! 이는 모두 하나님 아버지의 사랑스러운 자녀인 당신들을 위한 그의 계획 안에 있는 것이라고 믿습니다. 진 월터를 위해 의사들이 한 일을 생각해 볼 때, 그들은 훌륭한 의사임이 틀림없어요. 진 월터는 살아 있는 증거예요! 당신은 그곳에서 같은 정신을 가진 이해심 많은 그리스도인 친구들에게 둘러싸여 있어요. 주저하지 말고 그들에게 기대어 어떤 인간적인 도움이든 구하세요. 진은 당신도 아시다시피 능력과 분별력과 도움의 집합체이며, 밴을 사랑하는 또 한 명의 이화 자매이니 아낌없이 도와줄 거예요. 나도 그곳에 있고 싶은데 이렇게 멀리 떨어져 있으니 무력감을 느껴요. 그녀가 나를 필요로 하거나 내가 **무엇이든** 할 수 있는 게 있다면 꼭 알려주세요. 곧장 그곳으로 갈 수 있어요.

지금 밴에게 짧은 편지를 쓸게요. 아마도 아직은 그녀에게 읽어줄 수 없겠지만, 어쨌든 보내고 싶어요. 당신이 편지를 읽어보고 전하고 싶은 내용을 판단해 그녀에게 전해주세요. 어제 그녀의 편지는 나를 무너뜨렸지만, 오늘은 **괜찮아질** 것이라는 확신을 갖게 되었어요. 나는 그녀와 당신이 "우리를 사랑하시는 이로 말미암아 넉넉히 이길" 것을 믿어요.[20] 감정이 북받쳐 잘 표현할 수 없네요. 하지만 그녀를 사랑하고 돕고 싶은 마음에 있어서 내가 당신과 같은 마음임을 잘 알고 계시겠지요.

당신의 누이,
앨리스

동봉된 편지를 읽어보세요.

샌 루이스 오비스포
1937년 3월 8일

내 사랑,[21]

이 편지를 읽고 싶은 상황은 아니겠지만, 그래도 쓰고 싶어요. 소중한 당신의 편지가 약 20시간 30분 만에 도착한 것을 생각해봐요! 그 편지가 마치 당신처럼 느껴졌기에, 항상 간직할 거예요. 당신은 언제나 매우 용감하고, 승리에 대한 믿음과 평화로 모든 것을 맞이하네요. 당신을 위한 많고 많은 기도가 응답을 받을 것이고, 응답받고 있는 중이며, 놀라운 치유가 당신에게 임할 것을 믿으며, 나는 매 순간 당신과 함께하고 있어요. 그리고, 내 사랑, 내가 4월 초에 위치타에 가게 되면 마침내 함께 오하이오로 여행을 하며 당신을 돌봐줄 수 있을 거예요. 내가 당신을 돌봐주고 싶어 한다는 것과 지금 바로 당신에게 달려가고 싶어 한다는 것을 알고 있지요. 하지만 내가 지금 그곳으로 가면 그곳에 있는 친구들에게 신경 써야 하는 사람이 하나 추가될 뿐이라는 것을 알기에, 나는 이곳에서 내 일에나 신경 쓰고 있네요.

치과의사는 오늘 내 이를 뽑지 않고 브리지를 먼저 만들고 있어요. 토요일 밤 밴 부인과 나는 구세군의 바[22] 사령관이 하는 강연을 들으러 갔지요. 그가 우리를 보고 깜짝 놀라지 않겠어요! 그가 저녁 내내 내가 훨씬 더 많은 것을 알고 있다며 나를 계속 언급해서 당혹스러웠어요. 그는 미스 어윈[23]이 준비한 좋은 슬라이드를 보여주었어요. 가난한 군중이 보이더군요. 나는 구세군이 한국에서 한 일에 대해 짧게 감사를 표했어요. 그는 여기 샌 루이스에서 살고 있어요.

슬리퍼 부인은 이화에 갈 준비가 다 된 것 같아요! 내 "점잖은" 질문지에 "담배도 술도 하지 않는다", "집안일 하는 것을 좋아한다"와 같이 모범 답안을 제시했어요. 나는 당신이 병원에 있다고 썼는데, 그녀는 이렇게 답했어요. "홉스 부인이 병에 걸리셨다니 안타깝습니다. 여기 있을 때 매우 피곤해 보인다고는 생각했습니다만, 그럼에도 정말 유쾌하고 밝은 성격을 갖고 계셨습니다!" 우리 모두 그렇게 말하지요. 나는 슬리퍼 부인의 서신을 이화에 보냈고, 그들이 그녀를 받아주길 바라고 있어요.

해리스 부인은 교회 뒤로 이사했어요. 밴버스커크 박사님이 그곳에서 머물렀었죠. 메리 앨리스가 토요일에 엡워스 연맹[24] 총회를 위해 왔어요. 밴 박사님은 그녀를 보고 반가워했고, 그 부인은 그녀에게 약간의 옷감을 보냈어요.

어제 저녁 이곳에 꽤 재미있는 연사가 왔어요. 『퍼시픽 크리스천 애드버케이트』[25]의 편집자인 밀스 박사였지요. 그와 모임 후에 저녁을 함께했어요.

내 소중한 사람이여, 안녕. 뭔가를 해야만 했기에 당신에게 편지를 썼어요. 아직은 내 편지에 신경 쓰고 싶지 않겠지만, 나중에 이 편지들이 당신을 즐겁게 할 수도 있겠지요. 전보가 안 되니 우편으로 보낼게요. "나의 마음과 당신의 마음" — 우리는 무슨 일이 있어도 항상 함께예요.

사랑을 담아,
앨리스

샌 루이스 오비스포
1937년 3월 24일

내 사랑,

일요일에 진이 보내준 편지가 큰 힘이 되어서, 오늘 음산하게 비가 내리는데도 불구하고 "내 영혼에는 햇살이 가득 찼어요". 병원에서 내가 그랬던 것처럼, 당신도 의사들이 잘 해내고 있다고 말할수록 오히려 상태가 더 나빠진다고 느낄지도 모르겠군요. 하지만 의사들은 당신이 잘 회복하고 있다는 것을 알고 있으며, 우리도 밖에서 당신을 위해 열심히, 열심히 노력하고 있어요. 내 사랑이여, 2주 후에는 우리가 함께할 거예요. 당신이 꼭 건강해져야 우리가 여러 곳을 즐겁게 다닐 수 있어요. 위치타 이후의 일정은 아직 정해지지 않았으니, 우리가 함께 계획을 세우면 될 것 같아요. 내 여동생들은 내가 이런 말을 하면 싫어하겠지만, 어쩐지 내가 먼저 당신의 것이 된 것 같아요.

메리언[26]이 집에 왔다니 정말 기뻐요. 그녀를 만나면 무척 좋을 거예요. 나는 잡다한 업무들을 대부분 끝냈고 이제 떠날 준비가 거의 다 되었어요. 토요일이었던 어제는 이곳의 오래된 임무를 마치는 데에 시간을 보냈어요. 어젯밤에는 가족들에게 으깬 땅콩 당과를 얹은 아이스크림을 대접했어요. 당과는 당신의 결혼식 만찬에서 사용하기로 되어 있었던 것인데, 그 안에 코코넛이 들어 있었지요, 기억나나요? 진이 나를 대신해서 당신에게 꽃다발을 사줄 거예요. 내 부활절 선물이에요. 건강을 회복하고 있는 만큼, 이 시간이 당신에게 아주 소중한 시간이 되기를 바라요. 그리고 부활절이 기쁨으로 충만하기를 바라요. 정말 기뻐요. 나는 마거릿과 함께 있을 예정인데, 우리가 참석할 수 있는 **아름다운** 교회와 예배를 찾을 수 있으면 좋겠어요. 아직 정말 좋은 곳에 가본 적이 없거든요. 일요일 오후 1시에 하는 포스딕[27] 박사의 방송은 여전히 최고예요. 듣고 있는 동안 마음으로 그를 그려볼 수 있으며, 아름다운 교회도 상상할 수 있지만, 역시 직접 경험하고픈 마음이 커요.

아무리 힘들어도, 우리가 당신을 위해 기도하고 있으며 하나님은 우리가 아는 것보다 더 좋은 방법으로 응답해주시리라는 것을 기억하기 바라요.

이정애[28]가 새 기숙사 사감이 되어서 활란이 기뻐하고 있을 거예요. 숙소 건립을 위해 남부인들이 7,000달러를 기부하기로 했다는데, 속히 송금되어 공사가 즉시 시작될 수 있기를 바라고 있어요.

밴 박사님이 나에게 목요일 밤 성찬식에서 자신을 보조해달라고 요청하셨어요. 한국감리교회의 공로를 인정하는 의미라고 하시더군요. 그들은 무관심이라는 큰 장벽에 맞서 열심히 일하고 있어요. 우리는 사람들이 관심을 갖고, 부활절 아침에 교회에 많이 나오기를 기도하고 있어요. 당신이 회복되고 있다는 소식이 내가 가장 듣고 싶은 소식이니 꼭 그 소식을 들려주세요.

당신의 오랜 친구,

A.

1938년

한국 서울 이화여전
1938년 5월 9일

친애하는 고향 친구들에게,

아주 긴 여행을 마치고 마침내 한국에 돌아왔습니다.[29] 태평양을 건널 때마다 이 대양이 얼마나 광활하고 동서양 사이를 크게 분리시키고 있는지 새삼 다시 깨닫습니다. 오랫동안 이곳의 일들에 익숙해져 있었음에도 불구하고, 나는 지금 전혀 다른 세상, 산소도 없고 인간이 살아가기 어려운 다른 행성, 아마도 화성 같은 곳에 온 듯한 느낌이 듭니다.[30] 얼마나 빠르게 변화하고 있는지, 믿기 어려울 정도입니다. 정부는 삶의 모든 영역에 영향을 미치는 국유화 정책을 매우 만족스러워하고 있으며, 같은 방식으로 통치되는 다른 나라들에서 볼 수 있는 모든 요소가 지금 여기에서도 막강한 영향력을 행사하고 있습니다.

그럼에도 우리 캠퍼스는 어느 때보다 더 아름답습니다. 변치 않는 언덕들이 여전히 우리를 내려다보고 있고, 진달래, 병꽃나무, 조팝나무, 라일락 등 사랑스러운 나무들이 두려움 없이 꽃을 피우고 있습니다. 나에게 미소 짓는 학생들의 모습, 그리고 이화나 다른 곳에서 일하고 있는 동료들의 다정한 인사가 다시 고향으로 돌아왔다는 확신을 줍니다. 거의 매일 저녁 이런저런 친구들의 초대를 받으니, "음식을 먹으면서" 공동체로 돌아가고 있습니다. 내가 받은 가장 사랑스러운 환영 중의 하나는 음악과 교수진이 마련한 음악회였습니다. 한국 장로교 목사의 아들로 스위스 취리히대학에서 박사학위를 받은 계 박사[31]는 뛰어난 바이올린 선생으로서 음악회를 기획하고, 브람스와 모차르트의 아름다운 소나타 두 곡을 연주했습니다. 그는 종종 나와 독일어로 대화를 나누며, 내가 독일 음악을 좋아한다는 것도 알고 있습니다. 또 다른 독주자는 캐나다에서 연합교회 친구들의 후원으로 교육을 받은 아름다운 젊은 여성, 미스 유부용[32]이었습니다. 이어서 매우 아름다운 여성 합창이 있었고, 학생들이 창작곡도 한 곡 불렀습니다. 우리 학교에는 현재 약 400명의 학생이 있으며, 모든 것이 아주 질서정연하게 진행되고 있습니다. 이번 주에 이틀 동안 우리 학교를 방문하여 모든 세부 사항을 점검한 정부 조사관조차도 생소하게도 긍정적인 평가를 내렸습니다.

이곳에 도착하기까지의 여정에 대해 좀 더 이야기하고 싶습니다. 프레지던트쿨리지호를 타고 한 항해는 지금까지의 경험을 통틀어 가장 즐거운 여행 중의 하나였습니다. 승객들이 많지 않아 나만의 객실을 배정받았고, 좋은 날씨와 유쾌한 동행자들 덕분에 다소 우려했던 것과 달리 즐거운 여행이 되었습니다. 원래 계획했던 것보다 글 쓰는 방에 더 오랜 시간 앉아 있었는데도, 여러분의 편지에 아직 답장을 많이 하지 못했습니다. 여러분의 친절한 편지를 너무나 기쁘게 받았는데도 말입니다. 요코하마에서 두 명의 이화인을 만났는데, 한 명은 그곳에서 음악을 공부하고 있었고 다른 한 명은 작년에 오리건에서 만났던 최이순[33]이었습니다. 둘 다 우리 학교 교사였고, 지금은 일본어를 배우고 있습니다. 도쿄 아오야마에서는 피츠버그에서 온 우리 WFMS 사람들인 미스 스프롤스와 미스 줄리엣 녹스를 만났는데, 이들은 다음 날 배를 타고 미국으로 떠났습니다. 나는 고베에서 하선해 친절한 친구들의 도움으로 세관을 통과했습니다. 웰즐리대학 친구인 K. 패닝을 그곳에서 만나 함께 즐거운 일요일을 보냈습니다. 그다음 날에는 아름다운 일본 내해[34]를 따라 배를 타고 이동했으며, 연락선에서 하룻밤을 보낸 후 부산에 도착했습니다. 부산의 부두에서는 소중한 친구인 홉스 부인과 그녀의 남편을 만났습니다. 작년에 우리 곁을 떠날 뻔했던 그녀가 한국에 있는 집으로 돌아와 다시 건강하게 지내고 있다는 사실이 믿기지 않습니다. 이렇게 좋은 친구와 함께 있다 보니 어느덧 새벽 1시 35분이 되어 있었습니다. 서울에 도착했을 때, 나는 역을 가득 메운 친구들의 품에 안겼습니다. 친구들이 도착하거나 떠날 때 역으로 마중 나오는 것이 동양의 관습인데, 여행자에게는 확실히 즐거운 일입니다. 역 밖에는 모든 이화의 학생들이 줄지어 서 있었는데, 내가 떠날 때와는 달리 교가를 부르지 않았습니다. 교가는 번역되어서 지금은 국어[일본어]로만 불러야 하기 때문이었습니다.[35] 그들의 환영하는 미소는 내가 얼마나 큰 기대에 부응해야 하는지를 다시금 느끼게 해주었습니다.

우리의 새 숙소는 아직도 단단한 바위 위에 파놓은 구덩이에 불과하지만, 가을에는 이사할 수 있게 되기를 바라고 있습니다. 여섯 명의 미국인 교원들에게 편안한 보금자리가 될 것입니다. 내가 건축 일을 다시 맡게 된 것은 자연스럽게 느껴지며, 그 일을 즐겁게 하고 있습니다. 지금의 내 방은 예전에 사용하던 방 옆에 있으며, 우리 "펜트하우스"에 있는 음악 연습실입니다. 산과 푸른 계곡과 빛나는 강이 보이는 전망은 비할 수 없이 아름답습니다.

이화여전에서의 일은 내게 그 어느 때보다도 중요하게 느껴집니다. 기독교학교의 수가 줄어들면서[36] 새로운 문제들과 더 큰 책임이 생겼습니다. 학생들은 정신을 바짝 차리고, 우리가 줄 수 있는 최고의 교육을 받고자 노력하고 있습니다. 김활란 박사는 용기와 품위를 지키며 필요한 조정들을 해냈습니다. 큰 문제들은 실무진의 정신을 지치게 하는 사소한 일들을 잊게 해주는 역할도 하는 것 같습니다. 덕분에 교수진 사이에서도 새로운 단합과 헌신의 움직임이 보입니다. 이 상황에서 내가 어떻게 기여할 수 있을지 지금은 알 수가 없습니다. 그러나 시편의 말씀은 내게 그 어느 때보다 더 깊은 의미로 다가오고 있어, 한국에 도착한 지 며칠 안 되었는데도 모든 사람을 끌어당기시는 하나님의 영원하신 사랑을 새롭게 깨닫고 있습니다. 영적인 힘이야말로 우리에게 필요한 것이며 우리의 자신감이니, 지금 우리를 위해 꼭 기도해주십시오.

충심을 다해,

앨리스 R. 아펜젤러

1939년

1939년 11월 14일

미스 샐리 루 매키넌[37]
미국, 테네시, 내슈빌
닥터스 빌딩

친애하는 미스 매키넌께,

이 편지는 우리의 **요청 사항**에 관해 당신이 9월 7일자 편지에서 질문한 내용에 대한 답변입니다. 학교를 유지·관리하고 지금까지보다 좀 더 좋은 기독교대학으로 발전시키기 위해 우리가 필요로 하는 것들을 이해해줘서 대단히 감사합니다. 말씀하신 대로, "생활비와 급여가 상승함에 따라 일류 교수진을 유지하려면 학교가 매년 더 많은 재정을 확보하는 것이 절대적으로 필요하다는 것을 잘 알고 있습니다." 고국에 있는 우리 임원들이 이 문제를 인식하고 계신다는 사실이 우리에게는 매우 중요합니다.

최근 파이퍼 부인이 이화에 기부해주신 25,000달러가 큰 힘이 됩니다. 우리는 올 한 해를 헤쳐나가기 위해 여러 가지 방법으로 노력했는데, 확실한 추가 수입을 갖게 되어서 부담을 덜고 마음도 든든해졌습니다.

동봉한 재무제표를 보시면, 부인회가 연간 12,000엔, 즉 현금 7,200엔과 선교사 두 명의 급여 4,800엔을 현재까지 수년간 지원해주셨음을 확인하실 수 있습니다. 하지만 실제로는 미스 대머런과 메이너 부인[38]이 미국으로 돌아간 후,[39] 미스 모크[40]가 부임하면서 현재는 선교사 한 명의 급여만 지급되고 있습니다.

이 남은 한 자리에 대해, 당신도 잘 아는, 그리고 우리에게도 절실히 필요한 두 명의 훌륭한 젊은 여성, 미스 최예순[41]과 미스 김상순[42]을 추천드리고자 합니다. 미스 트록셀이 결혼하여 소퍼 부인이 된 이후, 우리는 미스 최가 종교교육 분야에서 우리와 함께 일하게 되기를 더욱 간절히 바라고 있습니다. WFMS가 미스 레나 내프[43]를 파견하기로 결정한 것에 대해 기쁘게 생각합니다. 그녀의 미국에서의 경험이 이화뿐만 아니라 우리의 모든 일에 매우 귀중한 자산이 될 것입니다. 미스 레나 내프와 미스 최는 우리 전문학교에서 훌륭한 팀을 이룰 것입니다.

미스 김은 오랫동안 우리 전문학교에서 비공식적이지만 필수적인 역할을 해온 보육학교[44]에 매우 필요한 인재입니다. 남감리회 선교부는 특히 몇 년 전 미스 하워드[45]를 파견함으로써 이 분야에 큰 기여를 한 바 있습니다. 이제 이 보육학교는 김상순을 임명해 운영을 더욱 안정적으로 지속하고 확대해 나가려 합니다. 아시다시피 미스 브라운리는 이제 이화보육학교에 있는 유일한 선교사이고 은퇴가 몇 년 남지 않았습니다. 미스 김의 뛰어난 전문성과 강한 기독교적 영향력은 이곳에서 좋은 평가를 받았을 뿐만 아니라 미국에서도 좋은 인상을 주었다고 들었습니다. 남감리회 선교부 또한 이 두 한국인에게 특별한 훈련을 제공하고, 매우 긍핍한 두 곳에서 일할 수 있게 돕는 것을 자랑스럽게 여길 것입니다.

만일 메이너 부인이 복귀할 준비가 된다면, 언제든 그녀는 이화에서 소중한 자리를 갖게 될 것입니다. 모든 선교사 중에서도 그녀와 미스 트록셀은 가장 뛰어난 종교적 지도력과 상담 능력을 지닌 분들이었기에, 우리는 그녀의 복귀를 간절히 바라고 있습니다. 나는 감리회가 메이너 부인에게 돌아올 기회를 주리라고 믿습니다!

연간 7,200엔의 현금 지원에 관하여, 우리는 10% 인상한 7,720엔으로 지원금을 올려주시기를 정중히 요청합니다. 남감리회 선교부의 집행위원회가 이미 회의를 마쳤으나, 그동안은 메이너 부인이 회의에서 우리를 대변해 왔던 터라 우리가 이 요청을 관철하는 데 소홀했습니다. 그러나 나는 위원회가 이 문제를 긍정적으로 검토할 것이라 확신하고 있으며, 1941년도를 위한 이 요청 사항, 즉 현금 지원 10% 인상과 선교사 한 명 대신 한국인 두 명의 급여 지급을 승인해줄 것이라고 믿습니다. 특히 미스 김은 4월 개학에 맞춰, 미스 최는 여름에 각각 복귀할 예정이므로, 1940년도 안에 이들의 급여 지급이 확정되어야 합니다.

지난 2년 동안 네 명의 선교사, 미스 스토버, 미스 대머런, 메이너 부인, 미스 트록셀이 떠나면서 큰 공백을 겪고 있었지만, 다행히 메리 빅 모크가 우리에게 왔습니다. 물론 그녀가 네 분의 빈자리를 완전히 채울 수는 없겠지만, 그녀는 자신만의 멋진 재능들 — 높은 수준의 전문성, 효율성과 자발성, 그리고 우리가 지금까지 경험한 선교사들 중 가장 따뜻한 성품 — 을 지니고 왔습니다. 그녀는 우리의 가정생활에 많은 것을 의미하며, 우리는 행복한 교제의 날들을 기대하고 있습니다.

쓰고 싶은 이야기가 많지만 다음 편지에 쓰겠습니다. 우리는 모두 잘 지내고 있습니다. 어제는 채플에서 가가와 박사[46]의 강연을 들을 수 있는 뜻깊은 시간을 가졌습니다.

김 박사가 나에게 이러한 공식 서한들을 써달라고 요청했기에 둘이 함께 서명하겠습니다. 그녀가 더 무거운 짐을 짊어지고 있는 만큼, 내가 조금이라도 도울 수 있어서 기쁩니다.

충심을 담아,

앨리스 R. 아펜젤러, 명예교장[47]

김활란, 교장

한국 서울 이화여전
1939년 11월 22일

친애하는 고향 친구들에게,

최근 우리 학교의 가장 큰 행사는 가가와 박사가 방문한 것이었습니다. 그는 우리 채플에서 우리와 연희전문학교 남학생들에게 훌륭한 강연을 해주었습니다. 그는 동양의 관습대로 "대접"을 받거나 진수성찬을 받는 것을 사양하고, 여행과 생활에서 극도의 단순함을 실천했습니다. 가난하고 고통받는 사람들과 함께하고 그들을 이해하고 싶어서라고 합니다. 훌륭한 그리스도인인 그를 마침내 만날 수 있어서 기뻤습니다. 일요일 오후에는 우리 서울유니언교회(영어예배)에서도 좋은 설교를 해주었습니다. 전에 편지에 썼던 것 같은데, 남동생 헨리는 올해 목사가 되었고 나는 지난 몇 년간 음악위원회의 회장을 맡고 있습니다.

이번 생일에 나는, 과거에(특히 20대에!) 느꼈던 나이 드는 것에 대한 예상이 주는 아픔을 느끼지 않았습니다. 모두가 아주 친절하고 따뜻하게 축하해주었고, 학교와 다른 가족들이 많은 위안을 주어서 모든 축복에 감사할 따름입니다. 이 비참한 세상에서 내가 왜 이렇게 많은 것을 가져야 하는지 알 수 없지만, 그것을 신임으로 받아들이고 하루하루 나에게 주어지는 일들을 해나가려 합니다. 이 일들에 대해 모두 말씀드리면 그 다양성에 흥미를 느끼실 것이며, 인생은 결코 단조롭지 않다는 것을 알게 되실 것 같습니다.

재미있는 경험을 했던 이야기를 하나 해드릴게요. 단풍이 최고로 아름다운 때에 마음이 현혹되어 이틀 동안 아름다운 금강산에 갔었는데, 순간적인 열정에 사로잡혀 1,800m가량의 가장 높은 봉우리에 오르기로 했습니다. 이미 올라가는 길에 있었는데, 마지막 네 시간은 끔찍하게 가파른 오르막길인데다 왕복 32km가 넘는 거리였습니다. 우리는 산꼭대기에 있는 큰 산장에서, 남자가 대부분인 100명이 넘는 등산객들과 함께 바닥에 누워 밤을 보냈습니다. 바람이 휘몰아쳤지만 담요 덕분에 따뜻하게 지낼 수 있었습니다. 아무 준비도 없이 왔던 터라, 아침 5시에 일어나 제공되는 간단한 일본 음식을 먹은 후 일출을 보기 위해 6시에 밖으로 나갔습니다. 동해에서 떠오르는 태양은 찬란했고, 우리의 여름 휴가지인 화진포를 비롯해 긴 해안선과 주위에 있는 낮은 산봉우리들을 볼 수 있었습니다. 산에서 내려오는 데 여섯 시간 정도 걸렸고 3시에 기차를 타고 밤 10시 30분에 서울로 돌아왔습니다. 늙은 소녀에게는 상당한 곡예였으며, 그것을 해내서 기쁘기는 하지만 다시 시도하지는 않을 것입니다.

올해 성탄절 계획은 정말 멋있습니다. 곧 학교 활동이 시작될 것이며 우리 이화의 성탄절은 그 어느 때보다 더 멋질 것이라고 생각합니다. 나는 관리인들과 도우미들, 그리고 그들의 가족을 위한 파티를 책임지고 있습니다. 그들이 모든 것을 너무 즐거워해서 나는 그들과 함께하는 것이 정말 좋습니다. 그리고 12월 내내 우리 캠퍼스에는 성탄절 음악이 울려 퍼질 거예요. 라디오는 없지만, 주님께 드리는 즐거운 소리를 우리 스스로 만들어내는 기쁨을 누립니다. 홉스 부부(에드나 밴플리트와 남편 톰인데, 톰은 아내의 자매들에게 하도 잘해서 토미 트래들스[48]라는 별명을 가지게 되었습니다)가 집에서 여는 성탄절 전야 파티에 우리를 초대했습니다. 우리는 일요일에 영어교회 예배를 드린 후 저녁에 가서, 성탄절 날 만찬 때까지 머물 것입니다. 중간에 가족들과도 만나기로 했고, 그들과 함께 밤에는 언더우드네의 만찬에 갈 것입니다. 이들은 1880년대부터 아버지 대에서 시작된 전통을 이어오며, 늘 오래된 친구들과 크리스마스 만찬을 함께한다는 것을 아시죠. 석탄을 아끼기 위해 겨울방학을 길게 갖기 때문에, 아서 무어[49] 감독님이 선교 집회를 여시는 며칠을 제외하고는 1월 18일까지 자유롭게 지낼 수 있습니다. 이웃나라로 여행을 떠나는 사람들도 있지만, 나는 집에 머물면서 재충전하려고 합니다. 어느 친구가 내게 충고하려고, 한 무절제한 골퍼의 이야기를 해주더군요. "너는 비 오는 날을 대비해 아무것도 쌓아놓지 않았을 거야!" "아," 그 골퍼는 대답했습니다. "넌 내가 비 오는 날을 위해 이미 얼마나 많이 쌓아두었는지 봐야 해!"

여러분 각자의 마음과 가정에 기쁨과 평화가 가득한 성탄절을 기원하며, 천사들의 메시지가 이 어두운 세상에 울려 퍼지길 기도합니다.

충심을 다해,
앨리스 R. 아펜젤러

1939년 11월 27일

기념 선물로 적합한 항목

(특별히 필요한 순서가 아니라, 선택하기 좋은 순서로 정리)

Ⅰ. 교직원 두 명의 급여(매년 한 명당 420달러씩). 이것은 오랫동안 WFMS에 요청해온 것입니다. 현 재직자들은 훌륭하고 훈련을 잘 받은 여성들로서 지금 여기에서 일하고 있습니다.

(1) 미스 김애마,[50] 이화보육학교 학감. 이화여전과 일리노이주 에번스턴에 있는 내셔널교육대학 졸업생. 일을 매우 잘함. 그녀의 아버지는 한국감리교에서 최초로 안수받은 목사 중 하나였고 내 아버지의 친구였습니다.

(2) 미스 김영의,[51] 역시 2세대 기독교인으로, 어머니는 감리교 전도부인.[52] 이화여전 음악과와 뉴욕 줄리어드음악학교 졸업생. 유학 전에도 몇 년 동안 이화에서 가르쳤으며 지난여름에 막 돌아왔습니다.

이들에게 제공되는 급여는 그들의 능력과 헌신에 비하면 부족한 금액이지만, 지역 화폐 가치로 보면 조금 많아 보일 수도 있습니다. 그렇지만 우리 학교의 급여 수준은 이 땅의 어떤 대학보다 낮습니다. 급여를 지원받지 못해 제한된 예산에서 겨우 마련하는 경우도 있습니다. 가사과장 고 에블린[53] 박사와 종교교육부 부장 그레이스 박 장 부인[54]도 그런 경우입니다. 모두 자신의 분야에서 막중한 업무를 수행하는 훌륭한 사람들입니다.

Ⅱ. 펜실베이니아, 필라델피아, 북브로드로 6701에 주소를 두고 있는 재미협동위원회[55] 회계인 J. W. 매슬랜드를 통해 이화여전에 기부금을 일시불로 전달하실 수 있습니다. 세금 공제 혜택을 받기 원하는 경우, 현지 교회의 WFMS 부회장을 통해 이화여전 지정 기부금으로 보내면 됩니다. 이러한 기부금은 특정 사업을 기념하는 자금으로 사용할 수 있으며, 이미 여러 차례 비슷한 방식으로 기부가 이루어져 우리의 기금에 합쳐졌습니다.

추천 기부 사업:

(1) 종교교육 예산(급여 지원은 아님)

(2) 캠퍼스 환경 개선 사업(지면 개량, 나무 심기 등). 이 중요한 사업은 아직 지원을 받지 못했습니다. 이 분야의 훌륭한 전문가인 호주 선교사가 일해주고 있지만, 쓸 수 있는 돈이 부족하여 계속 어려움을 겪고 있습니다.

(3) 긴급 지원 기금. 질병이나 추가적인 대접, 예기치 않은 출장 등 예상하지 못한 필요를 돕고 처리하기 위한 기금이 있으면 좋겠습니다.

(4) 도서관 기금. 살아 있는 대학에서는 지속적으로 도서가 필요하지만, 도서 구입은 눈에 띄지 않는다는 이유로 종종 후순위로 밀립니다. 그러나 도서관이 책을 사지 못하는 것은 대학을 굶어 죽게 합니다. 도서관 기금으로 지정된 모든 기부금을 환영하며, 이 돈으로 구입한 책에는 기부자의 이름을 남길 수 있습니다. 특정 관심 분야의 도서를 지정하여 기부할 수도 있습니다.

Ⅲ. 건물과 장비 지원. 내년 봄 1년 과정의 가사전수과가 새롭게 개설되면서 약 100명의 학생이 추가로 입학할 예정입니다. 이에 따라 시설 확충과 개선이 필요합니다.

A. 교실 하나를 요리 실습실로 개조. 최소 1,000엔 혹은 400달러.

B. 재봉 실습실을 위한 개조. 위와 같음.

C. 연습용 피아노와 오르간 추가 구입. 지금은 이를 위해 빚을 지고 있는데, 계약이 만료될 때 갱신할 수 있도록 피아노 한 대 혹은 그 이상을 위한 기금을 보내주신다면 소중한 기념물이 될 것입니다.

앨리스 R. 아펜젤러

이화여전

한국 서울

1939년 12월 22일

1939년 이화여전에서의 성탄절

친애하는 친구들에게,

우체부가 언덕을 넘어 가져온 중고 크리스마스 카드 상자 90개 중 하나가 축복받은 계절이 가까웠다는 것을 다시 알려주기 위해 당신이 보내신 것이었나요? 그 카드들이 얼마나 많은 행복을 가져다주었는지 알게 되면 기뻐하실 것이라고 확신합니다. 카드는 하나도 남지 않았고, 더 있었다면 더 사용했을 것입니다. 색색의 그림이 그려진 예쁜 카드들, 특히 사랑받는 성탄절 이야기가 그려진 카드들은 이곳에서 거의 구할 수 없습니다. 그래서 먼저 교직원들이 각자 다섯 장의 카드를 가져가게 했습니다. 그 후 학생들 차례가 되었는데, 서로 가져가려고 얼마나 열심히 달려들던지요! 영어 회화 수업에서 성탄절 풍습에 대해 가르칠 때 그 카드 몇 장을 사용했는데 학생들이 정말 좋아했습니다. 많은 카드는 이화 학생들이 가르치는 주일학교들에 가져가 나누어주었습니다. 그리고 나머지는 어제 오후 전문학교와 보육학교의 모든 교직원과 학생들이 어려운 이웃들에게 행복한 성탄절을 만들어주는 즐거운 일을 하러 갔을 때 함께 나누어주었습니다.

그들은 약 300엔을 모아 거처할 집조차 없는 매우 가난한 사람들을 위한 쌀을 사는 데 거의 사용했습니다. 수백 명의 가족이 비바람을 피할 수 있는 산비탈에 구멍을 파고 바닥에 짚을 깔고 그 위에 초가지붕을 만들어, 그곳에서 혹독한 겨울을 납니다. 쌀, 따뜻한 옷, 케이크 몇 개와 장난감, 그리고 여러분의 예쁜 카드들은 이 인내심 강한 가난한 이들의 삶에 적어도 밝은 점 하나를 찍어주었습니다. 300여 명의 학생과 선생님들이 도시 곳곳에 있는

움집을 방문했습니다. 다른 50명은 병원 두 군데를 방문하여 환자들에게 노래를 불러주었습니다.

올해 내가 맡은 일은 캠퍼스에서 여러 가지 일을 하는 관리인들과 요리사들 및 그들의 가족을 위한 크리스마스 파티를 준비하는 것이었습니다. 여기에는 목수 1인, 등록된 소방관이자 기술자 1인, 야간경비원 2인, 심부름하는 소년들, 전화교환원 1인, 협동조합 상점에서 일하는 소년 1인, 청소하는 여성들이 포함됩니다. 모두 가족이 있는데, 의자가 정겹게 원으로 놓여 있는 파이퍼홀의 회의실에 오면서 얼마나 좋아하던지요. 밝게 빛나는 많은 눈들이 비밀스러운 상자들이 놓여 있는 크리스마스 트리 두 개에 사로잡혔습니다. 아기를 등에 업은 엄마들, 부모들의 제지하려는 노력에도 불구하고 무대 중앙을 차지한 즐거운 얼굴의 아이들, 학교에 다녀서 차분히 앉아 있을 줄 아는 어린이들이 70명의 교수 및 학생들과 함께 모였습니다. 교수와 학생들이 준비한 프로그램은 큰 호응을 얻었는데, 마지막 순서로는 단막극을 준비했습니다. 한 가난한 꽃 파는 어린 소녀가 추운 거리에서 여러 사람에게 잔인하게 멸시당하고 있었는데, 성 니콜라스가 나타나 몰인정한 사람들을 모두 심판하고 가난한 아이에게 상을 주는 이야기였습니다. 그 후 몇몇 아이가 공연을 했고, 손님들을 위한 선물을 가지고 산타가 나타났는데, 그는 바로 우리 학교의 한국인 경리였습니다. 케이크, 과일, 보리차로 이 행복한 연례 행사가 마무리되었습니다.

우리 위원회가 선물에 대한 계획을 세우려고 모였을 때, 우리는 1인당 50센(약 12센트)으로 살 수 있는 물건이 너무 적다는 것을 알고 놀랐습니다. 따뜻한 장갑, 양말, 목도리 등 기존에 계획한 생필품들은 엄두도 낼 수 없었습니다. 장난감은 가격 대비 가치가 낮아 배제되었습니다. 그래서 안타깝게도 학생 한 명당 연필 세 자루와 종이 몇 장, 성인 한 명당 현지에서 만든 세탁비누 한 개, 아기 한 명당 작은 수건 한 장으로 선물 목록이 정해졌습니다. 여기에 선생님들이 주는 선물 — 아이들 양말, 작은 장난감 몇 개, 약간의 실타래, 각 가족을 위한 종교화 하나씩, 미스 대머런이 보내준 성경책과 찬송가 열 권 — 그리고 여러분의 카드 몇 장이 추가되었습니다. 내년에는 카드와 면이나 모직 천 조각들, 실타래 일부(되팔 수 없도록 완전한 실뭉치가 아닌 상태) 및 작은 중고 장난감들을 보내줄 수 있을는지요? 포장지에 "상업적 가치 없음"이라고 표시하고 연중 언제든지 보내주십시오. 그런 물건들은 그것을 나눠줄 이화 학생들과 그것을 받을 사람들에게 성탄절의 즐거움을 한껏 더해줄 것입니다.

1939년에 무슨 성탄절이냐고요? 세상에 평화와 선의가 거의 사라져서 천사들의 노래가 잊혀진 것 같은데요? 가혹한 경제가 지배하고, 화려함과 색채는 눈살을 찌푸리게 하며, 크리스마스 트리는 판매도 되지 않는 이 "히조지"(평소와 다른 시기)에 말이지요? 우리는 마침 스케이트장[56]을 만들려고 한 곳을 정리하게 되었는데, 그곳에서 잘린 소나무들을 모아 와 채플과 유치원, 기숙사, 숙소에 크리스마스 트리를 평소처럼 꾸몄답니다. 지난 나흘 동안은 아침마다 채플에서 미스 라욱스가 탁월한 감각으로 준비한 활인화[57]를 보았습니다. 빛나는 하얀 천사와 어렴풋이 반짝이는 베일에 싸인 가냘픈 마리아가 나온 수태고지受胎告知가 첫 번째 장면이었습니다. 다음 날 우리는 목자들(앞서 말한 심부름하는 소년들)이 천사 앞에서 놀라움과 경건함 속에 머리를 숙이고 있는 것을 보았습니다. 그다음에는 동방박사들(교수 세 명)의 장면이 등장했지요. 어제는 황금빛 후광에 싸인 성모가 빨간색, 파란색 옷을 입고 구유 위에 몸을 굽히고 있고, 요셉은 성모 옆에 보호하는 듯이 서 있으며, 목자들과 동방박사들은 경배하며 무릎을 꿇고 있는 장면이 펼쳐졌습니다. 미스 영이 편곡한 잘 어울리는 음악을 배경으로, 각각의 장면은 깊은 감동을 안겨주었습니다. 채플에서 그 주를 시작하며 드린 주일 예배는 노래 — 캐럴과 찬송가와 할렐루야 합창곡까지 — 로 전하는 영광스러운 메시지였습니다. 서서 귀를 기울이고 있을 때, 우리 주와 그의 그리스도를 영원히 높이는 하늘과 땅의 수많은 무리 중의 하나가 된 감동을 느꼈습니다.

그래서 1939년 이화여전의 성탄절은 우리에게 그 어느 때보다 깊은 의미를 가지게 되었습니다.

앨리스 R. 아펜젤러

1940년

1940년 4월 26일

친애하는 고향 친구들에게,

우리의 사랑스러운 캠퍼스는 활짝 핀 "개나리"로 물들었습니다. 개나리는 포시티아의 한국 이름입니다. 우리 학교에는 개나리가 많이 있는데, 호주 장로교 선교부의 "현명한 정원사"인 사랑스러운 맥라렌 부인이 많은 개나리와 다양한 토종 관목을 더 많이 심어 놓았습니다. 지금까지 너무 추워서, 추위에 대해 모두 알고 있다고 생각했던 뉴욕 북부 출신인 신입 레나 내프조차도 적응하기 너무 어려웠다고 말합니다! 그녀는 스스로 "내부의 추위"라고 명명한 것, 즉 편안하게 일할 수 있을 정도의 따뜻한 방이 없는 것에 대해서는 생각하지 못했다고 하네요. 우리가 난방용 불을 아주 일찍 끄는 것은 석탄이 매우 비싸고 사기 어려워서 절약을 해야 하기 때문입니다. 우리는 옷을 켜켜이 껴입고 할 수 있는 최선을 다합니다. 다행히 내 사무실에 있는 전열기가 온몸이 너무 많이 시려오는 것은 막아주고 있습니다. 미스 내프는 당당하고 모든 사람과 잘 어울리는 성격이라 벌써 인기가 많습니다. 우리의 종교교육 일을 도우면서 신학교에서 강의도 하고 있으며, 이번이 두 번째 내한입니다. 그녀는 시내에 있는 그레이하우스와 교내에 있는 영학관 두 곳에 방을 두고 생활하고 있습니다. 어떤 상황에도 잘 적응하고, 이해하고, 도와주려 합니다. 우리는 그녀와 같은 선교사들이 더 필요합니다!

이화여전은 4월 4일에 개학을 했으며 437명이라는 역사상 최다 인원이 등록했습니다. 학과별 인원은 다음과 같습니다.

문과	……	63
음악과	……	80
가사과	……	155
보육과	……	89
가사전수과[58]	……	50
합계	……	437

수년간의 노력 끝에 보육학교가 마침내 허가를 받아 3년 과정의 대학 정규 학과가 되었습니다. 많은 요청에 부응하여 1년 과정의 가사전수과도 추가로 개설되었습니다.

이 모든 학생을 수용하기 위해 교실을 마련하고 준비하는 데 많은 조정이 필요했으며, 아직도 수업 중에 톱질과 쿵쾅거리는 소리가 들리곤 합니다. 도서관은 더 많은 책을 꽂을 새 책장들을 들여놓고 있고, 보육과는 다락에 작업실을 추가했으며, 세탁 실험실도 확장 중입니다.

가사과는 그동안 필요한 만큼의 예산을 받지 못해 "제대로 된 의식주가 없는" 의붓자식 같은 처지였는데, 그럼에도 올해 다른 모든 학과보다 학생 수가 많아진 것을 보니 흥미롭습니다. 약 150명의 학생이 지원했지만 한 학년에 50명밖에 받을 수가 없습니다.

최고로 뛰어난 학생 중 한 명인 이경희[59]가 이번 주에 연구과[60] 피아노 연주회를 엽니다. 그녀의 연주 프로그램을 동봉했습니다. 경희와 그녀의 언니 순희는 먹을 것도 제대로 얻지 못하는 극심한 가난 속에서도 배움에 대한 열정을 놓지 않았습니다. 언니인 순희는 작곡에서 우등으로 음악과를 졸업했습니다. 경희는 언니보다 더 재능이 있습니다. 제가 가끔 여러분에게 보냈던 편지지에 그림을 그린 사람이 경희였답니다. 그녀는 할 수 있는 모든 일을 해왔고, 미스 그레이스 우드가 그녀를 도와주었습니다. 이제 경희는 학교에서 가장 뛰어난 연주자 중 한 명이며, 반주와 해먼드 오르간[61] 연주에도 능숙합니다. 세상을 더 나은 곳으로 만들 재능 있는 젊은이들이 얼마나 많이 있는지요! 그런데 그런 기회를 갖지 못한 채 그들은 지금 무엇을 하고 있나요? 아, 이 모든 것이 너무나 안타깝습니다!

쿤스[62] 박사와 내가 지금 편집하고 있는 『코리아 미션 필드』[63] 2호가 인쇄소로 넘겨졌고, 6월호의 자료도 준비 중입니다만 아직 인쇄할 준비는 되지 않았습니다. 바쁜 선교사들에게서 온 다양한 소식을 모아 원고를 만들어야 하고, 여러 번 교정해야 합니다. 우리는 많은 짤막한 정보 ─ "플래시" ─ 를 잡지에 실으려고 노력하고 있으며, 이 정보들이 유용하면 좋겠습니다.

올케는 지금 캘리포니아에 있습니다. 그곳에 있는 가족 모두에게 얼마나 행복한 시간일까요! 16세가 된 캐롤[64]은 아버지를 잘 돌보고 있습니다. 나는 그들과 함께하는 시간을 최대한 즐깁니다.

모든 친구들에게 사랑을 전합니다.

충심을 다해,

앨리스 R. 아펜젤러

한국 서울 이화여전

1940년 9월 4일

친애하는 친구들에게,

여름 휴가에서 돌아왔을 때 내 방에는 소포가 한가득 쌓여 있었습니다. 카드와 다른 것들을 분류하고 정리하는 것이 꽤 큰일이었습니다. 이제 여러분의 선물이 잘 도착하여, 고대하고 있는 큰 성탄절 나눔 행사를 위해 만반의 준비가 되었다는 소식을 전하려고 편지를 씁니다. 소포를 정리하다 보니 카드 몇 장이 사라졌다는 것을 알게 되었습니다. 사무실에서 일하는 한 어린 소녀가 가져갔다는 것을 알게 되었는데, 그녀를 꾸짖을 마음은 없었습니다. 카드가 한가득 쌓여 있는 모습을 본 그녀는, 이것들이 성탄절을 위해 특별히 보내진 것이라는 내 설명을 듣고 매우 놀라는 것 같았습니다. 그녀는 누구보다 그 카드들을 갖고 싶어 하는 것으로 보였기에 한 뭉치를 가져가라고 했습니다. 다른 카드들도 얼마간 같은 방식으로 사라졌는데, 아마도 그 소녀들은 카드들이 자신들을 위한 것이라고 생각했던 것 같습니다. 어쨌든 사라진 카드는 얼마 안 되지만, 여러분은 소녀들이 카드를 얼마나 갖고 싶어 하는지 짐작할 수 있을 것입니다. 소포를 보내주신 모든 분께 감사드립니다.

다른 물품을 보내주신 분들도 얼마나 큰 기쁨을 주었는지 아시면 크게 감격하실 겁니다. 요즘 매우 귀하고 구하기 어려운 면과 모직 천 조각들은 우선적으로 가사과에 보냈습니다. 선생님들은 그 옷감을 몇 분만에 모두 분류했는데, 큰 조각들은 아동복용으로, 작은 조각들은 누빔, 아플리케 디자인, 장식용 등으로 분류했습니다. 한 상자에는 흰색 플란넬 조각들이 들어 있었는데 아기 옷을 만들려고 열심히들 가져갔습니다. 실과 실타래 모두 감사히 받았으며, 더 많아도 충분히 유용하게 사용할 수 있었을 것입니다. 화려한 포장은 멋있기는 해도, 장식, 구슬, 단추 같은 화려한 것들은 우리에게 크게 필요치 않습니다. 지금 같은 시기에는 실질적인 물건들이 훨씬 더 유용합니다.

영학관에 있는 학생 12명은 이번 겨울에 사용할 실내화를 만들기 위해 모직, 비단, 면 플란넬 조각들을 골랐습니다. 영학관의 한국인 선생님도 학생들만큼이나 기뻐하며 어느 날 밤 저녁 식탁을 치운 후 신발을 열심히 재단했습니다. 앞으로 더 큰 고급 무명 조각들을 맞추고 합쳐서 남은 조각들로 화사한 주방용 앞치마들을 만들 수 있기를 기대해봅니다. 가사과의 수공예 선생님은 수업 시간에 그 재료들과 자수실로 멋진 지갑들을 만들었다고 전해주었습니다.

여름 홍수로 많은 농작물이 피해를 입은 가운데, 최근에도 계속 비가 내리고 있습니다. 대학은 7월 20일 폭우 속에 방학을 했는데, 개학도 어제 비가 오는 가운데 했습니다. 오늘도 폭우가 쏟아져 모두 젖은 옷을 입고 앉아 있어야 했습니다. 아시다시피 우리 학교는 교외에 있고, 시내로 가는 가장 가까운 교통수단은 800m 떨어져 있는 철도입니다. 그러나 비록 하늘이 불길하게 캄캄하고 무슨 일이 일어날지 알지 못해도, 우리는 모두 개강 채플에서 충만한 감사의 마음으로 찬송을 불렀습니다.

"내가 믿고 또 의지함은 내 모든 형편 아시는 주님
늘 보호해주실 것을 나는 확실히 아네."[65]

그 확신 속에서 우리는 새 학기를 시작합니다. 개강에 앞서 이틀간 유익한 교수 회의가 열렸습니다. 도움과 화합의 아름다운 정신이 넘쳤으며, 7시간 동안 진행된 회의에서 35개의 발표가 있었습니다. (우리 중 일부는 이중 또는 삼중 언어 사용자가 아니었기 때문에) 그 발표들은 통역을 거쳐야 했는데, 상담 및 지도에 관한 논의가 특히 활발하게 이루어졌습니다. 우리는 이 일이 그 어느 때보다 중요하다는 것을 실감하고 있습니다. 하루하루가 너무 소중해서 모든 순간이 즉시성을 띄고 절실히 다가옵니다. 오늘이 마지막 날인 것처럼 살아야 한다는 말을 종종 들었지만, 우리 대부분은 그 의미를 실감해본 적이 없었습니다. 그래도 지금까지는 모두 건강하고, 일상적인 업무를 행복하게 해나가고 있습니다.

사랑스러운 두 명의 졸업생이 교직원으로 다시 학교로 돌아오게 되어서 매우 기쁩니다. 미스 최예순은 1932년 야외극에서 "이화의 정신"을 보여준 아름다운 학생이었습니다. 그녀는 미국에서 4년 동안 공부하며 내슈빌에 있는 스캐릿대학에서 종교교육 학사를 받았고, 시카고대학에서 석사를 받았습니다. 미스 김갑순[66]은 몬테발로에 있는 앨라배마대학에서 2년간 공부하여 연설과 연출법에서 학사 학위를 받았으며, 당분간 도서관에서 근무할 예정입니다. 이들은 모두 학교에 큰 기여를 할 인재들인데, 너무 힘들지 않게 잘 적응할 수 있기를 바랍니다.

모든 친구들의 행복을 기원합니다.

충심을 다해,

앨리스 R. 아펜젤러

1940년 9월 30일

웰즐리 봉사기금 귀중:

1940년에 웰즐리 봉사기금[67] 장학금을 받은 여학생들은 모두 음악을 전공하고 있습니다. 모든 것이 저렴한 이곳에서도 음악교육은 다른 학과들보다 두 배의 비용이 듭니다. 그래서 어려운 시기에 도움을 주는 것으로 이화에서 명성이 높은 웰즐리 봉사기금이 네 명의 학생에게 학비를 지원해주고 있습니다. 그들에 대해 들은 바를 전해드립니다.

손정희("고요하게 빛남")는 4학년이고 학년대표입니다. 전공은 피아노지만 문학적 재능도 가지고 있습니다 — 아주 좋은 조합입니다. 작년에 전교생 시 대회에서는 1등을 했습니다. 비록 아름다운 외모는 아니지만 매력적이고 새 같은 인상을 가지고 있습니다.

고영은("지속적인 은혜")은 한국의 남쪽 제주도에서 태어났습니다. 제주도의 많은 관습은 한국 본토와 다르며, 특히 여성의 경우 은둔적인 생활을 해온 한반도 여성들보다 훨씬 자유롭습니다. 제주도 여성들은 집안의 가장 역할을 하며, 남성들이 집에 머무는 동안 밖에 나가 생계를 유지합니다. 나는 섬에서 수백 km 떨어진 한국의 서해안에서 해녀들이 하루 종일 잠수하여 식용 해초를 채취하는 모습을 종종 보았습니다. 그들은 배에 아기와 남편을 두고 물속으로 뛰어드는 건장한 아마존 여전사들입니다.

영은이의 부모는 영은이가 어렸을 때 일본에 가서 현대적인 큰 산업도시인 오사카에 정착했습니다. 그곳에서 영은이는 성공회 여학교인 풀학교를 졸업했습니다. 그 후 2년 동안 서울 근교 강화도의 감리회 선교부에서 운영하는 작은 매일학교에서 교사로 일했습니다. 마침내 그녀는 오랜 꿈이던 음악을 공부하기 위해 대학에 진학할 수 있었습니다. 그녀는 작년 학년대표로 활동하기도 했습니다.

고정희('올곧은 행복')는 2학년 대표입니다.

어후복('커다란 축복')은 3학년이고 노래에 재능이 있습니다. 그녀의 양아버지는 오랫동안 이웃 남자대학의 학과장이었는데, 최근 부당한 제지를 받아 일을 계속할 수 없게 되었습니다. 학교에서는 그를 복직시키려고 애썼지만 소용없었습니다. 그는 오랫동안 미국에서 살았고, 이 양딸에게 헌신적이며, 봉사기금이 주는 도움에 매우 감사하고 있습니다.

여러분을 위해 촬영한 이 학생들의 사진 두 장이 자연스럽게 나왔습니다. 이 사진들은 채플 입구와 음악관인 케이스홀의 정면을 담고 있습니다. 이 건물은 하루 종일 학생들로 붐빕니다. 음악을 전공하는 학생 80명과 음악 과목을 수강하는 보육과 학생 83명이 거의 모두 이곳에서 연습하기 때문에, 오전 6시부터 오후 9시까지 피아노 50대와 오르간 20대가 끊임없이 사용됩니다. 방에는 방음 처리가 되어 있고, 학생들 역시 서로 주의하지만, 따뜻한 날씨에는 열린 창문 밖으로 튀어나오는 소리가 꽤 요란합니다. 내게는 이곳에서 저녁 7시부터 9시까지 당직을 서는 차례가 수시로 돌아옵니다. 묵직한 문에 달려 있는 서리 낀 유리창의 투명한 틈새로 학생들이 쿵쾅대며 연주하거나 라라라 노래하는 모습을 엿보는 것은 재미있습니다. 그들은 열심히 공부하며, 음악 과목을 그들 자신의 삶에서 중요한 부분으로 여기고 있습니다. 그들은 종종 라디오에서도 노래하고 연주합니다. 그들이 부르는 가장 인기 있는 곡 중에는 한국 민요[68]가 있는데, 한국 민요는 예전에는 무희들만 부르는 것으로 여겨져 천시되기도 했지만, 우리 학생들이 그 가치를 되살리고 있습니다.

작년에 여러분이 보내주신 기부금은 주로 도쿄에서 이탈리아 성악 교수에게 사사받고 있던 젊은 교수 한 명을 지원하는 데 사용되었습니다. 그녀는 내년 봄까지 그곳에서 공부할 예정이지만, 다른 경제적인 지원책을 마련했기 때문에 이제는 우리가 그녀에게 더 이상 재정적 도움을 제공하지 않아도 됩니다.

최근 해외에서 온 방문객들이 많지는 않았지만, 뉴욕에 있는 유니언신학교에서 온 헨리 밴두센[69] 박사 부부가 다녀갔습니다. 그들은 우리와 함께 시간을 보낸 하루 동안 우리 학교에서 많은 것을 보았음이 확실합니다. 그가 많은 강연과 저서 『열방의 치유를 위해』에서 우리 학교를 긍정적으로 널리 알려주고 계신 데에 깊이 감사하고 있습니다. 기독교협회 도서관에서 이 책을 확인하실 수 있을 것입니다. 요즘 우리와 직접 만나볼 수 있는 친구들이 적어 아쉽습니다. 혹시 이곳을 방문할 계획인 분이 있다면 미리 알려주시기 바랍니다. 통찰력 있는 관광객들이 우리에게 많은 도움을 주셨습니다. 이 아름다운 캠퍼스를 마련할 수 있도록 기부해주신 분은 디트로이트의 P. H. 그레이 부인과 그녀의 딸들이었습니다.

세계 정세는 이제 전보다 더 불길하게 우리에게 영향을 미치는 것 같지만, 그럼에도 9월 2일 대학이 개강을 했고, 다음과 같이 기쁘게 노래할 수 있어 감사할 따름입니다.

"내가 믿고 또 의지함은 내 모든 형편 아시는 주님
늘 보호해주실 것을 나는 확실히 아네."

충심을 다해,

앨리스 R. 아펜젤러

명예 교장

1940년 10월 7일

J. M. 애번 부인[70]
미국, 일리노이, 에번스턴
오링턴가 2026

친애하는 애번 부인께,

이곳에서는 너무나도 많은 일이 빠르게 진행되고 있어 협동위원회의 마지막 회의 소식을 기다리기보다 지금 바로 편지를 써야겠다고 생각했습니다.

먼저, 우리 재단을 승인해주신 전보에 진심으로 감사드립니다. 지난 10년 동안 재단 설립을 위해 노심초사해온 사람으로서 제가 느끼는 감사함과 행복감을 전보로는 다 표현할 수 없습니다.[71] 이 소식이 학교 전체에 알려지자 모두가 저와 같은 기쁨을 나누었고, 승인에 필요한 서류를 준비하느라 모두 분주한 나날을 보내고 있습니다.

다음으로, 우리 전문학교에 직접 영향을 미치는 이곳 기독교 교회의 움직임에 대해 간단히 말씀드리고 싶습니다. 그리고 그런 움직임에 비추어 볼 때 우리가 취해야 할 필요가 있는 즉각적인 조치들과 우리 전문학교의 더 먼 미래를 위해 먼저 해야 할 일들에 관해 말씀드리고자 합니다.

다른 경로로 들으셨겠지만, 현재 일본 본토에서는 모든 개신교 복음주의 단체들이 하나의 기독회로 연합하고 있습니다. 교회를 국가적이거나 더 토착적인 형태로 만드는 것이 이 운동의 주된 동기 중 하나인 것 같습니다. 그 중요한 요소로 재정과 지도력의 독립이 선언되었습니다. 그리고 한국 기독회도 이 운동에 동참하려고 움직이고 있습니다. 사실 우리 한국감리회 총국은 일본감리회와의 연합을 만장일치로 결정했는데, 이에 따라 일본감리회는 머지않아 '하나의 기독회'에 속한 일부가 될 것입니다. 바뀌게 될 규정에 따르면 교회의 사역과 직접적인 활동뿐만 아니라, 교회와 어떤 식으로든 연결된 모든 **기관**은 현재의 예산에 대해 외국의 지원을 받아서는 안 되며 중요한 자리에 외국인을 앉혀서도 안 됩니다. 이런 규정이 우리에게 어떤 영향을 미치게 될지 곧 아시게 될 것입니다.

무엇보다 우리는 **예산**에 있어서 어떤 재정적인 도움도 받아서는 안 됩니다. 다만 다른 목적을 위해서는 언제든지 선물을 받을 수 있는 것으로 알고 있습니다. 이런 규정이 뜻하는 바는 우리가 일상적인 활동을 외국에서 들어오는 수입에 의존해서는 안 된다는 것입니다. 더 나아가 미국에 예치된 기부금에서 발생하는 이자를 예산으로 사용하는 것도 할 수 없습니다. 그러니 이러한 변화가 우리에게 어떤 어려움을 초래할지 충분히 짐작하시리라 생각합니다.

우리는 가능한 한 신속하게 다음과 같은 조치를 취할 예정입니다.

(1) 교육과정의 본질을 유지하는 범위 내에서 최대한의 절약 조치를 시행한다. 이는 교직원들의 업무 부담이 지금보다 더 커진다는 것을 의미한다.

(2) 가사과와 가사전수과에 새로운 과목들을 개설하여 학생 등록을 확대한다.

만일 기부금에서 발생하는 수입이 끊기지 않는다면, 위의 두 가지 조치를 취함으로써 학교 운영을 지속할 수 있습니다. 그러나 현재 규정으로는 매년 미국에서 이자를 이전처럼 가져올 수 없습니다. 그러므로 이 문제를 해결할 유일한 방법은 기금을 현금이나 주식 형태로 이곳에 보내주셔서 이곳에서 재단 명의로 관리하는 것입니다. 따라서 우리의 절박한 상황을 고려하여 다음과 같은 조치를 모두 취해주시기를 간곡히 부탁드립니다.

(1) 기금을 가능한 한 빨리 현금이나 주식 형태로 우리에게 보내주십시오.

(2) 내년부터 선교회들이 예산 책정을 중단하지 않게 해주십시오. 선교회가 계속해서 기부의 형태로 지원할 수 있도록 하고, 그 기부금을 우리에게 필요한 장비 구입에 사용하기 시작해주십시오. 지난 편지에서 요청한 대로, 미국에서 수입해야 할 것들과 캠퍼스 완공을 위해 여기에 필요한 것들을 구입해주십시오. 우리는 도로와 스케이트장을 보수 중이며, 캐나다 측 지원으로 지어질 기숙사 쪽에 보일러실을 짓고 있습니다. 펌프가 오래되고 낡아서 오늘 아침에도 물을 사용할 수 없었습니다. 물이 끊기면 난방 장치를 멈춰야 하고, 기숙사의 식사를 준비할 수가 없습니다.

(3) 그리고 현재의 문제가 해결된 후에는 우리 전문학교의 미래를 긴 안목으로 내다보고, 그 예산이 우리의 실습 기관들 그리고 한국 유일의 여자기독교대학 내 의료 부문을 위한 기금으로 쓰일 수 있게 해주십시오.

우리 학교에 대한 지원을 멈추실 생각은 없으셨을 것입니다. 단지 지원 방식을 예산 보조에서 조건 없는 기부로 변경하기만 하면 되는데 지금 멈추실 생각을 하는 것은 아니시겠지요? 이것이 우리의 미래를 만들어가시는 하나님의 방법일지도 모릅니다. 한국과 미국에 있는 우리 모두가 이 변화의 흐름에 휩쓸리지 않고 오히려 그 위에 올라타, 우리 전문학교에 대한 하나님의 뜻을 이루어갈 수 있기를 바랍니다.

저는 이 편지에 담긴 내용과 요청에 대해 공식적·비공식적으로 이곳에서 함께하는 우리 그룹 모두의 전적인 지지를 받고 있다고 확신합니다.

언제나처럼 사랑과 기도로,

김활란과 앨리스 R. 아펜젤러 서명

한국 서울 이화여전
1940년 10월 7일

친애하는 친구들에게,

이달에 보내는 편지는 내가 기억하는 어떤 편지보다 더 쓰기가 힘드네요. 만약 여러분이 우리를 방문할 수 있다면, 교정에 흐드러지게 핀 분홍색과 흰색의 코스모스, 붉게 타오르는 단풍과 들국화가 어우러진 아름다운 풍경을 볼 수 있을 것입니다. 어떤 조직이든 자신의 것이 아니라 국가의 통제 아래 있는 것이고 국가가 원하는 대로 이용될 수 있다는 인식이 강해진 시대에, 학생들과 교원들은 시대가 요구하는 추가 활동들로 꽉 찬 바쁜 나날을 보내고 있습니다. 그래서 우리 학생들은 몇 년 전까지만 해도 존재하지 않았던 많은 훈련과 규율과 연설들을 교육의 일부로 받아들이며 견뎌내고 있습니다.

모든 것이 똑같아 보이고 우리는 언제나처럼 친절한 대우를 받고 있지만, 다른 단체들과 마찬가지로 교회 평의회에도 중대한 변화가 일어났습니다. 해외로부터 오는 재정 지원이 금지되었고, 선교사들은 지도적인 역할을 맡을 수 없게 되었습니다. 최근의 정치적 사건들에 따른 심각한 교리의 변화는 교회 생활 역시 철저히 변화시킬 것입니다. 더 자세한 정보는 교회 신문들을 참조하거나 뉴욕 선교국에 직접 문의하면 확인하실 수 있습니다. 이 모든 것이 나에게는 너무 낯설고 어려워서 자세히 설명할 엄두가 나지 않습니다. 당연히 추가적인 회의들을 해야 하니 너무 바빠져서 본연의 업무에 집중하기 어려운 상황입니다. 그럼에도 우리는 맡은 임무를 다하며, 오랫동안 함께해 온 동료들과 학생들을 각별한 애정을 가지고 만나고 있습니다. 곧 끌려갈지도 모르는 친구에게 하듯이 마냥 끊임없이 배려해주는 것만 제외하면 그들은 우리를 변함없이 대하고 있습니다.

지금 우리에게 필요한 것은 침착함과 지혜입니다. 어떤 비상사태가 발생하더라도 우리는 보살핌을 받을 것입니다. 그동안 우리에게 계속, 할 수 있으면 더 많이 편지를 보내주셨으면 합니다. 다만, 개인적인 일만 담아주시길 부탁드립니다. 기부금은 가능한 한 원래의 목적대로 쓰일 것이니 정기 기부는 계속해주시기를 바랍니다. 대학의 수입이 70%나 감소하는 상황에서 우리 학교의 젊은 교장은 감당하기에 너무나 버거운 짐을 지고 있습니다. 여러분의 지원이 중단된다면 그녀는 또 하나의 무거운 짐을 떠안게 될 것입니다. 만약 멈춰야 할 상황이 온다면 먼저 알려드리겠습니다. 우리 학생들은 언제나처럼 올바르고 다정합니다. 우리와 학생들은 함께 이 시대의 소용돌이 속을 지나고 있습니다. 그러나 이 변화의 원인은 너무 멀리 있고 복잡해서 쉽게 이해하기 어렵습니다. 우리는 그간 다른 나라에서 벌어지는 어려움을 접해왔지만, 어느 날 문득 그 곤경이 우리에게 닥쳤음을 알게 되었습니다. 우리가 물리적으로 위험한 상황에 처해 있거나 물리적 위험을 예상하고 있다는 것은 아닙니다. 우리는 모두 할 수 있는 한, 바로 이곳에 머물며 오랫동안 일하려고 합니다. 빛과 같은 속도로 바뀌는 것이 시류이고 어떤 일이 일어나도 놀랍지 않지만, 새로운 규칙들은 아마도 학년말인 3월부터 본격적으로 시행될 것입니다. 그 전에 모든 필요한 수리와 장비 보충이 완료되기를 바라며, 그리하여 우리가 적어도 어려운 지점을 넘어서게 되기를 바랍니다. 우리는 지금 예상치 못한 방식으로 다양한 나라의 사람들과 연결되게 되었지만, 적어도 현재까지는 큰 불편을 느끼지 않고 있습니다. 사람들이 두려워하는 것은 불길한 암시들입니다. 그러나 갑작스러운 변화는 언제든 예상치 못한 방향으로도 일어날 수 있으며, 우리의 지도자 중 한 분이 말씀하셨듯이, 지금 우리가 겪고 있는 이 태풍도 결국은 지나갈 것입니다. 비록 타격을 입긴 하겠지만, 우리는 다시 제자리로 돌아갈 수 있을 것입니다.

최근 우리 유니언교회에서 새롭게 구입한 찬송가집을 통해, 내 마음을 강하게 울리는 힘 있고 아름다운 말씀이 전해졌습니다. 이 찬송이 지난 2주 동안 내 머릿속을 계속해서 맴돌고 있습니다.

충심을 다해,

앨리스 R. 아펜젤러

한국 서울 이화여전

1940년 11월 2일

친애하는 친구들에게,

에드나 밀레이[72]의 표현처럼 하늘이 무너져 내리는 것 같으며, 이곳에서의 우리 인생의 길고 행복한 연극이 2주 안에 끝날 것 같습니다. 벨이 울리고 막이 내려옵니다. 우리의 문제를 해결하기 위해 아주 열심히 일한 미국 총영사 O. 게이로드 마쉬[73] 씨는 11월 15일 맷슨의 정기선인 "마리포사"[74] 호를 가까운 항구인 인천에 오도록 조치했고, 그 배로 250명의 미국 시민들을 한국에서 철수시킬 예정입니다. 인천은 55년 전 나의 부모님이 한국 땅을 밟으셨던 항구가 있는 곳(예전에는 제물포라고 불렀던 곳)입니다. 아버지께서 두 명의 한국인 친구들을 구하려다 목숨을 잃으신 바다이기도 합니다. 남동생과 나는 한국을 떠나야만 하는데, 함께 떠날 수 있어서 그나마 다행입니다. 가슴이 찢어지는 것만 같지만, 머지않아 사랑하는 우리의 고향인 이곳으로 다시 돌아와 오랫동안 우리의 삶이었던 일을 계속할 수 있기를 바랍니다.

우리가 떠나는 이유는 나중에 더 자세히 설명될 것입니다. 세 가지 주된 이유를 중요한 순서대로 살펴보면 다음과 같습니다. 우리의 존재가 매일 동료들을 힘들고 고통스럽게 만든다는 점, 한국감리회가 강제로 우리가 알아볼 수 없는 형태로 변했다는 점, 미국 정부가 "교통수단이 있을 때" 지금 당장 떠날 것을 강력히 촉구한 점입니다. 가장 친한 친구들은 우리에게 머물러 달라고 할 수 없다고 말합니다. 한 친구는, "우리는 당신을 사랑하고, 당신을 필요로 하지만, 당신을 소유할 수는 없습니다"라고 눈물로 이야기했습니다.

10월 9일 이후로 우리는 이런 상황이 올 것이라는 것을 알고 있었고, 이 마지막 조치를 피하려고 모든 방법을 시도해보았습니다. 그러나 철수는 피할 수 없는 의무가 되었고, 우리는 완전 철수를 선교 정책으로 정했습니다. 다섯 명으로 구성된 위원회가 남아서 우리 사업을 마무리 짓고 가능한 한 빨리 떠날 것입니다. 우리는 전능하신 하나님과 그분의 법이 삶의 규칙이 되는 평화와 질서를 가져오는 데 우리의 행동이 도움을 줄 수 있기를 기도합니다.

우리는 11월 30일, 샌프란시스코에 배로 도착할 것이며, 그곳에서 아펜젤러-노블[75] 가족들과 함께 성탄절을 보낼 예정입니다. 내 캘리포니아 주

철수를 앞둔 선교사들이 학생들과 작별의 인사를 나누고 있는 비장한 모습(1940년)

소는 사촌인 A. L. 베일해치 부인의 집 주소, 즉 샌프란시스코, 옥타비아로 2519가 될 것입니다. 그러나 모든 선교사에게 가장 좋은 영구 주소는 뉴욕, 5번가 150입니다. 그곳으로 보내진 편지들은 선교사들에게 즉시 전달됩니다. 일부 장로교 선교사들과 대부분의 영국인들은 적어도 지금은 남아 있습니다. 떠나야 한다고 우리가 굳게 확신하는 만큼, 어떤 사람들은 머물러야 한다고 굳게 확신하고 있습니다. 아무것도 단순하지 않으며, 모든 문제는 복잡하기 때문에 각자 자신이 옳다고 믿는 길을 따를 수밖에 없습니다.

이제는 전적으로 우리 동료들이 부담을 진 채 우리 일을 최선을 다해 이어가고 있습니다. 그들은 우리 모두의 기도가 필요합니다. 김 교장은 가구가 완비된 채로 남겨진 우리 숙소로 이사해 들어올 것입니다.

요즘은 내가 살아온 날들 중 가장 슬픈 날들로, 현실 같지가 않습니다. 우리가 사랑하는 이들과 작별할 때 해주기를 좋아했던 평소의 작별 인사들, 선물들, 감사의 표현들은 이제 불가능합니다. 그러나 그보다 더 값진 마음의 교제는 잊을 수 없는 경험으로 다가옵니다. 그 무엇도 우리를 친구들로부터 갈라놓을 수 없으며, 대양이 우리 사이를 가로막을지라도 우리는 항상 함께 일할 것임을 알고 있습니다. 우리는 대부분 어디로 가야 할지, 앞으로 무엇을 해야 할지 아직 모릅니다. 하지만 걱정은 하지 않습니다. 여러분을 기쁜 마음으로 기억하며, 머지않아 만나기를 고대합니다.

언제나 충실하게,

앨리스 R. 아펜젤러

Letters of Alice Appenzeller

5장

선교사 철수 후 미국에서

1940년

주소, 샌프란시스코, 옥타비아로 2519
S. S. 마리포사호, 1940년 11월 26일

친애하는 매슬랜드 부인[1]께,

이 편지는 이화여전에 대한 것으로, 배에서 보낼 예정인 다음 전보에 관한 것입니다.

> 1월에 보낼 예정인 이화여전 기부금 2,600달러를 지금 송금 바람. 나중에는 수령이 불확실해질 수 있는 상황에서, 사업 지속을 위해 긴급히 필요함. 아펜젤러

나는 너무 오랫동안 입에 재갈이 물려 있었기 때문에 글을 분명하게 쓰는 데에 익숙해지지가 않습니다. 그리고 지금도 우리가 쓰는 말이 되돌아가서 한국에 있는 사람들에게 해를 끼치게 될까 봐 두렵습니다. 사실 **지금은** 김활란이 일을 계속할 수 있도록 자금을 보낼 방법이 있습니다. 1월까지 기다리다가는 그녀에게 지원금을 보내지 못하게 될지도 모릅니다. 지금은 비록 예산은 받을 수 없지만, 기부금은 받을 수 있습니다. 우리가 모을 수 있는 최대한의 자금을 마련해 **지금** 김 박사의 손에 쥐여주고 싶습니다. 그녀가 직접 투자하고 학교를 운영할 수 있도록 말입니다. 우리가 그렇게 하지 않으면 그

녀는 감당하기 힘든 시간을 보내게 될 것이며, 그녀가 짊어진 짐은 이미 견디기 어려울 만큼 너무 무겁습니다.

한국에서의 경찰의 간섭은 아베[2] 감독이 미리 언질해준 것보다 훨씬 더 심합니다. 아베 감독은 9월에 한국에서 며칠 지내는 동안 그것을 느꼈으며, 우리가 겪는 일상적인 어려움들을 보고 놀라워했습니다. 이 배에 함께 탄 한 중국 선교사는 중국 전쟁 지역에서 양측 군대의 총탄과 포화를 견뎌야 했던 끔찍한 경험에 관해 이야기해주면서, 그러나 일본의 통치 아래에서 6개월을 정신적 고문 속에 사느니 중국에서의 그 끔찍한 경험을 1년 견디는 것이 더 낫겠다고 공개적으로 말했습니다. 그런 상황이 바로 한국, 특히 한국인들이 겪는 상황입니다. 우리는 조금이라도 그 상황을 더 나아지게 하고 싶습니다.

활란 박사와 나는 헤어지기 전에, 살아 있는 한 평생 이화를 위해 일하기로 서약했습니다. 우리가 서로 껴안고 울며 서 있는 동안 그녀는 "죽을 때까지 이 대학의 일을 해내겠습니다"라고 두 번이나 말했습니다. 하나님께서 그녀를 오래 살게 하셔서 그녀가 자신의 서약을 이행하도록 허락해주시기를 빕니다. 기도와 현명한 도움이 우리가 지금 그녀를 위해 해줄 수 있는 최선입니다. 우리는 더이상 한국에 있을 수 없었습니다. 그녀는 "그토록 많은 외국인"이 함께하는 것이 가져올 어려움에도 불구하고, 기꺼이 우리가 머물기를 원했고 기쁘게 머물게 했을 것입니다. 하지만 우리가 남으려면 일본의 국가 정책을 인정하고 실질적으로 지지하는 역할을 맡아야 했을 것입니다. 당신은 우리가 지금까지 그렇게 해오지 않았느냐고 물을 수도 있겠지요. 네, 비록 국가의식에 참석하거나 국민들에게 요구되는 많은 일을 겪지는 않았지만, 우리가 교직원이었기에 요구받은 것들이 있었습니다. 그러나 교회 구조가 바뀌고 지난 몇 달 동안 요구 사항들이 점점 더 명백해지면서, 우리는 거기에 계속 동의하며 일할 수는 없다고 느끼게 되었습니다. 우리의 철수는 일종의 항의이며, 그들도 그 뜻을 이해하고 알아들었습니다.

아마 우리가 철수했는데도 어떻게 돈을 보낼 수 있는지 궁금하실 것입니다. 급여가 지급되고, 대학이 김 박사와 그곳의 훌륭한 그리스도인 교직원들에 의해 계속 운영될 수만 있다면, 모든 모임과 공개적인 발언이 전처럼 유지되든 유지되지 않든 상관없이, 결국 그리스도께서 높임을 받으실 것입니다. 또한 사람들, 특히 여성들에게 그리스도의 메시지가 살아서 선포될 것이며, 이화에서 54년간 이어진 사역은 당분간 멈출지라도 언젠가는 포로들이 풀려나고 묶인 자들이 자유로워질 때가 반드시 올 것입니다. 우리는 이화여전이 이 무시무시한 폭풍을 이겨내도록 도와주어야 합니다. 나는 당신과 우리의 모든 친구가 최선을 다해주실 것을 믿습니다. 우리가 왜 이렇게 고국으로 돌아가는지 당신이 이해하실 수 있도록, 보다 자세한 설명을 이 배에서 전하고 있습니다. 가슴이 찢어질 듯 아프고, 매일매일 더 고통스럽습니다. 그러나 때로는 "네가 늙어서는 남이 네 허리를 묶어서 네가 바라지 않는 곳으로 너를 끌고 갈 것이다"[3]라는 주님의 말씀이 떠오릅니다. 우리가 어디에 있든, 주님께서는 우리를 인도하시고 축복하실 것입니다. 곧 당신에게서 소식을 들을 수 있기를 바랍니다.

충심을 다해,

앨리스 R. 아펜젤러

서울 - 힐탑[4] <발신인: 밴(애드나 홉스 부인)>

늦은 추수감사절 날

1940년 11월 28일

친애하는 모든 분께 —

갔어요! 갔어요! 갔어요! — 하지만 잊히진 않았습니다. 앨리스와 버트[5]의 재미있는 편지와 에스더[6]의 카드 등을 받고 우리는 모두 무척 기뻤습니다. 어디서도 여러분을 만날 수 없다는 사실이 아직 믿기지 않습니다.

그간 너무 바빠 여러분이 떠난 지 벌써 2주가 되었음을 깨닫기 어려웠습니다 — 한편으론 '인천 사건'[7]이 아주 먼 다른 시대의 일처럼 느껴집니다.

배에 보낸 편지에도 썼듯이, 여러분이 떠난 후 일요일 내내 우리는 사랑하는 작은 보금자리를 떠나 힐탑으로 가는 큰 이사를 준비했습니다. 월요일 밤에는 새집에서 잤지만, 화요일에는 종일 옛집을 정리했고 머물게 되거나 돌아올 경우를 대비하여 몇 가지 물건을 싸서 창고 짐 두는 방에 넣어두었습니다.

스나이더[8] 씨는 우리를 위해 모든 준비를 해놓았습니다. 물이 나오는 세면대가 있는, 크고 볕이 잘 드는 자신의 남동향 방을 내어주었지요. 이 좋은 따뜻한 집에서도 가장 따뜻한 방이어서 편안합니다. 저는 이 방의 가구를 원하는 대로 재배치해서 훨씬 넓어 보이게 꾸몄습니다. 스나이더 씨가 보더니 제가 온 집을 돌아다니며 정리해주면 좋겠다고 하더군요. 우리 방에는 화장대가 하나 있고 서랍장으로는 옷 가방들을 사용합니다. 그래서 몇 가지 옷만 가방에서 꺼내 큰 벽장에 걸어놓았을 뿐, 가방들은 풀지 않은 채 놓아두었습니다. 물론 침대 아래에 서류 가방들과 작은 여행용 가방들도 넣어두었지만, 우리 외에 누가 알겠어요? 이삿짐을 정리하는 첫날 아침에 아낙이 왔습니다 — 제가 방을 정리하기 전에 와서 울기 시작하더니 점차 흐느끼며 눈물을 흘렸습니다. 그녀는 우리가 이토록 좁은 숙소에 살게 된 것을 너무도 안타까워했지만, 우리가 깨끗하게 방을 정리한 후에는 기분이 나아졌습니다.

우리는 유쾌한 가족을 이루었으며, 최근에는 "남자"의 이야기를 많이 듣고 있습니다. 톰에게 이야기를 나눌 누군가가 필요했는데, 톰을 위해 참 감사한 일입니다. 톰은 나흘 반 동안 종로 경찰서에서 심문을 받았습니다(취침과 식사는 집에서 했습니다). 경찰들은 더없이 친절하고 조심스러웠지만 심문은 철저했다고 합니다. 톰의 모든 서신과 연례보고서와 회계장부를 조사했습니다. 톰의 사람 네 명이 아직 감옥에 있지만, 조만간 풀려나리라고 생각하고 있습니다. 경찰들은 톰이 그의 사람들에게 존경을 받고 있다고 그에게 말했답니다. 다행히 경찰들은 그가 숨기는 것이 아무것도 없다는 것을 확신하게 되었고, 이제 그는 성서공회가 이전보다 더 잘 운영될 것이라고 기대하고 있으며 그런 일을 겪어내길 잘했다고 생각하고 있습니다. 종로경찰서 사람들은 서대문경찰서 사람들보다 상대하기가 훨씬 나아서, 우리는 힐탑으로 이사해 서대문 관할구역을 벗어나게 되어 다행이라고 생각합니다.

참, 우리가 이룬 좋은 가족에 대해 이야기를 시작했지요. 데모리[9] 박사는 일주일 동안 우리와 함께 있었습니다. 웃고 뚱뚱해졌을까요? 네, 그게 우리가 하고 있는 일 같습니다. 소리를 지를 정도로 재미있는 이야기 후에 또 하나의 재미있는 이야기를 하는 것이요. 이렇게 생활이 완전히 바뀌어버린 것이 가장 큰 구원이라고 말하지 않을 수 없습니다. 앤더슨[10] 박사는 언제나 친절하며, 데리고 있는 그룹도 마음이 잘 맞습니다. 맥라렌 박사는 지방에서 올라와[11] 뉴스 시간에 불쑥 나타났습니다. 우리가 뉴스를 듣는 데 많은 시간을 낭비하는 듯 보이지만, 우리는 정말이지 세상에서 무슨 일이 일어나고 있는지 간절히 알고 싶습니다. 『재팬 애드버타이저』[12]는 수준이 너무 낮아져서 읽기가 역겹습니다. 우리는 가장 좋은 것을 듣기 위해 한밤중까지 깨어 있곤 합니다. 12월 6일 토요일에는 여러분 중 몇몇에게서 소식을 듣고 싶습니다. 아, 우리는 한마디 한마디를 듣기 위해 얼마나 귀를 쫑긋하고 있을까요!

앤더슨 박사가 모든 식량을 우리처럼 식료품실에 비축해놓아서 우리가 굶지는 않을 것입니다. 데모리 박사는 우리가 필요로 하면 가지고 올 수 있는 물품들을 원산에 더 많이 가지고 있습니다. 스나이더 씨는 아낌없는 공급자여서, 저를 다시 만났을 때 여러분은 링링 형제[13]의 "뚱뚱한 숙녀" 같은 모습을 보게 되실 것입니다. 여러분 모두를 잃고 슬퍼하면서도 이 군중 속에서 나는 (원했던 대로) 쇠약해지지가 않네요.

×× 기억에 남을 추수감사절 예배가 끝났습니다 — 매컬리 자매,[14] 맥파랜드[15] 씨, 헬렌 헨더슨[16] 및 미영사관 사람들을 포함해서 37명이 참석했습니다. 마쉬 씨는 대통령의 기도문을 매우 인상 깊게 읽었습니다 — 아주 아름다운 말로 쓰였고 무척 뜻깊었습니다. 데모리, 맥앤리스,[17] 쇼, 왓츠[18]의 사중창은 예배에 음악을 더했고, 쿤스 박사는 15분간 가장 적절하고 도움이 되는 메시지를 전했습니다. 시각장애인 학교를 위한 모금액은 65엔이었습니다 — 아이들 네 명과 한국 여성 한 명이 속한 이 학교에 그렇게 나쁘지는 않은 모금액입니다. 작년에는 206엔이었지만요.

우리는 점심을 먹었고 톰과 앤더슨 박사는 사무실로 돌아갔습니다. 오늘 밤 저녁 식사를 위해 상을 차린 후 상 중앙의 장식을 매만지고 있을 때 톰이 전화를 걸어왔어요. 그의 사람 네 명, 즉 정 씨, 서 씨, 김 씨, 양 씨, 그리고 SPCA[19] 시찰자가 방금 풀려났다고 알려주었습니다(거의 3개월의 감금 생활이었습니다)! 참으로 감사하고 기쁜 소식이었습니다.

우리는 오늘 저녁 식사에 초대하지 못한 이 길 잃은 이들을 위해 갑작스레[20] 식사를 준비했으며, 그래서 버사 스타키,[21] 피터스 부부,[22] 쿤스 부부는 서 씨와 톰과 저와 함께 식사하게 되었습니다. 다른 두 사람은 언더우드네로 갑니다. 우리는 꿩고기와 반찬을 먹고 있습니다. 2주 전에 장례식이 있었음에도, 이렇게 삶은 계속되고, 우리는 즐거운 시간을 갖게 되었습니다.

저는 여러분이 떠난 후(적어도 그동안 어떻게 지냈는지)에 대해 일기 편지를 적어 보내고자 합니다.

독서회는 이사 때문에 미뤄뒀던 모임을 11월 18일 월요일에 핍스[23] 씨와 함께했으며, "연방연합의 필요성"[24]에 관한 책을 읽었습니다. 화요일에는 우리 모두 집에서 일했지만, 다른 이들은 미스 로렌스[25]에 대해 흥분하며 걱정했습니다. 그러나 우리는 그 주의 대부분을 (톰이 말하듯) "정착"하는 데 보냈기에 외부의 일들에 대해서는 거의 알지 못했습니다. 토요일 밤에 스나이더 씨는 와플과 꿩고기로 저녁을 준비해 마쉬 부부와 커 부부를 초대했습니다. 모두가 즐거운 시간을 보냈습니다. 일요일 교회에는 35명이 참석했는데, 그들 중 열 명은 다음 일요일에는 떠나고 없을 것입니다. 다음 주 일요일 이후에는 서울회관 안에 교회를 두기로 결정했습니다. ── 22일 금요일, 적십자사 일을 위해 핍스 부인에게 가는 길에 마쉬 부인을 보기 위해 잠깐 들렀다가, 바로 대문 안쪽 계단에 앉아 있는 마쉬 부인과 그레이스 커[26]를 발견했습니다. 마쉬 씨가 에드나 로렌스를 마중하러 차를 보냈고, 그녀를 맞이하기 위해 기다리고 있다고 말했습니다. 곧 모든 혐의를 벗은 에드나 로렌스가 웃으면서 차를 타고 들어왔습니다. 소송대리인은 ─ 씻고 정리하러 집에 가기도 전에 ─ 그녀에게, 자기가 그녀를 위해 준비한 연회에 참석해 달라고 요청했습니다. 그녀는 참석해야 하나 고민하고 있었는데, 존 겐소[27]가 그녀를 그 고민에서 벗어나게 해주었습니다. 에드나 로렌스가 그 연회 비용을 내기로 되어 있다고 쿤스 박사가 말하니, 가엾은 소송대리인은 뜨끔해 하더군요.

적십자사 모임에는 여섯 명이 참석했는데, 그곳으로 가기 직전에 받은 앨리스의 편지들을 읽어주었더니 모두들 매우 기뻐했습니다.

이번 주에는 성탄절 기념품을 조금이나마 준비해보고자 힘 닿는 데까지 노력했습니다 ─ 그냥 주로 클럽의 달력들이었지만요. 그러나 사랑하는 사람들에게 우리가 그들 모두를 생각하고 있다는 사실을 알게 하고 싶었습니다 ─ 여러분들에게도요.

수요일에 우리는 묘지에 가서 도로시 퍼킨스 장미[28]를 심었고, 의자와 옷

등을 전달하러 도중에 룽뷰[29]에 들렀습니다. □□□□는 따뜻한 접대라는 표현으로는 부족할 만큼 우리를 환대해주었습니다. 그녀는 막 목욕을 하고 나와 활기에 차 있었습니다. 이 씨의 아들과 동물들을 제외하면 아무도 없었습니다. 석탄이 부족해 그들이 이사 들어오려면 봄까지 기다려야 할 것이라고 내 여동생[30]이 말했습니다. 모든 것이 훌륭하고 깨끗했습니다. 저 어린 소녀[31]의 용감한 모습을 잘 보고 싶어서 내려가보고도 싶었지만, 차마 그렇게 하지 못했습니다. 여러분의 마음이 모든 곳에서 느껴졌고, 방으로 들어가는 문 근처 어디에도 더는 여러분이 없다는 것을 믿을 수가 없었습니다. 버트[32]의 졸업장과 장갑을 찾으려 했지만 수백 장의 불타버린 사진들만 발견되었습니다. 이 사진들을 어떻게 처리하면 좋을까요? 이에 대한 언급은 없으셨지요 — 단지 사진들이 어떻게 되었는지만 궁금해하셨습니다. 사진들을 충직한 소년에게 맡겨놓고 지시를 기다리겠습니다. 대학에 있는 누구도 어떤 방식으로든 여러분과 연락할 수 없을 테니, 그곳에는 편지를 보내지 않는 것이 좋을 것 같습니다. 여러분이 떠난 후 하루 정도 지나 상부의 명령이 떨어졌습니다. 저에게 편지를 보내주시면, 비록 우리도 그곳에 가는 것이 금지되었기는 하지만 어떤 방법을 통해서든 소식을 전해보겠습니다.[33]

이제 아펜젤러 부부에서 영과 졸라에 이르기까지[34] 여러분 모두에게 사랑을 보냅니다. 내일 떠나는 더그와 K.[35]가 가지고 가도록 이 편지를 넘겨줘야 합니다. 에드나 로렌스와 맥컬리 자매는 "러시아"호에 같이 탑니다. 톰과 우리 가족 모두가 여러분에게 안부를 전하며, 고국에서 사랑하는 사람들과 다시 만나셨을 테니 아름다운 성탄절을 보내시길 기원합니다.

항상 여러분의 소식을 고대하면서,

밴 톰

내 사랑,[36]

당신을 위한 편지는 당신만 가지고 있고, 일반 편지는 관심을 갖는 이들에게 전달해주세요. 곧 정식 편지를 쓰기 시작하려고 해요. 캘리포니아 주소를 남기지 않으셔서, 루스와 헨리가 방명록에 남긴 주소를 사용할게요. 뉴욕을 통해서 가는 것보다는 그들이 더 빨리 전해줄 거라고 생각해요.

사랑하는 앨리스, 수요일에 그곳(롱뷰)으로 나가는 것은 고통스러웠지만 나가야만 했어요. 집과 도서관, 박물관에서 자매들을 위해 찾아올 물건이 있었고, 버트가 세면대 서랍에 있다고 한 졸업장을 찾아야만 했는데 졸업장은 거기에 없었어요. 버트가 자기 트렁크에서 졸업장을 찾을 수 있으면 좋겠네요. 복도를 걸어 내려와 아픈 마음을 안고 다른 방들을 슬쩍 들여다보기는 했지만 들어갈 수는 없었어요. 당신의 방을 보면 마음이 무너져내릴 것 같아 그 방에는 다가갈 수 없었어요. 저 어린 소녀[37]의 용기 앞에서 무너지는 것은 너무 이기적이라고 생각했어요.

다음은 그녀가 전한 말들이에요.

1. 여러분 중 누구와도 접촉하거나 연락하는 것이 불가능합니다. 권력자들은 여기에서나 거기에서나 우리와 가지는 모든 관계가 오해를 불러올 것이라고 하면서, 그녀가 키잡이 역할로서 의심을 받을 것이라고 말했습니다.
2. 재단 신청서는 기독교를 기반으로 제출할 수 있다는 구두 확인을 받았습니다. 통과되면 애번에게 전보를 보내겠습니다. 재단의 구성원이 되는 것은 일본 제국에 거주하는 사람만 가능하다고 해요. 그녀는 떠난 사람들을 대체할 인력을 더 뽑지 않고 있으며, 정상적인 시기가 오면 떠났던 사람들에게 자리를 돌려주거나, 다른 외국인들을 채용하기를 바라고 있습니다.

3. 그녀는 기부금 이자가 1월에 그녀에게 들어올 수 있도록 당신과 애나 채핀이 배에서 상의하셨는지 알고 싶어 합니다.
4. 재단이 원활하게 진척되면(꼭 그래야 할 텐데요), 보호가 필요한 WFMS의 이자는 모두 새 재단에 "신탁보유"가 될 수 있습니다. 그렇게 되면 그녀가 그것을 관리하면서 필요한 경우 언제든 목적에 맞게 쓸 수 있게 될 것이라고 말했습니다.
5. 모든 것이 비교적 정상적으로 진행되고 있습니다. 선생들은 기꺼이 음악 수업을 맡아주고 있으며, 졸업반이 아닌 학생들은 반 시간 수업을 듣도록 하고, 졸업반 학생들은 전 시간 수업을 듣도록 조정했습니다.

내가 이렇게 중개자가 되어 당신과 그녀에게 봉사할 수만 있다면 이곳에 남겨진 것도 충분히 가치가 있겠네요. 단지 우리가 어떻게 소통할 수 있을지 모르겠는데, 방법을 찾아볼게요. 12월 11일에 클리블랜드호를 타고 가는 사람을 통해 편지를 보내도록 노력해볼게요. 누가 여기에서 그 배를 타고 갈지는 아직 모르지만, 여기에서도 일본에서도 가기로 결정하는 사람이 점점 더 많아지고 있으니 누군가는 분명히 갈 거예요. 무슨 일이 일어나게 될까요? 너무 많은 사람이 떠나서 뭔가가 멈춰버린 기분이에요.

아, 톰의 사람들이 풀려나서 정말 다행이에요. 그는 추운 날씨가 다가와서 그들을 많이 걱정했어요. 다행히 지금까지는 날씨가 비교적 따뜻했어요. 이제 올바른 한국의 성서공회[38]가 만들어질 수 있도록 기도해주세요. 장로교 그룹이 이 공회와 조선기독교서회[39]를 가지려고 열심히 노력하는 것은 문제가 있지 않나요? 그 문제가 제대로 해결될 수 있으면 톰이 안심하게 될 거예요. 톰은 그것에 대해 많이 걱정하고 있어요. 하지만 톰의 사람들이 풀려났으니 상황은 새로운 국면에 접어들 것이고, 필요한 도움을 받게 될 거라 믿고 있어요. 집에 있는 이 사람들이 그에게 큰 도움이 되고 있어요.

손에 바르는 로션 기시[40]를 잘 바르고 있는데, 당신이 또 하나 구해줄 수 있으면 좋겠어요. 앞으로는 이동이[41]를 맥게리 부인의 아들로, H[42]를 내 여동생으로, 은숙을 (어린) 동생이나 단짝으로 부르기로 해요. 롱뷰는 세 날개가 있는 수용소 기숙사로 부르고요. 음악은 에스더로, 채플은 수필로(에머슨의 수필[43] — 아시겠죠?). 특정한 사람 편에 보내더라도 편지가 잘못된 우편가방에 들어가면 안 되니 조심하는 것이 최선이라고 생각해요.

메리 레이시[44]에게 내가 지난해와 같은 선물을 보낸다고, 그리고 아이들 선물이 없어서 미안해한다고 전해주세요. 여기에는 보낼 수 있는 것이 아무것도 없어요. 그리고 사랑하는 당신에게는 나의 가장 깊은 사랑 외에 드릴 선물이 없네요. 당신은 물건을 원하지 않으며 진심을 알고 있다는 것을 나는 알아요. "가능한 한" 편지가 전달될 수 있게 쓰려고 노력하겠지만, 편지를 쓰면서 별로 chammie[재미]는 없네요. 톰이 그의 서신에 대하여 심문을 받은 후, **무엇이든** 쓰는 것이 어렵다는 것을 알게 되었어요 — 그들은 아무것도 아닌 것에서 많은 것을 만들어낼 수 있으니까요. 그러니 내가 쓸 수 있는 것만 쓴 편지를 받아 보시고서 내가 너무 멍청하다고 생각하지 말아주세요.

바바라 롭슨이나 에디스 네빗[45] 그리고 내가 아는 다른 사람들과 연락을 하시게 되면, 그들에게 우리의 모든 hyengpyen[형편]을 알려주어서 그들이 이해하도록 도와주세요.

아펜젤러 가족 모두에게 — 노블 박사 부부와 다른 많은 사람에게도 — 사랑을 보냅니다. **저를 위해서라도** 소중한 당신 자신을 잘 돌보세요. 우리가 가능한 한 자주 소식을 듣고 싶어 한다는 것을 아시겠지만, 그래도 모든 시간을 편지 쓰는 데만 보내지는 마세요. 신문과 잡지는 오지 않을 때도 있지만 신문 잡지의 클리핑[오려낸 기사]은 자주 배달되었음을 기억해주세요. 다른 포장지나 신문지로 감싸서 우리에게 계속 정보를 보내주셔도 될 것 같습니다 — 다른 친구들에게도 그렇게 하라고 말해주세요.

사람들이 계속해서 떠나고 있어 아직은 당신과 연결되어 있다는 느낌이 들지만, 더 이상 가는 사람이 없을 때는 제한된 할당량에 의존할 수밖에 없을 것 같네요.

쿤스 박사의 훌륭한 설교를 전해드릴 수 있으면 좋을 텐데요 — 어쩌면 에드나 로렌스를 만나거나 소식을 전해줄 수 있는 다른 사람을 만나실 수도 있겠군요. 쿤스 박사는 당신과 헨리를 명예롭게 언급했어요.

이제 이 편지를 마치고 내려가서 미아미가 내 현명한 조언을 필요로 하는지 살펴봐야 해요. 조언을 많이 하지는 않지만, 가끔 넌지시 말해줘요. 이번 달 말까지만 아낙을 고용하고 그 후에는 필요할 때에 부르려고 해요. 여기에서 일하는 두 사람이 이미 꽤 효율적으로 일해서 더는 필요하지 않아요. 물론 침대에서 아침을 먹는다거나 차를 마신다거나 하지는 못하지만, 오히려 그런 것이 우리에게 더 좋은 것 같아요. 스나이더 씨가 우리의 물품을 인수했고, 우리는 매일 4엔씩 공평하게 부담하고 있습니다. 그렇게 하는 것이 직접 살림을 꾸리는 것보다 더 경제적입니다. 비록 스나이더 씨는 우리가 원하는 것은 무엇이든 모두 요청하라고 강조하지만, 우리는 즐기고 싶은 마음이 별로 생기지 않을 것 같아요(그럴 기회도 없고요). 그는 아주 관대해요. 우리에 대해서는 걱정하지 마세요. 우리는 소중한 여러분(특히 당신)이 없는 상황에서 기대할 수 있는 한 편안하고 행복하게 지내고 있어요.

끝없는 대양 같은 사랑을 보내며 하나님께서 당신을 축복하고 지켜주시며 평화를 주시기를 기원합니다. 당신이 가장 즐겁고 행복한 일을 찾기를 바라요. 베티에게 편지할 때 나의 사랑도 함께 전해주세요.

항상 그리고 언제나 당신을 사랑하는
밴

오하이오, 클리블랜드 하이츠, <발신인: 애다 홀>
로녹길 878
1940년 12월 2일

친애하는 앨리스에게,

그간 직접 전하지는 못했지만 당신의 편지들에 감사했어요. 그 편지들은 단순한 정보 전달 이상의 의미가 있었으며, 내게 필요한 몇 가지 발언을 하는 데에도 큰 도움이 되었어요 — 내가 함축된 정보를 잘 읽어낸 것을 아시겠죠?

조금도 과장하지 않고, 생각 속에서도, 기도할 때도, 심지어 꿈 꿀 때에도 늘 여러분 모두와 함께했어요. 어느 날 밤 은숙이 아픈 꿈을 꾸고, 떠나기 전에 얼마나 괴로웠던지요. 은숙과 활란이 서로에게 그렇게 의지하는데, 그런 일은 일어나지 않기를 진심으로 바랍니다.

나는 매슬랜드 부인에게 12월을 위한 송금환換을 미리 보내달라고 요청했는데, 그녀가 이미 보냈다고 하더군요. 12월이 지날 때까지도 환이 오지 않곤 했는데, 그런 경우를 대비해 그녀가 좀 더 일찍 보냈던 것입니다. 그런데 2,600달러 외에도 1월에서 3월까지 필요한 900달러가 아직 지급되지 않은 것 같습니다 — 매슬랜드 부인은 9월에 보낸 환이 아직 인출되지 않았다고 하는데, 이것에 대해 아는 것이 있으신가요? 그리고 그들이 환으로 받은 금액이 얼마인지 확인해주실 수 있으신가요? 이곳으로 수표가 돌아오는 데 시간이 좀 걸리니 아직 돌아올 시간이 되지 않은 것인지도 모르겠네요.

매슬랜드 부인은 우리가 난방 장치를 젠센[46]에게 보내려 한다고 생각해서 한동안 보내지 않고 가지고 있었대요. 젠센을 통해 김활란 박사에게 보내는 것이라고 말했는데, 부인이 이미 송금을 했다면 문제가 없을 것 같아요. 그들이 해당 금액을 정상적으로 수령할 수 있을까요?

S. Y.[47]가 영문과를 맡게 되어 기쁩니다 — 참 잘됐어요!

당신은 1년 동안 안식년 휴가 급여를 받게 될 텐데, 매슬랜드 부인이 이에 대한 계획을 제안할 것으로 생각됩니다. 조만간 듣게 되실 거예요.

어떤 말을 전해야 할지 몰라 편지를 쓰지 못했고, 또 언제 당신이 떠날지도 확실히 알 수가 없어 망설였어요! 정말 엉망진창이네요! 여러분 모두 얼마나 힘들까요!

지난주에는 감리회 선교 및 교회확장국[48]의 첫 연회에 참석하기 위해 필라델피아에 갔었어요. 아주 적은 수의 선교사만 참석했는데, 우리 그룹에서는 일본에서 온 한 사람, 한국에서 온 한 사람, 중국에서 온 한 사람만 참석했답니다. 케이블[49] 박사와 유라인 스미스[50]가 도착했으며, 유라인은 들떠 보였습니다.

나는 애번 부인이 와서 이화협동위원회 회의를 열어주기를 희망하며 편지를 썼지만, 애번 부인은 모든 일이 끝났다고 생각하는 것 같았어요 — 새 위원회가 선출될 때까지는 할 일이 없다고 판단한 것 같습니다. 개개인과 이야기를 한 후 재단 문제에 대한 논의는 지나가고, 마침내 매코넬 부인[51]이 마지막 날 점심에 그곳에 있었던 사람들을 모아서 얼마간의 시간을 이화에 관해 이야기하는 데 할애했어요. 우리 회장인 브래그 부인[52]도 참석했고 여성기독교봉사회[53] 선교 쪽 의장인 베비 부인[54]도 참석했어요. 그들은 상황의 심각성을 알게 되었고, 지지의 편지를 활란에게 보내달라고 벨마[55]에게 부탁했어요. 우리 둘 다 벨마의 편지를 검토해보았는데 그대로 보내도 괜찮을 것 같아요. 이러한 조치가 송금 문제를 해결하는 데 도움이 되기를 바랍니다. 거기에는 지급할 수 있는 잔액이 남아 있으니 1월에서 3월까지의 예산을 좀 더 확보하고 싶어요. 그들은 12월에 아주 적은 금액을 요청했지만, 사우어[56]는 종종 상당한 자금을 확보하고 있어요.

그녀에게 다른 모든 기금을 다음 분기나 반년을 위해 지금 송금해달라고 용기 내어 요청해보려고 합니다. 너무 과한 부탁일까요? 나는 그녀가 은행에서 돈을 빌리지 않고도 사용할 수 있는 자금을 가지고 있다고 확신해요.

현 이화협동위원회는 새 협동위원회가 선출될 때까지는 전과 같이 운영될 것입니다. 다만 새 위원회는 집행위원회가 모일 때까지 선출되지 않을 거예요 — 물론 비상시에 소집되는 집행위원회의 소위원회가 있긴 하지만요. 그러니 매슬랜드 부인에게 이화여고[57] 또한 비상 상황이라고 전보를 보내주세요! 아! 2~3년 전 우리가 그토록 열심히 일하던 시기에 이 문제가 해결되었더라면 교회들에 편지를 보낼 수도 있었을 것입니다. 하지만 지금 매슬랜드 부인은 그것이 절대로 자기 책임이 아니라고 주장할 거예요. 나는 그녀의 비서를 필라델피아에서 만났어요.

베이커 감독님[58]과 이야기하려 했지만, 늘 너무 바쁘셨어요. 마지막 날 오후에 나를 만나겠다고 하셨지만 2시 30분이 되어도 그의 모습은 볼 수가 없었고, 나는 기차 시간에 맞춰서 떠나야 했어요. 웰치 감독님을 만났는데, 많이 염려하시고 동정해주셨어요. 일본에서 즉시 누군가가 방문해야 한다는 전보들이 계속해서 오고 있어요. 어제 아침에도 또 하나의 전보가 왔어요. 무어 감독님, 베이커 감독님, 미스 매키넌이 일본행을 고려 중이었지만 무어 감독님은 1월 중순까지 가실 수가 없다고 해요. 몇몇 사람들은 무어 감독님이 대신 다른 이를 보내도록 조처하길 바라고 있어요. 미스 매키넌은 건강이 좋지 않아서 지금 갈 수 있을지 의문스러워요. 그녀는 건강해 보이지만 사실 그렇지 못해요. 여권 발급 문제 또한 변수로 작용할 수 있습니다 — 하지만 그들이 "동양 방문"으로 갈 수 있기를 바랍니다. 무어 감독님은 이제 너무 늦었다고 생각하십니다. 6주 전에 갔어야 한다고 하셨어요.

돌아오는 길에 사랑하는 박 한나를 잠깐 만나러 갔어요. 그녀는 아주 건강해 보였고, 체중도 4.5kg 늘었어요. 아서와 가족들도 함께 있었어요. 박 한나는 성탄절까지 그들과 함께 있고, 그 후 줄리언의 집으로 돌아갈 거예요. 그들은 펜실베이니아 언덕이 끝나는 알투나에서 10km 떨어진 곳에 살아요. 주소는 펜실베이니아, 던컨스빌, 박 줄리언입니다. 베티 리에게서도 소식을 듣게 되실 거예요. 그녀는 당신이 따뜻한 곳에서 지내기를 바랍니다.

알프리다[59]가 편지를 했고, 만일 그녀가 동부로 오지 않는다면 내가 8일이나 10일에 그녀를 만나러 시카고로 갈 계획이에요. 또한 채핀 부인도 만나고 싶어요.

편지를 가지러 우체국에 갔을 때 일본인이 없어도 놀라지 않을 거예요. 나는 아직도 자유롭게 글을 쓰고 말하는 것이 힘들어요.

메이블 베넷 라이트는 클리블랜드에서 남편의 가족을 방문하고 있어요. 그녀는 지난 6월 이후로 여동생의 소식을 듣지 못했대요. 버사 스타키와 밴과 톰 부부의 소식도 궁금해요. 당신이 올 때 미리 알려주면 내가 여기에 있도록 노력할게요. 내가 할 수 있는 일이 있으면 말해주세요. 그들이 소포를 받을 수 있을까요? 작은 것들을 좀 보냈거든요.

송금환에 대해 혹시 아시는 바가 있나요? 그들이 환으로 적은 금액을 받을 수 있었나요? 그들이 난방용 석탄은 좀 구했는지요?

사랑으로,

애다 B.[60]

신시내티 지부가 브라우니[61]를 기리기 위해서 애오개[아현] 유치원[62]에 1,000달러를 기부하기로 약정했어요. 지금 이 돈을 보내면 도움이 되지 않을까요?

미감리회 WFMS <발신인: J. W. 매슬랜드 부인>

1940년 12월 5일

미스 앨리스 R. 아펜젤러
캘리포니아, 샌프란시스코
옥타비아로 2519

친애하는 미스 아펜젤러께,

이화여전 기부금으로 2,600달러를 요청하는 당신의 전보를 받았고, 같은 요청을 하는 미스 홀의 편지도 받았습니다. 우리 WFMS는 이 요청에 따랐으며, 해저드 도서관 기금에서 온 15달러, 그레이스 쿡 장학금에서 생긴 15달러 수입뿐만 아니라, 당신이 얼마 전 편지로 알려주신 오하이오주 랭커스터의 프리츠 부인이 보내온 특별 선물도 함께 보냈습니다.

우리는 또한 1941년 예산의 4분의 1도 과감히 보냈습니다. 그렇게 한 것이 현명한 행동이었는지는 모르겠습니다. 나는 미스 홀이 미스 코스트럽과 채핀 부인을 시카고에서 만나는 것에도 동의합니다. 그들이 한국에서 진행되고 있는 우리 일의 재정 상황을 상의하고 제게 좀 더 자세히 알려줄 것입니다.

오늘 사우어 씨로부터 이번 학년도가 끝나는 3월 31일까지 운영 자금이 필요한 부분에 대한 문의 편지를 받았습니다.

또한 요청하신 대로 사우어 씨에게 "이화여고 통관 서류가 있습니까?"라는 전보를 보냈고, 그의 답변을 기다리고 있습니다. 만약 "네"라는 답을 받으면 "허가받았음"이라는 두 번째 전보를 바로 보내겠습니다.

우리는 사우어 씨에게 5,780달러를 송금했고, 세부 내역은 항공 우편으로 보냈습니다. 서은숙보다 사우어 씨에게 송금하는 것이 더 적절하다고 판단했습니다. 송금 수수료로는 24.45달러가 들었으며, 이 비용은 대학에 청구하지 않고 비상기금에서 충당하겠습니다.

한가한 것보다 바쁜 것이 훨씬 더 행복할 수 있음을 알고 있기에, 스캐릿 대학[63]에서 제안받은 일을 긍정적으로 검토해보시기를 바랍니다. 만약 필라델피아 쪽으로 오게 되면 우리에게 연락을 주시리라 믿습니다. 모두가 당신을 만나기를 고대하고 있습니다.

진실한 사랑을 담아,
엘리자베스 S. 매슬랜드[64]
J. W. 매슬랜드 부인, 회계

클리블랜드, 로녹길 878 <발신인: 애다 홀>
1940년 12월 9일

친애하는 앨리스에게,

당신의 편지와 매슬랜드 부인의 편지가 함께 왔어요. 외국처럼 5센트가 일반 항공 우편이라고 생각했어요. 음, "살면서 배워라"군요.

매슬랜드 부인이 당신에게 송금 사본을 보냈을 수도 있지만, 여기에 적어봅니다.

$2600 — 기부금 기한 1941년 1월 1일
$15 — 도서관 기금 1941년 1월 1일
$15 — 쿡 장학금 1941년 1월 1일
$467.10 — 이화(도서관)를 위한 프리츠 부인 선물(10월 1일에 보냈음)
$2682.90 — 한 해 첫 1월부터 3월까지

$5780.00

4월 1일이 지급 기일인 900달러가 있어요 — 그런데 우리는 늘 그것을 직전 학년도를 대상으로 주는 것으로 간주해왔어요. 항상 WFMS와 그렇게 조정하곤 했지요. 매슬랜드 부인이 10월 1일에 은숙에게 송금환으로 900달러를 보냈는데 — 돈이 인출된 것으로 표시되어서 수표가 돌아오지 않았어요. 알고 계셨나요? 그래서 그다음 900달러는 1월 1일이 지급 기일이지만 빨리 보내달라고 재촉했어요 — 그랬더니 그녀가 11월 18일에 돈을 보내주었네요. 만약 예전 대차대조표 중 하나를 갖고 있으시다면, 자본금 계좌 1940년 3월 31일 맨 아래에 파이퍼 부인의 선물이라고 적힌 것을 볼 수 있으실 거예요.

$60,000 @ 6% = $3,600 (이것은 매년 1, 4, 7, 10월이 지급 기일입니다.)
$65,000 @ 4% = $2,600 (이것은 1월 1일이 지급 기일입니다.)

그들은 늘어난 배당금이 올해는 지불되지 않을 것으로 생각하고 있는데, 우리는 지불될 것이라고 기대했어요.

나는 이 900달러, 즉 3,600달러의 4분의 1에 해당하는 금액을 지금 보내주었으면 좋겠는데, 4월 1일이 지급 기한이어서 그때까지는 지불되지 않을 것 같아요.

퀘벡, 셔브룩, 포틀랜드로 49 <발신인: H. V. 하이트>

1940년 12월 6일

친애하는 아펜젤러 박사님께,

당신의 11월 2일자 회람 편지는 매우 감동적이었습니다. 당신을 만날 수 있고, 당신과 자유롭게 이야기할 수 있다면 우리는 매우 기쁠 것입니다. 그 사이에 내가 지금까지 보내온 분기별 기부금을 어떻게 해야 할지 알려주시기 바랍니다. 계속해서 이 돈을 이화여전에 보내야 할까요, 아니면 유부용에게 보내야 할까요? 그것도 아니면 어떻게 해야 할까요?

올해 겨울이 아주 빨리 찾아와 벌써 눈이 내리고 영하의 날씨입니다.

나는 교회 회계로서, 또 YMCA 세계 봉사를 위한(그리고 지금은 YMCA 전쟁 봉사를 위한) 기금 모집 위원회 회장으로서 매우 바빴으며, 또한 군수 기계 설계를 위해 정규 근무를 하는 동시에 초과 근무까지 하고 있습니다. 우리 로터리 클럽은 장애 아동들과 기타 사업을 위한 기금 마련을 위해 바자회를 막 개최했습니다.

진심을 다해,

H. V. 하이트[65]

샌프란시스코, 옥타비아로 2519
1940년 12월 16일

친애하는 하이트 씨께,

보내주신 편지 잘 받았습니다. 보내주신 정보에 덧붙여서 조금이나마 도움이 될 내용을 함께 보내드릴 수 있게 되어 기쁩니다. 우리가 미국으로 돌아오는 여행은 편안했지만, 심적인 고통은 나날이 더욱 심해지는 듯합니다. 모두가 친절하고, 다른 나라 사람들이 겪어야 하는 현실과 비교할 때 미국이 이토록 아름답고 자유로운 나라라는 사실을 새삼스레 깨닫게 되었습니다.

우리는 가능한 모든 자금을 이화여전에 빨리 보내려고 노력하고 있습니다. 서울에 있는 우리의 회계인 C. A. 사우어 목사에게 송금하면 기금이 대학 회계에게 전달될 수 있습니다. 아시다시피, 일본과 한국 교회들이 새로운 "토착성"을 강조하면서 외국 자금을 거부해야 한다는 원칙을 따르고 있습니다. 이 규정이 언제부터 엄격히 시행될지는 그 일을 맡은 경찰의 재량에 달린 듯합니다. 우리는 이화여전이 너무 많은 고통을 겪지 않도록 돈을 미리 보내려고 노력하고 있습니다. 오늘 저는 암스트롱 부인[66]에게 편지를 씁니다. 그녀가, 이를테면 내년도 예산의 절반을 제가 제안한 방식으로 이화에 보낸다고 하면, 어쩌면 당신은 그녀가 전송하려는 금액에 부용의 반년 치 수당을 추가하는 방안도 고려할지 모르겠습니다. 그렇게 하기를 원하지 않으시면 그 돈을 이화여전을 위해 사우어 씨에게 보내주시기 바랍니다. 다만 송금하실 때 어떤 한국 사람의 이름도 언급하지 마세요. 그러면 그 사람이 곤경에 처할 수 있으니까요.

제가 부용을 마지막으로 만났을 때, 그녀는 당신 이야기를 하며 제가 당신을 꼭 만나기를 바란다면서 안부와 인사를 전했습니다. 부용은 곧 있을 결혼에 대한 기대로 행복해 보였습니다. 신랑은 좋은 사람 같고, 그녀가 음악 일을 계속하는 것을 좋게 생각하는 것 같습니다. 특히 지금은 그곳에 선교사들이 없는 상황이라, 부용이 계속 일해주는 것이 어느 때보다도 더 필요합니다. 따라서 이변이 없으면 그녀는 아마 계속 가르칠 것입니다. 우리가 이화를 존속하게 할 수 있는 방법을 찾고, 사랑하는 우리 전문학교가 필요한 모든 도움을 받게 할 수 있기를 바랍니다. 저는 김활란 박사와 우리 교수진에게 무한한 믿음을 가지고 있습니다. 물론 그들이 얼마나 많은 간섭을 받게 될지는 알 수 없습니다만, 우리는 그 어떤 것도 방해할 수 없는 오직 믿음으로 나아갈 뿐입니다.

바쁘신 와중에도 한국에서의 프로젝트에 이렇게 신실하게 개인적인 관심을 가져주셔서 진심으로 감사드립니다. 당신의 수고가 주님 안에서 헛되지 않으며, 언젠가 상을 받게 되실 것을 확신합니다.

빌린 타자기로 쓴 이 형편없는 편지를 이해해주시기 바랍니다. 우리 모두 구세주의 현존을 깨닫는 것이 다른 해보다 더 절실한 이번 성탄절에, 진정한 축복과 기쁨을 누리시기를 진심으로 기원합니다.

진심을 다해,

서울 사직정 311[67] <발신인: 밴(애드나 홉스 부인)>
1940년 12월 9일

내 사랑 —

당신에게 편지를 쓴 지 일주일이 넘었지만, 마지막 편지들과 성탄절 꾸러미들을 보내는 것 외에는 아무것도 할 수 없었어요. 아마 대부분은 성탄절에 늦겠지만 거의 달력이나 실타래들이기 때문에 늦어도 별 차이는 없을 거예요. 올해는 누구에게도 영감을 주지 못했고, 톰에게도 별다른 생각이나 반짝이는 아이디어도 주지 못했네요.

지금까지 춥지 않은 것은 축복이에요. 12월 1일까지는 대학이나 그런 곳에 난방이 없었어요. 나만 방에서 따뜻하고 편하게 지내는 것이 부끄럽게 느껴졌어요. 이곳은 종일 해가 들어와 많은 도움이 되었고, 2층에 있다 보니 바닥이 항상 따뜻해요. 아직 양털은 입지 않아서 돼지가 되진 않았어요. 그것을 입은 저를 생각해보세요. 어제 아침은 아주 따뜻해서 아침 내내 창문을 열어놓았답니다. 우리는 늦은 오후에 회관에 내려갔어요. 날이 추워진 줄도 모르고 나의(당신의) 파란 코트만 입은 터라 추웠지요. 오늘은 밖이 훨씬 추웠는데 작은 비단 속바지와 구멍이 많은 파란 부클레[68] 드레스만 입었어요.

우리는 "정착"하는 중인데, 작은 숙소에서 여행용 가방들 속에 파묻혀 사는 것은 은퇴를 준비하는 데 도움이 될 것 같아요. 침대에서 아침 식사를 할 수 없고, 잠자리가 준비되어 있지 않고, 신발은 닦여 있지 않고, 아낙과 택근이가 우리에게 기울여주었던 그 모든 작은 관심들도 받지 못해요. 이런 상황 또한 우리에게 좋은 것 같아요. 아낙은 11월 말까지 우리와 함께 있었지만, 계속 있는 것이 오히려 이곳의 일을 복잡하게 만들 것 같아 떠나게 됐어요. 여기에서 일하는 사람들은 아낙을 좋아했지만, 그들이 그녀의 도움에 의존하게 하는 것은 현명한 것 같지 않았어요.

11월 30일 토요일. 쿤스 부인이 볼링 모임을 준비했고, 거의 모두가 참석했어요. 일요일 밤 우리는 피터스네에서 저녁을 먹었어요. 마리포사호가 월요일 전에 선창에 들어오리라고는 꿈도 꾸지 않았지만, 플로런스 맥앨리스[69]로부터는 소식을 들을 수 있지 않을까 기대했어요 — 헨리나 다른 이들의 소식을 기대하진 않았고요. 우리는 집에 제때 도착했지만 스나이더 씨는 없었고, 나는 문제를 어떻게 처리해야 할지 몰라 제임스 모리스[70]의 편지 외에 다른 것은 모두 놓쳤어요. 우리는 오늘 밤 더 많은 소식을 기대하고 있어요.

그레이스 커는 오늘 밤 아내가 없는 남자들을 저녁 식사에 초대했어요. 그들은 모두 도로시의 편지를 기대하며 저녁 식사에 갈 것이며, 나는 당신의 소식을 기대하며 갈 거예요. 소식을 듣게 되면 나는 그냥 무너질 것 같아요. 지금까지는 꽤 잘 버텨왔지만 이제는 자신이 없어요.

수요일 밤 우리는 저녁 식사를 하려고 쿤스네 집에 모였어요. 그들은 결원 문제를 해결하기 위해 『코리아 미션 필드』 사람들을 불렀어요. 스나이더가 쿤스 자리로 가고, 쿤스는 당신 자리로 갔어요. 제시[71]는 안 하겠다고 공언했지만 결국은 일원이 되었습니다. 목요일은 사이온지 공[72]의 장례식으로 공휴일이었어요. 톰은 차고에서 조각된 일본 가구를 해체해 포장하는 작업을 했어요. 늦은 오후에 우리는 회관에 가서 볼링을 했는데, 한 경기에서 나는 141을, 톰은 176을 기록했어요 — 점점 실력이 늘고 있어요.

금요일 오전 나는 머리를 하러 치르킨 부인[73]에게 갔어요 — 그다음 오래된 파란색 물 빠진 드레스를 수선하려고 마드무아젤 □□□□에게 갔어요. 코트형 원피스 모양으로 고쳐달라고 했는데 꽤 성공작이 될 것 같고, 아주 멋지고 따뜻할 것 같아요. 그 후 톰과 앤더슨 박사와 밀러[74] 박사를 만나기 위해 메이지자 극장[75]으로 갔어요. 우리는 점심을 먹고 쿤스 박사가 강력하게 추천한 <브로드웨이 멜로디 1940년>[76]을 보며 하루를 보냈어요. 괜찮은 뮤지컬 영화였지요 — 단지 똑같은 장면 반복이 너무 많았고, 톰은 시간이 많이 아깝다고 느꼈다네요. 핍스 씨와 데이비슨 부인[77]과 나는 앞으로 (항상 지루해하는) 배우자들은 집에 남겨두고 우리끼리 만나 영화를 보기로 했어요.

12월 7일 토요일(어제). 저녁 식사에 초대한 손님들을 위해 집을 정리하고 식탁 준비하는 것을 도왔어요. 4시경에 톰과 나는 회관에 가서 볼링을 했어요. 나는 142를 기록했어요. 핍스, 테일러, 우나와 함께했어요.[78] 월요일 밤에 우리는 스키야키를 먹기 위해 버사의 집에 갈 거예요. 일주일 넘게 여동생과 연락하지 못했어요. 화요일 밤에는 장로교 부서회의가 있어 우리는 맥앤리스 박사 댁에 가서 저녁을 먹을 예정이에요. 다음 주 토요일에 스나이더 씨가 볼링 모임의 식사를 제공하겠다고 했는데, 내가 그 일을 맡아서 해야 할 것 같아요. 16일 월요일에 테일러-헌트[79]가 12월 여성 클럽 모임에서 "간절한 마음"[80]을 읽기로 했는데, 그 자리에 모든 사람이 초대되었어요.

아, 당신과 다른 소중한 사람들을 잃었다는 것이 매일 더 크게 다가와요. 그레이하우스를 지나갈 때면 가슴이 아파요 — 큐마베 부인[81]과 함께 있던 러시아인들이 그곳으로 이사 들어온 것이 생각나요. 그들은 감독님의 스위트룸을 쓰고 있고 브라우니의 방을 부엌으로 사용한다고 미용사가 내게 말해주었어요. 그곳이 너무 더러워서 청소를 한 번도 한 적이 없는 것 같다고 했다더군요(당신에게만 하는 말이에요. 웃음을 참기가 어려웠어요). 또 하나의 흥미로운 소식은 루비, 루스, 할리가 근무한 학교[82]가 어제 30만에서 40만 사이의 돈을 아무 조건 없는 선물로 받았다는 것이에요. 또한 애나가 머물렀던 건물은 정○○가 죽자 그의 자리를 차지한 사람이 한 기업체에 임대했다고 해요. 자기 마음대로 앞서 나간 것 같아요. 내게는 너무 독단적인 결정으로 보여요.

전해주고픈 흥미로운 일들이 많이 있어요. 오늘 서울회관에서 처음으로 4시 30분에 교회가 모였어요. 나는 그 시간에 모이는 것은 오후 시간 전체를 못 쓰게 만든다고 이의를 제기했었지요. 이제는 그 말을 결코 씻어버릴 수 없을 거예요. 윌 커[83]는 다시 명예 목사가 되었어요. 그가 그 일을 맡아서 정말 기뻐요.

지금 이 편지를 써서 아침에 끝낼 거예요.

×××— 월요일 아침. 어젯밤 저녁 식사 후에 윌과 그레이스와 한 무리의 사람들이 왔어요. 나는 당신의 소식을 듣지 못해 너무 실망했지만, 모두 한 통의 편지를 읽으며 흥분했어요 — 도널드에게서 온 편지로, 그와 도로시의 성탄절 계획에 관한 이야기였어요.[84] 제임스 무어[85]에게서 온 또 다른 편지와, 반하트[86] 부부의 편지도 읽었어요. 말레이시아나 어디엔가 있는 사람에게 보낸 한 통의 편지에는 포샤 빌링스[87]와 마거릿 아펜젤러[88]가 언급되어 있었어요. 어제 서울회관에서 모인 교회는 더없이 좋았어요. 찰스 사우어가 설교를 했고, 윌 커는 오르간을 연주했으며, 빌 쇼는 독창을 했어요.

예배는 잘 준비되었고, 30명의 참석자(그리고 어린이 세 명: 둘은 언더우드이고 하나는 헨더슨)가 너무 붐비지 않게 방을 잘 채웠어요. 그 정도 규모의 인원에는 모리스홀보다 이곳이 훨씬 좋았어요. 정기적으로 오지 않을 것 같은 사람은 임 루이스[89]와 큐마베 부인, 중국에서 온 우즈 씨뿐이었어요. 오토 디캠프[90]와 미스 우즈[91]는 금요일에 (청주에서) 결혼했고, 토요일에 여기 서울에서 총영사의 인가로 결혼이 성사되었어요.

×××— 포장하는 사람에게 할 말이 있어서 차고에 방금 내려갔다가, 돌아올 때 제시의 집에 잠깐 들렀어요. 그곳에 도착한 지 몇 분 안 됐을 때 그녀의 학생인 니나 □□□□가 그녀의 경제학 수업을 듣기 위해 도착했어요. 레이첼은 학교에서 매일 5시간씩 가르치고, 제시는 집에서 몇 개의 수업을 하고 있어요.[92] 그녀는 요즘 꽤 잘 지내는 것 같아요. 남편의 사고방식을 점점 더 많이 받아들이고, 때때로 둘이 함께 여러 가지 선교 활동을 비난하면서요 (이 이야기는 아무에게도 하지 마세요).

코린의 끔찍한 사고에 대해서는 얼마나 들으셨는지요? 오하이오주 콜럼버스에서 차에 치여 뇌진탕이 왔고, 뇌가 붓고 쇄골이 부러졌대요. 밀드리드는 한동안 그것이 치명적일까 봐 걱정했는데, 사고가 난 지 한 달이 지나서 받은 전보에 "2개월 후에 일하러 집에 곧 갑니다. 당신이 여기 있었으면 좋겠어요"라고 쓰여 있었어요 — 코린과 함께 있을 수 있다면 얼마나 좋을까요. 하지만 어떻게 내가 동시에 두 곳에 있을 수 있겠어요. 그리고 나이 든 불쌍한 톰이 그때 나를 아주 간절히 필요로 했어요 — 아직도 그렇기는 하지만, 지금은 상황이 확실히 좀 나아졌어요. 당신이 코린에게 말해서 <우편가방>에 대해 알려주셨으면 좋겠어요. 확실한 주소는 쓰지 말고 단지 동양 어딘가에 있는 에드나와 톰 홉스에게 보내달라고 해주세요. 12월 29일이나 1월 5일 편지를 기다릴게요. 편지를 기다리는 게 습관이 되어가네요 — 하지만 편지는 그 어느 때보다 지금 우리에게 의미하는 바가 더 크다는 것을 당신도 잘 알고 계시겠지요.

오늘 밤 스키야키를 함께 먹을 수 있으면 좋겠어요. 스키야키를 먹고 싶고, 아, 맛있는 한식을 먹으면 얼마나 좋을까요? 에비슨[93]네는 12월 4일에 엠프리스오브브러시아호를 타고 가려 했는데 이미 배가 출항해버렸고, 어제 듣기론 12월 11일 출항 예정인 클리블랜드호의 통행권을 얻었다고 합니다. 이 편지가 그 배로 배달되기를 바라요. 그러면 내 편지 두 통을 받게 되실 거예요. 아직도 우리의 미래는 알 수 없어요. 템플 박사에게선 아직 아무 소식도 듣지 못했어요.[94] 톰이 대리 업무를 하기 위해 당분간 호주로 파견될 수도 있을 것 같아요. 좋은 경험이 되긴 하겠지만 난 지금 미국에 가고 싶어요. 한 마리 쥐가 되어 당신의 성탄절 양말 발가락 속에 숨어 있을 수 있으면 좋겠네요.

우리 둘이 함께 사랑을 보내요. 아펜젤러 부부, 노블 부부 그리고 우리가 함께 아는 모든 친구에게 인사를 전해주세요 — 아주 많이 사랑해요. 아주 많이 그리워요. 아주 많이 당신이 필요해요.

당신을 사랑하는

밴

화요일 아침

어젯밤 버사의 집에서 먹은 스키야키는 맛있었어요. 너무 열심히 먹느라 죽을 뻔했어요. 우리가 없는 동안 여동생[95]이 왔었는데 못 만나서 아쉬웠어요. 여동생은 함께 즐거운 시간을 보냈던 제시를 만나러 간다는 쪽지를 남기고 떠났어요. 마쉬 부부와 커 부부 그리고 아내 없는 남자들 모두 — 아니, 네 명이 지난 밤 버사의 집에 함께 갔어요. 아주 즐거웠지요. 나는 오늘 아침에 제시를 만날 예정인데, 여동생의 쪽지에는 어제부터 모든 건물에서 — 모든 장소에서 크리스마스 캐럴이 불리고 있다고 쓰여 있었어요. "그런데 나는 캐럴을 들을 때마다 외로움과 그들에 대한 그리움으로 가슴이 아파요. 하지만 우리는 참된 그리스도인이 되기 위해 그 어느 때보다 열심히 노력하고 있으니 괜찮아요." 눈물을 참을 수 없을 정도로 감동적인 짧은 쪽지였어요.

14일에 출항하는 클리블랜드호에 실어 보내려면 지금 이 편지를 보내야 해요. 그래야 새해에 복 많이 받으시기를 바라는 나의 새해 인사가 당신에게 제때 전달될 테니까요.

더 많은 사랑으로,
벤

샌프란시스코, 옥타비아로 2519, (필모어 3471)
1940년 12월 15일

친애하는 베이커 감독님[96]께,

감독님이 일본과 한국의 그리스도인들 그리고 교회를 돕고자 가시는 것은 그들을 사랑하는 우리 모두에게 기쁜 소식입니다. 감독님이 성탄절 직전에 떠나는 것은 큰 희생이며, 급한 연락에 이 여행을 준비하느라 힘드셨으리라는 것을 잘 알고 있습니다. 하지만 우리에게 덮친 사태 속에서, 비록 늦기는 했지만 이번 가을 동양의 감리교(그나마 남아 있는 부분)가 권위 있는 분에게 도움을 받는 것은 너무도 중요합니다. 그래서 지금이라도 감독님이 가시게 된 것이 참으로 다행스럽습니다. 우리는 현재의 상황과 앞으로 일어날 일들에 관한 감독님의 판단과 해석을 고대하고 있습니다.

떠나시기 전에 직접 뵙기 위해 노력하겠지만, 제가 말씀드리고 싶은 몇 가지 문제에 대해 미리 고려해보실 수 있도록 이 편지를 씁니다. 경찰이 서류를 검토할 것이고 어떤 자료를 압수할지 전혀 알 수 없으니, 일본에 도착하기 전에 이 편지는 없애버리시는 것이 좋을 것 같습니다. 특히 새로 부임한 독일 고문들이 검열을 담당할 가능성이 있는데, 그들은 일본인보다 더 철저할 것이라는 생각이 듭니다.

첫째, 감독님이 한국에 가시기를 진심으로 바랍니다. 한국에서는 이미 모든 것이 끝났고, 할 수 있는 일은 아무것도 없고, 우리 일은 종료되었으며, 누구와도 대화하면 그들을 곤경에 빠뜨릴 뿐이라고 말하는 사람들의 말을 듣지 마세요. 이 모든 것이 사실일 수도 있지만, 한국인들과 미국인들은 감독님이 그 상황을 직접 보시는 것이 **필요하다고** 생각합니다. 그러니 **제발** 처음부터 한국 방문을 일정에 포함시켜주세요. 감독님은 우리 모든 선교사가 두 집에 모여 생활하고 있는 것을 보게 되실 것입니다. 남감리교회 언덕 위에 있는 스나이더 씨의 집(사직동 사택)에는 앤더슨 박사와 데모리 박사, 홉스 부부가 머무르고 있습니다. 밴은 그 건물을 집처럼 만들기 위해 많은 노력을 기울이고 있습니다. 쇼 씨는 사우어 씨와 함께 신학교 구내에 있습니다. 신 휴[97]는 헨리의 집에서 지내고 있고, 김활란은 이화여전 "롱뷰"에 들어가 살고 있습니다.[98] 감독님이 이곳들을 방문하실 수 있기를 바랍니다.

둘째, 이화여전에 관하여. 김활란을 만나셔야 하며, 만일 그녀를 만나실 수 없는 경우에는 이화여전 내에서 책임 있는 인물을 만나주십시오. 우리는 그들이 어떻게 지내고 있는지 알고 싶습니다. 우리는 이곳에 온 이후로 이화여전에 지속적으로 자금을 보내고 있습니다. 정확한 액수를 알아본 후 감독님이 떠나시기 전에 알려드리겠습니다. 미스 홀은 가능한 한 빨리 이화가 돈을 받도록 하려고 열심히 일하고 있습니다.

저는 재단에 대해 알고 싶습니다. 활란은 최근 기독교 기반 재단 운영이 계속 허용될 수 있을지 고민하고 있으며, 만일 허용되지 않으면 재단 설립을 포기하고 자기 명의로 대학을 운영할 준비를 하고 있습니다. 활란에게 "설립자" 문제를 문의해주십시오. 지금은 애다 홀이 설립자이며, 그녀가 안식년 휴가를 떠날 때 저를 설립자 대리로 임명했고, 저도 그곳을 떠나올 때 김활란을 똑같이 설립자 대리로 임명했습니다. 앞으로 설립자 문제를 어떻게 처리하는 것이 좋을까요? 이것은 가장 중요한 일입니다. 우리가 떠난 후 어떻게 되었는지, 그들의 소망과 두려움이 무엇인지 들어주십시오.

셋째, 그곳에서 제가 도울 수 있는 일이 있다면 저는 다음 배로 돌아갈 준비가 되어 있습니다. 저의 "체면"은 상관없습니다. 만일 제가 떠났던 게 실수였다면 당장 바로잡고 싶으며, 필요하다면 돌아가는 비용을 기꺼이 지불하겠습니다. 우리 중 몇 명은 남아 있기를 간절히 원했지만 선교부는 여성이 남아 있는 것을 절대로 허락하지 않았습니다. 막 오리건으로 간 메리 영은 자기가 한국으로 돌아갈 수 있을 가능성에 관해 감독님의 생각을 알기 전까지는 새로운 일을 시작하고 싶지 않다고 말했습니다. 특히 이 점을 염두에 두시고 돌아올 때 우리에게 알려주시면 감사하겠습니다. 또한 우리가 도울 수 있는 게 무엇이 있을지도 알아봐주십시오. 저는 겨울 동안 캘리포니아 남부, 코로나에 있는 밴버스커크 댁에서 지내고 있는데, 동부로 가기 전에 뵙기를 바랍니다.

동봉한 것은 사모님이 관심을 가지실 만한 일반적인 편지들입니다. 저는 감독님 부부와 로이스를 깊이 이해하고 공감하며, 감독님이 아기 예수께 바치는 진정한 헌신으로 개인적인 바람들을 포기하시는 것을 압니다. 이 성탄절 기간이 세 분 모두에게 더욱더 소중한 시간이 되기를 소망합니다.

충심을 다해,

ARA

샌프란시스코, 옥타비아로 2519

1940년 12월 15일

친애하는 벨마[99]에게,

이 타자기를 오늘만 쓸 수 있으니, 안식일을 이렇게 타자를 치며 보내는 것도 의미가 있을 것 같네요. 동봉한 서신 중 일부는 사본을 만들었으며, 할 수 있는 한 더 많은 사본을 만들려고 해요. 당신이 손글씨로 써서 배에 보낸 소중한 편지는 내 가슴을 찢어놓았어요. 당신이 다시 괜찮아졌기를 바라지만, 우리를 걱정하지 않게 하려고 애쓴 흔적이 보여 생각보다 사소한 일이 아닐까 봐 걱정됩니다. 그러한 일들은 많은 고통을 주고, 사람을 지치게 해요. 당신이 스스로를 돌볼 시간이 필요하니, 지금은 오네온타[뉴욕주]에 있기를 바랍니다. 어머님께 보내는 짧은 편지도 동봉할게요. 어머님이 그렇게 다정한 편지를 보내주셔서 얼마나 감사한지 말로 다 표현할 수가 없어요.

메리 영은 지역 회의 참석차 와서 지난 밤을 나와 함께 보냈어요. 우리는 한밤중까지 먹고, 노래하고, 기도하고, 울고, 웃고, 이야기하며 — 옛날처럼 이화에서의 평범한 시간으로 돌아간 듯했어요. 메리 영이 사촌들을 방문하는 동안 나는 가족도 없이 아주 쓸쓸했어요. 이제 로스앤젤레스에 가서 더 많은 이화의 사람들을 만날 때까지 기다려야겠지요. 그들 같은 사람은 없어요, 그렇지 않나요?

나는 베이커 감독님께 편지를 보냈어요. 감독님 일행이 마침내 그곳으로 가게 되어 다행입니다. 그들은 비상 상황이라고 생각하지 않았던 것 같아요. 몇몇 여성들은, 특히 일전에 비서였던 한 이는 필라델피아 모임에 다녀왔음에도 우리가 왜 고국에 와 있는지 이유를 전혀 모르더군요. 우리가 도망쳐 왔다고, 단지 미국 정부가 그러라고 해서 왔다고 생각하는 사람이 **있다니요.** 또 다른 여성은 지방감리사인 그녀의 남편이, "선교사들이 모두 집으로 돌아와버렸기 때문에" 세계 선교가 끝나버리지 않을까 걱정하더라고 말했어요. 우리에게 **임시로** 할 일을 찾고, 돌아갈 준비를 하고 있으라고 말하는 당신은 참 이해심이 깊은 사람입니다. 어떻게 이런 상황에서 그리스도인들이 베풀고, 일하고, 세상과 함께 기도하지 않을 수 있겠어요? 만일 이런 상황이 우리로 하여금 무릎 꿇고 기도하게 할 수 없다면, 하나님, 우리를 도와주소서! 하나님께서는 더 큰 환난으로 우리의 영혼을 찔러 완전히 깨워주셔야 할 것입니다. 사랑하는 젊은 활란은 반복해서 이렇게 말했어요. "이러한 일들이 우리에게 닥치는 것은 우리의 죄 때문입니다. 우리 한국인들이 기본적으로 지녀야 할 인격을 갖추지 못해 하나님께서 고난을 통해 우리에게 보여주시는 것입니다." 나는 그것이 우리 모두에게 해당한다고 생각해요.

스캐릿대학을 위해 일할 기회가 주어져서 기쁘지만, 아직 무슨 일을 하게 될지는 모르겠어요. 나는 베티 리에게 내가 뭔가를 하는 것이, 푹 쉬고 회복할 수 있는 단 한 번의 기회를 날려버리는 근시안적 결정이 되는 것은 아닐지 걱정된다고 말했어요. 이런 기회는 다시 오지 않을 것이며, 내가 있는 곳은 나를 육체적으로 강건하게 할 모든 조건을 갖춘 남캘리포니아일 테니까요. 만약 그들이 나에게 원하는 것이 여기저기 돌아다니며 현관 벨을 울리는 것 혹은 많이 걷거나 서 있어야 하는 것이라면 현명한 선택이 아닐 겁니다. 그러나 나를 생각해준 데에는 감사하며, 그들에게도 그렇게 말했어요.

일전의 모임에서 호놀룰루에 있는 '동양 소녀들을 위한 수잔나 웨슬리의 집'[100]에 대한 이야기가 나왔다고 들었어요. 이 집은 예전의 가정선교회[101]에 속해 있었던 것 같습니다. 임 씨에게 편지를 써서 그곳이 어떤 곳인지, 그리고 공석이 있는지 알아보려고 해요. 내게 알맞은 곳 같아 보여요. 나는 일종의 학교 사역을 맡아서 소년 소녀들을 실제로 만나고, 내 경험이 긴요하게 쓰이는 그런 곳에 정말 가고 싶어요. 산속 학교야말로 내가 가장 가고 싶어 하는 곳인 것 같아요. 나에게는 교육계나 종교계에서 한자리를 얻으려는 야망은 없습니다. 단지 내가 아는 것을 사용하여 나를 필요로 하는 사람들을 위해 무언가를 할 수 있다면 그것으로 감사할 것입니다. 당신은 틀림없이 남부의 그런 분야에 대해, 또 거기에 어떤 학교들이 있고 어떤 공석이 있는지에 대해 알고 있겠지요. 만일 모른다 해도 알아볼 수는 있을 거예요. 나는 아직 미스 랜섬[102]에게 편지를 쓰지는 않았지만, 베티에게는 이에 대해 말했어요. 많은 사람들이 내가 이것저것 계속 "진척"시켜야 한다고 생각해요. 그러나 활란은, 말하자면 집안의 난로를 계속 피워둬야 하는 것처럼, 나의 모든 시간을 이화를 위해 써야 한다고 생각해요. 나는 활란에게 그렇게 살아갈 수는 없고, 중국 등에서도 많은 요청이 있어서 지금 당장은 많은 것을 기대하지 말라고 말했어요. 그렇지만 나는 무엇을 하든 **항상** 이화를 위해 평생 일할 것이고, 그것이 내가 할 일이라고 말했어요. 불쌍한 사람, 그녀가 지금 필요로 하는 것을 진짜 해줄 수만 있다면 얼마나 좋을까요!

가족 중 누구의 편지도 받지 못해서 모두를 그리워하고 있어요. 상순은 우리가 씨를 뿌리는 것에 대해 가장 이해심 있고 위로가 되는 편지를 보내왔는데, 이 편지에 대해서는 내가 일반적인 편지에서 언급했지요. 동봉한 용일의 사진은 용일이가 당신에게 주라면서 내게 가져온 것이에요. 기차에서 그를 여러 차례 만났는데, 내게도 한 장을 주었지요. 그날 아침 제물포 세관에서 그 사진을 지갑에 넣었지만, 내 것은 혹시 그들이 보고 용일에게 해를 끼칠까 봐 두려워서 찢어버렸어요. 그런데 내 가방에 넣어두었던 이 사진은 그들이 보지 못해서 다행이에요. 용일이는 좋은 청년이고 당신이 그를 그렇게 성장하도록 도왔지요. 우리는 모두 브라우니를 걱정하고 있으며, 그녀가 적절한 치료를 받길 바라고 있어요. 루[103] 박사는 채핀 부인에게 즉시 브라우니를 돌봐달라고 말했답니다. 나는 배에서 브라우니와 함께 방을 써서 좋았어요. 그녀는 내가 한국에서 사귄 첫 번째 친구였고, 나는 언제나 그녀를 더욱더 사랑합니다.

당신이 메리 빅을 만났기를 바라요. 다양한 사람들을 만나볼수록 세상에 대한 통찰력이 더 생길 테니까요. 당신은 우리 WFMS 보고서 사본도 받았을 거예요. 우리가 임원들을 위해 보고서를 보낸 것은 우리 중 누구도 그들을 곧 만날 수 없었기 때문이며, 또한 사건 기록은 가지고 있을 필요가 있기 때문이에요. 내가 당신에게 무엇을 말해줬으면 하나요? 활란이 대학을 계속 운영하고 학교를 기독교학교로 유지할 수 있을 것이라 생각하느냐고요? 네, 교직원들은 지금 그 어느 때보다 뛰어나요. 서두수[104]는 매우 훌륭하고 총명하며, 일본인을 완전히 이해하고, 그들보다 한 수 위에 있는, 마음이 단단하고 기독교 이상에 철저히 신실한 사람입니다 — 라고 활란이 말했어요. SY[105]는 우리가 떠난다는 소식을 듣고 교토에서 휴가를 보내다가 급히 돌아와서 영어로 진행해야 하는 일정들을 도맡았어요. 그것은 그가 가장 잘하는 일입니다. 사람들은 SY가 다소 무른 경향이 있으니 박종홍[106]이 과장으로 더 낫다고 생각해요. 고 에블린은 가사과에서 최고로 뛰어난 과장이고, 조 메리[107]는 음악과의 훌륭한 관리자예요. 김애마는 보육과에서 일을 잘하고 있고, 신실 역시 훌륭하고, 정애는 기숙사를 재정적으로도 또 다른 면에서도 잘 유지하고 있어요. 그녀의 결정대로 과별로 학생들의 방을 나누는 게 더 효율적이에요. 복유[108]와 갑순도 영학관에서 맡은 일을 잘할 거예요.

나는 누구보다 예순이 걱정돼요. 그녀는 아직 허가를 받지 못했고, 그녀를 종교교육부의 세 번째 선생으로 고용할 돈이 없어요. 김 I. Y.[109]와 장그레이스[110]가 종교교육부를 운영하고 있지만, 그레이스는 아기를 낳은 지 얼마 되지 않았고 너무 오랫동안 아프고 슬퍼했기 때문에 지금은 일을 맡길 수 없어요. 종교교육부가 예순을 계속 데리고 있으려면 자금이 필요할 테니, 4월까지 줄 예순의 급여를 준비했어요. 예순은 올바른 생각을 가진 사람이라면 누구나 불행해할 만한 일들에 깊이 상심합니다. 그녀는 냉정한 사람들을 경계하며, 우리에게 온전히 의지하면서 위로와 교제를 찾고 있어요. 그녀는 누구보다 열심히 노력하고 있지만, 돌 많은 길에서 심하게 튀어 오른 장애물에 부딪힌 듯해 그녀만 생각하면 마음이 아파요. 이곳에서 보낸 모든 좋은 시간들 외에도 예순과 마음이 잘 맞았던 태국 청년이 있었어요. 지금 예순에게 세상은 너무나 힘들고 실망스러운데, 그녀가 이 모든 것을 이겨내고 꼭 필요한 사람이 되어서 어떻게든 이화에 머물게 되기를 기도합니다. 학교를 떠나야 한다면 그녀의 가슴은 무너져내릴 거예요. 은숙은 활란의 주된 기쁨이자 의지하는 사람이며, 확실히 매우 유능하고 명랑하고 능률적이며, 모든 면에서 도움이 되는 사람입니다. 은숙은 마지막 날 밤 나를 위해 쌓여 있는 잡지와 서류 정리를 도와주었고, 최대의 효율성과 정신을 가지고 마지막 부탁들을 들어주었어요. 활란은 법정의 호의적인 반응을 감지하고, 계속 학교를 운영할 수 있도록 허가받을 수 있으리라 생각하고 있어요. 장담할 수는 없지만, 이 세상에서 굴하지 않고 살아가려면 우리는 사랑뿐만 아니라 믿음과 소망을 가져야만 합니다.

감리회와 장로회 모두 어려운 상황에 처해 있어요. 그들은 너무 많은 것을 포기했어요. 나는 내가 만난 사람들에게 그러한 내 생각을 전했고, 그들이 두려움과 떨림을 가지고 자신들의 구원을 이루어내야만 할 것이라고 말했어요. 그보다 더 나쁠 수도 있지요. 그렇게 많이 포기하고, 옳지 않다는 것을 알면서도 동의해주었지만 결국은 어떤 핍박도 피하지 못하고 있으니, 다

무슨 소용인가요? 나는 일본의 그리스도인들이 앞장서서 이 어둠의 세력들에 맞서 일어나기를, 그리하여 그리스도인으로서, 또 한국인으로서 두 배로 고통받는 불쌍한 한국인들에게 모든 것을 떠맡기지 않기를 바랍니다. 양[111] 박사님은 진상을 알게 된 후 그만두셨고, 이 일에 전혀 관여하지 않았어요. 양 박사님은 정[112] 감독님이 그 일에 참여하는 것을 막으려고 노력했지만 막을 수 없었다는 것을 알기 때문에, 나는 양 박사님을 탓하지 않아요. 어찌 되었든 양 박사님은 자신이 할 수 있는 모든 것을 했어요. 물론 신 휴가 이 모든 것을 주도했고, 나는 신 휴가 잘못된 길로 나아가고 있다고 생각하여 그에게도 그렇게 말했어요. 신 휴와 아베 감독은 일본의 요구가 있기 전에 미리 일본이 받아들일 만한 것들을 준비함으로써 대비할 수 있다고 생각합니다. 그러나 나는 그런 곡예가 성공하는 것을 본 적이 없어요. 그것은 동양인들에게도 논리가 바로 서 있지 않은 일이에요. 그러나 나는 이 불쌍한 사람들을 판단하지 않겠어요. 나 자신이 그들 대부분보다 못한 그리스도인이고, 그들이 그렇게 많은 어려움을 겪고 있을 때 나는 확실히 안전하고 편안하다는 것을 알기 때문이에요.

월요일 새벽, 이제 이 타자기를 그만 써야 하니 글을 끝내려 합니다. 우리가 이화로 돌아갈 가능성과 그곳에서 다시 무엇을 할 수 있을지에 대해서는 당신이 누구 못지않게 잘 알고 있지요. "곧 돌아오세요. 잘 쉬고 돌아오세요"라고 그들 모두가 말했고, 나는 그 말을 진심으로 믿어요. 누군가는 2~3년 후일 거라고 말했어요. 독일의 영향력과 그들의 광란의 군대가 저지당하고, 일본의 선한 사람들이 우리만큼이나 바라는 더 진보적인 정권이 들어설 때까지, 나는 어떤 희망도 없다고 생각했어요. 오래 걸리긴 하겠지만, 나는 그리스도인들이 기도와 믿음으로 그 시간을 단축할 수 있을 거라 믿어요. 그때가 되면 치료받아야 할 상처가 많을 것이고, 우리 한국인에게는 물론, 불쌍한 일본인에게도 사랑의 섬김이 많이 필요할 거예요. 그들을 사랑하고, 자존심을 상하게 하지 않으면서 도와줄 수 있는 진정한 친구들이야말로 그들이 돌아오기를 바라는 사람들일 거예요. 나는 선교회가 한국을 위해 가능한 한 지금의 수준을 유지하며 예산을 마련해, 확실하게 다가오고 있는 그때를 위해 모아두기를 바랍니다. 그나마 이 재앙이 연말에 가까울 때 일어나서 1941년도 예산이 배정된 것에 감사해요. 그러나 자금 지원을 받을 수만 있다면, 가능한 한 가장 많은 자금을 **당장** 우리의 회계인 사우어 씨와 스나이더 씨에게 보내 전달하게 해야 한다고 생각합니다. 애다 홀은 그 일을 열심히 하고 있으며, 매슬랜드 부인 역시 아주 협조적이에요. 대학과 고등학교들이 올해 예산만 확보할 수 있다면 그들이 잘 조정해나갈 것입니다.

ARA

샌프란시스코, 옥타비아로 2519
1940년 12월 16일

친애하는 암스트롱 부인께,

한국에서 미국으로 온 지 2주가 되었습니다. 일이 어떻게 돌아가는지 걱정하셨을 텐데, 좀 더 일찍 편지를 드리지 못해 죄송합니다. 우리가 이화에 머물거나 그 근처에 있으면 한국인들을 돕기보다는 방해가 될 것이라고 판단했습니다. 김활란 박사는 여러 가지 어려움에도 불구하고 우리가 남아 있게 되면 기뻐했을 테지만, "새로운 체제"와 그것이 함축하는 바에 대한 완전하고 적극적인 묵인과 협조가 전제되어야만 머물 수 있었을 것입니다. 미국인으로서 우리는 그렇게 할 수 없었습니다. 많은 한국인 그리스도인들도 이에 동의하지 않지만, 대부분은 최대한 눈에 띄지 않게 상황을 피하려 노력하고 있습니다. 저는 이 방책이 오래 지속되지 않을 것이며, 교회가 더 큰 핍박을 받게 되리라고 생각합니다. 그러나 우리는 학교들을 가장 훌륭한 한국의 지도자들에게 맡길 수 있었고, 그들이 학교를 모든 면에서 기준에 맞게 최선을 다하여 유지해낼 것이라고 믿습니다. 김 박사는 엄청난 자금 삭감에도 불구하고 매우 용기 있게 그 일을 떠맡았습니다. 아직은 자금 지원이 언제까지 이루어질 수 있을지 명확하지 않습니다. 우리의 많은 사역과 사람들의 생명이 지역 경찰관의 판단에 달려 있기 때문입니다.

매슬랜드 부인은 이화여전을 위해 모은 기금을 한국에 남아 있는 우리 선교회 회계인 C. A. 사우어 목사에게 송금했습니다. 그가 가능하다면 그 돈을 대학 회계 담당자에게 전달할 것입니다. 저는 부인께도 마찬가지로 1941년 이화를 위해 최대한 많은 지원을 모아주십사 요청드리려고 지금 이 편지를 쓰고 있습니다. 만일 캐나다 선교부 회계에게 보내는 것이 편하시다면 저희도 그 편이 시간도 아끼고 좋습니다. 유부용의 지원금에 대해 궁금해하신 하이트 씨에게도, 적어도 2분기 동안은 같은 방식으로 송금해달라는 편지를 드렸습니다. 앞으로는 한국의 친구들을 전혀 도와줄 수 없을지도 모르니, 그들에게 지금 우리가 할 수 있는 모든 도움을 주어야 합니다. 사우어 씨는 자금을 송금할 준비가 되어 있으며, 자세한 사항은 매슬랜드 부인에게 연락하시면 됩니다. 하지만 이를 확인하기 위해서 송금을 미루실 필요는 없습니다. 가능해지는 대로 꼭 보내주시기를 바랍니다. 언제나 기꺼이 도와주시는 부인께 깊이 감사드립니다.

부용은 잘 지내며, 내년 봄 자신이 선택한 훌륭한 청년과 결혼할 생각에 행복해하고 있습니다. 그녀가 모든 친구들에게 안부를 전해달라고 부탁했습니다. 이화에는 선교사들이 남아 있지 않으므로, 부용이 결혼 후에도 계속 가르치게 될 것입니다. 저는 아직 제가 떠났다는 것을 사실로 받아들일 수 없으며, 정말로 떠났다고도 느껴지지 않습니다. 분명 가능한 한 빨리 돌아가겠지만, 그것이 가능해지려면 먼저 큰 변화가 반드시 있어야 합니다. 제가 이 편지를 서울에서 부인께 틀림없이 보냈다고 생각하지만, 혹시 몰라서 또 하나를 보냅니다.

마틴 부부[113]는 우리와 함께 마리포사호에 탑승했는데, 그 후 캐나다 선교부 소속의 어떤 분들이 왔는지는 모르겠습니다. 정말 비극적인 상황입니다. 오직 하나님의 궁극적인 승리에 대한 믿음 위에 설 때에만 이 끔찍한 일들을 견딜 수 있습니다. 한국으로 다시 지원금을 보내는 건 오직 믿음 안에서 하는 것으로, 자금이 목적지에 도달해 목적을 달성하기를 소망합니다.

부인과 제 모든 영국 친구들을 아주 자주 생각하고 기도하며, 깊은 위로를 전합니다. 우리는 최선을 다해 돕고 싶지만, 그리스도인으로서 서로를 위해 중보하는 것이 가장 효과적인 도움이라는 것을 압니다. 암스트롱 박사님과 저의 모든 친구들에게 안부 전해주시기를 바랍니다. 구세주의 진리를 깨닫는 성탄절이 참된 축복과 평안을 가져다주기를 기원합니다.

언제나 충실하게,
ARA

오하이오, 톨레도 <발신인: 애다 홀>
12월 16일 월요일 오후

친애하는 앨리스에게,

나는 지금 버스 정류장에 있는데, 이 편지를 보낼 시간이 있기를 바라며 적습니다. 시카고에서 당신의 전보를 받고, 알프리다와 토요일 정오까지 일한 후 채핀 부인을 다시 만나기 위해 몬티첼로로 떠났어요. 우리는 뉴욕으로 가야 할 줄 알았는데, 모임이 연기되었어요. 그런데 그곳에서 베이커 감독님이 12월 20일 S. S. 태프트호를 타고 출발하실 예정이라는 것을 알게 되었어요. 그래서 어젯밤 늦게까지 채핀 부인과 함께 일해서 베비 부인에게 편지를 보냈고, 감독님에게는 항공 우편으로 계좌 사본을 보냈어요. 당신에게는 채핀 부인이 편지를 쓰겠다고 했어요. 특히 당신이 감독님을 만나 이야기해주어야 할 일이 있어요. 편지보다는 감독님에게 직접 말씀드리는 것이 좋을 것 같아요.

우리가 갚지 못한 J. H.[114]의 선물은 약 7만 달러예요 – 10만 달러일 수도 있어요. 그중 23,000달러는 1년 넘게 지급되지 못한 상태입니다. 하지만 매슬랜드 부인이 언급한 것처럼 우리가 3분의 1 정도 환전할 수 있다면, 그리고 그것이 에릭 J. H.나 기관에 피해를 주지 않는 방식이라면 7만 달러 정도는 처리할 수 있을 것 같아요. 뉴욕의 주요 인사들이나 매슬랜드 부인과 직접 논의할 시간이 부족하므로 – 감독님의 위임장이 J. H.의 결정을 돕는 데 중요한 역할을 할 수 있을 거예요. 우리는 사우어에게 일본에서 감독님을 만나보라고 권했어요. 확신할 순 없지만 – 이곳에서는 몬티첼로에서 선박 우편을 보내는 것처럼 빨리 보낼 수 없으므로, 사우어에게 더 많은 자료를 보내고 싶어요. 나는 오하이오, 클리블랜드 하이츠, 로녹길 878로 돌아갈 것입니다. 한국을 떠나는 것만큼이나 힘들지만, 가능하다면 감독님과 J. H.를 함께 만나게 해주세요. 시간이 없어서 이만 줄일게요. 급하게, 애다 B.

나는 신시내티 지부에 1,000달러 송금에 대한 편지를 쓰고 있어요 – 그들이 그 돈을 매슬랜드 부인에게 보내지 않았거나, 매슬랜드 부인이 그 돈을 이화와 관련이 있는 것이라고 생각하지 않았을 수 있어요. 브라우니는 좀 어떤가요? — 정말 많이 아픈지요. 펄과 베티는 브라우니가 많이 아프다고 생각하더군요 — 그들이 지나가던 참에 역에서 만나 30분 조금 넘게 나와 이야기하다 갔어요. 그리고 정말 석탄을 구했는지도 궁금해요. 물론 우리 예산보다 거의 5,000달러가 더 들 거예요. 11월과 12월에는 언제나 자금이 빠듯했고, 7월과 8월도 마찬가지인데, 기부금이 1월에서 3월까지 들어오기 때문이지요. 비록 해리엇이 1,000달러를 돕겠다고 약속했지만, 재봉틀 수리, 세탁실 수리, 가사과 조리실 비용에 대한 청구서가 밀려 있었고, 유치원 건물 비용도 예산을 초과했어요. 게다가 1941년에 구매할 체육복[115] 비용은 (전부는 아니지만 일부는) 선불로 지불했어요. 이런 상황은 항상 반복되는데, 현금이 많지 않을 때는 어려움을 겪습니다. 돈이 도착하면 사용처가 지정되지 않은 기부금 1만 달러(예산 부족분)와 약간의 추가 비용을 사용해 지불할 수 있을 것입니다. 3년 정도면 예산으로 이런 비용을 다 처리할 수 있었을 텐데 — 그러나 지금은 — 참으로 안타까워요. 활란은 할 수만 있다면 끝까지 버틸 거예요 — 그러나 얼마나 어려울까요? 또, 어디에서 충분한 돈을 구할 수 있을까요? 급여 조정으로 남은 돈이 조금 있긴 하지만 — 음악과 지원은 어떻게 할 것이며 — 지금 누가 도와주겠어요? 벨마와 미스 매키넌에게 편지를 보내서, 스나이더에게 첫해 기부금을 송금해줄 수 있는지 알아봐줄 수 있겠어요? 더 많이 보내주면 좋지만, 적어도 그 정도는 보내주었으면 좋겠어요. 그들이 너무 적자를 많이 내지 않고 이번 학년도를 끝마칠 수 있는 정도라면 많은 도움이 될 거예요.

캐나다 쪽 상황은 어떤가요? 당신이 편지를 끝없이 쓰고 있다는 걸 잘 알고 있어요 — 나도 끝없이 쓰고 있어요. 내가 왜 이렇게 편지를 많이 쓰고 있는지 아무도 이해하지 못하는데, 우표 요금 때문에 거의 파산할 지경이에요 — 항공 우편료로 6센트를 내야 하는데 5센트를 낸 것이 그 때문은 아니지만요.

밴 박사님 부부를 만나면 안부를 전해주세요.

당신은 프레이저[116]와 크래너[117]가 아직 한국에 자금을 보유하고 있다는 것을 알고 있을 거예요. 그들을 만나서 지금 이화에 조금이나마 지원해달라고 설득할 수도 있겠네요. J. H. 모리스 씨와 프레이저는 사이가 별로 좋지 않아요 — 모리스는 프레이저가 자기 돈을 좀 가져갔다고 생각하는 것 같아요. 나는 모리스도 자기 돈을 전부 빼내지는 못했을 거라고 생각해요. 모리스가 갖고 있는 돈 중 일부를 이화에 "줄" 수 있지 않을까 생각해봤어요. 그 돈은 엄격히 선물이라고 장부에 기재되어야 하고, 모리스가 그렇게 지정해야 합니다. 그러면 적절한 때에 모리스와 약간의 조정을 할 수도 있을 거예요. 그가 말로 하는 것에는 의미가 없어요. 이화에 돈을 주는 문제가 고려되려면 말하거나 이야기해서는 안 돼요. 일본인들이 모든 곳에서 지켜보고 있으니까요.

베이커 감독님과 미스 매키넌에게 방문의 긴급성에 관해 쓰셨겠지요?

매슬랜드 부인은 아메리칸 익스프레스를 통해서 송금했어요 — 괜찮기는 하겠지만 다이이치은행[118] — 경성 — 으로 바로 보내는 게 훨씬 낫다고 생각해요. 너무 조심하면 너무 많은 일이 지체됩니다. 팻시에게서는 얼마를 받으셨는지요? 대학에 보내셨나요, 아니면 코스트럽 부인[119]에게 보내셨나요? 이화에 있는 다른 사람들의 소식은 아시는지요? 나는 내일 시카고로 떠나는데, 먼저 몬티첼로에 들를 것입니다 — 몬티첼로의 주소는 모르겠어요. 그러니 일리노이, 시카고, 북 소여가 1856, 알프리다 코스트럽 전교轉交로 보내주세요. 사이러스에 대해서는 어떻게 생각하세요?

당신의 무릎은 괜찮나요? 당신 자신의 일과 건강에 대해서는 아무 말도 하지 않으시네요. 어떻게 지내시는지요?

사랑으로,

애다 B.

코스트럽에게 — 12월 12일 밤 편지 —[120]

애다에게 모리스가 최대 30만 엔까지 기꺼이 이체할 의향이 있다고 말해주세요. 우선 지급을 멈추고, 모리스와 직접 연락하라고 해주세요. 얼마 정도면 현명할까요? 매슬랜드 부인이 10월 1일에 보냈다는 900에 대해서는 모르겠어요.[121] 매키넌에게 편지를 보내서, 스나이더에게 송금해달라고 요청했어요.

앨리스

샌프란시스코, 옥타비아로 2519
1940년 12월 16일

친애하는 친구들에게,

이곳은 우리가 배에서 내려 처음 도착한 곳으로, 사촌 애나 닷지 베일허치 부인[122]과 그녀의 남편이 따뜻하게 맞아준 집입니다. 남동생과 나는 이곳에 우리의 모든 세속적인 소유물이 담긴 트렁크들을 내려놓았으며, 나는 이달 말 로스앤젤레스 근처로 떠날 때까지 여기서 머물 예정입니다. 그 후 코로나로 가서 오랜 친구이자 이웃인 밴버스커크 박사님 부부와 함께 지내며 행복을 되찾을 것입니다. 코로나는 로스앤젤레스에서 남서쪽으로 80km 떨어져 있어, 나를 괴롭히는 병에는 확실히 좋을 것입니다. 내 무릎은 아주 많이 좋아져서 아무도 나에게 문제가 있다는 것을 눈치채지 못합니다. 그래도 이번 겨울에는 햇볕 속으로 들어가게 되어 좋습니다.

남동생 아펜젤러 부부는 버클리에 좋은 아파트를 얻었고, 캐롤은 그곳에 있는 고등학교 졸업반에 들어갔습니다. 다른 두 아이도 가족이 가까이 있게 되어 아주 좋아합니다. 성탄절을 맞아 마거릿의 특별한 친구인 잭 휴일러[123]가 코네티컷주 그리니치에서 찾아올 예정인데, 행복한 만남이 될 것입니다. 우리는 성탄절 전야에 가족 축하 행사를 열 계획이며, 다음 날 아침에는 모두 스톡턴에 있는 노블 씨 댁으로 가서 하루를 보낼 것입니다. 남동생 헨리는 벌써 여러 교회뿐만 아니라 여러 단체들로부터도 강연 요청을 받고 있습니다. 나는 감리교 기독교봉사회 여성 분과 서부 지역 집회에서 짧게 강연을 했습니다. 이와 같은 시기에 우리가 연합하고 있으니 얼마나 다행인지요! 남동생과 나는 아직 앞으로의 계획을 확정하지 못했지만, 이해심이 가득 찬 환영을 받고 있어 감사하는 마음뿐 걱정은 하지 않습니다. 언제든 길이 열릴 때 한국으로 돌아갈 수 있도록 준비해놓고 싶습니다. 우리에게 적합할 만한 일이 있다면 알려주시기를 바랍니다.

한국을 떠나온 이후로 아직까지 한국에서 한 통의 편지도 받지 못했지만, 막 입항한 배들이 편지를 가져다주기를 기대하고 있습니다. 베이커 감독님은 아베 감독님의 긴급한 요청을 받고 태프트호를 타고 12월 20일 일본으로 가신다고 들었습니다. 힘든 여정이겠지만, 베이커 감독님과 디펜도퍼[124] 박사님이 함께 가시게 되어 기쁩니다. 그들이 전해줄 보고를 듣고 싶습니다. 우리는 10월에 감독님들의 도움이 절실했는데, 지금이라도 그들이 하실 수 있는 일이 많으리라 생각합니다. 동양인들은 직책 있는 분들과 일하는 것을 중요하게 여기기 때문입니다.

1940년 11월 22일 마리포사호에서 내가 WFMS 임원들에게 보낸 진술서에 썼던 두 단락을 인용해보겠습니다.

"한국에서의 마지막 날들은 어떤 일을 당할지 알 수 없는 상황 속에서도 용감하게 우리 집으로 몰려온 한국 친구들의 눈물 어린 이별로 가득 찼습니다. 밀정들과 경찰이 곳곳에 깔려 있었고, 우리를 제물포로 데려갈 특별열

차[125]에도 밀정과 경찰이 여러 명 타고 있었습니다. 제물포 역에서 내린 순간부터 고된 세관 통관 절차가 끝날 때까지 6시간 내내 조사관들은 우리의 모든 움직임을 면밀히 살폈고, 사진사들은 우리를 끊임없이 촬영했습니다. 부두에 모인 한국인 일행들도 감시 대상이 되었는데, 선교사가 그들에게 말을 걸거나 분리줄을 넘어 악수할 때마다 그런 모습들이 사진에 담겼습니다. 이것이 우리의 소중한 친구들에게 어떤 의미로 다가갈지, 생각하는 것조차 두렵습니다. 우리는 많은 친구들을 감옥에 남겨둔 채 떠났는데, 그들은 상상할 수 없는 고문과 모욕을 당하고 있습니다. 그들 대부분이 기독교 신앙과 우리에 대한 충절 때문에 고통을 당하고 있다는 것을 압니다. 우리가 한국에서 떠난 주된 이유 중 하나가 그들의 고통을 덜어주려는 것이었습니다. 또한, 우리가 그들의 고통에 대해 언급하는 모든 것이 그들과 아직 한국에 남아 있는 선교사들에게 더 큰 위험을 초래할 수 있다는 것도 알고 있습니다. 그들을 위해 우리를 공개적으로 인용하거나 이 내용을 출판하지 않도록 간곡히 부탁드립니다.

조직화된 감리회가 압도적인 세력들에 의해 굴복당하는 현실 속에서도, 우리는 마지막 순간까지 그리스도인들과 개별적으로 나눈 마지막 대화를 통해 한국 기독교인들의 신앙이 얼마나 꺾이지 않는 것인지, 그들의 사랑이 얼마나 인내하며 용서하는지, 자신의 짐에 더하여 우리의 짐까지 지는 그들의 용기가 얼마나 큰지를 다시금 깨달았습니다. 그들은 우리가 그들을 저버리는 것이 아니라, 우리가 평생 그들을 위해 계속 일할 것이며, 언젠가 반드시 다시 만날 것임을 알고 있습니다. 우리는 한국 기독교 교회가 결코 지배 권력에 의해 정복될 수 없다는 것과, 그 무엇도 그들을 그리스도의 사랑에서 끊을 수 없다![126]는 것을 온전히 확신하며 한국을 떠납니다."

ARA

샌프란시스코, 옥타비아로 2519
1940년 12월 16일

친애하는 미스 랜섬께,

한국을 떠나 있어야만 하는 동안 우리가 어떤 계획을 가지고 있는지 알고 싶어 하신다고 들었습니다. 우리에게 앞으로 한동안 급여를 계속 지원해 주신다니, 선교회의 너그러운 배려에 깊은 감사를 전합니다. 하지만 이 해가 다 가기 전에 나는 일찍이 그 명단에서 빠질 수 있기를 바랍니다.

나는 이제 55세이고, 학교에서 31년 동안 일했습니다. 한국에 가기 전에는 펜실베이니아주 랭커스터에 있는 쉬펀학교[127]에서 5년 동안 독일어와 성경을 가르쳤습니다. 이화여전에서는 오랫동안 영어, 역사, 교육, 성경을 가르쳤으며, 음악을 좋아해 항상 피아노를 치고 노래를 불러왔기에 아마추어 수준이긴 하지만 합창 지도도 도울 수 있습니다.

아시다시피 약 20년 동안 내가 한 일은 거의 전적으로 행정 업무였고, 그 과정에서 많은 개인 상담도 병행해왔습니다. 이제 나는 새로운 인생을 시작하면서 교육계나 종교계에서 중요한 역할을 맡거나 두드러진 업적을 이루겠다는 야망은 갖고 있지 않다는 사실을 깨닫게 되었습니다. 아마도 관절염이라는 장애로 인해 큰일에 착수하는 것을 좀 주저하게 되는 것 같습니다. 이제 많이 나아졌고, 남캘리포니아에서 시간을 더 보내고 나면 더 회복될 것이라 기대하고 있습니다. 내 경험과 나이가 부채가 되기보다는 자산이 되고, 내가 가진 것을 필요로 하는 사람들과 함께할 수 있는 의미 있는 자리로 가게 되기를 진심으로 바랍니다. 내가 가장 관심을 가지고 있고 마음이 끌리는 곳은, 소외된 소년 소녀들이 내가 경험한 것에 흥미를 느끼고 자극을 받을 수 있는, 남부의 산간 학교입니다. 나는 그곳에서 내가 가르쳐온 과목들을 지도하는 선생이나 담당자가 되고 싶습니다. 종교교육, YWCA 활동, 학생 활동 지원도 내 분야와 맞을 것입니다. 기존에 가정선교회에 속해 있었다고 들은 곳 중 호놀룰루에 있는 '동양 소녀들을 위한 수잔나 웨슬리의 집'을 염두에 두고 있습니다. 나는 한국으로 달려가기 쉽고 동양과도 연결되는 그곳에 있을 수 있으면 참 좋겠습니다. 물론 나만 그곳을 원하는 것은 아닐 테니 공석이 있을지 모르겠습니다. 하지만 현재로선 그곳이 내가 가고 싶다고 생각했고 이름을 아는 유일한 곳입니다.

이 편지로 당신에게 내 생각이 충분히 전달되었기를 바랍니다. 나는 도시가 주는 정신적 피로감이 부담스러워, 도시 일은 별로 내키지 않습니다. 나는 시골과 산들을 사랑합니다. 위에 적힌 주소가 내 현재 주소이고, 연락을 주시면 어떤 질문에도 기쁘게 답장하겠습니다. 많은 이들이 내가 무언가 새로운 일을 이것저것 "진척"시켜야 한다고 생각하지만, 김활란은 내가 이화를 떠나 있는 동안에도 이화를 위해 모든 시간을 쓰기를 원합니다. 나는 그렇게 해서는 생계를 꾸릴 수 없다고 말했지만, 평생 이화를 위해 일하며 항상 그녀에게 도움이 되도록 노력하겠다고 약속했습니다. 그러므로 그것은 나의 비공식적인 임무라 할 수 있습니다.

당신과 뉴욕에 있는 다른 친구들에게 성탄 인사를 전합니다. 내년 봄에는 뉴욕에 다시 갈 것 같습니다. 훌륭한 분들이 뒤에서 든든한 버팀목이 되어주신다는 사실이 큰 위안이 되며, 이 비극적인 날들로 인해 겪는 마음의 고통을 치유하는 데에도 도움이 됩니다. 동봉한 편지를 내 친구들이 돌려보게 해주시겠어요? 이곳에서는 타자기를 자주 사용할 수 없어서 사본을 만들기가 어렵습니다. 진정한 아름다움과 축복으로 가득한 참된 성탄절을 보내시길 바라며, 사랑을 담아 보냅니다.

충심을 다해,

ARA

화요일 저녁 <발신인: 애다 홀>

1940년 12월 17일

친애하는 앨리스에게,

사우어 씨에게는 편지를, 박 씨에게는 계산서를 보내고, 매슬랜드 부인에게도 같은 계산서를 보내려고 애쓰는 데에 오늘 하루를 다 써버렸어요. 하지만 아무래도 매슬랜드 부인에게 보내는 것은 하루가 더 걸릴 것 같아요.

메리의 편지가 활란의 간청과 함께 도착했어요. 나는 애번 부인에게 그 내용이 사실로 느껴졌다고 전하며, 그 내용이 바로 내가 뉴욕에서 만났던 사람들에게 전하려 했던 것이라고 말했어요. (애번 부인은 시카고에서 내게 그 편지를 먼저 읽게 해주었어요.) 이화가 30만 엔을 받을 수만 있었다면 나는 어떤 간섭도 하지 않으려 했지만, 아무것도 약속할 수 없는 상황이었어요. 애번 부인과 모네타는 이화가 그 돈을 받을 수 있기를 바라고 있지만, 나는 어떻게 그것이 가능할지 솔직히 잘 모르겠어요. 만약 내가 펌프와 난방 장치에 대해 확실하게 알게 되면 당신에게 전보를 보낼게요. 그러면 당신이 감독님에게, 활란에게 말씀하시라고 알려주세요. 활란은 직접 전보를 받고 싶어 하겠지만, 거기로 전보가 가지 않을 것 같아요. 그래도 올해에는 내가 좋은 일을 할 수 있을 것이라고 생각해요. S. Y. 는 돌아왔나요? 캐나다 사람들에게는 편지를 쓰셨는지요?

1월 1일 이후 회계가 바뀌게 되면 매슬랜드 부인이 직접 나서기는 어렵겠지만, 과거에 그들이 그랬던 것처럼 이번에는 우리가 먼저 일을 시작해야 한다고 생각해요. 그들은 과거에도 이따금 우리와 상의 없이 그들과 우리 사이의 일을 처리한 적이 있으니 우리도 같은 방식으로 대응할 필요가 있어요.

성탄절이 지날 때까지 가족과 함께하실 것으로 생각되네요 — 행복한 성탄절이 되기를 바라요 — 우리가 시카고에서 함께했던 시간은, 모든 일이 있었음에도 불구하고 마치 한국에 있는 듯한 기분이 들게 했어요.

감독님과 J. H.와의 회의에서 당신이 어떤 책임을 맡게 되더라도 나는 당신을 지지할 거예요. 만약 뭔가를 보내게 된다면 그것이 무엇이든 반드시 선물 형식으로 보내야만 해요.

아직 알고 싶고 쓰고 싶은 것이 많지만, 이제는 이 편지를 보내야 해요. 모두에게 사랑을 보냅니다.

애다 B.

1940년 12월 29일 현재

동양 어딘가에 있는
톰과 에드나 홉스에게,[128]

이 편지는 성탄절 기간에 받은 11월 28일자와 12월 9일자 편지에 대한 답장이에요. 두 편지 덕분에 나날이 심해지던 걱정에서 벗어날 수 있었어요. 특히 톰의 좋은 소식과 다른 모든 정보에 감사해요. 나는 애나와 애다와 함께 바삐 지냈고 앞으로도 계속 그럴 것 같아요.

행복한 힐탑 가족들과 모든 친구의 소식을 들을 수 있어 기뻤어요. 우리의 끊임없는 사랑과 기도를 잊지 마세요. 우리는 베이커 감독님과 디펜도퍼 박사님이 배를 타고 떠나시는 모습을 보았어요. 도쿄를 경유하신다고 하니, 혹시라도 두 분과 만날 수 있기를 바라요.

헨리와 루스는 버클리[캘리포니아주]에 아파트를 얻었어요. 헨리는 오늘 오클랜드에 있는 제일감리교회에서 두 차례 설교를 합니다. 최근 클럽 두 곳에서 강연했으며 교회 연합 라디오 예배에서도 설교하도록 초청받았어요. 1927년식 디 소토 자동차를 운전하는 것을 좋아하고 있으며, 온 가족이 다시 만나는 즐거운 성탄절 모임을 위해 식구들을 차에 태워 스톡턴에 데려갔어요. 잭이 성탄절 연휴를 보내기 위해 뉴욕에서 왔고, 어제 마거릿의 부모는 다과 시간에 마거릿과 잭의 약혼을 발표했어요. 나는 가족의 행복에 진심으로 함께했어요. 리처드와 캐롤도 학교 안팎에서 친구들과 즐거운 시간을 보내고 있어요.

나는 대부분의 시간을 사촌 집에서 혼자 보내며 글을 많이 쓰고, 여기저기 흩어져 있는 가족들을 만나고 있어요. 리드 박사에게 건강 검진을 꼼꼼히 받았는데, 그 영향으로 남쪽으로 가는 일정이 지연되었어요. 건강이 괜찮기는 한데, 단 것, 탄수화물, 지방을 모두 끊어야 한다는 조언을 들었습니다. 곧 로스앤젤레스로 갔다가 코로나로 가서 한동안 머물 계획입니다. 스캐릿대학이 현장 작업을 해달라고 요청했지만 일을 맡을지는 아직 결정하지 못했어요.

모두가 흩어져 있어 소식이 뜸하네요. 레나는 부에노스아이레스로 가려는 것 같고, 메리언과 빅은 고향 근처에서 좋은 일자리를 찾고 있다고 해요. 샬럿은 자매들을 방문 중입니다. 다들 향수병에 걸린 채 예전처럼 다시 함께 지내기를 간절히 바라고 있어요.

다가오는 새해는 훨씬 더 나은 한 해가 되기를 간절히 바랍니다.

앨리스

1940년 12월 29일 일요일 오전 6시 보물섬[129]에서 방송될 편지임. 밴이 이와 같이 편지를 보내달라고 했어요. 개인적으로 방송하러 갈 수는 없지만, 누구든지 편지는 보낼 수 있어요. 주소는:

노먼 페이지 씨
샌프란시스코, 보물섬
제너럴 일렉트릭 방송국
K.G.E.I.[130] 우편가방 시간

1941년

캘리포니아, 밀브레, 엘더가 330　<발신인: J. H. 모리스 / 수신인: 애다 홀>
1941년 1월 4일

미스 애다 B. 홀,
오하이오, 클리블랜드,
클리블랜드 하이츠, 로녹길 878

친애하는 미스 홀께,

지난해 12월 18일, 앨리스 아펜젤러가 나에게 전화해 다음 날 아침 샌프란시스코로 가서 제임스 베이커 감독님을 만나라고 했습니다. 감독님은 그날 프레지던트태프트호를 타고 요코하마로 떠나시는데, 아마도 서울까지 가실 거라고 말했습니다.

나는 차를 몰아 오전 8시 45분 캘리포니아 호텔에 도착했습니다. 객실에 계시던 감독님이 몇 분 안에 내려오겠다고 하셨고, 이윽고 9시 15분에 내려오셨습니다.

감독님은, 감리회 WFMS가 1941년 2월 1일 이전에 서울에 있는 회계 담당인 찰스 A. 사우어 씨에게 7만 엔을 보내 이화여전이 사용할 수 있도록 하고 싶어 한다고 말씀하셨습니다. 그리고 내가 그들에게 필요한 자금을 융통할 수 있게 조치할 수 있는지 알고 싶어 하셨습니다. 일본 당국이 선교사업을 위한 외국으로부터의 자금 지원을 금지하고 있기 때문에, 사역을 지속하기 위해서는 다른 조치들을 취해야 한다고 말씀하셨습니다.

나는 베이커 감독님에게 내가 그 문제를 처리할 수 있을 것이라고 말씀드렸고, 이후 그 일을 처리하느라 바빴습니다. 그렇지 않았다면 좀 더 일찍 당신에게 편지를 드렸을 것입니다. 어제 나는 전보 한 통을 받았는데, 내용은 사우어 씨에게 그 돈을 은행을 통하지 않고 현금으로 전달하는 것이 가능하다는 내용이었습니다. 감독님은 엔화 환율에 대해 물으셨는데, 현금 거래라면 20에 엔을 팔아서[131] 14,000달러를 7만 엔으로 환전할 수 있다고 말씀드렸습니다. 앨리스 아펜젤러는 그들이 전체 금액을 한 번에 지급하는 것은 어려울 수도 있지만, 우선 8,000달러를 지급하고 나머지는 6~8개월 이내에 지급할 수 있을 것이라고 말했습니다. 나는 이러한 상황에서는 선교국이 이자를 부담하는 대신, 22의 비율로 7만 엔에 대해 총 15,400달러를 지급하는 것이 적절하다고 생각했고, 감독님도 그렇게 하는 것이 좋겠다고 말씀하셨습니다. 사우어 씨가 그 돈을 받고 전보로 알려오면 그들은 즉시 14,000달러를 지불하거나, 8,000달러를 선지급하고 6~8개월 후에 지급 가능한 7,500달러의 약속 어음을 주면 될 것입니다.

잘 아시다시피 일본인들은 돈 문제에 관한 한 모든 사람을 의심하기 때문에 한 번에 7만 엔을 인출하면 그 돈이 어디에 사용될 것인지 알아내려고 즉시 조사하려 들 것입니다. 따라서 그 돈을 은행을 통해 보내는 대신, 내 위임장을 가진 알렉스 맥파레인[132] 씨가 직접 사우어 씨에게 현금으로 전달하도록 조치할 예정입니다. 앨리스는 나에게, 이 돈을 맥파레인 씨가 사우어 씨에게 건네도록 하고 기부금으로 명명하면 좋을 것 같다고 제안했습니다. 일본 당국에서 그 돈에 관해 문제를 제기하더라도 그것이 기부금이라면 별다른 조치를 취할 수 없을 것이라고 했습니다.

이 편지를 항공 우편으로 보내니, 내용이 만족스러우시면 나에게 전보로 알려주시거나, 시간이 된다면 자세한 답장을 항공 우편으로 보내주십시오.

프레지던트클리블랜드호는 이달 10일 정오에 출항하며, 나는 배에서 맥파레인 씨에게 위와 같이 하라고 편지를 보내고, 7만 엔을 기부금으로 사우어 씨에게 지불하라고 전보를 보내려고 합니다. 혹시 당국과 복잡하게 얽히는 것을 피하면서 사우어 씨에게 이 돈을 전달할 수 있는 더 좋은 방법에 대한 제안이 있으시면, 그에 따라 조정하겠습니다.

당국은 소액에 대해서는 그다지 의심하지 않으니, 적은 금액으로 나눠서 지급하는 게 더 낫다고 생각하시면 7만 엔과 같이 큰 금액보다는 1만 5,000엔이나 2만 엔과 같은 소액을 현금으로 여러 번에 걸쳐 전달하는 것이 훨씬 안전할 수도 있습니다.

지난봄에 한 가지 경험을 했습니다. 메리언이 지난해 2월 내게 편지를 써서 말하기를, 그들이 5월에 고국에 돌아올 것이니 내가 서울에서 보내고 싶은 것이 있으면 기꺼이 가져다주겠다더군요. 그래서 나는 맥파레인 씨에게 편지를 보내, 일본 나고야에 있는 나의 딸 C. H. 스테펀 부인에게 1만 엔짜리 수표를 보내달라고 부탁했습니다. 그런데 맥파레인 씨가 다이이치은행에 이 수표를 신청하자 이 은행에서 일하는 아이호 씨가 돈의 용도를 물었고, 그는 내가 여행 비용으로 딸 스테펀 부인에게 보내는 것이라고 말했습니다. 아이호 씨는, "아, 나는 스테펀 부인을 아주 잘 알고 있고 그녀가 모리스 씨의 딸인 것도 알고 있지만, 금액이 꽤 크니 수표를 발행하려면 그 전에 맥파레인 씨가 재무부 승인을 받아야 합니다"라고 말했다는군요. 결국 은행에서 신청서를 작성하여 보냈는데, 10일 후에 그들은 맥파레인 씨를 불러 2,500엔짜리 수표만 발행해줄 수 있다고 통보했고 그 금액만 받을 수 있었다고 합니다. 사위인 스테펀 씨는 생활비에 필요한 최소한의 현금만 일본에 가져갔고, 나머지 돈은 여기 은행에 두고 갔습니다. 아이호 씨는 정부가 일본 거주자가 아닌 외국인의 계좌에서 인출된 돈이나 발행된 수표의 사용처를 철저히 감시하고 있다고 했습니다. 그러므로 조선에서의 금전 문제 역시 그들이 의심하고 문제를 일으키지 않도록 신중하게 처리해야 합니다.

즐거운 성탄절을 보내셨기를 진심으로 바라며, 올해가 매우 행복한 새해가 되기를 기원합니다.

안부를 전하며 행복을 빕니다.

진심을 다해,
J. H. 모리스

복사본: 미스 앨리스 아펜젤러께.

추신

1941년 1월 4일

친애하는 미스 홀께,

내 전신 주소는 내 이름을 거꾸로 한 "서롬 밀브레"[133] 캘리포니아로 등록되어 있습니다. 같은 지역에 모리스라는 이름을 가진 사람이 두 명 더 있어서 위와 같이 등록했습니다.

프랭크 윌리엄스[134]가 마닐라에서 인도로 향하며 보낸 12월 3일자 편지를 방금 받았습니다. 그와 가족들은 고베에서 마닐라까지 프레지던트쿨리지호를 타고 갔는데, 형사들이 공주에서 고베까지 동행하며 감시했다고 하네요. 또한 부산에서 시모노세키로 해협을 건너갈 때는 그의 가방을 샅샅이 뒤져 공책 두 권과 인쇄된 책 몇 권을 압수했다고 합니다. 홀 부부[135]는 이미 짐을 다 쌌고 클리블랜드호를 탈 준비를 마쳤지만, 마지막 순간에 형사들이 또 다른 혐의들을 날조해 다시 재판을 받아야 하게 되었고, 언제 떠날 수 있을지 알 수 없게 되었다고 합니다.

프랭크는 공주에서 고베로 가는 사이 언제든 체포되어 다시 잡혀갈지 모른다는 불안감에 시달렸고, 프레지던트클리블랜드호를 탄 후에야 안도의 한숨을 내쉬었다고 합니다. 프랭크에 따르면, 성서공회와 조선기독교서회의 한국인 직원들은 감옥에 갇혀 있다가 석방될 때, 외국인들이 떠나도록 당국을 도우라는 지시를 받았다고 합니다. 프랭크는 또한 J. Z. 무어[136] 목사 부부가 떠날 준비를 마쳤다는 소식을 전하며, 그가 막 편지를 보낸 후 일어난 예상치 못한 일이었다고 말했습니다.

진심을 담아,

캘리포니아, 코로나, 러모나로 1012
1941년 1월 15일

친애하는 모리스 씨께,

월요일 밤 제가 이곳에 도착하자마자 당신의 편지가 기다리고 있었습니다. 이 편지가 저에게 바로 전송되었더라면 좋았겠지만, 받는 사람이 미스 홀로 되어 있었기 때문에 그녀가 분명히 우리 선교회의 임원들과 함께 주의 깊게 읽었을 것입니다. 그들은 지금 뉴욕에서 우리의 문제를 해결하고 정착을 돕고자 매우 바쁜 시간을 보내고 있다고 들었습니다. 그래서 그들의 주목을 받으려면 조금 기다려야 할 것 같습니다. 당신이 맥파레인 씨로부터 일이 잘 진행될 것이고, 은행을 통하지 않아도 된다는 말을 직접 들으셨다니 기쁩니다. 모든 일이 모두에게 원만히 해결되었길 바랍니다. 만일 당국이 당신에게, 심지어 자기 나라에서도 당신 돈을 자유롭게 사용하지 못하게 한다면 그것은 그들이 당신의 돈을 사실상 빼앗았음을 인정하는 것이나 다를 바 없습니다. 저는 이 거래로 인해 누구도 피해받지 않고, 이화여전이 그 돈을 잘 써서 좋은 결실을 거둘 수 있기를 바랍니다.

당신을 만난 이후 미스 홀로부터 소식을 듣지 못해서, 이 편지의 사본을 그녀에게도 보냅니다. 저는 환율 등에 관한 경험이나 지식이 없어서 모든 관련된 일을 당신과 미스 홀에게 부탁했습니다. 미스 홀은 당연히 우리 책임자들에게 연락을 취했을 것이며, 모든 절차가 승인되었기를 바랍니다. 이미 이번 분기의 예산을 송금한 터라 당신에게 즉시 돈을 갚기는 쉽지 않을 것입니다. 이 부분은 미스 홀도 알고 있을 것이며, 당신은 항상 우리를 기꺼이 신뢰할 것이라고 말씀해주시니 감사할 따름입니다. 당신의 신뢰에 감사드리며, 하지만 우리가 당신을 너무 오래 기다리게 하지 않도록 최선을 다하겠습니다. 아마도 당신이 현재 일본인들과 맺고 있는 관계보다 더 확실하게 당신을 보호해줄 수 있는 문서가 있을 것입니다.

지난 금요일 로스앤젤레스에서 열린 중국식 만찬에 미스 로렌스가 참석해서 만나게 되었는데, 그녀는 고베에서 홀 부부가 떠나는 것을 보았다고 하더군요. 그렇다면 새로운 협의들은 중요한 것이 아니었음이 분명합니다. 홀 부부가 어떤 배를 탔는지는 모릅니다. 미스 로렌스는 건강해 보였고, 할 이야기가 많았습니다! 홉스 부인이 제게 보낸 마지막 편지에는 성공회 사람들이 모두 떠났고, 헌트 사제님만 잠시 더 머무르실 예정이라고 합니다. 축소된 공동체는 주로 서울회관에서 볼링을 하고, 모임과 만찬을 갖고, 심지어 교회 예배도 서울회관에서 드리고 있는 것 같습니다.

저는 코로나에 내려와서 즐거운 방문들을 했는데, 대부분의 사람들을 만났고 주요 관광지도 빠짐없이 둘러보았습니다. 장미 퍼레이드[137]도 보았고 처음으로 윌슨산에도 올라가보았습니다. 뉴웰 부부, 미스 딜링햄, 밴버스커크 부부는 약간 나이가 들었을 뿐 예전과 다름없었습니다. 심지어 89세가 된 가련한 천안의 존슨 부인도 그렇게 많이 변한 것 같지는 않았습니다. 올리브[138]가 저를 태우고 꽤 여기저기 돌아다녔습니다. 내한했던 사람들과 함께 있으면 항상 집과 같은 편안함을 느낄 수 있습니다. 저는 강연해달라는 초청을 많이 받았지만, 이곳에 머무는 동안에는 강연하기가 쉽지 않을 것 같고, 어떤 강연들은 피하고 싶은 마음도 있습니다. 메리언을 못 봐서 아쉬웠지만, 동부로 가기 전에 그쪽으로 올라가니 그때 여러분 모두를 만나고 싶습니다. 당신의 아름다운 집에서 함께 시간을 보낼 수 있어서 즐거웠습니다. 제가 본 집들 중 그보다 좋은 집은 없다고 생각합니다. 모리스 부인께 사랑을 보내며, 한국을 위한 우리의 일에 협조해주심에 대해 감사드립니다.

진심을 담아,
앨리스 R. 아펜젤러

캘리포니아, 코로나, 러모나로 1012
1941년 1월 15일

미스 에블린 K. 웰스[139]
웰즐리 봉사기금 교육위원회

친애하는 미스 웰스께,

11월 11일자 당신의 편지를 방금 받았습니다. 당신은 이화여전에서 가르치던 미국인 교수들이 모두 한국에서 철수해 한국을 떠났다는 소식을 틀림없이 들으셨을 것입니다. 이 모든 일이 아직도 나쁜 꿈만 같고, 우리는 단지 휴가 중인 것만 같습니다. 하지만 영원히 한국으로 돌아가지 못하는 것은 아닐 것이며, 적어도 우리 중 일부는 돌아갈 수 있을 것이라고 아직 희망하고 있습니다. 그동안 우리는 용감한 작은 대학, 훌륭한 교장 김활란 박사와 교직원들, 그리고 그 대학에서 배움을 이어가는 매우 행복한 여학생들을 위해 항상 노력할 것입니다. 대학 교육은 미국에서보다 한국의 여학생들에게 더없이 큰 특권입니다.

무엇보다도 이화여전이 지속되고 있다는 것을 기억해주시기 바랍니다. 정부가 교수진이 내국인으로만 구성되어야 하고 대학은 즉시 재정적으로 독립해야 한다고 주장하고 있어서, 우리가 지금 재정 지원을 하기는 어려운 상황입니다. 하지만 이화를 돕기 위해 힘닿는 대로 모든 일을 할 것입니다. 어쩌면 웰즐리 봉사기금에서 보낸 기부금이 이미 송금되었을지도 모르겠습니다. 만약 송금되었다면 그것이 현금화되어 계획대로 사용될 수 있기를 바랍니다. 아직 송금되지 않았다면 펜실베이니아, 필라델피아, 북 브로드로 6701에 있는 이화협동위원회의 회계 담당인 J. W. 매슬랜드 부인에게 보내주실 수 있으실는지요? 매슬랜드 부인은 이화를 위해 가능한 한 많은 기금을 모으고 있으며, 상황이 허락하는 대로 이화여전에 보내고 있습니다. 다만 현재 한국으로 돈을 보내는 문제는 여전히 불확실하며, 이는 담당 관료들의 변덕에 좌우되고 있습니다. 만일 한국으로 이미 송금하셨다면 제가 그 돈에 대해 알아보겠습니다. 수표가 제 명의로 되어 있다면 저에게 돌아오겠지만, 예전처럼 이화여전 앞으로 되어 있다면 어떻게 처리될지 장담하기 어렵습니다. 돈을 그곳으로 보내지 말아야 하는 상황이 된다면 즉시 알려 드리겠다고 약속했는데, 너무 늦게 연락드린 게 아닌가 걱정됩니다. 그러나 수표가 분실되리라고는 생각하지 않습니다.

동봉한 편지를 읽어보시면 우리가 떠날 수밖에 없었던 주된 이유를 아시게 될 것입니다. 우리가 떠나는 것이 최선이라고 판단한 것은, 총장과 집행부가 "밀정들"에게 영향을 받고 있다는 의심을 받지 않고 자유롭게 결정을 내릴 수 있도록 하기 위해서였습니다. 우리는 모두 지역 언론에서 밀정이라는 비난을 받았고, 이로 인해 한국 친구들의 상황이 매우 어려워졌습니다. 우리는 불편하기는 해도 직접적인 위험에 처하지는 않았었어요. 그러나 상황은 나아지지 않고 있으며, 모든 외국인이 곧 떠나야 할 수도 있습니다. 김활란 박사가 우리를 배웅한 후, 경찰이 그녀에게 우리를 위해 그렇게 애쓸 필요는 없었다고 말하며 더는 우리에게 편지를 보내거나 소식을 주고받아서는 안 된다고 말했다고 합니다. 그래서 우리는 이화에 직접 편지를 쓰지 않고 있습니다. 다만 다른 미국인들이 서울에 있는 한 간간히 소식은 주고받을 수 있을 것입니다. 그들이 얼마나 단절되어 있는지 아시겠지요. 그런데도 학생들은 늘 즐겨 하던 대로 학교에서 캐럴을 불렀으며, 채플에서는 다양한 아름다운 성탄절 프로그램이 진행되었다는 이야기를 들었습니다. "우리는 어느 때보다 더 여러분이 그립지만, 진정한 그리스도인이 되기 위해 전보다 더 노력하고 있습니다"라는 메시지였습니다.

저는 지금 캘리포니아에서 친구들과 겨울을 보내고 있지만 봄에는 동부로 갈 계획이며, 졸업식 전에는 웰즐리에 도착할 것입니다. 이화 학생들을 돕고 있는 분들을 직접 만나는 것은 큰 기쁨이 될 것입니다.

충심을 다해,

앨리스 R. 아펜젤러

올리브 데이비스홀 224 <발신인: 엘리자베스 벨>

1941년 3월 1일[140]

매사추세츠, 웰즐리

웰즐리대학

웰즐리대학 봉사기금

친애하는 미스 아펜젤러께,

웰즐리대학 봉사기금 교육위원회의 고문이신 미스 웰스가, 이화를 위한 수표와 관련해 조언을 얻기 위해 당신에게 편지를 쓰라고 권고하셨습니다. 매슬랜드 부인은 WFMS에서 이화에 펌프와 난방 장치를 구입할 수 있도록 900달러를 보내려 한다는 내용의 편지를 보내며, 우리의 100달러 선물도 펌프와 난방 장치를 위한 기부금에 추가하는 것이 좋겠다고 제안하셨습니다. 우리는 기부금을 이렇게 보내는 것이 더 유용할지, 아니면 예전처럼 별도의 선물로 보내는 것이 더 유용할지 알고 싶습니다. 이 문제에 관해서 조언해주시면 감사하겠습니다. 그리고 이번 봄에 동부로 와서 웰즐리에 방문하실 계획을 변경하지 않으셨기를 바란다는 우리의 기대도 함께 전합니다.

진심을 다해,

엘리자베스 벨,

교육위원회 회장

캘리포니아, 코로나, 러모나로 1012
1941년 1월 17일

친애하는 매슬랜드 부인께,

1월 11일자 당신의 편지를 받았는데, 내용이 잘 이해되지 않습니다. 103.25달러짜리 이 마지막 수표는 무엇인지요? 나는 이미 당신에게서 수표 두 장을 받았는데, 11월 30일자 168.25달러 수표와 12월 30일자 124.21달러 수표입니다. 어느 것이 급여 수표이고 어느 것이 여행 경비 수표인지 모르겠네요. 이 마지막 103.25달러 수표는 한국에서 지급할 예정이었던 잔금인가요? 나는 계산해보지 않아서 모르겠지만, 미스 홀은 알고 있겠지요. 이 수표를 내 은행 계좌로 보내셨나요? 아직 보내지 않으셨다면, 이 수표와 모든 급여 수표를 다음 주소를 사용하는 내 계좌로 보내주셨으면 합니다.

J. 체스터 잭슨 씨
펜실베이니아, 랭커스터, 파머스 은행 및 신탁회사

나는 샌프란시스코에서 124.21달러의 수표를 받았을 때, 아직 돈을 사용하지 않아서 여행용 계좌를 제출하지 않았다는 편지를 보냈습니다. 원하신다면, 트렁크들을 목적지로 보내는 데 5달러 50센트를 지출했음을 알려드립니다. 3월에 동부로 출발할 생각이니 동부에 도착한 후 내 계좌를 알려드리겠습니다. 그래도 괜찮겠지요?

편지 봉투에 미스 홀이 주소를 쓴 것 같네요. 그녀가 당신과 함께 일하고 있나요? 미스 홀은 도움이 많이 될 테니 같이 일하고 있다면 좋겠습니다. 우리가 학교 재정에 관해 모리스 씨와 베이커 감독님과 나누었던 이야기들에 대해 미스 홀이 당신에게 모두 알려드렸을 것 같습니다. 그 일이 모두 어떻게 되었는지 무척 궁금합니다.

오늘 이화에서 평소와 같이 성탄절 프로그램을 진행했다는 반가운 소식을 들었습니다. 최예순이 보낸 12월 23일자 편지에 따르면, 그녀는 학생들을 가르칠 수 있는 정부 허가증을 발급받았고, 종교교육을 가르칠 꽉 찬 학사 일정도 받았다고 합니다. 미스 홀이 당신과 함께 있다면 이 소식을 특별히 그녀에게 전해주세요. 최예순은 우리 스캐릿 학생 중 한 명이었습니다.

나는 기회와 일정상의 제약 때문에, 스캐릿대학을 위해 일하기로 결정했습니다. 스턴츠[141] 박사는 함께 일하기에 아주 좋은 분이고, 내게 완전한 자유를 주었습니다 — 덕분에 내가 할 수 없다고 생각했던 일을 하게 되었습니다. 최근 스턴츠 박사가 로스앤젤레스에서 마련한 오찬에서 이화-스캐릿 이중 대표 문제가 원만하게 해결되었으며, 다른 곳에서도 문제가 되지는 않을 것 같습니다.

이 1달러 수표는 YWCA의 내 친구로부터 한국에서 되돌아온 것입니다.

사랑의 마음을 담아 새해 복 많이 받으시길 기원합니다.

언제나 충실하게,

앨리스 R. 아펜젤러

1941년 1월 18일 <발신인: 애다 홀>

친애하는 앨리스에게,

나는 지금 워싱턴 D.C.에 있어서, 특별히 원한 건 아니지만 대통령 취임식을 볼 기회를 가지게 되었어요.[142] 어쨌든 요즘은 인생이 정상적이지 않은 것 같네요.

당신은 한국에 있는 회계 담당에게 남겨놓은 약간의 돈이 있다는 것을 알고 있었지요, 그렇죠? 당신이 2년 전에 그 돈을 통장에 넣고 싶지 않다며 나에게 가지고 있으라고 했지요 — 그런데 알프리다가 원장을 가져오지 않아서 우리 둘 다 그 돈이 얼마였는지 기억하지 못합니다 — 금액을 알게 되면 그 돈을 어디로 보내드리면 되는지 알려주세요. 매슬랜드 부인이 당신에게 수표를 전달할 수 있고, 우리는 그 돈을 사용할 수 있어요. 요즘은 우리가 가진 것보다 더 많은 돈이 필요하니까요.

모리스 씨가 내게 편지를 보냈는데 10일까지 답변을 원했어요. 그렇지만 나 혼자서 답변할 수는 없었고, 매슬랜드 부인과 함께 논의하기 위해 며칠 동안 필라델피아에 갈 예정이라 그녀가 전보를 보낼 것이라고 했지요. 그런데 그녀도 뉴욕에서 위원회를 만나야 해서 답변을 더 기다려야 했어요. 모리스 씨는 위험을 감지하고는 있지만, 상황을 완전히 이해하지는 못하고 있는 것 같아요. 그는 WFMS가 7만 엔을 원했다고 하는데 — 음 — WFMS는 정작 이에 대해 공식적으로 아는 바가 없다네요. WFMS나 매슬랜드 부인이 안전하다고 확신한다면 기꺼이 그 돈을 보낼 거예요. 그는 지금 대략 5,000달러를 원하고 있으며, 얼마 후에 6,000달러가 필요할 거라고 했어요. 음, 매슬랜드 부인에게는 그런 돈이 없으며, 대학도 올해 비품을 사고 재단에 2,600을 넣은 후여서 모든 자금이 바닥난 상태입니다. 예산 외에 돈을 뺄 곳이 없으므로 20이라고 적힌 것이 보이지요. 고국에 돌아온 우리들 중 많은 사람이 모두 무언가를 해야 한다고 느끼는 것 같고, 우리가 필사적으로 그 짐을 지고자 한다면 할 수 있다고 믿어요. 만일 우리가 어떻게든 각자 한 1,000달러씩 모금을 하려고 노력한다면 — 적어도 1만 달러는 될 것이고, 모두가 노력한다면 더 많이 모을 수도 있을 거예요.

나는 매슬랜드 부인에게 모리스 씨가 모든 책임을 져야 할 것이라고 말했어요 — 우리는 대학이 그 기부금을 받았다는 것이 확인된 후에만 그에게 돈을 보낼 것입니다 — 이 일이 대학에 피해를 주지 않길 바랍니다. 모리스 씨가 여기에서 자기 돈을 받으려 한다는 것을 그들도 알고 있으므로, 나는 그에게 감시를 받고 있으며 우리 우편 제도 안에 틀림없이 밀정이 있을 가능성이 크다고 경고해줬어요.

매슬랜드 부인은 모든 일로 정신없이 바쁘지만, 우리 계좌의 대부분을 잘 정산했어요 — 다만 당신을 포함해 몇몇 분은 여행 계좌를 제출하지 않았지만요. 그녀는 3월 중순이면 일이 좀 정리되어 햇빛을 볼 시간이 있을 것으로 생각하지만, 글쎄 잘 모르겠네요. 항상 부기 쪽 일을 해온 진 보스웰[143]이 뉴욕으로 떠났는데, 매슬랜드 부인은 아직 그것이 의미하는 바를 몰라요 — 하지만 그 일을 하며 시간이 지나면 알게 되겠지요. 아직 위원회 회의가 아주 많이 남아 있으며, 회의들은 계속되고 있습니다.

밴 박사님 주소의 철자가 u 인지 n, m, w인지 잘 알 수가 없어요. 때때로 내 글씨도 그렇지만요.

코니의 편지에는 당신이 소식지를 보냈다고 쓰여 있던데, 나는 1월 9일까지는 아무것도 받지 못했어요 — 그 이후로는 우편물을 많이 받지 못해서, 그 후에 도착한 것이 있었는지는 모르겠네요.

그곳 날씨가 화창하게 좋아서 당신의 무릎과 모든 것이 좋아지고 있기를 바랍니다.

밴 박사님 부부와 메리에게 — 어머나, 그러고 보니 메리는 이제 어엿한 숙녀가 되었겠군요 — 심심한 안부를 전해주세요. 그리고 마거릿 아펜젤러는 어떻게 지내는지요? 돌아오는 길에 클리블랜드에 잠시 머물면 메리 빌링스[144]를 만나보려고 해요.

그런데 오하이오의 아멘트 부부[145]와 사우어 부인[146] 같은 다른 여러 사람들은 지금 어디에서 지내고 있는지요? 제시 브로크만은 하필이면 내가 필라델피아에 갔던 바로 그때 클리블랜드에 가 있게 되어서 만날 수 없었어요 — 그런 게 인생이죠.

당신도 스스로를 돌보면서 어떤 소식이든 알려주세요.

사랑으로,
애다 B.

주소: 뉴욕, 5번가 150
캘리포니아, 코로나, 러모나로 1012에서
1941년 1월 23일

친애하는 파이퍼 부인께,

허 씨[147]의 사망 소식을 들었을 때 저는 바로 부인이 생각났고, 그를 얼마나 많이 도와주셨었는지 떠올랐습니다. 그의 삶과 봉사는 부인께서 해주신 일 덕분에 차원이 달라졌고, 모든 한국인이 이에 대해 깊은 감사를 드립니다. 서울을 떠나기 직전에 한 루이스의 보육학교[148]를 방문했는데, 훌륭한 건물들과 발전된 모습을 보고 기뻤습니다. 그녀는 부인이 그 학교에 얼마나 중요하신 분인지 이야기하며 여러 메시지를 전해주었습니다. 제게 그 메시지를 직접 전달할 기회가 오기를 바랍니다.

사랑하는 한국에 평생 뿌리박고 살아온 모든 선교사, 특히 남동생과 저에게 한국을 떠나는 것이 얼마나 힘든 일이었을지 부인도 짐작할 수 있으실 것입니다. 머리로는 우리의 결정이 옳았다는 것을 알지만, 가슴은 여전히 저항하고 있으며, 저는 뿌리가 뽑히고 갈 곳을 잃은 것만 같습니다. 이곳 사람들은 매우 친절하고, 제가 하는 모든 말에 관심을 보이며, 환대해주고 관대하게 대해주어서 외롭거나 불행할 틈이 없습니다 — 단지 끔찍한 문제들로 고통받고 있는 사랑하는 한국 사람들 생각에 항상 마음이 아픕니다. 지금 그들 곁에 제가 없는 편이 더 낫다고 믿지 않았다면 아마 견딜 수 없었을 것입니다. 저는 여러 곳을 방문했고, 지금은 조용한 목사관에서 옛 친구들과 함께 지내고 있습니다. 이곳에서는 제가 원하는 대로 시간을 보내며, 집안일도 돕고 있습니다. 3월에는 북부로, 4월에는 동부로 갈 예정입니다.

미국에 온 이후 저는, 내슈빌에 있는 기독교 사역자를 위한 스캐릿대학을 예전의 미감리회에 알리는 일을 도와달라는 요청을 받았습니다.[149] 부인께서도 아시다시피, 저는 1938년 안식년을 스캐릿대학에서 보냈고 그 공간과 그곳의 사람들에게 깊이 매료되었습니다. 이 대학은 우리 교단 전체에 속해 있으므로, 우리 북부 감리교인들은 훌륭한 유산을 물려받게 된 것입니다. 이제 우리는 다음 단계로 나아가기 위해 더 많은 건물과 기부금으로 학교를 도와야 합니다. 저는 강연을 통해 이화와 스캐릿이 아주 잘 연결되는 것을 알게 되었습니다. 휴 스턴츠 박사는 제게 원하는 시간과 장소에서, 제 방식대로 일할 수 있도록 허락해주었고, 덕분에 저는 기꺼이 이 일을 맡게 되었습니다. 그래서 저는 전임자들이 만든 전례들을 따르고 있으며, 위원회를 구성하거나 외부 사람을 면담할 필요는 없습니다. 한번은 스턴츠 박사를 감리교대학 총장들의 교육회의에서 만났습니다. 거기에서 부인이 도와주신 대학들의 관계자들도 몇 분 만났어요. 남부에 머무는 동안 파이퍼대학[150]에 대한 이야기를 많이 들었으며, 언젠가 파이퍼대학과 베넷대학[151]을 방문하고 싶습니다.

김활란 박사는 할 수 있는 한 최선을 다하여 학교를 이끌고 있으며, 우리는 이화여전이 고통받지 않도록 김활란 박사에게 재정 지원을 하려고 노력하고 있습니다. 그녀는 원숙해졌으며 놀라운 용기와 헌신을 보여주고 있습니다. 이화여전이 파이퍼홀과 다른 건물들이 세워지기 전의 힘겹고 작은 학교였을 때보다 지금 더 강하고 중요한 학교가 되었기 때문에, 저는 우리가 그때 이 대학을 건설했던 것이 얼마나 감사한 일인지 새삼 깨닫습니다. 하나님께서는 이곳뿐 아니라 그곳에도 계시고, 이화를 위한 계획을 가지고 계시니 저는 그 계획이 잘 이루어지기를 기도할 뿐입니다.

건강하시기를 바랍니다. 제임스 부인[152]에게 제 사랑을 전해주시고, 저는 항상 두 분을 함께 생각하고 있으니 그녀에게도 이 편지를 보여주시기를 바랍니다. 이 짧은 휴식의 시간에도 일과 편지와 강연들로 바쁜 나날을 보내고 있습니다. 일할 수 있을 만큼 건강하다는 사실에 감사하며, 이 아름다운 땅의 따뜻한 햇살과 그 외의 작은 즐거움들을 누리고 있습니다.

항상 많은 사랑으로, 김활란 박사가 보내는 사랑의 메시지도 함께 담아 보냅니다.

충심을 다하는 친구,

1941년 1월 27일 <발신인: 애다 홀>

친애하는 앨리스에게,

그동안 내가 어디를 여기저기 돌아다녔는지 궁금하실 것 같아요. 매슬랜드 부인이 며칠간 자기와 함께 선교사 계좌와 관련한 일을 도와달라고 요청했고(특히 진 보스웰이 뉴욕으로 떠난 후 그녀는 궁지에 빠져 있었어요), 마침 집으로 돌아오는 길에 같은 비용으로 워싱턴 D.C.에 들를 수 있어서 워싱턴에 갔다가 채핀 부인을 만났어요. 그리고 다시 집으로 오다가 존스타운[펜실베이니아주]의 여동생 집에 머물고 있는 제시 브로크만을 잠시 만났어요. 제시가 주소를 잘못 알려주었지만 나는 별문제 없이 그녀를 찾아냈고 그녀는 꽤 건강해 보였어요. 넘어져서 다쳤던 무릎은 상당히 좋아졌지만, 아직도 마사지를 많이 해야 해요.

매슬랜드 부인의 요청으로 내가 모리스 씨에게 보내야 했던 편지의 사본을 동봉합니다. 그녀가 말하지는 않았지만, 그들이 그 편지를 써달라고 요청한 주된 이유가 이화여전에 대한 걱정 때문이라는 것을 알고 있어요. 애나는 참석해달라는 요청을 받고 그들의 토론을 좀 들었대요. 그때 애나는 예전에 워싱턴에서 알게 된 친구인 휴엣 부인을 방문하고 있었어요. 휴엣(철자가 맞는지 모르겠네요) 부인이 다과회를 열었는데, 그 자리에 파이퍼 부인, 매코넬 부인, 매슬랜드 부인이 참석했어요 — 다른 참석자가 더 있었는지는 잘 모르겠네요. 파이퍼 부인은 질문을 많이 했어요. 경찰이 활란을 강하게 비판했기 때문에, 지금은 아무것도 하지 않는 게 최선이에요. 물론 법적으로 어느 정도의 적은 금액은 인출할 수 있겠지만요.

모리스 씨는 사우어 씨에게 약간의 돈을 보낼 수 있을 거예요 — 그러면 사우어 씨가 그의 수표 중 일부를 취소할 수 있겠지요. 많은 부분을 사우어 씨의 판단에 맡겨야 할 것이라고 생각돼요. 매슬랜드 부인의 편지에 따르면 쇼 씨는 이미 본국으로 돌아왔거나, 아니면 지금 출발한 상태일 수도 있어요.

방송국 주소를 알려줘서 고마워요. 언젠가 방송국에 편지를 써 보내고 싶네요.

매슬랜드 부인에게도 사본을 보내시나요? 애번 부인은 물론 매슬랜드 부인도 모든 것을 들어야 한다고 생각해요. 당신은 모든 소식을 듣기에 아주 유리한 위치에 있어요. 어떤 소식이 있는 사람이든 당신에게 그 소식을 보내니, 전처럼 우리에게 그것을 보내주면 모두에게 도움이 될 거예요. 누구의 우편이든 우편 요금은 기꺼이 지불하겠어요. 빅이 내게 사본을 보냈는데 그것을 받고 무척 기뻤어요.

언더우드 부인[153]은 애나에게 러시아인들이 그레이하우스에 살아서 기쁘다고 편지를 썼어요. 한스와 그의 친구가 다른 사람들처럼 약속을 잘 지키는 신뢰할 만한 독일인임을 증명하는 셈이네요.[154] 브라우니의 방이 그들의 부엌이래요! 돌아가면 엉망진창이 되어 있겠군요. 좋지 않은 소식이에요.

비록 내가 신랑이 될 사람을 모르기는 하지만, 마거릿의 결혼을 축하해요. 행복한 결혼이 될 것 같아요 — 그런데 마거릿이 벌써 결혼을 할 정도로 나이가 찼다니 믿을 수 없네요. 아이들은 얼마나 잘 자라는지요! 눈이 많이 내리고 무척 미끄러워요. 어제 다섯 명이 미끄러져서 사망했다고 합니다. 도로가 괜찮아지는 대로, 노워크[오하이오주]에 있는 파크가 16으로 나가보고 싶어요.

미스 로빈슨에게 올봄 고등학교 잡지 구독을 대부분 취소하라고 편지를 보냈어요 — 하지만 악보 주문은 그대로 진행하라고 했어요. 그게 일관되고 합리적인 결정이겠지요? 사랑으로,[155]

애다 B.

사본

클리블랜드 하이츠
1941년 1월 27일

친애하는 모리스 씨께,

매슬랜드 부인으로부터 뉴욕에서 열린 회의의 결과를 당신에게 써 보내라는 편지를 받았습니다. 그녀는 "사우어 씨가 모리스 씨의 돈(엔)을 사용할 수 없다면, 현재 우리가 그것을 어떻게 사용할 수 있을지 모르겠습니다"라고 말했습니다.

한 가지 이유는 1941년을 위한 자금이 이미 상당 부분 송금되었고, 나머지 대부분은 이곳에서 구입하고 대금을 지불한 장비를 위해 사용하기로 되어 있기 때문입니다.

또 다른 큰 이유는, 많은 사람이 그것을 받는 이들의 안전을 걱정하고 있기 때문입니다. 그 자금이 그들에게 끝없는 문제를 일으킬 수도 있습니다. 그것이 정말 진짜 선물이었다면 위험하지 않았겠지만, 그렇지 않은 경우 우리는 거짓말에 능숙하지 못합니다.

베이커 감독님이 지금 그곳에 함께 계시기를 바랍니다. 디펜도퍼 박사님이 2월 15일에 돌아오시니, 그때 더 확실한 소식을 알게 될 것 같습니다.

진실하게,

애다 B. 홀

사본은 매슬랜드 부인, 애번 부인, 아펜젤러 박사, 미스 영께

사본 아님

추신. 우리가 어느 정도의 자금을 받지 못하는 한, 재단을 위한 2,600달러는 예산에서 지급되어야만 합니다. ABH.

캘리포니아, 코로나, 러모나로 1012
1941년 1월 30일

친애하는 애다에게,

동봉한 것들 대부분을 더 빨리 당신에게 보내고 싶었는데, 에구, 이제야 이 편지를 보내네요.

음, 서울에 여분의 돈을 좀 갖고 있었다는 사실을 완전히 잊고 있었는데, 누군가가 정직하게 이야기해주어서 기뻐요. 급여 통장을 바꿀 때 남은 것 같아요. 그런 것은 내 통장을 관리하는 은행원에게 보내주기 바라요.

J. 체스터 잭슨 씨, 펜실베이니아, 랭커스터, 파머스 은행 및 신탁회사로 보내면 됩니다.

그들이 무엇이든 입금할 때는 나에게 알려주면 좋겠어요, 매슬랜드 부인의 사무실을 통해서 말이에요. 당신이 말했듯이 매슬랜드 부인은 틀림없이 바빠서 정신이 없을 거예요. 당신이 그녀를 도와줄 건가요? 그녀는 보물을 얻은 것 같은 기분일 거예요! 당신이 그녀를 도와주기를 바라며, 아니면 적어도 우리 모두를 도와주기 위해 그 과課 어딘가에 머물러주면 좋겠어요.

모리스 씨는 우리를 믿고 얼마든지 기다리겠다고 했어요. 그는 2년 정도 기다려도 괜찮을 만큼 여유가 있어요. 물론 그 경우엔 그에게 이자를 주어야 하고, 그가 사망하는 경우 상속인들이 그 돈을 받을 수 있게 보호해줄 수 있는 서류들이 있어야 해요. 하지만 결정을 내리기 전에 우선 베이커 감독님이 돌아오시기를 기다려야 할 거예요. 만약 이 일이 성공하면, 이화여고에도 똑같은 방식으로 지원하고 싶어요. 아마도 모든 학교가 배화와 연희전문학교처럼 지역의 자금을 찾게 될 거예요. 그러길 바랍니다. 우리 학교는 할 일이 많아요.

할 수 있을 때마다 돈을 모금하려고 하지만, 이곳에서는 아직 기회가 없었어요. 돈이 있는 곳으로 가거나, 아니면 돈이 어디에 있는지 내가 아는 곳으로 가야만 해요. 하지만 내가 이 일을 하고 있다는 것을 믿어주세요. 나는 스캐럿도 가슴에 품고 있지만, 이 일은 더 확장되는 것으로서 누구도 배제되거나 소홀히 여겨지지 않습니다.

사우어 부인은 로스앤젤레스, 북 세라노로 941에서 지내고 있어요. 애다 맥퀴[156]가 사우어 부인과 함께 있다가 에델 B와 함께 시카고로 떠났어요. 그들의 주소는 모릅니다.

당신과 메리 레이시는 이 첫 번째 소식지를 받지 못했군요. 사본을 만들어 빨리 보낼 수 있는 사람들에게 한 장씩 보냈고, 당신은 타자기를 가지고 있지 않은 것 같아 다른 이로부터 받아보도록 조처했는데, 그게 누구인지는 잊었어요. 내가 가진 유일한 사본인 이 하얀 것은 돌려주고, 다른 것들은 돌려주지 않아도 돼요. 이 마지막 것까지 최대한 많이 보내려고 노력했어요. 이제 더는 쓰지 않을 거예요. 최가 여기에 있으면 얼마나 좋을까요! 그는 영어와 관련해 할 일이 별로 없었고 돈도 거의 없어서 12월 1일에 일을 그만두었어요.

내 여행 상황을 여행을 떠나기 전에(!!!) 보내줄 수는 없다고 매슬랜드 부인에게 편지를 썼어요. 지금까지 트렁크를 보내기 위해 쓴 5.50달러가 전부예요. 샌프란시스코로 돌아갈 거라서 지금 이곳에 내려온 것은 여행으로 치지 않아요.

안녕 – 곧 편지 주세요.

항상 사랑을 담아,

원하는 만큼 이 편지들을 우리 사람들에게 전달해주세요. 이곳에서는 **밀정들**에 대해 **아직** 걱정하지 않아요!!!

캘리포니아, 코로나, 러모나로 1012

1941년 2월 6일

친애하는 매슬랜드 부인과 미스 홀에게,

어제 저녁 한국 감리교 감독님이 신도들에게 보낸 한국어 메시지를 읽었습니다. 밴버스커크 부부가 그 작은 종이를 입수했고, 밴 부인과 내가 그것을 함께 읽었지요. 감독님은 몇몇 사람들(내 추측으로는 기관, 교회 등)이 아직도 외국으로부터 자금을 지원받고 있다면서, 일부는 1월 1일까지 받았고 일부는 그렇게 오랫동안은 아니었다고 했습니다. 그러나 1941년 4월 1일에는 완전히 중단해야 한다는 것이 확실하게 공표되었습니다. 그는 교회, 교구, 목사 등을 대상으로 말하고 있었기 때문에 학교가 그래야 한다는 의미는 아니었을 것입니다. 그러나 생각해봐야 할 문제여서, 그 말을 전달합니다.

물론 자금이 부족하고 불확실성이 존재하는 상황에서 우리의 일을 위해 돈을 빌리는 것은 매우 어려우리라는 것을 알고 있습니다. 모리스 씨의 자금을 활용하는 것은 좋은 계획이라고 생각하지만, 좀 기다렸다가 디펜도퍼 박사님으로부터 그것을 어떻게 실행할지, 당국이 지금 얼마나 의심하고 방해하고 있는지에 대해 먼저 들어보는 것이 좋겠습니다. 아베 감독님이 활란 박사에게 말했듯이 "작별 선물들"이 4월 1일까지는 허락된다면, 우리에게 최선책으로 보이는 모리스 씨를 통하는 방법 혹은 다른 방법으로라도 돈을 보낼 수 있는 기회를 잡아야 한다고 생각합니다. 일부 편지들, 특히 일본 장로교인들 사이에서 일하는 커 부인의 편지를 보면, 외국인들에 대한 압력이 다소 완화되어가는 것처럼 보입니다. 디펜도퍼 박사님이 가져오는 소식을 듣고 싶습니다.

웰즐리대학 봉사기금의 미스 에블린 K. 웰스는 기부금 100달러를 내가 제안한 대로 당신들에게 보냈다고 편지를 보내왔습니다. 현재 상황에서는 이 돈을 이화 전체를 위해 써도 될 것이라 생각합니다. 웰즐리대학에서는 학생들 개개인의 사연들이 다른 요소보다 더 관심을 끌었기 때문에, 이 기부금이 다른 용도보다도 장학금으로 사용되기를 원했습니다. 일반적인 상황에서는 기부금의 항목을 바꾸면 안 되지만, 지금은 장학금이 예전처럼 많이 필요하지 않습니다.

강연을 해서 처음 받은 돈인 5달러 수표를 동봉합니다. 이곳에서는 선교사 강연자들에게 사례비를 주는 것이 관례가 아닌 것 같습니다. 나는 매우 바쁘게 돌아다니고 있고, 밴버스커크 박사님은 내가 너무 많은 일을 하고 있다고 생각하십니다. 언제 움직이고 언제 멈춰야 할지 곧 결정해야 할 것 같습니다.

행복을 빕니다.

충심을 다해,
앨리스 R. 아펜젤러

캘리포니아, 코로나, 러모나로 1012
1941년 2월 8일

친애하는 친구들에게,

시간은 쏜살같이 지나가고 있고, 많은 사람이 강연을 준비하거나 강연을 다니느라 바쁘고, 일부는 친구들을 방문하고 있으며 또 일부는 이 멋지고 작은 도시에서 조용히 지내느라 바쁩니다. 내가 “조용히 지내느라 바쁘다”라고 썼는데, 온갖 종류의 일을 따라잡고 책상에 앉아 일상의 소소한 잡일을 하는 나날이 가장 바쁜 것이 사실입니다. 나는 서울에서 오랜 이웃이었던 밴버스커크 박사님 부부의 집인 이 작은 감리교 목사관에서 매우 행복하고 편안하게 지내고 있습니다. 지난 봄에 UCLA를 졸업한 그들의 외동딸은 바스토[캘리포니아주] 근처의 사막에서 교편을 잡고 있으며, 집에는 가끔씩 옵니다. 밴 박사님 부부는 나처럼 한국을 사랑하셔서, 우리는 많은 이야기를 함께 나누곤 합니다. 심하지 않은 여러 가지 질환, 특히 관절염 치료 문제로 많은 도움을 주셔서 나는 엄격한 단백질-비타민 식이요법을 따르고 있습니다. 의료 선교사였던 밴 박사님은 현명한 조언자이시고 박사님 부인은 충직한 조력자이십니다.

현재 계획으로는 3월 초에 이 지역을 떠나 샌프란시스코를 돌며 강연을 하고, 4월에는 포틀랜드[오리건주]를 거쳐 동부로 갈 예정입니다. 조금 더 늦게 떠나는 것이 좋을 것 같으면 조금 더 머물다가 떠날 수도 있습니다. 내 유일한 정규 업무는 어느 곳에 가든 테네시주 내슈빌에 있는 기독교 사역자를 위한 스캐릿대학을 대표해서 그곳의 감리교 교회에 학교를 소개하는 것입니다. 스캐릿대학은 과거 남감리교회 소속이었지만, 지금은 우리 모두를 위한 기관이 되었습니다. 장래가 유망한 훌륭한 학교에 도움을 줄 수 있는 일을 하게 되어 기쁩니다. 특별히 정해진 일정은 없지만 기회가 있을 때마다 스캐릿대학에 대해 이야기합니다. 내가 이화에 대해 이야기하던 것과도 잘 맞는 일이어서, 이 일을 위해 더 많은 노력을 쏟을 필요는 없습니다. 동부로 가는 길에 스캐릿에도 들를 예정입니다.

제 남동생 가족은 캘리포니아, 버클리, 프린스로 2815로 이사를 갔습니다. 남동생 역시 강연하느라 매우 바쁘고, 곧 선교국 일로 아이오와에 한 달간 가 있을 예정입니다. 조카들은 모두 학교에 다니느라 바빠서 최근에는 그들 소식을 많이 듣지 못했습니다. 마거릿은 외삼촌인 글렌 노블이 교편을 잡고 있는 샌프란시스코 주니어대학에서 비서 일과 관련된 두 과목을 수강하며, 그의 집에서 살고 있습니다. 또한 버클리에 있는 태평양 종교학교에서도 한 과목을 수강하고 있습니다. 그녀의 약혼자 잭 휴일러는 프린스턴에 있습니다. 그들은 약혼을 발표한 연휴 기간에 즐거운 시간을 보냈습니다. 리처드는 캘리포니아대학 2학년이고, 캐롤은 버클리고등학교 졸업반입니다. 루스는 그들 모두를 보살피느라 바쁩니다.

한국에서 오는 우편물들은 너무나 느려서, 다음 편지를 기다리는 것이 힘이 듭니다. 최근 편지에 따르면 홉스네 집이 1월 7일에 화재로 불탔다고 합니다. 그들은 다행히 그 집에 살고 있지는 않았고, 갑자기 떠날 것을 대비하여 다른 곳으로 이사해, 스나이더 씨 그리고 다른 두 사람과 함께 지내고 있었습니다. 가장 좋은 물건들은 미국으로 보냈었지만, 귀중한 물건들은 다락방에 보관해두었는데, 모두 불탔습니다. 그 집에는 한 한국인 가족이 세들어 살고 있었는데 아마도 그들은 모든 것을 잃었을 것 같습니다.

미국인들에 대한 압박은 좀 누그러진 것 같습니다. 한 친구는 "당신들이 떠난 것이 무언가를 멈추게 만든 것 같습니다"라고 썼습니다. 그것이 바로 우리가 바란 것입니다. 즉 우리가 떠나는 것이 다툼을 야기하기보다 예방하길 원했습니다. 그런데 우리의 이화 친구들은 우리에게 편지를 쓰지도 받지도 말라는 지시를 들었기 때문에, 우리는 편지를 보내지 않고 있습니다. 그러나 우리는 이화에 자금을 보낼 수 있었으며, 주소가 필라델리아, 북 브로드로 6701인 매슬랜드 부인을 회계 담당으로 하는 재미이화협동위원회가 가능한 모든 기금을 모아 기회가 되는 대로 송금하고 있습니다. 선교국에서도 적절한 조치를 취할 것이므로, 누구도 우리의 일이 끝났다거나 도울 방법이 없다고 생각하지 않으시기를 바랍니다. 대학이 자금을 받을 수만 있다면, 지금이 그 어느 때보다 필요한 때입니다. 확실한 것은 아무것도 없고, "선물"은 받을 수 있을지도 모른다는 이야기가 있습니다. 우리는 사랑하는 이화와 씩씩한 김활란 교장이 일을 해나갈 수 있도록 계속해서 도울 것입니다. 많은 사람이 떠나서 교육 일정을 세우는 것이 매우 어렵지만, 정부의 승인을 받아낼 수만 있다면 좋은 교원들이 있기에 지금은 교육 일정보다 재정이 더 걱정입니다. 우리가 떠날 때 많은 변화가 있을 것이라 예상하긴 했지만, 우리가 운영하지 않는다는 이유만으로 왜 꼭 더 나빠질 것이라고 단정했을까요? 지금은, 우리가 예상하지 못한 방식으로 맞이한 변화이긴 하지만, 훌륭한 지도력을 발전시킬 수 있는 큰 가능성을 지닌 한국 지도자의 시대입니다. 그들은 길이 열리자마자, 즉 일본 여당이 더 자유주의적인 시각으로 바뀌자마자 우리가 돌아오기를 원합니다. 일본 정부는 여느 정부보다 더 변화가 빠르고, 확고한 신념이 없으며, 너무 빠른 속도로 자연법칙과 영적 법칙에 역행해 가고 있기 때문에 언제라도 전환점이 찾아올 수 있습니다. 매우 충성스럽고 희생적이지만, 잘못된 방향으로 이끌려 가고 있는 일본 국민들이 너무 안타깝습니다. 나는 한국에 있는 친구들에게 해를 끼칠 수 있는 말이나 글을 쓰지 않으려고 노력하고 있으니, 출판되는 글에 내 편지를 인용하지 마시기 바랍니다.

ARA

오하이오, 노워크, 파크가 16 <발신인: 애다 홀>

1941년 2월 13일

친애하는 앨리스에게,

당신이 보내준 모든 편지와 이 마지막 편지에 진심으로 감사드려요. 편지를 이렇게 보내주는 것이 가장 좋은 것 같아요. 내가 한 곳에 오래 머무르지 않다 보니 우편물이 나를 쫓아오기가 어렵거든요.

그들이 두 번째 해의 예산 전액을 보낼 예정이었다고 들었는데, 3월 31일 전에 그곳에 도달할까요? 사우어는 매슬랜드 부인에게 그들이 보내려는 금액을 알려달라고 하면서, 거기에서 조정을 좀 하게 될 지도 모른다고 썼어요. 하지만 앞으로는 풀턴 부인[157]이 돈을 보내게 되었는데, 풀턴 부인은 자기만의 생각이 확고한 사람입니다. 우리 여성들은 모두 진 보스웰이 부회계로 들어가길 바랐지요. 진 보스웰이 오랫동안 우리와 함께 일해왔으니 그녀에게 더 많은 권한을 주어 수표에 서명도 할 수 있게 하길 바랐지만, 풀턴 부인은 그런 방식에 반대할 것이며 — 단지 보조자로만 여길 것이 틀림없습니다. 우리 여성들은 또다시 포기했지만, 몇몇 사람들은 이에 대해 많이 동요했어요. 매슬랜드 부인이 함께한 것이 그렇게 오래되지는 않았지만, 우리를 꽤 잘 아는 디모인[아이오와주] 지부의 브룩스 부인[158]을 제외하면, 매슬랜드 부인은 정말로 우리의 유일한 과거, 현재, 미래의 연결고리예요.

당신 편지의 사본은 애번 부인, 벨마, 페리 부인,[159] 매코넬 부인, 베비 부인에게도 보내야 한다고 생각해요. 페리 부인은 협동위원회 위원장이었고, 매코넬 부인은 지난여름 좀 더 긴밀한 관계를 맺고 싶다고 말했으며 언제든 궂은 일을 마다하지 않는 사람이에요. 그녀는 항상 열심히 일할 거예요.

1월 중순에 새 협동위원회를 선출했어야 했는데, 새 위원회가 선출될 때까지는 구 위원회가 역할을 계속하게 될 거예요.

"소문"은 상황을 여실히 보여주고 있기 때문에, 애번 부인과 매슬랜드 부인에게 해를 끼치지는 않을 거예요.

아마도 당신은 평의회 회의에 관한 사우어의 편지를 받으셨겠지요. 대략 1년 전쯤에 우리 여성들은 대학 재단에 대해 문제를 제기했어요. 현장에 있는 사람들은 고등학교가 대학 재단과 함께 운영되는 것에 대해 위험하다고 느꼈는데, 이제 그들의 우려가 현실이 되었어요 — 이런 식으로 가면 우리는 함께 일하기 어려워요 ― 걱정스럽습니다!

지금 그들은 이화뿐만 아니라 한국의 모든 사업을 위해 일정 금액을 미리 빌려서 보내는 방안을 논의 중이에요. 하지만 제발 다시는 요청하지 말라는 말을 들었어요. (제발이라는 말에 웃음이 나오더군요.) 그러므로 공식적인 금지 명령이 떨어질 때까지는 편지를 보내주시기 바라며, 풀턴 부인에게 모든 예산에 대해 강력하게 요청하시기 바랍니다. 그들의 믿음은 어디로 갔나요!

토머스 부인은 우리 내한 선교사들이 ― 기도 모임을 ― 진정 의미 있는 간절한 기도 모임을 ― 만들 수 없는 것인지 궁금해했어요. 추진력은 바로 그런 간절함에서 나온다고 생각해요.

비록 많은 짐들을 미리 미국으로 보냈다고는 하지만, 톰과 밴이 화재로 너무 많은 것을 잃어버려 마음이 아파요. 더 많은 사고가 일어날 수도 있을 텐데, 우리는 모두 다가오는 일들을 받아들여야만 해요. 세상이 이렇게 엉망인데 우리가 편안하다는 것은 맞지 않는 일이지요.

우리는 음악 책들을 주문하고 있지만 4월 1일에 만기가 되는 잡지들은 갱신하지 않기로 했어요. 이에 대해 어떻게 생각하시는지요?

다음 주에는 클리블랜드에 가게 되길 바라고 있어요 ― 스탠리 존스[160] 일행이 클리블랜드 동부에 올 것 같아요. 그때 헐버트 자매도 만날 수 있겠죠.

밴버스커크 박사님 부부께 안부 전해주세요.

사랑으로,

애다 B.

몸무게가 늘어서 지금 빼려고 노력하고 있는데 ― 잘 아시듯이, 즐겁지 않네요. 채핀 부인에게 돈을 미리 보내달라고 재촉하는 편지를 쓰려고 해요. 전보를 보내는 것이 확실한 방법일 거예요 ― 편지는 지연되기도 하니까요.

채핀 부인이 수표를 동봉해서 보냈던 편지 하나는 수신인이 더 이상 돈을 받지 않겠다고 이야기한 후에도 몇 달 동안이나 지체되어 있었어요.

ABH

주소: 뉴욕, 5번가 150
1941년 2월 19일 코로나에서

친애하는 밴(과 친구들)에게,

주말을 즐겁게 보낸 후 라브 자매[161]가 나를 데려다주었을 때, 당신의 반가운 편지가 일반 편지를 동봉하여 도착한 것을 발견했어요. 그 편지는 1월 12일자였고, 방금 받은 메리 레이시의 편지는 19일자, 빌 쇼의 편지는 25일자여서, 다시 연락이 꽤 되는 것 같은 기분이 드네요. 감독님을 너무 만나고 싶어서 다음 주 다시 로스앤젤레스로 가서 만날 수 있기를 바라고 있어요. 나는 27일에 이곳을 떠나 케이티의 작고 안락한 아파트에서 다시 함께 지낼 것이며, 패서디나에서 중요한 홍보의 날 발표를 할 예정이에요. 그날 밤 D. 스미스는 런트 부부가 등장하는 <다시는 밤이 없으리>라는 연극에 나를 데리고 갈 것이고,[162] 우리는 누군가에게 폐를 끼치기보다는 호텔에서 묵을 거예요. 일요일에는 올리브와 다른 친구들을 만나고, 3월 3일부터 10일까지는 프레즈노에 가서 시간을 보낸 후, 2주 동안 샌프란시스코를 방문하고, 그다음 오리건주에 갔다가 동쪽으로 갈 계획이에요.

오늘 밴버스커크 박사님께 홍보 일이 나에게 맞는다고 생각하시는지 물었더니, 그것은 **최후의** 선택일 것이라고 하셨어요. 어제 내 발표 후 임원 중 한 분은 왠지 내가 부인회나 현장 조사 등의 일을 해야 한다는 생각이 든다고 말씀하셨죠. 밴 박사님은 학교에 가겠다는 내 생각이 제일 좋다고 하셨어요. 다음 주 내 방문이 끝날 때 박사님이 관찰하신 내용을 벨마에게 편지로 알려주시길 요청드렸어요. 그는 훌륭하고 현명한 조언자이자 친구예요.

아, 화재라니요! 당신은 정말 절제력이 대단해요. 사랑하는 톰은 화재를 영웅처럼 받아들일 줄 알았어요! 상황이 훨씬 더 나쁠 수도 있었는데, 당신들의 생명이 안전하고 재산을 많이 잃지 않았다는 것에 감사하지 않을 수 없네요. 시간이 부족하고 일정이 너무 꽉 잡혀 있어 당신 편지의 사본들을 만들 수 없을 것 같아요. 아 "첨"이 얼마나 보고 싶은지 몰라요. 그와 당신의 건축가 친구, 그리고 수남이의 소식도 알려주세요. 그 소년을 만났다니 참 기쁩니다. 이 모든 친구에게 안부 전해주세요. 소중한 웰치 감독님의 사진을 화재에서 건질 수 있었다니 신기하지 않아요? 며칠 전 새벽 3시에 라브네 집에서 그레이스의 전기 담요에 불이 붙어 불길이 치솟기 시작했는데, 나는 너무 무서웠어요. 고장이 나 작동하지 않는 것을 보고도 어리석게 전기를 꺼놓지 않았던 거예요. 내가 깼을 때 좀 더운 느낌이 들었는데, 공기가 불꽃을 부채질해서 막 불이 붙기 시작하고 있었으며, 급히 불을 두드려 꺼서 시트도 그슬리지 않고 꺼지긴 했어요. 하지만 무슨 일이 일어날 뻔했는지에 대한 생각으로 밤새 잠을 이룰 수 없었어요.

일요일 내내 즐겁게 먹었더니 살이 1kg 쪄서, 어제 그 살을 다시 뺐답니다. 사랑하는 단 음식을 안 먹고도 기분이 더 좋다는 것을 고백할 수밖에 없네요.

베리아[켄터키주]에 있는 엘리자베스의 집에 머물고 있는 브라우니에게서 반가운 편지가 왔어요. 브라우니는 더 건강하고 행복해졌지만 멀리 떨어져 있는 가족들을 걱정하고 있어요. 어떤 말이든, 모든 것이 전과 같다는 말조차도 그녀에게는 반가울 거예요. 그녀에게 꼭 소식을 전해주세요. 그래서 당신은 계속 버티려고 하는군요. 모든 것이 잘못된 방향을 가리키고 있지만, 어려움 없이 개선되기를 희망하며 기도해요. 10시에 리치필드 방송을 듣고 나면 거의 잠을 잘 수 없어요. 방송국에서 얼마나 자주 우리의 편지를 원할지 모르겠지만, 다른 편지들도 도움이 된다면 좋겠네요. 2월 9일이 지나갔는데, 괜찮았다는 소식을 듣고 싶어요. 로지가 플로리다에서 편지를 보내왔는데, 나이 드신 사랑하는 O. R.[163]을 마주쳤다고 해요. 상상이 될지 모르겠지만, 그가 혼자 집을 지키고 있으시대요! 소박하게 먹는 것이 자기에게 제일 잘 맞는다고 이야기하셨대요. 사람들과 함께 많이 어울리시는 것을 알고 있기에, 아마도 먹고 싶은 게 있으면 먹고, 쉬고 싶을 때는 혼자 있기를 좋아하시는 것 같아요. 로지는 프레스턴[164] 부부도 거기에 계셨다고 말했어요. 나이 드신 로지는 항상 도움 없이도 잘 서시니, 나는 그녀에 대해서는 걱정하지 않아요.

나는 모네타와 워즈워스 부인[165]과 함께 에번스턴[일리노이주]에서 가능한 한 오래 수난주간을 보낼 계획이고, 그다음 내슈빌에 있는 레이시의 집과 펜실베이니아, 뉴욕, 뉴잉글랜드 등에 갈 계획이에요. 언제 어디서 어떻게 나의 일이 생기게 될지, 오직 주님만 아십니다. 그 일이 당신과 함께하는 것이라면 얼마나 좋을까요!!!

사람들이 성탄절 카드를 어디로 보내야 할지 물어봐서, 현재로서는 당신의 주소를 알려줄까 해요. 당신이 가장 잘 알 테니, 아무것도 보내지 않는 게 좋다고 생각한다면 내게 말해주세요.

에드나 로렌스가 살고 있는 온타리오[캘리포니아주]에서, 나가사키에서 사역했던 스콧 부부[166]를 만났어요. 감독님이 그들에게도 귀국하라는 지시를 했다고 하더군요. 너무 비통해요. 우리가 겪은 일이 똑같이 반복되니, 페키와 그 학교의 다른 사람들 생각에 마음이 너무 아픕니다. 우리 배에 탔던 노스캐롤라이나 사람 중 한 명이 내가 강연을 한 이곳의 구역 모임에 어제 참석했는데, 남편은 아직 일본에 있다고 말했어요. 그녀는 샌프란시스코에서 디펜도퍼를 만났으며 헨리도 거기에 있었는데, 그들이 정보를 얻어 왔다고 했어요. 우리가 걱정해온 모든 것이 사라졌다는 이야기는 모순인 것 같이 들리는데, 일단 헨리의 이야기를 들을 때까지 기다리려고 해요. 헨리가 한 달간 아이오와에서 일하기 시작한 이후로 소식을 듣지 못했어요. 나는 아직 강연을 네 번 더 해야 하며, 로스앤젤레스에서 Y 남자들의 아내 75명으로 구성된 그룹을 위한 강연을 하나 하기로 했어요. Y 친구들을 위해서 해야겠다고 생각했지요.

홀리스와 메리 부부[167]는 사랑스러우셔요. F. 맥앤리스도 그곳에 있었어요. 그녀의 혈당 수치가 안타깝게도 다시 높아졌다고 해요. 케이티는 사랑스럽고 정말 후하게 대접해주었어요. 풍성하게 환영의 차가 제공되었고, 오랜 대학 친구들과 다른 손님들 열댓 명이 함께했어요. 나는 다과회 접시와 친구의 일요일 식사 접시를 모두 설거지했는데, 그녀에게 끼친 폐를 생각하면 아무것도 아니었어요. 나는 접시 닦는 것을 꽤 잘해요 — 거의 호텔에 취직할 수도 있을 듯해요! 여러분 모두 타자기로 이렇게 쓴 것을 싫어하시지는 않겠지요? 나에게는 많은 도움이 되는데, 다음 주부터는 모두 다시 손으로 써야 해요. 샐리가 타자기를 빌려주어서 그동안 정말 요긴하게 썼어요.

많은 사랑으로,

앨리스

캘리포니아, 코로나
1941년 2월 20일

친애하는 사람들에게,

드디어 1월 12일자 밴의 편지를 받았고, 메리 레이시는 19일자 편지를 보내왔습니다. 빌 쇼도 25일에 쓴 편지를 보내서, 다시 소통이 되는 느낌이 듭니다. 밴 부부가 그곳에 남겨둔 모든 살림살이와 여름 용품들, 물려받은 가재 등을 잃은 것을 제외하면, 화재에 대해 별로 할 이야기는 없습니다. 경찰이 현장에서의 1시간을 포함하여 4시간 반 동안 그들을 억류했기 때문에, 그들은 물건을 신경 쓸 여유가 없었습니다. 심하게 그을린 몇 장의 사진이 담긴 양철 트렁크를 화재 현장에서 건졌는데, 그중에 웰치 감독님의 사진이 있었다고 합니다. 밴은 한국인들 사이에서 성서공회가 조직되었고, 그들이 톰에게 영국성서공회가 협력 단체 중 하나가 될 수도 있다고 말했다고 했습니다!!! 그들은 톰이 머물기를 원하고 있고, 톰은 가능한 한 오래 머물 계획입니다. 밴은 최악의 상황이 발생했더라도 지금은('전쟁이 시작되었는데 지금 여행하는 것보다'라는 뜻으로 추측됩니다.) 머무는 것이 더 낫다고 생각한다고 말했습니다.

베이커 감독님은 마쉬 씨에게, 뭔지는 모르겠지만 무슨 일이 곧 일어날 것이라고 말씀하시면서 공개적으로 철수하라고 권하셨습니다. 디펜도퍼 박사님이 『월드 아웃룩』[168]에 실은 글을 통해서 알 수 있듯이, 그는 좀 유화 정책 쪽으로 기울어서 인기가 별로 없는 것 같습니다. 나는 베이커 감독님 부부를 꼭 만나고 싶어서 27일에서 3월 1일 사이에 시간을 내어주실 것을 요청드렸고, 그 후에는 북쪽으로 떠날 것입니다. 우편물은 이곳으로 보내거나, 아니면 내가 3월 12일부터 24일까지 머물 샌프란시스코, 옥타비아로 2519로 보내면 내게 전달될 것입니다. 그 후에는 포틀랜드[오리건주]를 거쳐 동쪽으로 갈 것입니다. 수난주간에는 에번스턴에 있을 것이며, 그 후에는 콜럼버스, 내슈빌 등으로 갈 것입니다.

불쌍한 C. 사우어와 스나이더, 앤더슨 박사를 홀로 남겨놓은 채 무어 부부와 윌 쇼 그리고 데모리 박사가 곧 올 것이라는 소식을 들었을 것입니다. 사람들이 성탄절 카드를 어디로 보내야 할지 물어보면 나는 밴의 주소인 한국 서울 사직정 311을 알려줍니다. 밴은 그 카드들을 나누어주어도 괜찮을지 알 것입니다. 사람들에게 감사 편지는 기대하지 말아달라고 말해주세요. 불쌍한 한국의 어린 학생들에게는 정말 그 어느 때보다도 카드가 필요하니 많이 보내주시기를 바랍니다.

나는 패서디나에서 즐거운 주말을 보냈습니다. 윌버 부부와 F. 맥앤리스와 함께 식사를 했지요. 윌버 부부는 5월까지 이곳에서 머물 예정인데, 전과 똑같아 보였습니다. 에드나 로렌스가 살고 있는 온타리오에 방문했을 때, 나가사키에서 거주하던 스콧 부부를 그들의 집에서 만났습니다. 스콧 부부는 감독님이 모든 일본 선교사들에게 4월 1일까지 고국으로 돌아가라고 지시했다고 했습니다. 불쌍한 갓스이![169] 그들에게 깊은 연민을 느낍니다.

로지는 프레스턴 부부와 나이 드신 ORA[170]를 만났다고 플로리다에서 편지를 보내왔는데, ORA는 종일 사람들과 어울리긴 하지만 혼자 살고 계시다고 합니다. 더글러스[171]는 토론토대학에서 공중보건 일에 뛰어들었습니다. 나도 그처럼 똑똑하면 좋을 텐데요! 엘리자베스 로버츠[172]는 한 외로운 여자를 도와주러 간 시골 역에서 멋진 편지를 보내왔습니다. 그녀는 자신만의 방식으로 모든 동물, 벌레, 더위 등에 대해 이야기합니다. 그녀는 가능하다면 서울, 아니면 적어도 고베에 잠깐 들른 후 5월에 미국에 오고 싶어 합니다. 스웨덴으로 갈 계획이 아닐까요?

메리 영과 마리 쳐치는 코밸리스[오리건주]에서 단기 과정으로 농업 공부를 즐기고 있습니다. 나는 패서디나, 로빈크로프트에서 C. 베이커[173]를 잠깐 만났는데, 그녀는 건강이 많이 회복되었습니다. 그녀는 남 워싱턴로 245에서 한동안 지낼 것입니다. 우리는 다음 주에 딜리스에서 스키야키를 먹기로 했습니다. 그녀는 내가 강연할 때 스웨어러,[174] 앨리스 샤프,[175] 해너 샤프[176]와 함께 지역 모임을 위해 이곳에 왔는데, 모두 좋아 보였습니다.

맥라렌 가족은 집을 팔고 안식년 휴가를 가든지 지금 떠나든지 하려고 합니다. 그들이 다시 돌아올 가능성은 희박한데, 그건 우리 모두에게 엄청난 손실입니다. 브라우니는 켄터키주 베리아에서 자매인 엘리자베스와 함께 지내고 있고, 아마도 그게 더 나은 선택인 것 같습니다. 그녀는 강 씨네[177] 소식을 듣지 못해 걱정하고 있습니다.

헨리는 한 달 동안 순회 설교를 하기 위해 아이오와에 갔습니다. 그가 샌프란시스코에서 디펜도퍼 박사님을 만났다는 것을 알고 있는데, 그것에 대해서는 아직 들은 바가 없습니다. 나는 헨리를 다시 만난 다음에야 동쪽으로 갈 것입니다.

단백질-비타민만으로 구성된 식단을 유지해 몸무게를 4.5kg 정도 감량했습니다. 맛있는 것들을 포기해야 하긴 하지만, 솔직히 이 식단이 나한테 좋은 것 같습니다. 이런 식으로 살아야 한다는 것, 아마도 그래야 하겠지만, 그것에 대해 생각하고 싶지는 않습니다. 세상이 너무 많은 어려움에 처해 있고 많은 사람이 굶주리며 더 나쁜 상황에 놓여 있어서, 그것에 대해 농담하는 것조차 부끄럽습니다. 아직도 흔한 사치, 안락, 낭비는 끔찍해 보입니다. 우리 모두 머지않아 종이와 양철 깡통, 유리병, 음식을 아껴야 할 때가 올 것이라고 생각합니다. 아 네, 나는 차와 커피도 끊었습니다. chami(재미) 없어요!

강연하는 데는 힘이 많이 들지만, 사람들은 친절하고 나는 능력보다 더 많은 것을 해냈습니다. 내일은 YMCA 남자들의 아내 75명에게 강연하기 위해 다시 로스앤젤레스로 갈 것입니다. 한국과 인연이 깊었던 Y 친구들을 위해 강연하겠다고 생각했는데, 8시 45분 버스를 타고 가서 6시 40분에 돌아오는 기차를 타야 해 하루가 꼬박 걸립니다. 밴 박사님은 내가 생계를 위해 돌아다니며 홍보하는 것을 원하지 않으시며 그 일이 지금 내게 너무 힘들다고 생각하시는데, 나도 같은 생각입니다. 나는 별도로 스캐릿 일을 하고 있지만, 그렇다고 스캐릿대학을 위해 추가적인 수고를 많이 하고 있는 것은 아닙니다. 훨씬 더 많은 일을 하고 싶지만 한계가 있습니다.

모두에게 많은 사랑을 보냅니다. 원하는 만큼 이 편지를 돌려보시되, 편지가 한국으로 들어가지는 않게 해주세요.

앨리스

코로나
1941년 2월 21일

친애하는 애다와 애나에게,

내가 해야 하는데 끝내지 못하는 일들이 쌓여 초조해져서, 두 분에게 한꺼번에 편지를 쓰려고 해요. 애다, 항공 우편으로 보내준 당신의 2월 13일자 편지를 받고 기뻤지만, 아직 답장을 못했어요. 감독님과 디펜도퍼가 막 돌아온 참이어서, 풀턴 부인에게 어떤 조치를 취해야 할지 말할 충분한 정보를 갖고 있지 않다고 생각했거든요. 감독님을 만나 더 잘 알게 된 후에, 필요하면 풀턴 부인에게 전보를 보내려고 해요. 그들이 어느 길로 가야 할지 모르고, 빚지는 것을 두려워하며, 좋은 돈을 나쁘게 써버린다고 비난받을까 두려워한다는 것을 알아요. 그들은 우리처럼 한국을 사랑하지는 않으며, 우리에게도 이 일은 도박이에요. 재단에 대해 망설였던 것이 큰 잘못이었다는 것에 동의해요. 나 역시 일부 책임이 있지만, 결국 애번 부인이 결정을 지연시켜 재단을 잃게 만든 것이 사실입니다. 그녀를 좋아하고 과거에 수고해준 것에 감사하지만, 지금은 그녀에게 너무 많은 것을 맡길 수 없다고 생각해요. 나는 풀턴 부인을 잘 알고 있으니 무엇을 말해야 할지 더 명확한 판단이 설 때 편지를 쓰려 합니다.

밴은 편지에서, 활란이 감독님과의 대화를 준비하는 중에 자신이 활란과 이야기를 나누었다고 했습니다. 그러나 감독님이 내게 직접 말해줄 것이라고 하면서 그 후에는 편지를 보내오지 않았어요. 맥라렌 부부는 집을 파는 중인데, 집 판 돈을 이화가 사용하게 하고 우리가 환불해주는 방안을 제안했어요. 아마도 활란은 모리스의 제안에 대해서 듣지 못한 것 같아요. 밴의 편지는 개인적으로 보낸 것이어서 더 자유롭게 쓰였는데도 그 제안에 대한 언급은 없었어요. 밴은 모리스에 대해서 모르는 것 같아요. 모리스의 제안이 실행된다면 너무 금액이 클 거예요. 밴은 맥라렌 집의 가격에 대해서는 말하지 않았어요. 우리는 이화여고도 고려하고 도와주어야 한다고 생각해요. 배화처럼 우리를 후원해줄 노부인[178]이 있으면 좋을 텐데요.[179] 멋지지 않을까요? 맥라렌과 모리스 등이 추진하는 이 교환 사업이 성공한다면 학교들을 든든히 세울 수 있을 거예요. 기독교적 가치를 유지하는 한, 여선교사들은 기꺼이 몇 년 동안 일할 준비가 되어 있다고 생각해요.

진 보스웰이 부회계가 아니어서 너무 안타깝지만 아마도 언젠가는 그 자리를 맡겠지요. 때때로 이러한 변화들은 적응하는 데 시간이 걸려요. 풀턴 부인은 좋은 사람이며, 남부 사람들은 이화에 진실하다고 생각해요.

애다, 편지를 보낼 주소를 말해주지 않아서 클리블랜드로 보내요. 두 분이 함께 워싱턴을 방문했다니 기뻐요. 애나, 내가 돈이 있으면 돌아가겠다고 말했다고 한 사람은 베티 리인 것이 확실해요. 나는 결단코 돈에 대해서는 한 마디도 하지 않았어요. 돈이 이유의 전부라면 내일이라도 갈 수 있기 때문이지요. 나는 "할 수 있다면"이라고 말했으며, 그것은 매우 다른 뜻이에요.

내가 편지에서 그렇게 말했다고 베티 리가 잘못 전한 것이 불쾌해 그녀에게 답장을 쓰려고 해요. 나는 그녀가 계속 그렇게 말하는 것이 정말 싫어요. 만약 그런 말을 한 사람이 다른 사람이라면 내게 알려주세요. 그들이 우리가 어떻게 느끼는지 알기란 어려워요. 하지만 그것은 감독님이 우리 모두가 그냥 신경질적인 사람들이 아니라는 사실을 아시는 데는 도움이 될 것입니다. 언더우드 사람들과 다른 몇몇 사람들이 우쭐한 태도로 말하는 것은 좋지 않아요. 『크리스천 센추리』[180]에 실린 홀리[181]의 기사는 형편없어요. 그는 핵심 주제, 즉 지역 고유의 지도자들과 그들과 관련된 우리의 존재에 대하여 무시하고 있어요. 그는 마치 우리가 더 이상 돈을 마음대로 할 수 없어서 화가 난 것처럼 말하고 있어요. 허 참!

당신이 이화가 구독하고 있는 잡지들을 끊는 것에 대해 내가 승인했는지 모르겠네요. 그들이 잡지를 끊자고 제안한 것이 아니라면, 잡지들 특히 『뉴욕 타임스』는 계속 구독하는 편이 좋다고 생각해요. 비싸기는 하지만, 잡지가 배달될 수만 있다면 그들에게 정말로 큰 의미가 있을 거예요. 구독하는 잡지의 목록을 줄일 수도 있지만, 그들이 그런 제안을 할 때까지는 기다리는 편이 좋겠어요. 협동위원회 문제는 어떻게 해야 할지 모르겠어요. 아무도 내게 편지로 알려주지 않았지만, 그들을 만날 때 무슨 말이든 있을 것 같아요. 뭔가 들은 것이 있는지요? 협동위원회는 이런 재정적인 문제들에 대한 승인 외에는 지금 거의 활동을 하고 있지 않아요.

네, 그레이하우스에서 술을 마시는 러시아인들과 신학교에서 사악한 일들을 하는 경찰들은 정말 나쁩니다. 이런 일이 일어나리라는 걸 예상하지 못했다면 우리가 계속 사용해야 했겠지만, 예상했던 것보다도 더 심하게, 더 빨리, 더 나쁘게 일어나고 있군요. 남자신학교가 여자 학과를 다시 설치할 가능성은 매우 희박하다고 생각해요.[182] 뭔가 다른 계획을 세워야 하는데, 전에 자주 이야기했던 것처럼 이화와 협력하여 계획을 세워볼 수도 있겠지요. 그들이 지금 그 건물을 가지고 있다면 얼마나 좋을까요. 정부 쪽 사람들은 내보낼 수 없을 거예요. 우리가 떠나기 전에 여성들이 그곳을 차지하도록 처리해놓았어야 한다고 생각해요.

류[183]나 다른 한국인들에게서 들은 소식이 있나요? 보브는 그녀가 동대문 병원에 편지를 보낼 수 있고, 그들도 그녀에게 편지를 보낸다고 하더군요. 그녀도 말했지만 악마들은 바로 서대문 경찰이에요.

이제 편지를 그만 쓰고 치과에 가기 전에 내 방을 청소해야 해요. 하루 종일은 물론 밤새 일하고도 절대 피곤하지 않을 수 있으면 좋겠어요. 그러면 내가 하고 싶은 목표와 가까운 어딘가에 도달할 수 있을 텐데, 이래서는 어디에도 도달할 수가 없어요.

애나, 당신의 편지를 읽으면서 즐거웠고, 식단 조절을 잘하고 휴식도 좀 취하고 있다니 기뻐요. 셀마[184]도 계속 건강하길 바라요. 모두에게 사랑을 보내요. 자주 편지 주세요.

애정을 다하여,
앨리스

주소: 뉴욕, 5번가 150
캘리포니아, 코로나에서
1941년 2월 24일

친애하는 친구들에게,

이틀 후면 이 평화로운 곳을 벗어나 다시 길을 떠나려고 합니다. 다음 머물 장소는 어디가 될지 모르겠지만, 이곳은 지난 6주 동안 내가 짐을 풀고 푹 퍼져 있을 수 있는 집이었습니다. 좋은 친구이자 조언자인 밴버스커크 박사님 부부는 항상 시간을 최대한 활용할 수 있게 해주셨습니다. 강연과 서신과 방문으로 너무 꽉 찬 일정을 소화하느라 푹 쉴 수는 없었지만, 틈틈이 리버사이드 가까이에 있는 이 작은 도시의 조용한 속도, 그리고 목사관 생활의 교제, 캘리포니아의 풍성한 과일과 채소를 즐겼습니다. 사람들은 평소와 다르게 습한 계절에 대해 불평하고 있지만, 거의 매일 태양이 비치고 대기는 온화합니다. 내가 유일하게 실망하는 것은 하루의 시간이 한정되어 있고, 내 힘은 제한되어 있다는 것입니다. 하지만 처음 왔을 때보다 기분이 나아졌으며, 덕분에 즐거운 시간을 보낼 수 있어 감사했습니다.

새해 첫날 라브 자매가 장미 퍼레이드에 데려갔던 것부터, 차를 타고 즐겁게 많이 돌아다녔던 것까지, 많은 친구들이 나를 기쁘게 해주었습니다. 남캘리포니아 웰즐리 클럽 강연에 초대를 받아 즐거운 만남들을 가질 수도 있었습니다. 내 능력보다 강연할 수 있는 기회들이 더 많았고, 이 일이 현재 상황에서 부담이 되긴 하지만, 그렇게 관심을 가져준 사람들을 만나게 되어 기쁩니다. 2월 28일에는 패서디나에서 열리는 세계기도일[185] 프로그램에서 강연할 예정입니다.

한국 친구들은 차마 편지를 쓸 엄두를 내지 못하고 있어, 그들에 대한 소식은 한국에 남아 있는 몇몇 미국인들로부터 듣고 있습니다. 이화여전은 우리가 남겨놓아야만 했던 무거운 짐을 용감하게 짊어지고 나아가고 있습니다. 지금까지는 미국에서 자금을 보낼 수 있었지만, 만약 돈을 보내는 것이 불가능해지면 길이 다시 열릴 때까지 재미협동위원회가 기금을 가지고 있게 될 것입니다. 그동안 교장인 김활란 박사는 모든 것을 기준에 맞게 유지하기 위해 최선을 다할 것입니다. 그녀의 용기는 많은 영감을 줍니다.

사람들이 아직도 한국을 떠나고 있어서, 평소 200명이 넘던 "외국인" 공동체는 이제 30명 정도입니다. 서울은 유령 도시 같습니다. 우리가 떠남으로써 긴장이 상당히 완화되었고, 어떤 경우에는 일할 수 있는 새로운 기회들이 생겼다고 들었습니다. 하지만 막 여행에서 돌아온 감리교의 공식 시찰자 베이커 감독님과 디펜도퍼 박사님은 지난 11월 우리의 철수를 승인하셨고, 일본에 있는 사역자들에게도 4월 1일까지 떠날 것을 촉구하신다는 말이 전해졌습니다. 라디오 뉴스가 가장 우울합니다. 어떻게든 더 나은 변화가 오기를 기도할 수밖에 없습니다.

프레즈노에서 모르는 사람들 사이에서 일주일을 보낸 후 버클리에 있는 남동생 가족과 며칠을 보내고, 그다음 북쪽과 동쪽으로 이동해 부활절쯤에는 시카고에 도착하려고 합니다. 내슈빌에 있는 기독교 사역자를 위한 스캐릿대학은 나에게 돌아다니는 동안 그 대학의 사업을 알리는 일을 맡아달라고 요청했으며, 나는 그 일을 하게 되어 기쁩니다. 이 기간에 어떤 평생 직장을 찾을 수 있을지 모르겠지만, 이화로 돌아가는 길이 다시 열릴 때까지는 교회나 가정선교학교에서 일할 수 있으면 좋겠습니다. 나는 "하나님의 대기실"(다락방, 1941년 1월 26일)[186]에 있는데, 내 차례가 되면 그분께서 나에게 말씀해주실 것입니다.

여러분 각자에게 쓰고 싶었던 길고 개인적인 편지 대신 이 편지를 보낼 수밖에 없다는 사실이 정말 실망스럽습니다. 여러분의 편지는 이 슬픈 몇 달 동안 정말 많은 의미가 있었으며, 기억해주신 여러분 모두에게 감사드립니다. 여러분의 인내와 꾸준한 친절, 그리고 우리 모두가 그곳에 있었을 때보다 지금 더 가치 있고 필요한 그 일에 지속적으로 보여주는 여러분의 관심에 감사를 드립니다. 이 땅을 이리저리 돌아다니는 동안 언젠가 여러분을 만나고 싶습니다. 미국이 이토록 아름답고 특권과 축복으로 충만해 보인 적이 없었으며, 자유의 공기가 이토록 달콤해 보인 적이 없었습니다.

충심을 다하는 여러분의 친구,

앨리스 R. 아펜젤러

뉴욕, 뉴욕, 5번가 150 <발신인: R. E. 디펜도퍼>

감리회 선교 및 교회 확장국

해외선교부

1941년 2월 25일

미스 앨리스 아펜젤러

캘리포니아, 코로나, 러모나로 1012

친애하는 미스 아펜젤러께,

1월 14일 화요일 샌프란시스코에서 우리의 한국 방문에 대해 보고할 때, 당신이 그 작은 무리 안에 안 계셔서 아쉬웠습니다. 하지만 헨리 부부가 내가 헨리에게 전한 인상을 전해줄 수 있을 것입니다.

다만 김활란과 두 번의 의미 있는 만남을 가졌다는 이 특별한 소식은 직접 전하고 싶습니다. 그녀가 어느 날 우리가 머물던 조선호텔 로비로 찾아왔고, 우리는 방해받지 않으며 조용히 대화를 나눴습니다. 그리고 서울을 떠나기 직전에 사우어의 집에서 다시 만났습니다. 그녀는 특히 당신이 보내준 사탕이 귀한 선물이었다며 고맙다고 전해달라더군요. 또한, 지금 이화에 있는 전임자들의 사진과 비슷하게 찍은 당신의 사진이 필요하다고 합니다. 그들이 원하는 사진이 어떤 종류인지 아실 것이라고 말했습니다.

김활란은 어떤 편지도 쓰지 않을 것임을 모든 친구에게 알려달라고 했습니다. 협동위원회에는 이화여전을 위한 모든 선물을 3월 말이 되기 전에 보내줄 것을 요청하고 있습니다. “그것들을 빨리 보내주세요”가 그녀가 전한 말이었습니다. 이후 재단법인이 승인되면 한 번 더 시도해주길 바라고 있습니다.

이 유능한 사람의 능력과 훌륭한 정신에 한 번 더 감명받았습니다.

심심한 안부 인사를 전합니다.

진심을 담아
R. E. 디펜도퍼
사무국장

주소: 캘리포니아, 버클리, 프린스로 2815
프레즈노에서
1941년 3월 5일

친애하는 디펜도퍼 박사님께,

격려의 메시지를 담아 좋은 편지를 보내주셔서 감사합니다. 자금 지원을 요청하는 김활란 박사의 메시지를 박사님이 매코넬 부인에게 즉시 전해주실 수 있기를 바랍니다. 저는 매코넬 부인이 그동안 많은 노력을 기울여왔다는 것을 잘 알고 있지만, 현재는 연락이 닿지 않는 상황입니다. 보낼 수 있는 것은 무엇이든 즉시 송금하는 것이 시급합니다.

동봉한 편지의 타자가 너무 형편없어서 보내드리기 망설여지지만, 너무 중요한 편지라 박사님이 꼭 보셔야 할 것 같습니다. 이 편지는 홉스 부인의 친한 친구들을 위해 쓴 것입니다. 그들에게 가해지는 새로운 탄압에 관한 내용, 그리고 활란에 대해 공개해서는 안 된다는 부분이 가장 중요합니다. 그것을 주의 깊게 읽어주시기를 바라며, 베이커 감독님께도 보여드리기를 바랍니다. 짧은 시간에 상황이 이토록 급변했다는 사실에 놀라실 것입니다. 하지만 박사님의 방문은 명백히 좋은 인상을 주기 위해 마련된 것이었습니다. 이것은 우리 모두가 주의해야 할 내부 정보로서, 김 박사뿐만 아니라 현재 한국에 있는 다른 모든 그리스도인들에 대한 보호를 확실히 하기 위해 힘껏 최선을 다해야 할 것입니다.

5월 중 뉴욕을 방문할 예정인데 그때 박사님을 뵐 수 있기를 바랍니다.

진심을 담아,

앨리스 R. 아펜젤러

뉴욕, 뉴욕, 5번가 150 <발신인: 벨마 메이너>

감리회 선교 및 교회 확장국

여성기독교봉사부

1941년 3월 5일

나의 친애하고 친애하는 앨리스에게,

정말 당신은 최고의 현장 통신원이에요. 다른 어떤 출처보다 당신을 통해 한국 소식을 더 많이 알게 되네요. 신속하게 답장하지 못해도 늘 인내와 너그러움으로 기다려주시고, 정말 성실하게 계속 편지해주셔서 감사해요.

무엇보다도 디펜도퍼 박사님과 베이커 감독님이 가지고 돌아온 소식을 무척 듣고 싶어 하신다는 것을 알고 있어요. 그들은 일본과 한국에서 정말 바쁜 한 달을 보냈는데, 한국에서는 사나흘만 계셨어요. 폭넓고 철저한 조사를 한 후 아주 확고한 의견을 가지고 돌아오셨지요. 일본과 한국에 있는 모든 감리교 선교사들의 완전한 철수를 권고하셨습니다. 전쟁이 발발하면 억류될 위험은 제쳐두고서라도, 일본 교회가 외국의 영향력에 너무 많이 휘둘린다는 의심을 받아 곤란해지지 않고 교회 방침을 자유롭게 이행할 수 있도록, 얼마 동안은 철수하는 것이 낫다고 판단하셨어요.

찰스 사우어는 3월 25일에 배를 타고 떠날 예정인데, 그가 마지막으로 떠나는 선교사예요. 아마도 그가 회계 담당이기 때문이라고 생각해요. 일본 철수에 관해서 극소수를 제외하고는 다른 선교사들의 항해 일정은 아직 받지 못했어요.

베이커 감독님은 이번 주 마지막 날 이곳에 오실 것이며, 우리는 그와 반갑게 회의를 할 예정이에요. 감독님이 선교사 여러분을 위한 계획을 세우는데 우리를 도와주시기를 바랍니다. 나는 감독님을 만나 그가 받은 인상에 관해 듣기를 기다리고 있어요. 디펜도퍼 박사님은 감독님과 함께 메모해놓았던 것들로 일본에 대한 긴 보고서를 작성하셨어요.[187] 돌아오는 배 안에서 작성하셨대요. 한국에 대한 방대한 양의 메모도 가지고 오셨으며 보고서를 만들 예정이십니다.

디펜도퍼 박사님은 활란을 만났고, 그녀와 면담한 보고서를 나에게 주셨어요. 이미 여러분 모든 이화 선교사에게 전달한 바 있지요. 그는 활란이 씩씩하고 쾌활했으며, "학교에 관해 여러 제안을 받았지만 학교를 **팔지 않을 것**이고, **편지하지 않을 것**이라고 그들에게 전해주세요"라고 말했다고 합니다.

당신이 밴버스커크 박사님 집에서 머물며 즐거운 시간을 보내고 의학적인 조언도 받는다니 참 좋아요. 다른 어떤 의사도 밴 박사님보다 당신의 필요를 더 잘 이해할 수 없을 거예요. 그가 "홍보 활동은 하지 말라"고 한 것도 놀랍지 않네요. 당신이 얼마나 그 일을 잘하는지, 또 우리는 얼마나 당신을 필요로 하는지요! 그래도 그 일이 당신에게 좋지 않다는 밴 박사님의 의견에 동의하며, 가능한 한 빠른 회복에 방해가 되는 일은 아무것도 하지 않기를 바랍니다. 스캐릿대학이 당신을 너무나 원했기 때문에 당신이 그 대학의 일을 맡았으면 했지만, 당신 스스로 그 일을 할 만큼 건강하다고 느끼지 않는다면 맡지 않는 것이 현명하다고 생각해요.

가을과 겨울 내내 당신을 생각하며, 당신의 엄청난 재능과 훈련과 경험이 최대한 발휘될 수 있고, 소년 소녀들을 사랑으로 돌볼 수 있는 집 같은 그런 곳을 찾을 수 있기를 바랐어요. 그래서 당신의 미래를 생각하며 캘리포니아, 태평양 연안 지역, 하와이를 염두에 두고 있어요. 당신의 거취에 대해 베이커 감독님과 상의해보려고 해요. 그가 그 지역을 맡고 계신다는 것을 아실 거예요. 감독님을 만난 적이 있으신가요? 메리 영에게 편지를 쓰긴 했는데 솔직히 너무 늦게 썼네요. 나는 해야 할 일을 다 해내지 못하는 것 같아요. 베티는 그녀에게 남미에 대한 편지를 쓴 것 같아요. 메리 빅이 좋은 일자리를 구했다는 소식도 들으셨지요? 나는 편지로 메리 빅에게 다른 주에도 그런 공석이 있는지 물어보았어요. 아시다시피 이 일은 정부가 추진하는 일이니 다른 곳에도 비슷한 일자리들이 있지 않을까 생각했어요. 그런데 그런 종류의 일은 메리에게는 조금 버거울 수도 있을 것 같은데, 어떻게 생각하세요?

패트 맥휴[188]에 관해 물으셨지요. 그녀는 아직 일본에 있어요. 우리는 그녀가 일본 선교사들과 함께 고국으로 돌아올 것으로 기대하고 있답니다. 그녀는 머물고 싶다고 편지에 썼지만, 선교국 (해외) 국장이 그들에게 귀국을 지시했으니 결국 돌아오게 될 것 같아요. 그녀는 예쁘고 다정한 여성이에요, 그렇지 않아요?

당신이 밴에게 보낸 편지의 사본을 보내주셔서 고마워요. 그 편지에는 당신의 소식뿐만 아니라 태평양 양쪽에 있는 많은 다른 사람들의 소식이 담겨 있더군요. 브라운리의 강 씨 가족은 어떤가요? 그는 감옥에 갇혔나요? 디펜도퍼 박사님은 변 프리츠[189]가 풀려났는데 너무 야위어서 정말 다른 세상 사람처럼 보였다고 하셨어요. 그들은 얼마나 고통받고 있는지요! 브라우니에게서는 기분 좋은 편지를 받았어요. 그녀의 건강이 좋아졌다니 아주 기쁘고 안심이 돼요. 목에 가시가 박혔다니, 도대체 언제 어떻게 그런 일이 생긴 거죠? 가시가 박혔다는 걸 알지 못해서 의사에게 가보지 않은 걸까요? 기침하는 것이 가시 때문이라고 왜 진작 생각하지 않았는지 모르겠네요. 더 자세히 알고 싶어요. 어쨌든 그녀가 지금은 좋아져서 다행이에요.

아 참, 활란이 디펜도퍼 박사님과 감독님에게 이화를 위한 재단이 거의 완성되었다고 말씀드렸다는 것을 전해야 하는데 잊었네요.[190] 그녀는 우리가 4월 1일 이전에 보낼 수 있는 모든 기금을 보내줄 것을, 그리고 이후로도 돈이 잘 들어갈지 확인하기 위해 나중에 다시 한번 시도해줄 것을 바라고 있어요. 박사님은 활란이 정부의 선처로 기금을 계속 받을 수 있는 허가를 얻고 싶어한다고 생각하세요.

오늘 아침 선교부 수송 및 구매 부서의 해서메이어 씨에게 전화해 당신의 트렁크 보관에 관해 물어보았어요. 그가 트렁크들을 잘 챙기겠다고 했어요. 트렁크는 다음 주소로 보내주세요.

R. A. 해서메이어 씨
뉴욕, 5번가 150
감리회 선교부,
수송 및 선적 부서

짐을 보내기에 충분한 정보가 담긴 주소 같죠?

베티 리가 당신의 동부행을 걱정하는 편지를 보내드렸지요. 그녀는 당신이 너무 힘든 생활에 뛰어드는 것이 아닐까 걱정하고 있어요. 당신이 너무 보고 싶어서 가능한 한 빨리 오시라고 재촉하지 않을 수 없긴 하지만, 모든 계획을 세울 때 건강을 잘 지키시길 바랍니다. 어머니와 프랜시스와 나는 모두 당신을 만나기를 고대하고 있어요.

많은 사랑을 담아,
벨마

스캐릿에서
1941년 4월 21일

사랑하는 밴에게,

이 편지는 모네타의 집에 있을 때 쓰려고 했던 것인데, 모든 자매님들도 함께 읽을 수 있도록 해주세요. 이틀간 독감 비슷한 증세로 몇 가지 계획이 틀어졌지만, 모네타의 세심한 보살핌 속에 하루 종일 누워 있었더니 다시 일어날 수 있었어요. 에번스턴에서 지냈던 9일 동안 후회 없이 많은 경험을 했고, 좋은 친구들과 멋진 시간을 보낼 수 있어서 오직 감사할 뿐이에요. 18일 금요일에 가졌던 그레이스를 위한 재회 모임이 가장 즐거웠어요. 그레이스는 로스앤젤레스에서 왔고, 아들 도널드는 뉴욕주 로체스터에서, 번[191]은 아이오와시에서, 제시 브로크만은 일리노이주, 칼린빌, 세인트루이스 근처에서 왔으며, 오마[192]와 모네타와 나는 에번스턴에 있었어요. 생각해보세요!! 우리는 오전 8시 30분에 챌린저[193]를 만났는데, 도널드의 기차가 연착된 사이 번의 기차가 도착하는 바람에 우리는 계속 서둘러야 했어요. 그레이스와 도널드 모자는 2시 30분에 먼저 가야 했는데, 모네타가 왕복 1시간씩 걸리는 그 끔찍한 교통지옥을 뚫고 네 번이나 차로 우리를 실어 날랐어요. 번은 5시에 떠났고, 오마는 홍역에 걸려 있던 지미[194]에게 돌아갔지만, 제시와 나는 모네타와 함께 집으로 돌아갔다가 야간열차를 타기 위해 택시로 떠났어요. 우리는 가장 맛있는 식사를 나누고, 깊은 대화를 나누었으며, 지상에서 누릴 수 있는 완벽한 시간을 보냈어요. 우리는 꽤 많은 것을 알게 되었는데, 오늘 메리 레이시가 보내온 당신의 편지로 그녀의 말이 사실임을 확인했어요. 허브 B[195]가 풀려나서 기뻐요. 가장 기쁜 일은 당신이 통행권을 획득했다는 소식을 들은 거예요. "이 정도면 충분하다"라고 펜실베이니아의 네덜란드인들은 말하지요!!

네드[196]와 모네타가 강연하러 간 동안 나를 돌봐준 애번 부인과 함께 24시간을 보냈으며, 애번 부인이 위원회 일로 다른 사람들과 뉴욕에 가 있을 5월 2일에 다시 만나기로 했어요. 자유 시간의 대부분은 사랑하는 메이 워즈워스 숙모와 함께 보냈어요. 그녀는 거의 81세가 되어 허약해지긴 했지만, 모든 능력은 명민하고 가슴은 그 어느 때보다 더 사랑에 차 있었습니다. 그녀의 살짝 달라진 외모에 익숙해지자 예전과 거의 똑같아 보였어요. 그녀는 자신을 위해 모든 것을 해주는 여동생과 조카와 함께 좋은 호텔에서 편안하게 지내고 있어요. 그녀와 함께 성금요일 밤에는 십자가에 못박히심에 대해 같이 듣는 축복의 교제를 나누었으며, 부활절 전야와 아침을 보냈고, 제일감리교회에서 훌륭한 부활절 예배를 드렸어요. 티틀[197] 박사는 위엄이 있었고 음악과 주변 환경은 완벽했어요. 비록 부족했지만 우리가 부활절 음악을 연주했던 지난날을 생각하며 큰 기쁨으로 눈물을 흘렸어요. 그때는 나에게 아주 축복받은 시간이었고, 내가 받은 많은 축복에 감사드려요. 소퍼의 아들 등 대가족과 함께 저녁 식사를 한 후, 강자의 남편[198]이 나를 데리러 와 급히 그들의 교회로 가서 강연을 하고 만찬도 함께하며 많은 친절한 말을 들었어요. 50쯤 되어 보이는 회장은 내 옆에 앉으면서 마치 자신의 어머니와 함께 있는 것 같이 느껴진다고 말했어요!! 그들 모두 사랑스럽고, 언제 어디서나 그들과 함께 있는 것이 좋아요. 목요일에는 두 형제님이 점심을 먹으러 왔어요. 나는 외출할 기분이 아니었기 때문에 모네타가 친절하게 그들을 대접했어요. 루이스의 남편은 나를 제네바 호수[199]로 데려가고 싶어 했지만, 그날 나는 건강이 좋지 않아서 가지 못했어요.

당신도 언젠가 소퍼 가족의 집에 가보게 되겠지요. 나는 모두가 모여 식사하는 중에, 한 사람 한 사람이 보여준 아름다운 환대가 모두 고마웠지만 우리 모네타가 최고였다고 말했어요. 그들 모두의 집에서 했던 식사들을 떠올려본다면 내가 한 말이 얼마나 큰 칭찬인지 알 거예요. 모네타는 모든 일을 부드럽고 우아하게 처리할 뿐만 아니라 운전도 능숙해요. 그녀는 틈틈이 위원회에 참석하고, 강연도 하고, 그 밖에 다른 일도 했으며, 그런 고된 하루 끝에는 아주 지치곤 했어요. 나는 그런 일들이 그녀를 완전히 녹초가 되게 하지 않기를 바랍니다. 그녀는 나를 양장점에 데리고 가서 사이즈가 큰 사람에게서 얻은 내 드레스 두 벌을 수선하게 했어요. 우리는 쇼핑을 한 번 했고, 그녀가 자기 차에 나를 태워 사방을 다녔어요. 우리가 실제로 할 수 있는 것보다 훨씬 더 많은 일을 하자고 이야기했죠. 네드는 이해심이 많고 성격도 좋고 재미있고 매력적이고 인내심이 깊어요. 대단한 사람이지요. 당신은 그를 꼭 알아야 해요. 그는 좋은 제2의 TT[200]이고, 모든 누이들을 사랑해요.

4월 1일에 오리건주 유진에서 겪은 자동차 사고로 골절된 갈비뼈는 이제 거의 다 나았지만, 지겨운 접착 테이프를 떼러 오늘 케이트 박사에게 가요. 이곳은 스캐릿대학 홍보실인데, 그들은 스턴츠 박사가 자리에 없으니 내가 그의 사무실을 사용해야 한다고 주장했어요. 이곳에서 그들은 나를 많이 대접해주고 있어요. 빅과 나는 토요일 정오에 만나 일요일 오후까지 호텔에서 좀 쉬었어요. 그들이 그것을 좀 이상하게 생각한다는 것을 와그너 자매[201]를 보고 알 수 있었지만, 우리는 그만큼 조용한 곳이 필요했어요. 어젯밤에 나는 커닝검[202] 박사님과 오래 좋은 대화를 나눴어요. 확실한 것은 없지만 이 장소는 뭔가 희망을 품게 해요. 수 자매는 글을 쓰고 있는데, 자신에게 잘 맞는 평생 직업을 갖게 된 것 같아요. 이제 내년에 50주년을 맞는 스캐릿을 위한 야외극이 준비될 거예요. 이 극이 "은둔자의 문"[203] 만큼 좋은 극이 되기를 바라요. 커닝검 박사님은 여름 학기 동안 이곳에서 책임자 역할을 해달라고 확실하게 내게 요청했지만, 가을 계획이 구체화될 때까지는 결정하지 않으려고 해요.

제인스빌과 콜럼버스에서의 시간은 메리, 준, 코린과 함께했어요. 그들이 몇몇 강연을 하도록 내 일정을 짜고 있기 때문에, 일상적으로 바쁜 것 이상으로 힘들어지지는 않을 거예요. 뉴욕에 갔다가 랭커스터에 가서 부흥이 필요하다고들 말하는 오래된 가정교회에서 2주 정도 일할 거예요. 그러면 금방 6월이 될 텐데, 정말 시간이 없어요. 시간은 어디로 가는 것일까요?

우리는 그레이스의 건강한 모습과 활력, 수술에 대한 씩씩한 태도에 용기를 얻었어요. 윌이 혼자 있어야 한다는 것만이 그녀에게 가장 힘든 시련이에요.[204] 우리는 당신의 모든 말을 열심히 나누었어요. 도널드는 매력적이고 남자다우며 ajumonies[아주머니들]에게 사랑스러워요. 기차 승무원이 "세상에 당신을 따르는 소녀들이 산더미로군요!"라고 했는데, 좋은 농담이라고 생각했어요. 이쯤에서 편지 쓰는 것을 멈추고 이제 일을 좀 해야 할 것 같아요.
언제나 사랑하며, 앨리스

애나와 딸 셀마의 가족과 함께했던 즐거운 날 이야기도 잊지 않고 해야겠네요.[205] 나는 시카고에서 좀 더 아래로 여행을 했으며, "칙"과 만나, 애나가 키와니스[206] 사람들과 이야기를 하고 있는 곳으로 점심을 먹으러 갔어요. "그녀가 그들의 주의를 끌고 있어요"라고 그는 싱글벙글 웃으며 말했어요. 그는 애나를 아주 자랑스러워했고 그들은 모두 함께 아주 행복해요. 셀마의 어린 딸은 태어난 지 2주밖에 안 된 사랑스러운 작은 인형이었는데, 셀마도 아주 예쁘고 다정했어요. 나는 셀마가 14년 전에 집을 떠난 후로 만난 적이 없었어요. 다섯 살 난 아들은 사랑스럽고 튼튼하고 남자아이다워요. 칙은 젊고 날씬했던 때의 존 L을 생각나게 해요. 진취적이고 활달해요. 그들의 집은 현대식 주택의 표본 같고, 모든 것이 아주 예쁘고 편리해요. 애나는 내가 본 어떤 때보다 더 좋아 보이고, 아주 날씬하고 단정하고 침착하고 명랑하며, 전혀 피곤해하거나 떨거나 하지 않았어요. 깔끔하게 차려입고 머리를 말아 곱슬거리게 했으며, 이제 떠날 준비가 되어 있었습니다. 그래서 나는 시카고 사람들에게 그녀에 대해 이야기했어요. 아마도 곧 그녀에게 일정이 생길 것이라고 생각해요. 프랭크 베이커 부인도 만났어요. 그녀는 애다 맥퀴와 헬렌 B를 모네타와 나와 함께 점심 식사에 불렀어요. 모두들 나와 같은 처지에 있게 될 텐데, 준비는 되었으나 아직 연락이 오진 않았어요!! 가을이 되면 우리 대부분은 급여 대상자 목록에서 빠질 것이며 다른 일을 하게 되겠지요.

나에게 뭘 사오려고 생각하지 마세요. 당신이 오는 것만으로 감사할 따름이며, 빨리 오면 올수록 더 좋아요. 당신은 정말 자세한 편지를 보내주었고, 나에게도 당신 친구들에게도 주된 소식통이었으니 불평하려던 것은 아니었어요. 자연스럽게 들려서 다행이지만, 끝나서 아쉬워요. 어쨌든 그 일이 조금이나마 재미가 있었기에 다행입니다.

이제 무릎이 더는 안 아파서, 사실 어제 무릎 토시를 벗었고 오늘은 다시 착용하지 않았어요! 물론 여기 아래쪽은 더워요. 시카고는 부활절에 27도가 넘었어요. 그래도 그곳은 봄이 막 오려고 하는 정도였는데, 여기는 마치 지난 달의 오리건주와 비슷해요. 오리건주 포틀랜드는 내가 경험한 중 가장 아름답게 꽃이 만발한 곳으로 그냥 동화 나라였어요. 내 영혼이 즐긴 이 모든 아름다움의 향연에 감사할 뿐이에요. 무엇보다도 이런 불확실성 속에서 나를 도와주고 의지할 수 있게 해주는 사랑에 감사해요. 캘리포니아 리버사이드와 코로나로부터 시작해, 버클리, 포틀랜드로 올라오며 나는 정말 많은 것을 얻었어요. 아이다의 집에는 단 이틀 머물렀지만 우리는 그 시간을 알차게 보냈지요. 록키산맥은 멋있었어요. 비록 위쪽은 춥고 비가 내렸지만요. 이 땅에 봄이 오는 곳을 따라가게 되어 기뻐요. 차이치[207]는 주위 환경의 모든 자연미를 최대한 활용했고 나를 잘 대접해주었어요. 나의 사랑하는 여주인들 한 사람 한 사람에게 항상 감사할 것이며, 단지 내 갈비뼈와 다른 여러 가지 이상한 일들로 아주 번거롭게 해드린 것 같아서 미안할 뿐이에요!! 글쎄요, 아마도 언젠가는 좀 더 건강해지겠지요. 빅은 내가 변한 것을 보고 싶어 했는데, 미안하게도 거의 어떤 차이도 발견할 수 없었던 것 같아요. 애나는 정말 스스로 이뤄나가고 있고, 나는 그런 그녀가 자랑스러워요. 내가 아직 그대로로 보일지라도, 지금만큼 건강하고 삶에 대한 준비가 되어 있는 것은 대단한 일이에요. 수 자매도 더 건강하고 날씬하고, 더 안정되어 보여요.

나는 어제 이곳에서 전화를 하다가 E. 저다인[208]을 우연히 만났고, 그녀가 우리에게 주변을 구경시켜주었어요. 이제 이곳에서 졸업하고 6월부터는 부모님과 함께 플로리다로 가서 한 교회에 있으려고 한대요. 그녀는 성숙하고 매력적이며, 우리가 좋아하지 않았던 사마귀들도 없어졌어요. 우리를 만나 기뻐하며 주위를 구경시켜주었지요. 빅은 캔자스시에서 졸업해 새 스캐릿대학은 본 적이 없었기에[209] 할 말을 잃고 너무 좋아했어요. 빅의 현 직장에 대해 내가 안타깝게 생각하는 것은 연주를 할 수 없다는 것이어서, 우리는 빅에게 "5월의 밤"을 한 번 연주하게 했어요. 빅은 480km를 운전해야 해서 머물 수가 없었어요. 그녀의 멋지고 작은 차는 너무나 사랑스러워요. 그녀가 가는 방향과 내 다음 여행지가 같은 길이면 좋겠다고 생각했어요.

할 말이 많고 모두 다 말하지 못했지만, 시간이 다 되었으니 또다시 작별을 고해야겠네요. A.

추신 2. 나는 삭감 조치에도 불구하고, 50만 엔을 지원받은 모든 홀스턴[210] 친구들에게 축하를 보내야 해요. 미스 W는 그들이 전보를 받았다고 말했어요. 대단하지 않나요? 다음은 우리 차례예요!!

테네시, 내슈빌
스캐릿대학
1941년 6월 6일

친애하는 친구들에게,

여러분 중에는 내가 한국을 떠난 이후로 소식을 듣지 못해서 궁금해하는 분들도 있을 것이고, 또 어떤 분들은 내게 편지를 보냈지만 답장을 받지 못하기도 했을 것입니다. 변명하지 않고 말하자면, 고향과 평생의 일을 떠나게 된 슬픔, 그리고 얼마만큼 말해야 하고 얼마만큼 말하지 말아야 하는지에 관한 불명료성, 내 미래의 불확실성 같은 것들이 복합적으로 작용하여 내게 이상한 금지령처럼 작동했습니다. 캘리포니아주 코로나에서 6주를 보낸 것이 가장 오래 머문 것이었으며, 많은 곳을 방문했고, 방문하는 곳마다 강연하면서 하루하루를 꽉 채웠습니다. 어디에서나 친구들을 만나는 것이 즐겁고 위로가 되었으며, 편지도 많이 썼지만 충분할 만큼 쓰지는 못했습니다. 그래서 다시 한번 익숙한 등사판에 의지하고 있습니다!

지난 해 11월에 한국을 떠나는 것은 끔찍했고, 아직도 악몽을 꾼 것만 같습니다. 그러나 그 이후의 일들은 우리 감리교인들에게 우리가 옳은 일을 했다는 확신을 주고 있습니다. 장로교 그룹의 일부를 제외한 다른 모든 선교회는 "안식년 휴가"라는 명목으로 철수했는데, 이때 떠난 이들은 자연스레 비난을 받았습니다. 선교사들과 아직도 연락하는 한국인들은 점점 더 큰 긴장과 박해에 직면하고 있으며, 대다수의 선교사는 이제 외국인으로서 일본의 군사 체제에 갇혀 친구들을 도울 수 없다는 것을 깨닫고 있습니다. 5월 28일자 『크리스천 센추리』는 선교사 철수에 대해 변화된 태도를 보여줍니다. 나는 "선교는 교회에 속해 있다"라는 사설을 지지하며, 이것이 교회가 도전을 직면하도록 일깨우는 데 도움이 되기를 바랍니다.

열 명의 선교사 선생님들이 철수한 것이 이화여전에 큰 짐을 안겨주긴 했지만, 긴장을 완화함으로써 대학은 성공적인 한 해를 마쳤습니다. 비록 "외국인"은 초대되지 않았지만, 예년과 같이 4학년 영어연극도 개최를 허락받았습니다. 미국인에게 교육받은 한 졸업생이 홀로 "이것은 가져갈 수 없다"라고 쓴 문구를 몸에 걸치고 있었는데, 그녀가 자신이 받은 모든 것에 대한 사랑의 표시로 그렇게 했음을 우리는 압니다. 대학은 4월에 개학했으며, 다섯 개 학과에 450명이 등록하며 역대 최다 학생수를 기록했습니다. 한국인과 일본인 교수진이 모든 일을 하고 있습니다. 여덟 명의 여선생님들이 우리가 사랑하는 "롱뷰"에서 지내고 있다는 것을 알게 되어 기쁘고, 딸기 수확이 지난해와 마찬가지로 올해도 풍성하기를 바랍니다. 캠퍼스와 건물은 아름답게 유지되고 있으며, 대학의 표어인 "진선미"[211]가 용기 있고 작은 교장부터 가장 낮은 시중드는 사람에 이르기까지 모두의 지지를 받는 일종의 오아시스가 되었다는 소식을 듣고 있습니다. 대학이 그때 건설되고 설비가 갖춰진 것에, 또 충돌이 생기기 전 새 교장이 취임한 것에 감사합니다. 이화는 이 질풍을 헤쳐나가 그 어느 때보다 강하고 훌륭해질 것이라고 믿습니다.

우리는 대학에 글을 써 보낼 수도 없고 들을 수도 없지만, 지금까지는 선교부의 예산이 보내졌고 받아들여졌습니다. 이화협동위원회는 이전처럼 계속해서 도움을 줄 예정입니다. 펜실베이니아, 필라델피아, 북 브로드로 6701에서 일하는 회계 담당자 매슬랜드 부인은 자신에게 보내진 자금이 이화여전을 위해 사용되도록 처리할 것입니다. 이화의 친구들은 이화가 그 어느 때보다 커다란 곤궁에 처해 있다는 것을 잊지 마시기 바랍니다. 만약 한국으로 돈을 보내는 것이 불가능해지면, 우리 모두 도울 수 있는 길이 다시 열릴 때까지 이곳에서 자금을 보관하고 있을 것입니다.

이곳으로 돌아와서 갖게 된 주된 기쁨 중 하나는 한국 친구들, 특히 우리 이화의 딸들을 만나는 것입니다. 이화가 그들에게 의미하는 바에 대한 감사가 옛 선생님들에게 친절하게 대하는 태도에서 흘러넘치고, 우리가 어디에서 만나든 그곳은 곧 작은 이화가 됩니다. 나는 시카고와 뉴욕에서 큰 그룹들을 만났고, 기쁘게 그들의 환대를 받았습니다. 특히 자랑스럽게도 지난주 우리 이화 학생 중 한 명이 프린스턴에 있는 웨스트민스터 콰이어대학을 졸업하게 되어 졸업식에 참석했습니다. 그녀는 호놀룰루에 있는 사람들에게 음악 목회를 하기 위해 이번 달 떠납니다. 다른 몇몇은 이화에서 가르칠 준비로 대학원을 다니고 있지만, 지금은 돌아갈 수 없습니다. 전쟁은 우리 모두의 삶에 영향을 미치고 있으며 아직 끝나지 않았습니다.

지난 겨울 동안 태평양 연안에 머문 것은 나에게 매우 유익했습니다. 훌륭한 의학적 조언이 관절염을 완화하는 데 도움이 되었으며, 당부받은 규칙만 잘 지키면 건강해질 수 있다고 생각합니다. 규칙 중 하나가 추위를 피해야 하는 것이어서 남부에서 일자리를 구하고 있습니다. 1938년에 매우 기뻐하며 방문했던 스캐릿대학이 첫 번째 기회를 주었습니다. 6월 10일부터 8월 17일까지 여름 학기 동안 여주인 역할을 할 것입니다. 그 후의 계획은 아직 정해지지 않았지만 내 마음이 항상 머물러 있는 한국으로 다시 돌아갈 수 있을 때까지 어떤 교회 학교에든 있고 싶습니다. 하지만 내가 한국에 가는 것이 한국 친구들에게 도움이 될 수 있을 때에만 돌아갈 것입니다. 매일 어떤 방법으로든 그들을 위해 일하려고 노력하고 있지만, 그들의 능력과 헌신과 기독교 신앙을 믿기에 불안하지는 않습니다.

한 친구가 『런던 타임스』에서 발췌한 크리스토퍼 로빈의 아버지 A. A. 밀른이 쓴 시를 보내왔습니다.[212] 그는 어디에서 봉사하든 상관없이 우리 모두가 말하고자 하는 것, 즉 전념하는 이상들을 다음과 같이 적고 있습니다.

옛 런던의 시간에 뒤덮인 벽들은
사람의 손으로 만든 작품일 뿐이다.
인간이 우리를 위해 만든 것은 넘어지고,
하나님께서 우리에게 불어넣으신 것은 서 있다.

과거의 화려함이 산산이 조각나
먼지가 되어버리면 어떻게 될까? 우리는
웨스트민스터 사원의 존속 기간보다도
더 오래 지속될 기념비를 세운다.
　　무너진 집 위에 우리의 발을 딛고 서서,
　　당당하게 고개를 든다, 모두가
　　완전무결한 영혼이
　　작은 거리마다 영원함을 보도록.

변함없는 관심과 신뢰를 가지고,

충심을 다하는 여러분의 친구,
앨리스 R. 아펜젤러

테네시, 내슈빌, 스캐릿대학
1941년 6월 13일

나의 소중한 밴,

오후 내내 당신과 이야기가 하고 싶었기에, 이제 그렇게 해보려고 해요. 아마도 당신의 편지를 읽을 사람들은 타자기로 쓴 것을 좋아할 테니, 옛 이야기를 타자기로 찍어봅니다. 5월 3일자 당신의 편지는 모두가 머물고 있는 집에 대한 소식을 전했는데, 멋진 소식이었어요. 당신은 울고 웃었을 것 같군요! 모든 것이 질서가 잡혀서 다행입니다. 그들의 사랑하는 마음을 축복하소서. 그들이 노력할 것임을 알고 있어요. 어제 헨리는 선교국이 부에노스아이레스에 제안한 멋진 일, 즉 와드대학에 부속된 미국 학교 교장 자리에 대한 편지를 보내왔어요. 미스 호웰은 그 학교가 대단한 곳이고 매우 중요한 곳이라고 하면서도, 헨리가 옛 고향을 버리지 말아야 한다는 내 생각에는 동의해요. 나는 헨리에게 이사야서 61장 1~4절[213]을 전보로 보내며, 우리가 언젠가 그 일을 이어가기 위해 돌아가야 한다고 적었어요. 다른 사람들이 다 떠난다고 해도, 그가 떠난다면 그리스도인들은 굉장히 실망할 거예요. 그는 이미 뿌리가 너무 깊어요. 그는 메리와 나의 충고를 원했고, 나는 그에게 버티라고 확실하게 강조했어요. 그래서 그가 부에노스아이레스에 가기를 원하지는 않는다고 생각하고, 결국 호놀룰루로 갈 것이라고 추측해요. 하지만 답장을 받은 건 아니예요.

우리 가족이 해결해야 할 세 가지 문제 중 첫 번째가 메리예요. 메리네는 콜럼버스에 있는, 전에 독일 교회였던 곳에 있는데 좋은 곳 같아요. 목사관은 알맞은 크기로 주방과 식품 저장실도 넉넉하고 새로 단장했어요. 전임자가 12년 동안 그곳에 있었기 때문에 그들은 변화를 기뻐할 거예요. 아이들은 행복해요. 메리는 이사하는 것을 무척 싫어하니, 나는 이제 그들이 오래 그곳에서 머물기를 바랍니다. 코린이 그들을 만나고, 준 더넘도 만나서 메리가 마음에 맞는 친구들을 찾을 수 있으면 좋겠어요.

어젯밤 캐롤이 고등학교를 졸업했어요. 호놀룰루가 좋은 점은 캐롤을 부에노스아이레스에는 데려갈 수 없지만 호놀룰루에는 데려갈 수 있다는 것이에요. 보브 S와 에블린[214]도 호놀룰루에 가요. 그들은 감독님을 만났고, 부에노스아이레스 이야기가 나오자 호놀룰루로 가기로 결정했어요.

여기에서 고향 사람들을 제법 여러 명 만났어요. 나이 든 스튜어트 부부[215]가 점심을 먹으러 왔는데, 애리조나로 가게 된 것을 별로 좋아하진 않지만 불평 없이 갈 것이며 갈 곳이 생겨서 다행이라고 생각하는 것 같았어요. 피치 부부가 자주 오고, 제시 M과 꼭 닮은 베티 달비[216]와 엘라수 와그너가 이곳에 살아요. 빅은 주말을 같이 보내기 위해 오늘 밤에 옵니다. 그녀는 가끔 차를 몰고 올 수 있을 정도로 가까이에 삽니다. 브라우니는 불과 80km 떨어진 켄터키의 오빠 집에서 사는데—그래서 더 힘들 수도 있어요.

당신의 편지는 프린스턴 콰이어대학으로 전달되었는데, 앨리스 맥이 내가 집으로 돌아가기 전 그 편지를 읽어달라고 해서 나이 든 해리 R은 기다려야 했어요. 그 편지는 길었고 얇은 종이에 쓰였다는 것을 기억할 텐데, 그녀는 편지가 전해준 소식에 감사했어요. 모든 세세한 것에 정말 관심이 많았어요. 왜 나의 딸[217]은 내 방을 사용하지 않았는지 궁금해요. 그 성악가[218]는 얌전하지만 잘 관리할 거예요. 마치 내가 거기서 다시 살 것처럼 말하고 있네요! 그런 기대는 절대 할 수 없어요. 그나저나 5월 8일자 내 편지는 받았는지 궁금해요. 당신이 어디에 있게 될지는 몰랐지만, 그 편지를 듣고 있기를 바랐어요. 지금 편지 쓰는 건 어떤가요? 예전과 같은가요, 아니면 더 쉬운가요? 답을 꼭 듣고 싶으니 질문에 표시해놓았다가 확실히 대답해주세요. 그리고 둘 다 8월에 돌아와 정착할 건가요, 아니면 틈만 돌아올 건가요?

당신과 우리 집에서 일하던 사람들은 무엇을 하고 있는지요? 엠마는 어떻게 지내며, 대가족과 함께 살던 일전의 그 조수는 어떻게 지내나요? 엠마는 다른 학교에 있다 온 새 직원을 좋아하는지요? 내 예쁜 아이인 Y[최예순]는 꽤 자주 편지를 보내와서 나를 좀 불안하게 만들어요. 괜찮을 거라고 생각하나요? 그녀의 남자친구에 대해 알아보았고 "그는 훌륭한 마음을 가진 뛰어나게 매력적인 청년"이라는 말을 들었어요. 나는 친구인 하버드대학교 대학원 부원장에게 확인해보게 했으며, 패트에게도 그의 가족에 대해 알아봐달라고 했어요. 만약 결혼에 관한 모든 문제가 분명하다면, 계속 진행하라고 말하고 싶어요. 그녀 자신이 더 나아질 수도 있으며, 적어도 변화를 가질 수 있겠지요. 우리의 옛 재봉사가 결혼하여 캘리포니아로 간다고 발표하면서, "네, 변화라고 생각해요"라고 차분하게 말했듯이요.

에블린 D[219]도 그렇게 생각한 것 같아요. 6월 24일 그녀의 결혼식에 초대를 받았거든요. 나는 올리브 베커의 편지를 마침 여행하는 중에 받아서 아직 답장을 쓰지 못했어요. 하지만 여기서 10일 동안 40통이 넘는 편지를 썼으니 분명 차이가 있겠지요. 편지 쓰는 시간을 미리 정해놓으라는 당신의 조언은 훌륭해요. 내가 해야만 하는 다른 일들이 자꾸 시간을 차지해버려서 편지를 쓸 수 있는 시간이 너무 적네요. 당신도 써야 할 편지가 이렇게 많았던 적이 있나요? 어려운 처지에 있는 사람들이 내가 예의 있게 답장을 주기를 기대할 수도 있는데, 그렇게 하지 못하니 그들 생각에 잠을 설치는 밤이 많습니다. 그래도 도움이 많이 되는 등사판을 구했어요. 그것으로 당신에게 밀른의 시로 끝낸 편지를 보냈지요.

이곳은 많은 면에서 집 같지만 가구와 시설이 더 우아해요. 나는 여름 학기 동안 여성학장 일을 하고 있는데, 이 일은 학업이나 음식이나 기숙사에 관한 것이 아닙니다 — 그러면 무엇일까요? 일종의 여주인 같은 역할을 하

기독교 사역자를 위한 스캐릿대학(Scarritt College for Christian Workers)

* 사진 출처: Wikimedia Commons, Randolph Hollingsworth 제공(라이선스: CC BY-SA 4.0)

고, 끼니마다 식사 기도를 해요! 7시면 아침을 먹는데, 나는 이때 웃으면서 종을 가볍게 울립니다! 지금으로서는 그렇게 나쁘지 않지만 겨울 내내 해야 한다면 어쩌죠? 내가 꾹 참고 해내는 것을 상상해보세요. 채플을 인도하고 첫날 밤에는 파티를 열었어요. 오늘 밤 우리는 스토코프스키[220]가 지휘하는 청소년오케스트라 연주를 들으러 야구장에 가요! 내가 표를 준비했어요. 나는 기숙사 손님방을 쓰고 있는데, 내가 대신 일해주는 미스 배글리의 방과 똑같은 스위트룸이에요. 이 일이 정규적인 직업은 아니어서, 겨울이 되면 미스 배글리도 강의를 하게 될 거예요. 그들은 채플에서 결혼식을 허락해주고, 나는 그것을 관리하고 있어요. 결혼식을 돕는 일에 익숙해진 것 같아요. 이미 세 번이나 했어요. 기숙사에 대해 살펴보자면, 규율은 없어요—모두가 좋은 학생들이라 아무도 감시받지 않아요. 동창생인 프랜시스 태프트의 딸 루이스 파이크를 기숙사와 내 식탁에서 만나게 되어 좋아요. 나는 내 식탁에 음식을 차려놓고 먹어요. 상담이 필요할 때는 상담을 하고요. 나는 새로운 선교 학습서인 『기독교의 의무』[221] 관련 과목을 미스 호웰에게 수강하고 있으며, 그녀의 가르침과 우리가 읽을 많은 책들이 마음에 들어요. 많이 배워서 내 정신을 발전시키고 싶어요!!!!! 만일 『톰 아저씨의 오두막집』을 읽고 있는 내 모습을 보면 그들이 폭발할까 봐, 말하자면 이불을 뒤집어쓰고 H. B. 스토우의 삶에 관한 책을 읽고 있답니다. "페티코트 입은 십자군"[222]이 제목이고 아주 좋은 책이에요. 북부에서 빌린 책인데 우편으로 반납할 거예요.

커닝검 박사님은 내게 참 잘해주시는데, 내가 파이퍼 부인을 오게 한 것에 깊은 인상을 받으셨어요. 나는 파이퍼 부인이 기부해주기를 희망하고 있어요. 방학 동안 내가 그녀를 만나러 뉴욕에 가는 비용을 커닝검 박사님이 지원해주실지도 모릅니다. 만일 그렇게 되면 휴일에 뉴잉글랜드에 가고, 그렇지 않으면 이곳에 머물면서 스모키 산맥에 있는 장로교 및 감리교의 천국인 몬트리트[223]와 주날루스카[224]에 가려 해요. 그들은 내가 선교학과에서 도울 수 있을 거라 생각하고, 나도 그렇게 하고 싶어요. 그렇게 몇 시간을 하며 이 일을 계속하면 좋겠어요. 하지만 미스 배글리는 학생들과 잘 지내고 나보다 훨씬 젊으므로 정규직 선생을 원하지는 않을 거예요. 여기서 아무것도 안 되면, 그들이 내가 남부 학교에서 일자리를 얻을 수 있게 도와줄 거예요. 여기서 기다릴 만한 가치가 있다고 생각되면 겨울에 잡일들을 하며 좀 꾸물거리다 내년에 일자리를 얻을 수도 있어요. 그러나 꽤 영향력이 있는 샐리 루는 나와 같은 유형이 많이 있어서 더 필요하지 않으며, 박사학위를 가진 유명한 전임교수가 될 사람이 필요하다고 해요. 내 명예박사학위[225]는 훌륭하긴 하지만, 나만의 연구들로 그것을 증명해야 하는데, 나는 그렇게 하고 있지 않아요. 무덤에 들어갈 때까지 **준비**를 계속하고 싶지는 않은 것 같아요! 내가 지금 알고 있는 것을 가지고 해야 할 일이 분명히 있겠지요!

돈이 있으면 어디로 보내야 할지, 또 편지는 어디로 보내야 할지 모르겠어요.[226] 추천할 사람이 있나요? 에델[227]은 그들이 없어서는 안 된다는 것을 너무나 보여주고 싶어 하지만, 나는 그녀에게는 보내지 않으려 해요. 그들 장로교인들은 성인이고 순교자이기 때문에 모두 준비되어 있어요. 고통받는 불쌍한 영혼들이 너무 안쓰럽고 모두 어떻게 될지 걱정돼요. 할 수 있으면 모든 것을 편지로 알려주기 바랍니다. 헨리의 친구는 어떤가요? 그들의 집은 어떠하며, 그는 진짜 나쁜 사람인가요? 그의 여자친구는 어떤가요? 그녀의 학교는 어딘가요? 캐나다에서 훈련받고 최근에 결혼한 우리의 훌륭한 성악가가 그녀를 대신해서 가르칠 것이라고 들었어요. 내 여동생[228]은 어떤 이유에서인지 캐나다에서 훈련받은 그 성악가를 별로 신경 쓰지 않으며, 다른 기혼자들은 데리고 있으면서 그녀는 결혼 후에 데리고 있을 생각이 없어 보여요. 고등학교에 다시 갔었는지요, 그리고 학교는 어땠는지요? 노즈 박사의 이야기에 웃었지만, 이해했어요. 그녀의 여동생은 어떤가요? 그들은 그 모든 일을 아직도 하고 있는지요? 모퉁이에 있는 오래된 교회는 어떤가요? 불쌍한 작은 설교자는 아직도 소심한가요? 차라리 죽었으면 좋겠다고 생각하고 있나요? 루이스와 함께 아름답게 완성된 "저 해밀턴 여인"[229]을 보러 갔어요. TT는 그의 국가 영웅의 품행을 인정하려고 하지 않았지만, 언어와 연기는 즐겼어요. 베티 달비는 나이 든 제인 B. 이모와 함께 펄의 집에서 좋은 시간을 보냈대요. 지금도 건강해지고는 있지만, 아직 집에 돌아갈 수는 없지요. 그곳에 사랑하는 사람을 둔 불쌍한 영혼들! 동물들은 어떤지 들었나요? 당신 강아지는 어때요? 아낙과 가족은 어떤지요? 이곳은 8월처럼 더워서 좌골신경통이 거의 다 녹아 없어졌어요. 벌써 여름에 할당된 땀을 다 흘려버렸으니 더 더워지면 어떻게 견딜지 모르겠네요. 이제 당신에 대해, 그리고 당신, 우리, 그들과 관련된 모든 것에 대해 알고 싶어요. 보고 싶은 마음이 간절한데 당신을 곧 보지 못한다니 안타까워요. 광기가 멈추고 사람들이 다시 인간답게 살 수 있기를 항상 기도할 뿐이에요. 이건 베티 리가 내게 준 타자기예요. 꽤 좋지요?

당신의 옷은 멋질 것 같아요. 내가 새로 얻은 옷은 없어요. 모두 전에 가지고 있던 것들과 비슷한 것 같아서, 또 무엇보다 내가 왜 자신을 치장해야 하나 싶어서예요. 내게 필요한 것은 오직 체중 감량입니다. 빠졌던 2kg이 다시 늘어서, 당신이 나를 보았던 때 그대로예요!!!! 이곳에서 잘 먹고 있으며, 애석하게도 더위가 식욕을 빼앗지 않네요. 내 방은 오후 내내 햇볕으로 뜨겁고, 이곳에서는 누울 용기가 없어 낮잠을 잘 수가 없어요. 하지만 지금은 자야겠어요. 항상 사랑하며…. 앨리스

테네시, 내슈빌, 스캐릿대학
1941년 6월 14일

친애하는 파이퍼 부인께,

뉴욕에 다시 왔을 때 부인을 뵙지 못한 것은 아쉬웠지만, 제임스 부인과 전화로 좋은 대화를 나누며 부인에 대한 소식을 들을 수 있어 다행이었습니다. 여행하는 내내 즐거우셨기 바라며, 여러 곳을 방문하셨던 일이 만족스러우셨기를 바랍니다. 부인께서 다니시는 것처럼 다닌다면 젊은 사람도 녹초가 될 것 같습니다!

제임스 부인이 말하기를, 어떤 한국인이 부인께 한국에 있는 모든 선교 재산이 압수되었다는 편지를 보냈다고 하더군요. 저는 제임스 부인에게 그렇지 않다고 말했습니다. 전쟁 중이라면 그럴 가능성도 있겠지만, 이화여전의 예를 들면 기독교의 후원 아래 여성고등교육을 목적으로 하는 법적 지주기관이 운영하고 있으며, 우리는 설립 강령이 변경될지 모른다는 그 어떤 암시도 듣지 못했습니다. 미국에 있는 한국인들은 한국의 독립을 향한 열정과 조국에서 일어나고 있는 일들에 대한 분노로 인해 때때로 과장된 말을 합니다. 그러나 사실 그 자체만으로도 충분히 심각하므로, 저는 항상 그들에게 사실만을 고수하면 그들의 주장이 더 신뢰를 얻을 것이라고 말합니다. 우리의 그리스도인들이 계속해서 사역을 이어나가기 위해 최선을 다하고 있으니, 우리의 역할은 그들을 믿고, 최선을 다해 돈을 보내고, 그들을 위해 항상 기도함으로써 돕는 것입니다.

매코넬 부인이 아마도 말씀드렸을 텐데, 이화협동위원회는 좋은 모임을 가졌습니다. 그런데 부인을 뵙지는 못했네요. 우리는 이화를 위해 작년과 동일한 예산을 요청하는 것을 지지합니다. 어려운 상황 속에서도 계속 나아갈 수 있다는 믿음을 가져야 합니다. 김활란 박사가 우리를 통한 수입 유지에 의존하고 있으니, 그녀가 자금을 받을 수 없을 경우에 대비해 그녀를 위해 따로 모아두어야 할 것입니다. 기부금을 더 늘려야 하는데, 그것 역시 매슬랜드 부인의 관리하에 안전히 보관될 것입니다.

부인께서 스캐릿에 오셔서 저와 이곳 사람들 모두 매우 기뻤습니다. 저는 이곳을 볼수록 더 좋아하게 됩니다. 지역사회를 위한 봉사는 이전에 완전히 실현하지 못했던 일인데, 지금은 결혼식을 위해 채플을 꾸미고 있습니다. 이곳에 온 후 열흘 동안 결혼식이 세 번 있었고, 이들이 모두 품위 있고 질서정연하게 이루어지는지 살펴보는 것이 제 의무 중 하나입니다. 이러한 봉사에 대해 정리한 이 서류철에 관심이 많으실 것으로 생각됩니다. 내일 아침에는 경영 및 전문직 여성 클럽의 여성 200명이 8시에 채플에서 예배를 드린 후 아름다운 우리 식당에서 아침 식사를 할 예정입니다. 어제는 한 젊은이가 그의 성경학교에 다니는 20명 남짓의 어린 소녀들을 데리고 와서 말했습니다. "이 아이들의 어머니들이 스캐릿을 지원하는 일을 돕고 있어서 아이들에게 대학을 보여주고 싶었습니다." 그 작은 아이들은 교실의 아름다움과 품위를 모두 눈여겨보았습니다. 저는 아이들에게 성인이 되고 전쟁이 끝나면 유럽에서 이와 비슷한 아름다운 건물들을 볼 기회가 더 있겠지만, 바로 내슈빌에 이처럼 훌륭한 건물이 있다는 것을 자랑스러워해야 한다고 말했습니다.

이곳에는 우리의 사람들이 많이 있습니다 — 알제리에서 온 에스더 밴 다인은 막 떠났고, 한국에서 온 엘리자베스 달비는 새로 도착했습니다. 제가 이화의 사진들을 보여주자, 플로리다주 레이크랜드에서 온 한 여학생이 말하길, 파이퍼는 그녀의 대학에서도 명예로운 이름이라고 하더군요. 이화를 떠나 같은 정신을 가진 이곳에 와서 기독교적 사랑과 희망의 유대를 느끼며 삶의 보람을 찾을 수 있다는 것은 큰 위로가 됩니다. 올해 내내 이곳에 있게 될지, 이곳에서 어떤 일을 찾을 수 있을지는 아직 모르겠습니다. 저는 새로운 선교 학습서에 대한 미스 호웰의 수업을 수강하고 있습니다. 『기독교의 의무』에 관한 수업으로, 이 고무적인 주제를 공부하게 되고 읽어야 할 긴 도서 목록도 앞에 두고 있으니 기쁩니다. 계속해서 날씨가 아주 좋지 않았는데 오늘은 훨씬 나아져서 다행입니다.

사랑을 담아 보내며 즐거운 여름을 보내시기를 기원합니다.

언제나 충실하게,
앨리스 R. 아펜젤러

테네시, 내슈빌, 스캐릿대학
1941년 7월 16일

사랑하는 가족들에게,

드디어 밴에게서 긴 편지를 받았어. 이 편지는 상하이에서 6월 4일에 시작되었고, 펄 메이슨이 6월 11일에 발송한 것이야. 일부를 인용하고 일부는 요약할게.

상하이 페탱로 15
1941년 6월 4일

"우리는 지금 상하이에 와 있어요. 서울을 탈출해 왔지요. 톰은 아마도 7월 말이나 8월에 잠시 돌아가겠지만, 나는 다시는 그런 여행은 하지 않으려 해요. 떠나는 것이 너무 힘들었거든요. 활란과 은숙을 제외하면, 애오개교회[230]에서 마지막 주일을 함께한 것이 한국인들과의 마지막 만남이었어요. 물론 너무 슬펐지만, 그들은 모두 그곳(교회)에 내가 있는 것이 아주 무서운 표정이었어요. 물론 이화 사람 중 우리를 환송하러 기차역에 나온 사람은 아무도 없었어요. 성서공회 직원들은 모두 나왔는데, 톰은 마지막까지 사무실에서 일했기 때문이고, 나의 경우 지난 한 해 동안 나와 이화의 관계에 대해 아는 사람이 없었기 때문이에요. 톰과 나는 떠나기 전주에 진관에서 저녁을 먹었지만, 조용하게 먹었고 많이 돌아다니지 않았어요.

교정은 여전히 아름답고, 활란은 정말 모든 것을 아주 깔끔하게 유지하기 위해 최선을 다하고 있었어요. 특별한 청소가 필요한 곳을 제외하면 학생들이 교실뿐만 아니라 건물 전체를 청소하는데, 내가 두 번 방문했을 때 모두 다 정말로 모든 것이 깨끗해 보였어요. 그런데 그 불쌍한 어린 소녀(활란)[231]는 이 "남성 중심의 세상"에서 그녀가 얼마나 오래 버틸 수 있을지 모르겠다고 인정하면서도, 이를 악물고 목숨이 남아 있는 한 견뎌내겠다고 다짐했어요. 그녀는 당신과 고향에 있는 친구들이 원하는 모습에 가장 가깝게 그곳을 유지하겠다고 다짐하더군요. 앨리스, 그녀는 용감한 영혼이에요. 나는 그 사실을 점점 더 깨닫게 되었고, 심지어 톰도 그녀가 책임자로서 누구보다 잘 해내고 있는 것 같다고 했답니다. 마침내 톰은 당신이 그녀에게 일을 넘겨준 것이 옳은 결정이었음을 인정했어요. … 내가 할 수 있는 최선은 "배꽃"이 정말 잘 보살펴지고 있다는 걸 당신에게 확신시키는 일이에요.

… 톰에게 이곳으로 오라는 초청이 처음 왔을 때, 나는 너무나 실망했어요. 우리는 6월 19일에 배편으로 떠날 계획을 이미 세워둔 상태였거든요(어차피 쿨리지호가 차출되어서 가려고 했어도 못 갔을 거긴 했지만요). 하지만 톰의 사무실 일이 진전되면서, 그가 쉽게 되돌아가 마지막 정리를 할 수 있는 이곳에 우리가 오게 된 것이 결국은 하나님의 섭리였다는 생각이 들어요. … 또한 은퇴할 때까지 가능한 한 오랫동

안 현장에 있어야 조기퇴직에 따른 퇴직수당 삭감이라는 불이익을 피할 수 있으니, 톰에게도 좋은 결정이었어요. 톰도 계속 일하는 것이 더 행복할 거예요. 그리고 우리가 이곳에 보내진 것은 축복이었어요! 정말로 우리는 모든 일이 순조롭게 풀려나가는 것을 보며 감격하지 않을 수 없었어요. 알다시피, 칼턴 레이시[232]가 4월에 중국 교회 감독으로 임명되었어요. 그의 담당 지역은 푸젠성[233]이에요. 그가 6월 말에 그곳으로 떠나면서, 그의 사랑스러운 집 — 훌륭한 고용인들과 그 밖의 모든 것 — 이 우리의 몫으로 돌아왔어요. 푸저우의 상황들로 인해 그는 지금 물건들을 가져갈 수 없는 상태였고, 우리가 그의 집과 가구 등을 사용할 수 있다는 사실에 아주 기뻐했어요. 아마도 우리가 떠날 때쯤이면 물건들을 그쪽으로 옮겨 갈 수 있을 것이므로, 아무것도 팔 필요가 없기 때문이겠지요.

이곳은 상하이에서 가장 아름다운 장소 중 하나이며, 이 집에서 일하는 사람들도 훌륭해요. 우리를 위해 일하던 이들과 마찬가지로, 이곳 사람들도 이 집과 20년을 함께해왔어요. GE 냉장고, 전기레인지 같은 멋진 가전제품도 잘 갖추어져 있어요. 무엇보다 미국성서공회가 자동차(플리머스)를 제공해주어 톰의 마음에 기쁨을 선사했어요. 그들이 레이시 감독님의 자리를 맡게 될 사람을 찾고 런던과의 조정을 마칠 때까지, 톰이 미국성서공회를 대신하고 있는 거예요.[234] 영국해외성서공회[235] 사람인 허즈퍼스[236] 씨 부부는 매우 유쾌하고 활기찬 분들이에요. 이 두 공회는 이곳에서 함께 일하고 있는데, 같은 건물을 쓰고 사무실도 나란히 붙어 있어요. 물론 이곳에서의 업무는 규모가 훨씬 크지요. 톰은 비서 두 명을 데리고 일할 것이며, 그 모든 일을 해내기 위해서 바쁜 나날을 보내야 할 거예요. 하지만 톰에게 유익하고 훌륭한 경험이 될 거예요. …"

밴은 집이 넓어서 몸을 활짝 펴는 것을 즐긴다고 말했어. 물가는 비싸 보이지만, 환율은 금 1달러당 17.5~18달러래. 생활비는 서울보다 조금 덜 드는 것 같아. 그들은 프레지던트먼로호를 타고 무사히 도착했어. 나이 드신 드레이크[237] 신부님을 포함해, 서울에서 많은 사람들이 그들을 배웅하기 위해 내려갔고, 그들은 떠나기 전에 서울회관 일을 몇 가지 처리한 후 핍스, 마쉬네, 쿤스네에서 식사를 했어. 그리고 마지막 두 밤을 윌 커와 함께 보냈어. 윌 커는 외롭다는 점을 제외하곤 괜찮대.

그들은 5월 28일에 상하이에 도착했고, 그곳에서 열리는 많은 사교 행사에 참석했어. 펄 메이슨이 단지 안에 있는 WFMS 회관에서 지내고 있었기 때문에 그녀가 배로 떠날 때까지 계속 만나며 즐거운 시간을 보냈대.

> "아, 이곳에서 느끼는 자유! 아직 나이도, 왜 왔는지 이유도 질문받지 않았어요. 좋은 라디오도 가지고 있어요. …"

그녀는 코린에게서 서신을 받았는데, 내 서신이 6월 8일에 낭독되는 것을 들었다고 적혀 있더래. 지역 교회가 집 가까이에 있어서 예배에 잘 참석하고 있다고도 했어. 상하이에 있는 기독교대학들 ─ 난징대학(상하이 분교), 여자기독교의과대학, 항저우기독교대학, 쑤저우대학교, 상하이대학교, 세인트존대학교 ─ 의 합동 졸업식에도 참석했대.

> "활란에게 프로그램들을 보내려고 하는데 서명 없이 중국어로 주소를 썼으니 별 문제없이 받게 될 것으로 생각해요. 나는 그녀가 다른 곳에서는 어떤 일이 일어나고 있는지 알고 싶어 한다는 것을 알아요 ─ 그녀는 굶주려 있어요. 하지만 **그녀는 나 또는 벨마, 아니면 그 누구라도 그녀에게나 대학에 편지를 비롯해 여타의 물품을 보내는 것에 대해서는 조심스러워했어요.** 그녀는 **미국에 의지하지 않고** 지금까지 잘 버텨왔다고 평가받고 있거든요.

절대적으로 필요하면 윌 커를 통해 무언가를 보낼 수도 있겠지만, 그는 연락하는 것에 신중한 입장입니다."

나는 어떤 것이든 우리 일로 윌 커를 성가시게 하는 건 현명하지 않다고 생각해.

호레이스 그랜트[238]가 조앤[239]에게 줄 결혼반지를 서울에서 살 수 없어 밴에게 사달라고 부탁했대. 결혼식 날짜는 7월 11일이야.

"아주 많은 프레지던트 계열의 선박이 미국 정부에 인수되고 있어요. 우리가 그곳으로 갈 수 있을 때쯤이면 타고 갈 배가 없을지도 모르겠네요. 하지만 그런 때가 오면 다시 그 나름으로 상황을 직면해야겠지요. 심각한 문제가 생기면 서울에 있는 것보다는 이곳에 있는 게 더 나을 것 같아요. 하지만 대부분의 사람들은 F. D. R.[240]의 마지막 발언 이후로 일본의 움직임이 조금 더 느려졌다고 느끼고 있어요.

요즘 다시 살이 너무 찌고 있어요. 요리사가 나를 감동시키려 애쓰고, 덕분에 나도 모르게 너무 많이 먹고 있네요. 이곳에서 일하는 사람들은 모든 것을 깔끔하게 유지하지만, 정작 우리는 그들을 볼 수도, 들을 수도 없어요. 지하실에 있는 그들의 거처도 우리의 거처만큼 좋고 깨끗해요. 그들이 그렇게 좋은 환경에서 지낼 수 있어 다행이에요. … 장학금 마련을 위한 자선 공연으로 열린 맥타이어고등학교[241] 앙상블 음악 콘서트에 다녀왔어요. 물론 우리 전문학교 학생들만큼은 아니었지만, 우리 고등학교 학생들보다는 훨씬 뛰어나고 인상적이었어요. 건물과 캠퍼스도 아름다웠고, 부유한 가정의 여학생들이 다녀서인지 모든 것이 엄청난 규모였어요. 강당은 마치 웅장한 극장 같았어요 — 크고 아름다운 무대, 편안한 오페라 좌석까지. 그 모든 것이 매우 장엄하고 화려했어요."

레이시 감독님은 손님들을 접대하곤 했고, 사람들은 그의 손님들과 함께 즐거운 시간을 보냈대. 그 손님들 중 한 명인 푸저우의 폴 와이언트는 변 프리츠와 함께 드루대학교에 있었는데, 변 프리츠에 대해서도, 그리고 드루에서 보여준 그의 기독교적 영향에 대해서도 아주 좋게 말했대.

> "루스 마쉬에게서 오늘 온 편지에는, 그들이 고국에 가려면 돛단배, 즉 노 젓는 배를 타야 할지도 모른다고 적혀 있어요. 그들은 쿨리지호와 태프트호를 예약했지만 두 배 모두 차출되었다고 하네요. … 톰이 어제 들은 바로는, 그가 도시에서 빠져나오자마자 아직 영국해외성서공회의 서기인 정 씨[242]를 제외한 사무실의 모든 직원이 해고되었다고 해요. 상황이 점점 그렇게 되어가고 있어요!"

우기에 접어든 7월 3일부터 이곳은 한결 편안해졌어. 그 이후로 거의 매일같이 비가 오고 있어.

빅은 4일에 종일 나와 함께 있었고, 우리는 즐거운 시간을 보냈어. 허스트 부부는 며칠 전에 스테이션 왜건[243]을 타고 왔는데, 그 차가 앞으로 2년 동안 그들의 집이 될 거라고 하더군. 이 기간 동안 집세로 나갈 돈을 차에 쓸 계획이래. 마치 집시 커플처럼 근심 걱정이 없어 보였고, 함께 점심 식사를 할 겨를도 없이 캘리포니아로 떠났어! L. P. 앤더슨 부부도 곧 올 거라는 소식을 들었어.

밴이 알려온 소식 중에서도 특히 활란의 메시지가 **편지를 쓰지 말라**는 내용이었다는 점이 중요해 보여. 그래서 밴의 제안으로 만들고 있던 '이화로 보낼 물건 목록'을 이제 더는 만들지 않기로 했어. 나는 『메소디스트 워먼』[244]에도 그 목록을 실었는데, 혹시라도 문제가 되지 않았기를 바랄 뿐이야.

한 달 넘게 밴의 소식을 듣지 못해 매우 궁금했는데, 단순히 그녀가 편지를 쓰지 않았기 때문이라는 것을 지금 알게 되었어. 그녀가 나를 그렇게 오랫동안 외면할 리 없다고 생각했기에, 혹시 편지가 어디선가 사라진 게 아닐까 생각했지. 그녀가 편지 쓰지 말라는 메시지를 곧장 보내왔어야 했는데, 그것을 자주 언급했으니 우리가 이미 알고 있을 거라고 생각했던 것 같아. 사우어 씨는 내가 작성한 목록이 과연 적절했는지에 대해 회의적이야.

헨리, 루스, 캐롤은 9월 1일쯤 호놀룰루로 갈 예정이지만, 아직 출항하진 않았어. 캐롤은 하와이대학교에 입학할 예정이야. 헨리는 태평양 연안에 있는 좋은 대학 두 곳에서 자리를 제안받을 뻔했는데, 만일 그랬다면 먼저 둘 중 하나를 선택했을 테지만, 결국 결정이 내려진 지금은 가족 모두 만족하고 있어. 그 후 선교국은 그에게 부에노스아이레스로 가서 와드대학과 연계하여 운영되는 일종의 외국인 학교에 부임하길 요청했지만, 우리 모두 그곳은 너무 멀고, 그렇게 멀리 떠나게 되면 한국과의 관계가 끊어지는 게 아닐까 걱정됐어. 나는 헨리가 호놀룰루에서 가치 있는 화해의 사역을 찾을 것이라고 확신하며, 그가 한인들과 함께 있을 수 있게 되어서 너무 감사해. 나는 1월 1일쯤 그곳에 갈 계획인데, 내가 머물 수 있는 곳을 그가 얻어주길 바라고 있어. 아직 가을 계획은 세우지 않았지만 아마 스캐릿을 위한 여행을 좀 하게 될지도 모르겠어. 차라리 산속 학교에서 확실한 일을 구해, 나를 필요로 하는 이들을 진정으로 돕고 있다는 느낌을 받고 싶어. 하지만 이곳 생활도 무척 만족스러워. 이곳의 사람들과 이 공간을 정말 사랑해. "그리스도인과 세계질서"에 관한 미스 호웰의 강의는 매우 흥미롭고, 평소처럼 관련 논문들에 골몰하고 있는 나 자신을 발견하곤 해. 사람이 나이 든다고 해서 이와 같은 지적 탐구로부터 벗어나긴 어려운가 봐. 무엇보다 이곳에서 읽을 기회를 얻게 된 글들이 있어 감사할 따름이야.

너희들의 소식을 듣는 것이 참 좋아. 자주 편지 보내주길 바란다.

항상 사랑하며,

앨리스

테네시, 내슈빌
1941년 7월 19일

너무나도 사랑하는 예순에게,

오랫동안 너에게 편지를 쓰고 싶었는데, 이제야 이 편지가 너를 기쁘게 하기를 바라며 쓴다. 네가 다닌 학교가 있는 이 도시에 와서, 너에 대한 기억이 여전히 사랑받고 있음을 알게 되어 기쁘구나. 6월은 아주 더웠지만 7월엔 좀 나아졌어. 우리는 여름 학기의 전반기를 끝내고 후반기에 들어갔어. 총장님 댁 바로 뒤, 식당과는 수직을 이루는 위치에 새로 지은 깁슨 기숙사가 있는데, 나는 이곳에 있는 미스 배글리의 스위트룸에서 지내고 있어. 손님이 오는 경우가 아니라면 방 세 개와 욕실을 독차지하고 있지. 오늘은 번 부인이 와. 방들은 작고 천장은 낮아서 시원하게 환기가 되지는 않지만 모든 것들이 아주 사랑스러워. 나는 이번 여름에 이곳에서 가볍고 즐거운 일들을 도맡아 하는 여주인의 직무를 하고 있어. 가을에는 학교를 위해 여행하고, 겨울에는 선교 과목을 하나 가르친 뒤 다시 여행하라는 요청을 받았어. 이 모든 것은 내 고향으로 돌아가서 다시 일할 수 있을 때까지 하는 임시적인 것이지만, 이 일들에 감사하고 있어. 하지만 머지않아 어딘가에 좀 더 안정된 자리를 구할 수 있으면 좋겠다. 미스 배글리는 이번 여름에 시카고에서 공부하고 있어.

내 갈비뼈가 부러진 일에 대해 걱정했지? 고통과 불편함은 조금 있었지만 점차 나았고, 그 와중에도 난 쉬지 않고 여행과 방문을 하면서 모든 강연을 마쳤어. 내가 4월에 이곳에 있을 때 케이트 박사가 붕대를 풀어주어서 지금은 갈비뼈가 부러졌던 사실조차 완전히 잊어버렸어. 너의 모든 애정 어린 염려와 기도에 감사해. 어머니날을 기억해주어서 참 좋았어. 우리가 몸은 서로 떨어져 있어도 생각은 함께하고 있으며, 하나님께서는 이 시험을 통해 좋은 것을 가져다주시리라는 것을 믿고 있어. 네 편지들이 혹여 검열을 받아서 문제가 되지 않기를 바란다. 나는 머릿속으로 너희들 모두에게 매일 편지를 쓰고 있단다. 내 친구들에게도 그렇게 말해주기를 바라. 밴이 가버려서 네가 더욱 그리워지는구나. 밴네가 잘 지내고 있고, 행복하며, 편안한 집을 가지게 되어서 기뻐. 그들은 심지어 전 주인의 집에서 일하던 사람들까지 데리고 있고, 전보다 형편도 더 좋아졌어. 나는 그들이 바로 고국에 돌아올 수 없다는 소식에 매우 실망했지만, 그래도 그곳에서 유용한 일을 할 수 있다니 기뻐.

모두가 결혼을 하고 있어서 남은 사람들도 결혼에 대해 생각하고 있을 것 같네. 새 신부들에게 내 안부를 전해주고 진정한 기쁨을 누리기 바란다고 전해줘. 그 성악가와 바이올리니스트는 오랫동안 친구였고 공통점이 많아서 함께 행복한 가정을 꾸릴 거야 — 아니, 바이올리니스트가 아니라 그 피아니스트 말이야. 그 성악가와 가사과 신부도 사랑스러운 가정을 이루겠지. 네 친구가 대학원에서 훌륭한 성과를 내고 있다는 것을 알게 되어서 기쁘다. 내 친구인 학장은, "그는 좋은 심성을 가진 이례적으로 매력적인 남자입니다"라고 썼더구나. 내가 이번 가을에 그곳에 올라갈 것 같은데, 그와의 만남을 기대하고 있어. 네가 없으면 대학이 어떻게 될지 상상이 안 되지만, 모든 것이 확실하다면 너희가 함께 행복하길 바란다. 아마도 그러면 그레이스가 돌아올 수 있을지도 모르겠네. 그레이스와 아기는 어떻게 지내니? 분명히 아주 귀여울 거야.

이곳은 남부 교회의 중심지여서, 우리는 때때로 친구들을 만나는 즐거움을 누리고 있어. 미스 와그너는 이곳에서 내가 주로 만나는 친구이고, 미스 달비는 열심히 공부하고 있어. 나는 채플 근처에 사무실이 있어서 자연스럽게 피아노와 오르간 연습 소리를 자주 듣게 돼. 그리고 난 채플 결혼식에서 여주인 역할도 하고 있는데, 6월에만 결혼식이 여덟 번 있었어. 캠퍼스엔 무궁화가 만발해서 마치 고향에 있는 것 같구나. 나는 그의 자녀들이 아무리 어리석게 살지언정 우리가 여전히 아버지의 세상 속에 있음을 믿어. 그 사실을 보여주기 위해 네게 은행잎 하나를 보낸다. 젊은이의 삶이 지속되고 있으며, 많은 여학생들이 너의 사랑스러운 캠퍼스를 즐기고 있으니 감사할 따름이야. 네가 그 집에서 지내고 있다는 사실이 기쁘고 정원이 잘 가꿔지고 있기를 바라. 내 책상에 깐 유리 밑에 교수들 사진이 있는데, 너희 한 사람 한 사람이 나를 지켜보고 있는 것 같아. 매일 나는 의미 있는 일을 하려고 노력해. 편지 쓰는 일을 도와주는 학생이 한 명 있어서 135통의 일반 편지를 보냈고, 이 편지처럼 비공식적인 편지들은 더 많이 썼어. 미스 호웰의 강의를 하나 수강하며 매일 도서관에서 책을 읽는 즐거움을 누리고 있어. 모네타의 사랑스러운 집에서 그녀와 함께한 시간도 좋았지. 지금 들으니 에블린 D가 새신랑과 함께 그곳에 갔었다고 하네. 그들은 매우 행복해 보인다고 하더라.

나는 건강하고 더는 통증을 거의 느끼지 않아. 약간의 식단 조절을 하고 있으며, 필요한 비타민과 단백질을 먹으려고 노력하고 있는데 이런 노력들이 많이 도움이 되는 것 같아. 내내 심한 향수병으로 내 삶이 실제 같이 느껴지지가 않아. 나를 정말로 필요로 하는 어딘가에 정착하면 좀 나아지겠지. 남동생은 블랜치의 남편과 함께 일하기 위해, 아내와 딸과 함께 그곳에 가기로 결정했어. 그들은 그곳을 좋아할 것이며, 그 공동체에 좋은 영향을 줄 수 있을 거야. 나는 동생에게 내가 있을 곳도 그곳에 얻어 달라고 말했는데, 결국 그것은 한국으로 가는 길이 될 거야. 내 트렁크들은 아직 뉴욕에 있어. 난 차라리 산속 학교에서 일하고 싶은데, 적당한 곳을 찾을 수 있을 거라고 믿어. 어퍼만 씨를 방문해 그곳에서 내가 할 수 있는 일이 있는지 알아보려고 해. 류머티즘 때문에 이곳 남부에 머물고 싶은 마음도 있으니, 이곳에서도 괜찮은 자리가 있는지 알아보려고 해. 나는 아직도 꿈속에 있는 것 같고, 내 사랑하는 침대에서 곧 깨어나 소나무로 뒤덮인 언덕을 내다보아야 할 것만 같아. 다른 방은 겨울에 추운데, 왜 네가 내 방으로 들어가지 않았는지 궁금하구나. 밴은 모든 것이 아주 깔끔하고 사랑스럽게 보였다고 말했어.

모두에게 내 사랑을 전해줘. 그들이 어디에 있든, 어떤 상황에 있든 한 명한 명을 생각하며 기도하고 있어. 항상 할 일이 아주 많았는데, 이제 비교적 한가하니 좀 이상하다. 항상 일에 파묻혀 있는데도 그 일들이 많이 중요하다고 느껴지지가 않아. IY는 아직 너와 함께 있는지, 아니면 다른 곳에서 바쁜지 궁금하다. 패트는 시골에서 일하며 새로운 경험을 즐기고 있는 것 같아. 이곳에 있었던 그 여학생이 너와 함께 있을 수 있으면 좋겠다. 개와 고양이는 어떻게 지내니? 너와 함께 있게 되어서 분명히 행복할 거야. 이사야서 49장 16절[245]과 그 주위의 구절들은 특별한 의미를 가지고 있어. 나는 내 손바닥을 들여다볼 때마다 너를 생각해. 성경은 나이가 들어갈수록 더욱더 많은 의미와 가치를 가지게 되는 귀중한 약속들로 가득 차 있어. 네가 학생들에게 성경을 사랑하도록 가르치고 있다는 것을 잘 알고 있어. 빡빡한 일정으로 바쁘겠지만, 아주 잘하고 있다는 것을 알아. 자료를 살펴보면 점점 더 쉬워질 거야.

이제 편지를 마쳐야겠다. 앞에도 쓴 것 같은데, 총장님은 내가 가을과 봄학기에 돌아다니기를 원하셔. 그는 방금까지 나에게 그것에 대해 이야기하고 계셨어. 나는 주님께서 내게 원하시는 일이 무엇이든 그 일로 나를 인도해주실 것이라고 믿고, 일이 흘러가는 대로 내버려두고 있어. 매년 많은 돈을 기부하고 계신 81세 된 옛 친구로부터 이 학교를 위해 큰 기부금을 받을 수만 있다면 정말 기쁠 것 같다. 그녀의 자금이 고갈되어버릴 위험은 없지만, 모든 것은 그녀가 어디로 그 자금을 보내고 싶어 하는지에 달려 있지. 물론 그녀는 모든 것이 의도한 목적대로 사용되기를 원하기 때문에, 그녀가 기부한 자금 중 일부에 대해서는 걱정하고 계셔. 비록 어떤 사람들은 모든 것이 인계되었다고 말하면 그녀에게 도움이 될 것이라고 생각하지만, 나는 그녀를 안심시키려고 노력해왔어.

벨마는 지금 휴가 중인데, 곧 이곳에 와서 사람들을 모두 방문하기를 기대하고 있어. 교회 사람들은 충실하게 항상 관심을 가져주셔. 이제 편지를 마쳐야 해. 너에게 항상 사랑을 보내며, 노소老少·고저高低를 불문하고 사랑하는 친구들 한 명 한 명에게도 모두 사랑을 보낸다 — 여러분 모두를 진심으로 사랑합니다.

언제나 애정을 담아,

상하이 페탱로 15 <발신인: 밴(애드나 홉스 부인)>
1941년 8월 15일

나의 가장 사랑하는 앨리스에게,

드디어 쿨리지호가 당신의 편지 한 통과 엘렌,[246] 사촌 한 명, 그리고 앤 피터스[247]의 편지 한 통씩을 싣고 왔어요. 우리는 또다시 편지에 굶주리고 있었어요. 마지막으로 받은 편지는 8월 3일에 코린에게서 온 클리퍼[248] 항공우편이었어요. 당신의 마지막 편지는 7월 22일자였으니, 벌써 3주가 넘었네요. 앞으로는 그 정도 간격으로 편지를 받는 것조차 바랄 수 없겠지요. 한 달에 한 번 프레지던트 계열의 배가 있을 것이라는 말들이 돌긴 하지만, 물론 그것은 태평양이 얼마나 태평한가[잔잔한가]에 달린 일이라고 생각해요.

어젯밤 루스벨트와 처칠의 거대한 비밀이 밝혀졌어요. 세계에 어떤 영향을 미칠지는 지켜봐야 할 거예요. 이곳에서 어떤 일이 벌어질지는 아무도 예측할 수 없지만, 우리가 있었던 곳보다 이곳이 더 나을 것이라고 생각돼요. 우리는 그곳에 있는 두 부류의 친구들의 안부를 정말로 걱정하고 있어요. 동결[249] 이후로는 편지 한 줄조차 오지 않았어요. 알린의 남편 제럴드[250]는 동결 조치 전인 7월 21일에 편지를 썼는데 — 우리는 그 편지를 8월 11일에 읽었으므로, 우편물이 그곳에서 어떻게 오는지, 혹은 오지 않는지 짐작할 수 있었어요.

마쉬 부부는 떠났어요 — 어제 오전 10시 30분에 200명가량의 사람들과 함께 이곳을 떠났지요. 그들이 지난 몇 달 동안 이곳에 머물러서 좋았어요. 비록 — 너무 더워서 — 계획한 만큼 쇼핑 등 많은 것을 함께하지는 못했지만요. 마쉬 부인은 아팠고, 나도 몸이 좋지 않은 날들이 있었기 때문인데, 아마 더위 때문인 것 같아요 — 그리고 마쉬 씨도 며칠간 집에 머물러 있었거든요. 그들의 배가 떠나기 전에 당신의 편지를 받지 못해 많이 속상해요. 하지만 그들을 통해 당신에게 편지 한 통과 상자 하나를 보냈어요. 그들에게 더 많은 걸 부탁할 수는 없었어요. 사랑하는 앨리스, 배 두 척이 왜 내 편지들을 가져가지 않고 지나쳐버렸는지 모르겠어요. 거의 매주 당신에게 편지를 써왔는데 말이죠. 이제 당신의 편지를 차근차근 읽으며 질문에 답할게요. 이 편지가 도착하기 전에 대부분의 답을 얻게 되었을 수도 있지만, 우연을 바라지는 않으려고요. 결혼식은 아주 멋있었어요 — 물론 와인프리드네 만큼 성대하지는 않았지만, 이런 상황에서는 어쩔 수 없지요. 그들은 베이징으로 신혼여행을 갔는데, 꽁꽁 얼어붙은 계절에 가게 되었네요. 그들이 집으로 돌아오는 것을 허락받았는지는 듣지 못했어요.[251]

우리가 떠날 때 좋은 읽을거리들을 버렸다는 당신의 말이 무엇을 의미하는지는 모르겠지만, 20여 권의 잡지를 말하는 거라면 모두 가져가도 돼요. 우리가 떠나던 때쯤부터 그 잡지들 대부분은 더 이상 오지 않았어요. 사람들이 그 무렵부터 우편을 다른 곳으로 돌린 것 같아요. 어떻게 우리에게 겨우 『크리스천 센추리』, 『하퍼스』, 『리더스 다이제스트』, 『월드 다이제스트』, 『시온 헤럴드』, 『이스트 포스트』만 오나 싶어요. 하지만 이곳에서는 어떤 새 책이든 잡지든 다 살 수 있어요. 해적판 책과 잡지들 — 즉 여기에서 복사되고 인쇄되었으며 매우 싼 것 — 이 많거든요. 재고가 대단해요!! 내게는 별로 올바른 일로 보이지 않지만, 이곳에 있는 모든 사람이 해적판을 이용하는 것 같아요. 어떤 잡지도 들어올 때 검열을 받지 않아요. 그곳에서는 『다이제스트』의 일부가 항상 삭제되어 있었지요. 우편물이 언제 올지 불분명해서 우리는 매주 일요일 밤 라디오를 청취하고 있는데, 이제부터는 더 많이 기대하려 해요. 한 달에 적어도 한 번은 클리퍼 항공 우편으로 편지를 보낼 예정인데, 편지를 받는 사람은 누구든 다른 사람들에게도 전달해주기 바라요. 당신이 요청하는 사항을 스캐릿에 주도록 그 부인을 설득할 수 있기를 바라요. 그 부인이 그렇게 해주신다면 당신의 큰 공적이 될 거예요. 그들은 당신을 계속 데리고 있을 수 있고, 돌아다니게 하지 않고 그곳에 그저 예쁘게 앉아 있게만 할 수도 있겠지요. 우리는 항상 기도 속에서 당신과 당신의 필요와 일을 기억하고 있어요.

"여동생"에게 물건을 보내는 것과 관련하여, 나는 그들이 물건에 세금을 매긴다는 것을 안 순간 바로 당신에게 경고를 보냈어요. 물건들을 붙들어 놓고 있어요—보내는 지역의 우체국이 아니라 물건이 처음 그 나라에 도착한 곳에서요. 지금은 모든 것이 바뀌었을 수도 있어서—뭐라 확실히 말할 수는 없네요. 어쨌든 우편엽서들이 가장 큰 문젯거리였어요. 하나하나 조사받아야만 했고, 문제가 되는 것에는 세금이 부과된 것 같아요. 교회 문서들 안에는 뭐가 있었는지 모르겠군요. 하지만 몰래 넣어 보내진 것이 있다면 잘 사용될 수 있기를 바라요. 어쨌든 그것들이 우편엽서보다는 문제가 덜 되었을 것이라 생각해요.

우리 거실 창문으로 들어오는 햇살을 당신이 언급했을 때 눈물이 났어요. 우리가 아끼던 옛 장소 맞지요? 아마도 언젠가는 우리가 다시 당신을 맞이할 수 있는 거처를 갖게 될 거예요. 그게 언제냐고요? 글쎄요. 찰스 사우어가 당신에게 보낸 7달러가 무엇을 위한 돈인지 기억나지는 않지만, 그는 무척 똑똑한 사람이니 틀림없이 우리에게 설명해줄 수 있을 거예요. 더 많은 돈에 항상 감사하게 생각해요—우리가 돌아가게 될 때 필요할 거예요.

이제 웃을 준비를 하세요 — 아니면 나의 멍청함에 분개하든가요. 당신의 마지막 편지를 — 동봉한 다른 것들보다 — 먼저 읽다가 — "스네블리[252] 자매가 제7이 되었음"이라는 구절을 맞닥뜨렸을 때, "무슨 뜻이지? 일곱 번째 부인이라는 걸까?" 하고 생각했어요. 당신의 5월 3일자 편지(그 전에 받은 적이 없었던 편지)를 읽을 때까지는 그것이 S.D.A.[제칠일안식일예수재림교]라는 것을 꿈에도 생각하지 못했어요. 그들이 그녀를 S.D.A. 병원까지 질질 끌고 갈 수는 없었을 테니, 내가 어떻게 그런 생각을 할 수 있었겠어요. 그곳이 그녀가 처음 시작했던 곳인가요? 그렇다면 정말 충격적이에요!! 그녀는 무엇을 할 계획인가요? — 이제 그들을 위해 선교사로 나가려고 하나요? 그들의 근본주의가 매력적이었나 보네요. 세상에!! 어쩜!! 어쩜!! 다음은 뭐죠?

그 편지에는 이해할 수 없는 내용이 몇 가지 있는데, 아마도 내가 너무나 멍청해서 이해를 못하는 것 같아요 — 언젠가는 알아낼 때가 오겠지만 아직은 잘 모르겠어요. 예를 들어 이런 거예요. "서울회관을 위해서도 짐 아저씨에게 뭔가를 보내겠어요." 짐 아저씨는 메리언의 아버지를 가리키는 것이라고 추측됩니다. 서울회관은 그 테니스클럽을 의미하는 것일 텐데, 서로 어떻게 연결이 되는지 이해가 가지 않아요. 아무것도 우리에게 보내지 마세요. 필요한 것은 이곳에서 모두 얻을 수 있고, 만약 배달이 된다고 해도 새로 들어오는 것은 뭐든지 엄청난 세금을 물어야 할 거예요 — 그들이 모든 것을 동결시킬 수도 있어요. 지금이 당신의 돈을 아낄 수 있는 좋은 기회예요. 당신이 사람들에게 퍼주기만 하는 것에 대해 톰이 얼마나 걱정하는지 아시죠?

윌 쇼에게는 얼마나 잘된 일인지요! 그가 기운을 내어 제이콥의 영향에서 벗어났나요? 워커 박사님이 그를 바로잡지 않으셨을까 상상해봅니다. E는 어떤가요? 이상한 행동들을 계속하는지요?

내가 마지막 편지에 톰은 지금 돌아갈 수 없다고 썼었지요. 우리가 갈 수밖에 없는 상황이 오기 전 떠날 수 있기를 바라지만, 그럴 수 있을지 의문이에요. 우리가 어제 부두에서 만난 한 S.D.A. 사람은 우리보다 훨씬 북쪽에서 이곳으로 왔는데, 그는 마닐라에서 한 달간 휴가를 보낸 후 북쪽의 로버트슨네가 살던 곳으로 돌아갔었다고 해요. 우리가 마지막으로 만났을 때 그는 계속 버티려 하고 있었지만, 어제 말하길 겨우 빠져나왔다면서 지금 위쪽 상황이 끔찍해지고 있다고 했어요. 그래서 우리가 남겨두고 온 친구들이 많이 걱정돼요.

아펜젤러네가 호놀룰루로 가게 되어 정말 기뻐요. 돌아가는 것 다음으로 최선의 선택지라고 생각해요. 그들과 함께 있는 것이 캐롤에게도 좋을 거예요. 루스도 분명히 그곳을 더 편안해할 테고요. 귀국하는 길에 그들을 만날 수 있으면 좋겠네요.

제시와 레이첼은 집에 잘 갔다는 소식만 들었어요. 앤 피터스가, 그들이 고베 부두에서 맥라렌 박사를 만났다고 편지에 썼어요. 맥라렌과 라이너[253]가 그들에게 작별 인사를 했다고 썼지만 — 맥라렌이 왜 그곳에 있었는지에 대해서는 쓰지 않았어요. 귀국하는 길이었을 수도 있지만, 잘 모르겠네요. ×× — 어제 받은 세 통의 편지에 답하고 이 편지까지 쓰면, 내가 받은 모든 편지에 답하는 거예요. 물론 나는 수백 명에게라도 편지를 쓸 수 있고, 밤새워 쓰면 다 쓸 수도 있겠지만, 결국 그 속에서 허우적거릴 게 분명하니 이 편지를 며칠 더 가지고 있으면서 내용을 추가하려고 해요. 이 편지가 우체국에서 우편 배달선을 기다리게 하느니 내 손에서 기다리게 하려고요. 다른 사람들에게 보내는 당신 편지의 복사본들을 보내주어서 고마워요. 거기에는 항상 내가 몰랐던 새로운 소식이 담겨 있어서 즐겁게 읽었어요.

사랑하는 앨리스 — 오늘은 8월 19일인데 — 9월 10일까지 출항하는 배가 없다고 해요. 그래서 이 일기 편지를 더 보관하고 있다가 상황이 좀 더 명확해지면 클리퍼 항공 우편으로 보내려고 해요. 지난 토요일, 오토와 그의 새 신부[254]가 도착했어요. 그의 동료도 함께 왔지요. 그들이 도착했다는 소식을 듣자마자 그들에게 가서 우리와 함께 지내자고 했어요. 이곳의 선교부는 그들이 한 선교사의 집에서 머물도록 준비해두어서, 우리가 오토 부부를 데려가는 것을 허락하면서도 결국은 그 선교사 집에서 지내는 편이 더 나을 거라고 하더군요. 그들이 배를 타려면 한 달은 기다려야 하니, 나중에 우리에게 올 수도 있어요. 그들은 기차로 여행하는 것을 허락받지 못해서 트렁크 등을 챙겨 청주에서부터 트럭으로 이동해야 했고, 제물포에서 배를 타고 왔어요. 청주에서 서울까지, 그리고 제물포까지 호송을 받았대요. 이곳 선교부 회계가 어제 크레인[255] 박사의 전보를 받았는데, 본국 선교부로부터 한국을 떠나라는 명령을 받은 다섯 명의 남장로교인을 위한 통행권을 구하라는 내용이었어요. 이제 더는 일본으로 가는 사람이 없기 때문에 배를 타기 위해서는 모두 이곳으로 와야 해요. 12명의 북장로교인들은 일본 정부로부터 즉각 한국을 떠나든지 기도일 사건[256]에 대해 재판을 받든지 선택하라는 명령을 받았어요. 처음에 그들은 긴 진술서에 서명하라는 말을 들었다고 해요 — 그 중 하나는 **다시는** 한국으로 돌아오지 않겠다는 서약이었어요. 그들은 서명하기를 거부했고, 결국 정부는 그 조항을 일단 제외했대요. 하지만 이 사람들이 떠날 때 그 조항은 해결되지 않은 상태였다고 하니, 결과가 어떻게 될지는 알 수 없어요. 블레어, 델마터,[257] 버츠,[258] 코빙턴,[259] 모드 쿡,[260] 로스,[261] 번하이슬 부인,[262] 클라크[263] 박사(이미 떠남)가 명령을 받았고 — 다른 사람들은 이름이 정확히 기억나지 않아요. 무어 부인[264]도 같은 명령을 받았다는 이야기도 있어요. 그래서 그들 모두 곧 한국을 떠나게 될 거예요. 우리는 이들이 스스로를 위해서라도 떠나기를 바라요. 언더우드네가 이러한 조치에 강력히 반대하고 체면을 위해 남아 있으려 한다고 가정해봅시다. 그러면 쿤스도 남아 있어야 할 텐데, 하지만 그는 "할 수만 있다면 상하이로 헤엄쳐 가겠어요"라고 말했어요.

×× — 8월 24일 일요일 저녁. 내일 3시 이전에 미 제4해병사단 우편 가방에 편지를 넣으면 검열 없이 보내질 것이라는 소식을 막 들었어요 — 마닐라

를 거쳐 가겠지요 ― 다른 경로가 있는지는 모르겠네요. 오후 10시, 우리는 방금 저녁 식사를 하러 상하이대학교(침례교 계열)에 갔다가 막 돌아왔어요. 한 부부와 아내 없는 남자 네 명이 일본 점령 지역 중에서 외곽에 위치한 큰 캠퍼스에서 살고 있었어요. 건물에는 폭탄, 파편 등이 명중한 흔적이 남아 있었어요. 졸업식을 겨우 한 번 했을 뿐인 그들의 새 채플. 그곳 1층에서 일본 병사들이 여러 마리 말들을 칼로 찔렀고, 값비싼 새 파이프 오르간은 완전히 망가졌어요. 아, 그 모습을 보니 가슴이 무너져내렸어요. 우리의 아름다운 건물들이 자연스레 떠올랐고, 만일 일본과 러시아가 손을 잡는다면 그 건물들도 같은 운명을 겪게 될지 모른다는 생각이 들었어요. 그렇게 되지 않기를 바라며 기도해요. 그 대학교는 국제 정착촌에 방을 빌려 혼잡하고 어려운 환경 속에서 수업을 계속하고 있고, 그들의 아름다운 캠퍼스는 학생들의 안전 문제 때문에 방치된 채 점점 낡아가고 있어요. 지금 그곳에서는 (미국인) 남성 다섯 명과 여성 한 명이 남아 캠퍼스를 조금이라도 더 빼앗기지 않으려고 애쓰고 있어요.

오늘 교회에서, 한국에서 오는 22명이 이곳의 장로회에 첫 번째 귀국하는 배의 통행권을 요청하는 전보를 보냈다는 소식을 들었어요. 그래서 우리는 그들이 곧 올 것이라고 예상하고 있어요. 누가 올지 모르겠고, 언더우드네가 올지 궁금해요.

내일이 내 생일이기 때문에 우리는 적어도 (당신으로부터) 한 통의 편지를 받기를 희망하며 오늘 밤 <우편가방>을 청취하려고 해요. 어제 사랑하는, 그리고 그리운 코린으로부터 "생일에 사랑해요. 걱정하며"라는 전보를 받았어요. 요즘 여러분 모두 일본이 미국인들을 인질로 잡고 있다는 등의 이야기를 들으며 우리를 걱정하고 있다는 것을 알고 있어요. 일본과 한국에 있는 사람들이 어떻게 지내고 있는지는 모르겠지만, 우리가 거기가 아닌 이곳에 있어서 다행이에요. 물론 미국과 일본이 충돌하게 되면 여기에서 그들이 우리를 어떻게 할지 아무도 모르지만, 우리는 괜찮으리라 생각하니 걱정하지 마세요. 동맹국들이 매우 많고, 상황은 아주 많이 뒤얽혀 있으니까요. 그들이 할 수 있는 것은 우리를 가택 연금하는 것 외에는 별로 없었어요 — 그래서 대부분의 남자는 "보이 알게소"[265]가 최선이라고 생각하지요. 8월 25일 월요일 아침 — 사랑하는 앨리스 — 나의 행복한 생일이 시작되었어요 — 새벽 2시 15분에 <우편가방>이 전하는 당신의 사랑스러운 메시지와 함께요. 아, 그것이 오지 않았더라면 무척이나 실망했을 거예요. 단 한 통뿐이었지만, 뭘 더 바라겠어요?! 고마워요, 내 사랑. 톰이 나에게 중국 미술에 관한 아름다운 책을 주었어요. 오늘 밤에는 오토 디캠프 부부를 위한 저녁 만찬을 준비하려고 해요. 일석이조라고 생각해요. 생일 축하와 저녁 만찬을 겸할 수 있는 케이크 하나. 허즈퍼스 씨 부부(성서공회 사람들)와 YMCA의 올리버 씨 부부가 올 것이며, 다 합쳐서 아홉 명이 모일 예정인데 다들 좋은 사람들이어서 분명히 함께 즐거운 시간을 보낼 수 있을 거예요. 작년을 떠올려보세요! 당신이 내 곁에 있지는 않았지만, 그래도 가까이 있었지요. 당신이 산속에 있어서 기쁘고, 더위를 식히면서 잘 쉬기를 바라요. 우리에 대해서는 걱정하지 마세요. 하나님께서 과거에 우리를 어떻게 돌봐주셨는지 알고 있잖아요. 이번에도 우리를 저버리지 않으실 거예요.

많은 사랑을 듬뿍 보내며, 모든 일이 잘 풀리기를 바라요.

당신을 사랑하는

밴

1941년 8월 18일

친애하는 패런[266] 부인께,

당신을 아주 많이 생각하며 편지를 기다리고 있었습니다. 뉴욕에서 르수드 부인을 만났을 때 당신의 소식을 물었고, 그녀에게서 소식을 들을 수 있어 기뻤습니다.

한국 소식을 계속 듣고 계셨다면, 우리 감리교인들 모두가 지난 11월에 한국을 떠나는 것이 사역을 위해 최선이라고 판단했다는 이야기를 들으셨을지도 모르겠습니다. 남동생과 저는 사랑하는 친구들과 익숙한 일상, 그리고 집을 떠나는 것이 정말 고통스러웠지만 양심에 따라 결정한 일이었기에 최선의 결과가 있기를 바라고 있습니다. 우리가 떠난 후 이화여전과 다른 기관들에서 긴장이 상당히 완화되었고, 김 교장은 우리로부터 "독립"했다는 칭찬을 받고 있다고 들었습니다! 그녀와 한국 기독교 지도자들은 큰 용기를 내어 무거운 짐을 짊어지고 있습니다. 우리는 그들에게, 또 그들도 우리에게 편지를 보낼 수 없는 상황입니다. 때때로 이런 침묵은 정말 견디기가 힘들지만, 하나님께서 그들과 함께하심과, 하나님의 일이 어떤 상황에서도 사람들의 마음속에서 계속될 것임을 알고 있습니다. 고통을 통하지 않고서는 배우지 못한다는 사실이 참 슬픕니다! 제가 이화에서 보냈던 마지막 편지와 이곳에서 최근에 쓴 편지를 함께 보냅니다.

어디를 가든 좋은 친구들이 있고, 스캐릿대학과 같은 머물 곳이 있다는 사실이 위로가 됩니다. 사람들은 우리에게 참 잘해줍니다. 언젠가 이곳을 방문하실 기회가 있으면 좋겠습니다. 그냥 지나가는 분들도 이곳에서 많은 영감을 받는 것 같으니, 꼭 한 번 들러보시길 권합니다.

털사[오클라호마주]에 있는 훌륭한 두 감리교회는 이제 단순한 인척 관계가 아니라 진정한 가족이 되었습니다. 당신을 방문했을 때 정말 즐거웠고,

그때를 종종 떠올리곤 합니다. 아드님에 대해 말씀해주세요. 아직 그런 시기를 보내고 있나요? 당신을 위해서라도 그렇지 않기를 바랍니다. 우리도 그런 시기가 있긴 하지만, 그런 시간이 짧아지길 기도합니다.

제가 미국에 안전하게 있다는 것을 알려드리고 싶었습니다. 그쪽으로 가게 되면 잠깐 들르겠습니다. 언젠가 소식을 주시기 바랍니다.

진심을 다해,

1941년 8월 18일

친애하는 파이퍼 부인께,

이곳에서 보낸 긴 여름이 다 지나갔습니다. 무더운 여름이었지만 제게는 그것이 좋았는지 건강해지고 잘 쉰 것 같이 느껴집니다. 스캐릿대학이 있는 공간과 이곳의 사람들, 그리고 진정한 기독교 정신은 저에게 늘 기쁨이 되었고, 이 불안한 시기에 위안을 주었습니다.

동봉한 글을 통해 알게 되시겠지만, 커닝검 박사님은 저에게 스캐릿대학을 특히 북부에 알리고, 대학이 훌륭한 프로그램을 운영하는 데 필요한 지원을 구하는 홍보 일을 스턴츠 박사와 함께해달라고 요청하셨습니다. 좋은 일이 성장해나가는 모습을 보고, 새로운 친구들을 알게 되는 것을 좋아하기 때문에 저는 이런 일이 좋습니다. 또한 이 일은 아직 만나지 못한 친구들을 방문할 수 있는 즐거운 기회를 제공하기도 합니다. 관련 대화를 동봉했으니, 읽으신 후 제임스 부인의 프로그램을 위해 그녀에게 전달해주시기 바랍니다. 부인께서 선행을 베푸는 것에 지치지 않고 오하이오웨슬리언대학교의 채플 수리를 위해 3만 달러를 기부하셨다는 소식을 신문을 통해 알게 되었습니다. 그 오래된 장소가 얼마나 예배 장소로 부적합한지 말씀드린 바 있었기에 정말 기뻤습니다. 한국에서 온 우리의 친구 윌리엄 쇼가 종교 사역의 새로운 책임자가 될 예정인데, 그는 제가 그곳에 머물렀던 날 채플에서 말씀을 전했습니다. 제 조카 로나 레이시[267]는 오하이오웨슬리언대학교 2학년이 됩니다.

얼마 전 우리는 백스터신학교로 차를 몰고 가서 어퍼만 부부와 점심을 함께했습니다. 그들은 부인이 그 학교에 주신 도움에 대해 이야기하며, 비밀이라고 하더군요. 부인이 행하신 선행들 덕분에 부인의 성함과 명성이 닿지 않는 곳이 없습니다. 영적 전쟁이 필요한 이 시대에 부인이 스캐릿을 모든 교회를 섬기는 중심에 있는 위대한 기념비로 만드시는 모습을 보길 기대하고 있습니다. 이에 관해 함께 이야기 나누고 싶습니다.

여행이 즐거우셨기를, 그리고 계획하셨던 다양한 방문을 잘 마무리하셨기를 바랍니다. 저를 아는 모든 분들께, 특히 다니엘 머너 부인과 로렌스 부인에게 안부 전해주시기 바랍니다.[268]

이번 여름, 이곳에서 가장 뛰어난 학생 중 한 명은 남플로리다대학의 체육지도자 미스 긴이었습니다. 일전에 그녀는 그 학교의 학장이 떠났음을 알리면서 제게 그 자리를 맡아달라고 이야기한 적이 있습니다. 흥미롭게도 그 학교가 부인께서 채플을 지어주신 레이크랜드에 있는 아름다운 대학이라는 사실을 알게 되었습니다. 그 사실이 흥미로웠고, 기회가 된다면 좋은 말씀 부탁드리겠습니다. 저는 가르치는 것보다 학장 업무를 더 좋아하기에, 언젠가는 자연스럽게 제 자리를 찾게 될 거라 믿고 있습니다. 저는 늘 바쁜데도 아직 "하나님의 대기실"에 머물러 있는 것 같습니다. 스캐릿은 이화와 매우 많이 비슷해서 저에게는 고향처럼 느껴집니다.

부인을 위해 이화의 사진 한 장을 확대해두었으니, 갈 때 가져가겠습니다. 9월 7일이 포함된 주에 뉴욕에 계실 예정인지요? 6월에 뵙지 못했는데 9월에는 꼭 뵈었으면 해서, 이번에는 뉴욕에 계시기를 희망해봅니다. 한국에서는 여전히 아무 소식도 들려오지 않고 있습니다. 라디오와 신문들은 동양으로 몰려드는 폭풍우에 관한 소식으로 가득합니다. 일본과 러시아가 싸우면 한국이 곧 휘말릴 것이기에 매우 걱정됩니다. 그렇지만 저는 하나님께서 부인과 그분의 다른 종들을 통해 우리에게 주신 이화가 살아남아, 소중한 한국 국민을 계속 섬길 것이라 믿습니다. 한국 국민을 향한 부인의 공감과 따뜻한 마음에 늘 감사드립니다. 그들은 부인을 사랑하며, 부인의 청지기 정신에 도움을 받은 이곳 사람들도 부인을 사랑하고 있습니다.

많은 사랑을 담아 보냅니다.

언제나 충실하게,

매사추세츠, 웨스트뉴턴, 체스트넛로 257
1941년 10월 9일

프랜시스 B. 세이어[269]
고등판무관 귀하

친애하는 프랭크에게,

보스턴을 떠나기 전, 캐임브리지에 있는 크라이스트교회에서 예배를 드리며 프랜시스가 강단에서 목사직을 수행하는 모습을 보고 싶었고, 그를 직접 만나본 후에 이 편지를 쓰고 싶었습니다. 사람들은 프랜시스에 대해 좋게 평가하고 있고, 당신도 그가 하는 일에 대해 큰 기쁨을 느끼고 있다는 것을 알고 있습니다. 이곳에 머무는 동안 우드로도 볼 수 있기를 바랍니다. 제가 캐임브리지에서 당신의 집에 마지막으로 머물렀을 때 프랜시스와 우드로는 둘 다 어린 소년이었지요.

그런데 제가 지금 이 편지를 쓰는 이유는 필리핀에 계신 당신이 이 편지를 받기 전에라도 불쑥 나타날지 모르는 셍 탄차론수크라는 태국 청년에 대해 이야기하기 위해서입니다. 우리 이화여전 딸들 중 한 명인 최예순을 통해 그를 만났는데, 그들은 둘 다 1939~1940년에 시카고대학교에서 석사과정을 밟고 있었고, 같은 시기에 국제관에서 살았다고 합니다. 최예순은 작년에 한국으로 돌아갔고, 그 청년은 하버드에서 사회학 박사과정을 마친 후 현재 방콕으로 돌아가는 중입니다. 그는 미국에서 5년 동안 정부 장학생으로 공부했고, 아주 매력이 넘치는 사람입니다. 그가 10월 2일에 저를 만나러 뉴욕에 잠시 왔었는데, 우리는 그의 문제들, 특히 최예순과의 결혼을 가로막는 어려움들에 대해 이야기했습니다. 그는 제가 당신에게 이 일에 관해 편지를 써도 좋다고 했고, 나 역시 이 문제에 대해 꼭 당신에게 이야기하고 싶었습니다. 어느 누구도 할 수 없지만 당신이라면 방법을 찾을 수 있을 거라 믿기 때문입니다. 셍 탄차론수크는 확실히 개인적으로 기독교의 영향을 받지 않았습니다. 외국 학생이 미국의 명문 대학들에서 그렇게 오래 공부했음에도 기독교적 삶에 대해 제대로 이해할 기회가 없었다는 것은 비극적인 일입니다. 함께 있던 이화의 교사 한 분과 나는, 단지 그리스도인인 한 여성과의 관계에 대한 해결책으로서뿐 아니라 그 자신을 위해서라도 그에게 그리스도의 가르침을 전달하려고 노력했습니다. 나는 당신이 이야기한다면 그가 진지하게 귀 기울일 것이라 믿으며, 당신은 그를 도울 수 있는 가장 좋은 방법을 알 것이라고 생각합니다.

당신이 그 청년을 만날 때쯤이면 그는 이미 한국을 다녀간 후일 것이고, 상황을 지금보다 더 잘 이해하고 있을 것입니다. 그는 예순을 만나러 곧장 한국으로 갈 계획이었지만, 저는 그에게 일본에서 그녀의 오빠와 함께 만날 것을 강력히 권했습니다. 예순은 이화여전의 종교교육 책임자로 일하며 외부와의 접촉이 거의 차단된 상태입니다. 그녀는 매력적이고 유능하며 항상 인기가 많은 아름다운 사람입니다. 이화여전 졸업 후 스캐릿대학에서 종교교육학으로 학사를, 시카고대학교에서 석사를 취득했습니다. 셍 탄차론수크는 불교도로, 유망해 보이는 그의 경력에 예순과의 결혼이 해가 될 것임을 인정했으며, 예순이 태국 사회에서 공식적으로 받아들여질지도 확신하지 못하고 있습니다. 그가 그리스도인이 되겠다고 결정하는 것은 정부 관리로서의 그의 위치를 복잡하게 만들 것이 확실합니다. 그렇기에 그들이 결혼하는 것은 불가능할 수도 있습니다. 저는 다만 그들에게 가장 좋은 길이 열리기를 간절히 기도할 뿐입니다. 예순은 어떤 사회에서든 성공할 것이고, 남편에게도 큰 힘이 될 사람입니다. 하지만 우리 젊은이들이 직면하고 있는 현실은 얼마나 가혹한지요!

우리가 많은 사람들의 삶을 바꾸어놓은 국무부의 메시지를 라디오로 들은 날이 바로 1년 전 오늘입니다. 나는 이제 고향[270]에 돌아가야 할 때가 되었고, 휴가가 너무 길다고 생각하고 있습니다. 머리로는 우리가 옳은 일을 했다는 것을 알지만, 내 가슴에서는 큰 반란이 일어나고 있습니다. 남동생 헨리와 그의 아내, 그리고 그들의 막내딸은 호놀룰루로 돌아가 그곳의 한인 공동체를 돕고 있습니다. 원래 그는 부에노스아이레스로 가라는 요청을 받았지만, 임시직임에도 불구하고 자기 민족 곁에 머물기로 결정했지요. 필리핀으로 간 내한 선교사들도 그들의 사역에 즐거워하는 것 같습니다. 필리핀 사역이 매력적인 이유 중 하나는 한국에서 그리 멀지 않은 곳에 있기 때문일지도 모르겠습니다.

지금 이화의 사람들은 우리에게 글을 쓰는 것도, 우리에게서 소식을 듣는 것도 금지되어 있습니다. 그럼에도 불구하고 이화여전은 용감하게 헤쳐나가고 있으며, 역사상 최다 인원인 450명의 학생이 등록했고 활기가 넘친다고 들었습니다. 재정적인 문제들이 고통을 주고 있지만, 어린 교장은 모든 일을 훌륭히 해결해나가기 위해 최선을 다할 것이며, 그녀가 최선을 다한다는 것은 매우 훌륭히 해내는 것임을 알고 있습니다.

언젠가 만나뵙기를 고대하고 있는 세이어 부인[271]에게 안부를 전해주세요. 그 청년이 나타나기 전에 이 편지가 당신에게 배달되어 당신이 그를 도울 수 있기를 바랍니다. 당신의 진정한 성공과 행복을 항상 기원합니다.

언제나 충실하게,
앨리스 R. 아펜젤러

주소: 뉴욕, 5번가 150
뉴욕주 베를린[272]에서
1941년 10월 31일

친애하는 랭커스터 친구들에게,

인디언들이 아직 이곳에 살던 시절, 어머니의 조상들이 정착했던 사랑스러운 작은 계곡으로 돌아왔습니다. 그들은 인디언들의 주요 이동 경로인 하천을 피하려고 높은 곳에 있는 "분지"에 정착했습니다. 그리스월드[273] 가문이 왜 높은 고지대를 선택했는지 궁금해했던 기억이 납니다만, 최근에서야 그 이유를 알게 되었습니다. 얼마 전 이곳을 방문했는데, 너무 아름다워서 그만 매료되어버렸습니다. 여러 곳을 방문했지만 어디를 가든 상관없이 이 작은 타코닉 계곡[274]은 항상 사랑스럽습니다. 이 계곡의 화려한 색깔을 그리워했는데, 지금의 부드러운 색깔도 매력적입니다. 내가 지내는 곳의 여주인은 평생을 함께해온 친구이며, 우리의 증조부들께서도 친구 사이였다는 것을 알고 있습니다. 어머니의 무덤은 어머니의 부모님, 어머니의 조부모님의 무덤과 함께 이곳에 있습니다. 어머니께서 얼마나 삶을 사랑하셨는지, 그리고 어디를 가든 얼마나 삶을 더 달콤하고 행복하게 만드셨던지를 기억하면서, 이곳에서 항상 어머니의 가장 오래된 친구분들을 뵙고, 어머니의 무덤 위에 꽃을 놓는 대신 그분들을 위해 조그마한 일이라도 하려고 노력합니다. 나이 드신 친척 두 분은 91세와 94세의 숙녀 분들이신데, 나를 만나서 옛이야기를 나누는 것을 좋아하십니다.

여러분에게 마지막으로 편지를 보낸 후 한 달 동안 나는 뿌리 깊은 우정을 나누는 옛 친구들과 함께 시간을 보냈습니다. 로렌스 메이요 부인[275]의 형제자매는 1880년대에 한국에서 살았고, 그 이후 그들의 가족과 우리 가족은 친구로 지내왔습니다. 나는 그녀와 매사추세츠주 웨스트뉴턴에서 3주간 함께 지냈습니다. 그녀는 내가 여러 곳을 방문하며 지내는 동안 자기의 아름다운 집을 본부로 사용할 수 있도록 해주었습니다. 그녀의 아들[276]은 하버드대학교 대학원장이어서 우리는 항상 서로의 소식을 주고받습니다. 그들의 집에 머물며 여러 곳을 짧게 방문했던 이야기를 전해드리겠습니다.

웰즐리대학이 가까이 있어서, 이화여전 학생들에게 도움을 주고자 특별한 목적을 가지고 그곳을 세 번 방문했습니다. 웰즐리봉사기금은 이화 학생들을 돕기 위해 매년 100달러씩을 보내왔는데, 나는 그 기금을 유지하고 싶었습니다. 지금은 한국으로 그 돈을 보낼 수 없으니, 뉴욕주 로체스터에 있는 이스트맨음악학교에서 성악을 공부하는 한 이화 학생을 위해 사용하자고 제안했습니다. 그 학생은 이화여전 3학년일 때 어머니를 여의었고, 이후 아들을 낳지 못한다는 이유로 부인과 어린 딸을 집에서 쫓아냈던 아버지가 나타나 작은 집에 있던 모든 짐을 챙겨갔으며, 그녀마저 강제로 시집보내려 했습니다. 현재 뉴욕의 한국 쪽 선교국에서 비서로 일하고 있는 메이너 부인은 그 학생에게, 그녀와 어머니가 계획한 대로 대학 과정을 마칠 기회를 주겠다고 제안했고, 그녀는 기쁘게 그 기회를 받아들였습니다. 그녀의 아버지는 오래전에 버린 딸에 대해 사실상 아무런 권리가 없다는 것을 알고 있었기 때문에 한 마디도 할 수 없었습니다. 웰즐리기금은 지난 2년 동안 그녀를 지원해왔고, 사랑스러운 그녀는 현재 훌륭한 한국 청년과 약혼했습니다. 그 청년은 목사의 아들로서 드루신학교를 갓 졸업하고 시러큐스대학교에서 박사과정을 밟고 있습니다. 다음 주에 이 두 사람을 만나려고 합니다.

내가 보스턴에 도착했을 때 웰즐리봉사기금위원회가 막 모임을 열고 있었기에 그 학생을 지원하는 일에 대해 발표할 좋은 기회를 가질 수 있었습니다. 한 기숙사에서 저녁 식사를 한 후 여학생들과 이야기를 나누며 내가 가지고 간 사진들을 보여주었더니 그들은 큰 관심을 보였습니다. 위원회는 투표를 통해 100달러를 우리 학생 민덕순[277]에게 지원하기로 결정했습니다(그녀가 또 다른 김 씨가 아니어서 얼마나 다행인지 모르겠습니다!). 또한 웰즐리에는, 한국에서 나의 유일한 웰즐리 친구였던 이의 딸이자, 자신은 한국에 있는 작은 외국인학교에서 공부한, 사랑스러운 3학년 학생도 한 명 있었습니다. 웰즐리를 또 한 번 방문한 이유는 미스 캐롤라인 해저드[278]를 만나기 위해서였습니다. 그분은 내가 웰즐리대학을 다닐 때 총장이셨으며, 1937년 내가 웰즐리에 갔을 때 도서관 기금으로 1,000달러를 이화에 기부해주셨던 분입니다. 그 이후로는 그분을 뵙지 못했는데 로드아일랜드주 피스데일에 있는, 조상 대대로 살아오셨다는 그분의 댁에서 함께 점심을 하는 특권을 누리게 되어 무척 기뻤습니다. 그분은 집안의 마지막 자손으로서 혼자 살고 계시지만, 85세의 나이에 아직도 그림을 그리고, 시를 쓰고, 좋은 일을 하며 사십니다. 착하고 참되고 아름다운 모든 것에 관심을 두고 사시는 그분의 모습을 곁에서 보는 것은 나에게 많은 영감을 주었습니다. 그분은 특히 내가 현재 하고 있는 일에 관해 물어보셨는데, 나는 그분의 다음 말을 늘 기억할 것입니다. "너에게 용기와 인내가 필요할 거야."

나머지 두 번의 방문도 이화와 관련이 있습니다. 밀턴아카데미 과학과 과장의 아내인 호머 르수드 부인은, 내가 한국에 갔을 때 이화학당의 당장이시자 이화학당 대학과의 설립자이셨던 미스 룰루 프라이의 여동생입니다. 나는 항상 르수드 가문 사람들과 함께하는 것을 좋아합니다. 그들의 사촌 하워드는 보스턴대학교 대학원장이며, 그의 아내 루실은 좋은 친구입니다. 루실은 옛 WFMS 멤버들이 향수병에 걸려 함께 모일 구실을 찾는다고 말하며, 나를 위해 오찬을 준비했습니다. 약 30명의 여성이 참석했는데 대부분이 내가 아는 사람이었고, 그들은 이화와 스캐럿에 대한 나의 모든 이야기를 경청했습니다. 루실은 또한 스프링필드[매사추세츠주]에서 열린 뉴잉글랜드 총회에서 내가 강연할 수 있도록 자리를 마련해주었고, 10월 24일 자신의 차로 아름다운 시골을 지나 스프링필드까지 나를 태워주었습니다. 나는 기차를 타고 피츠필드[매사추세츠주]에 갔고, 그곳에서 친구들이 이곳 베를린까지 차로 데려다주었습니다.

마지막 방문은 에블린 그레이를 만난 것인데, 그녀는 보스턴신학교 교수인 리처드 M. 캐머런의 부인으로 매사추세츠주 콩코드에 살고 있습니다. 1923년 이화의 새 대학 캠퍼스 매입을 위해 3만 달러를 기부한 그 유명한 방문의 주인공이 그녀의 어머니로, 당시 그녀도 어머니와 여동생과 함께 왔었지요. 그들은 내가 방문했던 날 자신의 아이 다섯 명과 영국 아이 두 명을 데리고 있었습니다. 에블린 그레이가 이화에 그토록 후한 선물을 주었다는 것에 대해 자신의 아이들에게 한 번도 말한 적이 없다는 것을 알고, 나는 그 아이들에게 '너희 가족이 멋진 새 이화를 가능하게 했다'고 이야기해주었으며 그 이야기를 전할 수 있어서 기뻤습니다.

지금도 계속해서 미국으로 돌아오고 있는 많은 장로교 선교사들과 우리

감리회 선교부의 마지막 선교사인 J. Z. 무어 박사 부부로부터 한국의 소식을 직접 들었습니다. 『월드 아웃룩』 9월호에는 우리가 떠난 후에도 한국에 남아 있던 위원회의 한 사람이 철수와 관련된 한국 선교 정책에 대해 쓴 훌륭한 기사가 하나 실렸습니다. 데모리 박사는 우리의 가장 훌륭한 젊은 선교사 중 한 명이었으며, 번창하는 병원의 의사였습니다. 그가 지난봄 샌프란시스코에 도착했을 때 만났는데, 그는 우리 선교회가 옳은 일을 했다고 느꼈다면서, 선교사들이 한국에 남았던 다른 선교회보다 우리 선교회의 사역이 더 잘 진행되고 있다고 말했습니다.

남동생 헨리와 그의 아내, 그리고 딸 캐롤은 호놀룰루에 행복하게 잘 정착했습니다. 그들이 섬기러 간 한인 사회로부터 큰 환영을 받았으며, 헨리는 8,500명의 한인이 사는 모든 지역을 매우 바쁘게 방문하고 있고, 또한 교회에서, 로터리 클럽에서, 총회와 모든 종류의 모임에서 강연하느라 바쁜 시간을 보내고 있습니다. 캐롤은 하와이대학교 신입생이 되어서 열심히 학업에 매진하고 있고, 한국 여학생 단체의 일원으로도 받아들여졌습니다. 나는 남동생이 하와이에 간 게 실수가 아니었다고 확신하고 있으며, 그는 때가 되면 한국으로 돌아갈 기회를 탐색하는 첫 번째 위원회에 들어가려 하고 있습니다.

나는 뉴욕주를 지나 토론토로 올라갔다가 오하이오주, 미시간주를 거쳐 시카고까지 여행한 후, 12월 초에는 내슈빌로 가서 한동안 머무를 예정입니다. 스캐릿대학을 위한 기금 모금에는 성공하지 못했지만 좌절하지 않습니다. 사람들이 이 일에 대해 더 많이 알게 되면 우리의 옛 감리회[279]가 기쁘게 동참할 것이라 믿고 있기 때문입니다. 그래서 나의 옛 총장님이 말씀하셨듯, 추수할 때가 오리라 믿으며 지금은 용기와 인내를 가지고 씨를 뿌리려고 노력하고 있습니다.

A. R. A.

1941년 11월 1일

밴의 최근 편지들에서: A. R. A.

밴 부부는 최근에 철수한 모든 장로교인들을 집에 초대해 머물게 하거나 식사를 대접했다고 합니다. 무어 부부와 디캠프 부부도 며칠 그곳에서 머물렀고, 어느 날은 내한 선교사가 28명까지도 함께 있었다고 합니다. 한번은 빌링스 박사가 지나는 길에 전화를 했는데, 그때 톰은 요통으로 침대에 누워 있었고, 밴은 시내에 나가 있었대요. 그런데 요리사 토미가 전화를 받으면서 톰에게 물어보거나 바꿔주지도 않고 그냥 상황만 전하는 바람에, 밴 부부는 화가 났다고 해요. 밴은 돌아와서 빌링스 박사를 미친 듯이 찾아다녔지만, 그는 이미 거룻배를 타고 급히 선박으로 돌아가버린 뒤였습니다! 참 그답지요! 어쨌든, 왜 빌링스 박사는 톰을 보러 가지 않았을까요? 밴 부부는 **크게** 실망했습니다!

10월 5일자 최신 편지에 이러한 이야기들이 적혀 있었습니다. 그리고 다음과 같은 내용도 있었습니다. "일본은 외국 소식이 일본이나 한국에 서서히 퍼져나가지 못하도록 차단하라는 명령을 내렸어요. 외국 신문들은 금지되고, 정부의 공식 발표만 허용된다는데 — 마치 지금까지는 자유롭기라도 했다는 듯이 구는군요! 공개 검열 — 즉 편지에 **검열받았음**이라는 도장이 찍힌다는 것 정도가 새로운 변화네요. 어떤 외국 잡지도 들어가지 못하게 되어서, 한 신문은 '불쌍한 사람들, 그들은 이제 **아무것도** 알 수 없을 것입니다!!' 라고 썼더군요. 여동생에게 편지를 쓰고 싶지만 모험을 해서는 안 되겠지요. 달러 지폐나 다른 어떤 진짜 돈도 편지에 넣어 **보내지 말라고** 사람들에게 말해주세요. 10월 15일부터 그런 모든 것은 압수될 것이라고 들었어요."

9월 26일 "진 델마터는 떠나기 직전에 이화여전 가사과의 방 선생(방신영)[280]을 만난 후 다음과 같은 소식을 가져왔어요. 어떤 경우에도 더는 한복을 입어서는 안 된대요(아마 학교에서 입지 말라는 것이겠지요). 가을 학기를 시작하면서부터 학생들은 교복을 입어야 했어요.[281] 학교는 비교적 평온한 분위기지만, 이번 여름에 터널 인부들의 감독관들이 이화에 거처를 내어줄 것을 요구했어요. 이화는 피하려 했지만, 그들이 롱뷰를 요구했어요. 그래서 대학은 영학관이 여름에 비어 있으니 영학관을 대신 제안했는데 그들은 선생들이 사는 집이 아니면 안 된다며 거절했어요. 결국 선생들이 영학관으로 옮기고, 그들이 롱뷰를 사용하게 되었어요. 방 선생 말로는 그들이 건물에 들어올 때 신발을 벗으며 조심하는 것 같고, 조용히 하며 무례하지는 않다고 하네요. 하지만 — 아, 나는 나쁜 말을 했어요! 이건 단지 시작일 뿐이며, 결국 그들이 어디까지 요구할지는 예상할 수 없다고요." (나중에 온 편지에는 이 사람들이 롱뷰에서 두 달만 지낼 예정이라고 쓰여 있었습니다. 네, 이 소식이 내가 들은 그 어떤 것보다도 더 걱정스럽습니다. 낙타가 텐트 안으로 발을 밀어 넣었습니다.[282] — 앨리스)

"장로교인들 중 누구도 우리가 가장 관심을 가진 곳의 상황에 대해 아는 이가 없었어요. 하지만 한 기지에 있는 사람들은 다른 기지에 사는 사람들이나 그 기지에서 벌어지는 상황에 대해 모르는 법이죠. 포로수용소를 생각해 보세요! 한국에 있는 것이나 거기에 있는 것이나 별로 다르지 않아요."

그들은 일요일 밤마다 보물섬 KGEI 방송국의 <우편가방> 방송을 듣고 있으며, 자신들에게나 자신이 아는 사람들에게 보내온 편지가 없으면 실망한다고 합니다. 종종 방콕에 있는 패트 반하트에게 보내는 메시지를 듣기도 하면서, 다른 가족들의 이름을 듣고 익히고 있습니다. 여러분도 모두 가끔은 그들에게 읽어줄 20자 편지를 보내주시면 좋겠습니다. 나는 이 서비스를 너무 자주 이용해서 방송국이 내 편지를 계속 읽어줄지 걱정이 됩니다. 그래도 크고 좋은 소식만 있으면 언제든 주저하지 않고 바로 편지를 보낼 것입니다!

밴은 여성 클럽에 가입하도록 설득당하여, 해군에서 여주인 역할을 하는 이를 돕고, 때로는 그 밖에도 다양한 활동을 하고 있다고 합니다. 그녀는 이 모든 일을 좋아하고, 공동체에, 특히 떠돌고 있는 내한 선교사들에게 중요한 역할을 하고 있습니다. 톰은 자신의 일과 자동차(레이시 감독님의 차)를 무척 좋아하고 있다는군요. 집이 크고 쾌적하며, 일하는 사람들도 훌륭하다고 합니다. 만약 전쟁이 일어나면 자신들은 이 구내構內에 갇혀 지내게 될 뿐이라고 밴은 말하고 있습니다. 누가 알겠습니까????

모두에게 사랑을 보내며 앨리스로부터

오하이오, 클리블랜드, 코넬로 2102, 로지의 집에서
1941년 11월 10일

친애하는 분들에게,

로지는 야간 근무를 마치고 오전 7시에 돌아와 위층에서 자고 있습니다. 로지와 다른 분들이 어제 아멘트네 집에서 내게 진짜 한국식 생일을 선사해 주었습니다. 나는 그 유명한 11월 9일을 기억하는 사람들과 함께하기 위해 다른 방문들을 서둘러 마쳤고, 처크[283]와 로지를 지난 토요일[11월 8일] 밤늦게 만났습니다. 나는 처크를 위해 설교를 맡기로 했었기에 그것을 끝낼 때까지 계속 긴장하긴 했지만, 그 일을 하게 되어 기뻤습니다. 다음은 우리가 <우편가방>을 통해서 보내려는 시입니다.

헐버트 자매,[284] 러들로,[285] 홀과 헤스,
로지, 앨리스, 아멘트 부부는
11월 9일에 만났으며,
여러분도 이 날을 기억함을 알지요.

나는 어딘가에 "너희는 위로를 받으라"라는 성경 구절이 있다고 주장했지만, 정확히 일치하는 구절을 발견할 수가 없었습니다. 그런데 나중에 보니 정확한 구절은 고린도후서 13장 11~12절이었습니다. 11절: 마지막으로 형제들이여, 안녕히 계십시오. 온전하게 되며, 위로를 받으며, 마음을 같이하며, 화평하게 지내십시오. 그리하면 사랑과 평화의 하나님께서 여러분과 함께하실 것입니다. 12절: 거룩한 입맞춤으로 서로 인사하십시오. 그래서 이 구절이 내 생일 성경 구절이 되었고, 온전해지라는 명령을 내가 실행하지 못해서 예외가 생겼다는 점을 제외하면 모두 실천되었습니다. 가까운 곳과 먼 곳에서 보내주신 사랑의 격려가 가득한, 정말로 행복한 생일이었습니다. 많은 우편물도 큰 힘이 되었으며, 이에 기여해주신 여러분 한 사람 한 사람에게 감사를 드립니다.

버사, 로지, 헐버트 자매와 핀 L.은 저녁 식사에 왔고, 애다와 헤시는 나중에 합류했습니다. 미키의 딸들이 말하길, 내한 선교사들은 식당에서 어떻게 행동해야 하는지 모른다고 했다는데 그 말이 맞습니다. 우리는 시끄럽게 떠들어댔지만 다행히 근처에 사람이 없어서 문제가 되진 않았습니다. 일본 농담을 하는 것이 재미있었는데, 예를 들어 다음과 같은 새로운 것이 있었습니다. "내 피의 친족[286]들에게 안부 전해주세요. … 당신의 썩은 친족으로부터, 서명." 저녁에는 미키의 가족들 — 부모님, 자매, 엄청나게 좋은 남편 — 이 왔고, 우리는 곰 인형 노래를 부르며 일본 묘기를 선보이고 소리를 질러댔습니다. 버사와 나는, 저녁에 집으로 돌아온 일본 남편에게 아내가 시중을 들며 바닥에 머리를 부딪히는 촌극을 연출했지요. … 전에는 이렇게 한 적이 없었지만 때로는 보여주어야만 할 것입니다. 그렇게 행복한 하루가 지나갔습니다. 우리는 '고국' 영사관에서 메이데이 영상, 그리고 함께 배를 탔던 사람들에 관한 영상을 몇 개 시청한 후, 로지가 근무하러 나가는 시간에 맞추어 집으로 돌아왔습니다. 오늘 밤에는 밴의 오빠 집으로 저녁을 먹으러 갑니다. 나는 밀린 편지들에 답장을 보내며 밀린 양을 조금씩 줄여가는 유익한 시간을 보내고 있습니다. 버트가 점심을 먹으러 올 예정이며, 우리는 씻고 이야기를 나눌 것입니다. 애다와 헤시는 일찍 가야 해서 오래 보지 못했습니다. 애다는 정부의 지원이 도움이 될 것이라고 했는데, 새로 한 치아 덕분에 인상이 달라 보였습니다. 사랑하는 버사도 반갑게 만났는데, 완전히 건강해 보이고 매우 유쾌하며 행복해 보였습니다. 그녀는 정기적으로 소식을 듣는다면서 우리가 그럴 수 없다는 것이 매우 안타깝다고 했습니다. 그녀는 마지막 날들에 대해 내가 듣지 못한 많은 것을 이야기해주었습니다. 그녀와 더 많은 시간을 보낼 수 있으면 좋겠습니다. 그녀는 늘 나에게 도움이 됩니다. 예쁜 드레스를 입은 헐버트는 아름다웠으며, 건강해 보였고, 지금은 활발히 돌아다니며 강연을 하고 있습니다. 헤시는 오두막 고아원에서 12명의 소년들의 어머니가 되어서 행복해 보였습니다.

아멘트네는 새로운 환경에 잘 적응해서 지금까지 본 가장 성공적인 정착 사례라고 할 수 있을 정도입니다. 그들은 하이츠를 지나 클리블랜드에서부터 차로 약 40분 걸리는, 넓은 주택지구로 건설되고 있는 오래된 시골 공동체 안의 작은 교회를 선택했습니다. 아주 귀엽고 활발한 고든은 마당에서 강아지와 즐겁게 놀고, 딸들은 걸어서 학교에 가는 것을 좋아합니다. 집은 낡았지만 넓고 편안하며, 아름다운 양탄자를 돋보이게 하는 나무 마루를 포함해 모든 최신의 편의시설을 갖춰 개조했습니다. M은 유능한 주부로서 집에 좋은 물건들을 갖추고 있었고, 음식도 훌륭했습니다. 처크는 경제적으로만 안정되면 다 괜찮을 거라고 말했습니다. 그의 교회는 아늑하고, 성가대석과 강단 등을 우아하게 개조해 매우 경건한 분위기를 자아냅니다. 그는 자신의 박사 가운을 입고 예배를 인도하기에 내게도 그 가운을 입히려고 했지만, 너무 커서 나는 대신 성가대 가운을 입었습니다. 그는 아름답고 경건한 예배를 인도했으며, 교인들은 그의 진가를 인정하는 듯했습니다. 분위기가 아주 좋았습니다. 만찬에 참석했던 손님들이 모두 내 설교를 들으러 왔지만, 나는 여느 때처럼 특별히 의식하지는 않았습니다. 그것은 대단한 방문이었고, 로지와 버트와 함께 계속되고 있습니다. 로지는 수요일에 나를 페인즈빌[오하이오주]에 있는 그녀의 자매 집으로 데려갈 것입니다. 금요일이나 토요일에는 앤아버[미시간주]에 갈 것 같은데, 얼마나 오래 머물지 몰라서 편지에 쓰지는 않았습니다.

토론토[캐나다 온타리오주] 방문 또한 매우 성공적이었습니다. 암스트롱 부부는 1937년에 방문했을 때와 마찬가지로 친절하고 다정했으며, 일정을 지나치게 많이 잡지 않아 내가 시간을 유익하게 쓸 수 있게 도와주었습니다. 나는 수요일 밤에 그곳에 도착했는데, 그녀가 나를 웰치 감독님이 계신 교회 저녁 식사에 데려갔습니다. 감독님은 내가 들어오는 것을 보지 못하셨는지, 내가 소개되자 깜짝 놀라셨습니다. 감독님은, '저 앨리스 아펜젤러가 어떻게 여기에 온 거지?'라고 생각하셨을 것입니다. 그는 아주 젊고 멋있어 보였으며, 감리교대학 운영자들의 교육의장으로 선출되셨고, 다음 날 79번째 생신을 맞으셨습니다. 만일 내가 오래 살 수 있다면 나도 그분처럼 그렇게 기운이 넘쳤으면 좋겠습니다.

금요일 오후에는 선교학교에서 나를 위해 큰 환영회를 열어주었고, 내 이름이 적힌 인쇄된 초대장들을 교회간間여성회와 그들의 모든 사람들, 그리고 내한 선교사들에게 발송했습니다. 영연방 사람들은 일을 제대로 하는 법을 알고 있는 것 같습니다. 나는 환영을 받은 후에 거의 한 시간 동안 강연을 해야 했습니다. 그곳에 있었던 한국과 관련된 사람들은 네첼 부부,[287] 버비지 부부[288](둘 다 교회가 있습니다), 파운드 부부,[289] K. 고먼,[290] 웰번 부인,[291] 미스 어윈[292]과 뉴먼 부부[293](구세군), 베시 부부,[294] 미스 로저스[295]와 미스 페일

소프[296](캐나다연합교회 사무실에서 근무), 그리고 봄에 인도로 가는 플로런스 테일러[297]였습니다. 그녀는 아주 맛있는 사탕 몇 개를 내게 주었습니다. 환영회가 파한 후 파운드 부부는 나를 그들의 집으로 데려갔고, 캐슬린 고먼과 함께 미트 로프[298] 등의 부서 회의용 저녁을 대접해주었습니다. 아이들은 모두 건강했는데, 특히 아들들은 몸집이 크고, 딸들은 키가 크고 예뻤습니다. 팻시 고먼은 매력적인 젊은 아가씨로 매혹적일 정도로 영국적이었으며, 물론 아일린은 귀염둥이였습니다.[299] 암스트롱 부부가 나를 데리러 왔고, 우리는 고먼네의 귀여운 작은 집을 보기 위해 잠깐 들렀습니다. 그 집은 한국에 있던 그녀의 작은 집과 아주 비슷했으며, 사랑스러운 물건들로 가득 차 예쁘고 아늑했습니다. 캐슬린은 학생들에게 음악을 가르치는 일을 시작하려 한다는데, 일이 생각보다 느리게 진척되고 있다고 합니다. 팻시는 경영 과정 강의를 수강하고 있으며, 나중에 대학에 가서도 계속하기를 바라고 있습니다. 그들은 누구보다 한국을 더 많이 그리워하는 것 같았고, 심지어 파운드의 아이들은 오랜만에 만난 이모인 양 내게 매달렸습니다.

이스트맨음악학교에 다니는 우리 학생 민덕순을 보기 위해, 지난 4일에도 갔었던 로체스터에 다시 가야 합니다. 나는 덕순과, 스캐릿에서 만났던 브라질 출신 선교사의 자녀인 사이러스 다우지, 그리고 도널드 커와 그의 딸을 다 데리고 기숙사로 갔습니다. 세 음악가가 연주하는 곡을 도널드와 함께 들은 후 덕순이 묵고 있는 집으로 갔습니다. 그녀는 잘 해나가고 있었으며, 좋은 침례교 가정에서 아무런 대가도 요구받지 않은 채 딸처럼 지내고 있었습니다. 그 침례교인들은 오히려 자신들이 가장 귀한 것을 얻고 있다고 생각합니다. 덕순은 아주 달콤하게 노래를 부릅니다. 그녀는 내가 웰즐리장학금 대상과 바꾼 사람이고, 도널드가 좋은 인상을 받은 사람이므로, 도트와 그녀의 친구들에게 분명 도움이 될 것입니다. 때때로 얼마나 모든 것이 합력하는지요![300]

마지막으로 자매들이여, 안녕히 계십시오. 온전하게 되며, 위로를 받으며,

마음을 같이하십시오. 앤아버에 갔다가 사랑하는 하디 부부, 베시,[301] 그리고 버네타를 보러 랜싱[미시간주]에 갈 것이며, 12월 1일까지 내슈빌로 돌아갈 것이고, 그 도중에 일리노이주에 있는 시카고와 제시 브로크만의 대학에 갈 것입니다. 커닝검 총장님이 강의하시는 "기독교 사역자의 개인적 준비"를 보조해야 해서, 그 주제에 대해 좀 파고들어야 합니다. 많이 알지 못한다고 생각하니, 나를 위해 기도해주세요. 지금까지 재정적인 성공은 거두지 못했지만, 그래도 아직 희망을 가지고 있습니다. 미스 호웰의 집에서 엘라수가 쓰던 좋은 방을 쓰며, 그녀를 그리워하면서 안식년 중인 사람들과 지낼 예정입니다. 내 여행용 가방들을 받아 변화를 위해 짐을 풀려고 합니다. 시련을 잘 견디고 있으며, 기분도 괜찮습니다. 친절한 A 부인이 조용한 아침을 보내게 해줘서 많은 도움이 됩니다. 이제 작별 인사를 드리며, 생일을 축하해준 소중한 많은 분들 한 분 한 분에게 따뜻한 사랑을 전합니다. 여러분의 생일을 기록해둔 공책을 가지고 있지 않아 여러분의 생일에 축하 인사를 보내지 못했습니다만, 항상 한결같이 여러분을 생각하고 사랑하며 여러분을 위해서 기도합니다. 나는 또다시 밀린 편지들에 파묻혀, 비참한 죄인 같은 기분에 사로잡혀 있습니다. 하지만 답장을 쓸 수 있는 이 이틀이 도움이 될 것입니다. 짧은 방문의 소용돌이 속에서, 협의하는 것이나 감사를 전하는 것 이상의 편지를 쓰기는 불가능했습니다. 내 편지들을 너무나 예쁘게 만들어주었던 나의 주미[302]가 그립습니다.

56세가 된 여러분의,
앨리스

11월 11일. 내 사랑 밴,

당신에게는 따로 편지를 보내려고 생각했는데, 식사를 하고 로지의 교회에 가서 강연할 준비를 해야 하는 시간이 되어서 안타깝게도 그럴 수가 없네요. 우리는 당신의 오빠 가족과 함께 아주 즐거운 저녁을 보냈고,[303] 파도치는 호수 근처의 귀엽고 작은 집에서 디키와 가족 모두를 만났어요. 당신 오빠 해리는 톰을 자기 인생에서 만난 가장 멋진 남자 중 하나라고 말했어요. 나는 당신 오빠가 아주 점잖고 신사적이고 잘생기셔서, 톰과 아주 비슷하다고 생각해요. 그의 부인도 친절하고 멋져 보였어요. 페기가 빨간 머리라고 생각했는데, 갈색이네요. 그녀는 연약해 보이지만 매우 다정하고 재미있어요. 그들은 모두 내 사진들을 주의 깊게 보았어요.

테네시, 내슈빌, 스캐릿대학
1941년 12월 2일

친애하는 밴과 소중한 분들에게,

나의 마지막 방문들은 그야말로 unhei[은혜]로, 추가로 주어진 선물 같은 순간들이었어요. 하룻밤씩 머문 후 급히 세인트루이스[미주리주]에서 출발하는 주간용 객차를 타고 밤새도록 앉아서 이동했더라면 무척 피곤했을 거예요. 현대식 객차라고들 말했지만, 바닥이 지저분하지 않은 것을 제외하고는 예전에 알던 객차보다 나을 것이 없었어요. 다행히도 트렁크 두 개를 풀고 일찍 잠자리에 들었더니 몸이 아주 가뿐해요. 다른 두 개의 트렁크는 친절한 친구들이 뉴욕에서 가져다주었기에, 1년 넘게 보관해두었던 짐들을 이제야 정리해보려 해요. 항상 가진 것이 너무 많아 보이지만, 고향에서 온 것들은 참 소중하네요.

먼저 어떻게 이곳에 자리 잡게 되었는지 설명할게요. 나는 엘라수가 이미 테네시주 브리스톨에 있는 은퇴자 아파트로 떠났다는 소식을 듣고 무척 실망했어요. 그곳의 교회 사람들, 즉 그녀의 평생 후원자들이 그녀를 불러서 일찍 간 것이지요. 그녀는 내가 사용할 수 있도록 작고 좋은 물건들을 많이 남겨두었어요. 그녀가 남겨둔 커튼, 비누 받침, 옷 덮개, 앞치마, 램프, 저울 등 덕분에 물건을 많이 사지 않고도 살림을 꾸릴 수 있을 듯해요. 엘라수가 돌아오면 일부는 가져가겠지만, 나머지는 다음 사람을 위해 남겨두려 해요.

이곳은 미스 호웰이 거주하는, 동창회관이라고 불리는 오래된 집의 식당이에요. 그녀는 선교국 회의 참석차 뉴욕에 가 있고, 우리 WFMS 여섯 명과 남감리교인 한 명이 이곳을 사용하고 있어요. 함께 지내는 이들은 맥켈비와 밴 다인, 컬리, 달비, 로저스예요. 애나 채핀은 성탄절 이후에 와요. 에스더 밴 다인과 함께 욕실을 사용하며, 넉넉한 서랍 공간과 옷장, 딱딱한 침대, 책상을 갖춘 방에서 지내고 있어요. 챙 달린 모자가 두 개 있는데, 하나는 송도에서 구한 내가 좋아하는 작은 챙모자이고, 다른 하나는 게임웰 부인이 준 작고 오래된 것이에요. 게임웰 부인의 어머니인 닌데 감독 부인[304]이 1880년대에 조선에서 그 모자를 구했다고 해요. 나는 내 수업 “기독교 사역자의 개인적 준비”를 위해 공부하느라 바쁜 나날을 보내며 성탄절을 준비하고 있어요. 선물을 보내지는 않지만, 서신은 보내야 해요. 이곳 사람들은 모두가 매우 친절하고 분위기가 좋아서 마치 집에 돌아온 듯한 기분이 들어요. 진정한 나만의 집 다음으로 가장 편안하고 소속감을 느끼는 곳이에요.

모네타의 집에서 보낸 사흘은 매우 행복했지만 언제나처럼 너무 많이 먹었어요. 네드[305]는 궤양 때문에 아파서 식단 조절을 해야 했고, 7kg을 감량하여 훨씬 건강해졌어요. 모네타도 식단을 조절해 4.5kg을 감량했고요. 나는 지난여름에 뺀 살이 다시 쪘지만, 이미 아침을 과일로만 먹기 시작했으니 성탄절 향연 전에는 다이어트를 끝낼 수 있기를 바라요. 어느 날 아침, 나는 개릿신학교[306]에 가서 소퍼 박사의 수업에 참석했는데, 마침 총장이 채플에서 그들의 재정 역사에 대해 얘기하는 걸 듣게 되었어요. 나중에 그와 재정 문제에 관해 이야기를 나눴고, 그는 나에게 강연을 요청했지만 나는 시간이 더 필요하다고 말했어요. 조지아 하크니스[307] 박사와 점심을 했는데, 그녀는 언제나 내게 영감을 줘요. 일요일 오후에는 E. W. 앤더슨 부부가 한인교회로 나를 데려갔어요. 그 교회에서 곽칼과 약혼한 춘자[308]의 친척 역할을 하게 되어 기뻤어요. 그들은 매우 행복해 보였고, 어떤 기회가 생기든 봉사할 준비가 되어 있었어요. 사랑스러운 강자[309]는 항상 감사해하며, 내가 방문한 두 번 모두 일어나 감사 인사를 전했어요. 함께하는 것은 우리 모두에게 큰 의미가 있어요. 어느 날 모네타가 낮 1시에 다과회를 열고 저녁에는 교수들에게 멋진 뷔페식 식사를 대접해 그녀의 좋은 친구들을 만날 수 있었어요. 그녀는 이런 자리를 아름답게 꾸밀 줄 아는 사람이에요.

겐소네 가족들[310]과 함께한 36시간도 참 즐거웠어요. 그들은 방 일곱 개짜리 아파트에서 보브[311]와 애비게일, 그리고 막 말을 배우고 관심이 많아지기 시작한 어린 바버라와 함께 살고 있어요. 노리스[312]네는 반대편 아파트에 살고 있어서 서로 식당 창문을 통해 대화를 나눌 수 있어요. 저녁에는 노리스 가족이 식사를 하러 왔고, 내가 처음 만나는 에스더 벡 스탁웰과 올린[313]이 차를 마시러 왔어요. 에스더의 아버지는 최근 신시내티에 있는 감리교 요양원에서 돌아가셨고, 어머니는 간호 일을 좀 하시므로 계속 그곳에 계실 예정이라고 해요. 에스더는 포스터[314]가 살이 많이 쪘다고 하더군요. 그녀는 매우 상냥했고 올린도 건강해 보였어요.

시카고를 떠나 워즈워스 부인을 만나러 일리노이주 잭슨빌로 갔어요. 워즈워스 부인은 맥머레이대학[315]에서 뜻깊은 만남을 주선해주었고, 매클러랜드[316] 총장 부부를 만찬에 초대했어요. 총장은 내 채플 설교가 끝난 후 우리에게 캠퍼스를 둘러보게 해주었어요. 이 대학은 전에 일리노이여자대학이었는데, 워즈워스 부인이 어릴 때 그녀의 아버지가 총장을 지내셨다고 해요. 매클러랜드 박사는 맥머레이 상원의원으로부터 **400만 달러**의 기부금을 받아 파이퍼 도서관을 막 개관했어요. 그래서인지 그는 내가 이곳에서 배우고자 하는 것이 무엇인지, 또 그것을 어떻게 실현할 수 있는지를 정확히 알고 있었고, 귀중한 정보를 많이 나누어주었어요. 덕분에 정말 가치 있는 방문이었어요. 워즈워스 부인은 건강하게 잘 지내고, 1884년 결혼하며 떠났던 고향에서 다시 평온한 삶을 살고 있어요. 제네바에서 함께 살았던 사랑스러운 조카 메리 월러도 그녀와 함께 지내고 있어요.

그날 칼린빌[일리노이주]의 블랙번대학[317]도 방문했어요. 제시 브로크만이 학장으로 있는 곳이죠. 마침 제시의 어머니도 계셨는데, 외부에 거주하시면서도 매일 들르신대요. 특별히 정해진 일정이 없다고 해서 편하게 만날 수 있었어요. 그녀는 수척해 보이고 휴가가 필요해 보였지만, 다행히 곧 방학이 시작될 거예요. 그녀의 두 딸도 잘 지내고 있어요. 진은 래드클리프대학에서 인사 자문 수업을 듣고 있으며, 줄리아는 우스터대학 4학년생이에요.

메리언 칸로를 세인트루이스[미주리주]에서 만났는데, 그녀는 손가락에 생긴 염증을 치료받느라 매일 그곳에 와야 한다고 했어요. 우리는 한 호텔에서 만나 함께 즐거운 시간을 보냈고, 정오에 의사에게 갔어요. 그녀의 손가락은 회복되고 있지만, 한동안은 상태가 매우 나빴었대요. 그녀는 자기 일을 좋아하고 건강해 보였어요. 일리노이주 레바논에 있는, 그녀가 근무하는 매켄드리대학[318]을 보지 못해 아쉬웠지만, 그녀의 새로운 출발에 대한 이야기를 들을 수 있어 매우 기뻤습니다. 심야열차를 타고 돌아와 아침 7시 30분 이곳에 도착했는데, 여독이 남았지만 나쁘진 않았어요. 나는 친구에 관한 한 백만장자입니다. 친구들은 금보다 더 낫지요.

스캐릿이 예산 때문에 겪는 어려움으로 인해, 이곳에서의 내 지위는 아직 확실하지 않아요. 내가 도움을 주어야 하는데 아직 그러지 못하고 있으니 안타깝네요. 예산 문제라는 건 참 더러운 것이죠. 항상 손을 더럽히는 것에 익숙해져야 하는데, 그것만 아니라면 정말 좋아요. 나는 13일경 빅을 만나러 몽고메리[앨라배마주]에 가고, 성탄절 즈음 일주일 동안은 콜럼버스의 레이시의 집에서 지낼 거예요. 학교에서는 석탄을 절약하려고 우리가 예전에 그랬던 것처럼, 방학 기간 동안 기숙사 생활을 하도록 하고 있어요. 요즘은 따뜻해서 석탄을 많이 아낄 수 있을 텐데, 그들은 그렇게 하지 않네요. 나는 난방기를 끄고 창문을 열어두어도 여전히 더워요. 나의 소중한 양탄자와 챙모자를 다시 보니 좋군요.

메리언은 차이치의 두툼하고 조그마한 소책자를 가지고 있었는데, 거기에는 그녀의 새 직장에 관한 정보가 담겨 있었어요. 오리건주 동부 조든 계곡의 1,100만 평 규모 목장으로, 웅장한 경치를 자랑하는 곳이죠. 차이치는 다양한 학년의 아이들 일곱 명을 그곳에서 가르치며 즐거워한다고 해요.

『메소디스트 워먼』 12월호에서 레나 내프가 쓴 글을 발견하고 좋았어요.

루이스 파이크가 이곳을 떠났는데, 루스[319]가 이질에 걸려서 루이스를 디트로이트로 호출한 것이라는 소식을 듣고 마음이 아팠어요. 상태가 안 좋은 것 같아요. 예전에 주날루스카 호수에서 만났을 때도 루스는 건강이 좋지 않아 보였어요. 루스는 오벌린[오하이오주]으로 돌아갔다가 그곳에서도 지내기 어려워 삼촌 댁에 의탁했다고 들었어요. 지금은 입원 중이라는데, 내가 디트로이트에 갔을 때 알았었더라면 좋았을 텐데요.

편지가 너무 길어졌네요. 어느새 시간도 많이 흘러버렸고요. 비록 글로 다 전할 순 없지만, 이렇게라도 사랑하는 사람들과 이야기 나눌 수 있어 참 좋아요.

사랑을 담아,

앨리스

12월 3일. 메리언의 생일.[320]

내 사랑 밴, 당신은 이 편지를 싫어하겠지만, 그래도 보낼 거예요. 그리고 곧 더 쓸 거예요. 공부 외에 하고 싶은 일들이 너무 많아서 스스로 시간 제한을 두어야 해요. 꽤 오랫동안 당신에게서 편지가 없군요. 그렇지요. 10월 12일에 "여자 기숙사에서 모두 잘 지내요"라고 쓴 것이 마지막이었어요. 그래서 나는 남자들이 급히 떠났다고 추측하고 있어요. 늘 사랑하는 당신의 늙은 바보, 앨리스.

테네시, 내슈빌, 스캐릿대학
1941년 12월 5일

친애하는 분들에게,

다음 학기에 가르칠 과목을 준비하기 위해 공부하는 대신 내가 받기만 한 많은 편지에 답장을 쓰고 싶은 유혹을 떨칠 수 없어, 스스로 시간을 정해 편지를 쓰고 있습니다. 그 결과 대부분의 답장이 복사본 형식으로 될 수밖에 없음을 양해해주십시오. 베티 리가 나에게 준 이 타자기가 있어서 정말 다행입니다. 그녀는 남미에서 돌아온 후로 일이 바빠서 정신이 없습니다. 물론, 이화 만찬이 "금지된" 이후 나는 뉴욕으로 돌아가지 않았기 때문에 그녀와 아직 만나지는 못했습니다. 대신 시카고를 몇 번 방문했고, 그곳에서의 만남들은 정말 사랑스럽고 과분한 축복이었습니다. 나는 그 방문들을 unhei[은혜]라고 부르고 싶습니다.

첫 번째는 11월 22일에서 25일까지 모네타를 방문한 것이었습니다. 우리는 한인교회에서, 특별히 연희전문학교에서 온 바이올리니스트 곽칼과 미시간대학교의 바버 장학생[321]인 우리 이춘자의 약혼을 축하하기 위해 예배 후 만찬을 가졌습니다. 나는 이춘자와 최정림[322]을 앤아버에서 만났었고, 그들의 훌륭한 성취가 자랑스러웠습니다. 춘자는 나를 일종의 후원자로 삼는 것을 기뻐했고, 나는 그들과 함께해서 매우 행복했습니다. 강자(미세스 이운택)는 그곳에서 목사 부인으로 자리를 잘 잡아가고 있습니다. E. W. 앤더슨 부부가 그 교회에 배정되어서 나를 데리고 가주었습니다. 나는 또한 가필드 앤더슨 부인[323]과 버시와 함께 점심을 먹었고, 나오미[324]도 만났습니다. 버시는 앤더슨네와 연관되어 있는 베다니 병원의 관리자인데, 그녀에게 이상적인 자리입니다. 앤더슨 부인과 나오미는 로디지아에 가서 앤더슨 박사와 합류하고 싶다고 합니다. 앤더슨 박사는 원주에 처음 갔던 당시보다도 지금의 로디지아가 더 많은 도움이 필요하고 더 열악한 환경에 처해 있다는 것을 알게 되었다고 합니다.

나는 개릿을 방문하여 즐거웠지만, 채플에서 강연해달라는 갑작스러운 요청을 받아들이지는 않았습니다. 그러나 네드의 수업 하나를 청강하고, 조지아 하크니스 박사와 점심을 함께했습니다. 모네타는 나를 위해 다과회를 열었고, 나는 교수 친구들이 참석하는 저녁 만찬에도 참석하게 되어, 이제 그녀의 친구들과도 친해진 것 같습니다. 네드는 7kg을 감량하게 되어 더 건강해졌으며, 모네타는 4.5kg을 감량했습니다. 나는 지난여름에 빠졌던 몸무게가 다시 늘었는데, 이곳에 돌아온 이후 아침에 과일만 먹기 시작하면서 살이 빠지고 있습니다.

11월 25일부터 27일까지는 겐소네의 방 일곱 개짜리 아파트에 머물렀습니다. 그들은 애비게일과 보브와 14개월 된 어린 바버라와 함께 살고 있습니다. 노리스네는 반대편 아파트에 살고 있어서, 부엌 창문을 통해 이야기할 수도 있습니다. 그들이 저녁을 먹으러 왔고, 오마가 아이들이 잠자리에 들지 않은 것을 보고 아이들도 불렀습니다. 모두 잘 지내고 있습니다. 에스더 벡 스탁웰과 올린도 만났습니다. 에스더는 아주 상냥한 사람이었습니다. 그녀는 그들이 청두[중국 쓰촨성]에서 달이 뜬 밤을 싫어했다고 하더군요. 지금 그들은 안식년 휴가 중입니다.

다음으로 일리노이주 잭슨빌에 사는 워즈워스 부인과 함께 하룻밤을 보냈습니다. 나는 맥머레이대학에서 좋은 기회를 얻게 되었습니다. 그리고 칼린빌에 있는 블랙번대학에 가서 제시 브로크만을 만났습니다. 그녀는 어머니와 함께 있었는데, 그들은 함께 있어 행복해했습니다. 제시는 아주 멋진 방과 좋은 직업을 가지고 있습니다. 메리언이 손가락에 생긴 심한 염증을 치료받기 위해 의사를 만나러 세인트루이스에 가야 했기 때문에, 일리노이주 레바논에 있는 그녀의 직장인 매켄드리대학은 가보지 못했습니다. 그래도 대신 우리는 세인트루이스의 호텔 방에서 즐거운 시간을 보냈습니다.

나는 엘라수 와그너의 방을 쓰고 있습니다. 크고 높은 천장을 가진 이 방은, 내가 1938년 이 집에 머물 당시 식당으로 쓰였던 방입니다. 미스 호웰이 이곳의 책임자이며, 우리는 한 사람을 제외하고는 모두 WFMS 소속입니다. 채핀 부인도 이곳에서 살고 있으며, 성탄절 이후에 우리와 합류합니다. 나는 12월 17일부터 22일까지 빅을 만나러 앨라배마주에 갔다가, 오하이오주 콜럼버스, 남4로 1234에 있는 메리 레이시의 집에 가서 29일까지 있으려고 합니다. 내가 가르칠 과목은 가능성이 많아서 아주 재미있고 나는 자료 읽는 것을 좋아하지만, 조금은 두렵기도 합니다. 첫 수업 이후에는 괜찮아지겠지요.

여러 곳의 많은 친구를 방문하며 8월 21일부터 12월 1일까지 이어온 긴 여행은 멋진 경험이었습니다. 개인적인 방문 외에도 내 목표는 이화에 관한 관심을 되살리고 스캐럿을 소개하는 것이었는데, 나는 그 목표가 어느 정도 달성되었다고 믿습니다. 그러나 재정적인 수익은 전혀 없었습니다. 아마도 너무 빨리 선물을 기대한 것이었을 수도 있지만, 조금은 희망을 갖고 있었습니다. 스캐릿은 예산 기금이 절실히 필요하며, 내가 수익을 올리지 못하면 나를 계속 지원할 형편이 못됩니다. 그래서 내가 뭔가를 얻어오지 못한다면 나는 이곳에 있기 힘들어져서 다른 직장이 필요할 것입니다. 그들은 나에게 정말 잘해주지만 나는 그들이 말하지 않아도 이런 사정을 이해하고 있습니다. 그래서 내 미래는 스캐릿의 미래와 함께 묶여 있다고 할 수 있으며, 내가 이들에게 도움이 되기를 바라고 소망하고 있습니다. 왜냐하면[325]

테네시, 내슈빌, 스캐릿대학
1941년 12월 17일

친애하는 친구들에게,

> 빛은 아직도 빛나고 있습니다. 어둠은 결코 빛을
> 꺼트리지 못했습니다. 요한복음 1:5 (굿스피드[326])

10일 전,[327] 나는 예년과 달리 특별했던 올 한 해를 보내는 내내 나를 도와주신 여러분 모두에게 감사의 마음을 전하고 성탄절의 기쁨을 기원하는 편지를 보내려 준비하고 있었습니다. 그런데 전쟁이 나에게서 모든 생각을 빼앗아 가버렸습니다. 하지만 호놀룰루에서 우리 가족이 안전히 지내고 있다는 소식을 조금 전 듣게 되어 편지를 쓸 용기가 생겼습니다. 헨리, 루스, 캐롤은 하와이 한인들을 위해 바쁘고 행복하게 일하고 있으며, 캐롤은 그 대학교를 아주 좋아합니다. 이로 인해 그들의 삶이 우리 모두의 삶보다 더 많이 바뀌지는 않을 것 같습니다. 그러나 일본이 지배하는 땅에서 사는 우리 친구들의 삶은 어떨까요? 그들이 겪고 있는 고통은 오직 하나님만이 아실 것입니다. 그 고통은 분명히 그 잔인한 권력의 지배를 받는 모든 그리스도인에게 큰 시련일 것입니다. 그러나 그들이 하나님의 보살핌 속에 있다는 사실을 믿으며, 우리는 언제나 한결같은 기도를 통해 하나님께서 영적인 목적을 이루시도록 도울 수 있다는 것을 압니다. 그래서 요즘은 두려움이 아닌 믿음으로 살아가려고 노력하고 있습니다.

스캐릿대학은 이제 미국에서 나에게 집입니다. 이 대학의 목적, 기준, 정신을 사랑하며, 돕고 싶습니다. 지난여름에는 여성학장대리를 맡았습니다. 지난가을에는 돌아다니며 개인적인 방문도 하고, 곤궁에 처해 있는 영원히 사랑하는 이화에 관해서도 이야기하고, 기독교 사역자를 육성하는 스캐릿대학을 많은 사람에게 소개했습니다. 겨울 학기 동안에는 "기독교 사역자의 개인적 준비"라는 커닝검 총장님의 과목을 가르칠 예정입니다. 이 과목에서 다룰 내용은 황홀할 정도로 훌륭하며, 나 역시 많은 것을 배우게 될 것이라고 확신합니다. 나머지 시간은 홍보 업무에 쓸 계획입니다. 나는 안식년 휴가 중인 다른 사역자들과 함께 편안한 방을 얻었고, 한국을 떠난 후 처음으로 짐을 풀었습니다. 그러니 내가 건강하고 복 받았다고 생각해주십시오.

지난해 12월 8일, 김활란은 서울에 있는 내 친구를 찾아내어 방문했고 다음과 같은 메모를 남겼습니다.

"나는 모든 위험을 무릅쓰고 당신을 만나러 왔습니다. 당신이 그분들(우리 미국 선생들을 말함)에게 편지를 쓸 때, 우리가 크리스마스 캐럴을 부르기 시작했다고 전해주세요. 우리는 어디에서나 캐럴을 부르고 있습니다. 언제나 외롭고 그분들이 그리워서 가슴이 아픕니다. 하지만 우리는 괜찮고, 진정한 그리스도인이 되기 위해서 그 어느 때보다 더 열심히 노력하고 있습니다."

그러므로 우리는 하나님의 법을 거역함으로써 야기된 이러한 고통이 세상에서 사라지고 평화와 선의가 널리 퍼지도록 힘써야 합니다.

충심을 다해,
앨리스 R. 아펜젤러

1942년

1942년 1월 1일

친애하는 친구들에게,

12월 7일 이후 영원의 시간이 흐른 것 같아서 그 이전의 일들이 거의 기억나지 않습니다. 나는 12월 1일에 이곳으로 돌아와 이번 겨울 학기에 가르칠 "기독교 사역자의 개인적 준비" 과목을 바로 준비하기 시작했습니다. 그러던 중 기습 공격을 받았고, 호놀룰루에 있는 남동생과 그의 가족에 대한 엄청난 걱정에 휩싸였습니다. 15일에 그들이 안전하다는 소식을 들었고, 12월 11일 클리퍼 항공 우편으로 보낸 첫 번째 편지가 성탄절 전날 도착했습니다. 그것은 우리가 받을 수 있었던 최고의 선물이었으며, 콜럼버스에 있던 나는 레이시 가족들과 함께 큰 기쁨을 나눴습니다. 올케인 루스는 일요일 기습 공격 중 부모님에게 쓴 편지의 일부를 인용하여 보냈습니다. 그들은 오전 7시 55분에 포격 소리를 듣고 잠에서 깼지만 처음에는 크게 신경 쓰지 않았다고 합니다. 헨리는 진주만 너머 와하이와에 있는 한인교회에서 할 설교를 준비했지만, 이내 시내로 돌아와야 했습니다. 그가 떠난 후 라디오에서 경보 방송을 내보냈기 때문입니다.

"'비상사태가 발생했습니다. … 거리로 나오지 마십시오. 전화를 사용하지 마십시오. 라디오를 하루 종일 틀어놓으십시오. … 엄청난 재앙입니다.' 여러 언어로 지시가 내려졌습니다. … 오전 11시 30분, 헨리는 거리에서 급히 배로 돌아가는 한 선원에게 우리 배 세 척이 침몰했다는 소식을 들었습니다. 비행기들이 머리 위에서 굉음을 내며 발포하는 소리가 들렸습니다. 캐롤과 헨리는 다시 보려고 밖으로 뛰어나갔고, 나는 가슴이 쿵쾅대서 펜을 쥘 수도 없었습니다. … ROTC 학생들은 모두 캠퍼스에 출석해야 합니다. '오늘 밤 정전에 대비하세요 — 모든 섬이 정전될 수 있습니다. 집에서 불을 켜지 마십시오.' 나중에 우리는 이곳에서 몇 구획 떨어진 킹로에 폭탄이 떨어졌다는 소식을 들었습니다.

일요일 오후 1시 30분 유언 씨(감리교 목사님)가 헨리에게 전화를 걸어와, 네덜란드 배를 타고 인도로 가는 선교사들을 함께 만나러 가자고 했습니다. 그 선교사 중에는 내한 선교사였던 모드 넬슨[328]도 있었습니다! 그녀는, 증기선이 진주만으로 들어올 때 주변에 폭탄들이 떨어졌는데, 그것이 단지 연습일 거라고만 생각했다고 합니다! 일요일 저녁에 폭탄이 그들이 머무는 호텔 근처에 떨어졌고, 한 남자가 소리치는 것을 들었습니다. '빨리 뛰어가서 숨어요!' 캐롤과 나는 현관으로 급히 뛰어 들어왔습니다. 헨리는 그때 땅에 납작 엎드려 있었다고 하더군요. 캐롤은 벌벌 떨면서 내게 꼭 매달렸습니다. 그녀는 그때가 자신에게 정말로 유일하게 무서운 순간이었다고 합니다. 그날 밤 우리는 신발만 벗고 잠을 청했습니다.

12월 11일 목요일. 창고에 있는 물품을 점검할 공무원 업무를 맡을 18세에서 62세 사이의 남성들이 필요하다는 요청이 왔습니다. 캐롤은 매일 오전에 대학교에서 응급 처치를 배우고 있습니다. 캐롤과 헨리는 긴급히 필요한 혈액도 헌혈했습니다. 캐롤과 나는 오늘 적십자사를 위해 붕대를 감으러 퀸병원에 갑니다. 대학 캠퍼스에는 참호가 만들어지고 있습니다. 캐롤은 더 이상 대학 생활을 누리지 못할지도 모릅니다.

모든 학교가 무기한 휴교했지만, 학교 건물들은 방어 시설로 사용되거나 집을 잃은 사람들을 위한 거처로 제공되고 있습니다.

헨리가 방금 차를 가져다 두려고 돌아왔습니다. 그는 남성들을 진주만으로 수송하는 트럭을 만나기 위해 걸어서 나갔습니다. 이전에는 자신이 군인이나 방위 요원으로 분류되지 않아서 쓸모없는 듯한 기분이 들었지만, 이제는 명확한 임무를 맡게 되어 다행이라고 느끼고 있습니다. 미스바.[329] 많은 사랑을 담아, 루스."

루스가 나에게 성탄절 꾸러미들을 보내주어 나는 그것들을 콜럼버스로 가져갔습니다. 성탄절 전야에 늦게까지 깨어 여러 나라에서 저마다의 상황 속에 놓인 친구들을 떠올리며 영적인 교감을 나누는 가운데, 성탄절의 깊은 의미를 절실히 깨닫게 되었습니다. 그런 의미에서 나에게는 참으로 뜻깊은 성탄절이었습니다. 그러나 그 무엇도 우리를 그리스도의 사랑으로부터 끊을 수 없기에[330] 감사가 넘칩니다. 오늘은 포스딕이 쓴 유명한 신간 『긴장 속에 살아가기』[331]를 읽고 있는데, 이 책은 우리가 이 시대를 어떻게 의미 있게 살아갈 수 있는지를 명확하게 설명해줍니다.

나는 콜럼버스에서 세 차례 강연을 했는데, 두 번은 제부 존 레이시의 교회인 제4대문감리교회에서, 한 번은 웰즐리 클럽에서 했습니다. 콜럼버스에 가기 전에는 앨라배마주에서 친구인 미스 모크와 함께 5일을 보내며 딥사우스[332]를 여행했습니다. 버밍엄, 몽고메리, 그리고 우리 학생 중 한 명인 김갑순을 기억하며 따뜻한 칭찬을 아끼지 않던 몬테발로의 앨라배마대학도 방문했고, 도선까지 내려가보기도 했습니다. 미스 모크는 과거에 이화에서 일했으며, 현재는 공공사업촉진국에서 음악 사업 부주임으로 일하고 있습니다. 모두에게 사랑을 보내며, 앨리스 A.

스캐릿
1942년 1월 18일

사랑하는 가족에게,

헨리, 네가 성탄절 전야를 위해 보내준 멋진 클리퍼 항공 우편이 1월 5일에 도착해서 다른 사람들에게 전해주었어. 나는 일반 우편으로 편지를 보냈는데, 혹시 네가 못 받았을까 봐 이번엔 클리퍼 항공 우편으로 하나 더 보낼게. 한동안 소식이 없어 걱정했는데, 무서웠던 시간이 지나고 다시 연락이 되어서 정말 좋다. 아, 사랑하는 고향 사람들에게는 언제쯤 다시 편지를 보낼 수 있을까? 네가 선교국에서 온 편지들을 가지고 있으리라 생각하지만, 내가 뉴욕에 가면 확실하게 확인할게. 그래, 나는 22일에 뉴욕에 갈 예정이야. 마거릿이 그곳에 우리 셋이 잘 공간이 "충분히" 있다고 하더라. 그래서 이번에는 그곳에서 머무는 동안 마거릿과 데비와 함께 3박을 하려고 해. 26일 월요일에는 필라델피아로 가서 북동부 지역[333] 회의에 참석해 스캐릿을 대표할 예정이야. 회의에서 내가 소개될 때 주어지는 시간이 1~2분 정도라, 할 말을 두 가지 정도 준비해놓으려고 해. 북동부 지역 회의의 가장 큰 장점 중 하나는 예전에 지내던 곳에서 알던 사람들을 틈틈이 다시 볼 기회가 있다는 거야. 남동부 지역 회의는 같은 기간 내슈빌에서 열려. 내가 아는 지도자의 대부분이 그때 내슈빌에 오는 것 같은데, 참석하지 못하니 아쉽다. 그래도 뉴욕에 다시 가게 되는 건 기쁘네. 2주를 보내기에 충분한 계획을 세워놓았으니, 어떻게 될지 두고 봐야지. 파이퍼 부인, 웰치 부부, 매코넬 부부, 베티(그때 마침 멕시코로 떠나서 만나긴 어려울 테지만), 콘래드(언더우드), 그리고 한국 관련 사람들을 만나기를 바라고 있어. 어쨌든 재미있는 시간이 될 거야.

마닐라에서 세이어 부부가 11월 22일에 보낸 성탄절 카드를 받았는데,

개인적인 소식도 적혀 있었어. 그들의 상황이 너무 안타까워서, 지금 케임브리지에 있는 크라이스트교회의 부목사 프랜시스 2세에게 용기 내어 편지를 썼어. 예전에 케임브리지에 갔을 때 그를 만나고 싶었지만 만나지 못했거든. 그는 아름다운 편지로 즉시 답을 보내왔고, 어머니의 옛 친구에게서 온 편지에 감사하는 것 같았어. 그들 가족이 옛집에서 하던 것처럼, 세 아이가 방에서 성탄절 이야기와 시를 읽으며 성탄절 전야를 보내고 있을 때, 아버지로부터 "성탄절 사랑"이라는 내용의 전보가 왔대. 그것이 부모님으로부터 들은 마지막 소식이었고, 1월 1일에는 워싱턴에서 그들이 무사하다는 소식을 전해왔다고 해. 마닐라는 그 다음날 함락되었고, 그는 부모님이 군대와 함께 계신 거라고 생각하고 있어. 아버지가 도움을 주기 위해 그곳에 계셨다는 사실을 기쁘게 여기실 거라고 생각한대. 편지 쓰기를 잘했던 것 같아.

이번 성탄절에는 오랜 친구들 대부분과 많은 새 친구들에게서 소식을 들었어. 그리피스 부인에게서는 전혀 소식을 듣지 못해서 최근에 다시 편지를 썼지. 루스에게서 사랑스러운 긴 편지를 받았고, 패트에게서도 아주 멋진 편지를 받았는데, 성탄절에 온 가족이 함께할 수 있도록 내가 보낸 돈을 어떻게 썼는지 알려주더라. 가엾은 펄, 모두에게 얼마나 큰 슬픔인지. 회복이 어려운 상황이라면, 오래 고통스럽지 않기만을 바랄 뿐이야.

나는 첫 수업을 하며 다섯 명뿐인 학생들과 한 명 한 명 면담을 진행하고 학기 말 논문과 읽을 과제를 부여했는데, 모든 것이 오래 신던 구두처럼 자연스럽게 느껴졌어. 친근한 작은 규모의 수업은 마치 옛 이화 같아. 커닝검 박사님도 이런 수업을 좋아하시니, 내가 자리를 비울 때면 대신 가르쳐주실 거야. 그는 너무 바쁘지만, 더 많이 가르치고 싶어 하셔. 이 수업을 맡게 되어서 기뻐. 두 차례의 학생 토론회 후 다소 긴장된 분위기 속에서 채플도 인도했는데, 주님께서 내가 옳은 말을 할 수 있도록 도와주신 것 같아. 이와 같은 경험을 매우 자주 했는데, 이 아이들도 잘 이끌어줄 수 있었던 것 같아 기뻤어. 너희도 공감할 수 있겠지만, 이곳은 나에게 잘 맞는 WFMS 집 같은 느낌이야. 일요일 오후에는 이곳에서 안식년 휴가를 보내고 있는 국내외 사역자 30여 명이 모두 모여 기도회를 하는데, 마치 옛날로 돌아간 것 같아. 사랑하는 연로한 미스 호웰이 이 집의 관장이 되어 우리를 사랑하고 보살펴주고 계셔. 나는 7시 아침 식사를 위해 일어나지 않고, 내 방에서 과일을 먹지. 원하면 커피도 만들 수 있어. 지금은 좀 따뜻하지만, 일주일 내내 0도에서 영하 17도까지 내려가 마치 서울에서 가장 심한 한파를 겪었던 때와 같았어. 다른 점이라면, 이곳에서는 이런 혹한이 여러 해 만에 처음이라 다들 아주 생소하게 느꼈다는 거야. 이제 새들이 돌아오고 있고, 푸른 잔디도 보이기 시작했어. 어느 날 케이트 부인이 크레인 부인의 여동생 집에서 열린 다과회에 나를 데려갔어. 샬럿 벨 에든턴과 섀넌 P. 커밍[334]도 그 자리에 있었는데, 섀넌 커밍은 네 번째 아기를 임신 중이더라. 그들은 한국이 하루빨리 자유로워져서, 우리 모두 돌아가 그곳에서의 삶을 다시 꾸려갈 수 있게 되기를 기다리며 선교국에 임시로 고용되어 있는 상태라고 해. 한국 관련 사람들은 부정적인 소식은 절대 믿으려 하지 않는다는 것을 알고 있다고 했어.

보브가 보낸 일반 편지는 훌륭하더라. 네가 그와 함께 일하고 있어서 기뻐. 잭의 삼촌인 휴 모건 박사는 "미육군 군의관 장성 밑에 있는 전문 업무 부서의 의학분과장이 되기 위해, 대령으로 진급하여" 2월 7일에 밴더빌트병원을 떠나게 되셨대. 인용하기를[335]

테네시, 내슈빌, 스캐릿대학
1942년 2월 8일

친애하는 친구들에게,

여러분에게 편지를 쓴 후 뉴욕에 다녀왔습니다. 스캐릿대학이 나를 고향인 북동부 지역에 대표로 보내주었는데, 멋지지 않나요? 나는 11일 동안 자리를 비웠고, 두 번의 좋은 주말을 보내며 파이퍼 부인을 비롯한 많은 친구를 만났고, 새로운 인맥도 쌓았습니다. 회의는 특별 연사 없이 우리의 옛 임원회의와 비슷한 분위기였습니다. 그들은 모두 남동부 지역 회의를 위해 내슈빌에 왔었고 훌륭한 자리였다고들 하더군요. 그렇지만 나는 북동부 지역 회의에 참석한 것이 만족스러웠고, 그것이 유익한 시간이었기를 바랍니다. 내가 하는 일은 오랜 시간이 지나도, 때로는 몇 년이 지나도 결과를 알 수 없는 일이지만, 희망을 놓지 않는 것이 중요합니다. 그렇지 않다면 모든 노력이 무의미할 것입니다.

브라우니가 남동부 지역 회의에 참석한 후 이곳에 머물러 있었기에, 나는 애나 채핀과 베티 달비와 함께 브라우니를 위해 작은 생일 파티를 열었습니다. 브라우니가 그렇게 건강하고 활기차 보이는 모습은 처음 본 것 같습니다 — 66세라고 하는데 20년은 더 젊어 보였답니다. 필라델피아에서는 톰의 누이인 엘렌 홉스를 만났습니다. 그녀는 자기 가족들에 대해 나보다도 잘 모르고 있는 듯했지만, 그 이후에 편지를 보내왔습니다. 성서공회가 12월 18일, 모두가 잘 지내고 있다는 전보를 런던에서 받았다고 하더군요. 노스[336] 박사로부터 들었다고 합니다. 또, 토론토에 있는 A. E. 암스트롱 부인으로부터 최근 일본에 있는 아르헨티나 공사를 통해 한국에서 "우리는 '모두 안전하고 건강하며 자기 집에서 살고 있다'라는 전보를 받았다"는 소식도 막 전해 들었습니다. 여기서 '모두'라는 것은 네 명의 캐나다인, 즉 스콧, 프레이저, 머레이, 번즈를 의미합니다.[337] 가장 최근의 믿을 만해 보이는 소식은 제임스 R. 영[338] 씨에게서 들은 것입니다. 그는 예전에 『재팬 애드버타이저』에서 일했으며, 일본에서 13년을 보냈고, 두 달간 일본 감옥에 투옥되기도 했던 분입니다. 『리더스 다이제스트』에 "당신은 국빈이다"라는 글을 기고하기도 했지요. 그는 밴더빌트대학에서 2시간 동안 강연을 했고, 이후에도 질의응답 시간을 1시간 더 가졌습니다. 우리는 강단 위로 올라가 질문을 더 했고 애나는 커다란 사진에 멋지게 찍혔답니다. 나는 그녀 뒤에 숨어 있어서 사진에 나오지 않았지만요. 기회가 된다면 여러분도 꼭 제임스 영의 강연을 들어보세요. 그와 업턴 클로즈[339]는 내실 있는 이야기를 들려주는 사람들입니다. 다음은 우리가 나눈 대화의 일부입니다.

질문: 우리가 한국 독립운동에 참여하면 한국의 친구들이 위험해질까요?

답변: 일본인들은 반드시 보복합니다. 우리는 그것을 잘 알고 있습니다.

질문: 한국의 독립에 대해 희망이 있나요?

답변: 없습니다. 일본인들은 그곳의 지도자들을 이미 제거했습니다.

우리는 한국에 여전히 훌륭한 지식인 지도자들이 많다고 말하며 이의를 제기했지만, 제임스 영은 "일본은 한국을 포기하기 전에 그들을 모두 다 죽일 것"이라고 단호하게 말했습니다.

처음 강단에 올라갔을 때 우리가 한국에서 살았다고 말하자, 그는 "매큔[340]의 사람들인가요? 아니에요? 그러면 베이커 감독님의 사람들인가요? 베이커 감독님은 어바나[일리노이주]에서 나의 목사님이셨지요. 여러분은 지금 경성에서 살고 싶지는 않으시죠, 그렇죠?"라고 말하며 얼굴을 찌푸렸습니다. "미나미[341] 등등, 그들은 정말 **비열한** 사람들입니다"라고 덧붙였습니다.

그는 우리가 언제 한국을 떠나왔는지 물었습니다. "상황이 엄청 혼란스러웠지요, 그렇지 않았나요?" 그는 우리와 더 오래 이야기하고 싶어 했지만, 주최 측에서 그를 데리고 가버렸습니다.

그렇게 그는 정치 참여에 대한 나의 의문에 **답**을 주었습니다. 나는 정치에 개입할 수 없다는 확신이 더 강해졌습니다. 어떤 멍에가 와도 그것을 짊어집시다. 한국의 지도자들이 모두 희생된다고 해도, 나는 한국인들이 스스로 설 수 있도록 돕고, 그들이 독립을 준비할 수 있게 항상 일할 것입니다. 하나님께서는 지도자들의 희생을 막아주실 것입니다. 우리는 그분 안에서 소망을 품고, 그분께서 그들을 돌보아주실 것이라고 믿어야 합니다.

헨리는 지금 비토박이들을 위해서 호놀룰루에 있는 제일감리교회의 목사직을 수행하고 있습니다. (비토박이가 의미하는 바를 모른다고 말하지 마세요. 백인들입니다.) 원래 계시던 목사님은 가족과 함께 미국으로 돌아가기를 원했고, 베이커 감독님이 이를 승인한다는 전보를 보내셨습니다. 헨리로서는 승진을 한 것이지만, 나는 그가 여전히 그곳에 있는 한인들을 계속 도울 수 있기를 바랍니다. 대학은 아직 휴교 중이며 캐롤은 적십자 간호 교육을 받고 있는데, 개강 후 학점 인정을 받을 예정입니다. 나는 뉴욕에서 헨리의 딸 마거릿과 잭을 만났습니다. 잭이 졸업 후 바로 입대해야 해서, 그들은 봄방학 동안 코네티컷주 그리니치에서 결혼식을 올릴 계획이라고 합니다. 마거릿이 내가 결혼식에 참석하기를 원하고, 나도 그럴 계획입니다.

나는 벨마의 집에서 두 밤을 보냈고, 하룻밤은 버사 스타키와 함께 보냈습니다. 웰치 감독님 댁에서는 선교사들과 저녁을 함께했는데, 대부분 일본에 파송되었던 선교사들이었습니다. 애다 홀은 지금 뉴욕 사무실에서 일을 돕고 있습니다. 우리는 매주 일요일 5시에 이 집에서 안식년 휴가 중인 사람들과 기도회를 갖는데, 오늘은 내가 인도를 맡게 되었습니다 — 지금부터 20분 후여서 이제 편지를 마쳐야 합니다. 여러분 한 분 한 분에게 많은 사랑을 보냅니다. 나는 편지를 쓰느라 바쁘고, 또 즐겁게 가르치는 나날을 보내고 있지만, 이곳에서는 예상치 못한 일들이 계속 벌어져 놀라는 순간이 많습니다 — 별로 좋은 경험은 아닙니다. 하지만 여전히 여러분 모두를 사랑하고, 여러분을 위해 많이 많이 기도하고 있습니다.

앨리스

스캐릿

1942년 2월 24일

가장 사랑하는 메리[342]에게,

이 편지는 특별히 사무적인 내용이야. 편지를 쓰고 나면 바로 일을 해야 해. 3월 15일까지 제출해야 하는 소득세 신고서를 방금 받았어. 처음 해보는 일인데, 내가 소득세를 내야 하는 계층에 속해 있는지 몰랐어. 자산을 모두 정리해서 정확한 재정 상태를 파악하는 것은 좋은 일이지만, 꼭 해야 하는 경우가 아니라면 내가 절대 일부러 하지는 않을 일이야. 그러니 내 암스트롱 주식에 대해 알려주렴. 내가 가진 주식은 얼마나 되는지, 그것들은 어디에 있는지 알려줘. 네 책상이나 은행이나 금고에 있니? 그 주식에서 1941년에 이자나 배당금이 얼마나 나왔는지 알고 있니? 그게 신고서에 내가 답해야 하는 질문이야. 나는 거기에서 나오는 약간의 돈을 그냥 사용했는데, 얼마를 사용했는지는 기록해두지 않았어. 하지만 너도 얼마간의 주식을 가지고 있으니 1941년의 이율을 알고 있겠지. 3월 15일까지 신고서를 제출해야 하니, 가능한 한 빨리 확인해서 알려주면 좋겠어.

랭커스터에 있는 내 개인 계좌에 밴의 돈 114.08달러가 들어 있는데, 이 돈을 오하이오주 메리언에 계좌를 두고 있는 밴의 사촌 러셀 스네어에게 보내려고 해. 이 계좌에는 이자가 붙지 않는데, 내가 그동안 모르고 있었어. 더 빨리 알아차리고 뭔가 조치를 취했어야 했어.

어제는 적십자사를 통해 밴에게 개인적인 메시지를 보냈어. 발신인과 수신인의 이름, 주소 등(생년월일과 출생지, 부모의 이름과 출생지 포함)을 기입한 후, 25자 이내로 메시지를 작성하고 자필 서명하는 방식이야. 수신인은 그 메시지를 받고 뒷면에 답장을 적어 보내게 되어 있어. 적십자사는 유럽의 점령국에서도 이런 방식으로 연락을 주고받아 왔다고 하더라. 그래서 나는 소식이 오기를 기대하고 있어. 코린도 메시지를 보내고 싶어 할지 모르니 그녀에게도 말해줘. 모든 적십자사 지부에서 할 수 있으니 가보라고 하렴.

나는 노스 박사에게 밴으로부터 어떤 소식이라도 왔는지 물어보았는데, 그들이 괜찮다는 소식을 전해온 12월 18일 메시지 이후로는 아직 아무런 소식도 없대. 그가 소식을 전해줄 사람들의 명단에 내 이름도 넣어달라고 부탁했어. 톰의 누이인 엘렌 홉스조차도 아무런 정보를 가지고 있지 않더라. 그녀는 심지어 톰이 미국성서공회에서 일하고 있다는 사실조차 모르고 있었어.

내가 호놀룰루로 가려고 애쓰고 있는 것에 대해 어떻게 생각하니? 베이커 감독님은, 만일 헨리가 내가 가는 것이 좋다고 한다면 나를 추천해주시겠다고 편지를 보내주셨어. 그래서 나는 헨리의 편지를 기다리고 있어. 3월 3~4일에는 앨라배마주 보아즈에 있는 스니드전문대학 학장이 나를 인터뷰하기 위해 이곳에 올 거야. 벨마 메이너는 내가 진정한 사역의 장소로서 그 대학에 가기를 원해. 커닝검 박사님은 지금 이곳에 안 계시지만, 내가 호놀룰루로 가는 것에 대해 이야기했을 때 "한인들이야말로 내가 기꺼이 당신을 포기하고 보내줄 수 있는 유일한 사람들이라는 것을 알아주십시오"라고 말씀하셨어. 매우 좋은 말이긴 하지만, 충분히 분명한 말은 아니지. 스턴츠 박사가 자리를 비웠을 때 나와 함께 홍보 부처에서 일했던 크로포드 부인은 내가 떠난다는 말에 감정이 북받친 듯했어. 이런 반응이 나를 기분 좋게 하긴 하지만, 나는 마음속에서 스스로 기여하고 있음을 더 분명히 느낄 수 있는 곳으로 가고 싶어. 리처드가 결혼식 준비를 위해 샌프란시스코에서 동부까지 비행기로 오가고 있는 것을 알고 있니?[343] 잭이 비용을 부담하고 있지. 그를 곧 만나게 될 예정이라 매우 기뻐. 헨리는 "부모는 결혼 계획을 기뻐함"이라는 전보와 함께 돈을 보냈어. 그래서 닷지 부부도 한시름 놓을 것 같아. 아직 닷지 가문과 휴일러 가문 사이에는 의견 차이가 있어. 불쌍한 마거릿이 그 갈등 속에서 어려운 시간을 보내고 있지! 차라리 두 가문이 같은 도시에 살지 않으면 좋을 텐데. 아이다가 결혼식에 갈지 궁금하네. 그녀의 생각이 지금쯤은 바뀌었으면 좋겠다. 로나[344]로부터 사랑스러운 편지를 받았어. 그리고 루이스 파이크가 지난주 이곳에 왔었지. 꽤 바빠 보이던데—우리는 상당히 많은 주제에 관해 이야기했어.

테네시, 내슈빌, 스캐릿대학
1942년 2월 25일

친애하는 고향 분들에게,

지난달에는 여러분 앞에 "살아 있는 편지"로 나타났었는데, 이제 다시 편지를 쓸 시간이 되었네요. 잠시나마 고향에 돌아가 만날 수 있어서 즐거웠습니다. 제일교회[345]와 모든 교인이 잘 지내고 계시기를 바랍니다.

학교에서의 나날들이 항상 그렇듯, 나의 하루는 꽉 차 있습니다. 학생들을 가르치는 것은 정말 즐겁지만, 이번 과목이 한 분기만 하는 단기 과정이라 3월 20일에 수업이 끝나면 섭섭할 것 같습니다. 3월 25일부터 5월 25일까지는 자리를 비울 예정입니다. 마거릿 아펜젤러의 결혼식에 부모를 대신해서 참석하고, 오하이오주 콜럼버스에서 열리는 여성기독교봉사회 집회에 스캐릿을 대표하여 참석하러 가야 하기 때문입니다. 또 그사이 기회가 닿는 대로 북동부 지역을 순회할 것입니다. 아마도 이곳으로 돌아와 또 한 번의 더운 여름을 지내게 될 것 같지만, 아직도 계획이 확실하게 정해지지는 않았

아펜젤러 부녀父女를 한국에 선교사로 파송한 랭커스터 제일감리교회 100주년 사진(1907년)

* 사진 출처: First United Methodist Church, Lancaster, Pennsylvania, USA

습니다.

여러분을 만난 이후 남동생에게서도, 한국에서도 그 어떠한 소식도 듣지 못했습니다. 나는 일본에서 13년을 지냈고 그곳에서 투옥되기까지 했던 언론인 제임스 R. 영의 강연을 들으며, 마치 고향의 메시지를 전해 듣는 듯한 기분이 들었습니다. 우리가 한국에 대한 이야기를 많이 하면 그곳에 있는 사람들에게 해가 되느냐고 물어보았는데, 그는 이렇게 답했습니다. "일본인들은 반드시 보복을 합니다." 그는, "지금 한국에 있지 않아서 기쁘지 않은가요? 한국을 떠나기 전에 상황이 꽤 나빴을 텐데, 그렇지 않았나요?"라고도 했습니다.

이 이야기를 들은 후, 나는 지금 점점 더 알려지고 있는 한국의 독립운동에 공개적으로 참여하지 않은 것이 올바른 대응이었다는 생각이 들었습니다. 물론 나는 한국의 독립운동을 지지하고, 한국인들이 자유를 되찾을 수 있기를 기도하며 힘쓰고 있습니다. 하지만 내 이름이 이용되어서 이미 박해를 받고 있는 한국의 친구들이 더 큰 고통을 겪게 되는 것은 원하지 않습니다. 그렇지만 우리 대통령이 자유를 누려야 할 나라들을 언급하며 **한국**을 함께 이야기했을 때, 나는 가슴이 뭉클했습니다. 한국이 자유를 되찾게 되는 날을 보게 해주시기를 하나님께 기도드립니다. 이번 달에는 한국에 대해 다섯 번의 강연을 했는데, 그중 두 번은 꽤 중요한 클럽에서 했고, 한 번은 100명의 여성과 오찬을 함께한 스캐릿 클럽에서 했습니다. 한 번은 배글리 학장의 "한국 청소년운동" 수업 시간에 했고, 나머지 둘은 주일학교에서 했습니다. 내슈빌에는 감리교회가 32곳이나 있지만, 지금까지 간 교회는 여덟 곳뿐입니다.

한국에 관해 이야기하는 김에 새 책을 한 권 추천하고 싶습니다. 선교 사역을 다루는 책은 아니고, 일본 통치에 반대하는 한 혁명가의 삶에 대해 님 웨일스(존 데이 출판사)가 쓴 『아리랑』[346]이라는 책입니다. 이 책과 함께 이승만 박사(레벨 출판사)의 『일본 내막기』[347]를 읽으면 현재 벌어지고 있는 갈등에 대한 배경을 더 깊이 이해할 수 있을 것입니다.

어느 날 오후, 한 단체와 함께 감리교 정착 사업을 보러 갔습니다. 흑인 정착지에 대한 설명은 동봉한 전단에 설명되어 있습니다. 백인 100주년회관도 바쁜 곳입니다. 우리 여학생들은 100주년회관과 웨슬리의 집[348]에서 현장 실습을 하고 있습니다. 어느 일요일에 대학 친구의 딸인 루이스 파이크를 손님으로 맞았습니다. 그녀의 부모와 유일한 남동생은 아직도 베이징에 있는 우리 선교부에 있고, 그녀의 유일한 여동생은 병에 걸려 보스턴에 머물고 있습니다. 이런 상황에서 우리가 만나 이런저런 이야기를 나눌 수 있었던 것은 뜻깊은 일이었습니다. 그녀는 앨라배마에 있는 시골 학교에서 교사로 일하고 있는데, 굉장히 다정하고 발랄합니다. 우리의 총장 커닝검 박사님은 그날 그녀와 면담한 후, "고양된 예배에 참석한 것 같은 느낌이 들었습니다"라고 말했습니다. 누군가에 대해 이보다 더 아름다운 표현이 있을까요? 그녀는 자기 학교가 방학하면 스캐릿에서 하던 일을 마무리하기 위해 돌아올 예정입니다. 지난여름에 그녀가 이곳에 왔다고 여러분에게 편지로 전한 기억이 납니다.

이번 달에는 별로 쓸 내용이 없을 것 같았는데, 어느새 편지 한 장이 가득 찼네요. 계속 더 쓸 수도 있을 것 같지만, 무리하지 않고 이쯤에서 작별 인사를 드립니다. 여러분 모두에게 사랑을 보내며 축복을 기원합니다.

충실한 여러분의 선교사,
앨리스 R. 아펜젤러

워싱턴 D.C. <발신인: 이승만>
노스웨스트, 호바트로 1766
1942년 3월 10일

앨리스 R. 아펜젤러 박사
테네시, 내슈빌, 19번과 그랜드가
기독교 사역자를 위한 스캐릿대학

친애하는 아펜젤러 박사님께,

매우 아름다운 성탄절 카드와 편지, 그리고 그 안에, 당신의 편지를 동봉하여 보내주신 것에 깊이 감사드립니다.

내가 이화여전의 카드를 무엇보다도 소중히 여기는 것을 박사님도 잘 아시지요.

호놀룰루의 제일감리교회를 책임지고 있는 당신의 남동생, 아펜젤러 박사로부터도 매우 흥미로운 편지를 받았습니다. 마침 지금 그에게 새로운 목사직을 맡게 되신 것을 축하하는 편지를 쓰고 있습니다. 이와 같은 시기에 그렇게 중요한 자리를 맡게 되셨다니 진심으로 기쁩니다. 그가 이전보다 더욱 적극적으로 한국을 도울 수 있는 위치에 계시니 참 다행입니다. 무엇보다 지금 그곳의 한인들은 그 어느 때보다도 더 많은 도움이 필요합니다.

신문을 통해 보셨을지 모르겠지만, 우리는 지난달 말 워싱턴에서 한인자유대회[349]를 열었습니다. 이 대회는 엄청난 성공을 거두었으며, 우리가 2,300만 국민이 일본의 노예가 되어 굶주림과 절망감 속에 살아가고 있다는 사실을 미국 대중에게 잘 알렸기를 간절히 바랍니다.

우리는 하와이에서 대표자 두 명이 올 것으로 예상했는데, 그들은 아직도 도착하지 않고 있습니다. 그래도 머지않아 올 것이고, 우리는 그들과 만나 직접 이야기 나눌 수 있기를 간절히 고대하고 있습니다. 그들을 통해 하와이의 실상을 보다 생생하게 전해 들을 수 있을 것입니다.

아내와 함께 심심한 안부 인사를 전합니다.

진심을 다해,

이승만[350]

스캐럿
1942년 3월 20일

이승만 박사
워싱턴 DC
노스웨스트, 호바트로 1766

친애하는 이 박사님께,

최정림 양이 자신의 일본어 실력을 번역 일에 사용하여 자유라는 대의에 기여하고 싶다는 편지를 보내왔습니다. 그녀가 받은 훈련과 신념을 고려해 볼 때 이 일에 매우 적합하기에, 기쁘게 그녀를 추천하게 되었습니다.

최 양의 부모는 모두 한국인입니다. 그녀의 어머니 서거트루드는 1907년[351] 이화학당 중등과 제1회 졸업생으로, 한국 여성으로서 최초의 고등학교 졸업생 중 한 명이었습니다. 그녀는 YMCA 간사인 최 씨와 결혼했고, 최 씨는 하와이에서 첫 근무를 시작했으며, 그곳에서 그들의 첫째 아이가 태어났습니다. 이후 최 씨는 도쿄에서 근무했는데, 그곳에서 둘째 딸 정림이가 태어났지요. 최 씨는 당시 도쿄 주재 한국YMCA 총무였습니다.

최 씨는 1916년경 세상을 떠난 것으로 기억하며, 저는 그 이후부터 이 가족과 알고 지냈습니다. 최 씨 부인은 유치원사범과에서 공부하는 동안 이화 캠퍼스 내의 거처를 제공받았고, 자녀들을 키우기 위해 열심히 일했습니다. 저는 정림이와 그녀의 언니가 유치원에 입학하는 모습을 지켜보았고, 마침 그 시기가 저의 안식년 휴가 기간만 아니었더라면, 그들에게 제가 직접 졸업장을 주었을 것이라고 생각합니다. 그들은 정동 캠퍼스에 있는, 이화학당으로 알려진 감리교 미션스쿨들 ― 유치원, 초등학교 6년, 고등학교 4년, 대학 4년의 완전한 교육과정을 거쳤으며, 제가 기억하기로 1935년에 졸업했습니다. 정확한 날짜를 확인할 자료는 가지고 있지 않지만, 그 외의 내용은 모두 확실합니다.

일본어는 학교에서 반드시 사용해야 하는 언어였기 때문에 최 양은 일본어에 능통합니다. 하지만 그녀는 영문학을 전공했고, 이후 스미스대학에서 학사학위를 받은 후, 지금은 미시간대학교에서 바버 장학생으로 박사과정을 밟고 있습니다. 모든 일본식 교육은 그녀를 더 열렬한 한국의 애국자로 만들었을 뿐입니다. 미국과 일본 간의 전쟁이 발발하기 전까지, 그녀는 일본에 반대하는 공개적인 활동을 하는 것이 한국에 있는 어머니와 언니에게 해가 될 것을 우려하여 아주 조용히 지내왔습니다. 그리고 여전히 한국에서 보복 당할 위험이 매우 크기 때문에, 저는 그녀의 요청에 따라 이 일이 철저히 기밀로 유지되기를 바랍니다.

최 양은 최고의 기독교적 성품을 지닌 젊은 여성으로, 겸손하고 매력적이며, 지적이고 근면합니다. 그녀의 미국 생활에 대해 더 궁금한 점이 있으시면, 미시간주 앤아버에 있는 미시간대학교에서 "동양 여성을 위한 바버 장학금"의 위원장을 맡고 있는 교수 W. 칼 루퍼스[352] 박사에게 문의하시면 될 것입니다. 제가 도울 일이 있다면 언제든지 알려주시기 바랍니다. 앞으로 두 달 동안 제 주소는 뉴욕 5번가 150, 6층이 될 것입니다.

진심을 담아,

앨리스 R. 아펜젤러

명예 교장

한국 서울 이화여자전문학교

워싱턴 D.C. 콜로라도 빌딩 <발신인: 이승만>

한미협회

1942년 3월 30일

앨리스 R. 아펜젤러 박사

테네시, 내슈빌, 스캐릿대학

친애하는 아펜젤러 박사님께,

3월 20일자 편지 잘 받아 보았습니다. 최 양에 대한 박사님의 추천서는 육군과 해군 당국에 제출했습니다. 최 양이 미국 국방 사업에서 일할 기회를 우리가 찾아줄 수 있기를 바랍니다. 돌아가신 그녀의 아버지는 내게도 아주 소중한 친구였습니다.

자유대회는 우리에게 많은 도움이 되었습니다. 한국 문제가 점점 더 많은 관심을 받고 있으니, 머지않아 국제적으로도 인정받게 되기를 바라고 있습니다.

박사님이 하와이에 있는 당신의 민족인 한인들과 함께 생활하며 일하게 된다면 정말 좋을 것입니다. 박사님이라면 그들을 위해 아주 많은 일을 해주실 수 있을 것입니다. 하지만 지금 하와이로 가라고 권하기는 어렵습니다. 태평양은 폭풍의 중심이며, 일본은 그곳을 가만히 내버려두지 않을 것입니다. 한인들을 돕기 위해 그곳도 좋지만 이곳 미국에서도 하실 수 있는 일이 많을 것입니다.

『아리랑』은 진정한 한국인의 정신을 잘 보여주는 흥미로운 책입니다. 안타까운 부분은, 박사님도 정확히 말한 바 있듯이, 오직 한쪽 면만을 강조하고 있다는 것입니다. 특히 한국의 애국자들이 대부분 공산주의자라는 인상을 주는데, 이는 사실과 다릅니다.

워싱턴에 오시게 되면 꼭 알려주기 바랍니다.

아내와 함께 행복을 기원합니다.

진심을 담아,

이승만

주소: 뉴욕, 5번가 150

코네티컷 그리니치에서

1942년 3월 31일

친애하는 친구들에게,

우리 마거릿의 결혼식에 대해 궁금해하실 분들을 위해 편지 한 통을 더 보냅니다. 내가 이곳에 올 수 있었을 뿐만 아니라, 마거릿의 남동생 리처드, 내 여동생 아이다, 프린스턴대학교 2학년생인 아이다의 아들 빌, 그리고 오하이오웨슬리언대학교 2학년생인 내 여동생 메리의 딸 로나 레이시도 함께 할 수 있어 정말 기뻤습니다. 닷지 사촌들도 함께 참석해, 우리는 몇 년 만에 가족다운 재회를 했습니다. 마거릿은 이번 겨울에 집처럼 지냈던 조지 닷지 가족의 집에 머물렀으며, 그들의 딸 데비가 신부 들러리를 섰습니다. 닷지 가족의 아름다운 집은 그리니치의 한 시골 지역, 큰 나무들과 바위들 사이에 자리 잡고 있어서 피로연을 하기에 아주 적합한 장소였습니다. 그들은 피로연이 "간소"하다고 말했지만, 내 관점에서 보면 완벽했습니다. 많은 한국 관련 친구들 — 웰치 부인, J. Z. 무어 부부, 젠센 부부,[353] 언더우드 쌍둥이들, 커 부인, 메이너 부인, 우나 모아트-빅스, 줄리아와 토미 원, 스나이더의 딸들 부부, 신부 들러리를 한 조이스 데이비슨 — 이 와주어서 기뻤습니다. 사진과 동영상을 많이 찍었는데, 그중 일부는 여러분이 이미 보았을지도 모르겠습니다.

결혼식 자체가 아주 이상적이었는데 어떻게 표현해야 할지 모르겠습니다. 엄숙한 예배에 집중하지 못하게 하는 지나친 장식 없이, 흔히 찾아볼 수 없는 영성을 갖추고 있었습니다. 마거릿의 아버지가 그의 첫 설교를 한, 그리고 휴일러 가족을 만났던 그 예쁘고 작은 교회는 150명만이 들어갈 수 있는 아담한 공간이었습니다. 햇볕이 잘 드는 창은 개나리 가지로 장식되어 한국을 생각나게 했고, 성단소聖壇所는 상록수와 봄꽃으로 장식되었습니다. 잭의 평생의 목사님이셨고, 이곳을 공동체 교회로 키워오신 해럴드 윌슨 목사님이 매우 경건하게 합동 예배를 집례했습니다. 겨우 스무 살이지만 아주 남자답고 책임감 있어 보이는 리처드가 누나를 신랑에게 인도하는 역할을 맡았고, 나는 신부의 어머니를 대신하는 영광을 누렸습니다. 잭의 유일한 형제인 코울터 2세가 신랑 들러리를 했습니다.

마거릿은 몸에 꼭 맞는 긴 새틴 드레스를 입고 얇은 명주 베일을 썼습니다. 그녀와 잭은 "나, 존은 마거릿을 신부로 맞이합니다"라는 서약 부분을 목사님의 도움 없이 직접 낭독했으며, 그들의 표정과 목소리에는 진실함과 경건함, 그리고 기쁨이 가득 담겨 있었습니다. 나는 이 젊은이들을 맺어주는 이 결혼식보다 더 의미 있어 보이는 결혼식은 결코 본 적이 없다는 생각이 들었습니다. 서약할 때 마거릿의 얼굴은 천사의 빛을 띠고 있어서, "그 얼굴이 천사의 얼굴 같았던" 스데반을 생각나게 했습니다.[354] 반지 교환식 또한 특별했는데, 이들은 반지를 교환하며 "내 모든 **사랑**과 함께 드립니다"라고 말했습니다. 비록 두 사람이 세속적인 부를 가지고 있지는 않지만, 이들은 서로에게 줄 수 있는 가장 참된 부를 가지고 있습니다. 우리가 교회에서 나올 때 종소리가 울렸고, 모두 완벽한 결혼식이었다고 말했습니다.

마거릿의 부모와 우리가 머물던 집의 주인인 조지 닷지가 참석하지 못한 것이 유일하게 애석한 일이었지만, 조지가 앨라배마에서 전화를 했고, 피로연이 끝나기 전에 헨리, 루스, 캐롤과도 전화로 많은 이야기를 나누었습니다. 현대의 통신 기술이 우리에게 큰 행복을 가져다주었습니다. 이 완벽한 하루는 다음날 새벽이 되어서야 끝이 났는데, 가족들이 대화를 멈추고 잠자리에 드는 것을 계속 아쉬워했기 때문입니다.

5월 19일부터 23일까지는 콜럼버스에서 열리는 감리교 여성기독교봉사회 집회에서 작은 순서를 맡게 되어, 그 집회가 끝날 때까지는 내슈빌로 돌아가지 못할 듯합니다. 예정된 강연들이 가득 차 있어 바쁜 나날을 보내게 될 것 같습니다. 한국 일을 하기 위해 호놀룰루로 가려는 바람이 이루어질지는 아직 모르겠습니다만, 그곳의 상황을 잘 알고 있는 베이커 감독님, 감리사 프라이 박사님, 그리고 헨리의 허락을 받았으니 "가능해지기를" 바랍니다. 그 사이에 어디에 있든 스캐릿과 한국을 위해 일할 수 있음에 감사하며 지낼 것입니다.

신혼여행을 떠난 부부는 휴일러 가족이 소유하고 있는 사우스캐롤라이나주 찰스턴 앞바다의 작은 섬에서 일주일을 보내고 있습니다. 그곳은 흑인 관리인과 그의 가족 외에는 아무도 없는 조용한 곳입니다.[355]

1942년 4월 2일 <발신인: 이승만>

앨리스 R. 아펜젤러 박사
뉴욕시, 5번가 150

친애하는 아펜젤러 박사님께,

뉴욕에서 지난번에 보낸 편지를 받아 보셨기를 바랍니다. 조만간 총회에 대한 전체 보고서의 인쇄본이 나올 예정인데, 나오면 한 부 보내겠습니다.

부탁드리고 싶은 일이 있습니다. 박사님과 선교사 동료들이 대한민국임시정부를 어떻게 생각하는지에 대해 적은 편지를 워싱턴 D.C. 콜럼비언 빌딩에 있는 존 W. 스태거스[356] 씨에게 보내주실 수 있을까요?

상황은 다음과 같습니다. 우리는 1919년 조직된 이래 중국에서 활동하고 있는 대한민국임시정부를 공식적으로 인정해줄 것을 미국무부에 요청해 왔습니다. 그런데 중국 공산당과 연계된 미국 내 한국 공산당 단체들이 국무부의 결정을 방해하고 있습니다. 그들은 대한민국임시정부가 한국 내에서는 거의 알려지지 않았으며, 해외에 있는 소수의 사람들만을 대표할 뿐이라고 주장하고 있습니다. 반면에 공산당은 한국에서 다수의 지지를 받고 있다는 인상을 심어주려 하고 있습니다. 이는 명백한 거짓말이지만, 미국무부 당국은 진실을 모릅니다.

한국 국민을 잘 아는 사람들의 몇 마디 말이 미국무부 당국을 설득하는 데 큰 힘이 될 것입니다. 이 편지들은 공개되지 않을 것이며, 오직 극비리에 사용될 것입니다.

또한 궁금한 점이 있습니다. 한국에 있는 한국인들은 내 이름을 알고 있는지요? 그들은 민족주의 정부보다 공산주의 정부를 더 좋아하고 있는지요? 스태거스 씨는 우리의 충실한 친구이자 법률 고문입니다. 보내주시는 편지들은 진실을 입증하는 구체적인 증거로 쓰일 것입니다.

진정으로 한국을 위하는 선교사라면 누구라도 주저하지 않고 이 정보를 제공해주실 것이라 믿습니다. 그리고 여러분의 성함은 비밀로 지켜질 것임을 다시 한번 확실하게 약속드립니다.

행복을 기원합니다.

진심을 담아,
이승만

뉴욕, 5번가 150
1942년 4월 8일

친애하는 밴플리트 씨, 그리고 밴과 톰에게 관심이 있는 분들에게,

어제 파크가와 57번로에 위치한 미국성서공회의 회장인 에릭 노스 박사를 방문했습니다. 노스 박사는 상하이에서 일하고 있는 홉스 씨의 상사입니다. 물론 홉스 씨는 여전히 영국해외성서공회에 속해 있지만, 현재 상하이에서 칼턴 레이시 감독님을 대신해 일하고 있습니다. 노스 박사는 상하이에 있는 영국해외성서공회의 허즈퍼스 씨로부터 최근에 소식을 들었다고 말했습니다. 허즈퍼스 씨는 충칭으로 편지를 보냈고, 그 편지의 내용은 전보를 통해 도달했다고 합니다. 노스 박사가 여러분에게 이 소식을 이미 전달했는지 모르겠습니다만, 만약 미국성서공회의 최신 회보를 받고 싶으시다면, 노스

박사에게 어떤 소식이라도 보내달라고 요청하여 명단에 등록하시는 것이 좋겠습니다.

노스 박사는 다음과 같이 말했습니다.

> "상하이의 상황[357]은 다른 곳들보다는 좀 나은 편인 것 같습니다. 많은 것이 담당 관료에게 달려 있습니다. 홍콩은 상황이 매우 좋지 않지만, 상하이에서는 어느 정도 자유롭게 왕래할 수 있으며, 출입증 등을 보여주어야 하긴 해도 출입이 완전히 제한되지는 않습니다. 대부분 자기 집에서 생활하고 있고, 음식은 부족해도 대우는 꽤 괜찮은 것 같습니다."

너무 오래 시간을 뺏고 싶지 않아, 그들에게 돈을 전달하기 위한 방법에 대해서는 자세히 묻지 않았습니다. 그러나 직접 연락이 가능한 이곳 선교국 간사들에 따르면, 충칭에 있는 선교부 회계들을 통해 돈을 전송함으로써 점령된 중국에 있는 모든 지역으로 자금을 보낼 수 있었다고 합니다. 홍콩만 예외인 것 같습니다.

최근에 마닐라[358]에서 보내온 소식에 의하면, 모든 선교사와 동료들이 석방되어 사역을 재개할 수 있게 되었다고 합니다. 일본인들이 선교사들의 일을 다소나마 존중하는 모습도 보였다고 전해집니다. 아슬아슬한 탈출이 있었고, 선교사 중 몇몇은 현재 어디에 있는지 알 수 없지만, 지금까지는 선교사 중 누구도 목숨을 잃지는 않았습니다. 모든 위험을 고려해볼 때 이는 놀라운 일이라고 생각합니다.

저는 내슈빌에 있는 스캐릿대학에서 학기를 마친 후 조카 마거릿의 결혼식에서 그녀의 어머니 역할을 대신하기 위해 뉴욕에 왔습니다. 마거릿의 부모는 막내딸 캐롤과 함께 호놀룰루에 있는데, 이곳 코네티컷주 그리니치에서 결혼식 피로연을 하는 동안 전화로 이야기를 나눴습니다. 이 통화는 그들 모두에게 큰 기쁨을 안겨주었습니다. 마거릿은 사랑스러운 신부였고, 잭 휴일러는 멋있는 신랑이었습니다. 마거릿의 유일한 남동생인 리처드가 결혼식에서 그녀를 신랑에게 인도하기 위해 캘리포니아에서 왔습니다. 잭과 마거릿은, 잭이 대학을 졸업하고 참전하러 가는 6월까지 함께 살 작은 아파트를 프린스턴에 구했습니다.

저는 4월 내내 이곳에서 스캐릿을 위해 강연과 여타의 일을 할 것이고, 5월 19~23일에 열리는 감리교 여성 집회에 참석하기 위해 오하이오주 콜럼버스로 갈 예정입니다. 그 후 여름에는 다시 스캐릿에서 여성학장대리를 하기 위해 내슈빌로 돌아갈 것 같습니다. 저는 호놀룰루에 있는 한인들 사이에서 일하기 위해 그곳으로 가려고 노력하고 있습니다. 남동생 헨리가 제일감리교회의 목사가 되어서 예전처럼 한인들과 함께할 시간이 없기 때문입니다. 계획대로 되지 않을 수도 있지만, 가고 싶은 마음이 매우 간절합니다.

부활절에는 한인교회에서 친구들과 즐거운 교제를 나누었습니다. 예배 후 저녁에 식사와 비공식 모임 자리도 가졌습니다. 많은 한국 선교사들이 그곳에 참석했습니다.

여러분 모두의 행복을 기원하며, 사랑하는 사람들이 집으로 우리에게 돌아오고 있다는 기쁜 소식을 들을 수 있는 날이 곧 오기를 바랍니다.

진심을 다해,
앨리스 R. 아펜젤러

한국에서는 아무런 소식도 듣지 못했습니다. 커 부인은 선교사들이 한 건물에, 아마도 동대문 밖에 있는 제칠일안식일예수재림교 건물에 억류되어 있을 것이라고 생각하고 있습니다. 그럴 가능성을 시사하는 말들이 있었다고 합니다.

뉴욕, 5번가 150
1942년 4월 15일

친애하는 이 박사님께,

에비슨[359] 박사님이 오셨을 때 이 편지의 사본을 만들 준비가 되어 있었기에, 스태거스 씨에게 보낸 편지의 사본을 에비슨 박사님의 봉투에도 동봉해서 보냅니다. 이런 증언을 보낼 수 있어서 기쁘며, 제가 할 수 있는 어떤 방법으로든 기꺼이 돕겠습니다. 결코 공산주의자들이 박사님의 위대한 일을 망치게 두어서는 안 됩니다. 『아리랑』은 아마도 대중에게, 그 집단이 한국을 대표한다는 인상을 심어주고 있을 것입니다. 이 책은 인기가 있으며, 보수적인 다른 책들보다 더 많은 독자를 보유하고 있을지 모릅니다. 하지만 선정적인 것은 대중의 마음을 사로잡을 수는 있어도, 그 인기가 오래 지속되지는 않습니다.

한국의 상황은 이제 점차 알려지기 시작했고, 박사님의 명성도 꽤 알려져 있다고 생각합니다. 저는 어제 한 교회 오찬에서 강연을 한 후 이화의 사진들을 보여주고 있었습니다. 그때 식사 중이던 한 흑인 참석자가 다가와서 말했습니다.

"한국은 독립하게 될 것입니다."

"한국 사람을 아시나요?"라고 저는 물었습니다.

"네, 한 사람 알고 있습니다."

그는 볼리비아에서 왔고 매우 예리한 사람이었습니다.

물론 한국에 대해 가장 많은 관심을 갖고 있으며 정보도 풍부하고, 한국이 자유를 얻었을 때 가장 많이 도와줄 사람들은 바로 선교사들입니다. 아마도 지금은 다른 사람들이 정치적 자유를 위한 투쟁을 돕고 있을지 모르지만, 교회 사람들이야말로 한국을 사랑하고 끝까지 도와줄 진짜 친구들이라는 것을 아시게 될 것입니다.

지난달 내슈빌을 떠나기 직전에, 저는 테네시주, 내슈빌, 모래나로 1809에 사는 로버트 E. 파크[360] 박사님 부부와 식사를 했습니다. 파크 박사님이 한국에 관심이 많고 1919년 3.1운동과 연관이 있었다는 사실에 매우 놀랐습니다. 그를 우편 수취인 명단에 올려줄 것을 이 박사님에게 요청하겠다고 말씀드렸습니다. 그의 부인은 저명한 예술가이며, 두 사람 다 한국에 다녀온 적이 있었습니다. 그들은 윤 T. H.[361] 박사님을 방문했던 기억이 있으며, 그때 활란이 그들의 배에 타고 있었다고 합니다. 그들은 그녀에 대해 알고 싶어 했지만, 저는 그녀의 상황에 대해서는 언급하지 않았습니다. 불쌍한 윤 박사님, 요즘 얼마나 큰 고통을 받고 계실까요? 우리가 떠나기 전의 상황은 끔찍했고, 작별 인사를 나누며 역에서 함께 울었던 윤 박사님의 모습을 결코 잊지 못할 것입니다.

저는 헨리의 큰딸인 마거릿의 결혼식 참석차 이곳에 와 있습니다. 마거릿과 잭 휴일러는 잭이 대학교를 졸업할 때까지 프린스턴에서 살고 있으며, 잭은 졸업 후 전쟁에 나가야 합니다. 우리 젊은이들은 정말 훌륭한 정신을 보여주고 있습니다.

박사님과 모든 친구분들께 안부를 전합니다.

진심을 다해,

뉴욕, 5번가 150
1942년 4월 15일

존 W. 스태거스 씨
워싱턴 D.C.
콜럼비안 빌딩

친애하는 스태거스 씨께,

한국 국민을 대표하고 있는 것으로 알려지기를 바라는 한국 공산주의 집단이 이승만 박사가 이끄는 한국위원회를 반대하고 있다는 사실을 알고 있습니다. 나는 불과 17개월 전에 떠나온 한국에서 한국인과 함께한 평생의 경험에 비추어볼 때, 집단으로서의 한국인들은 공산주의자가 아니라고 주저 없이 말할 수 있습니다. 물론 한국에 있는 사람들이 표현할 수는 없지만, 만약 그들이 자유롭게 자신을 표현할 수만 있다면, 길고 힘든 시기 동안 이 운동을 이끌고 있는 책임 있는 지도자들을 통해 그들을 대표할 대한민국임시정부를 선택할 것이라고 믿습니다.

나의 아버지는 한국에서 서양식 교육을 하는 최초의 학교를 세우셨고, 이 박사는 아버지의 제자 중 한 명으로 아마도 아버지에게 민주주의의 개념을 처음으로 배웠을 것입니다. 이 박사는 그의 민족을 위한 자유라는 대의를 위해 평생을 헌신하며 살아왔고, 나는 한국인들이 그를 신뢰한다고 확신합니다. 일본의 힘이 커지면서 대부분의 사람들이 한국 독립은 헛된 꿈이라고 생각할 때, 이 박사는 한국의 독립이 반드시 이루어질 것이라 믿고 결코 노력을 게을리하지 않았습니다. 그의 저서 『일본 내막기』는 그가 평생 해온 일을 담은 가치 있는 기록이며, 널리 알려져야 할 책입니다.

나는 어린 시절부터 이 박사를 알았고, 공감과 관심을 가지고 그의 경력을 지켜보았습니다. 나는 1885년에 한국에서 태어난 첫 번째 미국인 아이로, 총 41년을 한국에서 보냈으며 그중 26년은 선교 사역을 했습니다. 1915년부터 1940년까지는 한국 서울에 있는 이화여자전문학교와 연결되어 있었고, 지금은 미국무부의 강력한 권고에 따라 잠시 한국을 떠나왔을 뿐입니다. 일본에 속한 땅에서 사는 미국인으로서, 우리 선교사들은 한국을 둘러싸고 있는 정치적 문제들을 피하려고 하는 동시에 한국 국민들이 그들의 문제를 해결하고 더 나은 미래를 준비할 수 있도록 이상과 함께 실용적인 교육을 제공하여 돕고자 했습니다. 기독교 선교사들이 한 일에 한국인들이 열정적으로 반응했다는 사실은 한국에 대해 조금이라도 아는 사람이라면 누구든 잘 알고 있습니다.

일본인들은 한국 국민을 얽어매고 재갈을 물렸으며, 자유로운 국민에게 허락되는 모든 표현의 수단을 박탈했습니다. 그러나 일본인들이 폭탄보다 더 두려워하는 "위험한 생각들"은 억누를 수 없습니다. 기독교는 모든 형태의 억압에 위험한 것으로 인식되는 힘입니다. 공산주의 운동은 일본제국도 휩쓸었지만 가혹하게 진압당했습니다. 님 웨일즈의 책 『아리랑』은 중국 공산당에 가입한 한국인들의 활동을 공정하게 묘사하고 있습니다. 하지만 그들이 한국 내 책임 있는 주체나 다수의 충성심을 확보한 적은 한 번도 없습니다. 그들은 폭력 외에는 그 무엇도 너무 느릴 뿐이라고 느끼는 사람들에게 절박한 수단으로서 호소력을 발휘합니다. 하지만 한국 최고의 인재들 대부분은, 그들이 국가 간 경쟁에서 자리를 차지하려면 배워야 할 것이 매우 많다는 것을 깨달았고, 자유라는 위대한 목적을 위한 수단으로 교육과 실무 경험을 중요하게 여기고 있습니다. 그래서 그들은 한국과 해외에서 준비해왔고, 지금은 국민을 위해 일할 준비가 되어 있는, 잘 훈련된 남자들과 여자들이 많이 있습니다.

임시정부는 이러한 책임감 있고 잘 교육받았으며, 잘 훈련된 사람들을 대표합니다. 한국은 자연스럽게 오랜 기간 관계를 맺어온 중국과, 가장 실질적인 우정을 보여준 미국에 도움을 청하고 있습니다. 한국은 다른 억압받는 국가의 국민들과 함께 억압에 맞서 민주주의가 이끄는 싸움에 참여하기를 원합니다. 기독교 운동이 자국의 국가 정체성을 지켜주었고, 타고난 훌륭한 자질을 발전시킬 기회를 국민들에게 주었기 때문에, 한국은 그들의 나라를 위해 기독교계가 행한 일들에 감사하고 있습니다.

한국은 어려움을 겪고 있는 세계 여러 나라들 사이에서 중요한 위치를 점해야 합니다. 한국의 든든한 친구인 미국이 대한민국임시정부를 인정하고, 생존권을 위해 싸우고 있는 연합국[362]에 한국이 기여할 수 있는 힘을 결합해야 합니다. 전에는 중요해 보이지 않던 국민과 장소들이, 이제는 전쟁 중인 국가들에게 절대적으로 필요한 존재가 되는 것을 우리는 최근에 목격했습니다. 한국은 현재 아시아의 분쟁에서 무시되어서는 안 될 전략적 중요성을 가지고 있습니다. 미국은 한국이 오랜 역사 동안 그들 자신의 것이었고, 다시 되찾아야만 할 땅을 세계 속에서 차지하도록 도운 것에 대해 결코 후회하지 않을 것입니다.

나는 이 편지가 기밀로 처리되기를 바랍니다. 이 편지가 다른 방식으로 사용되는 것은 괜찮지만, 내 이름으로 게재되는 것은 원하지 않습니다.

한국 국민을 돕는 데 중요한 역할을 해주심에 감사드립니다.

진심을 다해,

(미스) 앨리스 R. 아펜젤러

추신: 나에 대한 추가 정보는 『후즈 후, 1940~1941』[363]에서 확인하실 수 있습니다.

1942년 4월 18일 <발신인: 이승만>

앨리스 R. 아펜젤러 박사
뉴욕시, 5번가 150
감리회 선교국 전교轉交

친애하는 아펜젤러 박사님께,

4월 15일자 편지와, 스태거스 씨에게 보낸 편지 사본을 함께 보내주셔서 진심으로 감사드립니다. 이 편지가 미국 정부로 하여금 한국을 인정하지 못하게 만드는 바람직하지 않은 요소들을 잠재우는 데 도움이 될 것이라고 확신합니다.

친구분들도 같은 취지로 편지를 쓰도록 최선을 다해 격려해주시기를 바랍니다. 에비슨 박사가(혹은 원하시면 박사님 자신이) 친구분들에게 그런 취지로 편지를 보낼 수 있도록 제게 그분들의 주소를 알려주시면 고맙겠습니다.

호놀룰루에 있는 남동생께도 편지를 써서 이 문제에 대한 의견을 줄 수 있는지 물어봐주실 수 있을까요? 모든 편지가 큰 도움이 될 것입니다.

우리는 로버트 E. 파크 박사 부부에게 우리가 발송하는 회람 중 하나를 우편으로 보내고 있습니다.

우리 부부가 함께 박사님의 행복을 기원합니다.

진심을 다해,

이승만

뉴욕, 5번가 150
1942년 4월 28일

나의 매우 소중한 애다[364]에게,

신문들은 바스에서 일어나고 있는 끔찍한 폭격들에 관해 이야기하고 있고, 나는 당신을 생각하며 특별히 당신을 위해 기도하고 있습니다. 그래서 지금이 편지를 쓰기에 좋은 때라고 생각해요. 검열관의 편의를 위해서 타자기를 사용하고 있기는 하지만 타자기 상태가 썩 좋진 않아요. 나는 이 타자기에 "스키피"라는 이름을 붙였는데, 편지를 보면 그 이유를 알 수 있을 거예요.[365] 이 타자기는 메이너 부인의 것으로, 그녀가 떠나 있는 동안 내가 그녀의 사무실을 사용하고 있으니 이에 대해 불평은 하지 않으려고요. 친애하는 게일 박사님[366]의 사랑스러운 기도는 꼭 그분답네요. 그분의 목소리가 들리는 것만 같습니다. 메리와 헨리가 좋아할 것 같아서 그들에게 이 편지의 사본을 보내려고 해요. 한국에서 우리는 얼마나 축복받은 삶을 살았는지요! 그 어떤 것도 우리에게서 그것을 빼앗아 갈 수 없어요. 나 또한 일본인들에게 지독하게 실망했지만, 이런 대참사를 막을 수도 있었던 쪽이 강해질 수 있도록 자유주의자들을 더 많이 돕지 않은 것에 대해 기독교인으로서 조금은 책임감을 느껴요. 나는 사이토 자작과 우리가 아는 다른 사람들이, 세계를 결국 이와 같은 재난에 빠뜨려버린 세력에 반대하는 일을 하고 있었다고 믿어요. 외국인이든 본토인이든, 그곳에 있는 우리 친구들의 고통에 대해서 생각하지 않을 수 없어요. 쿤스 부부, E. H. 밀러 박사, 라이너 씨는 우리가 마지막으로 들은 바로는 감리교신학교 구내에 있었어요. 언더우드 쌍둥이는 부모님의 25주년 결혼기념일인 12월 6일에 전화 통화를 했다고 하고, 그것이 내가 아는 한 가장 최근에 한국으로부터 직접 들은 소식이에요.

마거릿의 결혼에 관한 설명을 동봉해요. 전쟁이 이들을 갈라놓기 전에, 이 젊은이들이 비록 짧지만 행복한 시간을 함께할 수 있어 기뻐요. 잭은 졸업 직후 6월 26일에 군대에 가야 해요. 곧 그들과 하룻밤을 보내기 위해 프린스턴으로 가려고 해요. 알렉스[367]는 행복해 보이고, 그렇게 가까이 사는 당신의 상황은 꽤 이상적으로 들리는군요. 전쟁이 그토록 가까운 곳에서 벌어지고 있지만 않다면 말이지요. 당신이 안전하게 지내기를, 그리고 이 끔찍한 일이 곧 끝나기를 기도해요. 세상에, 얼마나 비참한 광경인가요!

당신의 편지는 스크랜튼 사람들로부터 받은 유일한 소식이에요. 내가 메리언[368]에게 편지를 계속 보내지 못하고 있었기 때문이지요. 하지만 이제 편지를 보냈고, 곧 소식을 듣게 되기를 바라고 있어요. 여러 곳에 흩어져 있는 대가족은 위험에 처하기가 쉬워서 소식을 물어보기가 두려워요. 우나[369]는 내가 잠시 머물고 있는 이곳 프린스조지호텔에 있고, 나는 그녀의 옆방에 있어서 우리는 서로 소식을 나누고 있어요. 그녀는 건강하고 언제나처럼 씩씩해요. 예전에 다녔던 회사로 돌아가게 되어서 기뻐하고 있고, 우연하게도 옛날에 그녀의 상사였던 러들럼 씨를 위해 다시 일하게 되었어요. 그녀의 자매인 베티도 이곳에서 살고 있어요. 우리 친구들 중 누구든 만나게 되면 내 안부를 전해주세요. 리처드는 아주 남자답고 책임감 있는 사람으로 자랐고, 대학 공부 외에도 주유소에서 일주일에 32시간씩 일하고 있다고 헌트 사제님에게 이야기해주세요. 나는 성장한 리처드를 보고 무척 기뻤어요. 결혼식에서 우리 집안의 많은 "손주들"을 본 것도 매우 행복했지요. 아이다의 아들은 키가 180㎝가 넘고 잘생겼으며, 메리의 맏딸 로나 레이시는 메리를 닮아 상냥하고 예뻐요. 마거릿은 헨리의 오랜 친구인 휴일러 가문의 모든 사람들에게 많은 사랑을 받고 있어요. 부모끼리 친구 사이인 또 다른 좋은 짝은 6월에 결혼할 도널드 커와 진 브로크만이에요. 나는 그들을 이곳에서 보았는데, 그들은 윌과 떨어져 있어도 씩씩하게 지내고 있는 그레이스와 함께 있었어요. 그레이스가 들었다는 마지막 소식에 의하면 윌은 아직 경성제국

대학에서 학생들을 가르치고 있다고 해요.[370] 나는 많이 돌아다니며, 원할 때마다 늘 우리 사람들인 한국인들과 다른 사람들을 볼 수 있으니 복이 많아요. 휴 밀러 부부[371]는 편안하게 정착했는데, 밀러 씨는 삶과 정원을 즐기고 있지만 밀러 부인은 자신이 그림자에 불과한 것처럼 느껴진다며 매우 우울해하고 있어요. 하디 부부는 위치를 잘 잡아서 베스가 그들과 함께 지내며 퇴근 후 도와주고 있고, 그레이스와 가족은 그 근처에서 살고 있어요. 하디 부인은 예전과 같지만, 하디 박사는 기억을 잃었어요. 그는 조용히 앉아 있었지만 나를 알아보지도 못했죠. 말을 걸면 대답은 하지만 기억하지는 못해요. 이미 세상을 떠난 분들과는 이런 일을 겪지 않았다는 것이 다행이에요. 셔우드 홀 가족은 인도에 있으며, 셔우드는 특유의 열정을 발휘해 인도를 위한 결핵 크리스마스 씰[372]을 발행했어요. 그간 인도에는 크리스마스 씰이 없었거든요. 미스 키스가 한국을 위해 뭔가 더 많은 일을 하고 싶어 한다는 소식을 들었어요. 그녀에게 축복이 있기를! 모두가 이제는 독립의 기회가 오기를 바라고 있어요. 애니와 제시를 볼 수 있기를 바라며, 미시간에 다시 가게 되면 찾아보려고 해요. 내 편지에 대한 답장은 아직 없지만, 편지가 반송되지는 않았으니 애니가 편지를 쓸 거라 믿어요. 제시는 여전히 플로리다에서 사업을 계속하고 있는지 궁금해요.

당신이 이 긴 편지를 다 읽느라 지칠 것 같으니 이만 마쳐야겠네요. 나는 당신과 함께 보낸 시간과 어릴 때부터 쌓아온 오랜 우정 덕분에 받은 축복을 생각하는 것이 정말 좋아요. 당신이 건강하고 안전하기를 기도해요. 이 편지가 당신에게 무사히 도착할 수 있게, 그래서 내가 당신을 잊지 않고 있다는 것을 당신이 알 수 있도록 항공 우편으로 보내요. 내가 바라는 일정은 5월 16, 17일에 로지와 함께 있다가 메리가 살고 있는 콜럼버스로 이동하고, 이후 여름에 내슈빌로 돌아가는 것이에요. 한국인들과 함께 있는 것이 정말 좋고, 그들을 위해 더 많은 일을 하고 싶어서, 호놀룰루에 갈 수 있는 길이 열린다면 정말 기쁠 거예요.

당신과 알렉스, 그리고 다른 모든 친구들에게 많은 사랑을 담아 보내요.

언제나 한 마음으로,

앨리스

테네시, 내슈빌, 스캐릿대학

창립기념일, 1942년 5월 30일

친애하는 여러분, 특히 이화의 분들에게,

이 사랑스럽고 황금 같은 하루 내내 지나간 메이데이들을 떠올리며, 이화의 여러 캠퍼스에서 지금의 메이데이는 어떤 모습일지 상상해보았습니다. 하나님은 신실하시니, 모란꽃은 활짝 피어 있고 햇빛과 비는 한국을 풍성히 열매 맺게 하고 있으리라 확신합니다. 제시 맥라렌이 심은 관목과 나무들이 자라나고, 준태[373]는 그것들을 돌보며 '그곳을 깔끔하게 관리하겠다'던 그녀와의 약속을 지키고 있겠지요. 다른 모든 사람들도 각자의 역할을 하고 있을 것이며, 진선미의 정신이 여전히 살아 숨 쉬고 있을 것입니다. 중국이나 다른 어딘가에 있을 밴, 호주에 있는 제시, 이화로부터 멀리 떨어진 이곳에 있는 우리 모두가 메이데이를 기억하고 있으리라는 걸 나는 확신합니다. 우리는 오늘 오후 라디오 방송과 교회에서 노래를 부르는 존 루이스 교수의 집에 모여 아름다운 소풍을 즐겼습니다. 그 집은 그래니화이트파이크[374]에 있는 "노래하는 물"이라고 불리는 곳에 있는데, 반 시간 운전해 가야 하는 거리에 있습니다. 집은 평평한 바위 위로 흐르는 얕은 개울을 내려다보는 산비탈에 자리 잡고 있으며, 그 너머에는 숲과 들판이 펼쳐져 있습니다. 그날은 완벽했고, 나는 그 모든 것을 사랑했으며, 하나님께서 우리에게 이 세상을 어떻게 지키고 사용하기를 원하시는지 알려주는 아름다운 세계에 감사했습니다. 내일 오전 7시에 스캐릿은 50주년 창립 기념 축하 행사를 시작합니다. 축하하는 방식은 커닝검 박사님과 스캐릿대학답습니다. 시대가 어렵다 보니, 스탠리 존스 선교사가 인도하는 나흘간의 수련회를 한 후 4일에 졸업식을 합니다. 나는 그간 많이 사랑하게 되었던 내 첫 4학년생들이 떠나는 것이 아쉽습니다. 하지만 모든 어려움에도 불구하고 행복한 창립기념일이 될 것이며, 이 기념일에 대한 나의 특별한 관심을 나누고 싶습니다.

수난주간부터 5월 6일까지 나는 파이퍼 부인이 남쪽에서 돌아오시기를 기다리며 뉴욕에 있었습니다. 호텔에 그렇게 오래 머무는 것은 비용이 너무 많이 든다고 생각했지만, 스턴츠 박사가 그렇게 하기를 권했기에 나는 시간을 최대한 활용하려 노력했습니다. 사람들에게 내가 필요한 곳이면 어디에서든 강연할 준비가 되어 있다고 말했고, 파이퍼 부인의 조카인 제임스 부인 덕분에 그들의 교회인 세인트폴런드 세인트앤드루교회의 여성기독교봉사회에서 강연을 하게 되었습니다. 그때 나는 제임스 부인에게, 스캐릿을 파이퍼 부인께 소개할 수 있도록 도와달라고 부탁했고, 지금 파이퍼 부인의 일을 돕고 있는 조카 가필드 머너 씨를 만나게 해달라고도 했습니다. 사람들은 머너 씨가 까다롭고 감리교 일에 무관심하다고 경고하면서, 내가 그와 "접촉"해야 할 것이라고 조언했습니다. 그래서 제임스 부인(그녀는 파이퍼 부인과 같은 아파트에서 가깝게 사는 조카이고, 마치 딸과 같으며, 내 오랜 친구입니다)에게 머너 씨를 만나게 해달라고 한 것입니다. 파이퍼 부인의 나이나 이화와 나에게 오랫동안 베푸신 친절을 이용하고 싶지는 않고, 오직 그들이 스캐릿대학의 진가를 알아보고 그에 따라 판단해주시기를 원한다는 걸 알리고 싶다고 했습니다. 제임스 부인은 내가 올해 어떤 것도 바라지 말아야 하는 많은 이유, 불확실성, 이미 이행하기로 한 약속 등에 대해 이야기하며 만류했습니다. 나는 파이퍼 부인이 우리의 일에 관심이 있으시고, 도울 수 있을 때에는 도와주시리라는 것을 알았기에, 면담 행렬의 한 자리를 얻고 싶다고만 말했습니다. 스턴츠 박사가 그 일에 대한 명확한 설명서를 작성해놓았으므로, 나는 제임스 부인에게 그것을 머너 씨에게 전달해줄 것을 부탁했습니다.

그들이 돌아온 후 면담을 할 수 있기까지 꼬박 일주일을 기다려야 했고, 나는 J. R. 모트[375] 박사님 다음 차례였습니다! 파이퍼 부인이 대부분의 이야기를 했지만, 머너 씨도 한자리에 있었습니다. 그들이 모트 박사님과 이야기를 끝낼 때까지 기다리는 동안 한국에 있었던 댄 머너 부인, 그리고 오리건에서 두 번 만난 적이 있는 또 다른 자매 로렌스 부인이 나를 환대해주었습니다. 머타는 파이퍼주니어대학에서 그들을 만난 적이 있습니다. 이 모든 접촉은 도움이 되었습니다. 파이퍼 부인은 한 가지 일도 더는 도와줄 수 없다고 하시면서, 상황상 지금 가지고 있는 것보다 더 많은 것을 약속해놓았고, 그 돈을 다 지급하려면 원금을 잠식해야 한다고 하셨습니다. 머너 씨는 우리의 서류를 펴놓고 애니 고모에게 몇 가지 점을 설명했으며, 나는 그가 스캐릿에 대해 꽤 잘 알고 있고 호의적으로 생각하고 있다는 사실에 기뻤습니다. 내가 떠날 때, 사랑하는 연로하신 부인은 나를 딱하게 바라보시며 친절하게 입 맞추어주셨습니다. 나는 그녀가 우리에게 기부금을 주셨든 주지 않으셨든 상관없이 항상 우리에게 좋은 일을 해주셨다고 말씀드렸습니다. 그녀는 자비롭고 동정심이 많으시지만, 그녀의 조카가 말했듯이 모든 주문 사항을 이행하려면 10억 달러가 들 것입니다.

머너 씨는 나와 함께 아래층으로 내려가겠다고 했고, 사업 문제에 관해 이야기 나누고 싶으시다며 나를 지하철역까지 데려다주었습니다. 그가 다음날 저녁 식사를 주선하여 나는 긴 이야기를 할 기회를 얻게 되었고, 덕분에 앞서 언급한 좋은 결과를 얻을 수 있었습니다. 그래서 그날 저녁은 지난 1년간의 수고와 기다림에 대한 보람을 느낄 수 있었고, 그 일이 이루어진 데에 깊이 감사했습니다. 현금 15,000달러는 파이퍼 씨의 재산에서 감리회 교육국으로 이미 보내졌지만, 그들은 그 돈을 스캐릿에 배분해주었습니다. 나는 그 소식을 5월 20일 콜럼버스에서 강연하기 바로 전날 밤에 듣게 되었고, 이 놀라운 소식이 가져다준 기쁨 덕에 강연할 때 기운이 넘쳤습니다. 커닝검 박사님과 이곳에 있는 모든 분들이 함께 기뻐해주셔서, 나는 마침내 스캐릿에게 짐이 아닌 존재가 되었다는 안도감을 느꼈습니다.

집회는 성대했고, 특히 그곳에 모인 사람들은 대단했습니다. 우리는 전날 저녁 레이시네 집에서 전통적인 한국식 선교 만찬을 가졌는데, 사우어 부부와 쇼 부부가 공동 주관하여 26명이 참석했습니다. 친애하는 G. H. 존스 부인[376]은 1890년대 초 이화에 있을 때 존스 씨와 함께 성곽을 따라 산책하던 당시의 이야기로 우리를 즐겁게 했습니다. 웰치 부인, 창백해 보이지만 건강을 되찾고 있는 나오미, 브라우니, 헐버트 자매, 모네타, 메리언 칸로, 채핀 부인, 미스 헤인스,[377] A. 헌터, E. 디켄[378] 등이 우리와 함께해주어서 참 좋았습니다. 우리는 할 수 있는 한 함께 붙어서 시간을 보냈습니다. 언제 다시 함께하게 될지 누가 알겠습니까?

베티 달비는 떠났으며, 그녀의 쾌활한 존재가 없으니 이곳은 이제 전만큼 행복한 곳이 되지 못할 것 같습니다. 그녀는 이곳에서 살며 열심히 좋은 일을 한 훌륭한 기록을 남겼습니다. 베시 올리버[379]는 당분간 근처에 있을 예정이며, 우리는 함께 "말뚝을 박고" 있습니다. 루이스 파이크는 여름에 다시 왔고, 기숙사의 내가 있는 층에서 지낼 예정입니다. 나는 마치 그사이 1년이 흐르지 않은 것처럼 같은 자리에 앉아 있지만, 좋은 선풍기로 무장을 했습니다.

스탠리 존스는 기대했던 것보다 더 훌륭하고 재미있었으며, 많은 도움을 주었습니다. 나는 그의 설교를 일곱 번 들었답니다. 무어 감독님, 브래그 부인, 미스 매키넌 등이 참석했습니다. 커닝검 박사님은 사표를 제출하셨지만, 이는 천천히 처리될 예정이라 아마도 당분간 큰 변화는 없을 것입니다. 콜럼버스에서는 베이커 감독님과 한 마디 이상 말할 시간이 없었습니다. "호놀룰루에서 뵐게요"라고 내가 말했습니다. "거기에 가고 싶어요?"라고 감독님이 물으셨고, 나는 "네"라고 대답했습니다. 모든 것은 하나님의 손안에 있습니다. 하와이 주변의 태평양 지역과 우리 해안에서 군사 활동이 증가한다면 나는 호놀룰루에 갈 수 없을 것입니다. 하지만 그런 일이 없기를 바라며, 갈 수 있기를 희망합니다. 아직도 나는 단지 돈을 모금하고 강연하며 돌아다니는 것이 내가 오랫동안 하고 싶은 일은 아니라는 생각이 듭니다. 이 일의 중요성이나 이 학교 앞에 놓인 커다란 기회와 도전을 과소평가하는 것이 아닙니다. 그러나 내가 해야 할 다른 일이 있다고 생각합니다. 한편으로는 감사하고 행복하며, 누군가에게 쓸모 있는 사람이 되기를 바랍니다. 한 과목을 수강하고, 그 후에는 적십자 응급처치 과목을 수강한 뒤 지난여름처럼 모든 편지에 답하고 싶습니다.

교환선[380]에 대한 생각은 전율을 느끼게 하며, 우리가 사랑하는 누군가가 그 배에 있을 것이라는 희망을 줍니다. 물론 나는 밴과 톰에 대해 생각하고 있습니다. 불쌍한 코린 그레이는 협심증과 암으로 많이 아파서 콜럼버스의 한 병원에 입원해 있습니다. 충실한 사촌인 밀드리드 하디스티가 매일 그녀를 방문하지만, 코린은 거의 마지막에 다다른 듯 보이며, 아무것도 먹지 못하고 있습니다. 그녀는 아주 말랐고 머리는 하얗게 되었습니다. 나는 콜럼버스에 있는 동안 그녀를 네 번 방문했고, 밴과 여러분의 이름으로 꽃을 가져다주었으며, 그녀를 위해 쓸 것들을 밀드리드에게 전달했습니다. 그녀는 콜럼버스에 있는 백십자병원에 입원해 있으며, 여러분 중 누구라도 그녀에게 카드를 보낸다면 분명히 고마워할 것입니다.

M. 체리[381]가 데려왔던 신학교 학생 김순희[382]는 건강이 악화되어 아마도 교환선으로 추방될 것입니다. 그런 일이 일어나면 끔찍할 텐데, 일본 사람들이 그녀를 어떻게 대할까요? 나는 그녀를 작년 4월에 본 후로는 다시 만나지 못했습니다. 이곳 사람들은 그녀를 돕기 위해 할 수 있는 최선을 다했습

니다. 장강자(시카고한인교회 이운택 목사 부인)는 또 아들을 낳았습니다. 모네타가 이 부부의 다른 아이들에 대해서 잘 알려주었습니다.

나는 최근 『용의 씨』[383]를 읽었는데, 점잖은 사람이 즐기기에는 너무 사실적이고 끔찍한 내용입니다. 하지만 그 당시 중국에서 살았던 여인들에게 듣기로, 그 이야기는 전부 진실이라고 합니다. 뉴욕에서 한 달 이상을 보낸 후, 보스턴에서 6일 동안 주로 감리교 친구들과 연락하면서 지냈습니다. 웰즐리에 가지 못한 것이 아쉬웠지만, 가기가 쉽지 않았습니다. 그래도 버펄로[뉴욕주]에는 들렀고, 도널드 커와 진 브로크만이 6월 20일 결혼식을 할 예정인 보웬네 집에도 갔습니다.

모두에게 사랑을 보내며,

1942년 6월 1일

친애하는 러헤드[384] 목사님께,

이번 달에는 못 보냈지만 지금까지 매달 여성기독교봉사회에 편지를 보내왔는데, 목사님께는 좀 더 빨리 편지를 보냈어야 했습니다. 그런데 목사님으로부터 편지를 받고, 목회를 그토록 성공적으로 이어가고 계시다는 소식을 들어 기쁩니다. 스탠리 존스 선교사가 큰 역량으로 이끌고 있는 스캐릿의 멋진 수련회에 세 분 모두 오시면 좋겠습니다. 50주년을 이렇게 알맞게 기념하며, 앞으로 더욱 큰 임무를 준비할 수 있도록 하는 것이야말로 스캐릿답습니다. 날씨가 **덥긴** 하지만 많은 동문이 돌아오고 있고, 저는 이곳에 있어서 기쁩니다. 더운 밤에는 여전히 익숙해지지가 않지만, 우리가 함께 곧 그럴 기회를 갖게 되기를 희망해봅니다.

저는 스캐릿대학에서 급여를 받으며 잘 지내고 있습니다. 하지만 한인 사역을 위해 하와이로 가거나, 아니면 적어도 캘리포니아로 가기를 아직도 희망하고 있습니다. 메이너 부인과 선교국 사람들이 이 문제를 해결하려고 애쓰고 있지요. 베이커 감독님과 하와이 사역의 책임자인 감리사 프라이 박사님, 그리고 헨리는 제가 가는 것을 모두 찬성하고, 저는 선교국 사람들도 설득했다고 생각합니다. 물론 스캐릿대학 일을 계속하는 것이 더 쉬우며, 선교 사역으로 돌아가면 현재 받는 급여의 절반 정도밖에 받을 수 없을 것입니다. 그러나 저는 그것을 원하며, 제가 저의 동포인 한국인들에게 충실하다는 것을 제일교회가 알고 있으면 좋겠습니다. 8월 말까지는 이곳에 있을 것이며, 그때쯤 9월에 떠날지, 아니면 홍보 일을 위해 이곳에 남을지 알게 될 것입니다.

이 일에 있어서 저를 위해 기도해주신 모든 분들에게 감사드리며, 기도가 만족스럽게 응답받았다고 전해주시기를 바랍니다. 파이퍼 부인은 우리의 모금운동 첫해에 록펠러 기금 1만 달러에 상응하는 생활 기부금으로 15,000달러를 스캐릿대학에 기부하셨습니다. 뉴욕에서 그녀를 한 달 동안 기다렸고 면담을 위해 며칠을 더 기다렸는데, 그녀는 지금으로선 아무것도 할 수 없다고 하면서 만남을 거절하셨습니다. 하지만 우리는 상세한 설명서를 준비했고, 저의 충직한 친구인 그녀의 여조카 해리 제임스 부인, 그리고 현재 파이퍼 부인의 일을 책임지고 있는 그녀의 남조카 가필드 머너 씨가 그 서류를 꼼꼼히 살펴보았습니다. 저는 그들 각자와 두 번씩 좋은 대화를 나눴으며, 애니 고모가 정말로 하고 싶어 하시는 일을 할 수 있는 방법을 찾아낸 것은 바로 그들이었다고 믿습니다. 돈은 파이퍼 씨의 재산에서 이미 감리회 교육국으로 보내졌지만, 아직 배분이 되지는 않았기 때문에 그 돈을 교육국으로부터 받을 수 있었습니다. 파이퍼 부인은 그 방식이 마음에 든다고 하셨습니다. 그럼에도 불구하고, 제가 그녀의 도움에 바로 지금 얼마나 감사하고 있는지 목사님은 이해하시리라 생각합니다. 호텔 계산서와 비용 통장에 대해 걱정하기 시작할 즈음이었는데, 이제는 조금이나마 여유가 생겼습니다!

콜럼버스에서 강연하기 직전에 파이퍼 부인의 기부 소식을 듣게 되었고, 그 소식이 오기 전에 숙모와도 같은, 아버지의 친구분이셨던 고故 줄리언 S. 워즈워스 씨의 부인[385]이 우리에게 1,000달러의 연금을 기부해주셨습니다. 나는 부인에게 그녀가 북부 교회에서 기부를 시작하게 했다고, 마치 마개를 뽑아서 흐름이 시작될 수 있게 하신 것과 같다고 말씀드렸습니다. 『메소디스트 워먼』 5월호에 쓴 짤막한 글에 이때의 감정을 적었는데, 아마 목사님은 이미 읽으셨을 수도 있겠습니다. 그래서 요즘은 감사하는 마음으로, 하나님께서 제가 하기를 원하시는 일이라면 무엇이든 다시 헌신하고 있습니다.

사순절 예배에 대해 알려주셔서 감사합니다. 에디스 허쉬는 충실하게 달력을 보내주고 있습니다. 오늘보다 시간이 더 많은 여름에 몇몇 숙녀분들에게도 편지를 쓸 예정입니다. 모든 친구들에게 안부 인사를 전하며, 특히 기도로 도와주신 것에 감사드립니다. 저는 항상 기도가 필요하며, 공식적인 관계가 무엇이든 상관없이 그들이 저를 잊지 않기를 바랍니다. 더 많은 선교적 관심을 불러일으키지 못해서 죄송스럽고, 지난 몇 년 동안 실질적이고 지속적인 신뢰로 급여를 지급해주신 데에 감사드립니다.

가족분들께 안부를 전하며, 변함없는 도움에 감사드립니다.

충심을 다해,

테네시, 내슈빌, 스캐릿대학
1942년 6월 11일

사랑하는 헨리, 아이다, 메리에게,

영광스러운 이 아침은 변화를 위해 참 좋은 시간이며, 아버지의 별세 소식이 우리의 삶을 바꾸었던 40년 전 6월 18일 그날과 똑같구나. 나는 너희 하나하나를 생각하며 그 사이 긴 세월 동안의 우리의 삶을 반추하며 내 생각을 이야기하고 싶어 .

아버지께서 모든 다양한 사람들에게 큰 존경을 받으셨기 때문에, 한국에 있는 동안 나는 아버지의 삶과 그가 세상에 끼친 영향에 대해 많은 감사를 받았어. 그곳에서 보낸 약 26년간, 그리고 마지막 순간까지, 나는 내가 아버지에 대해 한 번도 말한 적 없는 사람들로부터 아버지가 그들에게 어떤 의미였는지 듣곤 했어. 아버지의 17년간의 섬김, 그리고 44세의 나이에 두 한국인의 생명을 구하기 위해 기꺼이 자신을 희생하셨던 일은 한국에 영원하고 숭고한 흔적을 남겼으며, 절대 잊히지 않을 거야. 어떤 일이 생겨도 한국에는 늘 기독교 교회가 존재할 것이며, 아버지의 이름은 한국 교회의 설립자이자 수호성인 중 하나로 항상 기억될 거야. 아버지의 고귀한 업적과 삶에 관한 기록은 우리 자녀들과 손주들이 항상 자랑스러워할 수 있는 것이지.

우리 가족의 삶에서 두 번째 시기는 1902년부터 1915년까지 랭커스터의 집에서 어머니의 지도를 받을 때였어. 이전에 한국에 있었던 시기는 너희에겐 그저 어렴풋한 기억일 수 있겠지만, 랭커스터에서의 시기는 너희가 가장 잘 기억하는, 우리에게 가장 큰 영향을 준 어린 시절이지. 어머니는 자신이 가진 모든 것을 우리에게 주셨고, 애정 어린 노동과 희생에 자신을 바치셨으며, 교육과 훈련에 있어 찾을 수 있는 최상의 것을 우리에게 해주셨어. 쉬펀학교,[386] 프랭클린 앤 마셜 아카데미,[387] 웰즐리, 프린스턴, 베를린에서의 여름들, 음악 수업들, 치과와 병원, 감리교회가 줄 수 있었던 모든 것은 어머니의 선물로서 우리 각자의 일부분이 되었어. 어머니에 대한 우리의 기억은 소중하고 성스러우며, 너희들은 자신의 가정에서 아이들에게 어머니의 훈련 정신을 실천해나가고 있지. 어머니 또한 어디서든, 특히 랭커스터에서 우리가 늘 자랑스러워할 자취를 남기셨어.

아버지만큼 어머니도 갑작스럽게 떠나셨고, 우리 가족의 삶에 또 하나의 엄청난 변화를 가져왔지. 당시 너희 셋은 캐논데일[코네티컷주]에 있었고, 나는 한국에 있었어. 어머니께서 우리에게 주려고 정말 열심히 노력하셨던 재정적인 지원 없이, 우리는 자립해야 했지. 어머니는 우리의 교육비로 발생한 빚을 갚고 싶어 하셨지만 너무 일찍 세상을 떠나셨고, 남기신 것은 대부분 없어져버렸어. 그러나 어머니는 늘 교육이 우리의 최고의 유산이 될 것이라고 말씀하셨고, 어머니와 아버지께서 우리를 위해 세우신 계획을 충실히 이행하셨어. 1915년부터 1920년까지는 우리 각자에게 결정의 시간이었어. 많은 것을 실험하며 평생 할 일에 관해 결정하고, 동양으로 돌아가고, 너희 셋이 결혼했지. 다행스럽게도 너희는 인생에서 꼭 맞는 동반자를 찾았고, 비록 나는 그렇지 않았지만, 너희의 행복한 결혼 생활과 가정을 보며 늘 만족하고 있어. 나는 그동안 너희가 환대해주어서 즐거웠고, 헨리와 아주 가깝게 살아서 그의 집과 가족은 마치 내 집과 가족처럼 느껴져.

1920년부터 1940년까지 우리는 각자의 일과 가정생활을 이어갔어. 나는 이화에 몸담아 일하며 1922년에 당장이 되었고 1935년에는 새 대학 건물을 지어 이사했어. 내 모든 능력에 대한 도전 의식, 이화가 작게 시작해서 중요한 기관으로 발전함에 따라 커진 업무에 대한 관심, 이화 가족으로서의 생활에 대한 만족감, 그리고 같은 정신을 가진 공동체에서의 사회생활에 대한 만족감을 갖고 있었지. 질병이나 노령으로 인한 경우를 제외하고는 이 생활을 떠날 생각을 해본 적이 없었어.

헨리와 루스는 마거릿, 리처드, 캐롤과 함께 나와 거의 비슷한 생활, 즉

학교와 교회 일을 하며, 서울외국인학교[388]와 서울유니언교회 및 서울회관을 중심으로 하는 외국인 공동체에서 행복한 가정생활을 했지. 원산 해변에서 보냈던 여름들, 함께하신 노블 박사님 부부[루스의 부모님]와 루스의 남자 형제들과의 시간은 가족과의 생활을 완벽하게 만들어주었고, 우리가 오래 헤어져 있지 않고 계속 함께할 수 있게 해주었어. 헨리는 배재를 인가받은 최초의 고등학교로 시작해 가장 중요한 고등학교로 만들었어. 그러고 보면 배재는, 적어도 기독교인들 사이에서는 항상 가장 중요한 학교였지. 바로 옆에 있는 제일감리교회와 그의 꾸준한 관계 역시 유익했어. 헨리는 최고의 설교자이자 가장 유능한 행정가로 인정받는 뛰어난 선교사였지. 루스는 항상 사랑스러운 가정을 꾸렸고 상당히 이상적이라고 생각되는 가족을 일구었어.

아이다는 일본과 시베리아에서 몇 달을 보낸 후 빌 크롬과 결혼하여 군대 생활 속으로 들어가게 되었는데, 비행장이 있는 주둔지에서의 생활이었어. 아이다가 마닐라에서 크롬과 결혼했을 때 그는 대위였지만, 이후 꾸준히 진급했고 우리는 그가 지금 북아프리카에서 하는 일을 자랑스럽게 생각해. 그의 많은 업적은 내 분야가 아니어서, 나는 가족 내에서 이야기할 때조차도 그것에 대해 평가하지 않으려고 해. 하지만 나는 그의 인품이 그의 경력과 함께 성장했다는 것, 그리고 그는 내가 이제껏 만난 최고로 훌륭한 남자 중 한 명이라는 것을 확신하고 있어. 그와 아이다는 늘 진정한 가정을 꾸렸고, 가정을 사랑했으며, 두 아들 빌과 커티스는 좋은 가정생활의 결과를 보여주고 있지. 아이다는 건강이 좋지 않은 채로 거주지를 자주 옮겨다녀야 해서 많은 문제와 씨름하며 살았지만 늘 가정과 가족이 중심이었고, 뛰어난 남편을 둔 매력적인 아내라고 회자되지.

메리와 존은 1932년까지 한국에서 우리와 함께 있었어. 너희가 함께한 첫 10년간의 선교 생활은 한국 교회에서의 종교교육에 중요한 기여를 했어. 자녀인 로나, 잭, 메리 로이스, 데이비드가 그 기간에 태어났고, 우리가 사랑했던 바로 그 옛 배재 운동장에서 뛰놀며 자랐지. 미국에 온 이후로 존은 감리교회의 목사직에서 꾸준히 승진했고, 메리는 내가 듣기로 다양한 사람들을 만난 분들로부터 칭찬 받는 목사 부인이라고 하더구나. 내 친구들은 너희의 아이들에 대해서도 늘 칭찬하곤 해.

이제 우리는 1940년 이후, 한국과 그곳의 업무 그리고 일상을 떠나와 우리 가족사의 새로운 다섯 번째 시기에 살고 있어. 전쟁은 번갯불처럼 우리에게 떨어져서 우리 넷 중 적어도 셋의 삶을 크게 바꾸어 놓았고 우리 모두에게 영향을 미쳤어. 헨리, 루스, 캐롤은 호놀룰루에 있으며, 언제나 목숨이 위협받는 상황 속에 놓여 있지만, 그곳의 제일감리교회에서 중요하고 인정받는 사역을 담당하고 있어. 빌 크롬은 해외에서 현역으로 복무 중이고, 아이다는 집에서 프린스턴대학교에 다니는 빌과 고등학교에 다니는 커티스를 돌보고 있지. 먼저 말했어야 하는데, 마거릿은 잭 휴일러와 결혼했으며 잭은 6월 16일 프린스턴대학교를 졸업하고 6월 26일 포트 브래그[389]에서 군 복무를 시작할 예정이야. 리처드는 스무 살이고 캘리포니아대학교에서 졸업반이야. 리처드와 다른 우리 청년들이 징집되기 전에 모든 것이 끝나기를 바라.

소녀 시절의 앨리스 아펜젤러와 가족(왼쪽부터 아버지, 아이다, 앨리스, 헨리, 어머니, 메리)

* 사진 출처: William Elliot Griffis Collection, MC 1015. New Brunswick Special Collections.

레이시 가족은 아직 특별히 관련되지는 않았어. 내 삶은 한국을 떠날 때 뿌리째 뽑혔고, 미국에 와서 마음에 드는 일을 찾으며 즐거운 생활을 하고는 있지만, 여전히 아주 뿌리내린 느낌은 들지 않아. 스캐릿대학과 함께한 1년간 나는 생활 기부금으로 두 개의 큰 선물, 메이 워즈워스 숙모의 1,000달러 연금과 헨리 파이퍼 부인의 15,000달러 지원금을 확보할 수 있었는데, 덕분에 이곳에서 체면을 세울 수 있었어. 나는 높은 수준을 지닌 이 학교의 중요성을 믿고 있으며, 이곳에서 역할을 할 수 있게 되어서 기뻐. 학장대리로서 두 번째 여름을 맞이하며, 이곳에서의 일이 즐겁고 마음에 들어.

채플 예배가 있어 편지 쓰기를 멈춰야겠다. 오늘의 찬송가는 시편 23편, 감리교 찬송가 70장, 스코틀랜드 시편집이야. 나는 이것을 오늘을 위한 교훈으로 삼겠어 – 주님은 나의 목자시니 내게 부족함 없어라. … 진실로 선하심과 인자하심이 내가 사는 날 동안 나를 따르리니, 내가 주님의 집에 영원히 살리로다. 부모님께서 우리에게 주신 것에 대한 감사와 그 사이의 세월에 대한 감사, 그리고 미래에 대한 믿음이 내가 너희에게 전하고자 하는 바야.

너희를 사랑하는,
앨리스

손주들[390]도 모두 이 편지를 읽었으면 좋겠다.

테네시, 내슈빌, 스캐릿대학
1942년 6월 22일

친애하는 분들에게,

선교 강연을 마치고 돌아온 후 베시 올리버가 편지들을 읽어주었고, 나는 느긋하게 앉아서 편지들 하나하나를 진심으로 즐기며 들었습니다. 각각의 편지가 얼마나 특색 있고 사랑스러운지요! 로빈이 그렇게 거칠다는 것이 밝혀졌으니, 여러분은 그 편지들을 잘 보관하기 바랍니다. 진, 당신은 자신의 편지가 보관할 가치가 있다고 생각하지 않을지 모르지만, 분명히 밴은 그 편지들을 보고 싶어 할 거예요. 나는 왠지 밴 부부가 모든 장로교인들(내가 소식을 듣지 못한 호주인들은 제외하고)과 A. W. 테일러 부부,[391] 그리고 희망하기는 다른 모든 사람과 함께 아사마[392]호를 타고 있을 것이라고 생각합니다. 선교사들을 대하는 일본의 태도가 인상적이지 않나요? 마치 일본이 그 나라에 친구로서 간 사람과 사업이나 병역의 의무를 다하기 위해 간 사람의 차이를 알고 있다는 것을 보여주려는 것처럼 말이지요. 콜럼버스에서 우리는 그들이 겪은, 말로 다 할 수 없는 위험과 공포에 대해 들었으며, 또한 그들이 얼마나 훌륭하게 도움을 주었는지도 전해 들었습니다. 잭[393]이 마닐라에 있는 종합병원에서 일하고 있다는 소식을 부츠 부인[394]이 들었다고 하더군요. 일할 수 있다는 것은 큰 은혜입니다 — 일본 장교들의 치아에 금 충전재를 넣는 일일지라도 말이지요! 나는 잭이 일본 장교들의 머리를 홱 움직이게 할지라도 별로 개의치 않을 것이라고 단언합니다!

오늘 하루는 비통한 생각과 기억으로 가득했습니다. 오전 8시 라디오 방송은 민간인, 특히 여성들은 하와이에서 미국 본토로 철수하라는 명령을 받았다는 소식을 전했습니다. 이제는 철수라는 단어가 얼마나 싫은지 모릅니다 — 이 명령은 틀림없이 캐롤과 루스에게도 적용될 것입니다. 물론 루스는 헨리와 함께 남겠다고 탄원할지도 모르지만요. 헨리는 호놀룰루에 있는 군인들을 위해 필요한 일을 하고 있으며, 점점 더 보람을 느끼고 있기 때문에 떠나지 않을 것이라고 생각합니다(5월 28일자 『크리스천 애드버케이트』[395]에 실린 "그들은 1마일을 더 걸어 교회에 간다"를 보세요). 라디오 방송은 이번 가을 호놀룰루로 가려던 내 부푼 계획을 무산시켜버렸습니다. 헨리가 닷새 전에 보낸 편지를 바로 지난주에 받았는데, 8월 말쯤 나를 만나기를 기대한다는 내용이었습니다. 하지만 알루샨 열도에 대한 일본의 새로운 공격[396]이 상황을 완전히 바꿔버렸습니다.

아이다의 남편인 항공대[397] 대령 빌 크롬은 현재 카이로에 있습니다. 우리가 모두 그렇듯 아이다도 틀림없이 이번 사태에 가슴 아파하고 있을 것입니다. 오늘 뉴스는 온통 검은색입니다 — 하나님의 뉴스가 아니라 땅의 뉴스입니다. 오늘 내 강연을 들은 소수의 청중 중에도 먼 타국에 아들을 보낸 어머니들이 있었습니다. 앞으로 미국은 결코 지구의 한 지역으로만 남아 있을 수는 없을 것입니다.

여러분 대부분은 친애하는 파이퍼 부인이, 록펠러 기금 1만 달러를 보조하는 생활 기부금으로 스캐릿대학에 15,000달러를 기부해주셨다는 소식을 들으셨을 것입니다. 우리 모금 활동의 5년 중 1년치 비용에 해당하는 금액이지요. 또, 우리 가족의 오랜 친구인 워즈워스 부인도 연금 1,000달러를 기부해주셨습니다. 덕분에 나는 **체면**을 세울 수 있었습니다. 호놀룰루 계획이 무기한 연기되었으니 앞으로 무엇을 해야 할지 모르겠습니다. 사람들은 이곳에 머물면서 모금을 더 하라고 말합니다. 베시 올리버도 같은 일을 하고 있습니다. 나는 종종 차라리 계산대 뒤에 서 있거나 식당에서 요리하는 일을 하고 싶다고 느끼지만, 때로는 이 아름다운 학교, 진실로 "왕국의 식민지"[398]인 이곳에서 일할 수 있다는 사실에 감사하지 않는 나 스스로에게 부끄러움을 느낍니다. 나는 이 학교를 사랑하고 돕고 싶습니다. 그러니 내가 할 수 있는 것은 무엇이든 기쁜 마음으로 감당할 수 있도록 기도해주세요. 기도로 도움을 준 여러분 모두에게 정말 감사합니다. 여러분의 기도가 없었다면 파이퍼 기금은 결코 받지 못했을 것입니다. 파이퍼 부인의 일을 책임지고 있는 그녀의 남조카 가필드 머너 씨, 그리고 그녀의 여조카이자 딸 같은 사람으로 내가 수년간 알고 지낸 제임스 부인과 직접 만나 논의할 수 있는 좋은 기회를 얻었습니다. 그들은 조사 끝에, 감리회 교육국이 이미 받았지만 배분하지 않은 자금에서 우리에게 이 15,000달러를 제공할 수 있다는 것을 알아냈습니다. 수표가 도착했으며, 모금 운동에 가장 도움이 될 방식으로 사용할 예정입니다. 사랑하는 파이퍼 부인의 친척들이 그녀의 뜻을 존중해주니 정말 다행입니다. 보통 부유한 나이 든 고모와 가까워지면 코 베어갈 준비를 하는데요! 파이퍼 부인의 조카들은 기독교의 바른 가르침을 잘 보여줍니다.

이번 여름에 나는 작년에 머물렀던 방으로 돌아와서 여성학장대리로 작년과 같은 역할을 맡고 있습니다. 엄선된 많은 훌륭한 학생들이 새롭게 입학했고, 루이스 파이크와는 다시 한번 같은 층을 쓰게 되어서 기쁩니다. 그녀는 이번 여름에 석사학위를 받을 예정이며, 그녀의 자매 루스는 건강을 회복한 후 보스턴에서 일하고 있습니다. 루이스는 다음 가을에 한 고등학교에서 성경을 가르치게 되었습니다. 그녀의 부모는 아직 베이징에 있고, 그녀의 유일한 형제도 베이징에 있습니다. 우리에게 멋진 소포들을 보내주곤 했던 밴의 친구 코린 그레이가 콜럼버스에 있는 병원에서 병마와 사투하고 있다는 소식을 들었던 분들이라면, 그간의 우리의 기도가 응답을 받아서 그녀가 회복되고 있다는 소식에 무척 기쁘실 것입니다. 오하이오주 콜럼버스에 있는 백십자병원을 통해 코린에게 연락을 취하실 수 있습니다. 나는 오늘 릴리언 졸리 휘트먼으로부터 편지 한 통을 받았습니다. 그녀의 남편은 일본에서 마닐라로, 그리고 싱가포르, 버마, 인도를 거쳐 지금은 실론의 콜롬보에서 근무하고 있습니다. 그녀의 남동생은 서중국으로 돌아가는 중이지만, 그녀와 아들 보비(현재 키가 168cm라는군요)는 패서디나에 머물고 있습니다.

이곳에서 한국 관련 친구들과 함께하는 것은 즐겁습니다. 지난여름에는 엘라수 와그너였고, 지난겨울에는 애나 채핀이었으며, 지금은 바로 홀 건너편에서 베스가 수개월간 함께 있을 예정이라 좋습니다. 큰 힘이 됩니다. 어제 우리는 함께 교회에 갔고, 서울에서 우리의 마지막 성가로 불렀던 더들리 벅[399]의 감사 찬송을 들었습니다 — "오 주님, 당신을 믿습니다. 결코 절망치 않게 해주소서" 나는 "아멘"이라고 화답했습니다.

여러분 한 사람 한 사람에게 이야기할 것이 많지만, 이번 여름에는 편지에 꽤 답장을 잘하고 있으니 이 편지는 여기서 마치려고 합니다. 딕시, 그 쟁반들은 어떻게 할까요? 이곳에 두면 잃어버릴지도 모릅니다. 당신에게 보내줄까요? 블랜치, 당신의 아름다운 편지는 보석 같습니다. 로빈이 당신의 다음 계획을 알게 될 때까지 기다릴 수 없으니, 내게 직접 편지를 보내주세요. 룰라 밀러가 5월에 당신을 방문했나요, 제시? 사랑하는 연로하신 한 나를 만나서 아주 좋았습니다. 그 무엇도 그녀의 상냥한 마음을 움츠러들게 할 수는 없지요. 파이어티, 당신의 공예 작업은 마치 옛 이화 난로에서 스튜를 끓이며 만들어내던 혼란스러운 상태 같네요 — 기억하나요? 그레이스 맥,[400] 만일 당신이 이곳에 다시 오게 된다면, 스캐릿에 내가 있는 곳을 문의하면 된다는 걸 기억해주세요. 브라우니를 만나고 싶지만, 김장철이 아니어서 아쉽네요!

여러분 한 분 한 분에게 사랑을 보냅니다. 내가 여러분을 아는 것은 축복이며, 우리가 사랑하는 사람들을 위해 기도하거나 스스로 무엇을 하고 있는지 모르는 사람들을 위해 기도할 때, 자비의 보좌 앞에 여러분이 자주 함께 있다는 것을 알고 있습니다.

애정을 담아,

앨리스

1942년 7월 3일

G. 맥아피 매균[401] 박사
극동지역 정보 코디네이터
워싱턴 D.C.

친애하는 매균 박사님께,

이 상황에서 무엇이든 내가 알고 있는 것이나 할 수 있는 것이 조금이라도 도움이 된다면 기꺼이 돕겠습니다. 내가 외국어를 배운 것은 기본적인 의사소통을 위한 것이었기 때문에 어떤 언어든, 심지어 영어를 사용할 때조차도 과학적이거나 기술적인 어휘는 잘 사용하지 않습니다.

나는 한국어가 아주 편하고 한글을 읽고 쓸 수 있지만, 어학 수업에서 일찌기 배운 한자들은 모두 잊어버렸습니다. 그래도 한국어를 듣고 이해하고 말하는 데는 전혀 어려움이 없습니다.

1916년부터 1919년까지 프랭크 헤런 스미스[402] 박사의 야간 수업에서 일본어를 공부했습니다. 덕분에 상당히 능숙해졌고, 일본 후쿠오카에서 3개월간 공부한 후에는 일본 관리들과 원활히 소통할 수 있었습니다. 또한 일본 여성들과 교류할 기회도 있었고, 기독교인들과도 교제할 수 있었습니다. 다만 히라가나와 가타카나는 배웠지만 모두 잊었습니다. 이 문자들은 지금 내 머릿속에 남아 있지 않습니다.

내 프랑스어는 녹이 슬었지만, 다시 사용하다 보면 감을 되찾을 수 있을 것입니다. 1929년에 노드-도이처 로이드[403]의 배를 타고 여행할 때는 독일어를 더 많이 사용했습니다.

나의 관심은 항상 인성 형성과 기독교 교육에 있었기 때문에, 한국을 휩쓸고 있는 정치적인 쟁점들에는 깊이 관여하지 않았습니다. 이곳의 한인 공동체에도 내가 정치적인 면에서 그들을 많이 도와줄 자격은 없을 것 같다고 말해왔습니다. 하지만 그들의 간절한 염원에 공감하며, 그들이 개인으로서 그리고 국민으로서 더 나은 삶을 살 수 있게 내가 할 수 있는 모든 도움을 줄 것이라는 사실은 그들도 알고 있습니다.

당신이 한국 국민의 이익을 위해 헌신하신 아버지의 뒤를 따르고 있음을 알게 되어 기쁩니다. 이제 선교사의 2, 3세대 자녀들이 도와야 할 때입니다.

6월 22일, 라디오를 통해 하와이 제도에 있는 비非필수 민간인에게 철수 명령이 내려졌다는 소식을 들었지만, 그 이후로는 아무런 소식도 알 수가 없었습니다. 이것이 어떤 의미인지, 그리고 내 남동생 헨리와 그의 아내, 딸이 돌아와야 하는지 알려주실 수 있을까요? 그는 호놀룰루 제일감리교회의 목사이며, 특히 군인들과 중요한 일을 하고 있는 것 같습니다.

당신과 가족분들께 안부를 전합니다.

진심을 담아,

ARA

테네시, 내슈빌, 스캐릿대학

1942년 7월 4일

친애하는 친구들에게,

오늘은 내가 가장 조용하게 보내는 독립기념일이지만, 모든 미국인에게는 가장 깊이 생각하는 하루가 되기를 바랍니다. 6월 22일 이후로 전쟁이 한층 더 가까이 다가왔습니다. 그날 아침 일찍 라디오에서 두 가지 안타까운 소식을 들었습니다. 하나는 리비아의 투브루크가 함락되었다는 것이었습니다.[404] 내 여동생 아이다의 남편인 윌리엄 H. 크롬 대령은 미 항공군과 함께 카이로에 있습니다. 두 번째 소식은 해군이 모든 "비非필수 민간인", 특히 여성과 어린이들에게 하와이 제도를 떠나 본토(미국)로 철수하라는 명령을 내렸다는 것입니다. '무너진 가정'과 '길고도 슬픈 이별'을 의미하는 **철수**라는 단어가 얼마나 싫은지 모릅니다.

철수 명령이 내려진 지도 벌써 2주가 지난 월요일이지만, 어떤 소식통으로부터도 추가적인 소식을 들을 수는 없었습니다. 어제 호놀룰루에서 온 편지를 받았는데, 그들의 삶이 여전히 긴장 상태에 놓여 있긴 하지만, 미드웨이 해전에서의 승리[405]가 그들에게 조금이나마 안도감을 주었다는 내용이었습니다. 편지를 쓴 날짜는 6월 19일이었고, 그 밖에 특별한 내용은 없었습니다. 동생 헨리는 하와이에 남을 것이고, 그의 18세 된 딸 캐롤은 떠날 것이며, 아내인 루스는 두 선택지 사이에서 고민하겠지만 불가피한 경우에만 떠나게 될 것이라고 생각합니다. 캐롤은 하와이대학교 1학년 과정을 이수하며 간호사 보조 과정을 마쳤고, 9월부터는 정규 간호사 훈련을 시작할 예정입니다. 그녀는 가정경제학 전공으로 시작했지만 전쟁으로 인해 전공을 바꾸게 되었는데, 다행히 새롭게 선택한 길을 좋아하고 있습니다.

이러한 하와이 소식을 접하고 나니, 내가 희망했던 대로 이번 가을에 하와이에 가는 것은 불가능하다는 것이 확실해졌고, 나는 계획을 변경해야 했습니다. 6월 11일 편지에 헨리는 8월에 내가 오기를 기대한다고 썼고, 한인 친구들도 그렇게 썼습니다. 오늘은 한인 "손주들" 중 한 명이 연필로 내가 오기를 기다리고 있다고 쓴 편지를 받았습니다. 갈 수만 있다면 반드시 갈 것입니다. 내가 스캐릿에서 일하는 것을 좋아하는 이유 중 하나는, 이런 내 마음을 잘 이해하고, 길이 열리는 대로 내가 한국인을 위해 일할 수 있도록 적극 지원해주기 때문입니다. 그래서 나는 스캐릿대학 홍보 일을 하며 올가을 다시 여행을 다닐 계획이고, 겨울 학기에는 학생들을 가르칠 예정입니다.

올여름 하고 있는 일은 아주 잘 진행되고 있습니다. 숫자는 적지만 정선된 학생들이 있고, 나는 학장으로서 그들과 함께하는 것이 정말 좋습니다. 미국 내에서 온 사역자들, 외국에서 돌아온 사역자들과 교류할 기회가 있고, 한국에서 온 친구들도 종종 방문하고 있습니다. 1941년 9월에 마지막 그룹과 함께 서울을 떠났던 장로교 선교사 진 델마터가 최근 이곳을 방문해 몇 시간 머물며 가장 최근 소식을 직접 들려주었습니다. 그녀는 12월, 진주만 공습 이후 호놀룰루에서 우리 가족을 만났습니다. 마닐라에서 빠져나올 수 있었던 마지막 배 프레지던트쿨리지호를 타고 왔는데, 당시 그 배는 금을 운반하고 있었으며 한 달간 항해를 했다고 합니다. 상하이에서 한 달, 마닐라에서 3주를 보낸 후에야 비로소 통행권을 얻을 수 있었다고 하네요. 자신이 떠날 때 이화의 모든 일은 잘 진행되고 있었다고 했습니다.

나는 한국에 남아 있던 나머지 모든 장로교 선교사들과 몇몇 다른 사람들, 그리고 그 외의 해외에 있던 친구들이 미국으로 돌아오는 교환선들에 탔다는 것을 알고 무척이나 안도했습니다. 하지만 이제 억압받는 나라들에서 어떤 일이 벌어지고 있는지 누가 이야기해줄 것인지 생각해보면, 이 소식은 또한 슬픈 소식이기도 합니다. 우리 감리회가 이러한 상황을 예견하고 적절한 시기에 사역과 사역자들을 위해 대비하는 지혜를 가졌던 점은 참으로 감사한 일입니다. 이 마지막 그룹은 가진 것을 하나도 가져오지 못한 듯합니다.

이곳은 지난여름보다 대체로 시원하지만 **휴양지**는 아닙니다. 나는 이곳을 집으로 삼고 있어서 기쁘고, 조금이라도 도움이 되고 싶습니다.

언제나 충실하게,

앨리스 R. 아펜젤러

테네시, 내슈빌, 스캐릿대학
1942년 7월 22일

아주 멀리 있지만 항상 가까운 소중한 친구들에게,

나는 오늘 여러분 모두를 내 사랑스러운 은행나무 아래로 초대해 함께 차를 마시고 싶습니다. 어떤 이들은 이곳을 황량한 황무지로 만들려고 하지만, 나는 이곳이 하나님의 정원이라고 믿으며, 그 마음을 담아 은행나무 잎 하나를 보냅니다. 호놀룰루에 있는 헨리, 루스와도 계속 긴밀히 소식을 주고받고 싶어서, 이 편지를 그들에게도 한 부 보낼 생각입니다. 6월 22일 전에는 내가 이번 가을에 그들과 합류하게 될 거라 기대했으며, 그 후로도 오면 안 된다는 말을 그들에게 직접 듣지는 않았습니다. 하지만 현재 여성과 아이들을 철수시키고 있다는 소식을 들었기 때문에, 나에 대한 좀 더 분명한 부름이 있고, 그곳에 있는 우리 동포에게 장애물이 아닌 도움이 될 가능성이 있을 때까지 기다리려고 합니다. 나는 언제든 출발할 준비가 되어 있습니다. 선교국이 아직 승인을 하지는 않았지만, 설득에 거의 성공한 상황에서 갑작스러운 철수 명령 소식을 들었을 때의 실망감은 컸습니다. 이제 다른 것을 선택하고 그 선택에 최선을 다하기로 결심해야만 했으며, 그것이 스캐릿대학에서 계속 일하는 것임을 받아들이게 되었습니다. 이렇게 마음이 맞는 그룹과 함께 일할 수 있고, 내 의지로 결정하기만 하면 되는 기회가 있으니 다행입니다. 그래서 해야 할 일을 받아 들고, 여러분이 이 글을 읽기 전에 다시 여정을 시작할 것입니다. 어디에서나 우리 친구들을 만나고, 교회를 위한 지도자들을 훈련하는 이 학교에 사람들이 관심을 가지게 하며, 우리의 수고가 주님 안에서 헛되지 않음을 확신하는 가운데, 내가 만나는 모든 사람이 굳건하고 흔들리지 않고 항상 주님의 일로 충만하기를 격려할 것입니다. 그 어느 때보다 더 영적인 메시지가 우리의 실질적인 생활에서도 가장 근본적인 토대가 되어야 함을 확신합니다.

이 편지의 다른 한 부는 스코틀랜드에 있는 메리언 스크랜튼 존스에게 보냅니다. 우리는 정동의 옛 구내에서 불과 한 달 차이로 태어났기 때문에, 그녀는 내 첫 번째 친구입니다. 그녀는 지난 2월 남편과 사별한 후 혼자 용감하게 삶을 직면하고 있는데, 페기가 그녀와 함께 지내기 위해 갔고, 다른 딸들도 형편이 될 때에는 그녀를 찾습니다. 메리언의 어머니인 어거스타는 영국 남부에서 지내며, 때로는 다른 가족들도 그곳에서 함께 지냅니다. 내 동료 중 또 다른 사람들로는 인도에 흩어진 우리 한국 친구들, 즉 셔우드와 메리언 홀, 러크나우기독교대학[406]의 베커 박사 부부,[407] 오랫동안 공주에서 지내다가 지금은 농업 일을 하는 윌리엄스 부부가 있습니다. 셔우드, 나는 당신이 인도에서 새로 만든 결핵 씰을 아주 자랑스럽게 생각하며, 이번 성탄절에 그것의 판매가 방해받는 일이 일어나지 않기를 바라요. 당신이 이 편지를 확실히 받도록 항공 우편으로 보냅니다. 남아프리카에 있는 앤 보로우[408] 박사도 동료 중 한 사람입니다. 그렇게 당신을 많이 필요로 하는 곳을 찾아내어 도움이 되는 사역을 할 수 있다니 정말 멋있습니다. 마지막 그룹은 내 호주 친구들, 제시 맥라렌, 프랜시스 클러크,[409] 한국을 방문하곤 했던 일본의 콘스탄스 던컨,[410] 그리고 한국을 사랑하며 선한 목적을 위해 헌신적으로 일하고 있는 조지나 스위트[411] 박사입니다. 여러분을 생각하면 마음이 풍요로워지고, 여러분을 위해 기도할 때면 왠지 여러분의 삶과 사역에 내가 조금이라도 참여하고 있는 것 같은 느낌이 듭니다.

소식이 있을 듯하여 교환선들이 오기를 기다려야 할 것 같습니다. 핵심 구성원은 아니지만, 그들이 어떻게 지내는지 어서 빨리 듣고 싶습니다. 곧 로렌수마르케스[412]에서 전보가 올 것 같습니다. 나는 가필드 앤더슨 박사가 그들을 만나러 갈 수 있지 않았을까 하는 생각도 했습니다. 로디지아가 지도상으론 로렌수마르케스와 그렇게 엄청나게 멀어 보이지 않아서요. 언더우드 가족, 쿤스, 캐나다 선교사들, 그리고 많은 분들을 떠올리며 그들이 우리에게 전할 말이 무엇일지 생각해보세요! 일본과 호주 간 교환이 이루어질 것이라는 소식을 들었을 때, 나는 맥라렌 박사가 곧 온다는 소식이 들려오길 기대했습니다. 밴(토머스 홉스 부인)으로부터는 소식을 전혀 듣지 못했지만, 이 배편에 상하이에서 온 사람은 많지 않다는 것을 알고 있습니다. 그 후 아무 소식이 없을 때 계속될 끔찍한 침묵을 생각하게 됩니다. 이 침묵이 **얼마나 오래** 계속될까요? 이곳 스캐릿에는 남편이 중국에 가 있는 여성이 두 명 있는데, 그들은 그동안 매우 용감하게 버텨왔습니다. 헨리 박사는 구호 활동을 하러 지난가을에 돌아갔다가 홍콩에서 붙잡혔는데, 그의 부인은 그가 지금 집에 돌아오고 있다고 생각하고 있습니다. 시드니 앤더슨 씨는 상하이에 있는 대형 감리교회인 무어기념관에 있으며, 그의 부인은 그가 돌아온다는 소식을 전혀 듣지 못했습니다. 두 여성 모두 영감을 주는 사람들입니다.

늘 방독면을 지니고 다녀야 하는, 그리고 지속적인 정전을 경험하고 있는 호놀룰루의 우리 가족 외에도, 여동생 아이다의 남편 윌리엄 H. 크롬 대령이 미항공대와 함께 북아프리카에 있어 그곳에 대한 뉴스도 자세히 살펴보고 있습니다. 다행히 현재 상황에서는 약간의 희망이 보입니다. 아이다와 아들들은 워싱턴에 있고, 장남인 빌은 프린스턴대학교 3학년에 재학 중입니다. 레이시네는 아직 오하이오주 콜럼버스에서 살고 있으며, 그곳에서 존은 목회 활동으로 바쁜 나날을 보내고 있습니다. 레이시의 네 자녀는 고등학교와 대학교에 재학 중입니다.

지난해 나는 이곳을 출발하여 보스턴을 거쳐 시카고까지 다녀왔습니다. 겨울에 몇 달간 이곳에서 강의를 하다가 다시 떠나 주로 뉴욕 근처에 머물렀습니다. 우리의 사랑하는 오랜 친구이자 후한 이화 후원자인 헨리 파이퍼 부인은, 처음에는 스캐릿을 위해 기부하는 것이 어렵다고 하셨지만 결국 부군의 재산에서 이미 감리회 교육국으로 기부되었으나 아직 분배되지 않은 현금 중 15,000달러를 우리에게 주기로 결정하셨습니다. 그녀와 그녀를 돕는 조카는, 우리가 5년 안에 75,000달러를 모금하는 조건으로 록펠러 일반

교육국에서 우리에게 5만 달러를 지원하겠다고 약속했다는 사실에 깊은 인상을 받았습니다. 이러한 조건으로 인해 그녀의 선물은 25,000달러의 가치가 있습니다. 우리는 이 생활 기부금을 위한 125,000달러라는 모금 목표액에서 45,000달러 이상을 확보한 것입니다. 그 기금이 모금된 후에는 고정적인 수입을 위해 투자될 수 있는 정기적인 기부금을 추가로 마련해야 합니다. 모든 사람이 전쟁 채권을 구매하라는 권고를 받는, 그리고 온갖 기부 요청이 쇄도하는 전쟁 상황에 이 모든 것은 쉽지가 않습니다. 하지만 나는 교회의 사역이 우리가 싸우는 모든 것의 궁극적인 성공의 기반이라는 것과, 오직 그리스도인들만이 이것을 깨닫고 있으며 책임을 져야 한다는 것을 교회에 상기시킬 수 있어 다행이라고 생각합니다. 우리 가족의 오래된 친구인 친애하는 J. S. 워즈워스 부인이 내게 제일 먼저 1,000달러의 연금 기부로 진정한 격려를 해주셔서, 16,000달러 이상이 올해 내가 이룬 손에 잡을 수 있는 결과였습니다. 그렇지만 나는 손에 잡을 수 없는 포상을 받은 것이 훨씬 더 중요하다고 생각하는데, 해야 할 일이 별로 남아 있지 않다고 생각하는 많은 사람 앞에서 내가 하나님 나라의 더 위대한 일을 계속할 수 있었기 때문입니다. 위대한 새날이 우리가 가진 모든 것을 큰 소리로 부를 것이며, 우리는 지금부터 젊은 일꾼들을 찾아서 훈련시켜야 합니다.

이번 여름에 나는 다시 여성학장이 되었고 라틴아메리카에 대한 과목도 하나 수강했습니다. 비서의 도움을 작년처럼 받지 못해서, 지금은 주로 서신과 관련된 일을 하고 있습니다. 한 달 안에 다시 떠나게 될 텐데, 어디로 가야 할지 아직 모르겠습니다. 아마도 노스캐롤라이나주 몬트리트에서 열리는 남장로교회의 한국 선교 50주년 행사에 가게 될 것 같고, 그곳에서 레이놀즈 부부[413]와 많은 다른 옛 한국 친구들을 만나게 될 것입니다. 그 후에는 워싱턴, 볼티모어, 뉴욕으로 이동해, 한국에서 돌아온 사람들을 만나기를 희망하고 있습니다. 이후 서쪽으로 출발해 캘리포니아까지 가는 일정이 될 것 같습니다. 올해는 이곳에서 보내는 시간보다 이동하며 보내는 시간이 대부분일 것 같군요. 스캐릿은 나에게 관대해서 내가 원하는 계획을 세우고, 편안하게 여행하고, 내 판단대로 하라고 말합니다. 나는 그들이 옳았다는 것이 증명되기를, 그리고 내 두 번째 해가 첫 번째 해보다 더 의미 있기를 바랍니다. 종종 내가 정말로 도움이 되고 있다고 느낄 수 있는, 더 분명한 섬김의 장소를 찾기를 바라지만, 전반적인 상황을 고려할 때 내 역할이 필요하고, 그 역할을 할 기회를 얻게 되어 다행이라고 생각합니다. 내가 건강하고 삶을 잘 견디고 있는 것 같으니 그것 또한 하나의 큰 축복입니다. 스캐릿대학의 총장님이 연세 때문에 사임하셔서 곧 변화가 있긴 하겠지만, 학교 일은 안정적으로 유지될 것이라고 생각되며, 커닝검 박사님은 명예총장으로서 귀중한 봉사를 계속하실 수 있을 것이라고 믿습니다.

가는 곳곳마다 만날 수 있는 한인들을 만나고 있으며, 그들과 함께 있으면 항상 아주 행복하고 편안합니다. 이곳에서 공부하던 우리 이화 졸업생 중 결혼하지 않은 이는 한 명뿐이고, 세 명은 올봄에 사랑스러운 아내를 맞이하게 되어 기뻐하는 훌륭한 한국 청년들과 가정을 이루었습니다. 미시간대학교 피아노 전공의 바버 장학생인 이춘자는 연희전문학교 출신의 바이올리니스트 곽칼과 결혼했습니다. 역시 미시간대학교에 다니는 최정림도 연희전문 출신이며 시라큐스대학교 대학원생인 한필립과 결혼했습니다. 최정림의 어머니 거트루드는 스웨어러[414] 씨 가 구출했던 어린 노비였습니다. 뉴욕주 로체스터에 있는 이스트맨음악학교에서 성악을 전공하고 있는 민덕순은 명성황후의 조카손녀인데, 역시 연희전문 출신인 김 목사와 결혼했습니다. … 나는 이 젊은이들이, 보호와 동반자가 필요한 지금 같은 상황에서 서로 짝을 갖게 되어 매우 기쁩니다. 물론 시간이 될 때마다 우리 선교 가족들도 만나고 있습니다. 뉴욕 프린스조지호텔에서 내 방은 우나 모아트-빅스의 바로 옆방이었습니다. 그녀는 다시 스탠다드 석유회사를 다니고 있는데, 서울에 있었을 때 상사였던 러들럼 씨 밑에서 또 일하게 되었다니, 신기하지 않나요? 사랑으로, A.R.A.

테네시, 내슈빌, 기독교 사역자를 위한 스캐릿대학
1942년 7월 31일

강용흘[415] 씨께 보내는 공개 편지
뉴욕, 웨스트 115로 633

친애하는 강용흘 씨께,

『아메리칸 매거진』[416] 8월호에 실린 당신의 글, "일본인들이 행진해 올 때"[417]를 큰 관심을 가지고 읽었습니다. 우리가 사랑하는 땅 한국의 입장을 널리 알려주어서 기쁩니다. 한국에는 세계를 향해 목소리를 낼 수 있는 유능한 대변인들이 많이 없는데, 당신은 『초당』과 『동양인 서양으로 가다』를 통해, 전략적으로 중요한 이 국가에 대해 잘 알지 못했던 많은 사람에게, 이 나라의 비극적인 운명이 더 큰 나라들의 역사에 영향을 미쳐왔음을 알렸습니다. 극동 문제는 올바로 해결되기 전에는 결코 진정한 해결에 이를 수 없을 것입니다. 정의와 기회의 날이 한국에 어서 오기를 기원합니다! 당신의 글에 실린 대부분의 내용은 한국에서 내가 직접 경험하고 관찰한 사실과 일치합니다. 나는 1885년 11월 9일에 한국에서 태어난 최초의 미국인 아기였고, 한국에서 어린 시절을 15년간 보낸 후 선교사로서 26년간 사역한 것을 큰 영광으로 생각합니다. 한국 혈통이 아닌 사람이 한국 국민과 함께 그리고 한국 국민을 위해 느낄 수 있다면, 내가 그렇다고 믿습니다. 나는 한국에 관한 이야기가 세상에 올바르고도 최선의 모습으로 진술되기를 간절히 바랍니다.

그러나 당신의 글에서, 내가 보기에는 한국이 서양 문명을 받아들인 후 이룬 가장 뛰어난 성취, 즉 기독교 복음에 응답한 것에 대해서는 어떤 언급도 찾아볼 수 없어서 실망스러웠습니다. 당신의 글을 읽는, 한국을 잘 아는 사람들의 대부분은, 그 땅을 위한 사역에 수백 명의 생명과 많은 보물을 쏟아부은 기독교 교회를 통해 한국에 대해 들어왔습니다. 그들은 돌아온 사역자들, 그들의 선교회를 통해 온 한국인들, 한국을 방문했던 사람들로부터 한국 기독교인들의 헌신과 희생에 대해, 더 나은 삶을 향한 굶주림과 갈증에 대해, 열의와 관용에 대해 들어왔습니다. 한국은 아직 정치계나 경제계에서 큰 영향력을 발휘할 수 있는 위치에 있지는 않았지만, 거의 전적으로 기독교 교회를 통해 주어진 기회에는 놀랍도록 크게 반응했습니다. 1784년[418]경, 한국인들이 중국에서 로마 가톨릭 기독교인들과 처음으로 접촉한 이후, 초창기부터 오늘날까지 한국의 영혼은 그리스도의 가르침 속에서 삶 자체보다 더 소중한 가치를 발견했습니다. 1860년대에 박해를 받으면서도 신앙을 포기하기보다 신앙을 지키기 위해 목숨을 바친 최소 1만 명의 한국 순교자들의 이야기는 교회사에서 영광스러운 장章 중의 하나입니다.[419] 나는 기독교가 단순히 신학적인 개념이 아니라, 한 민족의 마음과 정신을 변화시키고 한국의 **영혼을 구원했다고** 믿습니다. 한국인들은 기독교에서 개인으로서, 그리고 하나의 국가로서 자신들을 위한 희망을 보았습니다. 오랫동안 유교의 윤리와 불교의 헌신, 희생을 훈련받으며 자라온 이들은, 그리스도에 대한 믿음을 통해 더 풍성한 삶을 발견했으며, 그 신앙이 그들을 만족시키고 더 나은 미래를 향해 나아갈 용기를 주었습니다. 기독교의 이상인 형제애, 구원, 미덕에 대한 보상, 하나님 아버지에 대한 지식은, 기존의 신앙 속에서 그들이 찾던 최고의 것을 성취하게 했으며, 그리스도를 따르려는 사람들에게 위대한 도전을 제시했습니다. 수천, 수백만의 한국인들이 2세기 반 동안 이 신앙을 고백하고 지켰으며, 이 신앙에 의해 변화되었고, 이 신앙을 포기하기보다 차라리 죽음을 택했습니다.

어쩌면 당신은 종교가 개인적인 문제이지 국가적인 문제가 아니며, 한국 국민 중 기독교인의 비율은 2%에 불과하다고 말씀하시겠지요. 맞습니다만, 우리가 지금 쓰라린 경험을 통해 배우고 있듯이, 사상이 세계를 지배합니다. 일본 군국주의자들은 오래전부터 기독교 운동이 자신들의 목적과 상반되는 위험한 사상으로 가득 차 있다는 것을 인식했으며, 지나친 잔인함과 박해를 통해 그들 자신의 두려움을 드러냈습니다. 하나의 언어를 사용하는 작은 단일민족인 한국은 기독교적 이상들로 충만해졌습니다. 한국에서 모든 분야의 가장 훌륭한 지도자들은 기독교인이거나 기독교의 영향을 강하게 받은 사람들입니다. 중국의 경우, 일반 대중은 한국인들보다 기독교 사상을 접할 기회가 적었지만, 중국의 지도자들은 국가적 차원에서 몇몇 기독교 사상을 실천했습니다. 더 나아가, 전쟁은 중국에 새로운 통합의 계기가 되었고, 대규모 인구 이동과 많은 사회 변화를 가져다주었습니다. 만일 한국이 그와 같은 단결된 행동을 할 준비가 되어 있다면, 그것은 기독교 운동이 한국을 국가로서 새롭게 자리 잡을 수 있도록 이상과 훈련을 제공했기 때문입니다.

내가 한국에서의 기독교의 역할을 지나치게 강조하고 있는 것일까요? 이것이 전부 생략된, 한국에 대한 당신의 그림이 사실에 더 가까울까요? 나는 그렇게 생각하지 않습니다. 첫째로, 한국 개신교 복음주의 선교연합회가 1941년에 낸 최신 통계에 의하면, 1939년 수치들을 사용하여 한국에는 가톨릭과 개신교를 합쳐 등록 교인 및 교리 수강 중인 예비 교인만 해도 388,082명의 기독교인이 있다는 것을 상기시켜드리고 싶습니다. 그리고 지지자들까지 포함하면 한국 인구 2,200만 명 중 100만 명 정도가 기독교 신앙을 갖고 있다고 추정됩니다. 이들은 1939년 한 해 동안 교회에 2,464,526엔을 헌금했습니다. 농업국인 한국에서 교회는 가장 멀리 있는 산속 마을과 가장 외딴 섬에까지 들어갔습니다. 선교사들과 한국인 기독교 사역자들은 남녀를 불문하고 계곡을 돌아다니고 산을 올랐으며, 붐비는 도시의 거리와 시장에서 일했습니다. 내 아버지 대에서 작게 시작했던 선교, 그리고 아버지께서 번역하여 출판하셨던 성경[420]은 한국인의 생활의 모든 부분에 영향을 끼쳤습니다. 그리스도인들은 한국의 훌륭한 정신이 받아들인 보편적인 가치를 한국 사회에 제공했기 때문에, 존경을 받았고 사람들이 따랐습니다. 이 무명의 억압받고 가난에 시달리던 사람들이, 인류에게 알려진 최고 최선의 가르침 속에서 자신들과의 유사성을 발견했다는 것은 주목할 가치가 있지 않은가요?

교회와 함께 항상 따라오는 다양한 형태의 사회적 개선도 일어났습니다. 로마 교회는 주로 종교 예배에 집중해오긴 했지만, 일부 학교와 고아원을 운영했습니다. 개신교 교회들은 한국이 필요로 하는 것을 최대한 충족시킬 수 있는 훌륭한 프로그램을 운영하며 한국에 눈에 띄는 봉사를 해오고 있습니다. 젊은이들은 농업, 산업, 학문, 과학, 상업 등 다양한 종류의 미션스쿨을 통해 현대 교육을 받을 기회를 얻었습니다. 한국에는 뛰어난 기독교대학도 세 개 있는데, 연희전문학교와 이화여자전문학교, 그리고 "신사참배 문제"로 1939년에 문을 닫은 평양의 숭실전문학교[421]입니다. 이화여전만 보아도 1936년 개교 50주년을 맞이했을 때, 학교가 시작된 이래 100명 이상의 외국인 선교사들이 그곳에서 장단기 근무를 했다는 것이 밝혀졌습니다. 세브란스병원과 의과대학 및 간호사 양성학교는 많은 의료 구호기관 중 가장 규모가 큽니다. 기독교인들은 유치원, 공중보건, 나환자 보호시설, 시각장애인, 결핵 환자 및 기타 소외 계층을 위한 다양한 사회복지 활동을 선도했습니다. YMCA는 지금 한국인들이 뛰어나게 잘하는 스포츠를 소개하여 팀워크, 공정한 경쟁, 몸과 마음과 정신의 전인적 발달이라는 이상을 정립했습니다.

온 인격을 섬기는 기독교 교회는 선교사들에 의해 도입되었지만, 최근에는 앞서도 언급했듯이 훈련받은 한국 기독교인들이 교회와 기관들에서 활발하게 효과적으로 지도력을 발휘하게 됨에 따라 선교사의 역할은 부차적인 것으로 변모했습니다. 외국인에 대한 일본 군국주의자들의 압력은 본토인의 지도력을 발전시키는 이 자연스럽고 바람직한 운동을 가속화시켰고, 1940년 9월 일본이 공개적으로 추축국[422]에 들어가면서 절정에 달했습니다. 이 위기 속에서 대부분의 선교기관은 이미 유능한 한국인 지도자들이 일을 맡고 있었으며, 이들은 무거운 짐을 짊어진 채 그 일을 계속해나가겠다고 결의했습니다. 그러므로 1940년과 1941년, 미국 선교사들 대부분이 이런저런 이유로 철수를 강요받았을 때 그것이 전적으로 재난이었다고만은 할 수 없습니다. 그 선교사들 중 마지막까지 남아계셨던 분들이 지금 귀국하는 중입니다. 가톨릭교도는 주로 독일인, 프랑스인, 아일랜드인이어서, 추축국이 그렇게 많이 괴롭히지 않기 때문에 철수하지 않고 남아 있습니다. 평생의 일과 집, 그리고 가장 소중한 친구들을 포기하는 것은 가슴이 아팠지만, 추방당한 그 어떤 선교사도 자신의 일이 헛되었다고 느끼지 않습니다. 추방당한 선교사들은 자신이 빠지면 무너질 수밖에 없는, 생명 없는 구조물을 지탱하는 버팀대로 스스로를 생각하지 않고, 땅에서 결코 사라지지 않는 풍성한 수확을 이루어내는 살아 있는 씨앗을 뿌린 사람으로 스스로를 생각합니다. 과거 내한 선교사들이었던 수백 명은 현재 북미와 많은 다른 나라들에 흩어져 있지만, 다시 돌아갈 날을 고대하면서 아직도 한국을 위해 충성스럽게 일하고 있습니다. 그 선교사들을 아는 사람들 또한 한국을 사랑하게 되었고, 이들은 모두 한국의 가장 많고도 확실한 친구들이라고 할 수 있습니다. 그들은 과거를 믿으며, 기회가 오면 더 나은 미래를 위해 제일 먼저 한국을 돕는 사람들이 될 것입니다.

일제에 의해 추방된 마지막 내한 선교사들이 뉴욕에 도착해 촬영한 단체 사진(1942년)

* 사진 출처: Presbyterian History Society(PHS), Peal Digital Collections; 한국기독교사연구소(KICH)

당신은 글에서 "미국인들은 한때 우리의 좋은 친구였습니다"라고 하면서, 자신의 노동에 대해 분명 충분히 보상을 받았을 미국인 기술자들이 건설한 공공 토목공사들을 열거했습니다. 그러나 당신의 미국 친구들 대부분, 즉 교회 사람들은 기술자들의 공헌이 한국에 실질적으로 풍요로운 삶을 제공한 기독교의 봉사의 양에 비하면 미미하다고 주장할 것입니다. 만약 한국을 찾은 이들이 외교관과 사업가들뿐이었다면, 오늘날의 한국은 어떤 모습이었을까요? 그들의 역할이 분명 있었지만, 현재 그 흔적은 대부분 사라져버리고 만 것 같습니다. 그러나 기독교 교회가 한국에 가져다주고, 한국이 자기의 것으로 만들며 증식시킨 영적 가치들은 결코 파괴될 수 없습니다. 이 가치들은 전쟁, 고립, 박해를 이겨낼 것이며, 그동안 기꺼이 그리고 아낌없이 행해진 기독교의 봉사가 빚어낸 선의는 동양과 서양이 한국의 삼천리 금수강산에서 다시 만나는 날, 새로운 한국을 건설하는 주된 재료가 될 것입니다.

진심을 다해,
앨리스 R. 아펜젤러

그립스홀름호[423]에서 수집된 것들 — 앨리스 아펜젤러

1942년 8월 23일

친애하는 친구들에게,

다음은 한국과 지금 귀국 중인 우리 친구들에 대해 내가 지금까지 알게

된 **모든** 정보입니다.

로렌수마르케스에서 **윌 커**로부터, 그레이스가 8월 3일에 보냄:

"멋진 소식임, 특히 결혼식(도널드와 진 브로크만). 매우 건강함. 감리교 신학교에 억류됐었음. 어려움 없었음. 집에서 음식 옴."

리우데자네이루에서 8월 10일에 에델 언더우드로부터:

에드나 홉스는 상당히 아팠습니다. 자기만의 작은 부엌이 있고, 대접해야 하는 부담 없이 친구들을 만날 수 있는 감리교 아파트로 이사했습니다. 6월에 사람들이 상하이를 떠나기 전까지만 해도 그녀는 교회에 나갔고 꽤 건강했습니다. 톰은 "평소처럼 사업"을 해나가고 있습니다. 교단 소속으로 상하이나 베이징에서 철수한 사람은 없습니다.

맥파레인 씨와 크로우[424] 씨를 제외한 영국인과 미국인은 모두 한국을 떠났습니다. 크로우 씨의 막내 루시(7세)는 애오개에 있는 감리교 초등학교에 다니고 있습니다. 에드윈(16세)과 앨리스(12세)는 우리와 함께 있습니다. 그들을 좋은 집으로 보내게 될 때까지 처음 몇 주 동안은 생활이 조금 불편하겠지요. 허먼은 마닐라에 있었고 에드나는 오리건대학교 3학년생입니다.

동대문병원이 팔려서 이화는 25만 엔의 기부금을 받게 되었습니다(양 박사의 보고[425]). 다른 감리교 재산은 처분되지 않았습니다.

패트 반하트가 이곳에 있습니다 ─ 안부 인사를 전하네요. 쿤스에 관해 신문에 실린 것은 모두 사실입니다. (E. H.) 밀러 박사는 더 나쁜 상황입니다 ─ 지옥 같은 5주가 아니라 5개월을 보냈습니다. 라이너는 쿤스보다 더 힘들고 긴 시간을 보냈습니다. 그가 겪은 고통은 최악이었습니다. 밀러는 가장 오래 고생했고, 쿤스는 지옥과 같은 고통을 겪었지만 마음과 삶에서 그곳을 천국으로 만들었습니다. **기적**입니다.

계획: 쿤스는 전쟁 사역을 위해 즉시 프리스코[텍사스주]로 가라는 요청을 받았습니다. 그는 선교국에 전보를 보내 허락을 받으려 하고 있습니다. 호레이스 G.는 해군에 입대하려고 했지만, 육군으로부터 임무를 제안받아서 계획을 변경하게 될 것 같습니다. 우리는 현재 브루클린[뉴욕시]으로 갈 계획입니다. 12월 6일 존과 제임스와 나눈 전보와 전화는 지난 몇 달 동안 빵과 고기처럼 큰 도움이 되었습니다.

리우에서 탤미지[426] 박사가 풀턴[427] 박사에게 보낸 편지를 몬트리트에서 읽음:

(인용 아님). 탤미지 박사는 12월 8일에 감옥에 수감되어 4월까지 갇혀 있었습니다. 건강이 별로 좋지 않습니다. 그의 부인은 미스 닷슨과 미스 루트와 함께 지냈고,[428] 탤미지 박사가 감옥에 있는 동안 그녀는 조금 회복되었습니다. 그에게 타자기를 가져가는 것은 허용되지 않았고, 피난민들은 한 사람당 여행 가방 두 개씩만이 허용되었습니다.

나는 레이놀즈 부부와 다른 한국 관련 친구들과 함께 몬트리트에서 닷새간 훌륭한 총회에 참석했으며, 8월 18일에 그들이 남장로회의 한국 선교 50주년을 기념할 때 그들과 함께 소중한 추억과 소망을 나누었습니다. 선교사들과 그들의 자녀들을 중심으로 약 50명이 참석하여, 지난 50년에 대한 장대한 야외극을 공연했습니다. 나는 큰 감동을 받았으며, 혼란과 박해, 철수, 그리고 교회가 계속 나아가는 마지막 장면은 너무 가슴이 아팠습니다. 레이놀즈 박사 부부는 마지막으로 후임 선교사들이 될 한 무리의 젊은이들에게 횃불을 건네주었습니다. 뉴랜드[429] 자매는 아름다운 선교 정신을 보여주었습니다. 다음날 그들은 그 지역 특유의 비가 내리는 가운데, 큰 사교 모임과 만찬을 가졌습니다.

나는 주날루스카 호수에 갔지만 그곳에서 통모를 찾을 수는 없었고, 버지니아주와 테네시주 접경의 브리스톨에서 거주하는 엘라수 와그너에게 잠깐 들르기로 결정했습니다. 지금은 일요일 오전이고, 우리는 멋진 방문을 하고 있습니다. 엘라수는 아파트가 아닌 큰 집에서 평생 살게 되었고, 미스 로우더[430]와 함께 살고 있습니다. 내가 알기로 이것이 우리의 연로한 선교사에게 해줄 수 있는 가장 편안하고 완벽한 조치여서, 이에 나는 정말 기쁩니다. 집이 없다는 것은 우리 대부분에게 새로운 경험이고 쉽게 익숙해지지 않는 일입니다. 내일 밤, 나는 돌아오는 친구들로부터 소식을 듣기를 고대하며 뉴욕으로 가려고 합니다. 그들을 만나는 것이 이번 가을에 할 강연을 준비하는데 최고의 도움이 될 것이라고 생각합니다. 그 후 길이 열리는 대로 다시 돌아다닐 것입니다. 모두에게 사랑을 보내며,

앨리스

주소. 뉴욕, 5번가 L50 — 워싱턴 DC에서
1942년 9월 11일

친애하는 밴과 톰의 친구들에게,

오늘은 밴과 톰 홉스 부부의 일곱 번째 결혼기념일인데, 이곳 워싱턴에서 보내는 오늘이 옛 이화에서 결혼식을 올렸던 그 아름다웠던 날을 그대로 닮았습니다. 하늘도 그대로이고, 나는 이 모든 것의 통렬한 아름다움과 세월이 가져온 변화를 다시 한번 생각하고 있습니다. 에델 언더우드가 말하길, 난징

의 해리엇 휘트머가 밴이 내게 보내는 긴 편지를 받아왔다고 해서 그 편지를 기다리고 있습니다. 나는 그 편지에 대해서 몰랐고, 해리엇은 내가 뉴욕에 있다는 사실을 모르고 도착한 것 같습니다. 그래서 나는 해리엇에게 편지를 보냈지만 아직 밴이 보낸 편지는 받지 못했습니다. 다만 밴이 상하이에서 해리엇에게 보낸 짧은 편지를 에델이 내게 보내줘서, 그 소식은 조금 알게 되었습니다. 나는 이 짧은 편지를 메리 레이시, 코린, 해리 밴플리트에게 보냈는데 요지는 다음과 같습니다.

"우리는 7월 28일에 상하이를 떠나기로 되어 있는 영국의 본국 송환선을 타고 갈 계획입니다. 동아프리카에서 미국으로 갈 수 있는지는 아직 모르겠습니다. 우리는 어디에 있든 하나님의 손안에 있고 하나님은 완전한 평화와 진정한 위로 속에 우리를 지켜주시니, 모두에게 우리에 대해 걱정하지 말고 우리를 위해 계속 기도해달라고 말해주세요." 밴은 그들이 예전에 좋아하던 것들을 즐겨 읽었다고 말했습니다. 톰은 성서공회에서 정규직으로 일하는 것을 좋아하고, 유니언교회의 회계로 일하는 것도 좋아했습니다. 사랑스러운 옛 손글씨와 친숙한 문체가 밴을 다시 가까이 느끼게 합니다. 나는 그들이 그 배에 타고 있기를, 비록 미국으로 돌아오는 것은 지연될지라도, 곧 자유국가에 있게 되기를 바랍니다.

내가 들은 바에 의하면, 상하이 거주자들은 큰 변화 없이 살아가고 있습니다. 홉스 부부는 레이시 감독님의 집을 떠나, 같은 구내에 있는 감리교 아파트의 더 작은 숙소로 들어갔습니다. 편지에 클립시트[431]에 실을 수 있는 흥미로운 세부 사항들이 담겨 있기를 바랍니다.

나는 이곳에서 미스 플로런스 깁슨[432]의 친절하고 후한 환대를 즐기고 있으며, 그녀가 너무나 따뜻하게 대해주셔서 꽤 오래 머물고 있습니다. 그녀는 내가 내민 숙식비를 거절하시면서, 더 줄 수는 없는 형편이지만 그 돈은 스캐릿에 주시겠다고 말했습니다. 손님방은 그녀가 기독교 사역자들에게 바친 것이며, 그녀는 그곳에서 기독교 사역자들이 머물 때 가장 행복해하는 것 같습니다. 그녀는 80세로 몸은 좀 약해지셨지만 정신과 영혼은 매우 예리하며, 우리가 사랑하는 것들을 그녀도 사랑합니다. 미스 깁슨은 인덕을 도와줄 수 있는 사람으로 하비 시몬스 씨를 나에게 소개해준 분이기도 합니다. 인덕이 가지 않게 되었을 때 우리는 갈 사람을 김활란으로 바꿨고, 미스 깁슨은 활란이 미국 학위들, 특히 박사학위를 받게 도와주셨습니다. 이것은 그녀의 인생에서 큰 기쁨 중 하나였습니다. 꼭 1년 전, 며칠 동안 미스 깁슨과 함께 있을 때, 밴이 활란에 관해 이야기하는 긴 비밀 편지를 보내왔습니다. 그 당시 나는 활란이 자신의 집을 팔았고, 이화여전을 계속 운영하기 위해 많은 노력을 하고 있다는 소식을 여러분에게 전했습니다. 이제 우리는 그들이 결국 대학을 포기하거나 동대문부인병원을 희생할 수밖에 없었다는 사실을 알게 되었고, 병원은 의료 활동을 계속 이어갈 수 있기에 병원을 좋은 가격에 팔아서 35만 엔을 이화여전 기부금에 넣었다는 소식을 들었습니다. 나는 로제타[433] 박사님에게 그곳이 아직도 병원이라는 것을 알면 조금은 위안이 되지 않겠느냐고 말씀드렸습니다. 그녀는 "그건 나에게 도움이 되지 않아요"라고 반박하셨습니다. "그 병원은 이제 **부인** 병원이 아니잖아요." 우리는 모두 형식에 충실합니다!

나는 이곳에 있는 동안 스캐릿을 위해서는 많은 것을 할 수 없었지만, 한국 사람들과 만날 기회는 몇 번 있었습니다. 이(승만) 부부와 점심과 차를 함께했고 또 만날 것이며, 공주라 불리는 민덕순, 최정림 부부와도 함께 저녁 식사를 했습니다. 그리고 한길수,[434] 서울에 있었던 척추지압사 정 박사 및 배 씨와도 식사를 했습니다(이 사람들은 다른 사람들, 그리고 내가 이야기 나눈 대부분의 선교사와 좋은 관계를 맺고 있지 않은 것 같습니다. 한 씨의 소식은 대부분 허구인 것 같습니다). 채핀 부인과 나는 휴 밀러 씨와 함께 식사했는데, 그는 우리에게 한 달 된 예쁜 아기 휴 3세를 만나게 해주었습니다. 불쌍한 밀러 부인은 정신없이 매우 불안해했으며, 이로 인한 중압감이 밀러 씨를 엄청나게 늙어 보이게 만들었습니다. 나는 채핀 부인과 함께 그녀의 자매 집에서 점심을 먹었습니다. 그녀는 생김새도 말투도 블랜치[435]를 닮았습니다. 그 후 이번 주 어느 날, 애나 채핀은 뉴욕에 있는 '국내 선교부 동원 개시일'로부터 로스앤젤레스에 있는 '멕시코 소녀들의 집' 부副감리사로 가야 한다는 말을 듣고 그날 밤 떠났습니다. 이후 그녀에게서는 아직 소식을 듣지 못했습니다. 애나와 함께해서 재미있었고, 그립스홀름호 사람들을 만났을 때 뉴욕에서 그녀와 함께해 특히 즐거웠습니다.

위쪽에 다음 문장들을 겹치게 찍어서 미안합니다.[436] 다음과 같이 찍었어야 했습니다.

"우리는 7월 28일에 상하이를 떠나기로 되어 있는 영국의 본국 송환선을 타고 갈 계획입니다. 동아프리카에서 미국으로 갈 수 있는지는 아직 모르겠습니다. 우리는 어디에 있든 하나님의 손안에 있고 하나님은 완전한 평화와 진정한 위로 속에 우리를 지켜주시니, 모두에게 우리에 대해 걱정하지 말고 우리를 위해 계속 기도해달라고 말해주세요."

에스더 H.[437]가 쿠바에서 행복하게 지내고 있다는 것을 알게 되어 참 기쁩니다. 오늘 루스 코블렌츠 윔스[438]가 전화를 했습니다. 어젯밤에는 맥스와 마거릿 (하우저) 베커와 식사를 했고, 에블린과는 차를 마셨습니다. 맥아피 매큔은 뉴욕에 다녀온 후 몸이 아파서 힘들어했습니다.[439]

많은 사랑을 모두에게 보내며,

앨리스

주소: 뉴욕, 5번가 150 … 메릴랜드, 볼티모어
1942년 10월 2일

친애하는 친구들에게,

에드나 밴 홉스가 보낸 일기 편지를 해리엇 휘트머가 8월 25일 그립스홀름호에서 발송해주어서, "배달이 지연되지 않고" 뉴욕에서 전달되어 어제 내게 도착했습니다. 이 편지는 밴의 고운 손글씨로 빽빽하게 쓰여서 검열하는 데 시간이 꽤 걸린 것 같습니다. 해리엇이 이미 중요 사항들은 이야기해주었으므로, 다음은 여러분을 위해 발췌한 세부 내용입니다.

1942년 1월. "12월 8일 우리가 전쟁 포로가 된 이래 줄곧 나 자신에게 약속했던 일기 편지를 이제 새해를 시작하며 쓰려고 해요. 즉시 당신의 마음을 편하게 해야 하고, 이곳에서의 우리의 상황에 변화가 거의 없다는 것을 말해줘야 해요. 일본은 믿을 수 없을 정도로 친절하고 사려 깊게 대해주었고, 지금까지는 원하는 만큼 자유롭게 이동할 수 있기 때문에, 우리는 우리 자신을 '가석방 중인 포로'라고 불러요. 12월 23일까지는 자동차 사용을 허락받았어요. 그 후에는 의료 및 사회봉사 요원들만 차량을 사용할 수 있어요. 이곳은 '자전거 타는 사람들의 도시'가 되었어요. 자전거 가격은 거의 자동차 가격만큼 올랐는데, 지난주에 가장 저렴한 자전거는 900(중국)달러였어요. 그래서 인력거가 다시 진가를 발휘하고 있지요.

12월에 레이시 감독님이 그의 가구를 푸저우로 보내달라고 전보하셨을 때 우리는 그의 집을 포기하고 나와서 … 같은 구내 페탱로 7에 있는 WFMS 숙소로 이사했어요." 그다음 밴은 삼면에 창문이 있고 개인 욕실과 옷장 공간이 있는 큰 다락방을 묘사했는데, 그녀는 그 다락방을 아늑한 생활을 위한 숙소로 개조했다고 합니다. 그들은 그곳에서 식사도 하고, 매일 오후에는 차를 마시며, 작은 난로 하나로 따뜻하게 지내고 있습니다.

“당신이 이 편지를 읽게 될는지 모르겠네요. 정말 이상하고 뒤죽박죽인 세상이에요. 사람들은 상하이를 떠나서 안전할 것이라고 생각했던 마닐라로 갔는데, 지난 열흘 동안 그들은 전투의 한가운데에 있었고, 오히려 우리는 이곳에서 평화롭고 조용하게 지내고 있어요. 12월 8일 아주 이른 아침에 톰은 미국과 영국의 포함들이 강에서 나포되었음을, 그리고 전쟁이 시작되었음을 알리는 전화를 받았어요. … 라디오를 통해 이곳의 책임자인 일본 장성이, 침착하게 있으라고 명령했어요. 영사들은 자국민들에게 가능한 한 실내에 머무르라고 조언했고요. 하지만 도시 전체는 비교적 조용했어요. 톰은 이틀 동안 집에 머물렀지만, 그 후 등록에 필요한 서류를 구하기 위해 수요일에 내려갔어요. 우리는 목요일 아침 일찍 내려갔고, 약 한 시간 동안 줄을 서서 등록한 후 집에 돌아왔어요. 친절하고 신속한 조치와 명령으로 모든 것이 순조롭게 처리되었어요.” 목요일 밤 그들은 미리 사둔 표로 러시아 발레를 보러 갔습니다. 그녀가 이 이야기를 전한 까닭은 그들의 삶이 얼마나 정상적인지 보여주기 위함입니다. “첫 며칠은 마닐라로부터 약간의 소식을 들었지만, 나머지 모든 세계와의 소통이 단절된 것이 이상해요. 모두가 12월 14일 일요일에 <우편가방> 메시지들을 기대하고 있었지만, 아무런 메시지도 오지 않았어요. 은행들은 보고서가 만들어지고도 남을 만큼 오래, 수일간 문을 닫고 있었어요. 일본인들은 아주 현명하게 평소처럼 사업을 지속하고 싶다고 이야기해왔어요. 한 사람당 일주일에 40달러(미화 약 4.50달러)만 찾을 수 있다는 소문이 돌아서, 우리는 각자 하루에 5달러로 긴축할 방안이 있을지 알아보기 위해 집 안을 살펴보기 시작했어요. 우리는 잘하고 있어요.”

성탄절에 대해서는 “여러 상황에도 불구하고, 우리가 그것을 내적으로 기리고 간직했으니 나름대로 뜻깊었어요”라고 말했습니다. 그들 가족 13명은 최선을 다하며 서로 즐기는 난민들인 것 같습니다(WFMS 관리자 미스 녹스,[440] 전에 서울에 있었던 킬보른 씨 부부,[441] SME[442]의 루시 짐 웹,[443] 침례교인 M. 커들백, 베이징의 힐다 호그, 정교회 선교사 두 명(I. 밀러, K. 매코이), 말론 부인과 그녀의 여동생인 자유침례교인 미스 워커, 병상에 있는 SME의 미스 토머슨, 그리고 홉스 부부).[444] "우리는 명랑한 사람들이고 상황의 밝은 면을 보기 위해 노력하는데, 그렇게 하는 것이 요즘에는 도움이 돼요." 그들은 구운 햄과 소스로 맛있는 성탄절 만찬을 하고, 옷을 차려입고, 노래하고, 아름다운 라디오 음악을 들었습니다. 그녀는 '라디오가 끊어졌다'고 말하지 않았으므로 나는 그들이 라디오를 들었다고 생각합니다.

밴은 **건강**이 좋지 않았습니다. 2월 12일에 그녀는 침대에 누워 있다고 — 체중이 줄고, 통증이 심하며, "배탈"을 너무 많이 한다고 했습니다. 3월 20일에는 정밀 검사를 받고 간 주사를 맞았으며, "2개월 동안 지독히 힘든 시간"을 보냈습니다. 모든 지방이 빠져서, 9kg 정도가 줄어 49kg까지 체중이 내려갔는데, 이는 그녀가 결혼하던 당시와 같은 수준입니다. 그녀는 "뚱뚱한" 것보다 낫다고 하면서, 옷을 줄여서 입었다고 합니다.

4월 20일, 모두가 송환 소식에 흥분했습니다. 의사는 밴이 그곳을 떠나야만 하고, 톰이 그녀를 돌봐야 한다는 증명서를 써주었습니다. 하지만 결국 그들은 영국 배를 기다려야만 하고, 남아프리카에 머물러야 할지도 모른다는 것을 알게 되었습니다. 톰은 체중이 81kg까지 줄었고, 건강은 어느 때보다도 좋으며, 버스를 타러 걸어가는 것을 즐긴다고 합니다. 근무 시간은 8시 30분부터 12시 30분까지 반나절이며, 오가는 데에 1시간씩 걸립니다. 그는 공동체 교회의 회계가 되었고, 모임 등에 참여하는 것을 좋아합니다.

"1월 8일에 미국에서 온 우편물을 발견했을 때 얼마나 설렜던지요. 9월 27일자 그레이스 커의 편지와 10월 11일자 루스 무어의 편지가 홍콩에서 막혔다가 전쟁 후 첫 배로 배달되었어요. 미국에서 이곳의 미국인들에게 보낸 전보는 스위스 영사관을 통해 전달받고 있어요. 우리는 앨리스에게 '**모두에게** 즐거운 크리스마스'라고 적은 성탄절 전보를 뉴욕시, 5번가 150에 보냈는데, 앨리스가 전보를 받게 되면 해리, 엘렌 그리고 다른 소중한 친구들에게 전달해주리라 믿어요." (나는 이 전보를 받은 적이 없습니다. 밴 또한 내가 2월에 보낸 25자 편지를 받지 못한 것 같습니다. 앨리스) 플레상 부부가 가까이 살아서 밴은 이들에게 불어를 배우고 있습니다. 이들은 4월에 일본의 폭격에 대해 들었습니다. 밴은 CIM 병원[445]과 M. 윌리엄스 병원[446]에 2주간 입원했습니다. 편지는 6월 22일에서 끝났고, 변함없는 사랑과 기도를 약속하며, 우리도 그렇게 해주기를 부탁했습니다. 그녀의 병명은 췌장 흡수 불량증입니다. 사랑으로, A.R.A.

기밀** 특별히 이화에게

J. L. 부츠 부인 전교轉交
뉴욕, 클레어먼트로 99
1942년 10월 22일

친애하는 여러분에게,

내 마음은 언더우드 가족을 방문했던 기억들로 가득 차 있으며, 우리들의 소중한 친구인 여러분과 이 경험을 나누고 싶습니다. 하지만 우리 이야기가 무분별하게 회자되는 것은 원하지 **않습니다**. 이 편지에 클립시트에 실을 만한 이야기는 많지 않을 것입니다. 그냥 여러분과 함께 있을 때처럼 자유롭게 이야기하고 싶고, 하고 싶은 말이 많아서 이것저것 다 전하려 합니다.

에델은 루퍼스 부부를 방문하러 앤아버에 갔을 때 **많이** 아팠습니다. 결국 점심 식사 도중 들것에 실려 병원에 가서 11일 동안 입원해 있었습니다. 병원은 대응이 매우 느리고 무관심하다는 인상을 주었지만, 마침내 에델이 경련성 대장과 방광, 심장, 맹장 등 여섯 가지 질환을 앓고 있다는 결론이 나왔습니다. 에델은 천천히 움직이려고 노력하면서도 계속 나에게 말을 걸었는데, 자주 눈을 감았으며 생각하는 것조차 힘들어 보였습니다. 나는 그녀가 말하는 것을 그만두게 할 수 없었고, 그녀는 잘 잤다고 말했습니다. 우리는 10시에 잠자리에 들었으며, 나는 오늘 정오까지 그녀 곁에 있었습니다. HH는 집에 없었고, HG와 조앤이 에델을 돌보고 있었습니다.[447] HG는 생김새부터 목소리까지 모든 면에서 아버지를 꼭 닮았고, 조앤은 사랑스러운 어머니를 아주 많이 닮았습니다. 데이비슨 가족은 위니프리드와 어린 데이비드와 함께 남아프리카 케이프타운 인근에서 안전하게 지내고 있습니다. 언더우드 가족은 존 토머스[둘째 아들]의 오래된 저택 바로 옆에 있는 4층짜리 좁은 집에서 살고 있으며, 편안하게 자리 잡았습니다. HH는 장로회 선교부 연금과에서 11월 1일 정식으로 업무를 시작하는데, 그는 그 업무에 대해서 아직 아는 바가 없다고 합니다. 그는 워싱턴에서 많은 일을 처리해야 했지만, 이제 거의 마무리되었다고 생각하는 것 같습니다.

번[448]이 저녁에 방문했는데, 유령처럼 보였지만 언제나처럼 용감하고 대단한 모습이었습니다. 그녀는 많은 어려운 결정을 내려야 하는 상황인데, 주로 재정적인 결정들입니다. 상자들이 캘리포니아에서 막 도착했는데, 화물편으로 127달러가 들었습니다. 이는 패트가, 그들이 들어갈 아파트를 집처럼 꾸미기 위해 즐겁게 산 새 가구들입니다. 패트가 물건들을 정리하며 즐거워했기 때문에, 번은 그곳에서 그들이 보낸 9일 동안 아주 행복했다고 말했습니다. 하지만 장례식 비용을 비롯한 여러 지출로 인해 재정적으로 그녀는 생각만큼 사정이 좋지 않습니다. 에델은, 그들이 어쨌든 11월 1일까지는 그 아파트를 떠나야 하니 어디엔가 정착하게 될 때까지 자기 집으로 들어와 지내라고 강권하고 있었습니다. 이런 상황을 겪으면, 가족이 곤경에 처했을 때 도울 수 있게 여분의 돈 몇천 달러라도 있었으면 하는 바람이 듭니다. 그들은 화이트플레인스[뉴욕주]에 있는 작은 아파트를 고려하고 있는데, 그곳에는 많은 Y 사람들이 있습니다. 그들은 그녀가 진정으로 유대감을 느끼는 유일한 사람들입니다. 번은 일해야겠다고 말하지만, 육체적으로 해내기 어려울 것이 분명합니다. 프랭크는 11월 4일쯤 군에 입대합니다. 낸시는 아델피 아카데미[449]에 잘 다니고 있으며, 언더우드네 아이들과 에드 크로우도 그 학교에 다니고 있습니다. 언더우드네는 에드를 후원하고 있으며, 에드윈의 형 허먼은 바탄[필리핀]에서 실종되었다는 보고가 있었습니다.

YWCA는 기독교여자절제회WCTU[450]와 힘을 합치고 있습니다. 이 절제회는 일본에서 매우 강한 영향력이 있어서 벙커 부인[451] 등의 후원 기금을 설립하려 하고 있습니다. 기독교여자절제회는 좋은 일을 하고 있으며, 애국적 동기에서 군인들에게 술을 금하게 하여 전쟁에서의 승리를 도모하는 일 등을 하고 있습니다. 그들은 한국에서 소녀의 아버지 외에는 누구도 그녀를 매춘부로 팔 수 없다는 내용의 법을 통과시켜 많은 소녀들을 구했습니다. 쿤스 부인은 수백 명의 소녀가 막사 안으로 끌려가는 모습을 보았으며, 수백 명의 일본과 한국 소녀들이 배에 실려 군인들이 있는 곳으로 그렇게 보내지는 것도 보았다고 합니다.

나는 이화 교수진의 사진을 가지고 갔기 때문에, 에델이 그들의 얼굴을 떠올리며 자기가 알고 있는 것들을 말해줄 수 있었습니다. 내가 수집한 정보들은 다음과 같습니다.

음악과 전임교수인 정 앨리스의 자매 엘렌은 부영사인 존슨 부부를 위해 일했다는 이유로 많은 고초를 겪고 감옥에도 갔습니다. 그녀는 앨리스의 집에서 살고 있으며 개인 간호 일을 조금씩 하고 있습니다. 그녀가 이름을 언급한 몇몇 사람들은 괴롭힘을 당하고 공적 생활에서 물러났는데, 홍에스더[452]도 그중 한 명이었습니다. 심지어 이 씨의 사업까지 영향을 받게 되어 그녀는 집에서만 지내고 있습니다. 또 한 사람은 최이순이었으며, 그녀는 결혼 후 새로운 애기능[453] 거주지에서 살고 있답니다. 백 씨[454] 가족은 연희전문학교에 있는 같은 집에서 계속 살고 있으며, 백 씨는 조선기독교서회에 있습니다. 그들은 현재 꽤 잘 지내고 있는 것 같고, 백 씨는 대학도서관과 명목상으로 관계를 맺고 있습니다. 에델은 앨리스의 가족은 건강하다고 생각하고 있습니다. 고통을 많이 겪은 또 다른 사람은 김신실로, 그녀는 에델과는 말해본 적이 없습니다. 그들 중 용기가 있었던 사람은 단지 몇 명뿐으로, 어린 방신영이 그중 한 명이었습니다. 가사과 선생들인 방신영과 유복덕[455]과 후지모토[456]는 1년 전 한 덴마크 선교사가 만주에서 여학생들을 데리고 오자, 에델이 이화에서 한식을 먹도록 주선했을 당시 그녀를 부르러 왔습니다. 그것이 에델이 이화에 갔던 마지막이었습니다. 그 세 선생은 다른 손님들과 함께 와달라고 에델을 초청하러 방문했던 것입니다. 하지만 에델은 우리가 1940년에 느꼈던 것과 같은 이유로 말을 삼가야 한다고 느꼈던 것 같고, 결국 그들이 언제 그녀를 보내줄 수 있는지 묻는 것은 한국인들에게 맡겼습니다. 에델은 경성역 승강장에서 활란과 이야기를 나누었는데, 활란은 에델에게 등을 돌린 채 말하지 않는 것처럼 보이게 하면서 우리에게 메시지를 보냈습니다. "그들에게 제가 아주 건강하고 전혀 아프지 않다고 전해주세요. 열심히 일하고 있으며, 음식과 연료를 구하는 것이 어렵기는 하지만 잘해나가고 있다고요. 우리 어머니와 이정애의 어머니는 저와 함께 가사실습소에서 살고 계십니다. (에델은 은숙에 대해서는 알지 못하는 것 같았습니다.) 혹시 모를 침략에 대비하여 우물을 온 데 파고 수조도 만들고 있습니다. 모든 학과의 강좌는 이전과 동일합니다. 대학은 계속 운영되고 있다고 걱정하지 마시라고 전해주세요." 에델은 활란이 영감을 준다고 말합니다. 그들은 처음에는 떨어져 걷다가, 그다음에 함께 걸었으며, 다시 조금 더 가까워졌습니다. 이는 그들이 떠나기 직전인 5월에 있었던 일입니다.

고 글래디스[457]와 에블린은 여전히 사회복지관을 운영하면서 잘 지내고 있고, 에블린은 가사과장입니다. 그들은 신부들을 만주의 어려운 상황에서 살아갈 수 있도록 준비시키고, 단기 과정과 야간 수업을 개설하는 등 시대에 맞춰 일을 조정했습니다.

조앤과 HG는 12월 7일 전에 3개월 동안 밀러의 집에서 살았는데, 이화 음악과는 평소처럼 연습을 하고 있었다고 합니다. 들리지 않으세요??? 들을 수 있길 바라지 않으시나요??? 그녀는 계 박사가 80% 개선되었으며, 그의 이전 방식, 곧 우월한 방식에서 벗어나 다른 덜 훈련된 음악가들과 기꺼이 협력하게 되었다고 말했습니다(계 박사와 로디가 협력하고 있는 것으로 판단됩니다. 로디는 이전처럼 정진하고 있고, 이번 봄에는 연희전문 콘서트를 성황리에 개최했습니다).

채선엽[458]은 이화에서 가르치지 않고 있는데, 너무 많은 괴롭힘을 당했고 남편이 반대했으며 세 아이를 돌봐야 한다고 합니다. 그들은 그곳에 있는 선교사의 집에서 살고 있습니다. 밀러네 집을 제외하고는 모두 사람들이 살고 있는데, 그 집은 너무 커서 대학에서 사용하게 될 것입니다. 에델은 증인들 앞에서 자기네 집이 연희전문이 필요로 하는 어떤 방식으로든 사용되기를 바란다고 크게 말했답니다. 그 집은 장로교 자산 관리인인 겐소의 비서가 관리하고 있습니다. 유부용은 결혼했지만, 여전히 학생들을 가르치고 있습니다.

김 SY는 완전히 신경쇠약으로 제정신이 아니었습니다. 에델은 경찰 탓이 아니라 과로 탓이라고 하면서도, 확실하지는 않다고 했습니다. 도서관 사서인 김영희[459]는 힘든 감옥 생활을 했지만, 다시 출소했습니다.

김애마는 심신을 허약하게 하는 서양 유치원 용구를 모두 포기하고 일본 것만 쓰라는 명령을 받았습니다. 그녀는 받은 것을 사용했을 뿐이지 그것이 우수해서 사용한 것은 아니며, 그것을 바꾸기 위한 돈이 없다고, 만약 다른 것을 준다면 당연히 기쁘게 바꾸겠다고 대답했습니다. 그들은 그녀가 가진 것을 그냥 쓰도록 허락했습니다! 겨울에 가장 추운 석 달 동안은 유치원을 닫았지만, 여름에는 내내 운영했습니다. 새 도로는 아직 완공되지 않아 지금도 공사 중에 있습니다. 영학관과 롱뷰는 일본 가족들에게 세를 주었는데, 이들이 터널 너머로 한국 사람들을 계속 감시했습니다. (그들은 아마 그 터널 위에 앉아 우리를 첩자라고 생각했을 것입니다.) 딕은 언덕을 넘어 돌아다녔고, 에드 크로우는 그를 만나러 나왔습니다. 72세인 불쌍한 크로우 씨는 치매에 걸려 잠을 많이 자고, 크로우 부인은 에델에게 와서 자녀들이 교육을 받을 수 있는 고국으로 데려가달라고 간청했습니다. 에델은 그들을 위해 사회보장국에 지원을 신청했으나, 간호학을 공부하고 있는 스무 살 난 딸 에드나에게 돌볼 책임이 있으며 17세인 아들 에드도 일을 할 수 있으니 그들이 12세인 어린 앨리스를 충분히 보살필 수 있다는 대답을 들었습니다. 앨리스는 테러호트[인디애나주]의 가톨릭 시설에 가 있습니다. 개신교인들이 이런 집 없는 사람들을 돌볼 수 없다는 것이 안타깝습니다. 그래서 에델은, 그들이 교육을 받을 수 있게 할 테니 부모의 이름을 삭제하라고 크로우 부인에게 말했습니다. 크로우 부인은 그대로 하겠지요, 가엾어라! 그들은 친척이 없습니다. "니카이도[460]는 연희전문에서 중추적인 인물입니다. 그를 공략할 가치는 없지만, 명목상으로는 모든 위원회의 위원장입니다." 마츠모토[461] 씨는 자신이 목격했지만 도울 수 없었던 모든 일에 매우 슬퍼하며 떠났습니다. 그는 실패했다고 느꼈습니다. 지금은 히로시마여학교의 교장입니다. 그들은 베커의 집에서 살았고, 둘 다 3월에 떠나기 전에 에델을 방문했습니다.

최활란[462]은 교회 일 등에 어느 때보다 더 적극적입니다. 에델은 그녀를 길에서 만났고, 그들은 같이 있는 것처럼 보이지 않으면서 함께 시간을 보내기 위해 뒷길을 걸었습니다. 어떤 사람이 에델에게, 이제 유일한[463]의 회사에서 사장이 된 찰스[464]가 기독교에서 받은 훈련에 따라 살고 있지 않다고 말했습니다. 에델은 조 그레이스[465]에게 전혀 도움이 되지 못했다고 말하며, 지금도 자신은 아무런 도움이 되지 못한다고 했습니다. 채스워크는 제물포로 가는 길에 있는 소사에 내려가 있습니다. 그녀는 그곳에서 사는 것을 거부했지만, 그는 만약 그녀가 그와 함께 가지 않으면 다른 사람을 얻겠다고 말했고, 결국 그녀는 함께 떠났습니다. 제임스와 그의 아내는 좀 나아졌으며, 제임스는 더 올바르게 되었습니다. 활란의 아들인 허버트는 그녀에게 큰 슬픔을 안겨주고 있습니다. 딸들은 사랑스럽습니다. 불쌍한 활란, 나는 그녀를 위해 충분히 기도하지 못했습니다.

박 그레이스는 시간제로 학생들을 가르치고 있고, 예순은 종교교육부를 지키고 있습니다. 그레이스의 남편은 아직도 보성에서 학생들을 가르치고 있습니다.

그들은 모두 전쟁이 다가오고 있다고 느꼈고, 현금을 집에 많이 두고 가능한 한 많은 양식을 챙겼습니다. 이번 주 『토요 이브닝 포스트』에 실린 에드거 스노우의 "우리가 먼저 일본을 쳐야 한다"를 읽어보세요.[466] 한국인들에 대한 이야기가 나오는데, 소름이 돋습니다.

바이올리니스트인 곽칼과 음악과 출신인 그의 아내 이춘자는 플로런스 부츠와 나와 함께 저녁을 먹었습니다. 곽칼과 플로런스는 최고로 아름답게 연주했습니다. 나는 그들이 곧 파이퍼 부인을 위해 연주하게 되기를 바랍니다. 춘자는 연습을 하지 않고 있지만, 나는 작년에 그녀가 연주하는 것을 들었습니다. 칼은 정부 일을 하고 있고, 춘자는 집안일을 하며 연습을 시작했습니다. 윤성덕은 한인교회에서 반주를 하고 있으며, 아주 힘차게 연주합니다. 춘자가 이곳에 있는 동안 그 일을 할 수 있으면 좋겠습니다.

플로런스는 필리스와 함께 사는 유니언신학교의 맥기퍼트홀에 있는 멋진 아파트에서 나를 살게 해주고 있습니다. 이 아파트에는 침실이 세 개가 있는데, 두 사람이 모두 공부를 하고 있어서 나는 자유롭게 하고 싶은 것을 할 수 있습니다. 샤록스 부인[467]의 딸들이 어머니의 74번째 생신을 축하하기 위해 생신 축하 다과회를 열었습니다. 거기서 우리는 매우 소심해 보이는 릴리언 딘 밀러[468]와 식사를 했습니다. 윌 커는 이번에 치질로 두 번째 수술을 받았습니다(이런 용어는 철자를 잘 모르겠습니다). 이 사람들은 모두 증상이 악화할 수 있으니, 회복할 수 있는 충분한 기회가 주어져야 합니다. 언더우드네는 모두 영양이 부족하여 빈혈이 있습니다. 에델은 오랫동안 충분한 휴식과 정밀검사가 필요한 상태에 있었으며, 이제 휴식을 취할 수 있기를 바라지만, 회복에 많은 시간이 걸릴 수 있는 수술을 받아야 할 것 같습니다.

나는 스캐릿을 위해 많은 일을 하고 있지 않은 것 같아 걱정되지만, 일정표가 나왔고 다음 주에 두 번의 강연이 예정되어 있습니다. 모두에게 사랑을 보내며, 타자가 엉망인 이 편지를 용서해주기 바랍니다.[469] 그렇지만 여러분을 사랑하고 있고, 축복을 받게 되면 그것을 가능한 한 빨리 함께 나누려 하고 있다는 것을 알아주세요. 왜 그런 축복을 받는지는 알 수 없지만, 감사할 뿐입니다. 우리 랭커스터교회는 나에게 10월 11일에 강연할 기회를 주었고, 내가 그들의 선교 프로그램에 포함되지 않더라도 그 프로그램을 계속하기로 결정했습니다. 그들은 성실하며, 그들을 알아 온 어느 때보다 지금이 더 열정적이라고 생각됩니다. 베티 리는 그곳의 한 초교파 기관에서 이틀 동안 강의를 했고 큰 인기를 얻었습니다. 도로시 샌드와 나는 그녀의 강의에 네 번, 오찬에 두 번 참석해 남미에 대해 많은 것을 배웠습니다.

여러분의 오랜 친구에게 곧 편지를 보내주기 바랍니다.

앨리스 A.

주소: 뉴욕, 5번가 150 … 현재 뉴욕, 풀라스키에서

1942년 11월 28일

나의 정말 소중한 밴과 톰에게,

당신들이 이곳에 오려고 노력하며 아프리카에 있었다는 소식을 노스 박

사를 통해서 템플 박사에게 받은 것이 내가 받은 소식의 전부예요. 하지만 두 통의 편지를 항공편으로 보내는데, 한 통은 케이프타운으로 보내고 다른 한 통은 런던으로 보내면서, 당신들이 성탄절에 그중 하나라도 받게 되기를 희망해봅니다. 내 편지에 그토록 많은 우편요금을 지불해야 한다고 생각하는 것이 교만일지 모르지만, 그 편지가 몇 달간의 침묵을 보상해야 하므로, 또 이번 성탄절에 내가 당신들에게 보낼 수 있는 유일한 것이어서 비용이 훨씬 더 많이 든다고 해도 꼭 보낼 거예요. 당신의 멋진 일기 편지는 그립스홀름호가 도착한 후 한 달이 지나서야 내게 배달되었어요. 아마도 편지가 길고 정교하게 쓰여 있어서 검열관들이 검열하는 데 시간이 많이 걸렸기 때문인 것 같아요. 하지만 에델 언더우드가 당신이 해리엇에게 보낸 짧은 편지 한 통을 구해줬고, 그 안에 거의 같은 내용이 쓰여 있었기 때문에 그 편지를 통해 당신에 대한 정보를 얻을 수 있었어요. 나는 12월 8일부터 긴 침묵이 시작된 이후, 내가 구할 수 있었던 모든 소식의 파편을 복사해서 보냈어요. 나는 당신의 편지를 엘렌과 당신의 가족, 그리고 코린에게 보냈는데, 모두가 나처럼 당신을 만날 날을 숨죽이며 기다리고 있어요.

내가 추측하기로 당신은 지금 남아프리카에 있고, 이 편지를 그곳에서 받게 될 것 같아요. 길고 힘든 항해 중에 그곳에 잠깐 들른 것이 도움이 되리라 생각해요. 이런 상황에서 당신들이 또 한 번 동양에서 겨울을 보내지 않아도 된다는 사실에 대해 얼마나 감사한지 말로 다 표현할 수가 없어요. 당신이 필요한 의학적인 치료를 받게 되기를, 그리고 그곳은 여름이니 당신을 괴롭히는 모든 고통이 완전히 낫기를 바라요. 이제 바다 여행의 위험이 훨씬 줄었다는 소식도 들었고, 전쟁 소식이 우리 쪽에 유리하게 흘러가고 있어 모든 것이 더 밝아 보여요. 고국으로 곧 무사히 돌아오게 되기를 끊임없이 기도해요. 안전한 장소에 도착했을 때 전보를 보내주었으면 좋았겠지만, 분명히 편지가 이곳에서 천천히 행차하고 있는 것이겠지요.[470] 당신이 지금 남아프리카에 있다면 그립스홀름호에서 소식을 들었을 것 같지만, 어쨌든 중요한 사항들을 얘기해볼게요.

모두가 여행을 잘 마치고 무사히 도착했어요. 모두 한국에 억류되어 있었는데, 남성 12명과 A. 페더슨[471]은 감리교신학원에, 여성들은 각자의 집에, 평양의 천주교인들과 다른 남성들은 한 집에, A. 버그만[472]과 E. 마이어스[473]는 각자의 집에 억류되었었어요. 감옥에서 고문을 당한 사람들은 큰 고통을 겪었어요 — 쿤스와 라이너는 물고문을 받고 거의 죽을 뻔했으며, E. H. 밀러는 사람들로 가득 찬 지독한 감옥에서 5개월 이상을 보냈어요. 맥라렌 박사도 감금되었지만, 폭행을 당하지는 않았어요. 그들은 여행 가방에 넣을 수 있는 것만 가지고 나왔기 때문에 모든 물건이 그곳에 그대로 남겨졌어요. 그럼에도 모두 기쁜 마음으로 받아들이고 있으며, 자신의 증언이 가치 있었다고 느끼고, 남아 있기로 한 선택을 잘한 일이라 생각하고 있어요. 에델은 활란에게서 좋은 소식을 가지고 왔고, 방 선생과 이화의 다른 사람들과 이야기를 나누었어요. 그들은 계속 전진하고 있으며, 상황은 작년과 거의 비슷해 보여요. 동대문병원이 팔려서 35만 엔이 이화여전 기부금에 더해졌어요. 이는 우리 선교회가 병원보다는 대학이 더 필요하다고 생각했다는 것을 보여줍니다. 병원은 이제 개인이 운영하고 있어요. 당신이 떠날 때와 같은 사람들이 모두 여전히 훌륭한 정신으로 충실하게 일을 맡아 하고 있어요. 그렇게 큰 변화가 있었던 것 같지는 않고, 단지 많은 일이 증가했을 뿐이어서 그들 모두에 대해 기분이 나아졌어요. 우리도 알고 있었듯이, 상황은 전반적으로 더 나빠지고 더 힘들어졌을 뿐이에요. 연합군의 승리가 확실해질수록 그들은 더 잔혹하게 박해를 받을 것이기 때문에, 그 어느 때보다 더 우리의 기도가 필요해요. 당신이 이 부분에 대해서는 나보다 더 잘 알고 있을 거예요.

그립스홀름호에서 내렸을 때 가장 안 좋게 보였던 사람은 쿤스 박사와 패트 반하트였어요. 쿤스는 샌프란시스코에서 정부를 위해 열심히 일하고 있지만, 패트는 세상을 떠났어요. 그는 브루클린에 있는 아파트에서 10월 9일 심장마비로 사망했는데, 그들은 그 아파트에 막 세 들어갔었고 그곳에 배치할 가구도 샀었어요. 그는 아무런 전조 증상도 없이 저녁 식사 후 편지를 쓰다가 어지럽다고 말한 뒤 쓰러졌대요. 번과 낸시는 혼자 있었으며, 번이 언더우드 부부를 부르러 사람을 보내서 언더우드 부부가 즉시 왔고, 프랭크도 한 시간이 안 돼서 왔어요. 번은 아시다시피 멋진 사람이지만 너무 나이가 들었어요. 장례식은 그들의 많은 Y 친구들이 사는 화이트플레인스에서 진행되었고, 번은 나에게 찬송을 불러달라고 부탁했어요. 반주해주는 악기는 없었지만, 나는 찬송을 불렀어요. 우리의 많은 친구가 그 자리에 참석했어요. Y는 처음에는 번의 재정적인 걱정을 덜어주기 위해 해야 할 일을 다 하지 않았지만, 지금은 그녀의 건강이 일을 할 수 있는 상태가 아니니 그녀를 돌보겠다고 약속했어요. 프랭크는 조지아의 주둔지에 있고, 팻시와 낸시는 브루클린 워싱턴가에 있는 모호크 호텔에서 번과 함께 지내고 있어요. 그곳은 언더우드 가족의 집과도 가까워요.[474]

주소: 테네시, 내슈빌, 스캐릿대학
1942년 11월 30일

가장 친애하는 앤[475]에게,

우리는 꼭 2년 전 오늘 샌프란시스코에 도착했는데, 그날을 기억하게 해주는 당신의 멋진 편지가 왔네요. 한국에서 온 친구들과의 만남에 대해 아주 자세히 써줘서 고마워요. 나는 당신이 보낸 편지의 요약본을 만들었으며, 복사본 한 통을 진 델마터에게 장로회 선교국의 주소인 뉴욕주 뉴욕 5번가

156으로 보내려고 해요. 다른 주소는 가지고 있지 않지만 이 주소로 보내면 진 델마터가 받을 것입니다. 나와 연락이 끊긴 거트루드 스내블리에게도 복사본 한 통을 보낼 거예요. 그녀가 고국에 돌아오자마자 제칠일안식일예수재림교로 개종했다는 소식을 들었겠지요? 그런데 그녀는 지금 필라델피아에서 감리교 연금을 받으며 살고 있어요. 웰치 감독님은 이 소식을 듣고 크게 웃으시며, "좋군요! 거트루드에게 딱 어울리네요"라고 말씀하셨어요. 그녀가 폐렴으로 입원했을 때 루 박사가 그녀를 개종시킨 것 같아요. 그녀는 특히 신앙 치유에 관해 항상 특이한 관점을 가지고 있었는데, 그것이 시험이 되었던 것 같아요.

이번에는 지난번처럼 당신의 편지가 답장을 기다리게 하는 잘못을 저지르지 않으려고 하지만, 타자기를 오늘만 사용할 수 있어서 가능한 한 빨리 요점만 쓰고, 나머지는 내가 발견한 것으로 봉투를 채우려고 해요. 밴에게 보내는 편지가 성탄절 전에 도착하기를 바라며, 남아프리카 케이프타운에 항공 우편으로 1달러 10센트를 내고 부쳤어요. 당신의 편지에서 유일하게 실망스러웠던 점은 당신이 홉스 부부를 만나지 못했고, 그들에 대해 아무것도 모른다고 한 부분이었어요. 그들이 송환을 기다리고 있다는 것이 우리가 들은 최근 소식이며, 그 소식은 런던에 있는 영국해외성서공회의 템플 박사에게 보낸 편지에 있었어요. 그래서 밴에게 보내는 내 편지의 복사본 하나를 템플 박사의 주소로도 보냈어요. 당신은 언제 로렌수마르케스에 있었는지 날짜를 알려주지 않았지만 아마 8월이었을 것 같네요. 톰이 템플 박사에게 보낸 편지는 7월 31일에 상하이에서 보낸 것이었는데, 지금은 밴과 톰이 어디에 있는지 알 수가 없어요. 어쩌면 그들이 아직도 상하이에 있는 게 아닐까 하는 생각이 드는데, 정말로 탈출했다면 전보를 보냈을 것 같기 때문이에요.[476] "뚱뚱한 사람들"과 그들의 행동에 대한 묘사 등, 당신의 이야기는 모두 재미있었어요. 당신이 배들을 만날 수 있었고, 또 그렇게 많은 친구를 만나게 되어서 정말 기뻐요. 몇 달 동안 고된 업무에 지쳤으니, 당신은 휴가가 필요했을 거예요. 도움을 받고 외부 활동도 즐기고 있다니 매우 기뻐요.

쿤스 박사는 거의 쉬지 않고 곧 샌프란시스코에서 정부 업무를 맡았으며, 한국인들에게 정보를 전달하려고 노력하고 있어요. 쿤스 부인은 자녀들을 방문하고 있었지만, 곧 샌프란시스코로 가서 그와 함께할 거예요. 최근에 돌아온 사람들이 모두 그렇듯이 그녀는 매우 불안해 보여요. 에델 언더우드는 여러 가지 문제들, 심장 문제와 신우염 등으로 매우 아프지만, 수술이 필요하지 않기를 바라고 있어요. 조앤과 H.G.가 그들과 함께 있고, 그들의 고모가 소유한 4층 집에 살고 있어요. 크로우의 두 자녀는 모두 살 곳이 정해져서, 에드윈은 네브래스카주에서 에델이 알고 있는 가족과 함께 지내게 되었고, 앨리스는 배에서 알게 된 메리놀 소속 신부[477]의 자매와 지내게 되었어요. 호레이스 언더우드는 강연이 많아 매우 바쁘며, 11월 1일부터 장로회에서 일해요.

패트 반하트는 정말로 전쟁으로 인한 사상자예요. 그는 태국에 있던 단체에서 일본어를 아는 유일한 사람이었고, 일을 끔찍하게 열심히 하며 수용소에서 중개자 역할을 하느라 엄청난 중압감을 느꼈어요. 그립스홀름호에서조차 그 단체를 적극적으로 도왔어요. 나는 그를 한 번 만났는데, 그때 그는 완전히 지쳐 보였고 거의 웃지도 못했어요. YMCA는 정말로 패트에게 쉴 기회를 주지 않았고, 그는 막 긴장을 풀고 가족과 시간을 보내기 시작하려 할 때 사망했어요. 패트와 번은 패트의 부모님을 뵈러 아이오와에 다녀왔어요. 프랭크는 전쟁에 나갔고 그 가족은 늘 건강 문제에 시달려서, 번에게는 패트가 무척이나 필요했어요. 우리는 모두 번을 걱정하고 있지만, 번의 정신이 이 사별의 충격을 이겨낼 수만 있다면 그녀는 계속 나아갈 수 있을 거예요.

리처드는 육군 항공단에 합격했지만, 내년 봄에 캘리포니아대학교를 졸업할 때까지는 입대하지 않아도 돼요. 헨리, 루스, 캐롤은 호놀룰루에서 잘 지내며, 그들의 교회는 군인들을 위해 많은 일을 하고 있어요. 아널드 사제님이 당신과 멀지 않은 곳에 계셔서 기뻐요. 그분께 내 안부를 전해주세요.

그분과 함께 있었을 때 나는 늘 즐거웠어요. 사제님이 구내 주변에서 가방들을 끌고 다니시는 모습, 그리고 사제님이 업무에 필요한 장비를 제대로 갖추게 하려고 애쓰는 야코보의 모습이 그려져요! 아, 우리는 언제쯤 집에 다시 돌아갈 수 있을까요? 당신과 내가 조금이라도 더 젊을 때 그렇게 될 수 있을까요? 소식만 들으면 아주 고무적이지만, 물론 잘못된 낙관론에 대해서는 경계해야겠지요.

메리 테일러는 여전히 사랑스러워 보였으며, 아무도 그녀가 그렇게 심각한 눈 문제를 가지고 있다는 걸 눈치채지 못했어요. 한쪽 눈을 잃었지만 브루스[478]의 형편이 좋아졌고, 그의 방위산업체, 아니면 무엇이든 간에 그곳에서 행복하게 일하고 있으니 그녀도 만족하고 있을 것이 확실해요. 우나는 언제나처럼 아주 명랑하고 다정해요. 뉴욕에 가면 늘 그녀를 만나요.

불쌍한 애스트리드! 윌 커는 한국에서 다른 어떤 여성도 그녀처럼 일할 수 없었을 것이라고 말해요. 그녀는 소탈하고 좋은, 진정한 동료였으며, 언어 문제와 관련해서 도움을 정말 많이 주었어요. 그녀가 탈출할 수 있었기를 바라지만 그랬을 것 같지는 않네요.

로제타 홀 박사님을 위로하려고, 비록 동대문병원은 팔렸지만 의사가 샀으니 계속 병원으로 유지될 것이라고 말씀드렸는데, "그런 건 나에게 도움이 되지 않아요! **여자** 의사가 산 것이 아니고 부인병원으로 운영되는 것도 아니잖아요!"라고 퉁명스럽게 대꾸하셨어요. 그녀는 여기에서 한복을 입으시는데, 그 어느 때보다 더 이상하고 기묘해 보이세요. 가끔 미국 옷을 입을 때조차 흰색이나 밝은색을 입으셔서 햇빛이 몸에 닿을 정도예요. 그녀는 뉴욕주에 있는 고향인 작은 마을 리버티에서 혼자 살며 예약을 받아 환자를 보십니다. 우리의 연금은 은퇴한 선교사들에게 충분한 안락함을 제공하지 못해서 그녀의 삶은 제한적이지만, 모든 인습에 경종을 울리고 계시며 그것이 주된 즐거움이세요.

당신의 편지를 먼저 에델 언더우드에게 보내서 조앤과 다른 사람들이 그 소식을 즐길 수 있게 하고, 그다음엔 캘리포니아에 있는 미스 코스트럽에게 보내려고 해요. 나는 아마도 이번 겨울에 캘리포니아에 가게 될 거예요. 지금으로서는 어디에서 지내게 될지 모르겠지만 걱정하지는 않아요. 모든 곳에 일자리가 있고, 내가 할 수 있는 것보다 해야 할 일이 더 많지만, 학교 생활 후에 이렇게 돌아다니는 것은 내 취향이 아니에요. 견디기 힘든, 일종의 노숙자 같은 느낌이 들어요. 하지만 나는 곳곳에서 한인들과 만났으며, 내 모든 친구를 즐겁게 방문했어요. 에비슨 박사는 전에 거주했던 모든 사람과 연락을 취하고 그들이 한국의 대의에 관심을 가지게 하려고 노력하고 있어요. 나는 그들이 가진 모든 최고의 열망에 깊이 공감하고 있으며, 전쟁 동안 충분한 정보와 정서가 준비되어서 평화가 찾아왔을 때 한국인들이 다시 자신들의 정부를 가질 수 있기를 바랍니다. 일본 치하로 돌아간다는 것은 현 정권이 승리했다는 것을 의미하기 때문에 상상할 수 없는 일이에요. 그래서 비록 우리가 사랑하는 사람들에게 더 많은 분노가 쏟아질지라도, 일본을 이기고 선량한 사람들에게 그들이 결코 경험하지 못한 진정한 자유를 누릴 기회를 주는 것 외에는 다른 방법이 없다고 생각해요. 나는 지금 전개되고 있는 일들에 대해 몹시 괴로워하고 있을 일본 그리스도인들을 누구보다 더 측은하게 생각해요. 그루[479] 대사는 강경한 태도를 보이고 있지만, 그 또한 그들의 국가가 하는 일에 대해서 정말로 고통스러워하는 일본인에 대해 매우 동정적이에요.

이제 편지 쓰기를 멈추고 오랜 시간 이곳에서 타자를 치게 해준 여주인에게 예의를 갖추어야겠어요. 사람들은 나에게 아주 잘해주고, 곳곳에서 내가 받을 자격이 있거나 전할 수 있는 것보다 더 많은 친절을 베풀어줘요. 이곳에는 이화인들이 많은데, 모두 유익한 삶을 살며 자기 민족을 가장 잘 대변하고 있어서 이들로 인해 무척 기쁩니다. 이들은 대도시에 있는 한인교회들에서 주도적인 역할을 하고 있으며, 사람들은 이들을 알고 싶어 합니다.

테네시, 내슈빌, 스캐릿대학
1942년 12월 17일

존 R. 템플 박사
런던 E.C. 4
퀸 빅토리아로 146

친애하는 템플 박사님께,

지난달 노스 박사님은, 당신의 편지를 인용하여 톰과 에드나 홉스의 친구들에게 편지를 보내셨습니다. 그 내용은 그들이 7월 31일에 상하이에서 송환을 기다리고 있으며, 남아프리카에 도착한 후 미국으로 오는 비자를 받고자 한다는 것이었습니다. 그것이 우리가 받은 가장 최근 소식입니다. 제 친구 중 한 명이 중국에서 영국인들을 로렌수마르케스로 데려오는 첫 송환선을 만났지만, 그곳에서 홉스 부부는 보지 못했다고 합니다. 우리는 그들이 탈출했기를, 그리고 곧 그들로부터 소식을 듣게 되기를 바랄 뿐입니다.

박사님은 홉스 부인과 내가 서울에 있는 이화여전에서 오랫동안 함께 일했던 것과, 1935년 이화를 방문하셨을 때 함께 만났던 것을 기억하실 것 같습니다. 에드나의 건강이 좋지 않아서 너무 걱정됩니다만, 그녀의 정신은 할 수 있는 한 최대로, 아주 용감하게 견뎌내리라는 것을 알고 있습니다. 우리는 상하이에서 허즈퍼스 씨가 다른 많은 사람과 함께 체포되었고 강 건너에 억류되었다는 소식을 들었습니다. 그렇게 오랫동안 희망해온 본국 송환들이 곧 이루어지기를 기도합니다.

동봉한 편지를 홉스 부부에게 첫 번째 주소로 보내주시고, 또한 그들에 대해 어떤 소식이라도 알게 되시면 제가 받을 수 있도록 저를 우편물 수신자 명단에 계속 올려주시면 깊이 감사하겠습니다. 우리는 영국 국민의 정신에 영감을 받아, 시련의 시기에 여러분의 위대한 힘과 믿음이 우리에게도 함께하기를 바랄 뿐입니다.

즐거운 성탄절과 복된 새해를 맞으시기를 기원합니다.

진심을 다해,
앨리스 R. 아펜젤러

추신. 동봉한 편지를 읽는 것이 현명하다고 생각하시면, 읽어보셔도 괜찮습니다.

테네시, 내슈빌, 스캐릿대학
1942년 12월 23일

친애하는 러헤드 목사님께,

성탄절을 맞아 사랑스러운 달력을 보내주셔서 감사합니다. 저는 이곳에서 휴일을 즐기고 있지만 곧 떠날 준비로 매우 바쁠 것 같습니다.

동봉한 자료에서 보시다시피 호놀룰루로 발령이 났습니다. 이것은 제가 오랫동안 바라왔으나 계속해서 연기되었던 것으로, 저를 매우 행복하게 합니다. 제가 다시 해외 임무를 맡게 되었으니, 목사님은 저에게 이어오시던 지원을 중국에 있는 두 명의 선교사에게로 이전하는 것에 대해 제가 어떻게 생각하는지 궁금해하실 것 같습니다. 저는 그런 변화가 교회에 도움이 될 것이며, 세상에서 가장 흥미롭고 중요한 곳 중 한 곳으로부터 새로운 관심과 풍부한 정보를 가져오게 만들 것이라 믿습니다. 전시 상황에서는 편지를 자주 받지 못하더라도, 선교사들이 있는 지역에서 일어나는 일들에 대해 계속 알 수 있기를, 그리고 선교사들에 대한 충실한 마음을 이어갈 수 있기를 바랍니다. 제일교회 분들이 저에게 신실하다는 것을 잘 알고 있으며, 그들의 직접적인 지원을 받든 받지 않든 차이는 전혀 없습니다. 새 일을 그들이 기도와 관심으로 도와주리라 믿습니다.

새 일은 제가 항상 해온 대학 행정 업무와는 꽤 다를 것입니다. 한인감리교회 임 목사님[480]이 편찮으셔서 그 어느 때보다 저의 도움을 필요로 하십니다. 교회에 가서 할 수 있는 어떤 일이든 해서 도울 것이고, 물론 때때로 이 일에 대해 랭커스터에도 편지를 쓸 예정입니다.

건강하시기 바라며 루스 파이퍼가 부모님에게서 좋은 소식을 들었기를

하와이에서 58세 생일을 맞은 앨리스 아펜젤러(1943년)

바랍니다. A. G. 앤더슨 부인이 로디지아에 있는 남편과 함께 지내기 위해 아프리카행 비행기를 타신다는 이야기를 들었습니다. 그들은 오랫동안 한국에서 선교사로 활동해오셨습니다.

이 편지는 교회에 보내는 저의 1월 편지를 대신할 것입니다. 복된 성탄절과 우리 주님을 섬기는 좋은 새해를 맞이하시기를 기원합니다. 지난번 마지막으로 방문했을 때 제일교회에서 다시 강연할 기회를 주셨던 것에 대해 진심으로 감사드립니다. 하나님께서 모든 면에서 복 주시고 우리 모두에게 평화의 새해를 주시기를 빕니다.

충심을 다해,

1946년

1946년 12월 4일까지 — 하와이 준주,[481] 오아후, 와히아와, 우편함 565
1946년 11월 20일

친애하는 친구들에게,

추수감사절이 다시 돌아왔고, 내가 받은 축복이 너무 많아서 다 셀 수조차 없습니다. 그중 최고의 축복은 한국으로 돌아갈 수 있는 길에 청신호가 켜진 것입니다. 지금까지의 과정은 다음과 같습니다.

1. 9월 25일, 주한미군 사령관 하지[482] 장군이, 과거 한국에서 일했고 다시 와달라고 초대받은 여선교사들의 귀환을 허가해주었습니다. 감리교 명단에 포함된 인원은 22명입니다.
2. 10월 9일, 국무부의 허가를 받았습니다. 11월 12일에는 여권이 하와이주지사로부터 승인을 받았고, 12월 4일에는 군수송선에 탑승할 수 있는 통행권이 승인되었습니다. 이렇게 일이 빠르게 진행될 수 있었던 것은 많은 친구들이 도와주었기 때문입니다. 표를 사서 가는 상업적인 여행과는 아주 다릅니다. 마지막 장애물은 짐입니다. 살 수 있는 물품도 없고 인플레이션 때문에 정상적인 생활이 어려운 상황이니, 가정용품, 식료품, 생필품을 모두 가져가라는 지시를 받았습니다. 하지만 그 밖에 필요한 물품들을 가져갈 수 있게 군이 허락해줄지는 모르겠습니

다. 나는 서울에 있는 남동생 헨리[483]가 그곳에서 꼭 필요한 물품에 대해 무선 통신으로 답변해주기를 기다리고 있습니다.

헨리는 현재 호놀룰루에 있는 제일감리교회에서 받은 1년간의 휴가 기간 동안 국무부와 서울 주재 미군을 위해 일하고 있습니다. 그의 아내는 캘리포니아에서 기다리고 있지만, 1월에는 이곳 목사관에서 지내게 될 것 같습니다. 그들의 아이들은 결혼 후 미국에서 살고 있습니다. 우리는 한국에서도, 또 이곳에서도 오랫동안 함께 일해왔기 때문에 한국에 가면 가족들이 그리울 것 같습니다.

여러분은 지금 주로 러시아인들로 인해 한국에서 발생하는 어려움과 불확실성에 대한 소식을 접하고 계실 것입니다. 한국인들은 그들의 땅을 갈라놓은 철의 장막 때문에 그 어느 때보다 더 큰 어려움에 처해 있습니다. 그들은 지금 오랜 친구들이 함께해주기를 바라고 있고, 많은 사람이 한국으로 가고 있습니다. 이화여자전문학교는 9월에 이화여자대학교로 개교했고, 학생 수는 1,000명으로 증가했습니다. 김활란 총장은 미국에서의 유익한 방문을 마치고 이화로 돌아가 수많은 문제와 씨름하고 있습니다. 오랜 박해 끝에 교회들이 다시 세워지고 있으며, 모두 영적인 도움이 필요하다고 말하고 있습니다. 나와 함께할 일행 네 명, 즉 채핀 부인, 애다 홀, 클라라 하워드, 애다 맥퀴는 배를 타고 파나마를 경유하여 12월 8일경 도착할 예정입니다. 성탄절을 한국에서 보낼 수 있기를 바랍니다!

하지만 나이가 많으신 한국인 목사님만 계시고 훈련받은 지도자는 너무나 부족한 이곳의 작은 한인감리교회를 떠나는 것은 괴롭습니다. 그러나 적합한 사역자들이 나타날 것이라고 믿습니다.

나의 가족이자 동거인인 엘마 로젠버거가 지난 1월에 떠나서 올해는 조금 낯설고 외로운 한 해를 보냈습니다. 그녀는 세실 L. 매티스 씨와 결혼하여 플로리다주 세인트클라우드에 정착했습니다. 나는 사랑스러운 하와이에서 거의 4년을 보낸 것과, 이곳에서 우정과 하나님의 선하심을 새롭게 경험한 것에 대해 항상 감사할 것입니다. 하지만 이제는 나의 자리로 돌아가서 다시 일할 수 있게 된 것에 감사하고 있습니다. 앞으로 어디에서 어떻게 살게 될지는 모르겠지만, 보살핌을 잘 받게 될 것은 확실합니다.

이번 성탄절에 풍성한 축복이 함께하기를, 그리고 새해에는 천사들의 노래를 실현하는 데에 한 걸음 더 가까워지기를 기원합니다. 개인적인 말을 더 쓰지 못한 채 이런 편지를 보내야 해서 미안하지만, 여러분에게 손을 흔들며 알로하라고 인사할게요! 우리 모두에게 하나님의 축복이 함께하기를 기원합니다![484]

언제나 충실하게,
앨리스 R. 아펜젤러

Letters of Alice Appenzeller

6장

다시 이화로 돌아오다

1947년

1947년 9월 19일[1]

친애하는 친구들에게,

그토록 친절하게 보내준 편지와 소포들에 대해 아무런 소식도 듣지 못하고 오랫동안 편지를 기다려온 친구들이 있겠지요. 보내준 모든 것에 감사하는 마음은 컸지만 계속 편지를 쓰며 매일의 업무를 해내기가 불가능했습니다. 6년만에 다시 만난 한국의 친구들이 내게 원하는 만큼 함께 시간을 보내려 노력하고 있으니, 멀리 있는 친구들은 이해해주리라 믿습니다.

한국 국민은 특히 "철의 장막"으로 인해 조국이 분단되면서 큰 고통을 겪고 있습니다. 러시아는 북쪽 사람들을 손아귀에 쥐고 있을 뿐만 아니라, 미국이 통제하는 남쪽도 공산주의 선전을 통해 차지하려 하고 있습니다. 그러나 매일 1,000명이 넘는 피난민이 자유를 찾아 밤을 이용해 38선을 넘어 도망쳐오는 것을 보면, 그들에게 자유가 얼마나 소중한 것인지 알 수 있습니다. 그들은 재산을 잃고, 38선에 도달하기 전에 대개 돈과 따뜻한 옷마저 빼앗깁니다. 그들은 그곳에 있는 미군을 구원의 천사처럼 여긴다고 하는데, 서로 더 잘 알게 되면 그 영광이 양쪽 모두에게서 사라지지 않을까 우려됩니다. 러시아의 이웃 국가들과 함께 실행 가능한 기반을 마련하려는 노력은 지금까지 성공하지 못했으며, 공산주의 선전은 독초처럼 자라고 있습니다.

여러분이 보내준 것들로 이 사람들을 돕는 일에 작은 역할을 할 수 있어서 기뻤습니다. 여러분이 내게 준 옷들이 많은 사람들을 행복하게 했습니다. 최근에는 아버지가 북에서 목사로 계신 한 용감한 졸업생에게 옷과 신발 등을 주었습니다. 그녀는 이화보육학교를 졸업했으나 지금은 미국 정부도서관에서 일하고 있습니다. 얼마전에는 그녀의 열일곱 살 난 남동생이 막 탈출해서 그녀에게 왔습니다.

3월 중순부터는 일주일에 나흘씩 이화여자대학교로 지프차를 타고 가서 수업을 하며, 다양한 방면으로 도우려고 노력하고 있습니다. 5월 31일에 대학은 몇 년 만에 처음으로 성대한 창립기념일 행사를 가졌습니다. 이화 창립 61주년인데, 작년 11월이었던 나의 61번째 생일을 끌어와 그날을 또한 내 Whangap[환갑]이라고도 불러주었습니다. 졸업생들이 환갑 잔치를 마련했고, 학생들이 운동장에서 멋진 프로그램을 진행한 후, 돗자리가 펼쳐지고 환갑을 축하하기 위해 산해진미를 수북이 쌓은 전통적인 상이 마련되었습니다. 나는 줄무늬 소매가 있는 수놓은 녹색 저고리와 청록색 비단 치마를 입고, 결혼식에서도 쓰지만 환갑 잔치에서도 쓰는 작은 바늘꽂이 같은 족두리도 썼습니다. 화사하게 차려입은 참가자들이 (할머니의 후손들처럼) 절을 한 후, 축사와 음악이 이어졌습니다. 그 후 우리는 파이퍼홀 3층으로 갔는데, 그곳에는 환갑 상에 올랐던 음식들을 포함한 진수성찬이 차려졌습니다. 비가 많이 올 것이라는 예보가 있었고 실제로 약간 오기도 했지만, 우리 모두에겐 행복한 날이었습니다. 수천 명의 구경꾼이 몰렸고, 많은 사진사가 그 그림 같은 장면들을 담았으니 틀림없이 여러분도 그 사진들을 보게 될 것입니다.

우리 다섯 명의 "개척자"들은 5월 15일에 그레이하우스에서 나와 길 건너편 이화여자고등학교에 있는 우리의 옛집으로 이사했습니다. 그레이하우스는 겨울에 편안했지만, 그래도 우리는 군대 숙소가 아닌 이곳에 우리만의 집을 가지게 되어 기쁩니다. 감리교 남선교사들은 바로 옆에 있는 "젠센의 집"에서 거주 중인데, 그곳은 내가 태어난 곳이기도 합니다.

6월 말에 감리교 여선교사 일곱 명이 더 와서 우리는 12명이 되었습니다. 그와 동시에 해외선교총회 방문단이 와서 7월까지 우리와 함께 일했습니다. 전에 이곳에서 선교사로 일했던 미스 빌링슬리[2], 그리고 여성기독교봉사부[3] 해외과 과장인 프랭크 G. 브룩스 부인이 우리와 함께해주었습니다. 그들이 떠난 다음 날 캐나다인 동료 셋이 이화대학으로 일하러 와서, 이제 우리는 15명의 여성으로 구성된 행복한 가족이 되었습니다.

우리의 집에는 짐과 화물이 쌓여 있고, 구석에서는 사람들이 친구를 만나고, 거실은 회의로 바쁘며, 식당은 항상 사람들로 가득 차 있어서 역 근처 호텔과 큰 회의장을 합쳐놓은 것 같은 모습입니다. 장마가 7월 내내 이어지고 8월 중순까지 계속되더니 그다음엔 더위가 찾아왔습니다. 하지만 지금은 날씨가 다시 아주 좋아졌습니다.

9월이 되기 전에 사람들은 각자의 집으로 이사를 가기 시작했습니다. 미스 잭슨[4]과 레어드[5]는 원주로 갔고, 미스 블랙,[6] 다이어,[7] 스미스[8]는 송도(개

2년 늦게 치러진 앨리스 아펜젤러의 회갑연(1947년)

성)로, 서울에서 채핀 부인과 미스 쿠퍼[9]는 성경학교로, 미스 다니엘스,[10] 하워드, 맥퀴는 이화 캠퍼스에 있는 영학관으로 갔으며, 미스 올리버, 샌델[11]과 머레이[12] 박사는 센터로 갔습니다. 누구도 휴식을 취하거나 휴가를 가지 않았지만 미스 맥퀴를 제외한 모든 사람이 9월 9일 개학을 위해 준비가 되어 있습니다. 미스 맥퀴는 악성 빈혈로 육군 병원에 갔는데, 다행히 회복되고 있어서 감사합니다.

우리는 지금 미국에서 오는 일정이 지체되고 있는 네 명의 선생님, 즉 미스 쳐치, 헐버트, 맥베인,[13] 우드의 일정을 메우느라 바쁩니다. 1,200명의 우리 학생들은 행복하게 지내고 있으며, 교통수단, 의자, 책상, 책, 기타 용품이 부족한 문제 등 많은 어려움에도 개의치 않고 우리에게서 더 많은 것을 배우고 싶어 합니다. 물품들이 도착하고 있다는 사실에 감사하며 다시 함께하게 되어 기쁩니다.

이곳에서 맞이하는 우리의 새로운 장章은 무한한 관심, 다양성, 도전을 동반하지만, 사도 바울이 말했듯이 "대적하는 자가 많습니다."[14]

우리를 도와주어서 고맙습니다. 친구들 모두에게 사랑을 보냅니다.

언제나 충실하게,

앨리스 R. 아펜젤러

(내게 보내는 소포는 한국 서울 이화여자대학교로 보내주세요.)

1947년 10월 14일

친애하는 친구들에게,

여러분이 보내준 여러 가지 선물이 모두 무사히 배달되었고, 개봉하고 분류한 뒤 필요한 이들에게 잘 분배했다는 사실을 알려드리기 위해 이 편지를 씁니다. 마치 산타클로스의 작업장과 같이 작은 방 전체가 수차례 선물 상자들로 꽉 찼습니다. 모든 선물이 좋은 상태로 도착했지만, 보낸 사람의 주소가 분명하지 않은 경우가 일부 있었습니다. 여러분이 보낸 선물이라는 것을 알 수 있도록 주소를 명확하게 잘 써주시기를 바랍니다.

어떠한 물품이든 환영하며, 모두 필요한 사람에 의해 잘 사용될 것입니다. 좀 좋은 옷은 멋진 물건들을 선호하는 젊은 선생들에게 전달할 것입니다. 여기서는 옷을 거의 살 수 없으며, 더구나 이 선생들이 받는 월급으로는 더더욱 살 수 없습니다. 남성복은 그런 사람들뿐 아니라 러시아 지역에서 도망쳐 오느라 목숨밖에는 건진 것이 없는 많은 사람들에게 나누어줄 것입니다. 날마다 1,000명이 넘는 사람들이 오고 있는 상황에서, 우리는 보내준 선물들로 우리가 아는 사람들만을 도울 수 있을 뿐입니다. 신발은 언제나 특별히 감사한 마음으로 받고 있으며, 따뜻한 코트나 스웨터 등도 대단히 귀중한 보물입니다. 또한 새로운 무언가를 만들 수 있는 재료는 항상 환영합니다. 옷을 제대로 갖춰 입어본 적이 없는 궁핍한 사람들이 여러분이 보내준 천 조각들로 옷을 지어 입을 것입니다. 다음과 같은 물품들이 크게 환영받습니다. 새 양말(남성용, 여성용, 아동용 양말), 새 스웨터나 중고 스웨터, 모직 목도리(중고), 뜨개질용 털실, 따뜻한 속옷, 전구, 플러그, 코드, 재봉 재료(즉 실, 바늘, 꿰맬 무명실, 재봉틀 바늘), 연필, 공책, 중고 핸드백과 지갑, 중고 식탁보와 이불, 비타민과 다른 의약품도 감사히 받겠습니다.

『월드 아웃룩』에 실린 내 광고를 보고 많은 분이 산타클로스처럼 선물을 보내주었습니다. 보내준 청소용품은 우리 대학의 큰 건물들에 거의 다 필요하지만, 이화는 식당, 우유 판매점, 식료품점 등 돈을 벌기 위한 사업도 다양하게 진행하고 있어 그런 곳에서도 청소용품이 요긴하게 사용될 것입니다. 교직원들도 청소용품을 좋아하기 때문에 금방 소진될 것 같고요. 우리의 유일한 규정은 어떤 것도 팔지 않는다는 것인데, 지금까지 그 규정을 위반한 경우는 없었습니다. 중고 성탄절 카드들은 올가을 모두에게 기쁨을 가져다줄 것이고, 우리는 그 카드들이 다양한 용도로 쓰일 수 있도록 일찍 나누어줄 예정입니다. 모든 개인과 단체에 감사드리며, 우리를 생각하며 기도해주시기를 바랍니다. 한국에서 우리가 영적인 힘과 지혜만큼 필요로 하는 것도 없습니다. 그러므로 여러분은 정말로 기도를 통해 우리를 도울 수 있습니다. 이화대학은 9월 9일에 개학했으며, 많은 학과에서 1,200명이 넘는 학생들에게 수업을 하고 있습니다. 그중에는 이북에서 온 학생들도 많아 도움이 필요할 텐데, 여러분의 선물이 큰 도움이 될 것입니다.

다시 한번 감사드립니다.

충심을 다해,

앨리스 R. 아펜젤러

(내게 보내는 구호품은 한국 서울 이화여자대학교로 보내주세요.)

정말 환영받는 좋은 책들을 보내주셔서 감사합니다. 식품은 대학을 위해 대접할 일이 많은 김활란 박사에게 주었습니다. 새해 복 많이 받으세요![15]

1947년 12월 15일

친애하는 친구들에게,

이 편지가 성탄절이나 새해, 발렌타인데이, 부활절에 여러분에게 배달된다면, 그 기념일에 맞는 축복을 기원하는 나의 진심 어린 인사로 받아주세요.

올해의 세 번째 이사를 10월 18일에 했습니다. 나는 이제 옛 이화를 영원히 떠나 이화대학에 1.6km 더 가까운 곳인 서대문 밖 언덕 위에 위치한 감리교 여성성경학교로 이사했습니다. 이곳은 한때 기독교 사역자를 훈련하는 신성한 장소였으나, 전쟁 중에는 일본의 "사상경찰"에 의해 사용되며 끔찍한 일들이 자행된 곳이기도 합니다. 건물 또한 심하게 훼손되어 문과 창문들이 없어졌고, 벽과 바닥들도 손상되는 등 모든 것이 열악한 상태가 되었습니다. 채핀 부인은 과거처럼 복구 작업에 돌입했는데, "그리스도를 위한 십자군"[16] 기금의 도움을 받아 새로 페인트를 칠하고, 창문을 달고, 배관 설비를 갖추고(수도와 전기가 곧 들어오리라고 기대합니다), 조명을 달아서 이 건물을 거주할 만한 곳으로 만들었습니다. 건물에는 선교사를 위한 숙소, 채플, 도서관(채플과 도서관 모두 지금은 가구가 전혀 없는 상태입니다), 교실, 기숙사가 있습니다. 이미 성경학교 하나가 10일 동안 열렸고, 또 다른 과정에서 약 30명의 젊은 여성들이 공부하고 있습니다. 전쟁을 거치며 한국 교회 안에서 여성 사역자들이 거의 다 사라졌기에, 이제 우리는 무슨 일이든 다 해야 합니다.

나는 20년 동안 내 집이었던 옛 이화를 떠날 때 눈물이 좀 났습니다. 그간 수리 작업으로 바빴던 5월에서 10월까지의 몇 달간, 우리는 옛 이화가 우리에게 안식처였다는 것을 실감하게 되었습니다. 지금 나는 자그마한 대학 교실을 사용하고 있는데, 전망이 아름답고 조용한 곳입니다. 난방이 며칠 동안 되지 않아 영하에 가까운 날씨에는 불편했지만, 벽난로와 난로로 버텼습니다. 연료는 굉장히 비쌉니다. 지금처럼 대부분 전기가 들어오지 않게 되기 전까지는 전기난로가 유용했습니다. 전기가 들어오지 않는 것은 정치적 상황과 관련이 있는 것 같습니다. 우리 전기는 계약에 의해 러시아 지역에서 오는데, 이는 안심할 만한 조치가 아닙니다!

오랫동안 보지 못한 옛 친구들 — 미스 쳐치, 헐버트, 로버츠, 우드와 우리 선교사들의 아내 몇 명 — 이 최근에 돌아와서 기쁩니다. 우리 새 가족 중 한 사람은 호놀룰루에서 살았고 그녀의 가족도 내가 잘 알고 있는 한인 박 에스더[17]입니다. 그녀는 훌륭한 YWCA 사역자로, 미국 회원들의 지원을 받아 한국YWCA에 최초로 훈련받은 간사로서 오게 되었습니다.

불행히도 건강상의 이유로 첫 인적 손실이 발생했습니다 — 로이드 스나이더 씨와 미스 애다 맥퀴가 고국으로 돌아간 것입니다. 미스 맥퀴는 악성 빈혈로 3개월 동안 이곳의 육군 병원에 입원해 있었고 좀 나아지는 것 같았지만, 의사들은 그녀를 비행기에 태워 메이오 클리닉[18]으로 보냈습니다. 그녀는 이화에서 많은 일을 했고 모두에게 사랑받았기에, 이화는 큰 슬픔에 빠졌습니다.

한국에 있는 모든 선생들이 그러하듯이 우리는 난방이 되지 않는 교실에서 학생들을 가르치고 있는데, 동상과 감기, 손가락이 굳어지는 증상으로 인해 열심히 가르치기가 어려웠습니다. 마침내 교수진은 여름방학 기간을 줄이기로 결정하여, 이제 겨울에 2개월을 쉬게 되었습니다. 그래서 오늘부터 2월 15일까지, 오랫동안 미뤄왔던 책상 업무를 마무리할 계획입니다. 일할 사람이 필요한 구제 사업이 많고, 선교위원회 일은 끝이 없습니다. 미군과 다른 친구들을 환대할 수 있는 시간이 조금 더 있으면 좋겠다고 생각합니다. 매우 기쁘게도, 나는 한국 오라토리오합창단 그리고 우리 국제 합창단과 함께 "메시아"를 다시 부르기로 했습니다. 3월 이후로 합창단에서 노래하는 것이 주된 여가 활동이 되었습니다. 이곳에서 나는 음악을 사랑하는 사람들, 미군 소년들과 장교들, 민간인 노동자와 한국인들을 만납니다. 한국인들은 몇 년 새 음악에서 괄목할 만한 발전을 이루었습니다.

최근 우리에게 큰 위협이 되고 있는 공산당의 활동에 대해 좌절스러운 보고들이 있었습니다. 북한과 공산주의자들로부터 도망쳐온 수천 명의 사람들 한 명 한 명을 만날 때마다 우리는 믿을 수 없을 정도로 심한 공포와 박해에 관한 증언을 듣게 됩니다. 그러나 우리는 이것이 전 세계 차원의 영적 문제라는 것을 알고 있으며, 우리가 지금 이곳에서 전선을 지킬 수 있다면 이 영적 전쟁에서 변화를 이끌어낼 수 있을 것이라 믿고 있습니다. 에베소서 6장 12~13절이 오늘날 한국에 있는 우리에게 해당하는 말씀 같습니다.

"왜냐하면 우리의 싸움은 혈과 육을 상대하는 것이 아니라, 통치자들과 권세자들과 이 세상 어둠의 지배자들과 하늘에 있는 악한 영들을 상대로 하는 것이기 때문입니다. 그러므로 하나님의 전신 갑주를 입으십시오. 그래야만 여러분이 악한 날에 그들을 대적할 수 있으며, 모든 일을 행한 후에 설 수 있을 것입니다."

우리는 우리가 승리하는 편에 속해 있으며, 마지막에 결코 실패하지 않을 것임을 알고 있습니다. 만약 공산주의가 한국에서 승리한다면 모든 선교사와 한국 기독교 지도자들은 틀림없이 "숙청"당할 것입니다. 그러나 우리는 그런 일이 일어나지 않을 것이라는 믿음을 가지고 있습니다. 나는 다른 어떤 곳으로도 갈 생각이 없다는 것을 내 모든 친구에게 전해주십시오. 이곳에 온 지 1년이 거의 다 되어가는데, 이제야 업무에 적응하고 있습니다. 원하는 편지를 다 쓸 수도 없고 모든 분과 연락하며 지낼 수도 없지만, 여러분을 사랑하고 기도하는 것만은 결코 잊지 않고 있으며, 나이 드신 분이나 젊은 분이나 여러분을 생각하며 추억 속에서 큰 기쁨을 느낍니다.

충심을 다해,

앨리스 R. 아펜젤러

(내게 보내는 구호품은 한국 서울 이화여자대학교로 보내주세요.)

1948년

1948년 2월 21일

친애하는 친구들에게,

이 편지는 특히 한 번 이상 선물꾸러미를 보내주신 분들에게 보내는 것입니다. 계속해서 선물을 보낸다는 것은 그 일에 대한 신뢰를 보여주고, 처음 보냈던 것의 결과에 만족한다는 의미일 테니 더욱 소중하게 생각됩니다. 여러분이 우리를 위해 아낌없이 보내주신 모든 것들은 그것을 필요로 하는 사람들이 감사하며 사용하고 있습니다.

처음 언급한 품목들 외에도 필요한 몇 가지가 더 있어서, 내가 쓴 첫 번째 편지를 수정하여 동봉합니다. 모든 크기의 고무장화와 덧신들이 많이 필요해서 추가하겠습니다. 현재 길이 지독하게 질척거리고 대중교통은 거의 없어, 건강은 말할 것도 없고 소중한 신발을 보호할 수 있는 것이 꼭 필요합니다. 최근 몇 켤레의 덧신을 받았지만, 원하는 사람은 많은데 덧신의 수는 너무 적어서 큰 도움이 되지 않았습니다. 남성복도 많이 필요한데 다른 물품들보다는 적게 왔습니다. 남교원들, 여교원들의 남편들, 교정에서 일하는 직원들, 목사님들, 교회 직원들 등을 위해 남성복이 필요합니다.

동면하듯이 최대한 편하게 지내려고 노력했던 긴 겨울방학이 지나가고, 모든 이화대학 사람들은 다시 학교로 돌아오게 된 것을 행복해하는 듯 보였습니다. 2월 16일, 전교생과 교수진이 모두 함께 만날 수 있는 유일한 장소인 체육관은 마루에 앉은 학생들로 꽉 찼습니다. 김활란 총장은, 특히 전 세계를 충격에 빠뜨린 인도 간디의 비극적인 죽음과 현재 서울에서 열리고 있는 유엔위원회를 언급하면서, 오늘날 한국에 영향을 미치는 사건들을 바탕으로 영감을 주는 메시지를 전했습니다. 많은 문제가 복잡하게 얽혀 있고, 러시아의 위협이 공산당의 우려스러운 활동을 통해 나타나는 상황에서, 김 총장은 우리 각자에게 기독교 민주주의의 이상과 활동을 지지하는 데에 자신의 역할을 다할 것을 요청했습니다.

조금 확보된 석탄은 질이 나빠서 제대로 열을 내지 못하고, 난방은 전력에 의존하는데 전기가 거의 들어오지 않습니다. 그래서 우리는 성탄절 이전과 마찬가지로 난방이 되지 않는 교실에서 학생들을 가르치고 있습니다. 하지만 해가 점점 더 길어지면서 우리는 매일 더 행복해지고 있고, 아직 그늘진 구석에는 눈이 여기저기 쌓여 있지만 봄은 분명히 오고 있습니다.

지속적으로 선물을 보내며 우리 일에 관심을 가져주시는 여러분에게 다시 한번 감사를 드립니다.

신실하게,
앨리스 R. 아펜젤러

여러분이 보내주신 모든 좋은 것들에 감사드립니다. 설탕은 다 쏟아져버려서 받지 못했지만, 다른 것들은 잘 배달되었습니다. 다섯 명의 선교사가 거주하는 교내 “영학관”에 커튼을 달 수 있게 되어서 기쁩니다.[19]

한국 서울
1948년 5월 17일

복사본: 『월드 아웃룩』의 미스 매코넬께 보내는 편지

친애하는 미스 매코넬께,

『월드 아웃룩』 4월호 47쪽에 앨런 레이먼드[20]의 글이 인용되어 있는 것을 보고 깜짝 놀랐습니다. 오늘날 우리는 한국에서 지나치게 민감해진 것 같습니다. 미국과 한국에서 세속적인 언론은 현재의 한국 생활에서 느껴지는 막연한 불만과 좌절, 실망의 목소리를 다루고 있습니다. 그러나 종교적인 언론에서 굳이 **이런 것들을 다시 게재할 필요는 없을 것 같습니다.** 비록 그것들이 **사실**일 수도 있지만, 거기에는 다른 면도 있으며, 진정한 상황을 전달하기 위해서는 반드시 그 다른 면도 함께 알려야 합니다. 한국인과 한국에 있는 미국인들은 60년간 우호적인 관계를 유지해왔지만, 현재의 상황이 양측에 긴장과 분노, 감정의 폭발을 야기하는 데에는 많은 이유가 있습니다.

젊은 미군들이 즐길 만한 것이 거의 없고, 한국 사람들과의 사회생활도 금지되어 있다 보니 이들은 이곳에서의 생활을 싫어하며, 그저 귀국하기만을 원하고 있습니다. 이들은 한국 사람들과 대화를 나누지 못하며, 한국인의 반응을 이해하지 못합니다 — 예를 들어 왜 한국인들은 도로에서 더 빨리 비켜주지 않을까요? 한국인들은 자동차를 거의 보지 못한 채 살아왔고, 미국인들은 자동차로 도로를 가득 채우고 있습니다. 남의 일에 간섭하지 않고 자기 길을 걸어가던 점잖은 한국인에게, 미국인은 무례하고 느닷없어 보입니다. 어쨌든 이곳은 그들의 나라이고, 군정에 대한 본능적인 반감이 있는 것은 한국만의 특이한 현상이 아닙니다! 거리에 있는 사람은 왜 미국인들이 이렇게 오랫동안 이곳에 있는지, 그리고 왜 자신의 삶이 더 편해지기보다는 오히려 더 힘들어지는지 정말 이해할 수가 없습니다. 부당한 38선은 여전히 나라를 두 동강 내어 숨통을 조이고 있습니다. 모든 것을 북에 남겨둔 채 목숨을 걸고 탈출해온 200만 명이 넘는 피난민들로 인해 남한의 인구는 팽창하고 있습니다. 피난민 중 많은 사람들이 아주 좋은 최고의 교육을 받은 이들이며, 이들을 부양하는 문제는 심각한 상황입니다. 이들 대부분이 그리스도인이고, 가난에 시달리는 한국인들은 친척과 교회 친구들을 돕느라 더욱 어려워지고 있습니다. 톤 단위의 미국 구호품은 많은 피난민이 생활하고 정착하는 것을 가능하게 해주었으며, 대부분 감사하게 받아들여지고 잘 사용되었습니다. 그러나 아무리 상대가 친절하다 해도 다른 사람에게 계속 신세를 지고 싶어 하는 사람은 없습니다. 한국인들은 자유를 사랑하며 수십 년 동안 독립을 위해 싸워왔습니다. 그런데 한국을 항상 볼모로 잡아두었던 외세가, 이번에는 러시아가 한국으로 들어오는 것을 허락했기 때문에 현재 공산주의의 위협은 한국인들을 강하게 압박하고 있습니다. 공산주의에 어떻게 대처할 것인가는 우리 시대의 중요한 문제이지만, 한국에서는 기다릴 시간이 없습니다.

그리스도인인 군인들은 한국 그리스도인들을 만날 기회가 많아 종종 좋은 친구를 사귀는데, 그래서 이곳에서 근무하는 군인들 중 가장 행복한 사람들입니다. 나는 "그리스도를 위한 청소년"[21]에서 적극적으로 활동하던 미군들을 아는데, 그들은 한국을 떠나는 것을 정말 아쉬워했고 귀국 후에도 잊지 않고 다시 이곳에 도움을 보내주고 있습니다. 몇몇 군목들은 주일예배에 헌금으로 들어온 돈을 한국 기독교 학생들을 미국으로 유학 보내는 데 사용했으며, 그런 친절에 대해 모두가 매우 만족하고 있습니다. 부정적인 면은 이미 너무 많이 다뤄졌으니, 종교적인 언론이 알려야 할 것은 이러한 **건설적인** 일들입니다. 한국 감리교회의 분열 문제는 과도하게 강조되었으며, 아무리 좋은 뜻에서라고 해도, 외부의 간섭보다는 한국인들에 의해서만 해결될 수 있는 문제입니다. 미감리교인들은, 자신들의 교회가 백 년 동안 분열되어 있었음을 알면서 왜 그토록 거룩한 손을 공포 속에 들어올려야 할까요? 한국인들은 과중한 짐을 지고 혼란해하며 고군분투하고 있지만, 자존심 있고 지적인 이들을 세워주고, 이들을 믿고, 이들이 스스로를 도울 수 있도록 돕는 것이 우리가 그리스도인으로서 해야 할 역할입니다. 이렇게 하는 것이 미국이 이곳에서 건설적인 일을 할 수 있는 유일한 방법이고, 보람 있는 일이 될 것입니다.

첫 총선이 5월 10일에 있었는데, 질서정연하고 지적으로 진행되어서 자랑스럽습니다. 유권자의 90% 이상이 투표에 참여했으며, 그중 많은 사람이 여성들이었습니다. 여성들은 여성이 아무도 당선되지 않아서 실망했지만, 이 **남성 중심**의 세상에서 너무 많은 것을 기대했는지도 모릅니다. 하지만 그들은 침묵당하지 않을 것입니다.

당신의 훌륭한 일에 대해 감사드리며 심심한 안부 인사를 전합니다.

앨리스 R. 아펜젤러

한국 서울
1948년 5월 22일

친애하는 미스 핀리[22]께,

4월에 당신에게 편지를 보낸 이후, 당신과 함께하는 친구들로부터 네 개의 소중한 상자를 받았습니다. 모든 식품은 김활란 박사의 식료품 저장실에 보관되었습니다. 이화여자대학교 총장으로서 그녀는 손님을 대접할 일이 많기 때문에, 당신이 보내주신 좋은 물건들은 그녀에게 큰 도움이 되었습니다. 특히 여기서 구하기 어려운, "여러 가지가 섞인" 젤리며 통조림 과일 등 모든 것을 기쁘게 받았고, 많은 사람이 그 덕분에 즐거워했습니다. 청소용품들도 이곳에서는 구하기 힘든 것들이었고, 대학 건물과 교직원 모두에게 필요한 것이어서, 미국 친구들이 보내온 모든 좋은 물건들에 매우 감사하고 있습니다.

한 상자에는 아름다운 책 두 권이 들어 있었는데, 『고고학의 로맨스』[23]와 화집이었던 것 같습니다. 이 책들을 도서관에 비치할 수 있게 되어 기쁩니다. 관련된 모든 분들에게 감사하다고 전해주십시오.

우리는 5월 10일에 있었던 선거에서 사람들이 투표한 방법에 대해 매우 자랑스럽게 생각합니다. 전라남도 사령관의 고문인 해럴드 머피[24] 대령이 그곳의 선거에 대해 이야기하는 것을 들었습니다. 20명이 죽임을 당했고, 공산주의자들이 투표를 하면 죽이겠다고 위협한 많은 곳에서도 등록 유권자의 95%가 투표에 참여했습니다. 위협을 받았던 일부 마을들은 밀집 대형으로, 즉 맨 앞에는 총을 가진 경찰들, 그 뒤로는 창과 곤봉을 든 남자들, 그 뒤로는 건장한 남자들, 그리고 마지막에는 나머지 유권자들인 노인, 여성 등의 순서로 대열을 이뤘습니다. 같은 대형을 역순으로 배치해 뒤쪽도 보호했습니다. 또한 양쪽의 제방을 따라 창병槍兵 등이 측면을 보호했습니다. 그 행렬에 대해 기록 영화를 찍었기를 바랍니다. 머피 대령은 프랑스 유엔대표단을 대동하고 "우리 국민"에 대해 매우 자랑스럽게 이야기했습니다.

우리를 생각해주는 모든 분들에게 인사를 전합니다.

진심을 다해,

앨리스 R. 아펜젤러

서울
1948년 6월 13일

친애하는 미스 핀리께,

1941년 초, 당신과 함께 보냈던 저녁과 리버사이드[캘리포니아주] 집회를 물론 기억하고 있습니다. 그 이후로 참 많은 사건이 일어났지요! 당신의 편지를 받게 되어 무척 기쁘고, 다행히 잠깐 여유가 생겨서 답장을 쓰고 있습니다. 보내주시는 멋진 상자들 뒤에서 지식과 애정 어린 관심이 더해지고 있다는 것을 알게 되어 기쁩니다. 즐거웠던 저녁 만찬이 생각납니다. 거트루드 스틸 브룩(윌리스)[25]은 가장 친한 친구 중 하나이지만, 제가 이곳에 돌아온 이후로 그녀에게 편지를 쓰지 않아서, 그녀는 제가 여전히 자기를 그렇게 생각한다는 것을 모를 겁니다. 이곳에서의 삶이 저에겐 너무 벅차고, 그렇다고 제가 젊어질 수도 없는 노릇이니 개인적인 서신은 제쳐둘 수밖에 없는 것 같습니다.

여성기독교봉사회원들에게, 뉴욕에 있는 이화협동위원회의 총무 토머스 홉스 씨가 교수들을 한두 해 미국으로 유학 보낼 수 있게 하기 위한 장학기금 조성에 노력을 기울이고 있다고 말씀해주십시오(아마도 당신은 이화유치원사범과를 만든 에드나 밴플리트, 즉 지금의 홉스 부인을 아실 것입니다). 교수들은 보통 장학금과 경비의 일부를 지원받을 수 있지만, 귀국 여비 등으로 1,000달러가 들기 때문에 더 많은 돈이 필요합니다. 당신이 보내주신 30달러처럼 모든 여분의 돈을 그 기금으로 보내고자 합니다. 뉴욕 11, 5번가 150, 홉스 씨에게 보내주시면서 저를 언급해주시기 바랍니다.

당신의 소식을 들으니 정말 반갑고, 또 편지해주시기를 기다리겠습니다. 선물 상자들도 계속 보내주세요 — 모든 물건은(심지어는 조금 사용한 것일지라도) 대부분 환영받습니다. 연필, 공책, 양말, 고무 제품, 신발, 모든 종류의 중고품들이요. 지금 이곳에서는 모든 것이 훨씬 더 구하기 어려워졌고, 품질도 나빠졌으며, 한국 돈은 거의 가치가 없습니다. 따라서 보내주시는 모든 것이 우리에게는 대단해 보입니다. 회의에 필요한 자료를 찾아내실 수 있을 것 같은 것들을 봉투에 담아 보내겠습니다. 행복을 기원하며 감사의 마음을 전합니다.

진심을 담아,
앨리스 R. 아펜젤러

1948년 9월 8일[26]

재미(북미)이화대학교협동위원회[27] 위원
뉴욕, 뉴욕 11, 5번가 150

친애하는 친구들에게,

김활란 박사는 9일 비행기로 한국을 떠나 9월 12, 13, 14일에 뉴욕에 머물 예정입니다. 이 서한의 사본 한 통을 우편으로 보내겠지만, 그녀도 사본을 하나 가지고 가는 것이 더 안전할 것 같습니다. 이 편지는 이화여자대학교 이사회가 보내는 공식 서한으로, 김활란 박사가 과학관[28] 건립의 시급성에 관하여 여러분에게 전달하는 요청을 실행해달라는 공문입니다.

현재 여러 학과가 과학실험실과 강의실을 매우 필요로 하므로, 빨리 계약을 체결하고 부지를 정리해야 한다는 것이 이사회의 일치된 의견입니다. 서리가 내리기 전까지 겨우 두 달밖에 남지 않아서 하루하루가 중요합니다.

지금 건축에 대해 반대하는 첫 번째 이유는 세계 정세의 불확실성과 위험성, 특히 현재 한국의 문제이자 위협인 러시아에 관련된 것임을 알고 있습니다. 우리는 이 모든 우려를 충분히 알고 있지만, 1931~1932년에 겪었던 우리의 경험 또한 잊지 않고 있습니다. "만주사변"[29]이 일어났고 그 후 일본은 광적인 행보를 시작했습니다. 세계의 격변 앞에서 건축은 무모한 일이므로 계획이 중단돼야 한다는 말을 언제 들을지 모르는 상황이었습니다. 그러나 스와인하트 총감독은 건설 계획을 강행했고, 1931년 가을에 주요 자재들을 구매했습니다. 미국에서 중단 명령이 오지 않자 우리는 1932년 3월에 공사를 시작했으며, 여덟 개의 건물로 이루어진 전체 학교가 완공될 때까지 하나님의 인도하심을 믿고 공사를 진행했습니다.

그 건물들에서 5년간 일한 후, 선교사들은 1940년 11월에 철수해야 했습니다. 우리는 한국으로 돌아오고 나서 선교사 숙소인 롱뷰를 포함한 이 건물들이 얼마나 중요했는지 알게 되었습니다. 김 총장이 캠퍼스에서 거주할 이 집이 없었다면, 그리고 이 위풍당당한 학교 건물들이 사용될 수 있게 이곳에 있지 않았다면 여성고등교육은 전쟁 기간 동안 완전히 소멸되어버렸을 것입니다. 이 건물들은 항상 당국의 존중을 받았습니다. 김 박사는 주로 대학이 사용할 수 있도록 이 건물들을 지킬 수 있었고, 현재 이 건물들은 고등교육을 받으려는 여학생들로 넘쳐나고 있습니다. 이 객관적인 교훈에 주의를 기울여야 합니다. 우리는 지금 1931년과 마찬가지로 미래를 알 수 없지만, 두려움이 아니라 믿음이 승리한다는 것을 배웠습니다. 그래서 우리는 계속해서 전진할 용기를 갖게 되었습니다.

일부 기독교 단체들이 이 위기 상황에서 위험을 감수하기를 주저하는 이유를 이해하기 어렵습니다. 미군정은 지난 3년 동안 한국에 막대한 돈을 지출했습니다. 경제위원회는 경제 재건을 위해 거의 1억 5천만 달러의 예산을 집행하고 있습니다. 문교부는 서울대학교 의과대학과 병원 재건에 2억 원을 지출하고 있고, 구세군은 하나뿐인 병원에 이미 2만 5천 달러를 투입했습니다. 제칠일안식일예수재림교는 병원을 확장하는 데 수천 달러를 썼고 큰 기술학교 건물에 수천 달러를 더 투입하고 있습니다. 위험성은 산재해 있으며, 공산주의자들이 위험을 무릅쓰고 전복 활동에 막대한 자금을 투입하고 있는 상황에서 기독교 단체들이 너무 소심하고 지나치게 신중한 정책을 따르는 것은 좋은 전략이라고 보기가 어렵습니다.

물가는 엄청나게 높고, 환율은 매우 나쁘고, 자재는 지독하게 비싸고 구하기도 어렵습니다. 이러한 상황이 곧 개선될 것이라는 희망은 보이지 않으며, 오히려 가격, 자재비, 인건비는 매주 상승하고 있습니다. 그러므로 신속한 조치가 필요하다고 믿습니다. 우리는 지금 미국 정부 기술자들로부터 좋은 조언을 받고 있으며, 한국 계약자들은 입찰에 참여하기를 열망하고 있습니다. 더 이상 지체하는 것은 아무런 이점이 없으며, 향후 몇 년간 증가할 과학 연구 수요에 대비할 수 없게 될 것입니다. 내년 여름까지 이 건물을 완공해야 합니다. 경고와 부정적인 예측에도 불구하고, 지난해에 한국에서의 기독교 사역은 큰 진전과 새로운 희망을 보여주었습니다. 전진하는 한걸음 한걸음은 민주주의의 입지를 강화하고, 자유 정부와 기독교의 진보에 대항하는 세력을 약화시킬 것입니다. 부디 김 박사의 탄원에 귀를 기울여주시고 즉시 일을 시작할 수 있게 전보를 보내주실 것을 강력히 요청합니다.

진심을 다해,
앨리스 R. 아펜젤러, 이사회 서기

한국 서울[30]

미육군 377기지 병원

1948년 9월 25일

친애하는 친구들에게,

이 편지에서는 특별히 내가 최근에 보인 "묘기"에 대해 이야기하려고 합니다. 1943년 호놀룰루에서 왼쪽 발목이 부러진 이후로 계단을 내려갈 때 늘 조심해왔는데, 9월 21일 오전 7시 25분, 몸 상태가 아주 좋아서 방심하고 말았습니다. 나는 층계참에서 세 번째 계단을 내려가던 중 뒤꿈치가 걸려 한 계단 미끄러지며 오른쪽 발목으로 쿵 하고 착지했습니다. 나는 뼈가 부러지는 그 끔찍한 느낌을 알고 있었고, 웅크린 채 누워서 "오! 오!"라고 소리쳤습니다. 가족들이 달려왔고, 곧 구세군 의사 메리 리처드슨과 간호사 미스 엘리자베스 로버츠가 그레이하우스에서 도착했습니다. 그들은 나를 1947년 초 한 달간 입원했던 이 미군병원에 다시 입원할 수 있도록 조치해주고 엑스레이 검사를 했습니다. 작은 뼈 두 개가 부러졌고 약간의 탈구가 있었습니다. 진통을 위해 마취제인 펜토탈 나트륨을 투여했고, 무릎 위까지 거대한 깁스를 하게 되었습니다. 군의관인 대위 바넷 박사는 그 자신이 선교사가 되고 싶어 하는 사람으로, 이해심이 아주 많습니다. 그는 내가 깁스를 4주 동안 해야 한다고 말했는데, 얼마나 오랫동안 이곳에 있게 될지는 확실하지 않습니다. 채핀 부인은 집에 오면 나를 돌보아줄 여성을 고용하겠다고 말하지만, 의사는 내가 목발을 사용할 수 있게 될 때까지는 퇴원할 수 없다고 말합니다.[31]

한편 나는 이 오래된 곳에서 이전의 병실과 똑같은 병실에 누워 편하게 지내고 있습니다. 이 병실은 옛 미나카이백화점[32] 건물 4층에 있으며, 북한산 쪽과 침대가 있는 쪽 뜰이 내다보이는 창문이 나 있습니다. 날씨가 좋아서 편안하며, 의사가 많이 돌아다니라고 권고했기에 매일 일어나 휠체어를 타고 다닙니다. 사람들이 침대 열 개가 있는 병실 전체에 두어도 남을 만큼 많은 코스모스, 과꽃, 달리아를 가지고 오고 있습니다. 현재 이 방에는 다른 환자가 두 명뿐인데, 하와이 힐로에서 온 어린 중국 소녀와 교사 한 사람입니다.

물론 엉덩이 뼈가 부러지지 않은 것만으로도 다행입니다. 밝은 대낮이었고, 아무런 방해도 없었으며, 튼튼한 계단에서 부주의하게 걸었던 것 외에는 아무 이유가 없었으므로 이 사고는 전적으로 내 잘못입니다. 지금은 그 자리에 난간을 설치하고 있다고 합니다! 만약 다음 번이라는 것이 있다면, 그때는 완전히 정신을 잃어버려서 다른 사람들을 귀찮게 하지 않았으면 좋겠습니다! 메리언 칸로와 지넷 헐버트에게 내 수업을 떠맡긴 사실이 슬픕니다. 파이퍼홀 너머에 과학관을 짓기 시작하라는 허가가 나왔는데 이화건축위원회 일을 하지 못하고 있는 것도 너무 실망스럽습니다. 내가 하는 다른 일들은 큰 문제가 없으며, 생각하고, 읽고, 쓰는 것은 따라잡을 수 있습니다. 나는 바로 지금 진행되고 있을 선교사 수련회를 머릿속에서 한 시간 한 시간 따라가고 있습니다. 앨런 페이튼의 『울어라, 사랑하는 조국이여』[33]라는 훌륭한 책을 읽었습니다. 누군가가 한국을 위해 그런 책을 쓸 수 있으면 좋겠습니다. 이 책은 남아프리카 국민들과 그들의 문제에 대해 깊이 알고 쓴 정말 선교적인 책입니다만, 성공회의 관점에서 쓰였습니다(『옴니북』[34] 10월호에 축약본도 나와 있습니다).

이사회를 통해 곧 일반 편지를 발송할 예정이며, 그다음에는 매일 가능한 한 편지를 많이 쓰겠습니다. 골절을 겪어본 사람이라면 누구나 통증과 불편이 무엇인지 알 것입니다. 그러나 나는 보살핌을 잘 받으며 좋은 음식을 먹고 있고, 라디오를 들으며 창밖의 풍경을 즐기고 있습니다. 헬렌 그러프-스미스가 지금 이곳에서 사서로 일하고 있으며, 모든 사람이 잘 돌봐주고 있습니다.

여러분의 편지를 기다리며, 알로하 인사를 보냅니다.

여러분의 친구,
앨리스 R. 아펜젤러

11월 5일[35]

친애하는 마거릿에게(이렇게 불러도 괜찮겠지요?)

이화를 위해 홉스 부인에게 80달러라는 큰 선물을 보내주고, 소포들도 보내준 것에 대해 당신과 당신의 친구들에게 매우 감사드려요. 사용처가 지정되지 않은 여분의 기부금은 장학금과 별개로 따로 여행 경비로, 또 그 외의 많은 것들을 위해 매우 소중히 사용할게요. 모든 물건들이 정말 좋네요. 김활란 박사는 손님을 대접할 일이 많으므로 식품은 모두 그녀의 식료품 저장실에 넣었어요. 하지만 맛있어 보이는 과일 토핑을 따로 챙겼듯이, 이제는 군인 매점을 이용할 수 없으므로 몇 가지 식품은 내가 보관하고 있으려고 해요. 우리는 이런 진귀한 음식을 좋아하는 한국 교수들을 손님으로 초대해 잔치를 벌일 때 그 토핑들을 사용했어요. 모든 종류의 옷들이 필요해요. 무엇이든 보내주실 때는 새 주소로 보내주세요. 우리 이화는 얼마전 도둑이 들어 약간의 손실을 보았어요. 지금은 지키는 사람이 있을지 모르겠네요. 우리는 그냥 여러 가지를 시도해보아야만 할 것 같아요. 10월 중순 이후로 운영을 멈춘 관대하고 신속했던 군사우체국이 그리워집니다.

이곳의 분위기는 지난 5월처럼 여전히 긴장되어 있지만, 나는 국민들이 그때처럼 용감하게 이 끔찍한 위협에 저항하기를 바라고 있어요. 11월 여성기독교봉사회 프로그램은 한국에서 진행되니, 내가 편지에서 언급한 예배를 드릴 때 우리를 위해 기도해주세요. 사람들은 우리가 떠날 것인지 궁금해하지만, 국무부가 제칠일안식일예수재림교 병원이 돌볼 군 병력을 800명으로 예상한다고 발표하는 것을 들었는데 선교사들이 퇴각할 생각을 해야 할까요? 아무도 그런 생각을 하지 않겠지요!

나는 잘 지내고 있고, 편안하게 지내며, 활동적인 생활에서는 놓칠 수 있는 조용한 즐거움을 누리고 있어요. 11월 11일에 깁스를 풀기를 바라고 있지만, 몇 달 동안은 발로 차지는 않으려 해요.[36] 모두에게 감사와 사랑을 보냅니다.

당신의 친구,

앨리스 R. 아펜젤러

1949년

서울

1949년 1월 1일

친애하는 미스 핀리께,

당신과 우리를 기억하는 모든 분이 새해 복 많이 받으시기를 바랍니다! 메리언 칸로가 저 대신 편지를 썼다는 걸 알고 있습니다만, 그 후로 네 개의 상자가 도착했기에, 이 상자들이 잘 도착했다는 것을 알려드립니다. 우리는 이번 성탄절에 뭔가 특별한 것을 하고 싶었는데, 마침 이 꾸러미들이 왔다는 것은 우리에게 정말 큰 의미가 있습니다. 당신이 보내주신 것들은 항상 품질이 좋고, 품목 선택도 훌륭합니다.

몇몇 졸업생들의 아이들에게 놀이 도구를 주며 즐거운 시간을 보냈습니다. 그간 우리는 놀이 도구와 장난감을 거의 받지 못했는데, 그것들은 수요가 많습니다. 샤워 커튼은 아직 달지 않았지만, 달기에 좋은 자리를 찾아보겠습니다. 바느질 용품들, 골무, 헝겊 조각, 크레용, 그리고 물론 비누도 정말 유용했습니다. 의류, 특히 스웨터와 코트는 많이 필요합니다. 강 씨네 가족에게 고기를 주었는데, 고기는 특별한 것이기 때문에 그들은 그것을 성탄절 만찬으로 먹었다고 합니다. 그녀는 목사인 남편이 일본 감옥에서 고문으로 사망한 이후 정부 여성국에서 일하며 자녀 교육에 최선을 다하고 있습니다. 그녀의 고등학생 딸이 요즘 저를 도와주고 있는데, 저에게는 손과 발이 필요하고 그녀는 돈이 필요하기 때문입니다.

도움을 주신 모든 분께 감사를 전해주시기 바랍니다. 당신은 정말 우리에게 좋은 친구입니다!

사랑으로 행복을 기원합니다.

진심을 다해,
앨리스 R. 아펜젤러

1949년 1월 1일[37]

12월 18일에 개봉한 상자에 관한 영수증을 보냅니다. 최근에 도착한 모든 좋은 물품들로 성탄절 선물 상자들을 만들었습니다. 특히 아이들의 옷과 신발을 구하는 데 어려움을 겪고 있는 몇몇 졸업생에게 필요한 것들을 줄 수 있어서 기뻤습니다. 아이가 일곱 명 있는 한 가족은 아버지가 교사이고 어머니도 전에는 교사였던 집인데, 신발, 여러분의 귀중한 고무 덧신, 코트와 다른 옷들을 갖춰 입고 기뻐했습니다. 적은 월급으로는 식비와 기타 비용도 충당하기가 어려운데, 무상 공립학교가 없어 등록금과 교육비가 큰 부담이 되고 있습니다.

12월 6일, 교수진의 만찬에 참석하기 위해 캠퍼스에 갔습니다. 3개월 만에 모두를 다시 만날 수 있는 기회를 갖게 되어 매우 기뻤습니다. 불도저들이 새 과학관을 지을 부지를 정리하면서 캠퍼스는 거대한 흙더미로 변했습니다. 그날 김활란 박사가 파리에서 보낸 무선 전보는 유엔이 한국을 승인했다는 소식을 전해왔고, 그 소식을 들은 모든 한국인에게 한없는 기쁨을 안겨주었습니다. 이곳의 현재 상황은 얼마 전보다 나아졌습니다. 매일 밤 경찰들이 화재를 감시하고 있기는 하지만, 유엔의 승인과 미국의 도움으로 공산주의자들이 격퇴되고 있기 때문입니다. 최근 네 명의 남자들이 총을 들고 총장의 집인 롱뷰 뒤쪽 나무들 속에 숨어 있는 모습이 목격되었습니다. 그들은 붙잡혔고, 이제 그곳에는 삼엄한 경비가 세워졌습니다. 나란히 있는 작은 한옥에서 김 박사의 나이 드신 85세 어머니가 살고 계신데, 그분이 해를 당하실까 두렵습니다. 그분은 온돌바닥을 더 편안하게 느끼시며, 예전에 '전도부인'이셨습니다. 그분의 막내딸이 학교에 가는 기회를 얻을 수 있었던 것은 그분이 그리스도인이 되셨기 때문입니다. 어머니가 그리스도를 알지 못하셨다면 한국은 지금과 같은 김활란을 가질 수 없었을 것입니다. 지금도 어머니는 아침과 밤에 찬송가를 부르며 자신만의 예배를 드리신다고 하는데, 경찰들은 대부분 예전에 그런 것을 접해본 적이 없다고 합니다. 어머니는 경찰들과 이야기를 나누며 그들이 이를 이해하고 믿게 되기를 바라십니다.

나는 의사의 허락을 받고 퇴원했지만, 아직 칼슘을 복용하고 있습니다. 아직도 목발을 사용하고 있고 발이 부어서 신발을 신을 수 없으므로, 바라던 대로 1월 17일에 일본으로 떠날 수 있을지는 모르겠습니다. 대학이 개강하기 전에 하고 싶은 일이 아주 많기 때문에, 일본으로 떠나지 못한다 해도 크게 상관은 없습니다. 우리는 많은 소식을 듣지는 못하지만, 미국인들이 중국에서 철수하고 있다는 소식은 들어서 알고 있습니다. 베이징에 있는 한 친구는 이런 철수의 경험을 세 번이나 했다고 합니다. 나에게는 한 번이면 충분하고, 우리 사람들을 이곳에 남겨두고 떠나야 하는 것보다 더 나쁜 일은 없다고 생각합니다. 공산주의자들은 일본인들보다 더 나쁠 것이고, 그리스도인들은 그들에게 가장 먼저 희생될 것입니다. 한 지역 전체가 불타고 있는데 자기 집은 타지 않을 것이라고 자신할 수는 없습니다. 그럼에도 불구하고 우리는 여전히 희망을 잃지 않고 기도하고 있습니다. 많은 미국무부 직원들과 많은 군대의 주둔이 신뢰를 줍니다. 2년 전 한국에 돌아왔을 때부터 떠날 날짜가 정해져 있었지만, 우리는 우리의 일을 하면서 계속 머물 수 있기를 희망합니다. 지금까지는 겨울 날씨가 온화했지만, 그래도 많은 것이 필요하니 꾸러미를 계속 보내주시면 좋겠습니다. 보통 1월과 2월이 가장 추우므로, 곧 날씨가 추워질 것입니다.

안녕히 계세요. 그리고 당신과 우리 모든 친구들, 새해 복 많이 받으세요.

언제나처럼,

ARA

모든 우편을 위한 새 주소:

한국 서울 정동 34, 감리회 선교부

1949년 1월 18일

(10센트 항공 우편 폴더가 가장 빠름)

친애하는 친구들에게,

오랜 시간 기다렸을 텐데, 보낸 소포에 무슨 일이 생겼나 궁금해하고 있을 것 같습니다. 지난 10월에 군사우체국에서 우리에게 더 이상 군사우체국 서비스를 제공할 수 없다고 통지했습니다. 대부분의 물건은 국제 우편으로 안전하게 도착하지만, 단단하게 포장되지 않은 소포에는 조사관이 손으로 구멍을 낼 수도 있습니다. 가격은 관세를 내지 않도록 가능한 한 낮게 신고해주세요.

이 추운 계절에는 따뜻한 옷, 신발, 덧신이 가장 필요합니다. 교사와 목사들은 옷을 살 수 있을 만큼의 수입이 없는데, 우리의 많은 졸업생들이 이 계층에 속해 있습니다. 아홉 명의 식구가 있는 가족에게 신발과 따뜻한 옷을 제공해줄 수 있어 기뻤습니다 — 이 가정의 아내는 우리 졸업생이고, 교사인 남편이 아픕니다. 과거 이화여고의 우수한 교사였던 또 다른 졸업생은 최근에 아기를 업고 나에게 왔습니다. 8년 만에 나를 만난 그녀는 눈물을 펑펑 쏟으며, 러시아 지역에서 도망 나와 두 달 동안 산들을 넘고 넘어 피난 온 이야기를 했습니다. 그녀는 남편과 아이들과 헤어졌고 감옥에도 갇혔었지만, 마침내 가족이 다시 만났고 이제 아무것도 가진 것 없이 새 삶을 시작하고 있습니다. 여러분의 선물들은 이러한 사람들을 돕는 기쁨을 주고 있습니다.

남녀노소 모든 사람을 위한 따뜻한 옷 외에도 여러분이 보내주신 모든 물품들이 필요한 것들입니다 — 바느질 재료, 학교에서 필요한 면과 비단 자수실, 연필과 양초(쓰던 것도 좋습니다), 비누, 수건, 서판書板 등이 특히 유용합니다. 포장된 식품을 보내는 경우 종이 포장지가 자주 찢어지므로, 가루나 설탕은 한 번 더 포장해주십시오. 건포도와 말린 과일들도 좋습니다.

성탄절 카드를 백만 장 가지고 있다고 생각했지만, 더 있었더라면 더 많이 사용할 수 있었을 것입니다! 이화의 대학생들은 몇 장씩 받았지만, 고등학생들은 하나도 받지 못해서 그들도 각자 하나씩 가질 수 있게 캠프용 배낭에 가득 채워서 보냈습니다. 올해도 다시 여러분의 카드를 기다리고 있는데(전에 카드를 하나도 주지 못했던 한 시골 출신 졸업생에게는 벌써 몇 장 주었습니다), 카드는 따로 포장해서 보내주십시오. 그 카드들은 영어 수업과 주일학교에서 성탄절에 대해 가르칠 때 사용되며, 장식과 선물로 사용되기도 합니다. 우편 요금을 절약하기 위해 불필요한 종이는 잘라서 보내주셔도 좋습니다.

새 정부가 출범하고 유엔 등의 승인과 경제적 지원을 받게 되어서 한국의 상황은 희망적으로 보입니다. 이승만 대통령의 부인은 미스 쿠퍼[38]가 이끄는 이북에서 온 100명이 넘는 여성들의 기도 그룹 모임에 참석하시기 전, 오늘 우리 집에서 점심을 함께하셨습니다. 모든 참된 그리스도인들은 아무리 비천할지라도, 우리에게 가장 큰 위협인 공산주의와 맞서는 방어막이 되어줍니다. 한 지역 전체(중국)에 불이 났으니 이곳도 더는 안전하다고 할 수 없지만, 1948년에 시작된 위대한 발걸음을 바탕으로 1949년에는 더 나은 일이 있을 것이라 기대해봅니다. 9월 21일에 발목뼈 두 개가 골절되어 가을 내내 누워 있었지만, 이제는 회복되었습니다. 방문객이 많이 왔으며, 편지를 써야 할 만큼 다 쓰지는 못했어도 제법 많이 썼습니다. 하루하루가 의미 있었고, 시간을 헛되이 보내지는 않았습니다. 우리는 이제 연료를 아끼기 위해 겨울방학을 길게 갖고 있는데, 대신 여름방학을 짧게 해서 그 기간을 보충할 것입니다. 김활란 박사는 미국에 머물고 있고 새 과학관에 대한 계약이 체결되었습니다. 새 학기와 함께 3월의 교정에서는 새로운 생활이 시작될 것입니다. 우리는 이 시기를 잘 지나가기 위해 힘과 지혜가 필요하므로, 여러분의 기도에 의지하고 있습니다. 충실하게, 앨리스 R. 아펜젤러

일본 도쿄, 1949년 1월 27일[39]

친애하는 미스 핀리께,

옛 친구들을 만나고, 11년 전 마지막으로 방문한 이후의 많은 변화를 살펴보기 위해 며칠 동안 이곳에 와 있습니다.

1월 22일에 당신이 보내주신 귀한 상자들을 열어보았습니다. 식품은 교수진과 손님들을 대접하는 데 쓰이도록 대학에 보냈습니다. 저는 오렌지 껍질 한 상자를 따로 보관했습니다. 당신이 그것을 보내셨는지요?

옷은 더할 나위 없이 좋고 항상 필요합니다. 멋진 미국 물건들을 좋아하는 딸들을 둔 두 피난민 가족이 있지요. 관련된 모든 분들께 감사를 전해주시기 바랍니다. 모두 새해 복 많이 받으십시오.

진실하게,

앨리스 R. 아펜젤러

추신. 오렌지가 4486, 미스 페퍼로부터 좋은 상자를 하나 받았는데, 아마도 당신의 봉사회에 속한 분이 보내주신 것 같습니다. 두 벌의 좋은 코트 중 하나는 "프로젝트 가족"의 둘째 딸인 강 메리에게 정말 잘 맞았습니다. 이 가족에 대해서는 예전에 편지로 언급한 적이 있는데, 생전에 목사이셨던 남편을 둔 부인, 그리고 그분이 이북에서 데리고 온 네 자녀로 이루어진 가족입니다. 메리에게는 매서운 날씨에 입을 외투가 없어서 여성용 봄 코트를 줬었는데 잘 맞지 않았었습니다(그녀는 14세입니다). 이번에 이 사랑스럽고 따뜻한 짙은 자주색 코트를 받고 그녀는 매우 기뻐했습니다. 우유와 가루비누도 감사합니다.

ARA

한국 서울 정동 34, 감리회 선교부
1949년 4월 19일

친애하는 분들에게,

우리가 안전하게 지내는지 걱정하는 편지들이 많이 와서, 먼저 온 편지들에 급히 답장을 보냅니다. 이 편지를 받으실 때쯤, 여러분은 틀림없이 언더우드 살해[40]와 관련하여 네 명의 남자가 체포되었다는 소식을 듣게 될 것이고, 그에 관한 자세한 내용은 곧 발표될 것입니다. 나도 아직 자세한 내용은 모릅니다. 홉스 부부가 친절하게 기사를 발췌하여 보내주고 있어서 『뉴욕 타임스』에 실린 딕 존스턴[41]의 기사들을 확인했습니다. 여러분이 나보다 더 먼저 기사들을 접할 것입니다. 그것이 내가 확인할 수 있는 가장 정확한 보도입니다. 언더우드의 집에 침입했던 사람들은, 1) 그 가족의 남자들이 시내에 갔다는 것, 2) 그들이 차를 가지고 갔다는 것, 3) 낮에는 경찰 경비원이 없다는 것, 4) 집이 외딴곳에 떨어져 있어서 도움을 청하는 데 시간이 걸리리라는 것을 파악하고 있었습니다. 전화가 훼손되어 있었는지에 대해서는 듣지 못했습니다. 내 생각으로는, 그들은 다른 때에 더 쉽게 접근할 수 있었을 언더우드 부인이나 미스 모윤숙을 해치려던 것이 아니라, 모두 반공산주의자인 연희대학교 교수들의 아내들을 협박하려고 그 집에 들어간 것 같습니다. 현재 언더우드 가족은 평상시처럼 침착하게 지내고 있으니 대단합니다. 아버지와 아들 호레이스는 장례식 다음 날 대한기독교서회 이사회 모임에 참석하여 활발한 역할을 했습니다. 이달에 어학당이 끝나면 호레이스 그랜트와 조앤은 아버지와 함께 살기 위해 이사할 예정입니다. 조앤은 매우 지쳐 보이지만 용감하게 상황을 이겨내고 있습니다.

3월 28일 양주삼 박사님이 체포되셨는데, 이는 한국에 큰 충격이자 수치입니다. 그는 **수갑을 찬 채로** 잡혀가셨습니다. 처음에는 그를 전차에 태우려고 했는데, 누군가가 택시를 타도록 설득했다고 합니다! 그는 48시간 동안 구속되어 심문을 받았다고 들었는데 — 전형적인 낡은 일본식 방식입니다! 70세라는 나이 때문에 마포 교도소 병동에 수감되셨습니다. 그의 많은 동료가 감옥에서 심한 고통을 당했지만, 그에게는 이번이 처음 겪는 감옥 생활입니다. "부역자들"을 처벌하고 제거하려는 새 정부의 움직임은 매우 유감스럽습니다. 지금은 옛 잘못들을 들춰낼 때가 아니라 새 나라를 건설할 때입니다. 공산주의자들은 이 큰 실수를 얼마나 즐기고 있을까요! 그들은 이런저런 비난으로 우리 기독교 지도자들을 모두 제거해버리고 싶어 합니다!

스탠리 존스 박사는 2주 동안 이곳에서 머물며 수천 명에게 힘 있는 메시지를 전했습니다. 그가 한 가장 큰 일은 분열된 감리교회 양측에 영향력을 발휘하여 화합하게 한 것입니다. 양측이 함께하는 총회 날짜가 4월로 정해졌고, 그 후 연회들이 열릴 것입니다. 몇몇 완고한 사람들은 이번 총회에서 제외될 것이며, 더 이상의 방해는 허용되지 않을 것입니다.

어제 김활란 박사가 뇌출혈로 사망했다는 소문이 자자했습니다. 이야기의 출처를 알 수는 없지만 금방 들은 소식, 즉 그녀가 수술했다는 소식에서 비롯된 것이 틀림없습니다. 소식은 때때로 라디오를 통해 먼저 전달되기 때문에 우리는 라디오를 열심히 듣고 있는데, 다행히도 그 소식은 사실이 아니었습니다. 우리는 그녀가 3월 14일에 보스턴대학교에서 법학 박사학위를 받았다는 자랑스러운 소식을 들었으며 빠르게 잘 회복하여 그녀를 필요로 하는 이 캠퍼스로 조만간 돌아오기를 바랍니다.

박 에스더는 호놀룰루에 있는 집에 갔다가 샌프란시스코에서 열린 YWCA 전국대회에 참석한 후 돌아왔습니다. 그녀가 다시 우리 조국으로 돌아오게 되어서 매우 기쁩니다. 존스 박사의 집회들로 우리는 모두 바쁜 나날을 보내고 있습니다. 그는 29일에 이화여대에서 강연을 했고, 김애마 총장 직무대리는 롱뷰에서 그에게 한식 만찬을 대접했습니다. 그는 이 엄청난 강연 일정을 소화하는 것 외에 꾸준히 글도 쓰고 있습니다. 또한 예리한 관찰자로서 좋은 질문을 하고 기억력도 뛰어납니다. 정동에 있는 세브란스병원에서 전한 일요일 오전 기념 설교에서는 그리스도와 건강에 관해 훌륭한 메시지를 전했습니다. 존스 박사의 책들을 아는 분들이라면 그가 그 주제를 어떻게 다룰지 잘 알 것 같습니다. 나는 그의 책 『길』[42]에서 나 자신과 내 모든 친구들을 발견합니다.

동대문병원은 머레이 박사와 미스 로버츠를 책임자로 해서, 여성과 어린이를 위한 병원으로 개편되었습니다. 남은 것이 거의 없고 재정도 부족하지만 처음부터 새롭게 다시 시작합니다. 화재 이후 새 지붕을 얹었습니다.[43]

내 모든 친구들에게 사랑을 보냅니다.

언제나 충실하게,
앨리스 R. 아펜젤러

추신. 언더우드 부인은 17일에 그 집에 있었던 유일한 미국인이었고, 손님들은 모두 한국 여성들이었습니다.

1949년 5월 7일[44]

나는 투병 끝에 별세하신 이 씨[45]의 부인인 하복순 부인에게 미스 리드가 보낸 상자를 통째로 주었습니다. 그녀의 남편 이 씨는 척추암에 걸려 부활절 직전에 숨을 거두었습니다. 아이가 일곱이나 되는 이 대가족은 음식과 기타 생필품이 필요했습니다. 이들은 내가 아는 가장 훌륭한 가족 중 하나입니다. 아버지와 어머니는 항상 서로를 깊이 사랑했고, 아이들은 화목한 분위기 속에서 자랐습니다. 오랫동안 이 씨는 한국감리교 총회의 총무였지만, 전쟁 중에는 가족을 부양하기 위해 학교 일을 시작했습니다. 그는 일제 치하에서 1919년부터 1923년까지 5년을 감옥에서 보냈습니다. 그의 부인은 이화여전 졸업생이지만, 남편이 없는 동안 어린 아들을 키우기 위해 유치원 교사 훈련을 받았습니다. 그녀는 수년간 교직에 있었고, 그동안 남편은 신학교육을 받았습니다. 그는 그리스도에 대한 사랑을 증언하며 큰 고난을 겪은 후 세상을 떠났습니다. 부활절 아침에 그리스도와 함께하기를 원했기에 그리스도와 함께 고난을 겪었고, 결국은 그의 바람대로 된 것입니다. 어제 이 씨 부인이 이곳으로 왔는데, 나는 그녀가 자리를 잡을 수 있을 때까지 여러분이 보내준 옷이나 물품으로 도와줄 뿐만 아니라, 재정적으로도 지원해야 한다고 생각합니다. 그녀의 큰딸은 6월에 이화여대를 졸업하고, 아들은 배재를, 둘째 딸은 이화여고를 졸업합니다. 두 딸은 그 아들이 대학에 다니는 동안 가족을 돕기 위해 학생들을 가르칠 예정입니다. 모두 똑똑하고 훌륭한 아이들로, 막내는 일곱 살입니다. 우리 어머니는 첫째인 내가 16살일 때 네 아이와 함께 남겨지셨지요. 그래서인지 나는 홀로 키워야 할 아이들이 있는 여성들에게 특별한 동정심을 가지고 있습니다. 내가 지금 특별히 관심을 가지고 있는 이러한 가족은 둘입니다. 다른 한 가족은 강 씨네 가족인데, 이 아버지 또한 목사였고 일본 감옥에서 세상을 떠났습니다. 어머니는 일하고 있으며, 네 아이가 있습니다. 장녀인 샬롯[46]은 6월에 이화여대 음악과를 졸업할 예정이고, 아들은 내 아버지가 세우셨고 내 남동생이 수년간 교장으로 있었던 배재를 졸업합니다.

나의 제자였던, 그리고 지금은 나의 좋은 친구인 박인덕을 아신다니 기쁩니다. 그녀는 한국에 대한 관심을 불러일으키기 위해 많은 일을 하고 있습니다. 전쟁터가 되어버린 감리교 송도(개성) 구역을 포함한 접경 지역에서의 싸움과, 특히 일부 한국 군인들이 공산당 쪽으로 탈영했다는 소식은 지금까지 이곳에서 들은 최악의 소식입니다. 우리는 여러분의 기도가 필요합니다. 이화에 새 과학관의 주춧돌을 놓는 것은 믿음의 행위였습니다. 1938년에 교장의 집인 롱뷰를 지은 것이 옳았다고 증명된 것과 마찬가지로, 과학관을 짓는 것도 훗날 옳다고 증명될 것이라고 믿습니다. 롱뷰는 김활란 박사가 대학을 계속 열어놓을 수 있도록 도와주었습니다.

다시 한번 감사드리며, 행복을 기원합니다.

ARA

1949년 5월 21일

친애하는 미스 핀리께,

2월 10일에 보내주신 상자는 두 달 만에 이곳으로 배달되었고, 늘 그랬듯이 좋은 것들로 가득 차 있었습니다. "짧은 바지"는 신통했습니다. 이곳 사람들은 뜨개질한 속옷이나 속바지 같은 것들을 아주 좋아합니다. 물론 저는 탐욕스럽게도 "토핑"을 챙겼습니다, 비록 제가 다 먹는 건 아니지만요! 토핑은 디저트를 아주 멋있게 장식해줍니다. 모든 친구들에게 감사를 전합니다. 편하신 시간에 편지를 보내주세요. 이제 잘 걸을 수 있고, 더 좋아졌습니다.

사랑을 담아,

앨리스 R. 아펜젤러

한국 서울 정동 34, 감리회 선교부
1949년 7월 24일

(10센트 항공 우편 폴더가 가장 빠름. 덮개에도 글씨 쓸 수 있음.)

친애하는 피시백 부인과 콜럼버스의 친구들에게,

당신의 이름이 새로운 이름이어서, 우리에게 상자들을 보내주는 충실한 친구들 모두를 위한 이 편지를 이번에는 당신에게 쓰겠습니다. 내 방 앞 현관이 조금 비워지자마자 또 다른 많은 상자가 다시 수북이 쌓였습니다. 이 상자들이 많은 사람을 행복하게 해주기를 바랍니다. 특히 그 어느 때보다 지금이 더 절실히 필요한 시점인 것 같습니다. 내가 아는 남편 잃은 여성들은 필요한 물건을 얻기 위해 바로 이곳으로 옵니다. 나는, 상자를 풀 때 지켜보고 있다가 강 씨 부인에게 찾아가 물건을 살펴보러 가라고 알려주는 새가 있는 게 분명하다며 강 씨 부인을 놀립니다. 여러 번 그런 일들이 있었는데, 그녀는 세 딸을 위해 드레스, 신발, 속옷, 아들을 위한 옷, 비누, 연필, 양초, 공책, 종이, 실, 바늘 등을 찾아냈습니다. 이 물건들은 그곳에서는 누구나 당연하게 여기고 몇 센트면 쉽게 살 수 있는 것들이지만, 이곳에서는 적은 수입으로 생활을 이어갈 수 있도록 큰 도움을 주는 것들입니다. 이외에도 내가 아는 남편 잃은 여성들, 강 씨 부인, 권 씨 부인, 이 씨 부인에게, 비누와 양초와 연필은 내가 구해줄 수 있으니 그런 것들은 사지 말고 돈을 식비에 쓰라고 말했습니다.

큰딸 강 샬롯은 이대 음악과를 졸업했고 독주회에서 아름다운 연주를 선보였습니다. 그녀는 가능한 한 빨리 오하이오주 베레아에 있는 볼드윈-월리스대학의 음악학교로 갈 예정이며, 전에 이화여전에서 가르쳤던 머타 스토버가 그곳에서 그녀를 돌봐줄 것입니다. 강 샬롯의 “할머니”는 은퇴 후 켄터키주 먼포드빌에서 살고 있는 미스 샬럿 브라운리인데, 그녀는 강 샬롯의 부모가 목사의 길을 가고 좋은 기독교 가정을 꾸릴 수 있게 도와주었었습니다. 강 샬롯은 한국어를 배우자마자 바로 영어를 배웠으니 미국에서도 잘 적응할 것입니다. 2년 전에는 한국 기독교 청년 대표로 기독교학생대회에 참석하기 위해 오슬로에 가기도 했습니다. 그녀의 남동생은 내 아버지가 설립하신 한국 최초의 남학교인 배재를 졸업했고, 이번에 국립대학교에 입학합니다. 중학생인 두 명의 어린 딸도 있어서, 우리 어머니가 네 자녀를 혼자 교육하기 위해 고군분투했던 것에 대해 말씀하곤 하셨듯이, "숲을 빠져나오기" 전에 그 어머니는 아직도 해야 할 일이 많습니다.

이 씨 부인은 부활절날 남편이 세상을 떠난 후 일곱 명의 자녀를 홀로 교육하고 생계를 책임져야 하는 어려운 상황에 직면했으나, 지금은 그때보다는 훨씬 나아 보입니다. 6월에 세 자녀가 졸업했는데, 장녀는 이화여대 교육학과를, 장남은 배재중학교를(우등으로), 차녀는 이화중학교를 졸업했습니다. 장남은 국립대학교에 입학했고, 차녀는 이화여대 아동교육과 입학 시험을 통과했습니다.[47] 그녀는 어머니가 밟았던 그 과정을 따라가 더 나은 삶을 살아야 할 텐데, 지금까지는 그 비용을 충당할 방도가 없어 보입니다. 장녀는 그녀의 아버지가 학장이었던 학교에서 가르칠 예정이며, 따라서 그 학교 소속이 되어 지금 사는 집에서 계속 지낼 수 있습니다. 나는 죽어가는 그 아버지에게, 그의 가족을 위해 내가 할 수 있는 일을 해주겠다고 약속했습니다. 그래서 나는, 주로 다른 사람들의 도움을 통해서이지만, 그들이 첫 번째 월급을 받게 될 때까지 살아갈 수 있도록 지켜줄 것입니다. 이 불확실성이 지배하는 땅에는 보험이 없으므로 하루 벌어 하루 먹고 살아야 합니다.

샬롯 외에도 우리가 미국으로 보내는 십자군 장학생이 있습니다. 그녀는 좋은 기독교 가정에서 성장한 사랑스러운 성악가인 노형숙으로, 드포대학에서 성악을 공부할 예정입니다. 김 씨의 부인인 전수진[48]은 하와이대학교에서 1년간 대학원 공부를 할 수 있는 미국여학사협회[49]의 장학금을 받게 되었습니다. 하지만 항만 파업으로 인해 그녀가 그곳에 제때 도착하지 못할 수도 있습니다. 내 남동생은 호놀룰루에서 로스앤젤레스의 로버츤교회로 전속되었기 때문에 하와이에 있지 않아 그녀를 도와줄 수가 없습니다. 우리는 이곳에서 좋은 설교자들과 함께 총회를 진행하고 있으며, 여기에는 150명이 참석하고 있습니다. 플로이드 샤클럭[50] 박사 부부가 아주 훌륭한 강의를 하고 있습니다. 작별을 고하며, 모든 것에 대해 여러분 모두에게 감사드립니다.

앨리스 R. 아펜젤러

한국 대천(예전의 모래시계 해변)
1949년 8월 5일

친애하는 마거릿에게,

6월 11일에 세 개의 커다란 상자가 도착했는데, 그 안에 가득 담긴 너무도 훌륭한 물건들에 대해 어떻게 감사의 말을 전해야 할지 모르겠네요. 이번에는 멋진 놀이 도구와 장난감이 특히 환영받았어요. 류형기 박사의 어린 딸(12살)이 결핵에 걸리는 바람에 한동안 침대에 누워 지내야 해서 그것들을 좀 주었어요. 그리고 이번에는 식품 대부분을 내가 보관했는데, 여름에는 사람들이 떠나서 대학에 식품이 필요하지 않기 때문이에요. 캔디는 정말 맛있고, 우리가 사랑하는 "토핑"은 아이스크림의 계절인 지금 더 사랑받고 있어요. 책들은 도서관에 비치했고 비누는 대학에 보냈어요. 당신은 정말 충실하고 가장 사려 깊은 친구예요! 관련 있는 다른 사람들에게도 감사하다고 전해주세요.

이 멋진 곳에서 2주를 보내면 기운을 회복할 수 있을 거예요. 아름다운 해변, 바다, 섬들, 소나무로 덮인 언덕, 노을의 노래가 나를 쉬게 해요. 수영도 하고, 자주 보지 못하는 이들과 교제하는 이 모든 시간이 좋은 변화를 가져다줘요. 예전에 우리가 좋아하던 여름 휴가지들은 지금의 소련 지역에 있어요. 38선을 따라 치열한 전투가 벌어지고 있고, 곳곳에서는 잔인한 침투가 범해지고 있으니 우리를 위해 계속 기도해주세요. 그렇지만 우리는 괜찮으니 걱정은 하지 마세요. 감사와 사랑을 보내요.

당신의 친구,
앨리스 R. 아펜젤러

베이커 감독님이 내 남동생을 로스앤젤레스로 전속시키셨어요. 남동생은 호놀룰루를 떠나기 싫어했지만, 다행히 새로 간 곳도 좋아해요.

A.

서울, 1949년 9월 1일

친애하는 마거릿에게,

이렇게 간접적으로 편지를 보내는 것에 대해 용서해준다면, 내일 비행기 편으로 이 편지를 보낼게요. 우리에게 그토록 많이, 그리고 매번 좋은 것들을 보내주는 당신의 에너지에 놀랐어요! 8월에 당신에게서 온 상자 네 개를 열었어요. 그중 하나에는 좋은 학용품과 그림들, 그리고 동양적인 디자인의 식탁보가 들어 있었고, 또 다른 상자 하나에는 통조림 고기가 들어 있어서 즐겁게 나누어줄 예정이며, 토핑은 우리 식료품 저장실에 넣어두었어요. 전기가 들어오면 아이스크림을 먹을 수 있는데, 토핑이 얼마나 아이스크림을 더 맛있게 만드는지 몰라요! 나머지 두 상자에는 가루비누와 가루식품이 섞여 있어서 쓸 수 없게 되었어요. 판지가 때때로 찢어지기 때문에 가루들은 분리해서 따로 포장해야 해요. 그러나 신발, 옷, 장난감, 책들은 손상되지 않았고, 모두 유용한 곳에 잘 쓰일 거예요. 백만 번 감사해요!

남동생 헨리는 지금 로스앤젤레스에 있는 로버츤공동체감리교회에 있어서, 당신은 아마도 그곳에서 헨리 부부에 대해 듣고 만날 수 있을 거예요. 그들은 호놀룰루를 떠나고 싶어 하지 않았지만, 새로 간 곳도 좋아하고 있어요. 나는 바닷가에서 상쾌한 2주를 보냈고 이제 노동절[51]에 개강할 준비가 되어 있어요. 다시 한번 감사드리며 알로하 인사를 전해요.

앨리스 R. 아펜젤러

한국 서울 정동 34, 감리회 선교부

1949년 9월 1일

친애하는 데이비스 부인께,

비록 이곳에 도착한 멋진 상자들이 많은 분들의 손길을 거쳐온 것이고 여러분이 협회로서 이 일에 함께해주셨다는 것을 알지만, 당신이 저에게 보내주신 편지 덕분에 저도 다시 당신에게 편지를 씁니다. 클러치필드 부인, 엔로 부인, 손턴 부인, 프로스트 부인의 이름도 상자들에 적혀 있네요. 그분들에게도 도와주셔서 특별히 감사하다고 인사 전해주시기 바랍니다.

보내주신 옷들은 모두 매우 좋았습니다. 저는 항상 이 옷들을 고물상처럼 되어버린 뒷현관의 공간에 다른 옷들과 함께 쌓아둔 채 누군가 올 때까지 기다리거나, 물건이 필요한 사람들을 제가 직접 부릅니다. 어제는 제가 생각하고 있었던 두 여학생이 와서 지금부터 추운 날씨에 사용할 수 있는 물건들을 한 보따리 가지고 가며 기뻐했습니다. 한 명은 이화여대를 7월에 졸업했고 다른 한 명은 4학년생입니다. 그들의 아버지는 우리 교회에서 은퇴하신 목사님인데, 지금은 한 정부 건물의 관리인으로 일하며 가족을 부양하고 있습니다. 그의 첫 번째 관심사는 항상 교회입니다. 그는 건강 때문에 목사직을 그만두고 금강산으로 갔었는데, 그곳에서 호텔 사업으로 넉넉한 생활을 하게 되었습니다. 하지만 해방 후 공산주의 통치하에서 지낼 수 없다고 느껴 가족과 함께 탈출했고, 거의 아무것도 없이 이곳으로 왔습니다. 2년 전, 그의 옛집 바로 남쪽에 있는 남한 영토의 산속에서 가정선교 사역을 시작했는데, 그 지역 사람들은 처절하게 가난하고 방치되어 있었습니다. 새로 통합한 한국감리회와 지난봄 그곳으로 파견된 두 사역자가 이 지역의 사역을 넘겨받았습니다. 그 후 그는 지난겨울 굶주리며 불결하게 지내는 거리의 사람들을 보고, 감리교 교회들에 요청해 무료 급식소를 열도록 했으며, 그들에게 씻고 이발할 수 있는 장소를 제공하게 했고, 가장 추운 계절 동안 그들을 잘 돌봤습니다. 지금은 퇴근 시간 후에 파고다공원에서 설교를 하고 있습니다. 이토록 많은 피난민이 이 아래 지역으로 몰려와 온갖 문제가 발생한 것은, 러시아가 이 나라를 둘로 분열시켰기 때문이라는 것을 당신도 알고 계실 것입니다. 지난봄 저는 이 여학생들이 예쁘고 좋은 옷을 받으면 얼마나 놀라고 행복해할까 생각했습니다. 이들의 아버지가 이 선물들을 보내주신 모든 분에게 감사를 표현하려 오셨으니, 그분의 인사를 전해주시기 바랍니다.

당신의 새 구두에 대한 기획에 실망을 드리게 되어 대단히 죄송합니다. 그 구두들이 너무 예뻐서 우리 모두가 신고 싶지만, 아쉽게도 신을 수 있는 사람이 거의 없습니다. 한국 사람들은 굽이 높은 구두를 좋아하지 않으며, 여대생 몇 명을 제외하면 누가 신을 수 있을지 모르겠습니다. 미스 칸로는 잘 맞는 구두 한 켤레를 발견했습니다. 저는 발목이 부러진 후로는 "실용적인 신발" 외에는 아무것도 신지 못하는데, 대부분 발바닥의 아치를 지켜주는 신발만 수년째 신고 있습니다. 며칠 후 선교 집회를 할 때, 우리는 그 구두들을 신을 수 있는 사람이 있으면 누구든 가져가도록 내놓을 예정입니다. 또한 모두 새 구두여서 약간의 세금을 내야 했지만, 겨우 1달러였으니 그것에 대해서는 걱정하지 않으셔도 됩니다. 여러분 모두가 이 새 구두 같이 좋은 물건들을 보내는 것에 대해 기뻐하신다는 것을 알고 있어서 더 좋은 후일담을 전해드리고 싶었지만, 여러분은 진실을 알기 원하신다고 확신합니다. 조금 사용한 남성용 혹은 어린이용 신발이 특히 필요하고, 작은 사이즈의 평범한 여성용 신발도 필요합니다.

물론 비누는 많이들 좋아하며, 저는 보내주시는 비누를 항상 나눠줍니다. 제가 아는 사람들에게 좀 나눠주고 나서 나머지는 모두 대학교에 보내 위원회가 일반 사람들에게 나눠주도록 합니다. 꼭 필요로 하는 적절한 곳에 물건들을 나눌 기회를 가질 수 있어서 감사합니다. 데이비스 부인께서 셔먼 구역의 회장이 되신 것을 축하드립니다. 머지않아 소식을 다시 듣게 되기를 바라며, 행복을 빕니다.[52]

진심을 다해,

ARA

정동교회에서 치러진 앨리스 아펜젤러의 장례식(1950년)

양화진 외국인 선교사 묘원에 있는 앨리스 아펜젤러의 묘비(ⓒ 황규호)

앨리스 아펜젤러 연보

연도	아펜젤러 관련 활동 사항	사회 일반
1885	• 초대 한국 선교사 헨리 G. 아펜젤러 목사와 엘라 아펜젤러의 장녀로 서울 정동에서 출생함(11.9)	-
1886	• 유아세례를 받음(4.25)	• 이화학당이 설립됨
1896	• 중국 즈푸의 국제학교에 입학함	-
1900	• 아버지 헨리 G. 아펜젤러의 안식년을 맞아 가족 모두 유럽을 경유해 미국으로 감	-
1902	• 한국으로 돌아온 헨리 G. 아펜젤러가 성서번역위원회 참석을 위해 인천에서 목포로 가던 중 선박 사고로 사망함(6.11) • 펜실베이니아주 랭커스터의 쉬펀학교Shippen School에 입학함(9.)	-
1905	• 쉬펀학교를 졸업함	• 을사조약이 체결됨 • 『코리아 미션 필드*The Korea Mission Field*』가 창간됨(11.)
1909	• 웰즐리대학Wellesley College을 졸업하고 학사학위를 취득함 • 쉬펀학교에서 교편을 잡음(1909~1914)	-
1910	-	• 이화학당에 대학과가 신설됨
1914	• 미감리회 WFMS 필라델피아 지부 파송 선교사로 임명됨(10.)	-
1915	• WFMS 선교사로 한국에 옴(1.) • 이화학당에서 교편을 잡음(영어, 역사 담당) • 어머니 엘라 아펜젤러가 사망함(9.30)	• 이화학당 유치원 사범과가 신설됨

연도	아펜젤러 관련 활동 사항	사회 일반
1919	–	• 고종이 덕수궁에서 서거함(1.21) • 3.1 독립만세운동이 일어남(3.1) • 고종 황제의 국장이 거행됨(3.3) • 상하이에 대한민국임시정부가 수립됨(4.)
1920	• 안식년(1920.7~1922.3) • 미국에서 프라이홀 건축을 위한 모금 활동을 함	–
1921	• 학교법인 이화학당의 이사로 취임함(1921~1950)	–
1922	• 컬럼비아대학교 사범대학Columbia University Teacher's College에서 교육학 석사학위를 취득함 • 한국으로 돌아옴(3.) • 제6대 이화학당 당장으로 취임함(1922.10.18~1939.3.)	• 조선 Y.W.C.A.가 조직됨
1923	• 이화학당 정동 프라이홀을 완공함(9.) • 이화학당 신촌 캠퍼스의 부지 구입비를 마련함(11.)	• 관동대지진이 일어남(9.1)
1924	• 이화학당 신촌 캠퍼스의 부지를 구입함(7.)	–
1925	• 이화여자전문학교 인가를 승인받음(4.23) • 이화여자전문학교 교장 인가를 승인받음(9.29)	• 이화여자전문학교에 문과와 음악과가 신설됨
1926	–	• 순종이 창덕궁에서 서거함(4.25) • 순종 황제의 국장이 거행됨(6.10)
1927	• 뉴욕대학교 특별강좌N.Y.U. Extension에서 수학함	–
1928	• 안식년(1928.12.~1931.3.)(교장대리 밴플리트) • 건축비 모금을 위해 미국으로 가서 뉴욕에 모금실행위원회 사무실을 두고 모금 운동을 시작함	• 이화학당 유치원사범과가 이화보육학교로 개편됨
1929	• 오하이오주 콜럼버스의 WFMS 60주년 기념식에 참석함(10.23~10.30)	• 이화여자전문학교에 가사과가 신설됨
1931	• 한국으로 돌아옴(3.)	• 만주사변이 발발함(9.18)
1932	• 이화여자전문학교 신촌 캠퍼스 공사를 시작함 • 기독교 조선 감리교회 목사에 임명됨(6.)	• 일제가 만주 출정 전몰 전사 위령제에 참석을 강요함(9.)

연도	아펜젤러 관련 활동 사항	사회 일반
1935	• 이화여자전문학교가 신촌 캠퍼스로 이전함(3.9) • 파이퍼홀(본관), 케이스홀(음악관), 에머슨홀(강당), 체육관(토머스홀) 봉헌식을 올림(5.31) • 이화학당 개교 49주년 기념식에서 20년 이상 근속자로 표창을 받음	-
1936	• 보육관, 기숙사(진선미관), 가사실습소, 영학관 봉헌식을 올림(5.31) • 이화학당 개교 50주년 기념식에서 역사극 <강>을 공연함 • 안식년(1936.11.~1938.4.)	-
1937	• 보스턴대학교Boston University에서 명예 교육학 박사학위를 취득함(6.)	• 총독부의 강요로 교가를 일본어로 바꾸어 부름 • 일본이 중국 상하이를 점령함(11.)
1938	• 한국으로 돌아옴(4.) • 선교사 숙소(롱뷰)를 건축함	• 형사들이 도서관을 습격해 서적을 압수함(2.) • 숭실전문학교가 신사 참배 강요에 항거해 폐교함
1939	• 이화여자전문학교 교장직을 사퇴하고 김활란에게 이임 후 명예교장이 됨(4.)	• 제2차세계대전이 발발함(9.) • 『이화』 발행이 중단됨
1940	• 선교사 철수로 인해 미국으로 감(11.16)	• 창씨제도가 실시됨 • 학교에서 한복 착용이 금지되고 제복 착용이 강요됨 • 미일 관계 악화로 내한 선교사들에게 철수를 명함(11.16)
1941	• 테네시주 내슈빌의 기독교 사역자를 위한 스캐릿대학Scarritt College for Christian Workers에서 재직함(1941~1943) - 여름 학기 여성학장대리(1941, 1942) - 홍보 부서 간사	• '만국부인기도회' 사건(2.28)으로 잔류 선교사 15명이 체포됨 • 『코리아 미션 필드』가 폐간됨(11.) • 일본의 진주만 공격(12.7)으로 태평양전쟁이 발발함 • 잔류 선교사들이 투옥 및 가택 연금됨
1942	• 여성기독교봉사회WSCS에서 호놀룰루 한인 선교사로 임명됨(12.)	• 일본이 마닐라(1.)와 필리핀 전역(5.)을 점령함 • 미국이 미드웨이 해전에서 승리함(6.) • 적국 포로로 수용되었던 선교사들이 포로 교환 형식으로 미국으로 강제 송환됨

연도	아펜젤러 관련 활동 사항	사회 일반
1943	• 하와이에서 한인 선교 사역을 함(1943.3.~1946.12.)	• 재단법인 이화학당이 설립됨(8.7)
1945	–	• 제2차세계대전이 종결됨
1946	• 이화로 돌아와 이화여자대학교 명예총장에 취임함(12.)	–
1948	• 과학관을 착공함(10.)	• 총선거가 치러짐(5.10) • 대한민국정부가 수립됨(8.15)
1950	• 채플을 인도하던 중 뇌일혈로 쓰러져 별세함(2.20) • 사회장으로 양화진 외국인 선교사 묘원에 안장됨	• 6.25 전쟁이 발발함(6.25)

아펜젤러 가계도

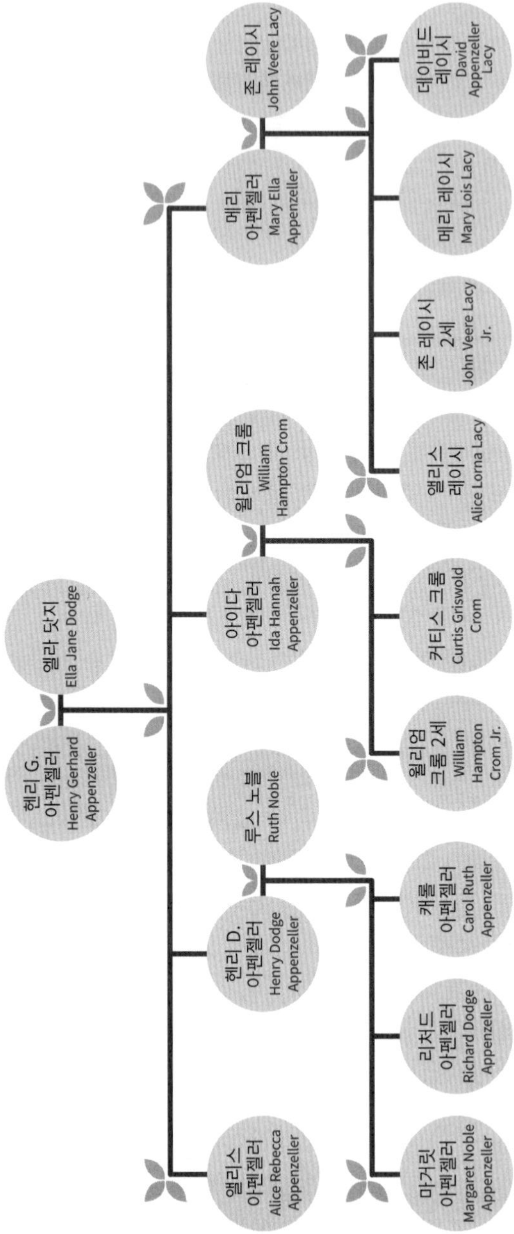

헨리 G. 아펜젤러 Henry Gerhard Appenzeller
엘라 닷지 Ella Jane Dodge
앨리스 아펜젤러 Alice Rebecca Appenzeller
헨리 D. 아펜젤러 Henry Dodge Appenzeller
루스 노블 Ruth Noble
아이다 아펜젤러 Ida Hannah Appenzeller
윌리엄 크롬 William Hampton Crom
메리 아펜젤러 Mary Ella Appenzeller
존 레이시 John Veere Lacy
마거릿 아펜젤러 Margaret Noble Appenzeller
리처드 아펜젤러 Richard Dodge Appenzeller
캐롤 아펜젤러 Carol Ruth Appenzeller
윌리엄 크롬 2세 William Hampton Crom Jr.
커티스 크롬 Curtis Griswold Crom
앨리스 레이시 Alice Lorna Lacy
존 레이시 2세 John Veere Lacy Jr.
메리 레이시 Mary Lois Lacy
데이비드 레이시 David Appenzeller Lacy

미주

1장. 선교사로 파송되어 이화에 와서

1 영국의 소설가이자 시인인 조지프 러디어드 키플링Joseph Rudyard Kipling(1865~1936)의 시 "집시의 길The Gipsy Trail". 넓은 세상을 떠도는 집시의 자유로운 삶을 노래한 이 시에 나오는 "마힘"은 인도의 항구도시 뭄바이의 한 지역이다.

2 엘라 닷지Ella Jane Dodge(1854~1915). 헨리 G. 아펜젤러Henry Gerhard Appenzeller(1858~1902) 목사와 1884년 12월 17일 결혼했으며, 조선에 온 지 7개월 만인 1885년 11월 9일에 장녀 앨리스 아펜젤러Alice Rebecca Appenzeller(1885~1950)를 낳았다. 1915년 앨리스는 미감리회 여성해외선교회Woman's Foreign Missionary Society: WFMS 필라델피아 지부 파송 선교사 임명을 받고 한국으로 돌아와 이화학당 교사로 부임했는데, 돌아온 지 얼마 되지 않은 그해 9월 30일 어머니의 부고가 전해졌다.

3 이화에서 메이데이는 전통적으로 창립기념일인 5월 31일을 의미한다.

4 당시 이화학당 당장은 룰루 프라이Lulu Edna Frey(1868~1921)로 제4대 당장(1907. 6.~1921. 3.)이었다.

5 당시 11월 초에 일주일가량 "김장방학"을 했으며, 이때는 전 기숙사생이 수업을 전폐하고 겨울 동안 먹을 김장을 했다.

6 앨리스 아펜젤러는 1920년 7월부터 1922년 3월까지 첫 번째 안식년 휴가를 다녀왔다.

7 앨리스 아펜젤러는 여기에서 자신을 "동양인"이라고 지칭하고 있다. 한국에서 태어난 앨리스 아펜젤러가 한국을 고향, 고국이라고 부르며, 자신을 한국인으로 생각했음이 편지 여기저기에 많이 나타나 있다.

8 존 레이시John Veere Lacy(1894~1965). 앨리스 아펜젤러의 막내 여동생 메리 아펜젤러Mary Ella Appenzeller(1893~1963)와 1920년 12월 28일에 결혼했다. 1919년 미감리회 선교사로 내한하여 1923년까지 서울에서 미감리회 종교교육협의회 총무를 역임했고, 협성신학교에서 종교교육학을 강의하기도 했으며, 1931년 아내와 함께 미국으로 돌아갔다.

9 마거릿 아펜젤러Margaret Noble Appenzeller(1919~2005). 앨리스 아펜젤러의 남동생인 헨리 닷지 아펜젤러Henry Dodge Appenzeller(1889~1953)와 루스 아펜젤러Ruth Emily Noble Appenzeller(1894~1986)의 장녀이다.

10 리처드 닷지 아펜젤러Richard Dodge Appenzeller(1922~2005)는 앨리스 아펜젤러의 남동생인 헨리 닷지 아펜젤러와 루스 아펜젤러의 두 번째 자녀이다.

11 앨리스 레이시Alice Lorna Lacy(1922~1984)는 앨리스 아펜젤러의 막내 여동생인 메리 아펜젤러가 존 레이시와 결혼하여 낳은 첫 번째 자녀이다.

12 앨리스 아펜젤러는 1922년 10월 18일에 이화학당 제6대 당장(1922. 10. 18.~1939. 3.)에 취임했다.

13 실버 베이Silver Bay는 미국 뉴욕주 헤이그시에 있는 작은 마을로서, 조지 호수의 작은 만에 자리 잡고 있으며, YMCA 컨퍼런스 센터가 있는 곳이다. 1900년에 세워진 이 센터에는 매년 많은 단체들이 찾아와 총회를 열고 있다.

14 메리 아펜젤러Mary Ella Appenzeller(1893~1963). 앨리스 아펜젤러의 막내 여동생으로 미국 펜실베이니아에서 출생했으며, 1917년 미감리회 선교사로 내한했다. 1920년 선교사 존 레이시John Veere Lacy와 결혼하여, 편지에서 메리 레이시로 많이 언급되고 있다. 이화에서 교수로 재직하고 정동제일교회, 아현교회, 동대문교회 등에서 선교 활동을 하다가, 1931년 남편 레이시와 함께 미국으로 돌아갔다.

2장. 이화학당 당장이 되어

1 당시 이화학당에는 대학과, 대학예과, 유치원사범과, 고등보통학교, 보통학교, 유치원이 있었다.

2 지넷 월터A. Jeannette Walter(1885~1977). 미감리회 WFMS 토페카 지부의 파송을 받아 1911년에 선교사로 내한하여 이화에 부임했다. 대학과에서 수학을 강의했으며 행정 능력이 탁월하여 학교 운영에도 많은 힘을 쏟았고, 이화학당 제5대 당장(1921. 4.~1922. 10.)을 맡기도 했다. 부친의 암 발병 소식을 듣고 1926년 귀국한 후 한국으로 돌아오지 못했다.

3 이화학당 대학과를 위한 최초의 건물인 프라이홀Frey Hall. 1922년 10월 16일 이화학당에 대학과를 신설한 룰루 프라이 당장을 기념하는 프라이홀의 정초식이 거행되었다. 당시 지넷 월터가 당장이었으며(1921. 4.~1922. 10. 8.), 프라이홀은 월터 당장의 지휘 감독 아래 크로웨 씨가 건축 감독을 맡았고, 비용은 앨리스 아펜젤러가 안식년 휴가(1920. 7.~1922. 3.) 중 미국에서 모금한 5만 달러로 충당했다. 프라이홀은 아펜젤러가 당장이 된 후인 1923년 9월에 완공되어 개관했다.

4 이화학당 내의 학생 단체는 1900년대 초부터 조직되기 시작했다. 이문회Literary Society는 문학 활동을 통해 학생들의 재능을 계발했고, 선교회Missionary Society는 하나님을 위한 헌신을 구체적으로 이웃에게 실천하는 데 역점을 두었다. 공주회King's Daughters는 일상생활에서의 영적인 성장을 통해 "하나님의 딸들"이 되고자 했던 순수한 신앙 단체였다.

5 YWCAYoung Women's Christian Association는 1855년 영국에서 발족했고, 이후 세계 각 지역으로 확대되었다. 한국에서는 조선여자기독교청년회연합회라는 이름으로 1922년 3월 27일 김필례, 김활란, 유각경 등 30여 명이 중심이 되어 발기대회를 개최했으며, 1923년

8월 정식으로 조선YWCA연합회가 창설되었다.

6 헨리 G. 아펜젤러Henry Gerhard Appenzeller(1858~1902). 1884년 미감리회 선교회로부터 한국 선교사로 임명되었고, 1884년 12월 17일 엘라 닷지Ella Jane Dodge와 결혼식을 올렸다. 1885년에 내한해 같은 해 10월에 배재학당을 설립한 후 본격적인 기독교 근대교육을 시작했다. 1887년 9월 예배처소를 마련하고 벧엘예배당이라 명명했는데, 이는 한국 최초의 감리교회였다. 1898년 독립협회 사건으로 많은 민족지도자가 감옥에 갇혔을 때 이들을 전도하여 이상재, 이승만, 유성준, 김정식 등을 기독교인이 되도록 했다. 1902년 6월 11일 성서번역위원회 참석차 인천에서 목포로 가던 중 배가 침몰하면서 함께 있던 조선인을 구하려다 순직했다.

7 헨리 G. 아펜젤러에 의하여 1885년에 세워진 정동제일교회. 1885년 10월 11일 정동 사택에서 처음으로 예배를 드렸으며, 1887년 9월 교회용 건물을 구입하여 이를 수리하고 교회 이름을 베델 예배당Bethel Chapel이라고 했다. 1897년 12월 26일에 현대식 예배당을 건축하여 봉헌식을 했는데, 이 건물은 현재까지 유일하게 남아 있는 19세기 교회 건물이다.

8 헨리 D. 아펜젤러Henry Dodge Appenzeller(1889~1953). 서울 정동에서 출생했고 어린 시절을 한국에서 보냈다. 1900년 부친의 안식년을 맞아 가족과 함께 미국으로 갔다가, 1902년 먼저 한국에 복귀한 부친 헨리 G. 아펜젤러가 선박 사고로 순직하자 가족들과 미국에 남아 체류하게 되었다. 학업을 마치자마자 1917년 미감리회 선교사로 파송받아 내한했고, 1918년 윌리엄 노블William Arthur Noble(1866~1945) 선교사의 딸인 루스 노블Ruth Emily Noble(1894~1986)과 결혼했다. 1920년부터 1940년까지 배재학교 제4대 교장으로 근무하며 교육선교사로 진력했고, 조선총독부의 지속적인 퇴진 압력으로 1940년 9월 30일 교장직에서 물러났다. 1940년 미국으로 가서 캘리포니아주 스톡튼에 잠시 머물다가 한인 교포들을 돌보기 위해 하와이로 건너갔다. 1945년까지 호놀룰루제일감리교회 목사로 봉직하며 한인 사회와의 지속적인 연결고리를 유지해나갔고, 해방 후 1946년 다시 내한하여 한국을 위해 일했다.

9 아펜젤러는 김활란(1899~1970)을 세례명인 헬렌Helen으로 부르고 있는데, 이 책에서는 활란으로 번역하기로 한다. 활란이라는 이름은 헬렌을 한자어로 음역해서 표기한 것이다. 후에 김활란은 아펜젤러의 뒤를 이어 이화의 제7대 총장(1939~1961)을 역임했다.

10 조선YWCA연합회는 1923년 8월에 정식으로 창설된 이후, 1924년에 세계 YWCA에 정식으로 가입했고, 지방 지부 및 학교 지부를 결성해 조직을 확대했다. 초기에는 강연회와 성서 공부, 야학 운영 등 여성교육 활동에 집중했으며, 점차 문맹퇴치 운동, 국산품 장려 운동이나 금주·금연 운동, 공창 폐지 운동, 조혼 폐지 운동 등으로 활동 범위가 확장되었다.

11 김합라. 1922년에 이화학당 대학과를 졸업하고 음악 교사로 일하다 미국으로 유학을 떠나 1927년 오리건주립대학교에서 가정과를 전공하여 석사학위를 받았다. 1929년 이화학당 가사과의 설립이 인가되자 가사과 제1대 과장으로 취임해 요리, 재봉, 육아, 가정관리 등을 가르쳤다.

12 황 에스더(1892~1971). 1910년에 이화학당을 졸업하고 평양에 있는 숭의여학교에서 학생들을 가르쳤다. 3.1운동을 주도했다는 혐의로 옥고를 치렀으며 애국계몽운동에 힘썼다. 이

화학당 대학과 3학년에 편입해 졸업한 뒤 모교의 사감 겸 교사로 봉직했다. 1925년 미국으로 유학을 떠나 1928년 컬럼비아대학교에서 교육학 석사를 받고 귀국한 뒤, 감리교여자신학교에 부임했고 농촌 계몽 운동에 참여했다.

13 김성실. 이화학당과 태화여자관에서 근무하다가 도미하여 뉴욕에 있는 YWCA 간부수양학교National Training School를 1926년에 졸업하고, 이어서 1929년까지 마운트홀리오크대학Mount Holyoke College에서 수학했다. 귀국한 뒤 한국YWCA 운동의 토대를 강화하고 지방 YWCA를 육성하는 등 YWCA 활동에 일생을 바쳤다.

14 태화여자관Seoul Woman's Evangelistic Center은 미감리교회 여성들의 헌금과 후원으로 1921년에 사업을 시작한 우리나라 최초의 사회복지기관이다. 당시 선교사로 우리나라에 파송된 마이어스Mary Darling Mayers(1874~1934)가 부녀자와 아동을 위한 복음전도 및 사회사업을 시작했으며, 직장 여성을 위한 여자야학교와 빈곤층 학생을 위한 태화여학교도 시작했다. 서울 인사동의 옛 순화궁 터에 건물을 마련하여 1995년까지 활동했고, 지금은 강남구 수서동에 복지관을 신축하여 사업을 전개하고 있다.

15 김창준(1890~1959)은 1919년 3.1운동 당시 기미독립선언서에 서명한 민족대표 33인 중 1인이다. 헨리 G. 아펜젤러가 1890년에 설립한 중앙교회의 전도사였으며 출옥 후 1922년부터 다시 중앙교회에서 목회를 하다, 1923년 말경 미국 유학길에 올랐다. 신학을 공부하고 귀국 후 목사와 신학교 교수로 활동했다.

16 김애식(1892~1950). 이화학당 대학과 제1회 졸업생(1914년)으로서, 1919년 일본 갓스이여학교를 졸업하고, 1923년 미국 오리건주 엘리슨화이트음악학교Ellison-White Conservatory에서 피아노를 전공하여 한국인 최초로 미국의 정규 음악교육을 받고 모교에 돌아왔다. 1925년에 메리 영Mary Elizabeth Young과 함께 이화여전 음악과를 창설하고 초대 음악과 과장이 되었다.

17 마리 처치Marie Elizabeth Church(1884~1972). 미감리회 WFMS의 파송을 받아 1915년에 선교사로 내한하여 1940년까지 25년간 이화에서 사역했다. 학칙 개정으로 이화여자고등보통학교가 1929년부터 이화학당에서 분리되어 행정적으로 독립하면서, 10년 가까이 이화여자고등보통학교 교장으로 봉직했다. 1940년 11월 선교사 철수 시 마리포사호를 타고 귀국했다가, 1947년 10월 기독교세계봉사회 파송으로 한국에 돌아와 이화여대 교수로 활동하면서 이화여고 복구 작업을 지원했다.

18 메리 영Mary Elizabeth Young(1880~1967). 미국 캔자스주 볼드윈의 베이커대학에서 음악을 전공했고, 미감리회 WFMS의 파송을 받아 1920년 한국에 와서 이화학당 음악교사로 일했다. 이화여전에 음악과를 창설했으며 1926년 제2대 과장이 되어 10여 년간 음악과의 발전을 주도했다. 1930년에 안기영과 함께 이화의 교가를 작곡했다. 1940년 11월 선교사 철수 시 귀국한 후 한국으로 귀환하지 못했다.

19 윤성덕(1908~1968). 이화학당 대학과(제8회)를 졸업하고 음악교사 겸 피아니스트로 활약하다가, 미국 노스웨스턴대학교에서 성악을 전공하여 석사학위를 받았다. 1928년 이화여전 음악과 교수로 부임했으며, 이화글리클럽 활동을 지도했다.

20 에스더 벡Esther Allison Beck(1900~1992)은 서울에서 미감리회 선교사인 스티븐 벡Stephen

A. Beck(1866~1927)과 마거릿 벡Margaret Johnston Beck(1867~1910)의 딸로 태어났다. 1924년 프랜시스 스탁웰Francis Olin Stockwell(1900~1996) 목사와 결혼했으며, 1929년에 남편과 함께 감리교 선교사로 중국 푸저우로 갔고, 교회와 관련된 대학들에서 음악을 가르쳤다.

21 클로틸다 라이언 맥도웰 펠로우십 기금Clotilda Lyon McDowell Fellowship Fund은 클로틸다 라이언 맥도웰 부인Mrs. Clotilda Lyon McDowell(1858~1930)의 WFMS 회장직 은퇴를 맞아 그녀가 WFMS의 사명에 헌신하고 공헌한 것을 기리기 위해 1921년에 설립된 기금으로서, 교육 기회 지원을 목표로 한다.

22 허버트 웰치Herbert George Welch(1862~1969). 1905년부터 1916년까지 오하이오웨슬리언대학교 총장을 역임했으며, 1916년에 미감리회 감독으로 선출되었다. 1916년부터 1928년까지 한국과 일본 선교부를 관리했고, 1932년부터 1936년까지 중국 선교를 담당한 후 현직 감독에서 은퇴했다. 은퇴 후에도 감리교해외국제위원회를 창설하여 제2차세계대전으로 피해를 입은 아시아와 유럽 교회의 복구 사업을 지원하고, 1950년 한국전쟁이 터지자 한국교회를 위해 전후 복구 사업과 사회복지 사업을 지원하는 등 활발히 사역했다.

23 그레이스 딜링햄Grace Louise Dillingham(1878~1977). 미감리회 WFMS에 의해 1911년 평안북도 영변 선교부로 파송되어 사역하다가 1914년 임지가 평양으로 바뀌었다. 이때부터 숭의여학교와 정진여학교 사역을 맡았고 1920년에는 정의여자고등보통학교의 초대 교장을 지냈으며, 1925~1926년 안식년 휴가에서 돌아온 후에는 정진여학교 교장직도 겸했다.

24 지넷 헐버트Jeanette Charlotte Hulbert(1889~1978). 미감리회 WFMS의 파송을 받아 1914년에 내한하여 이화학당 고등과와 대학과에서 영어, 수학, 과학, 성경 등을 가르쳤고, 이화여전에서는 영문과 교수로 근무하면서 WFMS 한국 선교부의 회계도 맡았다. 1940년 일제의 탄압으로 선교사 철수 시 귀국했다가 1947년 한국에 돌아와 이화여대 복구 작업에 참여했다.

25 토머스 부인Mrs. R. L. Thomas은 미감리회 WFMS 신시내티 지부의 총무이자 WFMS의 한국 담당 연락서기official correspondent였다. 1925년 한국을 방문해 이화학당 메이퀸에 선정되기도 했으며, 신촌 학교 부지에 실내체육관을 지을 때 건축 기금을 지원했다. 이후 지하 1층-지상 2층의 석조 건물로 지은 실내체육관은 그녀의 이름을 따 '토머스 체육관Thomas Gymnasium'으로 불리기도 했다.

26 허버트 오웬스Herbert Thomas Owens(1882~1958). 1918년 미북장로회 협동선교사로 내한했으며, 서울선교부에 배정되어 세브란스병원과 세브란스의학전문학교 사무장 및 회계원으로 1933년 귀국할 때까지 근무했다. 1922년부터는 연희전문학교 회계도 겸했다.

27 학생자원운동Student Volunteer Movement은 1886년 피어슨Arthur T. Pierson과 무디Dwight L. Moody가 미국 노스필드에서 시작한 학생 선교 운동 단체이다. 1888년에 공식 출범하여 4년에 한 번씩 정기 총회를 개최했으며, 1924년에 인디애나주 인디애나폴리스에서 개최된 9차 총회에는 6,000여 명의 대표가 참석했다.

28 예수께서 또 말씀하여 이르시되 나는 세상의 빛이니 나를 따르는 자는 어둠에 다니지 아니하고 생명의 빛을 얻으리라(요한복음 8:12).

29 마셀라Marcella는 신마숙(1892~1965). 이화학당 대학과 제1회 졸업생으로서, 졸업 후 교사로 재직했다. 1919년 파리 강화회의에 파견될 여성대표로 선임되었으나 계획이 무산되자

미국으로 가 펜실베이니아대학교에서 교육학 학사를 취득했다. 한국의 독립을 촉구하는 순회 강연회나 한인 구제 활동 등을 전개하며 의연금을 모았고, 사업으로 모은 재산을 독립자금으로 기부하기도 했다.

30 당시 김활란이 다니고 있던 대학은 오하이오웨슬리언대학교로, 오하이오주 델라웨어에 위치해 있는데, 델라웨어는 오하이오주의 주도인 콜럼버스에서 북쪽으로 약 48km 떨어져 있다. 김활란은 오하이오웨슬리언대학교를 1924년 6월에 졸업하고, 보스턴대학교 대학원 철학과 석사과정에 진학했다.

31 모드 로이든Agnes Maude Royden(1876~1956)은 영국의 설교자이자 참정권 운동가였고, 나중에 여성 안수 운동을 하기도 했다. 『세계의 교차로에 선 여성*Women at the World's Crossroads*』(1922)을 비롯해 많은 책을 출판했으며, 1931년 글래스고대학교에서 명예 신학박사학위를 받게 되어 영국 최초의 여성 신학 박사가 되었다.

32 스콧 니어링Scott Nearing(1883~1983)은 급진적 경제학자로서, 펜실베이니아대학교 교수였으나 해고되며 미국에서 학문의 자유에 대한 논쟁을 불러일으켰다. 마르크스주의자는 아니었지만, 자본주의 체제의 경쟁이 점점 더 '노동의 대가로 자본을 확장시키는 것'에 초점을 맞추게 만든다며 자본주의를 비판했다.

33 해리엇 모리스Harriett Plummer Morris(1894~1997)는 미감리회 WFMS의 파송을 받아 1921년 이화에 부임했다. 캔자스대학에서 가정학을 전공했는데, 한국에 온 선교사 가운데 대학에서 가정학을 전공한 첫 번째 선교사였다. 이화에 부임하여 가사과 설립을 준비하며 1929년 가사과를 설립하고 발전시키는 데 중추적 역할을 했다. 또한 오리건주립대학교 가정학과 교수인 마일럼Ava B. Millam 학장을 도와 가정학 장학금 제도 마련에 기여함으로써 이화여전 졸업생들의 미국 유학을 가능케 했고, 이를 통해 이화의 가사과 교수 양성에 공헌했다.

34 "영어를 쓰는 이화의 친구들에게"라는 문구가 편지 하단에 수기로 덧붙여져 있다.

35 신의경(1898~1988)은 당시 이화여전 문과 학생이었으며, 3.1운동 당시 애국부인회사건으로 옥고를 치르기도 한 독립운동가였다. 1927년 이화여전 문과를 졸업한 후, 동북제대에서 역사학을 공부하고 돌아와 잠시 모교에서 가르쳤으며, YWCA 운동과 종교 활동에 헌신했다.

36 신흥우(1883~1959). 일제강점기에 배재학당 당장과 YMCA 총무 등을 역임했으며, 1924년 4월 7일 YMCA의 총무 자격으로 뉴욕에서 개최하는 만국기독교대회에 참가하기 위해 미국에 갔다.

37 "conference-jangji"라고 표현되어 있는데, 장지는 한옥에서 문지방이 낮은 문을 가리키는 말이다. 영어와 한국어를 함께 써서 김활란의 역할에 대한 기대를 표현하고 있다.

38 엘리너 리처드슨Eleanor Richardson(1888~1976)은 보스턴에서 태어나 래드클리프대학을 졸업하고, 보스턴, 시카고, 클리블랜드, 볼티모어에서 YWCA를 위해 일했다.

39 제시 맥라렌Jessie Reeve McLaren(1883~1968). 멜버른대학교를 다니며 학생자원운동, 여성기독학생운동을 하다가 동문인 찰스 맥라렌을 만나 1911년 결혼했고, 호주장로회 해외선교위원회의 파송을 받아 남편과 함께 내한했다. 1922년에 한국YWCA 창설에 기여했으며, 이화학당에서 성경과 영어 등을 가르쳤다. 심각한 심장 질환을 갖고 있음에도 불구하고 정원에 수백 종류의 한국 식물을 길렀으며, 1935년에 이화여전이 신촌 캠퍼스로 이전할 때

정원을 설계하고 조경을 관리했다.

40 유각경(1891~1966)은 1922년 3월 27일 김필례, 김활란 등 30여 명과 함께 조선여자기독교청년회연합회라는 이름으로 발기대회를 개최하여, 1923년 8월 정식으로 조선YWCA연합회가 창설되게 하는 데 중심적인 역할을 한 사람 중의 하나였다. 조선여자기독교절제회 회장, 대한예수교장로회여전도회 회장 등을 역임했다.

41 메리 딩맨Mary Dingman(1875~1961). 미국YWCA에서 일하며 직장에서 여성과 어린이의 근무 조건을 개선하기 위한 프로그램을 개발했다. 1917년부터 전 세계를 여행하며 미국, 유럽, 아시아에서 프로그램을 조직했고, 1923년에 극동을 위한 의정서를 수립하기 위해 중국으로 가서 2년간 머물렀다.

42 로라Laura는 이은라(1889~1929). 이화학당 졸업 후 일본 갓스이여학교에서 고등과와 대학과 과정을 마치고, 1924년 미국 뉴잉글랜드음악학교에서 학사학위를 취득했으며, 1925년 보스턴대학교에서 종교교육으로 석사학위를 취득했다. 귀국 후 1925년부터 1929년까지 이화여전에서 음악사, 화성학, 합창을 가르쳤다.

43 헬레나 트리치먼Helena Trieschmann Griswold(?~1952). 코넬대학교와 노스웨스턴대학교를 졸업하고 1924년 이화학당에서 성경을 가르쳤으며 1925년에는 헨드릭스대학Hendrix College 교수가 되었다.

44 묵던Mukden은 선양시를 지칭하며, 선양은 만주 일대에 위치한 중국 랴오닝성의 성도이다. 만주족은 이 도시를 묵던이라고 불렀고, 유럽에도 묵던으로 많이 알려져 있다.

45 동석기(1881~1971) 목사. 1913년에 노스웨스턴 개럿신학교Garrett School of Divinity를 졸업하고 미감리교회에서 목사 안수를 받은 후 귀국하여 목회 활동을 했다. 1919년 3월 1일 만세시위에 참여했다가 검거되어 3년 형을 언도받고 복역했다. 1923년에 중국 봉천에 파견되었고 1924년부터 1926년까지 중국 닝안에서 활동했다.

46 윌리엄 루퍼스William Carl Rufus(1876~1946). 미감리회 선교사로 1907년 가족들과 함께 내한하여 숭실학당 대학과에서 수학과 과학을 강의했으며, 조선예수교대학(후에 연희전문학교) 설립 작업에 참여했다. 1916년 조선예수교대학 교수 외에도 서울 아현교회 담임을 역임했으며, 1917년 선교사직을 사직하고 귀국해 미시간대학교 천문대장과 교수를 역임했다. 한국 선교 경험으로 동양인 유학생들에게 특별한 관심과 지원을 기울였다.

47 1924년에는 전문학교 등록을 앞두고 많은 교사들이 새로 부임했는데, 미시간대학교에서 서양사를 전공한 조정환도 그들 중 한 명이었다. 조정환은 이화여전에 부임하여 문과 초대 과장을 역임했다.

48 이화학당의 1910년 학제는 보통과, 고등과, 중학과, 대학과로 구성되어 있었으나, 1917년에 중학과는 대학예과로, 1918년에 보통과는 이화보통학교로, 고등과는 이화여자고등보통학교로 개편되었다.

49 뉴욕의 YWCA 간부수양학교. 김성실은 1924년 도미하여 이 간부수양학교에서 공부했다.

50 올리브 파이Olive Fawcett Pye(1888~1960). 미감리회 WFMS의 파송을 받아 1911년 12월 내한했다. 같은 날 다른 '교육선교사' 세 명, 즉 월터A. Jeannette Walter, 딜링햄Grace L. Dillingham, 하몬Grace L. Harmon과 함께 서울에 도착했고, 이화학당 교사로 파송되었다. 돈

독한 신앙심 때문에 동료 선교사들은 그녀를 "파이Pye"라고 부르기보다, "파이어티Piety(경건)"라고 불렀다. 이화학당에서 이과 과목을 주로 가르쳤지만 미술, 체육, 가사 과목까지 담당했다. 1923년 봄 지병인 당뇨병이 악화되어 안식년 휴가를 얻어 귀국했으며, 치료 후 한국에 돌아올 계획이었다. 그러나 회복이 늦어져서 돌아오지 못하고 1931년 한국 선교사직을 사임했다.

51 김활란(1899~1970)은 1918년 이화학당 대학과를 졸업한 후 1924년 오하이오웨슬리언대학에서 학사학위를, 1925년 보스턴대학교에서 철학석사를 취득했다. 이때 선교사들의 호소로 귀국하여 이화여전에 돌아와 영어와 종교 과목을 담당하게 되었다. 그러나 그 후 다시 유학을 떠나 1931년 컬럼비아대학교에서 마침내 철학 박사를 취득했다.

52 웰즐리대학Wellesley College은 매사추세츠주 보스턴에서 약 24km 떨어진 웰즐리에 소재한 명문 여자사립대학이다.

53 아이다 아펜젤러Ida Hannah Appenzeller(1891~1955). 앨리스 아펜젤러의 두번째 동생으로 첫째 여동생이다. 1917년 미감리회 WFMS에 의해 일본선교사로 파송되었고, 1920년 윌리엄 크롬William Hampton Crom(1891~1964)과 결혼했다.

54 메리언 칸로Marion Lane Conrow(1894~1986). 미감리회 WFMS의 파송을 받아 1922년 이화학당에 부임하여 주로 대학과에서 영어와 영문학을 강의했으며, 1929년 이화여전 문과 교수로 발령을 받았다. 효율적인 영어교육을 위한 특수 교육 공간으로 1932년 홍파동에 영학관을 설립한 이래, 신촌 학교 부지 안에 짓는 영학관 건축을 직접 감독하여 1936년 봉헌하는 데 크게 기여했다. 1940년 11월 미일 관계 악화로 선교사 철수 시 귀국했으나, 광복 후 1948년 돌아와 이화여대 복구 사업에 참여했고, 영학관 건물이 한국전쟁으로 피해를 입었을 때에도 영학관을 복구하는 데 중추적인 역할을 했다. 40년간 이화에 재직하면서 여러 권의 영어 교과서를 출간했으며, 1956년 이화의 역사를 다룬 영문판 『우리 이화*Our Ewha: A Historical Sketch of Ewha Womans University*』를 저술하기도 했다.

55 이화학당의 대학예과와 대학과는 1925년 이화여전으로 흡수되어, 예과 1년-본과 4년의 문과와, 예과 1년-본과 3년의 음악과로 신설되었다. 문과는 교육 내용면에서 살펴볼 때 영문과의 성격을 띠었는데, 예과에서는 기초적인 어학 능력을 향상시키고 본과에서는 영문학 수업을 했다.

56 이화학당의 대학예과와 대학과가 1925년 이화여전으로 흡수되며 신설된 음악과는 한국에서 최초로 서양음악에 관한 전문교육을 제공했으며, 한국전통음악을 새롭게 정리하고 발전시켰다.

57 이화학당은 1914년에 유치원을 설립했고 1915년에 유치원사범과Kindergarten Training School를 개설하여 한국 최초의 유치원교사 양성기관이 되었다. 이화학당 유치원사범과는 1928년 명의 변경 인가를 받아 이화보육학교(2년제)로 개교했으며, 1940년 보육과 인가를 받아 3년제 보육과로 전문학교와 통합되었다.

58 찰스 켄트Charles Foster Kent(1867~1925)는 미국의 성경학자이자 교수였다. 그의 책 『역사적 성경*The Historical Bible*』(1908)은 총 6권으로 구성되어 있으며, 여러 시대를 살았던 다양한 저자에 의해 기록된 성경을 지적으로 이해하는 데 필요한 역사적·지리적·고고학적 정

보를 제공하고 있다.

59 이화는 1913년과 1917년에 기증받은 수백 권의 책을 기초로 하여, 1923년 프라이홀에 2,000여 권을 완비한 도서실을 마련했다. 신촌 캠퍼스로 이사 온 1935년 이후에는 파이퍼홀(본관)에 1만 6,000여 권의 장서를 갖추고 도서관을 새롭게 개관했다.

60 『헤이스팅스 성경 사전*Hastings' Dictionary of the Bible*』(1898~1904)은 총 5권으로 구성된 성경 백과사전으로, 전체 제목은 『성경 신학을 포함한 언어, 문학 및 내용을 다루는 성경 사전』이다. 스코틀랜드 연합자유교회 목사이자 성서학자인 제임스 헤이스팅스James Hastings(1852~1922)가 편집했다.

61 『브리태니커 백과사전*Encyclopædia Britannica*』은 영어로 된 백과사전 중 가장 오래된 백과사전이다. 1768년 스코틀랜드 에든버러에서 처음 출판되기 시작한 이래, 광범위하고 다양한 주제에 관해 전문성을 갖춘 내부 편집자와 외부 전문가가 항목을 작성해왔다. 편지에 언급된 새 『브리태니커 백과사전』은 연도로 보아 1820~1823년에 출판된 6번째 판(16,017쪽)으로 추정된다.

62 아펜젤러가 김활란이 돌아오기를 얼마나 간절히 바라는지 알 수 있지만, 또한 돌아오라고 하면서 미안해하고 있음이 드러나는 표현이다.

63 에드나 밴플리트Edna Marie VanFleet(1888~1985). 신시내티보육학교Cincinnati Kindergarten Training school를 졸업하고 신시내티대학에서 학사학위를 받은 후, 1918년 미감리회 WFMS의 파송을 받아 내한했다. 이화학당 유치원과 유치원사범과에 부임하여 유치원 교사 양성과 훈련에 헌신하며 조선총독부 인가를 받기 위해 노력했다. 1928년 인가받은 2년제 이화보육학교의 학감을 맡아 1935년까지 일했으며, 1928년부터 1931년까지는 이화여전 교장 아펜젤러의 직무대행을 하기도 했다. 1935년에 영국해외성서공회British and Foreigh Bible Society 선교사인 토머스 홉스Thomas Hobbs(1879~1967)와 결혼하며 선교사직을 사임했다. 결혼 후에는 홉스 부인Mrs. Hobbs으로 불리지만, 아펜젤러는 친한 친구로서 그녀를 주로 밴Van이라고 부르고 있다.

64 조지아 브라운리Georgia Charlotte Brownlee(1876~1970). 미국 신시내티보육학교를 졸업하고, 미감리회 WFMS의 파송으로 1913년에 내한했다. 1914년 이화유치원을 설립했으며, 중앙유치원, 동대문유치원, 용두리유치원 등 북감리교회에서 경영하는 유치원들의 책임을 맡아, 전문가에 의한 유치원교육을 한국에 도입하고 유치원교사 교육의 기틀을 마련하는 데 절대적인 공헌을 했다. 1940년 미일 관계 악화로 선교사 철수 시까지 한국의 유치원교육에 전념했다.

65 뒷장이 없어서 문장이 완성되지 않은 채 편지는 여기에서 끊긴다.

66 날짜의 왼편에 수기로 "호머 르수드 부인, 룰루 프라이의 여동생"이라고 적혀 있다. (아펜젤러 글씨체는 아님.)

67 조지아 프라이Georgia Kelsey Frey(1882~1954). 룰루 프라이 당장의 여동생으로 호머 르수드 Homer Williamson Lesourd(1875~1948)와 1905년에 결혼했다.

68 초콜릿 돈(또는 초콜릿 동전)은 동전 모양의 호일에 쌓인 초콜릿을 말하며, 보통 밀크 초콜릿으로 만들었다.

69 제시 마커Jessie Bell Marker(1875~1957). 1905년 미감리회 WFMS의 파송을 받아 내한했고 1907년부터 이화학당에 부임했다. 그해에 당장으로 취임한 프라이와 함께 이화학당의 미래 사역에 대하여 협의했고, 1912년부터 1913년까지 당장 직무대리를 수행했다. 그 후 서울 지방 여성 사역 담당으로 사역이 바뀌었으며, 1931년 개성에서 여성목사 안수식이 거행되었을 때 다른 여선교사 13명과 함께 한국교회 최초 여성 목사로 안수를 받았다.

70 조만수(1876~?). 1900년부터 1935년까지 이화학당과 이화여전에서 회계 및 서무주사로 근무했고, 1936년 창립 50주년 기념행사에서 15년 이상 근속표창을 받았다. 1897년 4월 18일에 이화 출신 김륜시와 서양식 결혼식을 올렸고, 이화학당 제3대 당장이 된 페인Josephine O. Pain(1869~1909)의 한국어 교사였으며, 영어를 꽤 잘해서 프라이의 오른팔 역할을 하기도 했다.

71 메리 힐먼Mary Roilla Hillman(1870~1928). 미감리회 WFMS의 파송을 받아 1900년 내한했다. 인천선교부에 파송받아 인천의 영화여학교, 해주의 의정여학교를 비롯하여 지방 매일 학교들을 관리했으며, 인천 영화여학교를 졸업한 김애마와 김활란 등을 서울 이화학당에 유학시켜 여성 지도자로 키웠다. 건강 악화로 1919년 안식년 휴가를 얻어 귀국 후 4년간 치료와 요양을 했고, 1924년 귀환했다. 그러나 건강이 또다시 악화되자 선교지 한국에서 생을 마치겠다는 의지를 밝혔고, 문병 온 동료 선교사들에게 "모든 게 준비되었어요"라는 말을 남기고 1928년 2월 별세했다.

72 정동 13번지에 있던 건물로, 미장로교 선교사 언더우드 목사가 서울에 와서 처음 정착한 곳으로 알려져 있다. 후에 감리교 여선교부에서 구입하여 여선교사 숙소로 사용하면서 '그레이하우스Gray House'라고 불렸다.

73 블랜치 베어Blanche Rosa Bair(1888~1938)는 컬럼비아대학교를 졸업한 후 언니인 애나 채핀Anna Margaret B. Chaffin(1883~1977) 부부와 함께 1913년 한국에 왔으며, 1925년부터 서울 태화여자관 사회사업부를 맡아 가정부인, 빈민촌 아동, 여성 노동자를 위한 사역 등을 담당했다.

74 파이어티Piety(경건)는 동료 선교사들이 신앙심이 돈독했던 올리브 파이Olive Fawcett Pye를 부르던 별칭이다. 1923년 봄 지병이 악화되어 귀국했고 회복이 늦어져서 1931년 한국 선교사직을 사임했다. 그러므로 그녀가 이곳에 있었던 "그 마지막 겨울"은 1922년 겨울이다.

75 박 한나. 1914년 이화학당의 간호원으로 들어와 기숙사 생활을 했으며, 이화 창립 50주년 기념행사(1936년 5월 31일)에서 15년 이상 근속 표창을 받은 17인 중 1인이었다.

76 즈푸芝罘는 중국 산둥성 동북부에 위치한 항구도시 옌타이의 당시 명칭이다. 아편전쟁 이후 톈진조약으로 개항된 열 개 항구 중 하나였고, 1861년에 근대적인 항구가 개설되었다. 앨리스 아펜젤러는 1896년 11세에 즈푸에 있는 외국인학교에 들어갔었다.

3장. 전문학교Ewha College 인가를 받다

1 메리 그레이Mary Almena Gray(1863~1939) 부인은 이화가 신촌 캠퍼스 부지를 구입하는 데

필요한 자금을 기부한 사람이다. 미국에서 기독교연합여자대학을 세우기 위해 일하고 있었는데, 동양 선교사로 있는 장남을 방문하려고 두 딸과 함께 세계여행을 하던 중 같은 배에 탔던 캐나다 선교사 미스 색스의 권고를 듣고 정동 이화 캠퍼스에 들렀다. 아펜젤러는 떨리는 심정으로 기도하면서 이화가 기독교연합대학이 될 것이라는 것과 앞으로의 비전을 열심히 설명하고 신촌 대지를 안내했다. 대지 구입비가 2만 5천 달러라는 말을 들은 그레이 가족은 논의 후 해당 비용 전액을 기부하기로 결정했으며, 그레이 부인은 귀국 즉시 3만 달러를 보내주었고, 그 후에도 신촌 교사 건축 시 2차, 3차의 기부를 해왔다.

2 편지에서는 이 학교를 "Chosen Christian College"(조선기독교대학) 혹은 때때로 "CCC"라고 지칭하고 있다. 이 학교는 1915년 서울 종로 YMCA에서 "조선기독교대학"으로 개교했으며, 1917년 연희전문학교가 되었고, 오늘날 연세대학교의 모체가 되었다.

3 일제는 1915년 공포된 『전문학교 규칙』, 『개정 사립학교 교칙』에 따라 사립 전문학교의 설정 기준을 강화하여 고등교육을 하는 사립학교를 각종학교로 격하한 후 교명을 변경했다. 이에 따라 당시 일제에 의해 인가된 이름은 "이화여자전문학교"였지만, 이화는 영어명만큼은 "Ewha College"를 유지했다. 『이화 100년사』에 따르면, "현실의 교육법에 의해 불가피하게 전문학교가 되었어도 학교의 목표는 서구 사회에서 의미하는 대학을 완성하는 것"이었고, "영문 표기 'Ewha College'는 이미 학당 대학과 시절부터 프라이 당장에 의해 고집스럽게 지켜져온 것"이었다. "일제가 말하는 전문학교의 개념과 학교 당국이 생각하는 칼리지의 개념은 전혀 달랐던 것이다"(『이화 100년사』, 231쪽).

아펜젤러는 편지에서 항상 교명을 "Ewha College"라고 칭했으며, "Ewha College"의 장은 "president"(총장)로 부르고 "principal"(교장)이라고 부르지 않았는데, 이렇게 부른 의도를 살리려면 "이화대학", "총장"이라고 번역해야 한다. 그러나 일제시대의 공식 명칭이 "이화여자전문학교"(이화여전)였고 "교장"이었으므로, 아쉽게도 번역 시 공식 명칭을 사용했음을 밝혀둔다.

4 미감리회 여성해외선교회Woman's Foreign Missionary Society of the Methodist Episcopal Church: WFMS of the MEC. 19세기 말 미국의 교계가 세계 전반으로 눈을 돌리면서 아시아에서 선교를 하기 위해서는 여선교사 파송이 필요함을 절실히 느끼게 되자, 감리교 여성들이 1869년 자발적으로 결성한 선교회다. 여성들이 따로 기금을 내어 관리하며 독자적으로 여선교사를 파견하여 아시아 여성을 위한 선교사업을 시작했는데, 1878년에 감리교 교단의 정식 기구로 인정을 받았고 재정적으로는 1960년대까지 독립성을 가지고 있었다. 따라서 약 100년간 한국을 비롯한 세계 여러 나라에 많은 여선교사들을 파송할 수 있었고 110여 개의 대학을 세우고 여성교육을 할 수 있었다(이경숙, 2010: 17-18). 여성해외선교회는 이화학당을 설립한 메리 스크랜튼 여사를 위시하여 많은 여선교사를 이화에 파송하고 꾸준히 물심양면으로 지원했다. 이 책에서는 미감리회의 여성 단체가 해외 선교에 기여한 바가 눈에 뜨이도록 WFMS로 표기한다.

5 에비슨 부인은 올리버 에비슨Oliver R. Avison(1860~1956)이 1885년에 결혼한 마거릿 반즈 Margaret Jane Barnes Avison(1862~1936)로 추정된다. 1893년 의료 선교사로 내한한 남편 올리버 에비슨과 함께 내한했으며, 남편이 제중원에서 근무를 시작해 세브란스병원 설립에

기여하고, 세브란스의학전문학교 교장, 연희전문학교 교장을 역임하는 등 40여 년의 사역을 마치고 1935년 귀국할 때 함께 귀국했다.

6 에블린 캐머런Evelyn Gray Cameron(1899~1974). 그레이 부인의 딸로, 그레이 부인이 1923년 한국 방문 길에 이화여전 부지를 사는 데 3만 달러를 기부하기로 결정했을 때 동행한 두 딸 중의 하나였다.

7 당시 한 학년은 3학기로 구성되어 있었다. 보통 4월 초에 개강하여 6월 말에 1학기를 마치고 7~8월이 여름방학이었으며, 9월 초에 개강하여 12월 20일경 2학기를 마치고 12월 21일부터 1월 16일까지 크리스마스 방학, 1월 7일에 개강하여 3월 20일경 3학기를 마치고 3월 20일부터 4월 초까지 봄방학이었다. 이 경우 1학기가 상대적으로 짧아서, 여름방학 기간에 대한 조정을 점차 진행했던 것으로 추정된다.

8 엘마 로젠버거Elma T. Rosenberger(1884~1968). 캐나다에서 출생하여 미국 클리블랜드 간호학교를 졸업한 후 미감리회 WFMS의 파송을 받아 1921년에 내한했다. 도착 직후 서울 동대문부인병원에서 의료 사역을 했고, 1924년부터 서울 태화여자관에 파견되어 태화진찰소를 중심으로 "아동보건 및 공중위생부' 사역을 시작했다. 미일 관계 악화로 1940년 11월 선교사 철수 시 귀국했고, 오하이오주 페인즈빌에 머물렀다. 아펜젤러는 그녀를 주로 로지Rosie라고 부르고 있다.

9 기독교연합여자대학Union Christian College for Women을 세우려 하던 선교부들의 연합 논의는 한때 좌절되었지만, 전문학교 개편을 계기로 새로운 국면에 접어들었다. 1925년에 남감리교회가 경영 협동을 결의했고, 1927년에는 캐나다연합교회가 경영 참여 의사를 밝혔으며, 이어서 호주장로교회도 연합에 동의해옴으로써 아펜젤러가 기대한 대로 상당히 확장된 연합대학이 되었다고 할 수 있다.

10 클로틸다 라이언 맥도웰Clotilda Lyon McDowell은 미감리회 감독인 윌리엄 프레이저 맥도웰William Fraser McDowell의 부인으로서, 1908년부터 WFMS 회장을 지냈다. 해외선교에 큰 관심을 가지고 1910~1911년 남편과 함께 필리핀 제도, 일본, 한국, 중국, 인도, 유럽에 있는 여러 선교부를 방문한 바 있다.

11 에비나 단조海老名弾正(1856~1937). 일본의 교육자, 철학자, 기독교 선교사이자 목사였으며, 도시샤대학의 제8대 총장(1920~1928)을 역임했다.

12 관동대지진. 1923년 9월 1일 일본 관동, 시즈오카, 야마나시 지방에서 발생하여 이 지역에 큰 피해를 입혔다.

13 도치기현 닛코시에 위치한 닛코 도쇼구는 세계유산으로 등재된 일본을 대표하는 신사 중 하나로, 에도 시대 초기에 도쿠가와 이에야스를 받들기 위해 세워졌다. 이후 닛코 도쇼구에는 도쿠가와 가문의 보호 아래 수많은 건축물이 지어져 오늘날과 같은 모습을 갖추게 되었다.

14 순종은 대한제국 제2대(재위 1907~1910) 황제이다. 1874년 고종과 명성황후의 둘째 아들로 태어나 1875년 세자로 책봉되었다. 1907년 고종이 일제의 강요에 의해 왕위에서 물러나자 대한제국의 황제로 즉위했으나, 대한제국 붕괴 후 왕으로 강등되어 창덕궁에서 거처했다. 1926년 4월 25일 53세를 일기로 운명했고, 장례식은 6월 10일 국장으로 치러졌다.

15 “3월 15일을 조심하라”와 같은 표현은 불길한 일에 대한 경고의 의미로 쓰인다. 줄리어스 시저가 브루투스에게 암살당한 날이 기원전 44년 3월 15일이었다.

16 샬레Chalet는 스위스의 높은 산에 있는 목동들의 오두막이다.

17 블랜치 라욱스Blanche Helen Loucks(1886~1971)는 프랑스계 미국 이민자의 후예로 대학에서 영문학을 전공했다. 미감리회 WFMS의 파송으로 1917년 중국 선교사로 부임한 후 10년간 사역하다가 중국의 정치 상황이 불안해짐에 따라 한국으로 피신하여 이화여전에서 강의했다. 1929년 안식년 휴가를 얻어 귀국했다가 한국으로 선교지를 바꾸어 1930년 내한한 후 이화여전에서 영문학을 가르쳤고, 학생들의 종교 생활을 지도했다.

18 미니 라브Wilhelmina A. “Minnie” Raab(1887~1966)는 WFMS에서 중국 난창으로 파견한 선교사 시어도라 라브Theodora A. Raab(1891~1972)의 언니로 1926년에 중국에 있는 동생을 방문했다가 1928년에 동반 귀국했다. 이때 시어도라 라브가 난창에서 이화여전으로 잠깐 오게 됐으며, 미니 라브도 함께 와서 비서로 일했다.

19 아펜젤러의 막내 여동생인 메리Mary Ella Appenzeller Lacy는 네 자녀를 낳았는데, 데이비드 아펜젤러 레이시Daivd Appenzeller Lacy는 막내 아이였다.

20 윌리엄 크롬William Hampton Crom(1891~1964). 아펜젤러의 여동생 아이다가 1920년에 결혼할 당시 미육군 대위였다. 미육군 대령으로 퇴임한 1955년까지 재직한 것으로 추정된다.

21 유머 섞인 표현.

22 앨리스 아펜젤러는 1928년 12월부터 1931년 2월까지 신촌 캠퍼스 건축비 45만 달러를 모금하기 위해 미국에 가 있었으며, 모금실행위원회Executive Committee를 조직하고 서기가 되어 뉴욕시 5번가에 사무실을 열고 모금 운동을 했다. 이 편지는 그 기간에 쓰여졌다.

23 1869년 보스턴에서 출범한 미감리회 WFMS는 1929년 오하이오주 콜럼버스에서 60차 연례 집회를 열었다.

24 프랜시스 매코넬Francis John McConnell(1871~1953). 오하이오웨슬리언대학교와 보스턴대학교 신학대학을 졸업했으며, 1912년 미감리회 감독으로 선출되었다. 뉴욕시 브루클린에서 대형 교회의 목사로 오랫동안 사역했으며, 당대의 사회 문제에 철학을 적용하기 위해 노력했다.

25 베티 리Elizabeth M. “Betty” Lee(1888~1990). 1915년 WFMS 선교사로 일본에 파송되어 1924년까지 사역했는데, 1915년 이래 이화의 정신적인 후원자로서 많은 공헌을 했다. 이후 피츠버그크라이스트감리교회 총무로 국제관계 부문을 담당했으며, WFMS 필라델피아 지부 연락간사 겸 남미선교회의 행정 책임자 역할을 맡았다. 1940년부터는 감리회의 선교 및교회확장부 총무 겸 남미 지역 부녀사업부 행정 책임자를 역임하고 해외구제위원회 간사 등을 역임하면서 전쟁 피난민들을 위한 구호사업에 크게 이바지했다. 1966년 이화 창립 80주년에 이화여자대학교 명예 문학박사학위를 수여했다.

26 앨리스 헌터Alice Hunter(1898~1946)는 미감리회 WFMS의 파송을 받아 1926년 한국에 와서 정동선교부에 배치된 후 이화학당 사역에 참여했으나, 건강이 악화되어 1929년 당시 미국에 돌아가 있었다.

27 룰라 밀러Lula Adelia Miller(1870~1958). 미감리회 WFMS의 파송을 받아 1901년 내한했으

며, 10년간 인천 지방 여성선교를 개척했다. 1910년부터 '십일조회Tithing Class'를 도입하여 여성 신도들을 전도사로 교육시켰다. 1931년 개성에서 개최된 기독교조선감리회 제1회 중부 · 동부 · 서부 연합연회에서 다른 고참 여선교사 13명과 함께 '정회원 목사'로 안수받았다.

28 서은숙(1902~1977)은 이화학당 대학과 제9회 졸업생으로 1930년 신시내티사범대학에서 학사를 취득하고 컬럼비아대학교 대학원에서 교육학으로 석사를 받은 후 1931년 귀국했다. 외국에서 유치원교육을 전공한 최초의 한국 여성으로, 1935년 이화 보육학교 학감이 되었으며, 1970년부터 1977년까지 재단이사장을 역임했다.

29 박인덕(1897~1980)은 이화학당 대학과 제3회 졸업생으로, 학당 교사로 있을 당시 3.1운동에 참여해 4개월여를 옥살이하고, 애국부인회사건으로 또 한 달간 옥살이를 했다. 1928년 조지아웨슬리언대학에서 학사를 취득하고 컬럼비아사범대학에서 석사를 취득했으며, 세계 각국을 여행하면서 뛰어난 웅변과 강연으로 세계 속에 한국의 이미지를 심는 데 주력했다.

30 제시 브로크만Jessie Lillian Willis Brockman(1886~1963). 프랭크 브로크만Francis "Frank" Marion Brockman과 1912년에 결혼했는데, 프랭크 브로크만은 1905년에 내한하여 1929년 별세할 때까지 24년간 한국YMCA를 위해 헌신한 지도자이자 한국의 학생YMCA 운동 개척자이다. 남편 별세 후 제시 브로크만은 미국에서 오하이오주 우스터대학 학장, 일리노이주 블랙번대학 학장을 역임했다.

31 박 마리아(1906~1960)는 이화여전 문과 제2회 졸업생으로, 1928년 졸업 직후 미국의 마운트홀리오크대학과 피바디대학 등에 유학하여 석사학위를 취득하고 돌아와 본교에서 부임했다. 1954년 이화에 부총장제가 신설되었을 때 취임하여 초기 이화여대의 발전에 기여했으나, 격변기 정치의 회오리 속에서 비운의 삶을 마감했다.

32 이 단어는 "소리"라고 한글로 쓰여 있다. 새로운 일에 예산을 주지 않으려는 태도에 대한 실망을 "소리"라는 한국어가 가진 어감을 통해 전달하고 있다고 볼 수 있다.

33 해리엇 모리스Harriett Plummer Morris.

34 김분옥(1903~1966)은 1927년 이화여전 문과를 졸업한 후, 오레곤주립대학교 장학생으로서 가정학을 전공했다. 귀국 후 이화여전에 신설된 가사과에서 후배를 가르쳤으며, 후에 숙명여자대학교와 서울대학교에서 가르쳤다.

35 머타 스토버Myrta Olive Stover(1898~1988). 뉴욕대학교에서 체육교육을 전공했고, 미감리회 WFMS의 파송을 받아 1925년 이화학당 체육교사로 부임했다. 1930년 안식년 휴가로 귀국했다가 1932년 귀환한 후에는 이화여전 체육교수로 사역했다. 신촌 학교 부지에 운동장과 체육관을 건축하는 일에 매진하여, 체육관(지하 1층-지상 2층의 석조건물, 토머스체육관 혹은 김슨홀이라 불림)이 다른 건물들과 함께 1934년 완공되는 데에 기여했다. 1937년 안식년 휴가를 얻어 귀국했다가 돌아오지 못했다.

36 모네타 트록셀Moneta Jean Troxel(1899~1985). 일리노이웨슬리언대학에서 과학을 전공했으며, WFMS의 파송을 받아 1925년에 내한했고 이화학당 교사로 부임했다. 주로 이화여전에서 생물학과 천문학 등 고등과학을 강의하며 한국의 근대 여성과학자를 양성했으며, 과학과 함께 성경도 가르치며 선교사로서 기독교 교육가의 역할을 중시했다. 1938년 안식년 휴가를 얻어 귀국했다가 돌아오지 못했다. 1939년 일리노이주 에번스턴의 개릿신학교 교수

에드먼드 소퍼Edmund Davison Soper(1876~1961) 박사와 결혼하여 소퍼 부인이 되었고 에번스턴에 거주했다.

37 메리 라벨Mary Morton Lavell(1868~1951). 캐나다 온타리오주 출생으로 1895년 해리 라벨Harry Anson Lavell 판사와 결혼했다. 1925년 캐나다연합교회가 설립된 후 캐나다 여선교회the Dominion Board of the Women's Missionary Society of the United Church의 초대 회장을 역임했다.

38 플로런스 후퍼Florence Hooper는 후에 1935년 신촌 캠퍼스 건립과 관련해 재미이화협동위원회Ewha Copperating Committee in America가 구성되었을 때 회계를 맡았다.

39 사라 케이스Sarah Esther Case(1868~1932)는 이 당시에 남감리교회 부인선교회의 서기로 일하고 있었다. 그런데 다음 편지(1932. 9. 14.)를 보면 그 사이에 그녀는 세상을 떠났고, 그녀를 기념하여 케이스홀을 건축하게 되었다.

40 마틴 스와인하트Martin Luther Swinehart(1874~1957). 미국 남장로회 선교사로 1911년 내한했으며, 전국의 수많은 근대 서양건축물을 설계·감독했다. 이화여전 건축을 위한 100만 달러 모금 운동을 하기도 하고 대한기독교서회 건축 기금 모금에서도 큰 역할을 했다. 이화여대 본관 등 그가 건축한 많은 개신교 건물들이 근대 문화유산으로 등록되었다.

41 보리스 설계사무소Vories and Co.는 미국YMCA 선교사인 건축가 윌리엄 보리스William Merrell Vories(1880~1964)의 건축사무소로, 1908년부터 1936년까지 일본에서 활동하며 특히 많은 대학 캠퍼스의 설계를 맡았다. 한국에서도 배재고등학교 강당(1920), 세브란스병원(1931), 새문안장로교회(1936) 등 상당수의 건축물을 설계했다.

42 교환 비율 100엔당 23달러를 의미한다.

43 사라 케이스Sarah Esther Case(1868~1932). 앞 편지가 쓰였을 당시(1929년 11월 1일)에는 남감리회 부인선교회의 서기로 일하고 있었는데, 1932년 5월 7일 작고했다. 부인선교회는 이 해의 기도주간에 그녀를 기념하여 이화 건축기금을 모금했고, 여기서 모금된 헌금 4만 달러가 기초가 되어 케이스홀이 건축되었다. 케이스홀은 당시 음악관이었으며, 1982년 지금의 음악관이 완공된 후에는 대학원관으로 사용되고 있다.

44 당시 미국은 1920년대 말부터 1930년대까지 이어진 대공황을 겪고 있었고, 이로 인해 이 편지에 묘사된 여러 가지 재정적인 문제가 발생했던 것으로 추정된다.

45 패니 에머슨Fannie S. Emerson. 오하이오주 메디슨빌의 에드윈 에머슨Edwin S. Emerson의 부인으로, 에드윈 에머슨은 아내를 기념하기 위해 에머슨홀을 기증했다. 에머슨홀은 케이스홀의 한편을 차지하고 있는 강당으로, 당시에는 500명을 수용할 수 있는 대강당이었다. 1956년 지금의 대강당이 완공된 후에는 중강당으로 불리고 있다.

46 매일학교는 기숙학교와 달리 학생들이 매일 학교에 와서 낮 동안 교육을 받은 후 집으로 돌아가는 교육기관이다.

47 애나 채핀Anna Margaret Bair Chaffin(1883~1977). 선교사인 남편 빅터 채핀Victor Duclos Chaffin(1881~1916)과 동생 블랜치 베어Blanche Rosa Bair와 함께 1913년 내한했다. 1916년 남편이 심장병으로 별세한 후 한국에 남기로 결심하고, WFMS의 파송을 받아 그해 감리교부인성서학원 교사로 취임했다. 1920년에 부인성서학원(협성여자신학교로 교명 변경)

의 교장이 되었으며, 1931년 협성신학교와 협성여자신학교를 통합해서 만든 감리교신학교 Methodist Theological Seminary의 부교장이 되었다. 미일 관계 악화로 1940년 선교사 철수 시 귀국했다가, 1946년 다시 서울로 돌아와 감리교신학교와 이화여대에서의 강의로 사역을 재개했다.

48 로지Rosie는 엘마 로젠버거Elma T. Rosenerger의 별칭이다.

49 제인 발로우Jane Barlow. 영국 감리교회 신도였지만 교회나 선교 단체의 파송을 받지 않은 독립 자비량 선교사로, 친구인 간호사 엣지S. Edge와 함께 1912년 3월 영국을 출발하여 5월 서울에 도착했다. 서울에서 미감리회 WFMS 선교사들의 환영을 받아 동대문부인병원 사역을 도우며 6개월간 지내다가 미감리회 해주 선교부의 구세병원에 간호사가 필요하다는 소식을 듣고 12월 엣지와 함께 해주로 가서 사역했으며, 1939년 은퇴하고 귀국했다.

50 캐서린 패닝Katherine F. Fanning(1889~?). 아메리칸보드미션American Board Mission에서 일본으로 파송한 선교사로서, 앨리스 아펜젤러의 웰즐리대학 친구다.

51 노지리 호수野尻湖는 일본 나가노현 시나노마치에 있는 호수이다. 일본 다이쇼 시대(1912~1926)부터 외국인 선교사들은 노지리 호수의 남서쪽에 별장을 짓고 여름 휴양지로 삼았다.

52 가루이자와는 일본 나가노현의 남동쪽에 위치해 있다.

53 에델 버츠Ethel Butts(1883~1950)는 미국에서 간호학교를 졸업하고 미감리회 WFMS의 파송을 받아 1920년 내한하여 평양 광혜여원 간호사로 근무를 시작했다. 당시 평양에 있던 여러 선교회의 병원 연합에 적극 참여하여 평양 광혜여원이 1923년 1월부터 "평양연합기독병원"으로 통합되는 데에 기여했다. 당시 1931~1932년 안식년 휴가를 다녀온 참이며, 다시 평양연합기독병원에서 간호부장으로 사역했고, 1940년 11월 미일 관계 악화로 선교사 철수 시 귀국했다.

54 그레이스 우드Grace H. Wood(1902~2000)는 미감리회 WFMS의 파송을 받아 1929년 내한한 후 이화여전 음악과 교수로 부임하여 주로 피아노를 가르쳤다. 1940년 11월 선교사 철수 시 미국으로 귀국했다가 1948년 한국으로 돌아와 이화여자대학교 교수로 복직하여 사역했으며, 1954년 귀국했다.

55 리어 대머런Leah Josephine Dameron(1885~1966)은 1927년 미남감리회 선교사로 내한하여 1928년부터 1939년까지 이화여전에서 성악교수로서 화성학과 기보법을 강의했다.

56 제시 허스트Jesse Watson Hirst(1864~1952)와 코델리아 어윈Cordelia Erwin(1880~1976) 부부. 제시 허스트는 미북장로회 의료 선교사로서 1904년에 내한하여 세브란스병원 건축과 업무에 공헌했고, 서울에서 남감리회 여선교사 할보Sadie Belle Harbough(1875~1928)와 1907년에 결혼했다. 그러나 할보는 1928년에 사망했고, 허스트는 1929년에 역시 남감리회 선교사였던 코델리아 어윈과 재혼했다. 코델리아 어윈은 1905년 내한하여 송도선교부의 개성성경학원에서 교육 활동을 시작했으며, 허스트와 결혼한 후에도 선교 사역을 계속했다. 허스트와 어윈 부부는 1934년에 귀국한 후 플로리다에서 거주했다.

57 에디스 데밍Edith Cushing Adams Deming(1882~1966). 1902년 북침례회 여성해외선교부에서 중국 선교사로 임명받아 항저우에서 사역하다 귀국했으며, 1911년 미감리회 한국 선교

사 찰스 데밍Charles Scott Deming(1876~1938)과 결혼한 후 내한했다. 1929년 선교지가 이전되어 하얼빈으로 가서 선교 활동을 벌였고, 1929년 봉소전쟁, 1931년 만주사변, 1932년 하얼빈 대홍수 등을 겪은 후 구제 활동을 벌였다.

58 1932년 9월 평양의 교회가 만주출정전몰전사위령제 참석을 거부하자 평남지사는 이 일이 종교적인 차원의 행사가 아닌 국민으로서의 충성의 책임이라며 참배를 강요했다. 1935년에는 평양의 기독교학교들에 정기적인 참배를 강요했는데, 평양 시내 27개 교회들이 신사참배를 반대하자, 이 일로 평양숭실전문학교 교장 조지 매큔George Shannon McCune과 숭의여고 교장 벨마 스눅Velma L. Snook을 추방했다.

59 찰스 맥라렌Charles Inglis McLaren(1882~1957). 멜버른대학교 의과대학에서 공부한 의사로, 호주장로회 선교사로 임명되어 1911년 제시 맥라렌Jessie Reeve McLaren과 결혼하고, 그해 내한하여 의료 사역을 했다. 1923년부터 세브란스의전 교수로 활동하면서 한국에서의 신경학 개척자로 활동했으며, 1930년 세브란스 정신병동을 설립했다. 1935년 이후 종교적 자유와 신앙적 양심을 위해 싸웠고, 신사참배 반대 운동을 전개하여 1940년 7주간 투옥되었다. 태평양전쟁 발발로 1941년 12월 8일부터 진주경찰서에 11주간 구금되었다가 1942년 2월 23일 석방되었으나 가택 연금되었고, 6월 2일에 추방당해 호주로 귀국했다.

60 영학관English Practice House은 1931년 홍파동의 양옥 한 채(디캠프의 집)를 빌려 문과 졸업반 학생들이 선교사 선생님들과 일체의 숙식을 함께하며 시작되었다. 영어만을 사용하며 서양 풍습과 예절을 익히고 회화의 실생활화를 꾀했다. 신촌 캠퍼스로 옮긴 후에는 파이퍼 여사와 WFMS의 기부금으로 2층 양옥집으로 지어졌으며, 여덟 명의 학생과 두 명의 선교사가 완벽한 서구식 생활을 할 수 있는 공간으로 만들어졌다. 현재 이 건물은 아시아여성학센터가 사용하고 있다.

61 앨런 디캠프Allen Ford DeCamp(1848~1928). 62세가 되던 1910년 9월 부인과 함께 독립선교사로 내한하여 어떤 선교부에도 소속되지 않고 서울에서 무보수로 선교 활동을 했다. 그해부터 『코리아 미션 필드*The Korea Mission Field*』의 편집을 도왔고, 서울유니언교회의 담임으로 선임되어 1927년 은퇴할 때까지 사역했다. 1911년 7월 19일 서울에서 출생한 둘째 아들 오토 디캠프E. Otto DeCamp는 후에 아버지의 뒤를 이어 북장로회 선교사가 되어서 1938년 내한했다.

62 캐서린 블레어Katherine Blair(1904~1994). 미북장로회 선교사 윌리엄 블레어William Newton Blair(1876~1970)의 딸로, 1929년 선교사로 파송되어 평양외국인학교 교사로 근무했다. 1932년 9월 27일 청주선교부에서 사역하던 브루스 헌트Bruce Finley Hunt(1903~1992)와 결혼했다. 후에 남편이 신사참배 거부 문제로 체포 수감되었다가 미국으로 강제 송환되던 1942년에 함께 미국으로 귀국했으며, 해방 후 남편과 함께 다시 내한하여 내조했다.

63 브루스 헌트Bruce Finley Hunt(1903~1992)는 평양에서 사역하던 미북장로회 선교사 윌리엄 헌트William Brewster Hunt(1869~1953)의 장남으로, 평양외국인학교를 졸업하고 미국에 가서 공부한 후 프린스턴신학교를 졸업했으며, 1928년 목사 안수를 받은 후 내한했고, 1932년 캐서린 블레어와 결혼했다. 후에 신사불참배 운동에 참여하여 1941년 10월 하얼빈경찰서에 체포되었고, 1942년 6월 1일까지 적국 포로로 수용되어 있다가 가족과 함께 1942년

여름, 포로 교환 형식으로 미국으로 강제소환되었다. 해방 후 1946년 한국으로 돌아와 부산에서 선교 사역을 재개했다.

64 제임스 레비James Kellum Levie(1890~1977). 1918년 애틀랜타 남부치과대학을 졸업한 치과의사로, 1922년 미남장로회 선교사로 지명되어 내한 후 의료 사역을 했다. 1914년 제시 스미스와 결혼했으나 1931년에 사별했고, 1932년 10월 12일 남장로회 선교사 루스 밀러Ruth Herrietta Miller(1893~1976)와 재혼했다. 후에 1940년 미일 관계 악화로 귀국했고, 해방 이후 1948년 다시 광주에 와서 사역하다 1959년 은퇴했다.

65 루스 밀러Ruth Henrietta Miller Levie(1893~1976)는 미남장로회 선교사로 1925년 내한하여 광주와 순천에서 전도 사역을 했다. 1932년 제임스 레비와 결혼했고 1940년까지 이일성경학교 교사로 일하며 소아과 및 치과 진료를 지원했다. 해방 후인 1948년 남편과 함께 다시 내한하여 1959년까지 사역하다가 은퇴 후 귀국했다.

66 윌리엄 쇼William Earl Shaw(1890~1967). 1921년 미감리회 선교사로 내한하여 평양 광성고등보통학교에서 종교 과목을 가르치는 동시에 회계 업무를 담당했다. 1931년부터 영변과 신창에서 지방 목사로 일했고 1932년에는 해주 지방 감리사 일도 함께했다. 1940년 선교사들이 철수해 미국으로 돌아간 후 한국에 남아서 선교회 재산 등을 처리하고 1941년 3월 14일 미국으로 귀국했다. 해방 후 1947년 다시 내한하여 감리교 선교회장, 신학교 행정위원 등으로 활동하며 구제사업에도 힘쓰다가, 1961년 41년 동안의 선교 사역을 마감하고 부인과 함께 귀국했다.

67 윌리엄 블레어William Newton Blair(1876~1970). 1901년 미북장로회 선교사로 내한했다. 1902년부터 숭실학당과 평양장로회신학교에서 교육사업에 헌신했고, 1907년 1월 '평양대부흥' 당시 부흥회의 설교자이자 인도자였다. 제2회 기독교 진흥 운동(1929~1935) 때는 장로회 총회 진흥위원장을 맡아 전국적으로 교회의 부흥 운동을 이끌었다. 1918년 모교인 캔자스웨슬리언대학에서 한국에서의 선교 업적을 인정받아 명예 신학박사학위를 받았으며, 1938년 이후에는 미북장로회 한국 선교 본부의 원로로서 한국의 선교사업을 총괄했다. 1942년 6월 일제에 의해 추방되어 미국으로 귀국했다.

68 엘리너 파운드Eleanor Found는 미북감리회 의료 선교사 노먼 파운드Norman Found(1892~1971)와 앤 파운드Anne Helen Cass Found(1897~1987)의 막내딸로 1928년 3월 한국에서 태어났다.

69 도널드슨 쿤스Edwin Donaldson Koons(1917~2012)는 미북장로회 선교사 에드윈 쿤스Edwin Wade Koons(1880~1947)와 루시 쿤스Lucy Floy Donaldson Koons(1885~1986)의 아들로 서울에서 태어났다.

70 메리 커틀러Mary M. Culter(1865~1948). 미감리회 WFMS가 한국에 파견한 세 번째 여성 의사로 1893년 내한하여 정동 보구녀관에서 홀 부인과 함께 사역을 시작했다. 1894년 제3대 보구녀관 원장이 되었고 이화학당 출신 여메례의 도움을 받아 보구녀관과 동대문 볼드윈 시약소를 오가며 진료 활동을 펼쳤다. 1912년 평양 광혜여원 원장이 되었으며, 1913년 '여자의학교Medical School for Women' 사역을 시작했고, 1925년에는 포드 트럭을 개조하여 진료실을 갖춘 후 '순회의료사업'이라는 새로운 선교 사역을 시작했다. 1931년 동료 여선교

사 13명과 함께 한국 교회 최초 여성목사로 안수를 받았고 순회의료 사업을 계속했다.

71 캐서린 베이커Catherine Baker(1879~1972). 1907년 미감리회 WFMS의 파송을 받아 중국 선교사로 부임한 후 20년간 사역했고, 1927년 한국 선교부로 옮겨 이화여전에서 음악과 교수로 재직하면서 피아노, 성악, 음악사 등을 가르쳤다. 1931년부터 1932년까지 음악과장을 맡았고, 『조선민요집』과 『음악용어집』, 『피아노 연습곡』을 간행했다. 1940년에 선교사 철수 시 미국으로 귀국했다.

4장. 신촌 캠퍼스를 세우다

1 이화 창립 49주년이 되는 1935년 창립기념일인 5월 31일 오후 2시 반, 이미 준공된 본관, 음악관, 대강당, 체육관의 봉헌식이 거행되었다.

2 토머스 홉스Thomas Hobbs(1879~1967). 영국 워릭셔주에서 태어났으며, 1910년 부인 베아트리스Beatrice Ellen Puch Hobbs와 함께 구세군 선교사로 내한했다. 1913년 구세군을 떠나 영국성서공회 부총무, 1916년 영국성서공회 대리 총무를 맡았다. 1934년 부인과 사별한 후 1935년에 에드나 밴플리트와 결혼했다. 1937년에 영국성서공회 제3대 총무가 되어 개역성경 번역 작업을 마무리하고 신구약합본 『성경개역』을 출간했다. 1941년 5월 중국 상하이로 떠났고 그곳에서 미국성서공회 총무대행으로 일하던 중 일본군에 잡혀 2년간 수용소 생활을 했다.

3 딕시Dixie는 리어 대머런Leah Josephine Dameron(1885~1966)으로, 미남감리회 선교사로 1927년 내한했다. 1928년부터 이화여전에서 음악과 성악을 지도했으며, 1939년 귀국했다.

4 코린 그레이Corinne Gray. 에드나 밴플리트와 가까운 사이로 여러 번 언급되고 있다.

5 윌리엄 커William Campbell Kerr. 미북장로회 선교사로 1908년 내한하여 황해도 재령선교부에서 활동했고, 1912년 그레이스 킬번Grace Allerton Kilborne(1887~1985)과 결혼했다. 1919년 일본선교회로 소속이 옮겨진 후에는 30만 명으로 추산되는 한국 내 일본인들을 전도했다. 일본인 선교를 하면서도 선교회연합공의회 서기로서 한국 선교에도 계속 참여했고, 1928년부터 『코리아 미션 필드』 공동 편집인으로 활동했으며, 서울외국인학교에서 모이는 외국인유니언교회를 담임했다.

6 존 부츠John Leslie Boots(1894~1983). 미북장로회의 파송을 받고 1921년 내한하여 세브란스병원 치과 과장이 되었고, 한국인 진료에 힘쓰며 세브란스의학전문학교 치과 수업에 집중했다. 1930년 숙원이었던 치과병동 건축에 착수하여 1931년 지하 1층-지상 3층짜리 붉은 벽돌 건물을 지은 후 1931년 10월 남대문교회에서 봉헌예배를 드렸고, "동양 최고의 치과병원"이라는 칭송을 받았다. 부츠는 세브란스병원 진료나 치의학 교육도 한국인 의사들에게 맡겨야 한다는 입장이었고, 1935~1936년 안식년 휴가를 다녀온 후 자신의 주장을 실현하기 위한 변화를 시도했다.

7 에블린 니콜슨Evelyn Riley Nicholson(1883~1967). 1921년부터 1940년까지 미감리회 WFMS 회장으로 재직했다. 1923년 김활란을 만났으며, 1939년 세계감리회여성연맹을 결

성했고, 1940년 미감리회와 남감리회의 합동총회에서 대표를 역임했다.

8 1936년 5월 31일은 이화 창립 50주년이 되는 날이었다. 이 날을 기념하기 위하여 이화에서는 학당 산하에 있는 이화여자전문학교, 이화보육학교, 이화여자고등보통학교, 이화유치원의 네 개 학교가 공동으로 모여 축하 행사를 했다. 5월 28일 오전 10시 정동의 이화여자고등학교 교정에서 행사를 시작했고, 행사 셋째 날인 30일에는 신촌의 이화여전 교정에서 1935년 이후 추가로 신축된 네 건물(보육관, 기숙사, 가사실습소, 영학관)에 대한 봉헌식을 했으며, 전국의 감리교회가 5월 31일 일요일을 '이화주일'로 정하여 지켰다. 이화 제50회 생일잔치는 이처럼 연 나흘에 걸쳐 정동과 신촌 그리고 정동교회를 오가며 화려하고 성대하게 진행되었다.

9 파이퍼홀Pfeiffer Hall(본관)은 이화여전 신촌 캠퍼스에 세워진 첫 건물로서, 파이퍼 부부의 기부금 5만 달러를 기반으로 지어졌으며, 1933년 6월 10일에 정초식이 거행되었고, 1935년 창립기념일에 봉헌되었다. 헨리 파이퍼Henry Pfeiffer(1857~1939)는 뉴욕시의 독실한 감리교인으로 자수성가한 사업가였고, 1919년부터 1946년 사이에 미국과 세계 여러 나라의 교육·종교·사회 사업에 쓴 돈이 1,600만 달러에 달했다. 특히 파이퍼 부인Annie Maria Merner Pfeiffer(1860~1946)과 이화의 인연은, 1920년경 아펜젤러가 필라델피아를 방문하던 중 파이퍼 부인에 관한 소식을 듣고 그녀가 참석한 집회에서 연설을 한 뒤 이화를 위해 기부 약속을 받은 일로 시작되었다. 1930년에 아펜젤러가 파이퍼 부인에게 대학의 첫 건물을 맡아줄 것을 요청하자 본관 건축비 5만 달러를 기부했고, 그 후에도 기숙사 및 교수주택 건축비 2만 5,000달러, 두 차례에 걸친 재단 기본금으로 12만 5,000달러를 기부했으며, 이외에도 산발적으로 기부하여 기록에 나타난 것만도 상당수에 달한다.

10 이화역사극 <강>. 이화 50년의 역사를, 보잘것없던 샘의 근원이 시내를 이루고 나아가서 거대한 강물을 이루어 도도히 흘러가는 모습에 비유하여 음악, 무용, 연극으로 표현한 대규모의 야외극으로, 아펜젤러가 구상하고 이희승이 집필했으며 김신실이 안무를 맡았다. 에피소드 5막과 13장면으로 구성되었는데, 스크랜튼 부인이 학당을 창립하고 첫 학생을 받는 장면에서 시작하여 신촌 캠퍼스로 이사하는 장면으로 대단원의 막을 내림으로써 이화가 성장해온 과정을 감동적으로 그려냈다.

11 정동에 있던 이화여전이 새로운 보금자리 신촌으로 이전한 날. 1935년 2월 조선총독부로부터 위치 이전 허가를 받고, 이삿날은 프라이의 생일이기도 한 3월 9일로 정했다. 450여 명의 교직원과 학생들은 정동의 프라이홀 앞에서 고별식을 한 후, 3km가 넘는 거리를 걸어 새 신촌 캠퍼스로 이전했다. 이화여자전문학교와 이화보육학교의 문패를 맨 앞에 들고, 그 뒤에는 이화의 창립자 스크랜튼의 사진을 든 아펜젤러, 그리고 제4대 당장인 프라이의 초상화를 든 김활란이 섰고 그 뒤를 나머지 교직원과 학생들이 따랐다.

12 밴(에드나 홉스 부인)에게 보낸 편지.

13 이화 창립 50주년 기념 동판에 적힌 글은 다음과 같다. 북미합중국北米合衆國 미감리교부인선교회美監理敎婦人宣敎會가 1886년一八八六年 본교本校를 창립創立한 이래爾來 그 발전發展에 필요必要한 물적·영적物的及靈的 후원後援을 계속繼續하야 조선여성朝鮮女性에 대對한 부단不斷의 신념信念을 표현表顯했기 자玆에 사의謝意를 근표謹表함(1936년一九三六年 5월五

月 창립오십주년기념회創立五拾週年紀念會).

14 아펜젤러는 1936년 11월부터 1938년 4월까지 안식년 휴가를 가졌다.

15 메리 Z. 올슨Mary Z. Oleson(1886~1974). 아펜젤러의 웰즐리대학 동창으로 데이비드 올슨David Lyman Oleson과 1912년에 결혼한 후 하와이 호놀룰루에 거주했다.

16 제임스 밴버스커크James Dale Van Buskirk(1881~1969). 미국 유니버시티메디컬대학을 1906년에 졸업한 의사로, 1908년 부인 해리엇Harriet E. Van Buskirk과 함께 미감리회 선교사로 내한하여 공주에서 진료소를 운영했다. 1913년 세브란스의학교가 교단 연합에 따라 세브란스연합의학교로 개편되자 창설 멤버이자 교수가 되었다. 4년 후 연합의학전문학교로 승격되었을 때는 올리버 에비슨Oliver R. Avison(1860~1956) 교장에 이어 부교장으로 부임하여 기초의학 분야를 맡아 가르쳤으며, 세브란스 연구부를 창설하여 의학 연구 활동도 본격화했다. 1931년에 건강 악화로 귀국했으며, 1937년 사우스캘리포니아 연회로 이적했다.

17 윌리엄 노블William Arthur Noble(1866~1945)과 마사 매티Martha Lillian "Mattie" Wilcox(1872~1956) 부부. 1892년 결혼 후 미감리회 선교사로 내한하여 3년간 배재학당 교사로 활동했고, 1894년부터 15년 동안 평양 선교를 했으며, 1917년 이후 수원 지방 감리사를 역임했다. 1933년 은퇴한 후 42년간의 선교 사역을 마치고 1934년 미국으로 귀국했다. 그들의 큰딸 루스Ruth Emily는 앨리스 아펜젤러의 남동생 헨리 아펜젤러와 결혼하여 한국에서의 선교와 교육사업을 이어갔다.

18 도로시 스미스Dorothy B. Smith(1901~1983)는 해리엇 모리스, 메리언 칸로와의 인연으로 한국에서 1년간 영어교사로 근무했다. 후에 이화국제재단International Foundation for Ewha Womans University을 통해 자신의 재산 1/4, 천연가스 채굴 수입의 2/5를 이화여대에 유산으로 남겼으며, 이화국제재단 재정위원회는 그녀의 유산으로 받은 부동산을 매각해 15만 1,000달러를 100주년기념도서관 도서 구입비로 전달했다.

19 편지 하단에 수기로 적혀 있다.

20 "그러나 이 모든 일에 우리를 사랑하시는 이로 말미암아 우리가 넉넉히 이기느니라"(로마서 8:37).

21 영어로 "Darling"이라고만 되어 있는데, 톰 홉스에게 보낸 바로 앞 편지(1937년 3월 8일자)에 동봉한 것으로 그의 아내 벤(에드나 홉스 부인)에게 보낸 것이다.

22 조지프 바Joseph Barr(1870~1942). 영국구세군 선교사로서 1928년 한국구세군 제6대 사령관으로 임명되어 내한했다. 사령관으로 재임하는 7년 반 동안 자선냄비 모금을 실시하고, 급식소를 설치해 걸인들에게 식사를 제공했으며, 가정단, 사관학교 신축, 가정단대회 등을 통해 한국 구세군을 발전시켰다. 1936년 5월 캐나다로 귀국했고, 1942년에 별세했다.

23 애다 어윈Ada Jane Irwin(1896~1965). 영국구세군 선교사로 1926년 내한했으며 1926년부터 1935년까지 서울 본영에서 일했는데, 특히 바J. Barr 사령관 비서실의 비서 및 서기관으로 봉직했고, 부인사업과 청년 사업에도 참여했다. 1935년부터 1938년까지는 군국가정단 서기관이 되어 부인사업의 행정 책임관을 맡았으며, 『구세신문』 "가정단" 필자 및 공과 발행인으로 활동했다. 1940년 11월 16일 출국한 후 캐나다에서 활동하다가, 1947년 로드 사령관 재임 시 다시 내한하여 재무서기관 및 공급부 책임자로 활동했다.

24 엡워스연맹Epworth League은 18세에서 35세 사이의 청년들을 위한 감리교 청년협회로, 1889년 5월 오하이오주 클리블랜드의 중앙감리교회에서 시작되었다.

25 『퍼시픽 크리스천 애드버케이트*Pacific Christian Advocate*』는 1850년 12월 4일부터 발행된 감리교 신문으로, 편집자인 레어드 밀스Laird Mills가 1932년에 『크리스천 애드버케이트 *Christian Advocate*』의 편집을 위해 샌프란시스코로 옮겨갈 때까지 발행되었다.

26 메리언 칸로Marion Conrow의 고향은 캔자스주 위치타로, 당시 안식년 휴가 중이었다.

27 해리 포스딕Harry Emerson Fosdick(1878~1969) 박사는 20세기의 가장 유명한 자유주의 개신교 목사 중 한 명이었다. 매주 전국적으로 방송된 그의 라디오 방송은 엄청난 인기를 끌었다.

28 이정애(1910~1954)는 이화학당 대학과(제11회) 졸업생으로, 하와이 퀸스대학에서 간호학을 전공하고 귀국하여 세브란스병원 간호원장이 되었다. 1937년부터 이화여전의 기숙사 사감을 맡았으며, 1937년 우리나라 간호협회장 자격으로 영국에서 개최된 국제간호협의회에 참석하여 한국 간호계를 세계에 알렸다. 1949년 이화여자대학에 간호교육과를 개설하는 데 공헌했으며 초대 과장에 취임했다.

29 아펜젤러는 1936년 11월부터 시작된 안식년 휴가를 마치고 1938년 4월에 한국으로 돌아왔다.

30 신촌 캠퍼스 건축 및 이전(1935), 50주년 기념 행사(1936) 등 큰 사업들을 해낸 아펜젤러는 안식년 휴가(1936. 11.~1938. 4.)를 얻어 미국에 다녀왔는데, 그 사이 한국 정세는 생각보다 훨씬 악화되어 있었다.

31 계정식桂貞植(1904~1974). 독일과 스위스에서 음악을 공부한 뒤 1935년 귀국하여, 1936년부터 1943년까지 이화여전 음악과 교수를 역임했다.

32 유부용은 1932년 함흥 영생여자고등보통학교를 졸업한 뒤 캐나다로 유학하여 알마대학 Alma College 음악과, 1937년 토론토대학 음악과를 졸업하고, 1937년부터 1941년까지 이화여전 음악과 교수를 역임했다.

33 최이순(1910~1987)은 1933년 이화여전 가사과를 졸업하고 이화여자고등보통학교에서 교사로 일하다가, 1935년 도미해 오리건주립대학에서 가정학 석사학위를 받았다. 이후 미국 메릴팔마연구소와 일본 도쿄보건소에서 연구 활동을 했다. 이 편지가 쓰인 당시 그녀는 도쿄보건소에서 연구하고 있었을 것으로 추정된다. 후에 그녀는 1939년부터 모교에서 봉직했으며, 1956년에는 연세대학교에서 가정학 교육을 시작하여 가정대학을 설립했고, 1964년에 초대 학장이 되었다.

34 세토내해瀬戸内海. 혼슈섬과 시코쿠섬, 규슈섬 사이의 좁은 바다로, 태평양과 동해를 연결하고 있다.

35 일제 치하에서 국어national language는 일본어를 가리키는 것이었다. 이 교가는 1930년 정인보 작사, 안기영·메리 영 작곡으로 현재 교가의 원형이다. 하지만 1937년 말 일제가 한글 사용을 금함에 따라 니카이도 신주二階堂眞壽가 번역한 일본어로 불리게 되었고, 그마저도 1943년 말 이화여자전문학교가 여자청년연성소 지도자양성과로 바뀌면서 해방 전까지 불리지 못하게 되었다. 편지가 쓰인 시점은 교가를 일본어로 불러야 하던 때이므로 학생들

이 교가를 부르지 않는 것을 확인할 수 있다.

36 당시 기독교학교의 수가 줄어든 것은 신사참배에 반대하여 폐교한 학교들이 있었기 때문이다. 1910년대부터 각급 학교에 신사참배를 강요한 일제는 1925년 언론과 기독교계 사립학교들이 강력히 반발하자 정책을 보류했다. 그러나 1930년대에 들어 대륙 침략을 재개하면서 다시 신사참배를 강요하기 시작했다. 총독부가 1935년 11월 평양 기독교계 사립학교장 신사참배 거부 사건을 계기로, 신사참배에 참여하든가 폐교하라는 강경책으로 나오자 1937년부터 기독교계 학교의 일부는 폐교를 단행했다.

37 샐리 루 매키넌Sallie Lou MacKinnon(1889~1973)은 미남감리회 선교부 담당자로 추측된다. 미남감리회는 1925년에 이화여전과의 경영 협동을 결의하고 지원해왔다.

38 벨마 메이너Velma Hartly Maynor(1888~1979). 미국 컬럼비아대학을 졸업하고 1921년 미남감리회 선교사로 내한했다. 영문학과 연극을 전공했고, 1928년부터 이화여전 문과에서 영작과 연극을 가르쳤으며, 연극 활동을 지도하기도 했다. 1929년에는 제2대 문과 과장을 역임했다.

39 남감리회 선교부는 이화여전에 1927년부터 성악교수 리어 대머런Leah Josephine Dameron과 유치원사범과 교수 애니 하워드Annie Clara Howard(1895~1995)를 파견하고, 1928년에는 영문과 교수인 벨마 메이너Velma Maynor를 파견했다. 편지에서 언급된 대머런과 메이너는 1939년 9월까지 이화에서 교편을 잡았다.

40 메리 빅 모크Mary Vic Mauk(1897~1960). 1921년 남감리회 선교사로 내한하여 개성 호수돈여학교에서 학생들을 가르쳤고, 고려여자관에서 사회사업 활동을 했다. 1926년 안식년으로 귀국했다가 1939년 다시 내한하여 이화여전에서 음악, 기악을 가르쳤으며, 1940년 선교사 철수 시 귀국했다.

41 최예순은 이화여전 제7회 졸업생으로 1937년 스캐릿대학에서 학사학위를 받고, 1939년 시카고대학에서 종교교육으로 석사학위를 받았다. 1940년 귀국했으며, 1941년부터 모네타 트록셀Moneta Troxel을 대신하여 종교교육 과목을 가르쳤다.

42 김상순은 1927년 유치원사범과를 졸업했고 1933년부터 1936년까지 이화여전에서 가르쳤다. 1936년 도미하여 컬럼비아대학교 대학원에서 교육학 석사를 취득했고, 이후 예일대학교에서 한국학 연구에 매진했다.

43 레나 내프Lena Knapp(1892~1977)는 1915년에 뉴욕주립대학교에서 학사, 1927년에 예일대학교에서 석사학위를 취득했으며, 미감리회 WFMS의 파송을 받아 1940년 내한했다. 1940년 11월 선교사 철수 시 미국으로 귀국한 후 1941년부터 1953년까지 아르헨티나 부에노스아이레스에서 사역했다.

44 KTSKindergarten Training School는 1915년에 개설되어 영어 표현을 그대로 옮긴 유치원사범과로 명명되었으나, 1928년 3월 14일 명의 변경 인가를 받아 4월 5일에 이화보육학교로 개교했다. 이화는 보육학교 편제를 2년제에서 4년제의 고등교육 수준으로 승격시키기 위해 승인 신청을 했으나, 1940년 2월 3년 과정으로 보육과 인가를 받았고, 4월부터 3년제 보육과 신입생을 모집했다.

45 애니 하워드Annie Clara Howard(1895~1995). 미남감리회 선교사로 1923년 내한하여 개성

호수돈여학교 유치부를 비롯해 미리흠여학교의 교사로도 활동하며 여성교육과 아동교육에 힘썼다. 또한 이화보육학교 교수로 재직하며 아동 전문 교육가를 양성하는 데 힘을 기울였다. 1940년 미일 관계 악화로 귀국했다가 1946년 다시 내한하여 이화여대에서 아동교육을 강의하며 서울유치원 원장을 역임했고, 아동교육에 대한 관심과 전문성을 강단과 현장에서 실천했다.

46 가가와 토요히토Kagawa Toyohiko · 賀川豊彦(1888~1960). 일본의 기독교 개혁가, 평화주의자, 노동운동가였다. 가난한 자를 돕겠다는 소명에 따라 소외된 이들과 함께 살았으며, 여성 참정권 운동을 옹호하고 평화로운 외교 정책이 시행되도록 노력했다.

47 아펜젤러는 1939년 3월까지 이화여자전문학교 교장을 역임했다. 1939년 4월부터는 김활란이 교장직을 맡았으며, 아펜젤러는 명예교장이 되었다.

48 토미 트래들스Tommy Traddles는 영국 소설가 찰스 디킨스의 소설 『데이비드 코퍼필드 *David Copperfield*』의 등장인물로, 데이비드의 친한 친구이자 착하고 친절한 성격의 소유자이다. 특히 데이비드의 여동생인 에밀리를 포함하여, 작품에 등장하는 여성들에게 매우 친절하다.

49 아서 무어Arthur James Moore(1888~1974). 1930년에 미남감리회 감독으로 선출되었고, 1940년까지 중국, 일본, 체코, 벨기에, 벨기에 콩고, 폴란드, 한국에서의 모든 남감리교 선교 활동을 책임지는 임무를 맡았으며, 이후 1960년 은퇴할 때까지 애틀랜타 지역의 감독을 맡았다.

50 김애마(1903~1996)는 이화학당 유치원사범과를 1926년에 졸업하고, 미국 내셔널교육대학에서 수학했다. 1935년에 귀국하여 이화보육학교 교수로 재직했으며, 보육학교를 2년제에서 4년제의 고등교육 수준으로 승격시켜야 한다는 신념을 가지고 보육과 승인 신청을 했다. 1939년에 보육학교 학감에 취임했고, 1940년 3년제로 보육과 인가를 받은 후에는 보육과 초대 과장이 되었다.

51 김영의(1908~1986)는 음악과 제3회 졸업생으로 미국 줄리어드음악학교에 유학을 다녀와 음악과 교수, 과장, 음대 학장을 지내며 30여 년간 제자를 길러냈다. 1977년부터 1986년까지는 이화재단의 이사장직을 맡아 학교 경영에 헌신했다.

52 전도부인Bible Woman은 외국인 여선교사들의 기독교 전도 사역이나 사회사업을 돕는 그 지역 여성을 의미한다. 이들 사역의 중요한 부분은 서양 선교사들의 선교에 동행하는 것이었지만, 많은 경우 선교사들의 직접적인 도움 없이 혼자 또는 팀을 이루어 봉사했다.

53 고 에블린Evelyn Koh은 고황경高凰京(1909~2000). 1939년 9월부터 1943년 12월까지 가사과장을 역임했다. 가정학을 전공하지 않은 고황경이 가사과장이 된 것은, 1937년 이후 일제의 노골적인 간섭으로 교수들의 인사이동이 심해진 데에 따른 부득이한 방책이었다.

54 그레이스 박 장 부인Mrs. Grace Pak Chang은 박은혜朴恩惠(1904~1963). 박은혜는 이화여전 제4회(1930) 졸업생으로 1937년에 장덕수와 결혼했다. 드뷰크대학과 뉴욕성서신학대학에서 석사학위를 받고 돌아와 1936년부터 1941년까지 이화여전 교수로 부임해 영어와 성경을 가르쳤다.

55 재미이화협동위원회Ewha Cooperating Committee in America. 1938년 앨리스 아펜젤러와 미

국 WFMS에서 근무하는 동료들이 이화의 발전을 지원하기 위하여 신시내티에서 설립한 단체이다.

56 이화에 겨울 운동으로 스케이트를 도입한 것은 머타 스토버Myrta Olive Stover였다. 이화학당 체육교사로 부임한 머타 스토버는 학생들의 건강을 위해 특히 실내 경기보다 실외 경기를 중요시했고, 1928년에 겨울 야외 운동으로 스케이트를 도입했다. 그녀는 겨울이 되면 테니스장에 물을 붓고 얼려서 빙상을 만든 후 여학생들에게 스케이트를 타게 했다.

57 활인화living picture는 한 명 혹은 여러 명의 배우나 모델이 만들어내는 "살아 있는 그림"이다. 이들은 극적으로 연출된 소품이나 배경 속에서 의상을 갖추어 입고, 움직이거나 말하지 않으며 세심하게 포즈를 취함으로써 연극과 미술의 요소를 혼합한 정적인 장면을 만들어낸다.

58 가사전수과Home-Makers' Course는 재봉, 요리, 육아 및 가정관리 등 실질적인 가사 과목에 집중한 1년제의 가사과로, 1940년 4월 첫 신입생을 모집하기 시작했다. 중등학교를 졸업한 후 진학하고 싶어도 4년 과정이 너무 길어 망설이던 많은 젊은 여성들에게 실생활에 필요한 전문 지식을 교육받을 수 있는 기회를 제공했다. 1941년 제1회 졸업생 42명을 배출했으며, 1943년 제3회 졸업생을 배출한 것을 마지막으로 시국 관계상 폐지되었다.

59 이경희는 음악과 제12회(1938) 졸업생으로, 졸업 후 2년제인 연구과를 1940년에 마친 몇 안 되는 연구과 출신이다. 1950년까지 이대 음악과에서 피아노와 이론을 가르쳤으며, 1956년 이후 대구 효성여자대학 교수이자 학과장으로 봉직하면서 꾸준히 연주 활동을 계속했다.

60 연구과post-graduate는 졸업 후 더 공부하기를 원하는 학생을 위해 이화가 개설한 특수 과정이었다. 하지만 이들에게 어떤 자격이 부여되는 것은 아니었다. 1935년 신입생 모집 광고에 처음으로 각과 연구생을 모집한다는 안내가 실렸고, 오늘날과 같은 학위 수여는 없었으나 해방 후 시행된 대학원 교육의 모체가 되었다고 할 수 있다.

61 해먼드 오르간Hammond Organ은 미국 일리노이주 에번스턴에서 로렌스 해먼드Laurens Hammond가 발명한 전기오르간으로, 1935년에 처음 생산되었다.

62 에드윈 쿤스Edwin Wade Koons(1880~1947). 미북장로회 선교사로 1903년 내한했다. 1913년 서울 경신학교 교장으로 임명되어 1939년까지 재직했으며, 오랫동안 연합공의회 한국어학교 교장을 지냈다. 1931년 코우대학Coe College에서 명예 신학박사학위를 받았다. 일제 말기 미국 정부와 선교 본부의 철수 권고를 거부하고 『코리아 미션 필드』의 부편집장(1940~1941)을 맡아, 편집장이 귀국한 상태에서 편집과 발행을 책임졌다. 태평양전쟁 발발 직후인 1941년 12월 8일, 남아 있던 선교사들과 함께 감리교신학교에 집단 수용되었고 용산경찰서에서 간첩 혐의로 구타와 물고문 등을 당했다. 1942년 부인과 함께 강제 송환되어 그립스홀름호를 타고 8월 말 뉴욕에 도착했다.

63 『코리아 미션 필드*The Korea Mission Field*』는 재한 선교사들이 초교파적 선교 현장에 대한 정보를 교환하기 위하여 1905년부터 영문으로 발행한 월간 잡지다. 주된 독자는 선교 현장의 선교사들이었지만, 본국의 후원자들에게도 한국 선교의 상황과 선교사들의 노고를 알리는 역할을 담당했다. 연평균 1만 2,000부가 발행되었고, 정기구독자만 1,000명 정도로 한

국 내 선교사들 사이에서 큰 영향력을 가지고 있었다.

64 캐롤 아펜젤러Carol Ruth Appenzeller(1924~2003). 헨리 D. 아펜젤러와 루스 노블의 세 자녀 중 막내이다.

65 "내가 믿는 자를 내가 알고 또한 내가 의탁한 것을 그 날까지 그가 능히 지키실 줄을 확신함이라"(디모데후서 1장 12절). 이 부분은 성경구절에 기초하여 작사한 찬송가의 가사를 옮겨 적었다(한국찬송가공회가 2006년 발간한 찬송가집 310장).

66 김갑순(1914~2005)은 이화여전 제9회(1935년) 졸업생으로 미국 앨라배마여자대학에서 연극학으로 학사를 받고 돌아왔으며, 후에 스탠퍼드대학교 대학원에서 연극학으로 석사(1956)를 받았다. 1946년 이후 영문과 교수, 문리대학장을 역임하고 영어 연극을 강의했으며, 한국에서 대학 연극의 위상을 정립하는 데 크게 기여했다.

67 웰즐리 봉사기금Wellesley Service Fund은 전 세계에 퍼져 있는 기관들이 소외계층의 학생들을 미국으로 유학보낼 수 있도록 장학금을 제공했으며, 1937년의 경우 34개 기관에 제공했다는 기록이 있다(웰즐리대학학보Wellesley College News, 1937년 10월 7일). 이 기금은 웰즐리대학 졸업생이던 아펜젤러와의 인연으로 시작되어 이화여전에 일정 기간 장학금을 지원했던 것으로 추정된다.

68 이화여전 음악과는 1927년 한국음악을 정규 과정에 포함시켜, 본과 1, 2, 3학년에게 매주 1시간씩 한국민요 연구를 목적으로 한 동양음악 수업을 배정했으며, 예과에서는 주 1시간씩 가야금, 양금, 거문고 등의 전통악기를 배우게 하여 한국음악의 이해를 도왔다. 또한 민요 부르기 운동을 전개하여 메리 영 선생 주도하에 1931년 『조선민요합창곡집』 제1집을 발간하기도 했다.

69 헨리 밴두센Henry Pitney Van Dusen(1897~1975)은 에큐메니칼 운동의 지도자로 세계 기독교계에 발자취를 남겼으며, 유니언신학교 교수로서 1945년부터 1963년 은퇴할 때까지 총장을 역임했다. 두 차례의 세계 일주를 통해 6대륙 60여개국을 방문했으며, 『열방의 치유를 위해: 전 세계 기독교에 대한 인상*For the Healing of the Nations: Impressions of Christianity Around the World*』을 1940년 1월 1일 출판했다.

70 J. M. 애번 부인Mrs. J. M. Avann은 당시 WFMS 산하 재미협동위원회의 위원이었다. 1940년에 발간된 WFMS 연감에 따르면, 이화재미협동위원회의 위원은 애번 부인, 매코넬 부인Mrs. F. J. McConnel, 매슬랜드 부인Mrs. J. Wesley Masland, 미첼 부인Mrs. William S. Mitchell으로 기록되어 있다.

71 이화학당은 재단법인 설립을 위해 1932년 12월 15일 발기인총회를 열었으며, 아펜젤러는 이를 위해 각고의 노력을 기울였다. 마침내 수많은 어려움을 극복하고 일제에 이화학당 재단법인 설립 허가를 1943년 8월 7일에 받아냈다.

72 에드나 밀레이Edna St. Vincent Millay(1892~1950)는 미국의 시인이자 극작가이다. 1920년대와 그 이후 뉴욕의 저명한 사교계 인사이자 페미니스트였으며, 낸시 보이드Nancy Boyd라는 필명으로 많은 산문과 산문시를 썼다.

73 O. 게이로드 마쉬O. Gaylord Marsh(1879~1952)는 일제강점기의 마지막 주한 미국 총영사였다. 곧 말살될 한국문화를 기록해두어야겠다는 사명감으로 당시 한국인들의 일상문화를 담

은 사진들을 찍어놓았고, 그의 부인은 그 사진들을 유화로 그린 후 설명문을 붙여놓았다. 이들의 작품들은 외국인의 시각에서 한국을 긍정적으로 관찰한 귀중한 구한말 사료로 평가받고 있다.

74 마리포사는 1940년 11월 16일 많은 내한 선교사들을 철수시킬 때 사용된 배이다. 하와이 호놀룰루에 본사를 둔 미국 해운회사인 맷슨Matson의 원양 정기선으로, 태평양을 운항하도록 설계되어 1931년 취항했다. 1940년 11월 15일에 이화의 선교사들(그레이스 우드, 칸로, 모리스, 헐버트, 메리 영, 베이커, 아펜젤러)을 포함한 미국인 216명이 서울을 출발하여 16일 인천항에서 증기선 마리포사호를 타고 한국을 떠났다.

75 노블Noble은 헨리 아펜젤러의 처가이다. 헨리의 아내 루스Ruth Emily Noble Appenzeller의 부모인 노블 부부(윌리엄 아서 노블William Arthur Noble과 “매티” 윌콕스 노블“Mattie” Wilcox Noble)는 미감리회 선교사로 파송되어 1892년 함께 내한했고, 1934년 한국에서 42년간의 선교 사역을 마친 후 귀국했으며, 캘리포니아주 스톡턴에 정착했다.

5장. 선교사 철수 후 미국에서

1 매슬랜드 부인Mrs. J. Wesley Masland은 당시 WFMS에서 회계 담당자로 일했으며, 재미이화 협동위원회 위원이었다.

2 아베 요시무네阿部義宗(1886~1980). 당시 일본 감리교 감독이었다.

3 요한복음 21장 18절. 부활하신 예수님께서 베드로에게 하신 말씀이다.

4 밴이 “힐탑Hilltop”(산꼭대기)이라고 부르고 있는 곳은 선교부 재산 관리를 위해 남아 있던 남감리회 선교사 스나이더Lloyd H. Snyder의 사직동 사택을 가리키는 것으로 추정된다. 홉스 부부(톰과 밴)는 서대문 밖 송월동에서 생활하다가, 1940년 11월 미일 관계 악화로 대부분의 선교사가 귀국하자 송월동 주택을 유한양행 직원에게 넘겨준 후 스나이더의 사직동 사택으로 이사했다.

5 버트Bert는 지넷 헐버트Jeanette Charlotte Hulbert의 별칭으로 추정된다. 그녀는 1940년 11월 16일 선교사 철수 시 동생 에스더 헐버트와 함께 마리포사호로 귀국했다.

6 에스더 헐버트Esther Laura Hulbert(1894~1993). 지넷 헐버트의 여동생으로, 언니에게서 전해 받은 한국 선교 상황, 특히 이화학당 학생들의 3.1독립운동에 관한 사진과 자료를 보고 한국 선교사가 되기로 결심했다. 미감리회 WFMS의 파송을 받아 1923년 내한했고, 이화학당 교사로 사역을 시작하여 평양 정의여자고등보통학교 등에서 사역하다가 1940년 11월 16일 언니와 함께 마리포사호를 타고 귀국했다.

7 1940년 11월 16일, 선교사들이 인천에서 마리포사호를 타고 철수한 일.

8 로이드 스나이더Lloyd H. Snyder(1886~1957). 미남감리회 선교사로 1908년 내한하여 YMCA 간사로 활동했다. 1931년부터 1941년까지는 연희전문학교 이사로 선출되어 영어 교수로도 출강했고, 1941년 2월에는 연희전문학교 재단법인 이사로 피택되어 활동하다가 1941년 12월 미일 관계 악화로 인해 귀국했다.

9 유진 데모리Eugene Walter Demaree(1901~1980). 미남감리회 선교사로 1929년 내한한 의사이다. 1930년부터 1934년까지, 그리고 1938년부터 1940년까지 원산구세병원 원장을 역임했고, 1940년에 귀국했다.

10 얼 앤더슨Earl Willis Anderson(1879~1960). 미남감리회 선교사로 1914년에 내한한 의사이다. 춘천 지역에서 의료 사역을 시작하여 원산구세병원 원장으로 진료했으며, 1930년 서울 세브란스 연합의학전문학교의 안과 교수로 발령받았고, 1934년 이사로 취임했다. 1941년 미일 관계 악화로 다른 선교사들과 함께 귀국했고, 1948년 다시 내한하여 송도에 감리교병원을 개원했으나 1950년 한국전쟁으로 귀국했다.

11 맥라렌Charles Inglis McLaren은 1923년부터 세브란스 의전 교수로 활동했지만 1938년 조울증이 발병해 사임했고, 1939년 6월, 처음 한국에 와서 신경정신과 의사 및 원장으로 사역했던 진주 배돈병원으로 돌아갔다.

12 『재팬 애드버타이저*The Japan Advertiser*』는 1890년 미국인 인쇄업자인 로버트 메이클존Robert Meiklejohn이 요코하마에서 창간한 일간 영자신문으로, 1908년에는 미국인 기자 벤자민 플레셔Benjamin Wilfrid Fleisher가 매수해 사주가 되었다. 1913년에 거점을 도쿄로 옮겼으며, 1940년 미일 관계 악화와 언론 통폐합에 따라 『재팬 타임스*The Japan Times*』에 흡수되었다.

13 링링 형제들Ringling Brothers은 19세기 말부터 20세기 초까지 소규모 순회 공연단을 발전시켜 미국에서 가장 큰 서커스단으로 만든 미국인 형제 다섯 명이다.

14 엘리자벳 매컬리Elizabeth Alice Lizzie McCully(1862~1941)와 루이스 매컬리Louise Hoard McDully(1864~1945) 자매. 캐나다장로회 선교사였으며, 동생 루이스가 1900년에, 언니 엘리자벳이 1907년에 내한했다. 주로 함께 원산, 함흥 등에서 복음 사역과 여전도 활동에 힘썼으며, 1940년 11월 23일 함께 함흥역을 출발하여 1941년 1월 4일 캐나다에 도착, 밴쿠버에서 3개월을 지내며 본국의 여전도회 회원들에게 선교에 대한 보고를 한 후 고향 트루로로 돌아갔다.

15 맥파랜드McFarland는 맥파레인Mcfarlane의 오기로 추정된다.

16 헬렌 헨더슨Helen Elizabeth McQuilkin Henderson(1897~1993)은 미북장로회 해외선교부로부터 한국 선교사로 파송된 헨더슨Lloyd Putnam Henderson(1895~1932) 목사와 결혼하여 1920년 내한했다. 헨더슨 부부는 만주선교부로 파송되어 홍경을 중심으로 사역했다. 1932년 남편 헨더슨이 홍경 지방 순회에 나섰다가 사망한 이후, 헬렌 헨더슨은 귀국하지 않고 시아주버니 해럴드 헨더슨Harold Hayes Henderson(1893~1984) 선교사가 사역하는 대구 선교부로 옮겨 두 자녀를 기르면서 대구 지역 여성 사역에 참여했다.

17 존 맥앤리스John Albert McAnlis(1897~1979). 미북장로회 선교사로, 1921년 간호사인 부인 플로런스 맥앤리스Florence Luella Guthrie McAnlis(1896~1967)와 함께 내한하여 치과 진료 활동을 했다. 1940년 11월 부인과 자녀들을 마리포사호에 태워 미국으로 보낸 후 홀로 남아 세브란스병원을 지켰다. 1941년 4월 해외선교부의 권면을 받아들여 임지를 필리핀으로 옮겼는데, 1941년 12월 일본군에 의해 필리핀이 점령당하면서 적국 포로의 신분으로 옥고를 치르게 되었고, 1945년 석방된 후 미국 패서디나에서 부인과 합류했다.

18 랄프 왓츠Ralph Shore Watts(1905~1994). 제칠일안식일예수재림교회 선교사로 1926년 내한했다. 1939년 조선합회의 감독에 임명되어 재정적 위기 극복을 위해 노력했으나, 1940년 미일 관계가 악화하자 11월부터 선교사와 그 가족들을 단계적으로 철수시킨 후 1941년 2월 16일 한국을 떠났다.

19 SPCASociety for the Prevention of Cruelty to Animals(동물학대방지협회)는 전 세계 비영리 동물복지 단체의 일반적인 이름으로, 가장 오래된 SPCA는 1824년 영국에서 설립된 왕립동물학대방지협회이다. 토머스 홉스의 전처 비어트리스 홉스Beatrice Ellen Hobbs(1890~1934)는 한국에서 1922년 합커크 박사와 함께 동물보호기구를 만들기로 하고 1923년 동물학대방지협회를 조직했다.

20 이 영어 편지에서 밴은 이 단어를 "갑작이"라고 한글로 쓰고 있다.

21 버사 스타키Bertha Florence Starkey(1881~1976)는 미감리회 WFMS의 파송을 받아 1910년 내한하여 서울과 평양에서 활동했다. 1940년에 귀국했고, 은퇴 후 노스캐롤라이나주 애슈빌에 있는 브룩스호웰홈Brooks Howell Home에서 거주했다.

22 알렉산더 피터스Alexander Albert Pieters(1871~1958)와 앤 피터스Anne Cooper Pieters(1887~1974) 부부. 알렉산더 피터스는 미북장로회 선교사로 1895년에 내한하여 미국성서공회, 영국성서공회 권서로 지내면서 성경 한글 번역에 힘썼다. 1933년 안식년 휴가를 얻어 미국으로 들어갔다가 앤 쿠퍼와 결혼한 후 1934년 10월 함께 한국으로 돌아와, 막바지에 이른 성경개역 작업에 매진했고, 1940년에는 세브란스병원 이사를 역임했다. 1941년 70세로 정년퇴직 후 6월 21일 미국으로 귀국했다.

23 제럴드 핍스Gerald Hasting Phipps(1882~1973). 1936년부터 1941년까지 서울 주재 영국 총영사를 역임했다.

24 "연방연합의 필요성Call for Fed-Union"에서 "연방연합"이란 전후의 목표로 연방유럽을 주창하기 위해 1938년 11월 출범한 친유럽 성향의 영국 정치 단체이다.

25 에드나 로렌스Edna M. Lawrence(1894~1973). 1920년 미북장로회 선교사로 내한한 간호사로, 세브란스병원에서 11년 동안 일했고, 세브란스 산파 간호부 양성소 제2대 소장으로 활동했다. 조선간호부회를 창설하는 데 힘을 보탰고, 간호사들의 권익 보호와 연대에 힘썼다. 1940년 11월 16일 마리포사호를 타고 한국을 떠났다가 요코하마에서 한국으로 돌아와 대구동산기독병원에 부임했다. 이후 치안유지법 위반으로 체포되었다가 무혐의로 풀려나긴 했지만 1940년 11월 28일 추방되었다.

26 그레이스 커Grace Alberton Kilborne Kerr(1887~1985)는 1912년 남편 윌리엄 커William C. Kerr(1883~1976)와 미북장로회 선교사로 내한하여 일본인 선교 및 서울 주재 외국인 선교 등에 힘썼다. 선교사들 대부분이 1940년 11월 미국 정부가 보낸 수송선으로 귀국했지만, 윌리엄 커는 일본 선교회에 소속되어 경성제국대학 영어 강사로 봉직하고 있었다. 그레이스 커는 갑상선 염증이 악화되어 수술을 받기 위해 1941년 봄 홀로 귀국하게 된다.

27 존 겐소John Frederick Genso(1884~1950)는 미북장로회의 파송을 받아 1908년 내한했다. 미북장로회 한국 선교회의 재정과 회계, 재산 관리 책임자로 선정되어 파송되었으며, 여러 공의회와 학교의 회계 및 재정 고문으로 사역했다. 조선예수교서회 이사 및 운영위원을 역임

했고, 서울외국인연합교회 장로로서 교회 재정과 회계를 맡았다. 1941년 5월 귀국했다가 미일 관계가 악화하면서 서울로 돌아오지 못했고, 일본 패전 후 1946년 돌아와 선교부 재산 및 사역 복구 작업을 지휘했다.

28 도로시 퍼킨스Dorothy Perkins 장미는 아주 잘 자라는 덩굴장미로서, 연분홍색의 겹꽃잎들이 큰 덩어리를 이루며 자라 마치 아름다운 꽃의 폭포 같은 모습을 만들어낸다.

29 롱뷰Longview는 1938년 선교사 숙소로 건축된 건물로, 건축 당시 멀리 한강까지 내다보인다는 뜻에서 이름 지어졌다. 1975년 무렵부터 교내 연구소들이 들어오기 시작하면서 연구관이라 불리게 되었다.

30 밴의 편지에는 "여동생"이라는 말이 여러 차례 나오는데, 아펜젤러에게 개인적으로 써보낸 아래 편지에서 일제의 검열을 피하기 위해 김활란을 여동생이라 부르겠다고 암시적으로 밝히고 있다.

31 "저 어린 소녀that little girl" 또한 김활란을 지칭하는 것으로 추정된다. 이러한 표현을 사용한 것은 일제의 압박 속에서 검열을 피하기 위한 것으로, "저 어린 소녀의 용감한 모습"이라는 표현에서 모든 선교사가 철수하고 재정 지원도 끊긴 상황임에도 용감하게 대학을 이끌고 있는 김활란 교장에 대한 안타까운 마음과 따뜻한 지지가 느껴진다.

32 버트는 롱뷰에 거주했던 지넷 헐버트로 추정된다.

33 "버트가 곧 내 오빠를 만나 모든 것을 설명해주기를 바랍니다. 그 명부가 곧 작성되어야 한다고 그에게 꼭 말해주세요. 그와 함께 그들을 만나 설명해주기를 바랍니다"라는 말이 편지지 왼쪽 여백에 쓰여 있다.

34 아펜젤러 부부Appenzellers의 성은 A, 영Young은 Y, 졸라Zola는 Z로 시작한다. 이는 영어 알파벳 A부터 Z까지의 성을 가진 사람들, 즉 모든 사람들에게 인사를 전하는 의미를 담고 있다.

35 더그Doug는 더글라스 에비슨Douglas Bray Avison, K.는 그의 아내 캐슬린 에비슨Kathleen Isabel Rawson Avison(1898~1985)으로 추정된다.

36 밴이 수술을 앞두고 있을 때 앨리스가 많은 걱정 속에서 편지를 보내며(1937년 3월 8일, 3월 24일 편지) 그녀를 "Darling"이라고 불렀듯이, 밴 또한 선교사 철수로 인한 이별이라는 큰 슬픔 속에 편지를 쓰는 상황에서 앨리스를 "Darling"이라고 부르고 있다.

37 바로 앞의 일반 편지에서도 언급된 표현인 "that little girl"은 여기에서 역시 문맥상 김활란을 의미하는 것을 알 수 있다. 연이어 언급되는 "그녀"는 모두 김활란을 가리키는데, 김활란과 외부의 연락이 금지된 상황에서 그녀의 말을 전하고 있으므로 검열에 걸리지 않게 의도적으로 애매하게 쓴 내용이 많아 유추가 필요하다.

38 한국에서 성서공회는 1895년 11월 영국성서공회 조선 지부의 이름으로 설립되었고, 성서의 번역과 출판 및 배포를 담당했다. 이 성서공회는 1941년에 일제의 압력으로 설립된 조선성서공회에 모든 성경 재고와 재산을 인계하고 한국에서의 사업을 마감했다. 1942년 일제의 탄압으로 조선성서공회의 모든 자산은 당국의 관리에 들어갔고, 한국의 모든 성서 사업은 중단되었다. 성서 사업은 해방과 더불어 재개되었으며, 1947년 대한성서공회라는 이름으로 재단법인 인가를 받았다.

39 조선기독교서회Christian Literary Society: CLS는 1890년 장로교선교회와 감리교선교회가 연합하여 기독교 서적 출판, 판매, 보급을 목적으로 설립한 초교파적 출판사였다. 호레이스 G. 언더우드와 헨리 G. 아펜젤러 등이 참여했으며, 1905년 주한 외국인 선교사를 위한 월간지 『코리아 미션 필드』를 영문으로 발행하기 시작했다. 1948년에 명칭이 대한기독교서회로 변경되었다.

40 영어편지에 "기ㅅㅣ"라고 한글로 쓰여 있다.

41 이동이는 이화여전 롱뷰에서 일했던 인물의 이름이다.

42 H는 Helen(활란)의 첫 글자로, 여기에서 김활란을 "여동생"이라는 암호로 부른다는 것을 암시하고 있다.

43 에머슨Ralph Waldo Emerson(1803~1882)은 미국의 유명한 시인이자 수필가이다. 당시 이화여전 채플(강당)의 명칭은 에머슨홀이었는데, 두 에머슨을 연결 지어 채플(에머슨홀)을 수필로 부르자고 제안하고 있다.

44 메리 레이시Mary Lacy는 앨리스 아펜젤러의 막내 여동생 메리 아펜젤러Mary Ella Appenzeller로, 1920년 선교사 존 레이시John Lacy(1896~1965)와 결혼하여 메리 레이시가 되었다.

45 에디스 네빗Edyth L. Nevitt(1882~1967)은 미남감리회 선교사로 1929년 내한하여 서울에서 활동했다.

46 모드 젠센Maud Pauline Keister Jensen(1904~1998). 미감리회 선교사로 1928년 내한했고 앤더스 젠센Anders Kristian Jensen(1897~1956)과 결혼했다. 남편과 함께 인천, 수원, 이천, 원주, 서울 등에서 선교사로 활동하다가 1940년 귀국했지만, 해방 후 다시 내한하여 감리회 신학교에서 가르치는 등 한국 선교를 위해 30년 이상 근속했다.

47 SY는 김상용으로 추정된다. 김상용(1902~1951)은 1933년부터 이화여전 영문과 교수를 역임했고, 1939년까지 과장을 역임했다. 1938년 「남으로 창을 내겠소」를 수록한 시집 『망향望鄕』을 출판했다. 1943년 영문학 강의가 폐지되어 이화여전 교수직을 사임했다가 1945년 이화여자대학교 교수로 복직했으며, 1946년부터 1949년까지 미국 보스턴대학교에서 영문학을 연구했고, 귀국 후 이화여자대학교의 학무처장으로 일했다.

48 감리회 선교 및 교회확장국Board of Mission and Church Extention of Methodist Church은 감리회의 선교와 교회 부흥 관련 업무를 총괄하는 부서로, WFMS가 하는 일을 지원하고 자원을 제공하는 등 선교를 위해 협력했다. 편지에서 이곳을 가리켜 간략하게 "Board"라고 부르곤 하는데, 한글로도 줄여서 "선교국"으로 번역했다.

49 엘머 케이블Elmer Mannasseh Cable(1875~1949). 미감리회 선교사로 1899년 부인과 함께 내한하여 배재학당 교사로 사역을 시작했고, 동대문교회 사역도 겸했다. 선교사로서, 또 신학자로서 많은 활동을 했고, 그 공로를 인정받아 1917년 모교인 노스웨스턴대학교로부터 명예 신학박사학위를 받았다. 협성신학교 교장, 연희전문학교 교수, 성경 개역 작업 등의 사역을 하다가 1940년 11월 마리포사호를 타고 귀국했다.

50 편지에는 "Eulene Smith"라고 되어 있으나 "Euline Smith"로 추정된다. 유라인 스미스Euline Elizabeth Smith(1897~1996)는 1925년 미남감리회 선교사로 내한했고, 개성에서 활동을 시작하여 철원, 홍천 지방에서 선교 사역을 했다. 1937년 동부연회에서 양주삼 총리사

에게 목사 안수를 받고 계속 활동하다가 일제 말에 귀국했다.

51 프랜시스 매코넬Francis John McConnell 감독의 부인. 매코넬 부인은 아펜젤러가 신촌 교지의 건축 사업을 위해 1920년대 말 미국 내에 조직한 모금실행위원회Executive Committee의 위원장이었다. 1940년 WFMS 연감에 따르면 매코넬 부인도 애번 부인, 매슬랜드 부인, 미첼 부인과 함께 당시 이화협동위원회 위원이었다.

52 브래그 부인Mrs. J. D. Bragg은 1940년 WFMS 연감에 따르면 당시 WFMS 총괄실행위원회 위원이었다.

53 여성기독교봉사회Women's Society of Christian Service: WSCS는 19세기 후반 미국에서 시작된 여러 감리교 여성 선교 단체들의 발전을 통해 형성되었다. 1939년 감리교 통합을 기점으로 연합감리교회의 여성들이 중심이 되어 설립했으며, 감리교회 내에서의 여성의 역할을 강조하고, 신앙 성장, 봉사 활동, 사회 정의, 선교 활동에 초점을 맞추고 있다. 지역 교회 및 연회 단위로 전 세계적으로 조직되어 있다.

54 베비 부인Mrs. A. E. Beebe은 당시 WFMS 총괄실행위원회 위원이었고, 감리회 선교 및 교회확장국 산하 여성기독교봉사부Woman's Division of Christian Service의 집행위원회 및 상임위원회 등의 위원을 맡고 있었다.

55 벨마는 앞에서 메이너 부인으로 지칭된 벨마 메이너 부인Mrs. Velma Hartly Maynor이다. 미국 컬럼비아대학교를 졸업하고 1921년 미남감리회 선교사로 내한했으며, 1928년부터 1939년까지 이화여전에서 영문학을 강의하다 귀국했다. 이 당시 감리회 선교 및 교회확장국 산하 여성기독교봉사부에서 일하고 있었던 것으로 추정된다.

56 찰스 사우어Charles August Sauer(1891~1972). 미감리회 선교사로 1921년 부인과 함께 내한했다. 평안북도 영변 선교부로 파송되어 숭덕학교 교장 등을 역임했으며, 1932년 충청남도 공주읍으로 전임하여 영명실수학교(현 영명중·고등학교)에서 3년간 봉직했다. 1936년부터는 총리원 중앙협의회 회계직을 맡았으며, 이 편지가 쓰이던 당시, 1940년 11월 철수하게 된 다른 감리교 선교사들과 달리 한국에 남아 선교부 재정 문제를 처리하는 임무를 수행하고 있었다. 이후 1941년 8월까지 활동하다 귀국했고, 해방 후 1946년 11월에 귀환하여 총리원 중앙협의회 회계직을 다시 맡아 빼앗긴 선교부 재산을 되찾는 데 힘썼으며, 한국전쟁 후 미감리교회로부터 오는 복구비와 구제비를 관장하는 등 전후 복구 및 사회 구호 활동을 위해 힘썼다.

57 영어로 "Ewha High School"로 쓰이고 있는 이 학교의 교명은 1918년 11월 15일 이래 이화여자고등보통학교였으나, 1938년부터 이화고등여학교, 이화여자중학교(6년제), 이화여자고등학교(3년제) 등으로 여러 차례 변경되었다. 이 책에서는 1938년 이후 언급되는 경우 이화여자고등학교(이화여고)로 명칭을 통일한다.

58 제임스 베이커James Chamberlain Baker(1879~1969). 1928년에 미감리회 감독으로 선출되었고, 웰치 감독 후임으로 한국과 일본 선교 관리 감독이 되었다. 1932년 임지가 캘리포니아로 바뀌면서 미국으로 돌아가 샌프란시스코와 로스앤젤레스 지역을 담당한 후 1952년 은퇴했다. 1940년 말 일본 정부의 압력으로 주한 선교사들이 대부분 한국에서 철수하자 한국 선교의 지속 가능성을 알아보기 위해 해외선교부 총무 디펜도퍼R. E. Diffendorfer와 함께

1941년 1월 12~14일 서울을 방문했다.

59 알프리다 코스트럽Bertha Alfrida Christensen Kostrup(1889~1968). 미감리회 WFMS의 파송을 받아 1922년 내한하여 인천 선교부에서 진료소 간호사로 의료 사역을 시작했다. 1923년 아동 진료를 시작했고, 1931년 산부인과와 소아과 중심 병원인 인천부인의원을 발전시켰으며, 아동 보건 사업도 계속했다. 1940년 11월 마리포사호를 타고 귀국했다.

60 애다 홀Ada Bearl Hall(1887~1956). 미감리회 WFMS의 파송을 받아 1921년 내한했다. 재단법인 미감리회 조선부인선교부 유지 재단이사로서 1925년 3월 1일에 이화여자전문학교 인가 신청을 내서 4월 23일 총독부의 정식 인가를 받았다. 미감리회 선교부 회계 업무를 맡았으며 1934년 이후에는 이화여전 회계 업무도 맡았다. 1940년 7월 안식년으로 한국을 떠나, 동년 11월 선교사 철수로 미국에 온 아펜젤러보다 3개월 먼저 미국에 와 있었다. 미국에 와서는 오하이오주 클리블랜드하이츠에서 거주했고, 해방 후 1946년에 아펜젤러와 함께 가장 먼저 이화에 복귀했다. 이때 미감리회 선교부 회계로도 복귀하여 일본에 빼앗겼던 재산과 기관들을 복구하는 작업을 추진했다.

61 브라우니Brownie는 조지아 브라운리Georgia Charlotte Brownlee의 별칭이다.

62 애오개(아현)유치원은 1921년 이화학당 유치원사범과의 제2실습 유치원으로 설립되었다. 서대문구 북아현동 아현감리교회 내부에서 개원했으며, 초대 원장은 에드나 밴플리트, 제2대 원장은 조지아 브라운리였다.

63 '기독교 사역자를 위한 스캐릿대학Scarritt College for Christian Workers'은 원래 1892년 미주리주 캔자스시에서 '여선교사를 위한 스캐릿 성경 훈련학교Scarritt Bible and Training School for Women Missionaries'로 설립되었으며, 대부분의 교단에서 여성이 지도자가 되는 것이 금지되던 시기에, 젊은 여선교사들을 훈련해 교회에서 세계적 지도력을 발휘할 수 있도록 했다. 이후 1924년 테네시주 내슈빌로 이전했다.

64 미감리회 WFMS의 회계였던 "J. W. 매슬랜드 부인"은 이 편지에서 "엘리자베스 S. 매슬랜드"라고 서명했다.

65 헨리 하이트Henry Vercoe" Harry" Haight(1873~1951). 캐나다 온타리오주 스파르타에서 출생하여 캐나다, 뉴욕, 맨체스터에서 40년 동안 압축 공기 엔지니어로 일했다. 캐나다연합교회에서 유부용을 지원해주었는데, 헨리 하이트는 유부용의 지원자 중 하나였던 것으로 추정된다.

66 암스트롱 부인Mrs. Armstrong은 1935년 구성된 재미이화협동위원회의 위원이었다. 캐나다연합교회 선교사 앨런 암스트롱Allan Egbert Armstrong(1877~1966)의 부인으로, 앨런 암스트롱은 1906년부터 1925년까지 캐나다 장로회 해외선교부 부총무, 총무로 일했고, 1925년부터 1949년까지는 캐나다연합교회 해외선교부 총무로 활동했다. 암스트롱 부인은 1922년 6월 남편과 함께 한국, 일본, 중국, 인도 등의 선교지를 순방한 바 있다.

67 경성부 사직정은 지금의 서울시 종로구 사직동의 일제강점기 시절 명칭이다. 사직정 311번지는 당시 남감리교 본부가 위치한 곳이다.

68 부클레는 울퉁불퉁한 마디가 많은, 고르지 않은 원사로 된 직물이다.

69 플로런스 맥앤리스Florence Luella Guthrie McAnlis(1896~1967)는 간호사로, 1918년 미북장

로회 선교사인 존 맥앤리스John Albert McAnlis(1897~1979)와 결혼하여 1921년 내한했으며, 세브란스병원 간호학교에서 간호학과 식이요법 등을 강의했다. 이 편지가 쓰일 당시 그녀는 이미 마리포사호를 타고 자녀와 함께 미국으로 돌아가 있고, 존 맥앤리스는 한국에 남아 세브란스병원을 지키고 있는 중이다.

70 제임스 모리스James Henry Morris(1871~1942)는 샌프란시스코 마켓전차회사 직원으로 근무하던 중, 대한제국 정부로부터 서울의 전차 부설권을 획득한 보스트윅H. R. Bostwick의 부탁을 받고 1899년 내한했다. 공사를 끝낸 후 서울에 남아 선교사들과 외국인 거주자들을 위한 각종 업무를 처리했으며, 교파를 초월하여 선교사 가족들과 친하게 지내 "Uncle Jim"이라고 불렸다. 일제 말기 무역 사업이 어려워져 1940년 2월 서울 사업을 정리하고 귀국했다.

71 제시 맥라렌Jessie Reeve McLaren. 이 편지에서 제시는 모두 제시 맥라렌을 가리킨다.

72 사이온지 긴모치西園寺公望(1849~1940)는 일본 귀족으로, 제12, 14대 내각 총리대신을 지냈고, 1940년 11월 24일 사망했다. 12월 5일 일본 도쿄에서 그의 장례가 국장으로 치러졌다.

73 나탈리야 치르킨은 러시아인으로 세르게이 치르킨의 아내이다. 세르게이 치르킨은 1911년부터 1914년까지 러시아 총영사의 비서로 경성에서 근무한 적이 있었는데, 1917년 혁명으로 제정러시아가 무너지자 경성에서 친분을 쌓은 바 있는 독일 상인의 도움을 받아 1918년에 경성 정동의 정교회 주거단지 아파트에서 거주할 수 있었다. 세르게이 치르킨은 조선은행에서 일했고, 부인 나탈리야는 미용실을 운영했다.

74 에드워드 밀러Edward Hughes Miller(1873~1966). 미북장로회 선교사로 1901년 내한했으며, 1908년부터 경신학교 초대 교장을 역임했고, 1918년 연희전문학교 교수가 되었다. 1925~1927년의 안식년 휴가 기간 컬럼비아대학교에서 박사학위를 받았고, 귀환 후 연희전문학교에 복귀했다. 1940년 11월, 밀러 부인은 마리포사호를 타고 귀국했지만 밀러는 선교부 재산 관리를 위해 홀로 남았다. 그러나 1941년 12월 7일 미일전쟁이 발발하면서 '적군 포로'로 감리교신학교에 억류되었으며, 이후 서대문형무소로 이감되어 '미국 스파이' 혐의로 조사와 고문을 당했다. 1942년 5월 26일 석방된 그는 6월 1일 부산을 떠나 일본 고베에서 2주간 억류 생활을 거친 후 요코하마를 출발해 동아프리카 로렌수마르케스에서 일본인 포로와 교환되어 풀려났고, 8월 28일 뉴욕에 도착했다. 아펜젤러는 밀러가 "지옥 같은 5개월을 보냈다"면서 "가장 오래 고생했다"고 안타까워한다(1942년 8월 23일 편지).

75 메이지자明治座는 일제강점기 조선의 영화관이자 극장이다. 1936년 10월 7일 지금의 서울시 중구 명동1가에서 준공하여 개관했다. 해방 후 한때 국립극장으로 사용되었고, 현재는 명동예술극장으로 사용되고 있다.

76 <브로드웨이 멜로디 1940년*Broadway Melody of 1940*>은 1940년에 나온 MGM의 영화 뮤지컬이다. MGM의 '브로드웨이 멜로디' 시리즈의 네 번째이자 마지막 작품으로, 당대 최고의 영화 뮤지컬 댄서로 꼽히는 프레드 아스테어Fred Astaire와 엘리너 파월Eleanor Powell이 유일하게 영화에서 호흡을 맞춘 작품으로 유명하다.

77 진 데이비슨Jean E. McKean Davidson(1878~1964)은 언더우드 2세H. G Underwood II(원일한, 1917~2004)의 장모이다. 진 데이비슨은 사업가로 일찍이 한국에서 사업을 했던 헨리 데이

비슨Henry W. Davidson(?~1964)과 1909년에 결혼하여 1남 3녀를 낳았고, 둘째인 조앤Joan Vida Davidson(1915~1976)이 언더우드H. H. Underwood(원한경, 1890~1951)의 장남인 언더우드 2세와 결혼했다.

78 테일러는 메리 테일러Mary Liney Mouat-Biggs Taylor(1889~1982)이며, 우나는 우나 모아트-빅스Una Mouat-Biggs(1897~1985)로, 두 사람은 자매이다. 메리 테일러는 금광업자 앨버트 테일러Albert Wilder Taylor(1875~1948)의 부인으로, 연극배우로도 활동했으며, 1917년 결혼 후 한국으로 왔고, 딜쿠샤의 안주인이기도 하다. 여동생인 우나 모아트-빅스는 스탠다드 석유회사의 한국, 일본, 뉴욕 지사에서 비서로 28년간 일했다.

79 메리 테일러와 찰스 헌트. 메리 테일러는 배우였고, 찰스 헌트도 연극을 제작해 공연한 경험이 있어서 두 사람이 함께 성탄절 연극을 읽기로 한 것으로 추정된다. 찰스 헌트Charles L. Hunt(1889~1950)는 영국성공회 선교사로 1915년 내한했다. 1917년 사제서품을 받았고, 1925년 정동 서울대성당에 설치되었던 신학원에서 교회사와 교회음악, 영어, 한문고전을 강의했다. 1930년대 서울외국인학교에서 몇 년간 셰익스피어를 포함한 다양한 연극을 제작하여 공연했다. 후에 영일 관계 악화로 귀국했다가, 1946년 다시 내한하여 서울의 성공회 재건 사업을 추진했다. 1950년 7월 18일 공산군에게 체포되었고, 11월 20일 압록강변에서 별세했다.

80 『간절한 마음*Eager Heart*』은 영국의 시인이자 극작가였던 앨리스 벅튼Alice Buckton이 1904년에 쓴 성탄절 연극이다.

81 큐마베 부인Mrs. Kumabe은 서울에서 게스트하우스를 운영했던 인물로 추측된다.

82 배화여학교. 루비 리Ruby Kathleen Lee(1894~1984), 루스 딕스Ruth Diggs(1899~1997), 할리 부이Hallie Buie(1876~1949)는 모두 배화학당에서 교사로 근무한 미남감리회 선교사였다. 특히 할리 부이는 1923년부터 1940년까지 17년간 배화여학교 교장을 역임했다.

83 윌리엄 커William Campbell Kerr(1883~1976). 미북장로회 선교사로 1908년 내한했으며, 1941년 부인인 그레이스 커가 갑상선 염증이 악화되어 미국으로 돌아간 후에는 홀로 서울에 남아 영어 강의, 서울유니언교회 설교, KMF 협동편집인으로 사역했다. 후에 1941년 12월 태평양전쟁이 시작되자 선교부 재산 관리를 위해 남아 있던 다른 선교사들과 감리교 신학교 구내에 연금되었고, 1942년 6월 부산을 출발, 일본을 거쳐 동아프리카 로렌수마르케스에서 일본인 포로와 교환되어 석방된 후 1942년 8월에야 미국으로 귀국했다.

84 도널드Donald Campbell Kerr(1914~1990)와 도로시Dorothy Kilborne Kerr(1921~1988)는 커 부부(윌과 그레이스)의 아들과 딸이다.

85 제임스 무어Arthur James Moore(1888~1974)는 1930년 미남감리회 감독으로 선출되어 세계 여러 지역을 관할했고 방문하여 시찰했다. 한국에는 1934년, 1946년, 1951년에 방문했다.

86 바이런 반하트Byron Pat Barnhart(1889~1942)는 시카고의 YMCA대학에서 학사와 석사를 받았고, 재학하는 3년간 농구선수로 활약했으며, 대학 체육감독을 제안받을 만큼 스포츠 지도자로 두각을 나타냈다. 1913년 번 커틀러Tracy Verne Cutler(1892~1967)와 결혼한 후 1916년 미국YMCA 선교사로 내한했다. 체육 지도자로서 서울YMCA 본관 옆 실내체육관 운영 책임자로 24년간 근무하며 농구, 배구, 야구 등을 발전시키는 것 외에 청소년 교육에

도 역점을 두었다. 1940년 11월 서울 주재 미국 영사관의 주한 미국인 철수령이 내려지자 가족과 철수했다. 1941년 방콕YMCA 총무로 부임했다가 일본군의 점령으로 민간인 수용소에 갇혀 심한 고초를 겪고 건강을 잃었다. 1942년 8월 하순 귀국했으나 미국YMCA 국제 담당 총무로 뉴욕 근무를 이틀 앞둔 10월 9일 심장마비로 별세했다. 아펜젤러는 반하트의 죽음에 대해 그는 "전쟁의 희생자"라고 애도하고 있다(1942년 11월 30일 편지 참조).

87 포샤 빌링스Portia Billings(1921~2011)는 미감리회 선교사 블리스 빌링스Bliss Washington Billings(1881~1969)의 딸로 서울에서 태어났다. 한국에서 17년간 살았으며 윌리엄 포스터 William A. Foster와 결혼하여 중국과 필리핀에서 선교사로 사역했다.

88 마거릿 아펜젤러Margaret Appenzeller는 헨리 D. 아펜젤러의 딸이며 앨리스 아펜젤러의 조카이다.

89 임 루이스Louis Lim는 임영신任永信(1899~1977)으로, 결혼 후에는 한 루이스Louise Hahn로도 불렸다. 1919년부터 1921년까지 일본 히로시마기독여전, 1925년부터 1931년까지 미국 남캘리포니아대학교를 거쳐 대학원을 수료하고 귀국하여 1933년부터 YWCA 총무 등을 역임했다. 1935년 경영난에 빠진 중앙보육학교를 인수하여 교장이 되었고, 1941년에는 경성중앙유치원을 설립하여 운영했다. 광복 후 1945년 대한여자국민당을 창당하여 총재가 되었고, 1946년 중앙여자대학(중앙대학교의 전신)을 설립한 후 학장이 되었으며, 상공부 장관과 국회의원 등을 역임했다.

90 오토 디캠프E. Otto DeCamp(1911~2001)는 1910년 내한하여 선교 활동을 한 앨런 디캠프 Allen Ford DeCamp의 둘째 아들로 서울에서 출생했다. 미북장로회 선교사로 1938년 내한하여 청주선교부에 배정된 후 선교 활동을 했으며, 1940년 12월 6일 엘리자베스 우즈와 결혼했다. 후에 1941년 2월 25일 일본 경찰에 의해 불경죄로 구속되어 대전형무소에 수감되었고, 7월 22일 집행유예로 풀려났으며, 선교 본부의 지시에 따라 8월 6일 한국을 떠나 중국 상하이를 거쳐 귀국했다. 1948년 가족과 함께 7년 만에 다시 내한했으며, 1949년에 한국 기독교방송CBS을 설립했다.

91 엘리자베스 우즈Elizabeth Brown Woods(1908~2002)는 1937년 남장로회 선교사로 내한하여 군산예수병원에서 간호사로 근무하다, 1940년 10월 6일 오토 디캠프와 결혼했다. 중국에서 44년 동안 선교사로 있었던 제임스 우즈James Baker Woods(1867~1945)의 맏딸로, 1938년 무렵에는 세 명의 남동생과 여동생 한 명도 미남장로회 소속 중국 선교사로 활동했다. 윗 문장에서 "중국에서 온 우즈 씨"는 제임스 우즈로 추정된다.

92 레이첼Rachel은 제시 맥라렌Jessie Reeve McLaren의 딸이다.

93 더글러스 에비슨Douglas Bray Avison(1893~1952)은 미북장로회 선교사 올리버 에비슨 Oliver R. Avison(1860~1956)과 마거릿 반즈Margaret Jane Barnes(1862~1936)의 둘째 아들로 부산에서 출생했다. 1921년 미북장로회 의료 선교사로 내한했으며, 세브란스의학전문학교 소아과 초대 과장, 세브란스병원장(1929~1935)으로 일했고, 소아과 과장으로 다시 재직하다가(1934~1939) 1940년 캐나다로 귀국했다. 그의 아버지 올리버 에비슨Oliver R. Avison(1860~1956)은 토론토대학교 의과대학을 졸업한 의료 선교사로 1893년 내한하여 제중원에서 근무를 시작해 세브란스병원 설립에 기여했다.

94 존 템플John R. Temple(1885~1948)은 1910년부터 중국에서 웨슬리언 감리교 선교사로 일했으며, 1931년에는 영국해외성서공회의 공동총무가 되었다. 톰 홉스는 1937년 10월 1일 영국해외성서공회 한국 지부 제3대 총무로 취임하여 1940년 9월까지 임직했고, 1940년 9월부터는 로버트슨이 제4대 총무로 취임했다. 톰 홉스는 이 편지가 쓰일 당시에는 할 일이 정해지지 않은 상태이지만, 1941년 5월 23일 정태응을 총무 겸 임시 재단이사장으로 임명하고, 서울을 떠나 상하이로 가서 미국성서공회 임시 총무직을 맡게 된다.

95 김활란에 대한 암호.

96 베이커 감독은 1940년 말 일제의 탄압으로 선교사들이 대부분 철수한 한국에서 선교의 지속 가능성을 알아보려고 해외선교부 총무 디펜도퍼R. E. Diffendorfer와 함께 1941년 1월 12일부터 14일까지 한국을 방문했다.

97 신 휴Hugh Cynn는 신흥우(1883~1959). 배재학당에서 5년간 수학한 후 1903년 미국 남가주대학에 입학하여 1910년 학사학위를, 1911년 석사학위를 받았다. 귀국 후 배재학당의 학당장, YMCA 총무 등을 역임했다. 1930년대 들어 사상과 활동에 큰 변화를 겪어, '기독교의 토착화'라는 미명 아래 친일 활동에 앞장섰다. 1937년 흥업구락부 사건으로 체포되었다가 1938년 9월 전향 입장을 밝히고 기소유예로 풀려났으며, 이후 더 적극적으로 일제의 침략전쟁과 일본정신을 선전하는 데 앞장섰다.

98 선교사 철수 후 학교의 중요한 교육 시설들을 팔도록 종용한 이들이 있었으며, 일제는 군대를 학교에 진주시키려고 일부 건물을 점거하기도 했다. 그러나 "학교는 많지 않은 학생들을 기숙사 방에 고루고루 배치하여 빈방이 없게 했고, 김활란 선생은 사저를 처분하고 선교사 숙소였던 롱뷰로 들어와 교장 사택으로 선포했으며, 1945년에는 파이퍼홀에서 병원을 시작하여 건물을 요구하는 일본 군대의 요구를 거절했다."(『이화100년사』, 285-286쪽).

99 벨마 메이너Mrs. Velma H. Maynor.

100 '수잔나 웨슬리의 집Susanna Wesley Home'은 부모를 잃었거나 버려졌거나 부모가 돌볼 수 없는 여자아이들에게 배움의 환경을 제공하여 독립적인 어른으로 성장할 수 있도록 돕는 일을 했으며, 이 아이들은 수지의 소녀들Susie's girls이라고 불렸다. 감리교 창시자 존 웨슬리의 어머니인 수잔나 웨슬리Susanna Wesley를 기려 명명되었다.

101 가정선교회Home Missionary Society는 1880년에 출범한 '미감리회 여성가정선교회Woman's Home Missionary Society of the Methodist Episcopal Church'를 가리킨다.

102 루스 랜섬Ruth Ransom(1893~1975). 1919년부터 1924년까지는 페루 리마에서 사역했으며, 1940년 WFMS 연감에 따르면 당시 인사 담당 간사였다.

103 조지 루George Henry Rue(1899~1993). 제칠일안식일예수재림교회 선교사이자 의사로서, 1929년 의료 선교사로 내한하여 순안병원과 경성요양의원의 책임을 맡아 순안과 서울을 왕래하며 의료 사역을 했고, 1936년 경성요양병원을 건축했다. 후에 선교사들이 철수할 때 1941년 2월 16일 귀국했고, 해방 후 서울로 돌아와 한국전쟁 중에도 헌신적으로 봉사했다.

104 서두수(1907~1994)는 1930년 경성제국대학을 졸업하고 이화여전에서 1930년부터 1937년까지 일어를 가르쳤다. 해방 후에는 컬럼비아대학교에서 박사학위를 받고 하버드대학교, 워싱턴대학교 등에서 한국문학과 한국학 관련 연구 및 강의를 했다.

105 김상용은 1939년까지 문과 과장을 역임했다.

106 박종홍(1903~1976)은 1934년 경성제국대학 대학원을 졸업하고 1935년부터 이화여전에서 강의를 시작하여, 1937년 교수, 1939년 문과 과장을 역임했다. 광복 후부터 1968년까지 서울대학교 문리과대학 문학부장, 대학원장 등을 역임했다.

107 조 메리(김메리, 1904~2005)는 이화여전 제2회(1928) 졸업생으로 미시간대학에서 음악을 공부한 뒤 귀국하여 모교에서 음악과 과장(1938~1942) 및 교수를 역임했으며, '학교 종' 등 어린이를 위한 동요를 많이 작곡했다.

108 홍복유(1914~?)는 이화여전 제10회(1936년) 졸업생으로, 일본 동북제국대학 법문학부 영문과를 졸업하고 미국 컬럼비아대학교, 영국 케임브리지대학교에서 연구한 후 귀국해 모교 영문과에서 교수를 역임했다.

109 김 I. Y. 는 김인영으로, 1931년 미국 에모리대학 신학부를 졸업하고 1932년 이화보육학교에 부임했다. 1933년부터 이화여전 교원을 겸임하면서 1941년 6월까지 성경 과목 및 종교교육부 등을 담당했다.

110 장그레이스는 박은혜.

111 양주삼(1879~?). 기독교조선감리교회 초대 총리사로, 1910년 테네시주 밴더빌트대학교 신학부에 입학하여 1913년 졸업했고, 1913년 예일대학교 신학부에 들어가 1914년까지 수학했다. 귀국 후 협성신학교 교수로 임용되었고, 1930년 남북감리회가 합동할 때 대표지도자인 기독교조선감리교회 초대 총리사로 선출되어 1938년까지 재임했다. 1931년 미국 랜돌프-메이컨Randolf-Macon대학과 개렛Garrett신학교에서 명예 신학박사학위를 받았다. 총리사로 재임하면서 기독교 교육계에 신사참배 거부 문제가 일어나자 신사참배가 국가의 제사의식이라는 조선총독부 학무국의 설명을 수용했고, 감리교회가 신사참배를 받아들이게 했다. 해방 후 1948년 3월 부일 협력 행위로 반민특위에 구속되었다가 4월 기소유예로 풀려났다. 1949년 대한적십자사가 창설될 때 초대 총재를 맡아 활동하다가 한국전쟁 중이던 1950년 8월 납북되었다.

112 정춘수(1873~1953). 3.1운동 때 독립선언서에 서명하고 민족대표로 참여했으며, 1932년부터 1933년까지 서울 동대문교회를 맡았다. 이 무렵 YMCA 총무 신흥우가 조직한 적극신앙단에 참여했고, 1938년 5월 '흥업구락부 사건'에 연루되어 구속되었다가 9월 '전향성명서'를 발표한 후 풀려났다. 1939년 조선감리교 제4대 감독으로 피선되었으며, 1940년 국민정신총동원 기독교조선감리회연맹을 조직해 이사장에 취임했고, 1944년 개신교를 통합해 조직한 일본기독교조선교단의 고문을 맡아 일제의 황민화 운동에 협력했다. 광복 후 1947년 감리교에서 일제강점기 감리교 지도자들의 친일 행각을 폭로하는 성명이 발표되면서 활동이 제한되었다.

113 마틴 부부는 캐나다장로회 의료 선교사로 1916년 함께 내한했던 스탠리 마틴Stanley Haviland Martin(1890~1941)과 마거릿 마틴Margaret E. Rogers Martin(1887~1961)을 지칭한다. 스탠리 마틴은 온타리오의 퀸즈대학교에서 의학을 전공하여 1915년 의사가 되었고, 그해 미국인 간호사 마거릿 로저스와 결혼했다. 용정을 중심으로 하는 북간도 지역과 함경북도 회령에서 1927년까지 의료 선교를 하다가, 서울 세브란스의학전문학교 교수로 임명되어

임지를 서울로 옮겼다. 1940년 11월 16일 마리포사호를 타고 부인과 함께 철수하여 미국 버지니아주 리치몬드로 돌아왔다.

114 J. H. 모리스James Henry Morris로 추정된다.

115 교양교육 중에서도 큰 비중을 차지한 것의 하나가 학생들의 정신과 육체의 조화롭고 건전한 발달을 도모한 체육교육이었다. 뉴욕대학에서 체육을 전공하고 부임한 스토버 선생이 1927년 고안하여 학생들에게 권장한 체육복은 흰색 블라우스와 검은색의 블루머로, 이는 그동안 통치마에 맨살이 드러날까 두려워 수건을 감고 운동장에 나오던 여학생들에게는 혁명적인 것이었다.

116 에드워드 프레이저Edward James Oxley Fraser(1887~1977)는 캐나다장로회 선교사로 1914년 내한하여 학교 사역과 목회 등을 담당하는 것 외에 캐나다선교부의 회계를 맡아 재정적인 문제를 처리했다. 1941년 일제의 탄압이 가중되자 선교부의 방침에 따라 3월에 선교사들을 본국으로 철수시키고 그는 뒤처리를 위해 남았다. 태평양전쟁이 발발하자 12월 일본 경찰에 검속되어 옥고를 치렀고, 풀려난 후 함흥 자택에 연금된 상태로 있다가 1942년 6월 남아 있던 다른 선교사들과 함께 본국으로 강제 송환되었다.

117 구스타브 크래너Gustav Carl Cranor(1891~1946)는 수안광산으로 알려진 황해도 남정금광의 미국 회사 서울마이닝컴퍼니Seoul Mining Company의 회계사로 1914년 내한하여 오랫동안 한국에서 거주한 것으로 추정된다.

118 다이이치은행(제일은행)은 우리나라에 최초로 들어온 일본계 은행으로, 1878년 부산에 첫 지점을 열었고 1888년 한성(서울)에 출장소를 개설했다. 1903년 경성지점으로 승격되고 1906년 한국총지점으로 승격되어 중앙은행의 역할을 했으나, 1909년 한국은행이 중앙은행 역할을 맡으면서 제일은행은 일반은행으로 전환되었다. 지금의 명동성당 인근에 위치했다.

119 "코스트럽 부인"은 "미스 코스트럽"을 잘못 쓴 애다 홀의 오기로 추정된다.

120 이 부분은 앨리스가 애다 홀이 보낸 편지 아래의 여백에 수기로 첨가해놓은 것이다.

121 애다 홀은 1940년 12월 9일 앨리스에게 보낸 편지에서, "매슬랜드 부인이 900달러를 은숙에게 10월 1일 환으로 보냈으나 — 수표가 돈이 인출된 것으로 표시되어서 돌아오지 않았어요. 알고 계시나요?"라고 물었다. 이 문장은 그 질문에 대한 앨리스의 대답이다.

122 애나 닷지 베일허치Ms. Anna Deborah Dodge Bailhache(1880~1968)는 엘리스 아펜젤러의 큰 외삼촌 바이런 닷지Byron Griswold Dodge(1851~1925)의 딸이다.

123 잭 휴일러John "Jack" Seys Huyler(1920~2014)는 마거릿 아펜젤러와 1942년 결혼한다.

124 랄프 디펜도퍼Ralph Eugene Diffendorfer(1879~1951)는 오하이오웨슬리언대학교, 드류신학교, 유니언신학교에서 교육받은 성직자로, 이 당시 감리회 선교 및 교회확장국 해외선교부 총무였다.

125 1940년 11월 15일 이화에서 봉직해온 선교사 선생님들을 포함하여 미국인 216명이 서울에서 기차를 타고 출발해 16일 인천항에 도착한 후 증기선 마리포사호를 타고 한국을 떠났다. 김활란 교장을 비롯해 재직하고 있던 선생들과 학생들이 서울역과 인천까지 따라갔다.

126 로마서 8:35. "누가 우리를 그리스도의 사랑에서 끊을 수 있겠습니까? 환난입니까, 곤고입

니까, 박해입니까, 굶주림입니까, 헐벗음입니까, 위협입니까, 또는 칼입니까?"

127 쉬펀학교Shippen School for girls는 1909년에 펜실베이니아주 랭커스터에 세워졌으며, 1학년에서 12학년까지의 소녀들에게 문학, 과학, 미술 등 모든 학문 분야를 교육했다.

128 밴(에드나 홉스 부인)은 1940년 12월 9일 편지에서, 앞으로 <우편가방>(방송)을 통해 편지를 보낼 때 "확실한 주소는 쓰지 말고 단지 동양 어딘가에 있는 에드나와 톰 홉스로 해달라"고 부탁하며 12월 29일이나 1월 5일 편지를 기다리겠다고 한다. 앨리스의 이 편지는 그 편지에 대한 답으로 12월 29일 <우편가방>을 통해 보낸 것이다.

129 보물섬Treasure Island은 샌프란시스코만에 조성된 인공섬으로, 1939년 열린 금문교 국제박람회를 위해 1936~1937년에 만들어졌다.

130 국제방송국 KGEI는 미국 단파 방송국으로, 동아시아의 미국 청취자들에게 미국 프로그램을 방송하기 위해 1939년에 설립되었다. 제너럴 일렉트릭General Electric: GE사가 설립한 고주파 단파 방송국이었으며, 샌프란시스코만의 보물섬에 위치했다. 노먼 페이지Norman Page는 이 방송국의 기술 설정을 감독하고 단파 라디오의 장거리 고품질 전송을 보장하는 일 등을 맡은 수석 엔지니어였다.

131 교환 비율 100엔당 20달러를 의미한다.

132 알렉산더 맥파레인Alexander Mcfarlane(1872~1945). 캐나다 퀘벡 출생으로, 극동 지역의 광산 문제에 관심을 갖게 되어 한동안 일본 정부의 광산 전문가로 재직했으며, 양화진 외국인 묘지에 묻혀 있다.

133 "SIRROM MILLBRAE": 밀브레는 샌프란시스코 근처에 있는 캘리포니아주의 도시이며, 서롬SIRROM은 모리스Morris를 거꾸로 쓴 것이다.

134 프랭크 윌리엄스Frank Earl Craston Williams(1883~1962)는 미감리회 선교사로 1906년 내한하여 공주에서 선교 활동을 했으며, 공주선교부 선교사들과 함께 민족교육을 통해 독립정신을 고취시켰다. 공주 영명학교 교장으로서 일제의 민족말살정책에 대응하다가, 1940년 11월 선교사들이 철수하게 되었을 때 가족과 함께 인도로 가서 선교 사역을 했고, 그곳에서 한국광복군에게 영어를 가르치기도 했다. 공주 영명학교에서 함께 선교 사역을 한 부인 앨리스 윌리엄스Alice Lavinia Barton Williams(1884~1980)도 해방 후 남편과 같이 인도에서 한국으로 돌아왔으며, 이화여대 교수로 봉직했다.

135 홀 부부는 셔우드 홀Sherwood Hall(1893~1991)과 메리언 홀Marian Bottomley Hall(1896~1991)로 둘 다 의사이며, 1925년 미감리회 의료 선교사로 임명되어 1926년 내한했다. 셔우드 홀은 결핵 환자 치료에 관심이 많았기에, 1928년 모친인 로제타 홀Rosetta Sherwood Hall(1865~1951)과 미감리회 선교부의 도움으로 해주 왕산리에 한국 최초의 결핵요양원을 건립했고, 1932년 12월 우리나라 최초로 크리스마스 씰을 만들어 보급했다. 1940년 미일 관계가 악화되었을 때 헌병대에 연행되어 징역 3년 또는 5,000엔의 벌금형을 선고받았다. 1940년 부인과 함께 한국을 떠나 인도로 가서 선교 사역을 이어갔으며, 인도에서도 결핵 환자 치료를 위해 크리스마스 씰을 발행하고 보급했다.

136 존 무어John Zachariah Moore II(1874~1963). 미감리회 선교사로 1903년 내한하여 평양에서 사역했으며, 1916년 루스 베네딕트Ruth Emma Benedict(1856~1938)와 재혼했다. 루스는 미

감리회 WFMS의 파송을 받아 1910년 내한 후 평양선교부에서 숭의여학교와 지방 여성 사역을 하고 있었다. 1940년 11월 선교사들이 철수할 때 무어 부부는 철수하지 않고 평양선교부의 재산 관리를 위해 남아 있었다. 1941년 2월 루스가 만국부인회 공과 집필에 참여했다가 체포되었고, 이로 인해 무어 부부는 평양선교부에 연금되었다가 1941년 8월 26일 중국 상하이를 거쳐 미국으로 귀국했다.

137 장미 퍼레이드Rose Parade는 새해 첫날에 캘리포니아주 패서디나의 콜로라도 대로에서 매년 열리는 퍼레이드이다. 보통 오전 8시에 시작되며 꽃으로 덮인 수레, 악단, 기마 부대 등이 참가한다.

138 올리브 파이Olive Fawcett Pye. 미감리회 WFMS의 파송을 받아 1911년부터 이화학당에서 사역했으나 건강 악화로 1931년 한국 선교사직을 사임했으며, 귀국 후 샌디에이고에서 지냈다.

139 편지 위 여백에 수기로 "그녀는 1월 23일에 필라델피아로 돈을 보냈다"라고 적혀 있다.

140 이 편지는 1941년 3월 1일 편지이지만 앨리스 아펜젤러가 미스 웰스에게 보낸 1941년 1월 15일 편지에 대한 답장이므로 이해하기 쉽도록 이곳에 배치했다.

141 휴 스턴츠Hugh Clark Stuntz(1891~1991)는 몬테비데오, 우루과이, 볼리비아, 아르헨티나 등에서 감리교 소속 해외 선교사로 활동했고, 1943년부터 1956년까지 스캐릿대학의 총장을 역임하게 된다. 이 편지가 쓰인 1941년 당시 스캐릿대학의 총장은 제시 커닝검Jesse Lee Cuninggim(1870~1950)이다.

142 1941년 1월 20일에 프랭클린 루스벨트Franklin D. Roosevelt 미국 대통령이 3선 취임식을 가졌다.

143 진 보스웰Jean B. Bothwell(1892~1977)은 인도에서 사역한 바 있으며, 1940년 WFMS 연례 보고서에 의하면 당시 해외과 부회계assistant treasurer, foreign department였다.

144 메리 빌링스Mary Louise Billings(1917~2003)는 미감리회 선교사 블리스 빌링스Bliss Washington Billings(1881~1969)의 딸로 포샤 빌링스의 언니이다. 1940년 당시 클리블랜드에 거주하면서 휴메인 소사이어티Humane Society에서 사회봉사 일을 하고 있었다.

145 아멘트 부부는 찰스 아멘트Charles C. Amendt(1892~1962)와 에디스 아멘트Edith Gladwyn Anderson Amendt(1894~1970)이다. 이들은 1918년 결혼한 후 함께 미감리회 한국 선교사로 내한하여 천안, 공주 지역 등에서 사역했으며, 찰스 아멘트는 교회와 지역을 순회하면서 기독교 서적을 싣고 다니며 책이 필요한 사람들에게 공급하여 "책상자 목사book-box pastor"라고 불렸다. 1941년 귀국 후 고향인 오하이오에서 목회했고, 해방 후인 1946년 다시 내한했다가 1948년 귀국했다.

146 사우어 부인은 마거릿 셔틀스 사우어Marguerite Suttles Sauer(1896~1981)로, 찰스 사우어Charles August Sauer(1891~1972)와 1920년 결혼한 후 1921년 내한했다. 이화여자중학교, 감리교신학교에서 학생들을 가르쳤으며 출판 사업을 했다. 찰스 사우어는 1940년 11월 철수하게 된 다른 감리교 선교사들과는 달리, 한국에 남아 선교부 재정 문제를 처리하는 임무를 맡아 1941년 8월까지 활동했다. 따라서 이 당시는 사우어 부인만 귀국하여 오하이오에 있는 상황이다.

147 알렉산더 허Alexander Hurh(?~1941). 군산에서 출생하여 미국에서 25년간 거주했다. 1932년 컬럼비아대학교 학생 명부에 그의 이름이 기재되어 있다. 1941년 1월 1일 뉴욕에서 병사했는데 당시 그는 YMCA 간사였다.

148 중앙보육학교. 경영난 등 여러 가지 어려움에 직면해 있던 이 보육학교를 1935년 임영신이 인수하여 정상화시켰다.

149 미감리회Methodist Episcopal Church: MEC는 1784년 창립된 이후 미국에서 가장 오래되고 가장 큰 감리교 교단이었으며, WFMS(여성해외선교회)를 통해 이화학당을 세우고 지원해온 교단이다. 1939년 미감리회MEC는 두 개의 분리된 감리교 교단, 즉 감리교개신교회Methodist Protestant Church와 미남감리회Methodist Episcopal Church, South와 재결합하여 감리회Methodist Church를 결성했다. 남부에 위치한 스캐릿대학은 원래 미남감리회MEC, South 소속이었고, 이 편지에서는 이제 재결합한 미감리회MEC 쪽에 스캐릿대학을 알려달라는 요청을 아펜젤러에게 한 것이다.

150 파이퍼대학Pfeiffer College은 노스캐롤라이나주 미센하이머에 위치한 사립대학으로, 당시에는 주니어 칼리지였다. 19세기 말에 시작된 학교로서, 1928년 주니어 칼리지 수업을 제공하기 시작한 후 미첼주니어칼리지Mitchell Junior College가 되었는데, 1934년 파이퍼 가문이 새 건물의 건설을 위해 학교에 많은 재정적 지원을 한 후 파이퍼주니어칼리지Pfeiffer Junior College가 되었다. 1950년 4년제 파이퍼대학Pfeiffer College이 되었고, 1996년 파이퍼대학교Pfeiffer University가 되었다.

151 베넷대학Bennett College은 노스캐롤라이나주 그린즈버러에 있는 여자대학이다. 1873년 워너스빌 MEC에 의해 초등 및 중등 과정으로 시작했을 때는 남녀공학이었으나, 1826년 여성가정선교회Women's Home Missionary Society가 교회교육위원회와 협력하여 베넷대학을 여자대학으로 만들었다.

152 블랜치 제임스Blanche James(1878~1968). 파이퍼 부인의 오빠인 존 머너의 딸. 앨리스 아펜젤러는 1942년 5월 30일자 편지에서 제임스 부인이 파이퍼 부인과 같은 아파트에 가까이 사는 조카이고, 마치 딸과 같으며, 자신의 오랜 친구라고 밝히고 있다.

153 에델 언더우드Ethel Van Wagoner Underwood(1888~1949). 에델은 미북장로회 선교사로 1912년 내한했으며, 1916년 호레이스 호튼 언더우드Horace Horton Underwood(1890~1951)와 결혼하여 여섯 명의 자녀(호레이스 그랜트 IIHorace Grant II, 존 토머스John Thomas, 제임스 호튼James Horton, 윌리엄William Bradford, 리처드 F.Richard F.와 외동딸 그레이스 하크니스Grace Harkness)를 두었다. 연희전문학교에서 영어, 심리학, 가정경제를 강의했고 이화여전에서도 잠시 학생들을 가르쳤다. 에델을 포함한 언더우드 가족은 1942년 5월 일제에 의해 강제 추방되었다.

154 한스Hans는 독일에서 흔한 남자 이름으로, 제1차·제2차세계대전 때 독일군을 얕잡아 부르는 별명이기도 했다. 이 문장은 반어법으로 쓰였다.

155 이 편지지 왼쪽 여백에는 "생일 축하 감사해요 — 작년과 상당히 다르네요!"라는 문구가 첨가되어 있다.

156 애다 맥퀴Ada Elizabeth McQuie(1889~1961)는 미감리회 WFMS의 파송을 받아 1922년 내한

하여 학생들을 가르치면서 교육 선교 활동을 했다. 1940년 11월 일제의 탄압으로 다른 선교사들과 귀국했다가, 1946년 12월 앨리스 아펜젤러 등과 함께 한국에 돌아와 1년간 이화여자대학교 교수로 봉직하며 학교 복구 작업을 돕던 중 건강 악화로 귀국했다.

157 아이나 풀턴 부인Mrs. Ina Davis Fulton은 당시 감리회 선교 및 교회확장국 산하 여성기독교봉사부에서 회계를 담당하고 있었다.

158 로라 브룩스Laura Jean Brooks(1892~1977). 1918년 프랭크 브룩스Frank G. Brooks와 결혼했으며, 여성기독교봉사회Women's Society of Christian Service 회장을 역임했고, 1940년 당시 WFMS 디모인 지부의 간사Associate Corresponding Secretary였다.

159 페리 부인Mrs. J. W. Perry은 1938년에 조직된 이화협동위원회Ewha College Cooperating Committee에서 위원장을 한 바 있으며, 이 위원회의 사업이 제2차세계대전 발발로 1941년 중단된 후 1946년 재미(북미)이화대학교협동위원회Ewha Womans University Cooperating Board in North America로 재조직되자, 1944년부터 1946년까지 이곳에서 위원으로 활동했다.

160 스탠리 존스Eli Stanley Jones(1884~1973)는 미감리교 선교사이자 신학자였고, 인도의 교육받은 계층을 대상으로 한 종교 간間 강의로 유명하다. 그의 저서 『인도 길의 그리스도*The Christ of the Indian Road*』는 1925년 출간된 후 전 세계적으로 100만 부 이상 판매되었고, 1938년 『타임스*The Times*』는 그를 "세계 최고의 기독교 선교사"라고 불렀다. 당시 그는 6개월은 미국에서 도시 전도 선교와 영적 생활 선교를 수행했고, 나머지 6개월은 세계 거의 모든 나라에 가서 설교하며 기독교 신앙과 동양(힌두교)의 가르침을 결합하려는 운동을 전개했다.

161 미니 라브Wilhelmina A. "Minnie" Raab와 시어도라 라브Theodora A. Raab 자매. 언니인 미니와 동생인 시어도라는 항상 같이 지냈으며, 당시 캘리포니아주에서 거주하고 있었다.

162 『다시는 밤이 없으리*There Shall Be No Night*』는 미국 극작가 로버트 셔우드Robert E. Sherwood가 쓴 희곡으로, 1940년 4월 29일에 초연되었다. 1938년에서 1940년 사이의 핀란드를 배경으로 노벨상 수상자인 한 핀란드 과학자의 가정을 다루고 있는데, 앨프레드 런트Alfred Lunt가 연출과 주인공을 맡았다. "다시는 밤이 없으리"라는 제목은 요한계시록 22:5("다시는 밤이 없을 것이다. 하나님께서 그들의 빛이 되실 것이므로 등불이나 햇빛이 필요 없을 것이며, 그들은 영원무궁하도록 다스릴 것이다")에서 차용한 것이다.

163 O. R.은 올리버 에비슨Oliver R. Avison(1860~1956)을 말한다. 세브란스 설립에 기여한 그는 1935년 선교사 은퇴 후 미국으로 건너가 플로리다에 정착했으며, 1936년 부인과 사별한 후 당시 혼자 살고 있었고, 1943년에 재혼했다.

164 존 프레스턴John Fairman Preston(1875~1975)과 애니 프레스턴Annie Shannon Wiley Preston(1879~1983) 부부. 존 프레스턴은 미남장로회 선교사로 1903년 결혼한 후 그해 아내와 함께 내한했으며, 1940년까지 목포, 광주, 순천 등에서 사역했다. 미일 관계가 악화하자 1940년 미국으로 돌아가 여러 교회에서 순회 강연을 하며, 신사참배 강요와 전쟁으로 어려움을 겪고 있는 한국 교회에 대한 도움을 호소했다. 프레스턴 부부의 일곱 명의 자녀 중 네 자녀가 남장로회 한국 선교사로 내한하여 사역했다.

165 메이 워즈워스Mrs. May Wadsworth 부인. 앨리스 아펜젤러의 아버지 헨리 G. 아펜젤러의 친

구인 줄리언 워즈워스Julian S. Wadsworth의 부인이다(1942년 6월 1일자 편지 참조). 앨리스는 그녀를 "우리 가족의 오랜 친구"라고 표현하면서, "Aunt Wadsworth"라고 부르곤 한다.

166 프랜시스 스콧Francis N. Scott(1870~1947)과 애니 스콧Annie J. Scott(1873~1942) 부부는 감리교 선교사로 36년 동안 일본 나고야, 가고시마, 나가사키, 도쿄에서 교육 선교 사역을 했다.

167 홀리스와 메리는 다음 편지(1941년 2월 20일자)에서 언급되는 윌버 부부이다. 홀리스 윌버 Hollis Adelbert Wilbur(1874~1964)는 미국YMCA 선교사로 메리 매트슨Mary Matteson(1872~1957)과 결혼했으며 1931년 내한하여 한국 기독교 농촌 사업 활성화에 기여했다. 1935년 한국을 떠나 상하이YMCA로 가기까지 한국에서 YMCA 협동총무로 일했다.

168 『월드 아웃룩*World Outlook*』은 1911년 미남감리회 선교국에서 발행하기 시작한 『선교사의 목소리*Missionary Voice*』를 계승한 것이다. 1932년 5월에 잡지명이 『월드 아웃룩』으로 변경되었고, 1939년 감리회가 통합된 후에도 계속 월간 잡지로 발행되었다.

169 갓스이여학교活水女学校는 1879년에 미감리교 선교사 엘리자베스 러셀Elizabeth Russell이 일본 나가사키에 설립한 여학교이다.

170 ORA는 앞 편지에서 O.R.이라고 지칭한 올리버 에비슨Oliver R. Avison.

171 더글러스Douglas는 올리버 에비슨의 아들인 더글러스 에비슨Douglas Avison.

172 엘리자베스 로버츠Elizabeth Sophia Roberts(1884~1981)는 스웨덴 스톡홀름에서 출생하여 1907년 미국으로 이주했으며, 미감리회 WFMS의 파송을 받아 1916년 내한했다. 동대문부인병원 간호부장으로 일하는 등 의료 사역에 참여했고 아동보건사업과 공중위생사업을 했다. 1940년 11월 마리포사호를 타고 출국했으나 미국으로 돌아가지 않고 필리핀에 가서 간호사로 사역했다. 이 편지 당시 그녀는 필리핀에서 사역하고 있었을 것으로 추정된다. 일본 패전 후 1947년 다시 내한해 인천부인병원(인천기독병원의 전신)에서 사역하다가 1949년 은퇴하고 귀국했다.

173 캐서린 베이커Catherine Baker로 추정된다.

174 릴리언 스웨어러Lillian May Shattuck Swearer(1872~1955)는 미감리회 선교사로, 1906년 윌버 스웨어러Wilbur Carter Swearer(1871~1916)와 결혼한 후 함께 내한했으며, 1935년 은퇴할 때까지 충청남도 공주 지역에서 여성 선교와 교육, 무산아동 교육에 헌신했다.

175 앨리스 샤프Alice Jane Hammond Sharp(1871~1972)는 미감리회 선교사로 1900년 한국에 도착했고, 대학 재학 중 만난 로버트 샤프Robert Arthur Sharp(1872~1906)가 한국에 오자 1903년 6월 결혼했다. 1904년부터 공주선교부를 맡아 1939년 은퇴하여 귀국할 때까지 충청남도 전 지역에 발길이 닿지 않는 곳이 없을 정도로 선교 사역에 평생을 바쳤으며, 여성교육에 헌신했다.

176 해너 샤프Hanna Scharpff(1877~1964)는 스위스 로잔에서 출생했으며, 미감리회 WFMS의 파송을 받아 1910년 내한했다. 인천, 이천, 홍성 등지에서 선교 사역과 매일학교 사역에 헌신했고, 1931년 기독교조선감리회 제1회 연합연회에서 다른 여선교사 13명과 함께 양주삼 총리사에게 목사 안수를 받았다.

177 강종근(1901~1942)과 윤희성(1902~1992). 강종근은 만주 철령에서 생활하다 이동교회에 등

록했고, 배재학당에 진학한 후 감리교협성신학교에 다녔으며 감리교 연회에서 목사 안수를 받았다. 윤희성은 이화여자고등보통학교를 1924년에 졸업하고 유치원사범과에 진학하여 1년간 교육을 받았으며, 강종근과 1926년 결혼했다. 강종근은 민족주의 입장에서 설교하고 신사참배를 거부하다 체포되어 서울 서대문형무소에 구속되었고, 이후 혹독한 고문과 심문으로 건강이 나빠져서 1942년 6월 3일 세브란스병원으로 이송되었지만 사망했다. 윤희성은 남편과 사별 후 많은 고생을 했다. 아펜젤러는 1949년 1월 1일 편지에서 그녀의 어려운 형편을 언급하고 있다.

178 『배화100년사』에 따르면 1940년 10월 선교사들이 떠나고 학교가 궁핍해지자 재단법인을 조직하기 위해 적당한 경영자를 수소문하게 되었는데, 현재의 재단 설립자로 되어 있는 여성 독지가 이민천李閔天이 논 1,000만 평을 기탁한다는 계약서에 조인했다고 한다.

179 아펜젤러의 바람처럼, 1942년 9월에 당년 70세의 주태경 여사가 평생 모은 막대한 금액 10만 원을 재단 설립에 어려움을 겪고 있던 이화여전에 보내왔다. 이에 힘입어 이화는 마침내 1943년 8월 7일 재단법인 설립 허가를 받아낼 수 있었다.

180 『크리스천 센추리*The Christian Century*』는 1884년부터 출판되기 시작한 기독교 잡지로서, 일리노이주 시카고에 본사를 두고 있다. 미국 주류 개신교의 대표적인 잡지로, 매월 종교 뉴스, 신학, 도덕, 문화적 이슈에 대한 논평, 책, 영화, 음악 리뷰 등을 보도한다.

181 홀리Hollie는 호레이스 언더우드Horace Horton Underwood(1890~1951)이다. 호레이스 언더우드는 『크리스천 센추리』 58권 7호(1941년 2월 12일)에 "한국 선교의 퇴각Mission Retreat in Korea"이라는 기사를 기고했다.

182 미감리회 여선교부가 1901년 설립한 부인성서학원은 서울 죽첨정(지금의 충정로3가)에 위치해 있었고, 이 편지의 수신자 중 하나인 애나 채핀은 1920년 부인성서학원의 교장이 되었다. 남감리회 여선교부와 미감리회 여선교부가 여자신학교를 합동으로 경영하기로 결의함에 따라 교명을 '협성여자신학교Union Methodist Woman's Bible Training School'로 바꾸었고, 1928년 9월부터 남자신학교인 냉천동 협성신학교와의 '남녀공학' 수업을 실험적으로 실시한 결과 1931년 12월 두 신학교를 통합, 조선총독부로부터 전문학교 인가를 받은 후 교명을 '감리교신학교Methodist Theological Seminary'로 바꾸었다. 애나 채핀은 부교장으로 취임하여 1938년까지 일했다. 하지만 감리교신학교는 1940년 10월 3일 일제의 강압으로 무기 휴교했으며, 1941년 6월 3일 일제의 전시 체제에 부합된 신학교로 개교했고, 12월 태평양전쟁 발발 후에는 교사 역시 징발되어 충정로 교사는 사상보호관찰소로, 냉천동 교사는 순사(경찰) 강습소로 사용되었다.

183 류형기(1897~1989). 감리교 목사로 오하이오웨슬리언대학교 문학부, 보스턴대학교 대학원, 하버드대학교 대학원을 졸업했으며, 이화학당 대학과 졸업생으로 3.1운동에 연루된 독립투사였던 신준려와 결혼했다. 귀국 후 감리교총리원 교육국 청년부 간사를 거쳐 총무에 취임했다. 1941년 정춘수 감독이 추진한 감리교 혁신안에 반대했다는 이유로 목사직에서 파면당한 후 동대문부인병원 회계과장이 되었는데, 이 편지는 당시 류형기 부부가 동대문병원과 선교사들 사이에서 가교 역할을 하고 있었음을 보여준다. 류형기는 해방 후 출판 사업에 전념하다 한국전쟁이 발발한 1950년 11월 기독교 대한감리회 총리원 운영위원장을 거

쳐 1951년 감독으로 선출되었다.

184 셀마Thelma는 애나 채핀의 딸이다. 애나는 1940년 귀국 후 결혼한 딸 셀마Thelma Anna Chaffin Gamble가 살고 있던 인디애나주 몬티첼로에서 머물다가, 광복 후 1946년 12월에 동료 선교사들과 함께 서울로 귀환하여 감리교신학교와 이화여자대학 강의로 사역을 재개했다.

185 세계기도일The World Day of Prayer은 전 세계의 개신교회 여성들이 연 1회 공동기도일을 정하여 세계 복음화와 세계 평화를 염원하며 하나님 나라의 확장을 위해 기도하는 운동이다. 1887년 미국에서 시작되어 점차 국제적인 기도운동으로 확대되었고, 한국도 1925년경부터 참여하기 시작하여 매년 2월 하순부터 3월 상순 사이의 금요일을 정해 개교회, 지방회 단위 혹은 교파 연합 등의 형태로 실시했다.

186 다락방The Upper Room은 예수님이 승천하신 후, 제자들이 모여 성령 강림을 기다리며 기도했던 곳이다(사도행전 1:12-14). 1941년 1월 26일 편지에서 이에 대해 설명했을 것으로 추정되는데, 그 편지는 남아 있지 않다.

187 디펜도퍼 박사는 이때 베이커 감독과 함께 『일본 교회와 선교, 1941년 1월: 제임스 C. 베이커 주교와 R. E. 디펜도르퍼 박사의 방문 보고서: 감리교회 선교 및 교회확장위원회*Church and Mission in Japan, January 1941: report of a visit to Japan by Bishop James C. Baker and Dr. R. E. Diffendorfer: to the Board of Missions and Church Extension of the Methodist Church*』라는 제목의 보고서를 작성하여 출판했다.

188 패트리샤 맥휴Patricia W. McHugh. 미남감리회 선교사로 1938년 내한했다. 철원제2교회 소속으로 복음전도사업에 힘쓰다가 1940년 한국을 떠났다.

189 변 프리츠Fritz Pyun는 변홍규(1899~1976). 햄린대학과 드루신학교를 졸업하고, 1929년 뉴워크 연회에서 목사 안수를 받았으며, 1931년 드루신학교에서 구약학을 전공하여 신학 박사학위를 취득했다. 하와이 호놀룰루한인교회 시무와 만주 하얼빈교회 사역을 하다 1934년 귀국하여 감리교신학교 교수로 부임했으며, 1937년 한국성서위원회 회장으로 선출되었다. 1939년에는 한국인 최초로 감리교신학교 교장에 취임하여 학교의 자립적 운영과 교역자 양성에 노력하던 중, 1940년 6월 신사참배, 창씨개명 등 일제의 정책을 비난하는 격문이 교내에 살포된 이른바 '감리교신학교 삐라사건'으로 정일형 등과 함께 구속되었다. 디펜도퍼 박사가 '변 프리츠가 풀려났는데 너무 야위었다'고 말한 것은 바로 감리교신학교 삐라사건으로 구속되었다 플려난 후의 모습을 보고 말한 것이다.

190 선교사들이 철수한 후에도 미일전쟁이 발발하기까지 1년간은 그래도 선교부와 학교 사이에 어느 정도 연락이 가능했다. 그러나 그 후 경비의 절반 이상을 담당했던 선교부의 보조가 전면 금지되었고 재단기금 마련은 많은 어려움을 겪게 되었다. 그래도 학교는 200만 원의 견고한 재단을 만들겠다는 원대한 꿈을 이어갔고, 마침내 1943년 8월 7일 이화학당 재단법인 설립 허가를 받아냈다.

191 번 커틀러Tracy Verne Cutler(1892~1967)는 시카고 레이븐스우드침례교회 목사인 프랜시스 커틀러Francis B. Cutler(1859~1936)의 딸이었으며, 시카고 YMCA대학을 다니던 바이런 반하트Byron Pat Barnhart가 이 교회에 출석하게 되어 만나게 되었다. 1913년 아버지 커틀러

목사의 주례로 반하트와 결혼했고, 미국YMCA 선교사로 1916년 내한한 반하트를 따라 함께 한국에 왔다. 1940년 11월 미국영사관의 주한 미국인 철수령이 내려졌을 때 가족과 함께 귀국했다.

192 오마 노리스Oma Goodson Norris(1899~1978)는 존 노리스John M. Norris의 부인으로, 한국과 아르헨티나에서 감리교 선교사로 사역하다 남편과 함께 1964년에 은퇴했다.

193 챌린저Challenger는 1936년부터 로스앤젤레스와 시카고 사이를 달리기 시작한 기차의 이름이다.

194 지미Jimmy는 오마의 아들 제임스 노리스James Durham Norris로, 1941년 당시 나이가 여덟 아홉 살 정도였을 것으로 추정된다.

195 허버트 블레어Herbert Edgar Blair(1878~1945). 1904년 북장로회 선교사로 파송받아 내한했으며, 윌리엄 블레어William Newton Blair 선교사의 동생이다. 1940년 한국교회연합회의 의장으로 선임되었고, 1941년 2월 말 '세계여성기도일"을 주관하다가 일제 당국에 의해 체포되었다. 당시 총 15명이 체포되었으며, 1개월 후 석방되었다. 5개월이 지난 후 재판 회부를 피해 상하이로 갔지만 미국행 배에 탑승하지 못했고, 1942년 11월 필리핀으로 갔다가 일제의 포로가 되어 부인과 함께 수용소에 억류되었다. 1945년 2월 20일 수용소에서 영양실조로 병사했다.

196 에드먼드 소퍼Edumund Davison Soper(1876~1961). 모네타 트록셀Moneta Jean Troxel(1899~1985)의 남편이다. 일본 개척 선교사 줄리어스 소퍼Julius Soper의 아들로 일본 도쿄에서 태어났으며, 일리노이주 에번스턴의 개릿신학교 교수였다. 첫 부인과 사별하고 1939년 11월 모네타 트록셀과 결혼했다.

197 어니스트 티틀Ernest Fremont Tittle(1885~1949) 박사는 30년 동안 에번스턴 제일감리교회의 목사였다.

198 강자는 장강자로, 남편은 시카고한인교회 이운택 목사이다.

199 제네바호수Lake Geneva는 위스콘신주에 있는 호수로, 에번스턴에서 약 113km 정도 떨어져 있으며, 맑은 물과 아름다운 경치로 유명하다.

200 TT는 찰스 디킨스의 소설에 등장하는 인물인 토미 트래들스Tommy Traddles의 약자로, 톰홉스가 아내의 자매들에게 잘해준다고 하여 얻은 별명이다. 여기서는 모네타 트록셀이 결혼한 네드 소퍼가 누이들에게 잘해준다며 제2의 TT라고 칭하고 있다.

201 와그너 자매Sis Wagner라고 불린 엘라수 와그너Ellasue Canter Wagner(1881~1957)는 1903년 스캐릿대학을 졸업하고 1904년 미남감리회 선교사로 내한하여 개성선교부에 부임했고, 1938년에는 개성의 호수돈여고, 호수돈여자보통학교 교장을 맡아 여성교육에 헌신했다. 1940년 미일 관계 악화로 귀국했다.

202 제시 커닝검Jesse Lee Cuninggim(1870~1950)은 당시 스캐릿대학의 총장이었다. 미감리교 성직자이자 대학교수로, 텍사스주 댈러스에 있는 남감리교대학교 종교교육학과 과장을 역임한 후 기독교 사역자를 위한 스캐릿대학의 총장을 역임했으며, 미주리주 캔자스시에 있던 이 대학을 테네시주 내슈빌로 이전했다.

203 <은둔자의 문The Hermit's Gate>은, 1934년 6월 미감리회 한국 선교 50주년을 맞아 영어행

사위원장이 된 존 무어John Zachariah Moore II(1874~1963)가 선교 개척 과정을 담아 서울 배재학당에서 공연한 영어 연극 "은둔자의 문에서At the Hermit's Gate"를 지칭하는 것으로 추정된다. 존 무어는 미감리회 선교사로 1903년 내한하여 사역하다 1940년 11월 선교사 철수 시 귀국했고, 1941년 모교인 마운트유니언대학으로부터 명예 법학박사학위를 받았다.

204 그레이스 커Grace Kerr는 갑상선 염증이 악화되어 남편 윌리엄 커William C. Kerr를 한국에 남겨둔 채 수술을 받기 위해 1941년 봄 홀로 귀국한 상태였고, 도널드는 그들의 아들이다.

205 애나 채핀은 1940년 선교사 철수로 귀국 후, 결혼한 딸 셀마 겜블Thelma Anna Chaffin Gamble이 살고 있던 인디애나주 몬티첼로에서 살았다.

206 국제키와니스kiwanis International는 1915년 미시간주 디트로이트에서 창립된 국제봉사클럽이다. 미국 인디애나주 인디애나폴리스에 본부를 두고 80개 이상의 국가와 지역에서 활동하고 있으며, 1987년부터 여성을 회원으로 받아들이기 시작했다.

207 차이치Chaichie는 오리건주에 살면서 여행하는 아펜젤러를 잘 대접한 친구로, 아펜젤러가 "나의 사랑하는 여주인들"이라고 부른 사람의 하나로 추측된다. 그녀는 오리건주 동부 조든 계곡의 목장에서 학생들을 가르치는 일을 새 직업으로 시작하게 된다(1941년 12월 2일자 편지 참조).

208 "E. Gerdine"은 내한 선교사였던 저다인 부부(조지프 저다인Joseph Lumpkin Gerdine [1870~1950]과 엘리너 저다인Eleanor Daisy Dye Gerdine[1879~1959])의 딸 엘리너 저다인 Eleanor Rebecca Gerdine Webb(1916~1980)으로 추정된다. 저다인 부부는 각자 미남감리회 선교사로 내한하여 사역하다가 만나 결혼했으며, 1937년 부인 엘리너의 병이 악화되면서 선교사직을 사임한 후 귀국했다.

209 스캐릿대학은 1892년 처음 세워질 때는 미주리주 캔자스시에 있었으나, 1924년에 테네시주 내슈빌로 이전했다.

210 감리회 홀스턴 연회Holston Annual Conference는 4월 1일부터 4일간 테네시주 녹스빌에서 열렸으며 500명 이상의 감리교 여성들이 참석했고, 이때 해외 분야 간사인 샐리 루 매키넌의 강연이 있었다.

211 1930년에 이화는 창립 당시부터 추구해온 꿈을 집약한 표어를 정하고자 했고, 지성, 덕성, 아름다운 감성을 갖춘 완전한 인간에 대한 인류의 소망을 집약한 정신인 '진선미'를 표어로 정했다.

212 앨런 A. 밀른Alan Alexander Milne(1882~1956)은 다양한 장르의 글을 썼지만, 곰돌이 푸Winnie-the-Pooh에 관한 책과 동시로 널리 알려진 영국 작가로서 크리스토퍼 로빈 Christopher Robin Milne은 그의 아들이다. 로빈이 런던 동물원을 방문했을 때 사랑스러운 곰에게 매료되었고 앨런 밀른은 이에 영감을 받아 아들을 위해 곰돌이 푸 이야기를 쓰게 되었으며, 이 아들을 모델로 크리스토퍼 로빈이라는 인물을 만들었다. 편지에서 인용된 시는 앨런 밀른이 쓴 시, "황금 보배Golden Treasures"이다.

213 주님께서 나에게 기름을 부으시니, 주 하나님의 영이 나에게 임하셨다. 주님께서 나를 보내셔서, 가난한 사람들에게 기쁜 소식을 전하고, 상한 마음을 싸매어주고, 포로에게 자유를 선포하고, 갇힌 사람에게 석방을 선언하고, 주님의 은혜의 해와 우리 하나님의 보복의 날을

선언하고, 모든 슬퍼하는 사람들을 위로하게 하셨다. … 그들은 오래전에 황폐해진 곳을 쌓으며, 오랫동안 무너져 있던 곳도 세울 것이다. 황폐한 성읍들을 새로 세우며, 대대로 무너진 채로 버려져 있던 것을 다시 세울 것이다(이사야서 61: 1-4).

214 로버트 스펜서Robert Steward Spencer(1888~1953)와 부인 에블린 스펜서Evelyn Withrow Spencer(1890~1977). 로버트 스펜서는 나가사키에서 출생했으며 일본 선교사로 23년간 사역했다.

215 스티븐 스튜어트Stephen Alexander Stewart(1876~1959)는 미남감리회 선교사로 1906년 일본에 파견되었으며 1932년 부인과 함께 내한하여 원산에서 활동했다. 산업화가 진행됨에 따라 인구가 늘어나고 있던 북동부 지역(원산, 함흥, 청진)의 선교 상황을 설명하면서 일본인들을 위한 선교 사역을 소개했으며, 1939년 귀국했다.

216 베티 달비Elizabeth Dalbey는 펜실베이니아 출신으로 미감리회 WFMS의 파송을 받아 1938년 내한하여 어학 공부를 시작했으나, 미일 관계 악화로 한국말을 익히기도 전에 1940년 11월 귀국했다.

217 해당 단어에 연결하여 수기로 "ok순"이라고 적혀 있다. "ok순"은 "예순", 즉 최예순을 가리킨다.

218 해당 문장 왼편에 수기로 "한복덕"이라고 적혀 있음. 한복덕은 음악과 제8회(1934) 졸업생으로 성악을 전공했고, 도쿄로 유학 가서 성악과 지휘법을 연구하고 돌아와, 한동안 이화여전 음악과 교수로 재직했다.

219 에블린 데이커스Evelyn Louise Dacus(1907~1995). 스캐릿대학에서 종교교육을 공부하고, 1933년 미감리회 선교사로 내한했다. 원산 루시여고에서 학생들을 가르쳤으며 여자관 사업을 담당했고, 1938년 귀국했다. 1941년 6월 고향인 사우스캐롤라이나주 록힐에서 르로이 조지LeRoy Brunson George 목사와 결혼했다.

220 레오폴드 스토코프스키Leopold Anthony Stokowski(1882~1977)는 영국 지휘자로서 20세기 초중반의 대표적 지휘자였으며, 특히 필라델피아 오케스트라의 지휘자로 오래 활동한 것으로 가장 잘 알려져 있다. 그가 1940년에 창설한 전미청소년오케스트라All-American Youth Orchestra는 18세에서 25세 연주자들로 구성되어 있었으며 1942년까지 활동했다.

221 『기독교의 의무: 세계 질서에 대한 우리의 기여*A Christian Imperative: Our Contribution to World Order*』는 1941년에 출판된 로즈웰 반스Roswell Parkhurst Barnes의 책이다. 미국의 신학자이자 종교지도자였던 반스는 보수적인 개신교와 진보적인 사회 정의 및 정치에 대한 견해를 종합하여 이 영향력 있는 책을 저술했다.

222 『페티코트 입은 십자군: 해리엇 비처 스토우의 생애*Crusader in Crinoline: The Life of Harriet Beecher Stowe*』는 로버트 윌슨Robert Forrest Wilson이 1941년에 출판한 책이다. 해리엇 비처 스토우(1811~1896)는 1852년 『톰 아저씨의 오두막집』을 출판하여 노예 제도의 문제점을 고발했고, 이는 노예를 소유하고 있던 남부를 분노케 했다.

223 몬트리트Montreat는 노스캐롤라이나주의 작은 도시로, 여기에 있는 몬트리트대학Montreat College은 1916년 세워진 이래 예수 그리스도를 위해 세상에 영향을 미칠 수 있도록 지적 탐구, 영성 형성, 소명과 직업 준비 교육을 하는 명문 기독교대학이다.

224 주날루스카Junaluska는 노스캐롤라이나주에 있는 주날루스카호수에 세워진 수련원으로, 1913년에 설립된 이래 회의, 수련회, 결혼식 등의 행사와 휴가를 위해 개방되어 있다. 역사적으로 연합감리교회와 연결되어 있으며, 영혼과 마음, 육체의 쇄신을 통해 삶이 변화되는 기독교 환대의 장소가 되는 것을 사명으로 삼고 있다.

225 앨리스 아펜젤러는 1937년 6월 보스턴대학에서 명예 교육학박사학위를 취득했다.

226 이 문장 옆에 "K에게"라는 말이 수기로 첨가되어 있다.

227 에델 언더우드Ethel Van Wagoner Underwood.

228 "여동생"은 김활란을 의미한다. 앞의 편지에 나오듯이 아펜젤러와 밴플리트는 김활란을 여동생이라는 암호로 부르기로 약속했다.

229 『저 해밀턴 여인*That Hamilton Woman*』은 1941년에 상영된 흑백 역사영화로, 알렉산더 코다Alexander Korda가 미국 망명 중 그의 영국 회사를 위해 제작 및 감독했다. 나폴레옹 전쟁을 배경으로 한 이 영화는 댄스홀 소녀이자 고급 창부였던 엠마 해밀턴Emma Hamilton이 나폴리 왕국의 영국 대사 윌리엄 해밀턴 경과 결혼하고, 후에 호레이쇼 넬슨 제독의 정부가 되는 이야기를 다루고 있다.

230 애오개교회는 미감리회의 스크랜튼 선교사가 세운 애오개 시약소를 모체로 하여 발전한 교회이다. 1885년 내한한 미감리회의 첫 의료 선교사 스크랜튼W. B. Scranton(스크랜튼 부인의 아들)은 정동을 중심으로 의료 활동을 벌이다 가난하고 소외된 환자들을 돌보기 위해 애오개(아현), 동대문, 남대문시장 등에 진료소를 분산하여 설립할 계획을 세우고, 애오개에서 가장 먼저 의료 활동을 개시했다. 1888년 12월 애오개언덕의 한옥에 '애오개시약소'를 열었는데, 바로 이 시약소가 이후 아현교회로 발전했다.

231 "그 불쌍한 어린 소녀"라는 표현에 대한 설명은 밴(에드나 홉스 부인)의 1940년 11월 28일자 편지의 주석 참조. 당시 한국에서 편지를 쓸 때는 암호처럼 이 표현을 사용했으나, 지금은 중국으로 탈출했기 때문에 그 사람이 김활란임을 괄호 속에 밝히고 있다.

232 칼턴 레이시George Carleton Lacy(1888~1951)는 미감리교 선교사이자 중국 본토의 마지막 감리교 감독이었다. 부모 모두 중국 선교사였으며, 푸저우에서 태어났다. 1914년 중국 감리교 선교사로 임명되었고, 1921년 감리교 선교위원회에 의해 미국성서공회 중국 지부의 총무로, 1933년에는 영국해외성서공회와 함께 설립한 중국성서공회 총무로 임명되었다. 1941년 중국 중앙연회의 감독으로 선출되어 푸저우로 발령받았으며, 이때 그동안 살던 상하이를 떠나 있게 되어 홉스 부부가 그의 집에서 지내게 된다. 후에 그의 감독 지역이 일본군에 의해 점령당한 후에는 중국 내륙을 광범위하게 여행했다. 1950년 모든 외국 선교사들이 중국에서 철수를 강요받았을 때 푸저우 지역에서 유일하게 출국 허가를 거부당한 서양인이었고, 새로 수립된 정권에 의해 가택연금 상태로 구금된 끝에 1951년 푸저우에서 사망했다.

233 푸젠성(복건성)은 중국 남동부의 성으로 성도는 푸저우이며, 성 내 최대 도시는 샤먼시이다. 대만 해협을 사이에 두고 대만과 마주 보고 있다.

234 홉스 부부는 톰이 상하이에 있는 미국성서공회 총무대행으로 일하게 됨에 따라 1941년 5월 한국을 떠나서 중국 상하이로 왔다. 그러나 그해 일본의 진주만 침공 후 일본군에 의해 체

포되어 2년간 수용소 생활을 했다.

235 영국해외성서공회British and Foreign Bible Society: BFBS는 런던에 국제 대표부를 둔 초교파 개신교 평신도 단체로서 1804년에 설립되었으며, 모든 종족의 사람들이 각자의 언어로 성경을 이용할 수 있도록 성경을 번역·발행·배포했다. 다른 나라의 성서공회에 재정 지원을 하기도 했으며, 때로는 미국성서공회American Bible Society와 영역을 나누기도 했다.

236 윌리엄 허즈퍼스William Henry Hudspeth. 당시 영국해외성서공회에서 일한 영국인 성직자이자 선교사였다.

237 헨리 드레이크Henry John Ddrake(1867~1947)는 1898년 내한하여 1942년까지 최장 기간 시무한 영국성공회 선교사였다. 1926년 당시 한국성공회의 총감사제를 맡게 되었고 1940년 12월 15일까지 총감사제로 시무했다.

238 호레이스 그랜트 언더우드Horace Grant Underwood. 호레이스 호튼 언더우드Horace Horton Underwood와 에델 언더우드Ethel Underwood의 맏아들이며, 조앤 데이비슨Joan Vida Davidson은 호레이스 그랜트 언더우드와 결혼하여 그들의 맏며느리가 되었다. 이들의 가족관계에 대해서는 1942년 10월 22일 편지의 주석 참조.

239 조앤 데이비슨Joan Vida Davidson Underwood(1915~1976)은 영국 출신 부모 슬하에 서울에서 태어났으며, 서울외국인학교에서 9학년까지 다닌 후 영국에 가서 공부했다. 1939년에 다시 내한하여 서울 영국대사관에서 비서로 근무하던 중 호레이스 그랜트를 서울유니언클럽 모임에서 만나 교제했고, 1941년 7월 성공회 성당에서 드레이크Drake 신부의 집례로 결혼식을 올렸다.

240 프랭클린 루스벨트Franklin Delano Roosevelt(1882~1945) 대통령은 보통 앞 글자를 따서 FDR로 널리 불렸으며, 1933년부터 1945년 사망 시까지 제32대 미국 대통령을 역임했다.

241 맥타이어학교中西女中는 상하이에 있는 여자사립학교로서, 1882년 미남감리회 선교사였던 영 앨런Young John Allen과 로라 헤이굿Laura Askew Haygood에 의해 설립되었다.

242 톰 홉스는 1941년 5월 23일 서울을 떠날 때, 자신을 대리하는 총무 및 임시 재단이사장으로 정태응을 임명했다. 정태응은 성서공회 서울보급소에서 1904년부터 근무하다가 1918년 초에 잠시 이직했으나, 1년 만에 복직해 밀러와 홉스를 계속 도왔다. 1926년 이후 수석서기로 사무실을 운영하고, 한국어 편지를 담당했다.

243 스테이션 왜건Station Wagon은 자동차 차체 형태의 한 종류로, 차체 뒤쪽에 화물 적재 공간이 있다.

244 『메소디스트 워먼*The Methodist Woman*』은 미감리회에서 19세기 말부터 출판을 시작한 잡지로, 교회 내 여성들의 영적·사회적 관심에 부응하기 위하여 시작되었다. 교회에서의 여성의 역할을 돕고, 선교와 봉사에 대한 여성의 기여를 보여주며, 영적 성장을 지원하는 등의 역할을 했다.

245 "보아라, 예루살렘아, 내가 네 이름을 내 손바닥에 새겼고, 네 성벽을 늘 지켜보고 있다"(이사야서 49:16).

246 엘렌Ellen은 톰 홉스의 누이인 엘렌 홉스로 추정된다. 1942년 2월 8일 편지 참조.

247 앤 피터스Anne Cooper Pieters(1887~1994)는, 미북장로회 선교사로 한국에서 사역하다가 안

식년 휴가를 얻어 미국에 와 있던 알렉산더 피터스Alexander Albert Pieters(1871~1958)와 결혼한 후 1934년에 함께 내한했다. 알렉산더 피터스는 1895년 미국성서공회 권서로 파송되어 3년간 사역한 후 1898년부터 영국성서공회 권서 겸 부총무로 4년간 사역했고, 그 후로도 성경 번역 작업에 매진했다. 앤 피터스는 1940년부터 1941년까지 서울외국인학교 교사로 활동했다.

248 클리퍼Clipper는 미국 팬암 항공사에서 사용했던 보잉 314 클리퍼 대형비행정으로, 클리퍼 항공기들은 주로 대서양과 태평양 횡단 노선에서 승객과 화물을 운송하는 데 사용되었으며, 1930~1940년대에 원거리 항로에서 국제 항공 우편물을 신속히 운송하는 데 기여했다.

249 1941년 7월 26일 미국은 영국, 네덜란드와 함께 일본의 자산을 '동결'시켰다. 자국 내 일본 자산을 일본이 사용할 수 없게 '동결'하고 석유, 고무 등 필수 자원에 대해 무역을 제한한 것으로서, 일본이 아시아 및 태평양 지역에서 공격적인 확장을 이어나가는 것에 대한 대응 조치였다.

250 제럴드 핍스Gerald Phipps는 영국 총영사였고, 알린Aline은 그의 아내이다.

251 이 문장 옆 여백에 "메리 테일러의 편지에 의하면 이 신혼부부는 잘 돌아왔어요"라는 말이 첨가되어 있다.

252 거트루드 스내블리Gertrude Esther Snavely(1880~1962). 미감리회 WFMS의 파송을 받아 1906년 내한하여 이화학당에서 강의를 시작했다. 경기도, 황해도 등에서 순회 사역에 힘썼으며, 1931년 기독교조선감리회 제1회 연합연회에서 여선교사 13명이 한국 교회 최초로 여성목사 안수를 받을 때 함께 안수를 받았다. 1940년 8월 안식년 휴가를 떠났는데, 3개월 후 한국에 남아 있던 다른 선교사들이 철수하게 되자 한국으로 돌아오지 못했다.

253 랄프 라이너Ralph Olive Reiner(1882~1967). 미북장로회 선교사로 1908년 내한했으며, 1926년부터 평양외국인학교 교장을 맡았다. 영사관의 철수 권고와 선교부 방침으로 선교사 자제들이 철수하게 되자 1940년 11월 4일 폐교 예배를 드리고 폐교될 때까지 학교를 지켰다. 1941년 12월 8일 태평양전쟁이 발발하자 일제의 헌병대에 구속 수감되어 고문을 받았다. 1942년 5월 31일에 풀려나 밤 기차로 이동하여 그때까지 한국에 남아 있던 선교사들과 함께 6월 1일 부산항을 통해 강제 송환되었다.

254 오토 디캠프E. Otto DeCamp는 미북장로회 선교사로 청주선교부에서 활동했으며, 1940년 12월에 미남장로회 선교사이자 간호사인 엘리자베스 우즈Elizabeth Brown Woods와 결혼했다.

255 존 크레인John Curtis Crane(1888~1964). 미남장로회 선교사로 1913년 내한했으며, 1927년에 모교 유니언신학교에서 명예 신학박사학위를 받았다. 1937년 평양장로회신학교에서 조직신학 교수로 임명되었으나, 1년간 가르친 후 안식년으로 귀국해 있던 기간에 평양신학교가 신사참배를 거부하여 폐교되었다. 부인 플로런스 헤들스턴Florence Hedleston(1888~1973)은 1940년 10월 귀국했으나, 크레인은 평양외국인학교를 더 돌보다 1941년 9월에 귀국했다.

256 1941년 2월 28일 한국 장로교 여전도회와 감리교 여선교회 전국 회원들이 전쟁 종식과 세계 평화를 기원하는 '세계기도일' 예배를 드린 것에 대해 일제가 기도문의 내용을 문제 삼

아 선교사들과 한국 교회 여성 지도자 수십명을 검거하여 심문·기소한 사건이다. 일제는 이 기도회를 '일제의 정책을 비판하고 반전적 분위기를 야기함으로써 민심을 교란시켜 치안을 방해하려 획책한 반전 모략 사건'으로 규정하여 '만국부인기도회 사건'으로 불렀다.

257 진 델마터Jean L. Delmarter(1894~1982). 미북장로회 선교사로 1920년 내한했다. 정신여학교에서 학생들을 가르치고 지방 순회를 다니며 선교 활동을 벌였고, 1940년 11월 미일 관계 악화로 선교사들이 철수할 때 몇몇 서울선교부 선교사들과 함께 한국에 남았다. 1941년 세계기도일 사건과 관계되어 연지동선교부에서 경찰 감시를 받으며 연금 상태로 지내다 1941년 8월 한국을 떠나 상하이를 거쳐 귀국했으며, 1947년 다시 내한하여 사역했다.

258 앨리스 버츠Alice M. Butts(880~1968). 미북장로회 선교사로 1907년 내한했다. 1940년 대부분의 선교사가 귀국하는 상황에서 버츠는 선교부 재산 관리를 위해 평양에 남았다. 1941년 2월 28일 세계 평화를 기원하는 세계기도일 개최를 위해 유인물을 제작한 혐의로 평양의 미감리회 존 무어John Z. Moore 부인과 함께 주모자로 체포되어 평양경찰서에서 28일간 구류된 상태로 조사를 받았다. 석방된 후에는 일본 경찰의 감시를 받다가 선교부의 결정에 따라 1941년 9월 다른 선교사 아홉 명과 함께 중국 상하이를 거쳐 미국으로 귀국했다.

259 할리 코빙턴Hallie Covington(1887~1973). 미북장로회 선교사로 1917년 내한했다. 1940년 11월 대부분의 선교사가 철수한 후에도 재령선교부에 남아 사역을 계속했다. 1941년 세계기도일 사건으로 전국의 여선교사와 한국 교회 여성 지도자 수백 명이 일본 경찰 당국에 체포될 때, 재령에서는 주모자로 코빙턴과 모드 쿡 부인Maude Cook 등이 체포되었다. 사건은 3개월 만에 기소유예로 끝났지만, 사건 후에도 외출 금지 상태에서 경찰의 감시를 받았다. 이후 1941년 10월 한국을 떠나 상하이를 거쳐 샌프란시스코에 도착했다.

260 모드 쿡Maude Rose Hemphill Cook(1897~1971)은 미북장로회 선교사로 남편 웰링 쿡Welling Thomas Cook(1881~1952)과 함께 1908년 내한했다. 청주선교부에 배치되어 여성 사역을 담당했으며, 1918년 남편과 함께 만주 선교에도 참여했고, 1937년 재령선교부로 파송되어 할리 코빙턴Hallie Covington과 함께 사역했다. 1941년 세계기도일 사건으로 체포되었다가 남편과 함께 한국을 떠나 상하이를 거쳐 11월 필리핀에 도착했는데, 필리핀이 일본군에 함락되면서 일본군 수용소에서 4년간 억류되었다. 1945년 2월 미군이 필리핀을 수복하면서 석방되어 미국으로 돌아갔다.

261 릴리언 로스Lillian Ross(1900~1993). 미북장로회 선교사로 1926년 내한하여, 처음에는 재령선교부에 배치되었으나 1930년부터 강계선교부로 임지가 바뀌었다. 1940년 11월 선교사들이 대부분 철수했을 때 강계에는 선교부 재산 관리를 위해 캠벨A. Campbell과 로스 두 사람만 남았다. 로스는 1941년 세계기도일 사건 당시 강계기도회의 주모자로 몰려 한 달간 경찰의 조사를 받고 나온 후 연금 상태에서 삼엄한 감시를 받았다. 미북장로회 해외선교부는 1941년 8월 한국에 남아 있는 여선교사들을 조속히 귀국시키기로 결정했고, 로스는 10월 중국 상하이를 거쳐 11월 미국 식민지였던 필리핀에 도착했다. 1942년 4월 필리핀 전역이 일본군에 점령되면서 '적국 포로' 신분으로 수용소에 갇혀 3년간 수용소 생활을 한 후 1945년 일본이 패전하자 미국으로 돌아갔다. 1947년 다시 내한하여 1983년까지 한국에서 사역했다.

262 헬렌 번하이슬Helen Blarivett Kirkwood Bernheisel(1873~1960). 원래 헬렌 커크우드Helen BlarivettKirkwood로, 미북장로회 선교사로 1903년 내한했으며, 평양선교부에서 함께 사역하던 찰스 번하이슨Charles F. Bernheisel(1874~1958)과 1906년 결혼했다. 번하이슬 부부는 주기철 목사와 산정현교회 성도들의 신사참배 거부 운동에 적극 동조하며 수난에 동참했다. 1941년 세계기도일 사건과 관계되어 가택 연금 상태로 지내다가 해외선교부의 철수 명령에 따라 평양에 남아 있던 10여 명의 선교사와 함께 9월 20일 한국을 떠나 상하이를 거쳐 미국으로 돌아갔다.

263 찰스 클라크Charles Allen Clark(1878~1961). 미북장로회 선교사로 1902년 내한하여 서울선교부 소속 선교사로서 새문안교회와 동현교회 앞 노방전도를 시작했고, 승동교회의 전신인 홍문동교회의 동사목사로도 사역했다. 평양장로회신학교의 전임교수 사역을 위해 1924년 승동교회를 사임하고 평양으로 이사했다. 1929년 미국 시카고대학교에서 박사학위를 받았으며, 평양장로회신학교에서 교수 및 교무처장, 교장대리 등으로 일하다가 1941년 7월에 한국을 떠났다.

264 루스 무어Ruth Emma Benedict Moore(1884~1968). 원래 루스 베네딕트Ruth Emma Benedict로, 미감리회 WFMS의 파송을 받아 1910년 내한했으며, 평양선교부에서 숭의여학교와 지방 여성 사역을 하다가 1916년 존 무어John Zacharian Moore II(1874~1963)와 결혼했다. 1940년 선교사 철수 시 존 무어는 평양선교부 자산 관리를 위해 남았는데, 무어 부인은 만국부인회 공과 집필에 참여했고, 이 사건으로 무어 부부는 연금 상태로 지내다가 1941년 8월 26일 중국 상하이를 거쳐 미국으로 돌아갔다.

265 이 말은 한글로 쓰여 있다. "보면 알 수 있을 테니 지켜보자"의 의미로 추측된다.

266 패런Farren 부인은 오클라호마주 털사 지역 감리교회의 캠페인집행위원회Campaign Executive Committee에 소속되어 있던 모나 패런Mona R. Farren으로, 교회 성장이나 모금 운동 등에 관여했을 것으로 추측된다.

267 로나 레이시Lorna Lacy는 메리 아펜젤러Mary Ella Appenzeller Lacy의 맏딸이다.

268 다니엘 머너 부인Mrs. Daniel Merner과 로렌스 부인Mrs. Lawrence은 모두 파이퍼 부인의 가족으로서 파이퍼 부인과 함께 일하고 있는 것으로 추정되며, 파이퍼 부인이 마침내 스캐릿대학을 위해 기부금을 주기로 결정할 때에도 옆에서 함께하고 있는 것을 볼 수 있다. 1942년 5월 30일 편지 참조.

269 프랜시스 세이어Francis Bowes Sayre(1885~1972)는 하버드대학교 교수, 판사, 국무부 차관 등을 역임했으며, 1939년에 필리핀 주재 미국 고등판무관으로 임명되었다. 1913년에 우드로 윌슨 대통령의 딸 제시 윌슨Jessie Woodrow Wilson(1887~1933)과 결혼하여 슬하에 아들 프랜시스Francis와 우드로Woodrow, 딸 엘리너Eleanor를 두었다. 편지에서 언급된 아들 프랜시스 세이어 2세는 유니언신학교를 나와 목사가 되었다.

270 앨리스 아펜젤러는 '한국에 돌아가야 할 때'라고 말하지 않고 '고향home에 돌아가야 할 때'라고 말하고 있다. 또한 남동생 헨리도 자기 민족his own people 곁에 있기 위해 호놀룰루로 돌아갔다고 말하고 있다. 아펜젤러 가족이 한국을 어떻게 생각하는지가 잘 나타나는 표현으로, 앨리스의 편지에는 전체적으로 이런 표현이 많이 나타나 있다.

271 프랜시스 세이어는 1913년 우드로 윌슨 대통령의 딸 제시 우드로Jessie Woodrow(1887~1933)와 결혼했다. 제시 우드로는 1900년대 후반에서 1910년대에 앨리스 아펜젤러와 교류했던 것으로 보이며, 아펜젤러가 1914년에 그녀에게 보낸 편지도 남아 있다. 그녀는 1933년에 사망했고, 그 후 프랜시스 세이어는 재혼했다. 이 편지 당시 아펜젤러는 프랜시스 세이어가 재혼한 부인과는 아직 만나보지 못한 것으로 추정된다.

272 뉴욕주 베를린은 앨리스 아펜젤러의 어머니 엘라 아펜젤러Ella Jane Dodge Appenzeller가 조지 닷지George Washington Dodge(1827~1890)와 데보라 그리스월드Deborah E. Griswold(1821~1890) 사이에서 출생한 곳이다. 이 편지에서 언급되는 그리스월드는 앨리스의 외할머니 가문임을 알 수 있다.

273 그리스월드Griswold 가문은 영국 출신으로, 미국에 최초로 도착한 선조는 청교도인 에드워드와 매튜 그리스월드였다. 이들은 1639년 매사추세츠주 도체스터에 처음 도착했으며, 그 후손들은 코네티컷주와 뉴욕주로 움직여 갔다.

274 타코닉 계곡Taconic Valley은 뉴욕주의 동쪽 매사추세츠주와의 경계에 위치하고 있으며, 뉴욕주 베를린과 가까운 곳에 있다.

275 헬렌 메이요Helen Isadore Mayo(1861~1946). 그녀의 오빠Henry Ferdinand Merrill(1853~1935)와 여동생Ida Augusta Merrill(1865~1924)이 한국에 있었다.

276 로렌스 메이요Lawrence Shaw Mayo(1888~1947). 1910년에 하버드대학을 졸업하고 1911년에 하버드대학교 대학원에서 석사학위를 받았으며, 1927년부터 1943년까지 하버드대학교 대학원장직assistant dean, associate dean, acting dean을 맡아 일했다.

277 민덕순은 이화여전 제12회(1938) 졸업생으로, 1939년 미국으로 가 뉴욕주에 있는 이스트맨음악학교와 남가주대학에서 음악을 전공했다. 1956년 성악 전공으로 석사학위를 취득했고, 귀국하여 모교의 음대 성악과 교수, 학과장, 학장서리 등을 역임했다. 이후 다시 도미하여 캘리포니아주에서 음악선생으로 헌신했다.

278 캐롤라인 해저드Caroline Hazard(1856~1945)는 1899년에서 1910년까지 웰즐리대학의 제4대 총장을 역임했다. 그녀가 총장으로 있던 11년 동안 웰즐리는 등록학생 수가 2배 증가했고, 네 개의 새로운 학과가 생겼으며, 다섯 개의 대학 건물이 지어졌고, 교수들의 월급 또한 늘어났다. 1910년 건강상의 이유로 총장직을 물러난 뒤에도 다양한 비영리 단체에서 활동했으며, 시와 여행기 등을 썼다.

279 1939년 미감리회Methodist Episcopal Church: MEC와 남감리회Methodist Episcopal Church, South가 결합하여 감리회Methodist Church를 결성했다. 이 편지가 쓰인 시점에서 미감리회 MEC는 없어졌으므로, "우리의 옛 감리회"라고 표현하고 있다.

280 방신영(1890~1977)은 1910년 정신여고를 졸업하고 1925년 일본 도쿄영양요리학원에서 2년간의 연구를 마친 후 귀국했다. 1929년부터 이화여전 가사과 교수로서 한국요리 강의를 담당했고, 가사과 제3대 과장을 역임했으며, 1913년 한국 최초의 요리책인 『요리제법』을 출간했다.

281 일제는 1940년부터 창씨제도를 시작했고, 이 무렵 학생들에게 한복 착용을 금지하고 검정 세루양복에 흰 칼라를 단 제복을 입게 했다. 1941년 가을부터는 심지어 스커트 대신 몸빼

바지를 입게 하여 학생들의 개성, 생각, 생활을 전면적으로 통제하고자 했다.

282 아펜젤러의 걱정대로, 선교사 철수로 재정이 악화되고 학생들이 줄어들면서 교정이 비게 되자 일제는 군대를 캠퍼스에 진주시키려고 했다. 처음에는 체육관을, 그다음에는 보육관과 음악관의 일부를 점거했고, 학교 언덕은 여기저기 군인들이 방공호를 파놓아 벌집 같이 쑤셔졌으며 많은 나무가 베였다.

283 찰스 아멘트Charles C. Amendt를 부르는 친근한 표현이다.

284 헐버트 자매는 지넷 헐버트Jeanette Charlotte Hulbert와 에스더 헐버트Esther Laura Hulbert이다. 미감리회 WFMS 선교사로 이화에서 근무한 이 자매는 1940년 11월 마리포사호로 귀국했고, 이 당시 고향인 오하이오주 제네바에 머물고 있었다. 그 후 전쟁이 장기화되자 언니인 지넷은 시카고대학과 시카고신학교 수업을 듣고 1947년 한국으로 돌아와 이화여자대학 교수로 복귀했으며, 동생인 에스더는 1942년 쿠바 선교사로 파송되어 교사로 사역했다.

285 앨프레드 러들로Alfred Irving Ludlow(1875~1961). 미북장로회 선교사로, 1912년 내한하여 제중병원, 세브란스병원에서 의료 사역을 했으며, 세브란스의학전문학교 연구부 초대 부장으로 취임해 1938년 은퇴할 때까지 연구부를 이끌었다. 한국에 올 때 1911년 12월 결혼한 테레사 레인지Theresa Elizabeth Lange(1879~1938)와 함께 왔는데, 테레사는 간호사로서 제중원과 세브란스병원에서 의료 사역을 하며 간호학교 사역에도 힘썼고, 한국간호사협회에서 서기와 회계로 활동하면서 주일학교와 여성 사역도 도왔다. 러들로 부부는 1938년 선교사직을 은퇴하고 귀국하여 고향 클리블랜드에 정착했는데, 정착한 지 7개월 만에 부인이 별세했다. 부인 별세 후 러들로는 클리블랜드 외곽 버밀리온Vermilion에서 거주했다.

286 친족 혹은 혈족血族은 영어로 "blood relative"인데, 여기서는 "bloody relative"(피의 친족, 즉 피투성이 친족)라는 표현을 써서 이중적 의미를 통해 웃음을 유발하고 있다.

287 얼 네첼Earle Aron Knechtel과 루스 네첼Ruth Donnelly Knechtel 부부. 얼 네첼은 1927년 캐나다연합교회 선교사로 내한하여 성진선교부에서 활동했으며, 1930년 루스 도넬리와 서울에서 결혼했다. 1940년 11월 영국영사관의 철수 권고와 선교부의 방침으로 귀국하여 캐나다 온타리오주 스트라트포드에서 목회했다.

288 윌프리드 버비지Willfred Arnold Burbidge(1897~1978)와 마거릿 버비지Margarel Pearl Anderson Burbidge(1900~1997) 부부. 윌프리드 버비지는 캐나다연합교회 선교사로 1925년 내한하여 활동하다, 1926년 캐나다장로회 선교사로 한국에서 활동하던 마거릿 앤더슨과 결혼했다. 그들은 한국 농촌사업을 이끌다 1941년 3월 영국영사관의 선교사 철수 권고와 선교부의 방침에 따라 캐나다로 귀국했으며, 귀국 후 온타리오주 캠프빌에 거주했다.

289 노먼 파운드Norman Found(1892~1971)와 앤 파운드Anne Helen Cass Found(1897~1987) 부부. 노먼 파운드는 캐나다 온타리오주에서 출생했고, 토론토대학 의과대학을 졸업했다. 1921년 간호사 앤 캐스와 결혼한 후 그해에 미감리회 의료 선교사로 내한했다. 공주진료소에서 의료 사업에 전념하다가 1928년부터는 세브란스의전에서 활동했다. 1935년 안식년 휴가를 떠났다가 일제의 입국 제한으로 한국에 돌아오지 못하고, 1967년까지 토론토에서 개인 의원을 운영하며 감리회 선교부와 캐나다연합교회 선교부를 통해 한국 내 선교 활동을 후

원했다.

290 캐슬린 고먼Kathleen Reeve Gorman(1894~1992). 캐나다 출신 음악 교사로 일본에서 학생들을 가르치던 중 서울을 방문했다가 스탠더드오일 한국지사에서 근무하던 아서 고먼Arthur Gorman(1889~1929)을 만나 결혼했다. 남편의 죽음 이후 서울외국인학교와 이화여전(1937~1941)에서 음악을 가르쳤다.

291 거트루드 웰번Gertrude Sarah Otway Welborne(1896~1982). 거트루드 오트웨이는 영국 런던 출신으로, 1922년 구세군 선교사로 내한하여 서울에서 서신 업무 및 사령관 보조 업무를 했으며, 1923년 구세군 선교사인 윌리엄 웰번William Bramwell Welbourn(1896~1981)과 결혼했다. 윌리엄 웰번은 1921년 구세군 선교사로 내한했으며, 개성 지방관, 전라 지방관, 함경도 함강 지방관 등을 맡아 활동했다. 1941년 당시 캐나다 토론토에서 활동했고, 인도네시아, 자바 등지로 전임되었다.

292 애다 어윈Ada Jane Irwin(1896~1965). 영국구세군 선교사로 1926년 내한하여 1935년까지 사령관 비서 및 서기관으로 봉직했다. 1935년 군국가정단 서기관이 되어 부인사업의 행정 책임관이 되었으며, 1938년 군국소년 서기관 및 참령으로 승진해 청소년 사업을 이끌었다. 1940년 11월 16일 한국을 떠나 캐나다에서 활동하다가, 1947년 다시 내한하여 재무서기관 및 공급부 책임자로 활동했다.

293 허버트 뉴먼Herbert H. Newman(1893~1967)과 L. 뉴먼L. Nelson Newman 부부. 허버트 뉴먼은 캐나다에서 출생했고, 1921년 구세군 사관에 임명되었다. 1924년 L. 넬슨 정위와 결혼했고, 일본에 파송되어 일본구세군 본영 재무부에서 7년간 활동했다. 1935년 부인과 함께 캐나다구세군 선교사로 내한하여 한국 군국본영 재무부 출납계원 및 공급부 주임으로 활동했다. 일제가 군대 명칭을 쓰지 못하게 하여 구세단救世團으로 개편된 후, 1940년 11월 29일 출국하여 캐나다 온타리오 지방장관으로 일했다.

294 프레더릭 베시Frederick George Vesey(1878~1973)와 베시 베시Bessie Vesey(1879~1951) 부부. 프레더릭 베시는 1908년 영국성서공회 한국 지부 부총무로 부인과 함께 내한했다가 건강문제로 부총무직을 사임한 후 영국으로 돌아갔다. 1913년 다시 내한해 미남감리회 선교부로 전임했고, 강원도 지역을 맡아 활동하다가 1921년 캐나다장로회 선교부로 옮겨 회령선교부에서 사역했다. 1925년 캐나다장로회가 캐나다연합교회로 변경되자 선교사직을 사임하고 1927년 캐나다로 돌아갔다.

295 메리 로저스Mary Maud Rogers(1883~1964). 1909년 캐나다장로회 선교사로 내한하여 성진선교부에서 활동했고, 일제 말기 원산 마르다윌슨여자신학원 원장으로 있다가 강제 송환되었다. 송환 후 캐나다 국내 선교사로 재임용되어 활동했다.

296 엠마 페일소프Emma May Palethorpe(1891~1974). 1916년 캐나다장로회 선교사로 내한하여, 용정선교부에서 여자성경학원과 사경회를 맡는 등 여성 사역에 힘썼다. 1940년 11월 영국영사관의 철수 권고와 선교부 방침에 따라 귀국하여 토론토에 거주하면서 캐나다연합교회 선교사교육부Missionary Education Department에서 일했으며, 1953년 다시 내한하여 캐나다연합교회 한국선교부 회계를 맡았다.

297 플로런스 테일러Florence Taylor는 캐나다연합교회 선교사로 1937년 내한하여 1939년부터

서울 세브란스병원 간호사로 활동했다. 1941년 3월 귀국해 캐나다 에릭스데일Eriksdale에 있는 선교병원Home Mission Hospital에서 근무했고, 이후 인도 선교사로 파송되었다.

298 잘게 다진 고기와 다른 재료들을 섞어서 빵 덩어리 모양으로 만들어 오븐에 구운 요리.

299 팻시 고먼은 캐슬린 고먼의 맏딸 패트리샤 고먼Patricia Gorman(1923~2003)이며, 아일린 Eileen Gorman(1926~2024)은 둘째 딸이다.

300 "우리가 알거니와 하나님을 사랑하는 자 곧 그의 뜻대로 부르심을 입은 자들에게는 모든 것이 합력하여 선을 이루느니라"(로마서 8:28).

301 로버트 하디Robert Alexander Hardie(1865~1949)와 마거릿 하디Margaret Matilda Kelly Hardie(1862~1946) 부부, 그리고 그들의 딸 베시Annie Elizabeth (Bessie) Hardie(1890~1974). 로버트 하디는 1886년 마거릿 켈리와 결혼하면서 의사가 되기로 결심하고 토론토의과대학에 입학했다. 1890년에 대학을 졸업하고 그해 미남감리회 선교사로 내한하여 1935년 정년퇴직할 때까지 의료 선교사로 활동했다. 퇴직한 후에는 서울을 떠나 귀국하여, 미시간주 랜싱에서 거주하다가 부인은 1946년, 본인은 1949년 별세했다. 하디 부부는 슬하에 2남 4녀를 두었지만 두 아들과 두 딸이 요절했고, 살아남은 두 딸 가운데 맏이 에바Eva Lillian Hardie(1889~1955)와 둘째 베시는 남감리회 WFMS의 파송을 받아 1913년 내한하여 선교사로 활동했다.

302 인쇄가 겹쳐 철자가 불분명하지만, 앨리스 아펜젤러가 애용하던 타자기에 붙여준 이름으로 추정된다. 이 편지는 타자기가 좋지 않아서인지 철자가 불분명한 부분이 많다.

303 이 문단은 밴의 오빠 해리 밴플리트Harry Van Fleet(1881~1959)의 가족을 방문했던 일화를 기술하고 있다.

304 소프로니아 닌데Sophronia Elizabeth Falley Ninde(1834~1903)로, 윌리엄 닌데William Xavier Ninde(1832~1901) 감독의 아내이다. 윌리엄 닌데 감독은 1888년부터 1891년까지 한국 선교회 관리 감독을 맡았고 미감리회 한국선교회의 매년회를 주재하기도 했다. 그들의 딸 메리 게임웰Mary Ninde Gamewell은 중국에 선교사로 갔었으며 작가이기도 했다.

305 모네타의 남편인 에드먼드 소퍼 박사로, 개릿신학교 교수이다.

306 개릿신학교Garrett Evangelical Tehological Seminary. 1853년에 설립된, 미국 일리노이주 에번스턴에 위치한 감리교신학대학원으로 신학 분야에서 석사학위와 박사학위를 수여한다. 학교 건물이 노스웨스턴대학교 캠퍼스에 있으며, 두 학교는 여러 연관성을 가지고 있다.

307 조지아 하크니스Georgia Elma Harkness(1891~1974)는 미감리교 신학자이자 철학자이다. 보스턴대학교에서 1920년 종교교육 석사학위와 철학 석사학위를 받았으며, 1923년 철학 박사학위를 받았다. 미국 신학교에서 정교수직을 취득한 최초의 여성으로, 미감리교의 여성 목사 안수를 합법화하는 운동에 있어 중요한 역할을 했다.

308 이춘자. 이화 출신의 미시간대학 바버 장학생으로, 연희전문학교 출신의 바이올리니스트 곽칼Carl Kwak과 결혼했다.

309 장강자. 시카고한인교회 이운택 목사의 부인이다.

310 존 겐소John Frederick Genso는 미북장로회의 재산 관리 책임자로 파송을 받아 1908년 내한했으며, 서울유니언교회 장로로서 교회 재정과 회계를 담당하다 1941년 5월에 귀국했

다. 1910년 정신여학교 교사로 사역하던 마블 릿거스Carrie Mabel Rittgers(1882~1957)와 결혼하여 1911년 아들 존 릿거스John Rittgers를 얻었다. 하지만 이 아들은 세 살에 요절했고, 1914년 맏딸 애비게일 핀들리Abigail Findley와 1915년 둘째 딸 애나 바버라Anna Barbara를 얻었다.

311 로버트 킨니Robert Amendt Kinney(1911~1994). 킨니는 1935년부터 1937년까지 서울외국인학교 교사와 교장으로 재직하다가 귀국했고, 1939년 오하이오주에서 미북장로회 한국 선교사인 존 겐소의 딸 애비게일 겐소Abigail Findley Genso(1914~2010)와 결혼했다. 이후 중국 베이징미국인학교 교장으로 부임하여 1941년까지 중국에서 살았다. 태평양전쟁 시기에는 미군정보국에서 근무했고 해방 후 1946년 미군정청 외교 담당관으로 부임하여 미소공동위원회 미국 대표단으로 참여했으며, 전쟁 후에는 유엔한국원조위원회UNKRA, 한미연합군사령부 고문으로 근무했다.

312 존 노리스John Massillon Norris(1898~1991)는 시카고대학교 신학대학원에서 신약을 전공하고, 미남감리회 선교사로 1928년 부인 오마 노리스Oma Goodson Norris와 함께 내한하여 전도 사역을 했다. 감리교신학교에서 신약학 교수를 역임했고, 한국 교역자 양성에 공헌하다가 1941년 3월 미일 관계 악화로 귀국했다.

313 에스더 벡 스탁웰Esther Beck Stockwell과 올린Olin은 부부로 1929년에 중국 푸젠성 푸저우에 감리교 선교사로 파송되었으며, 1939년에는 쓰촨성 청두로 파송되어 사역하고 있었다. 이 편지가 쓰일 당시 안식년 휴가 중이었다(1941년 12월 5일 편지 참조).

314 포스터 스탁웰Foster Paul Stockwell(1929~2023). 올린 스탁웰과 에스더 스탁웰의 아들로 중국 종교, 정보 저장과 검색, 미국 지방자치제, 성경 해석 오류 등 다양한 주제를 다루는 책을 쓴 작가이자 역사가였다.

315 맥머레이대학MacMurray College은 일리노이주 잭슨빌에 있는 사립대학으로, 1846년 연합감리교에 의해 일리노이연회여자대학Illinois Conference Female College으로 설립되었으며, 미국에서 가장 오래된 여성고등교육기관 중 하나였다. 1863년 일리노이여자대학Illinois Female College으로 이름이 변경되었으며, 1930년대에 대학의 시설과 기부금을 크게 늘린 일리노이주 상원의원이자 대학 이사장이었던 제임스 E. 맥머레이를 기리기 위해 맥머레이여자대학MacMurray College for Women으로 이름이 변경되었고, 1969년 남녀공학이 되었다.

316 클래런스 매클러랜드Clarence P. McClelland는 맥머레이대학의 역대 총장 중 가장 영향력이 있었던 총장의 하나로, 1925년부터 1952년까지 27년간 재임했다. 그의 파트너이자 이사회 회장이며 시카고 사업가였던 주상원의원 제임스 맥머레이와 함께 캠퍼스를 건설하고 대학을 변화시켰다.

317 블랙번대학Blackburn College은 일리노이 칼린빌에 있는 사립대학으로 미국 장로교에 소속되어 있다. 1837년에 설립되었으며, 학교를 위해 기금을 모은 장로교 목사 기드온 블랙번Gideon Blackburn의 이름을 따서 명명되었다.

318 매켄드리대학McKendree College은 일리노이주 레바논에 위치한 사립대학으로 일리노이주에서 가장 오래된 대학이다. 1828년 레바논신학교Lebanon Seminary로 설립되었는데, 감리교 최초의 미국 태생 감독인 윌리엄 매켄드리William McKendree 감독의 허락을 받아 1830

년 매켄드리대학으로 교명이 변경되었다.

319 루스Ruth는 루이스 파이크Louise Pyke의 자매이다. 이들은 아펜젤러의 대학 친구의 딸들로, 이들의 부모는 감리교 선교사로 아직 베이징에 있는 상황이다.

320 이 아래 부분은 타이핑된 윗부분과 달리 수기로 첨가되어 있다.

321 바버 장학금 프로그램은 리바이 바버Levi Barbour가 아시아 및 중동 지역의 여자 대학원생을 지원하기 위해 기부한 장학금이다. 미시간대학교에서 수여하는 가장 오래되고 권위 있는 장학금 중 하나로, 1917년부터 아시아 및 중동 지역에서 오는 여학생에게 수여하고 있다.

322 최정림은 이화여전 문과를 졸업하고(1935년), 이 당시 미시간대학교에서 바버 장학생으로 박사과정을 밟고 있는 중이며(1942년 3월 30일자 편지 참조), 1949년 인류고고학으로 박사학위를 받았고, 그 후 외교관이었던 남편과 함께 국제 무대에서 활발한 외교 활동을 벌였다.

323 가필드 앤더슨 부인Mrs. Garfield Anderson은 가필드 앤더슨Albin Garfield Anderson(1882~1971)과 결혼한 해티 피터슨Hattie Florence Peterson(1885~1971)으로, 시카고연합병원 간호사로 근무하다 1910년 결혼했다. 남편 앤더슨은 결혼 후 1911년 미감리회 선교사로 내한하여 원주선교부로 파송되었으며, 원주와 평양에서 30년간 의료 선교사로 사역했다. 1931년부터 1937년까지 서울 세브란스의학전문학교의 임시 교장도 맡았는데, 부인은 병원과 연계하여 공중위생 및 아동보건 사업을 추진했다. 1940년 11월 마리포사호로 귀국했으며, 가필드 앤더슨은 1941년 7월 아프리카 남부 로디지아의 니아디리Nyadiri로 가서 한센병 치료를 위한 병원을 설립하여 5년간 사역했다.

324 나오미 앤더슨Naomi Almeda Anderson(1884~1943). 가필드 앤더슨의 동생으로, 간호사 훈련을 받은 후 미감리회 WFMS의 파송을 받아 1911년 내한했다. 평양선교부에 파송되어 선교지 적응 훈련을 마친 후 1912년 서울 동대문부인병원으로 임지를 옮겨서 활동했으며, 이후 15년간 오빠 내외와 평양기독연합병원에서 의료 선교 사역에 종사하다가 1940년 11월 마리포사호로 귀국했다. 귀국 후 시카고에서 거주했으며, 1943년 10월 별세했다.

325 뒷장이 없어서 편지는 여기에서 끊긴다.

326 굿스피드Goodspeed 성경은 미국 신학자이자 시카고대학교 신약성경 교수였던 에드거 굿스피드Edgar Johnson Goodspeed(1871~1962)가 성경을 미국의 현대 영어로 번역한 것이다.

327 10일 전은 12월 7일로, 일본의 진주만 공격이 있었던 날이다. 1941년 12월 7일 아침에 일본 비행기들이 하와이 진주만에 있는 미해군기지를 기습 공격하여 2,300명 이상의 미국인이 사망했다. 다음 날, 미국은 그동안의 고립주의 정책을 포기하고 제2차세계대전에 참전하기로 결정했다.

328 모드 넬슨Maude V. Nelson은 미남감리회 선교사로, 1928년 내한하여 서울 세브란스병원 간호원양성소 소장으로 사역하며 한국 간호원 양성에 힘썼다. 1937년부터 춘천 지방 여자복음센터에서 활동하다가 1940년에 귀국했다.

329 미스바Mizpah는 성경에 나오는 지명으로, '지켜보는 자'(망대)라는 뜻을 가지고 있고, '망대'라는 보통명사로 사용되기도 했다. 성경에는 여러 곳의 미스바가 나오는데, 그중 하나가 사무엘 선지자 시대에 이스라엘 민족이 모여 회개하던 곳이다. 미스바에 모인 백성들은 영적 각성의 예배를 드렸고, 습격해오는 블레셋 족속과 싸워 승리를 거두었다(사무엘기상 7:5-

16).

330 "내가 확신하노니 사망이나 생명이나 천사들이나 권세자들이나 현재 일이나 장래 일이나 능력이나 높음이나 깊음이나 다른 어떤 피조물이라도 우리를 우리 주 그리스도 예수 안에 있는 하나님의 사랑에서 끊을 수 없으리라"(로마서 8: 38-39).

331 『긴장 속에 살아가기*Living Under Tension: Sermons on Christianity Today*』는 해리 포스딕Harry Emerson Fosdick(1878~1969)이 1941년에 출판한 책이다. 포스딕은 20세기 초의 가장 저명한 자유주의 목사 중 한 명으로, 원래 1904년 유니언신학교를 졸업하고 침례교 목사가 되었지만, 맨해튼에 있는 제일장로교회와 초교파 리버사이드교회에서 목회하기도 했다. 포스딕에게 많은 영향을 받은 마틴 루터 킹Martin Luther King Jr.은 그를 "금세기 최고의 설교자"라고 높이 평가했다.

332 "딥사우스Deep South"는 미국 남부 중 가장 남쪽에 있는 주들을 일컫는 문화적·지리적 범주로서, 보통 루이지애나, 미시시피, 앨라배마, 조지아, 사우스캐롤라이나가 포함되며, 때때로 텍사스와 플로리다가 포함되기도 한다. 역사적으로 미국 남북전쟁 이전 시기에 대농장 농업에 가장 많이 의존했던 주라는 점에서 남부 중에서도 "북쪽 남부Upper South"와 구별된다. 편지에서는 앨라배마주의 여러 지역을 방문하고 있다.

333 미국 연합감리회는 관할구역jurisdiction으로 알려진 다섯 개의 지역, 즉 북동부, 남동부, 북중부, 남중부, 서부 지역으로 나뉘어 있다.

334 섀넌 P. 커밍Annie Shannon Preston Cumming(1907~2003)은 1934년 남장로회 한국 선교사로 지명받은 후, 안식년 휴가로 귀국해 있던 다니엘 커밍Daniel James Cumming(1892~1971)과 결혼하여 내한했다. 1934년부터 1935년까지 목포 프렌치병원의 회계를 맡았으며, 1936년부터 1940년까지 목포 지역 여성 전도에 힘썼다. 커밍 부부는 1940년 11월 귀국했으며, 해방 후 1949년 다시 내한하여 사역했다.

335 뒷장이 없어서 편지는 여기에서 끊긴다.

336 에릭 노스Eric North 목사는 감리회 해외선교국 간사로 오랫동안 일했으며, 당시 미국성서공회 회장이자 상하이에서 일하고 있는 톰 홉스의 상사였다(1942년 4월 8일자 편지 참조).

337 윌리엄 스콧William A. Scott(1886~1979) 목사, 에드워드 프레이저Edward James Oxley Fraser(1887~1977) 목사, 의사 플로런스 머레이Florence Jessie Murray(1894~1975), 간호사 뷸라 번즈Beulah Vernon Bourns(1906~1990)는 캐나다장로회, 캐나다연합교회 선교사들이다. 1941년 일제의 탄압이 가중되자 선교부의 방침에 따라 그해 3월 선교사들을 본국으로 철수시켰지만 스콧과 프레이저는 뒤처리를 위해 함께 남았으며, 함흥 제혜병원 원장 머레이와 간호사 번즈까지 네 명이 남아 있었다. 이들은 1941년 12월 8일 일제의 진주만 기습 후 가택 연금되었고, 1942년 6월 1일 부산항을 통하여 연합국에서 거주하는 일본인들과의 교환 형식으로 강제 송환되었다.

338 제임스 영James R. Young은 국제뉴스통신사 도쿄 대표로, 1940년 1월 21일 군형법 위반 혐의로 체포되어 재판을 받고 3개월 후 석방되었다.

339 업턴 클로즈Upton Close(1894~1960)는 탐험가, 저널리스트, 작가였다. 극동 지역에 관한 여러 권의 책을 저술했으며 잡지와 신문에 수천 편의 기사를 기고했다. 1940년대에는 라디오

해설자가 되어 루스벨트 대통령을 비판한 몇 안 되는 사람 중 한 명이었다.

340 조지 매큔George Shannon McCune(1873~1941)은 미북장로회 선교사로 1905년 내한했다. 평양선교부, 선천선교부 등에서 3.1독립운동 당시 많은 학생의 독립운동을 후원했으며, 1928년 평양 숭실전문학교와 숭실학교의 교장직을 겸임했다. 1930년대 들어 일제가 신사참배를 다시 강요하기 시작하자 이를 거부했으며, 1936년 1월 18일, 기독교의 교리와 양심상 자신이 신사참배를 할 수 없을 뿐만 아니라 학생들에게도 참배를 시킬 수 없다고 최종 서면 답변함으로써 숭실학교장직과 숭실전문학교장직 인가를 취소당했다. 1936년이 안식년에 해당하는 해이기도 하여 가족과 함께 귀국했으며, 1941년 12월 별세했다.

341 미나미 지로南次郎(1874~1955)는 제7대 조선총독(1936. 8. 5~1942. 5. 29)으로 내선일체, 즉 조선인의 일본인화를 표방하며 조선인 민족말살정책을 단행했다.

342 메리 레이시Mary Lacy. 앨리스 아펜젤러의 막냇동생.

343 이 문단은 앨리스 아펜젤러의 남동생 헨리의 딸인 마거릿이 잭 휴일러와 결혼하는 것에 대해 이야기하고 있다. 리처드는 헨리의 아들로 마거릿의 남동생이며, 아이다는 앨리스의 둘째 동생이고, 닷지 가문은 헨리의 처가이다.

344 로나 레이시Alice Lorna Lacy(1922~1984). 이 편지의 수신인인 메리 레이시의 딸이다.

345 제일교회First Church, 즉 랭커스터제일감리교회The First Methodist Church in Lancaster는 헨리 G. 아펜젤러Henry Gerhart Appenzeller의 모교회로 그가 1879년부터 다녔으며, 선교사가 되기로 결정한 후 엘라 닷지Ella Jane Dodge(1854~1916)와 1884년 12월 17일에 결혼식을 올린 교회이기도 하다. 제일교회는 헨리 G. 아펜젤러뿐 아니라 그의 딸 앨리스 아펜젤러에게도 언제나 든든한 후원자였다.

346 『아리랑*Song of Arirang*』은 미국 언론인 님 웨일스Nym Wales가 출간한 저서로, 한국의 사회주의 독립운동가였던 김산(본명 장지락, 1905~1938)의 생애에 대해 쓴 것이다. 초판본은 1941년에 발표되었다.

347 『일본내막기*Japan Inside Out: The Challenge of Today*』는 이승만이 1941년 6월에 영어로 써서 미국에서 출판한 책으로, 후에 『일본내막기』 혹은 『일본의 가면을 벗긴다』 등으로 국역 출판되었다. 일본 제국주의의 실상을 파헤쳐 비판하는 내용으로, 미국이 장차 일본과 전쟁을 하게 될 것임을 예견했는데, 당시 미국은 이런 예견을 무시했지만 불과 6개월 후에 일본이 진주만을 기습 공격하자 이 책은 순식간에 베스트셀러가 되었다.

348 웨슬리의 집Wesley House은 많은 지역에서 보통 저소득 소외계층 학생들을 위해 저렴하게 숙식을 제공하고 학생 지원 서비스를 제공한다.

349 한인자유대회Korean Liberty Conference는 1942년 2월 27일부터 3월 1일까지 주미 외교위원부 주최로 워싱턴에서 열렸으며, 대한민국임시정부의 승인을 요구하는 청원서를 미국 대통령과 의회에 제출할 것을 의결했다.

350 이승만(1875~1965)은 헨리 G. 아펜젤러가 설립한 배재학당에 1895년 입학했고, 이때부터 감리교와 인연을 맺었다. 배재학당 졸업 후 박영효의 쿠데타 음모사건과 연루되어 1899년부터 약 6년간 한성감옥에 투옥되어 있을 때, 1904년 석방 후 상동감리교회의 상동청년학원 초대 교장직을 할 때, 이후 미국에서 유학할 때와 하와이에서 활동할 때 줄곧 배재학교

교장이었던 헨리 아펜젤러, 이화여전 교장이었던 앨리스 아펜젤러 등 감리교 선교사들과의 친분 및 협력을 유지했다.

351 이화학당 중학과(중등과) 제1회 졸업식은 1908년에 있었다. 아펜젤러가 연도를 혼동한 것으로 추정된다.

352 W. 칼 루퍼스William Carl Rufus(1876~1946)는 미감리회 선교사로 1907년 가족들과 함께 내한했다. 숭실학당 대학과에서 수학과 과학을 강의했으며 조선예수교대학(후에 연희전문학교) 설립 작업에 참여했다. 1916년 조선예수교대학 교수 외에 서울 아현교회 담임을 역임했으며, 1917년 선교사직을 사직하고 귀국해, 미시간대학교 천문대장과 교수를 역임했다. 한국 선교 경험으로 동양인 유학생들에게 특별한 관심과 지원을 기울였다.

353 앤더스 젠센Anders Kristian Jensen(1897~1956)과 모드 젠센Maud Pauline Keister Jensen(1904~1998) 부부. 앤더스 젠센은 미감리회 국내선교부 소속으로 각 교회의 건축 부채를 상환하게 하는 일을 하다가, 1928년 한국 선교사로 활동하던 모드 키스터와 결혼한 후 1929년 미감리회 선교사로 내한했다. 젠센 부부는 인천에서 선교 사역을 하다 1940년 귀국했고, 해방 후 다시 내한하여 선교사로 활동했다.

354 스데반은 예수의 부활 승천 후 세워진 초대 교회에서 최초로 임명된 집사의 하나로 공의회에 붙잡혀 가게 되었는데, 그가 그들 앞에 서서 설교할 때의 모습이 "공의회에 앉아 있는 사람들이 모두 스데반을 주목하여 보니, 그 얼굴이 천사의 얼굴 같았다"(사도행전 6:15)라고 묘사되어 있다.

355 편지가 이 부분에서 잘려 있다.

356 존 W. 스태거스John Wesley Staggers(1881~1963)는 변호사로 일찍부터 이승만과 가까이 지내면서 한국의 독립운동을 돕고, 대한민국임시정부와 미국과의 외교 활동에도 도움을 줬던 것으로 보인다. 1941년 대한민국임시정부의 법률 고문이었고, 1950년 건국훈장 독립장을 수여했다.

357 상하이는 1937년 11월 12일 일본군에 의해 완전히 점령되었다. 점령 초기부터 선교 활동에 대한 압박이 시작되었으나, 태평양전쟁 발발 후에는 외국인 선교사들을 적국에 속한 시민으로 간주하여 제한과 통제를 심화했다. 특히 미국과 영국의 선교사들에 대한 감시를 강화하고 억압했으며, 필요에 따라 추방하거나 구금하는 등의 조치를 취했다.

358 마닐라는 1942년 1월 2일 일본군에 의해 점령되었으며, 5월 6일에는 필리핀 전역이 점령되었다.

359 올리버 에비슨Oliver R. Avison은 미북장로회 선교사로 1893년 내한한 이래 1935년 은퇴하기까지 40여 년간 의료 선교 사역을 하고 귀국했다. 1942년부터 1943년까지는 기독교인친한회The Christian Friends of Korea의 재무를 맡아 대한민국임시정부의 승인과 독립운동을 지원했다.

360 로버트 E. 파크Robert Ezra Park(1864~1944)는 초기 미국사회학에서 가장 영향력 있는 인물 중 한 명이다. 사회학 분야를 수동적인 철학적 학문에서 인간행동 연구에 뿌리를 둔 능동적인 학문으로 변화시킨 선구자로서 시카고사회학파의 발전에 주도적인 역할을 했다. 시카고대학교를 떠난 후 테네시주 내슈빌로 이사했고, 1944년 79세의 나이로 사망할 때까지 내

슈빌에 있는 피스크대학교Fisk University에서 가르쳤다.

361 윤치호(1865~1945). 정치가, 외교관, 교육자로 한국의 근대화에 공헌했고, 일제강점기 독립운동에 적극적으로 참여했으며, 이화학당 이사로도 활동했다.

362 연합국United Nations은 제2차세계대전 기간 일본 제국, 나치 독일, 파시스트 이탈리아를 주축으로 하는 추축국에 대항하기 위해 결성된 국제적인 군사연합체이다. 1942년 이후로는 공식적으로 유엔UN이라고 불렸다. 1941년 말 기준 연합국의 주요 국가로는 영국, 프랑스, 미국, 소련, 중화민국이 있었다.

363 『후즈 후*Who's Who*』는 유명하거나 영향력 있는 사람들에 관한 정보를 싣는 인명사전으로, 미국에서는 앨버트 마퀴스Albert Nelson Marquis(1855~1943)가 1899년부터 매년 출판하기 시작한 『마퀴스 후즈 후*Marquis Who's Who*』가 가장 대표적이다.

364 애다 게일Ada Louisa Sale Gale(1875~1953) 부인. 미북장로회 선교사로 한국에서 사역 중이던 제임스 게일James Scarth Gale(1863~1937)과 1910년 일본 요코하마에서 결혼했다. 게일 부부는 1927년 출국하여 캐나다 온타리오로 갔다가 영국 바스Bath로 이주했다.

365 이 타자기를 "스키피Skippy(깡충깡충 뛰기)"라고 이름 붙인 이유는 타자기가 건너뛰기를 자꾸 하기 때문으로 추정된다. 실제로 이 편지지에는 글자나 문장 중간중간에 칸이 많이 비어 있다.

366 제임스 게일James Scarth Gale은 1888년 캐나다독립선교사로 내한했다가 1891년 미북장로회 선교부로 이적했으며, 1904년에는 미국 하워드대학교에서 명예 신학박사학위를 받았다. 한국의 언어, 역사, 문화 등 전반에 걸쳐 해박한 지식을 갖추어, 그의 주사역인 문서사역에 큰 자원이 되었다. 1894년에는 『텬로력뎡』 번역을 마쳤고, 1925년에는 개인성경 번역본인 『[게일]신역신구약전서』를 출간했다. 1927년 출국하여 캐나다 온타리오로 갔다가 1928년 선교 사역에서 공식 은퇴했다. 1927년부터 영국에서 거주하다 1937년 1월 31일 바스에서 별세했다.

367 애다 게일에게는 자녀로 1남 2녀가 있었는데, 알렉스Alex는 차녀인 알렉산드라Ada Alexandra Gale(1918~1995)로 추정된다.

368 메리언Marian은 메리언 스크랜튼 존스Marian Scranton Jones(1885~?)로, 윌리엄 스크랜튼William Scranton의 차녀(이화 설립자 메리 스크랜튼Mary F. Scranton의 손녀)이다. 서울에서 태어났으며 1914년 미국 영사로 근무하던 레이먼드 커티스Raymond Curtice와 결혼했다. 그러나 1921년에 남편이 사망했고, 1926년 일본 고베에서 거주할 때 그곳의 은행에서 근무하던 영국인 알렉산더 존스Alexander W. Jones와 재혼했다. 이 당시 그녀는 스코틀랜드에서 살고 있었다.

369 우나 모아트-빅스Una Mouat-Biggs.

370 이 당시 그레이스 커가 떠나고 혼자 남아 있던 윌리엄 커는, 1941년 12월 일본군의 하와이 침공 후 감리교신학교 구내 선교사 사택에서 연금 상태로 지내고 있었다.

371 휴 밀러Hugh Miller(1872~1957)는 영국 평신도 독립선교사로 1899년 내한했으며, 1904년 미감리회 여선교사 사라 피어스Sarah Ellen" Nellie" Pierce(1869~1944)와 결혼했다. 1905년 영국성서공회 한국 지부 총무직을 맡아 30년 동안 한글 성경의 번역, 인쇄, 반포 사역에 힘

셨다. 1936년 구약, 1937년 신약 개역을 마치고 1937년 8월 성서공회 총무 사역을 홉스에게 넘긴 후 선교사직에서 은퇴하여 귀국했다. 귀국 후 밀러 부부는 결혼한 아들이 살고 있던 버지니아 스톤튼을 거쳐 폴스쳐치Falls Church에서 지냈다. 1944년 12월 부인이 별세했고, 1949년 마거릿 데이비슨Margaret Davidson(1894~1972)과 재혼했다.

372 한국에서는 1932년 캐나다 선교사인 의사 셔우드 홀Sherwood Hall(1893~1981)이 결핵 퇴치를 위해 크리스마스 씰Christmas seal을 최초로 발행했다. 제2차세계대전 당시 일본의 탄압으로 선교사들이 쫓겨나면서 씰의 판매도 중단되었다가, 이후 해방을 거쳐 6.25전쟁이 끝난 후인 1953년 11월 6일에 대한결핵협회가 정식으로 창립되면서 씰 제작과 판매가 다시 이루어졌다. 이 편지에 의하면 셔우드 홀은 한국을 떠나 인도에 간 후 그곳에서도 씰을 발행했음을 알 수 있다.

373 준태Choontai는 계준태Choon Tei Kei로 추정된다. 계준태는 1934년에 이화여전 문과를 졸업하고 일본 큐슈제국대학 법문학부에서 수학한 후 1939년부터 1940년까지 이화여전에서 근무했다.

374 그래니화이트파이크Granny White Pike는 테네시주 내슈빌과 프랭클린 사이에 있는 산봉우리로, 그래니 화이트라는 여성의 이야기가 얽혀 있어 유명해진 곳이다.

375 J. R. 모트John Raleigh Mott(1865~1955)는 미감리회 평신도 지도자로 해외선교를 지원하는 기관과 단체들을 조직하고 이끌었다. 1889년부터 북미대학생기독교청년회 총무가 되어 23년간 해외선교를 지원했고, 1915년 YMCA 국제위원회 위원장, 1926년 YMCA 세계연맹의장으로 활동했다. 1921년 국제선교협의회를 설립하고 1928년부터 16년간 총무로 일하며 세계 여러 나라의 교회와 정치 지도자들을 만나 동·서 교회와 종교 간 화해를 추진했다. 제2차세계대전 후 1946년에는 노벨평화상을 수상했다. 총 여섯 차례 한국을 방문했는데 1928년 네 번째 방문 때 예루살렘 선교대회에 참석할 한국대표로 김활란, 양주삼, 정인과, 신흥우를 초청하기도 했다.

376 G. H. 존스 부인은 마거릿 존스Margaret Josephine Bengel Jones(1869~1962)이다. 1890년에 미감리회 WFMS의 파송을 받아 이화학당 교사로 내한했고, 1892년 조지 존스George Herber Jones(1867~1919)와 결혼했다. 조지 존스는 미감리회 선교사로 1888년에 내한하여 제물포 지역에서 사역했으며, 선교기금 모금을 위해 미국에 갔다가 1911년 사고로 중상을 입어 1912년 선교사직을 사임했다. 해외선교부 협동총무로 자리를 옮긴 후 한국 선교를 간접적으로 지원하다 1919년 별세했다. 남편 별세 후 존스 부인은 남편이 맡았던 미감리회 해외선교부 협동총무로 근무했고, 1928년부터 미국인여성후원회를 조직하여 한인교회를 후원했으며, 1934년 정년퇴직했다.

377 에밀리 헤인스Emily Irene Haynes(1877~1960). 미감리회 WFMS의 파송을 받아 1906년 내한했다. 평양의 숭의여학교 사역과 맹학교, 농학교, 평양 지방의 15개 매일학교 사역도 관리했다. 1928년 후에는 학교 사역보다 평양 지방 순회전도와 부인사경회 사역을 주관했다. 1931년 개성에서 기독교조선감리회 제1회 연합연회에서 여선교사 14명이 한국 교회 최초 여성목사로 안수를 받을 때 양주삼 총리사에게 목사 안수를 받았다. 1940년 11월 마리포사호를 타고 귀국했다.

378 에델 디켄Ethel Mae Dicken(1892~1969). 미감리회 WFMS의 파송을 받아 1919년 내한했다. 유아교육을 전공한 디켄은 이화학당 유치원 사역을 돕다가 평양 남산유치원 원장으로 사역했다. 1924년 안식년 휴가를 얻어 귀국한 후 건강이 악화되어 귀환을 늦추던 중, 웨스트버지니아주 모건타운에서 목회하던 미감리회 목사 피츠Clifford R. Fitz(1898~1978)와 결혼하면서 선교사직을 사임했다.

379 베시 올리버Bessie Orena Oliver(1888~1974). 1912년 스캐릿성경학원을 수료한 후 1917년 남감리교대학을 졸업했다. 미남감리회 선교사로 1917년 내한 후 춘천 지방의 여선교회 사업을 담당했으며, 1922년부터 1925년까지, 그리고 1926년부터 1932년까지 원산의 루시여학교 교장직을 역임했고, 1931년 기독교조선감리회 제1회 연회에서 목사 안수를 받았다. 1940년 선교사 철수 시 귀국했다가 1947년 다시 내한하여 태화사회관에서 사역했다.

380 교환선은 교전국이 서로 재류민이나 포로들을 교환하기 위하여 보내는 배로서, 당시 일제에 의해 적국민으로 억류 내지 구금되어 있던 선교사들은 교환선을 통해 일본인들과 교환되어 귀국할 수 있었다.

381 M. 체리Julia Mabel Cherry(1894~1990)는 미남감리회 선교사로 1923년 내한했다. 원산에서 3년간 선교사 자녀들의 교육을 맡다가, 1928년 서울 감리교협성여자신학교 교수로 부임했다. 1932년 감리교협성여자신학교가 감리교신학교가 되었을 때에도 강의하다가, 1940년 미일 관계 악화로 귀국했다.

382 김순희는 경성 감리교신학교 졸업 후 1938년 도미하여 스캐릿대학에 입학했으나 1941년 건강이 악화되었다.

383 『용의 씨*Dragon Seed: A Novel of China Today*』는 1942년에 펄 벅Pearl S. Buck이 출판한 소설이다. 1937년 일본의 침략으로 중국 난징 외곽에 있는 작은 마을의 삶이 망가지고, 이에 한 젊은 여성이 영웅적으로 침략자들에 맞서 마을 사람들을 이끌며 반란을 일으키는 이야기를 다루고 있다.

384 제임스 러헤드James Laughead는 앨리스 아펜젤러의 미국 고향이라고 할 수 있는 펜실베이니아주 랭커스터의 제일교회First Church, 즉 랭커스터제일감리교회The First Methodist Church in Lancaster에서 1942년부터 1945년까지 부목사assistant pastor로, 1945년부터 1962년까지 담임목사senior pastor로 사역했다. 제일교회는 헨리 G. 아펜젤러와 앨리스 아펜젤러를 파송하고 늘 지원해준 든든한 후원자였다.

385 줄리언 S. 워즈워스Julian S. Wadsworth(1860~1939)는 메이 워즈워스May Wadsworth(1860~1950)의 남편이다.

386 쉬펀학교Shippen School for girls는 미스스타학교Miss Stahr's School와 랭커스터대학Lancaster College이 합병되어 1908년에 설립된 여학교였다. 1학년부터 12학년까지 있었으며, 졸업하면 웰즐리대학, 스미스대학, 오벌린대학 등에 진학할 수 있는 '증명서'를 받았다. 앨리스 아펜젤러는 1905년 쉬펀학교(당시 교명은 "Miss Stahr's School")를 졸업하고, 웰즐리대학을 다닌 후, 1909년부터 1914년까지 쉬펀학교 교사를 했다.

387 프랭클린앤마셜아카데미Franklin and Marshall Academy for Boys는 프랭클린앤마셜대학과의 협력 아래 운영된 대학예비학교로서 1872년부터 1943년까지 운영되었다.

388 서울외국인학교Seoul Foreign School는 1901년 선교사 부인들이 내한한 외국 선교사 자녀들의 교육을 위해 조선호텔 근처의 선교사 집에서 아이들을 가르치기 시작한 것이 출발점으로, 1912년에 설립되었다.

389 포트 브래그Fort Bragg는 노스캐롤라이나주에 있는 미육군의 군사 시설이다.

390 손주들grandchildren은 사실 앨리스 아펜젤러의 조카들을 지칭하는 것이지만, 앨리스는 자기 부모님의 입장에서 조카들을 손주들이라고 표현하고 있다.

391 앨버트 테일러Albert Wilder Taylor(1875~1948)와 메리 테일러Mary Linley Taylor(1889~1982) 부부. 이들은 미영사관의 철수 권고에도 불구하고 끝까지 남아 있다가 태평양전쟁 발발 이후 남편은 헌병대에 검거되어 구금되고 부인은 집에서 거주 제한을 받게 되었다. 이후 1942년 6월 부산항을 통해 강제 송환되었다. 이 편지에서 아펜젤러는 이들이 강제 송환될 때 탄 배에 밴 부부도 타고 있기를 희망하고 있다.

392 아사마Asama는 일본 여객선으로 일본 명칭은 아사마마루였는데, 1941년 11월 30일 해군 교환선으로 이용됐다. 1942년 5월, 양측에서 억류된 외교관들의 교환에 대한 협상이 타결되어 교환선이 운항되게 되었는데, 아사마마루호는 콘테베르데호와 함께 미일 간의 제1차 교환선이 되었다. 7월 22일 두 배는 모잠비크의 수도 로렌수마르케스에서 미국 측 교환선 그립스홀름호와 인양자를 교환했다.

393 잭Jack은 존 부츠John Leslie Boots로, 세브란스의학전문학교에서 치과 발전에 매진하던 중, 중국 베이징 협화의학원으로부터 치과 설립을, 그리고 미국 록펠러재단 지원으로 치과 병동 건축을 맡아달라는 부탁을 받고 1939년 3월 한국 선교사직을 사임한 후 중국 베이징으로 떠났다. 1941년 미일전쟁 발발로 일본군에 의해 적국 포로 신분으로 상하이 외국인 수용소에 수용되었다가 1943년 송환되었다.

394 부츠 부인Mrs. Boots은 잭, 즉 존 부츠John Leslie Boots의 아내로, 결혼 전 이름은 플로런스 슈마허Florence Elsie Schumacher(1896~1976)였다. 플로런스 슈마허는 비버 제네바대학 출신으로 1917년 존 부츠와 결혼하여 1남 3녀를 두었다. 편지에서 J. L. 부츠 부인으로 명명되곤 한다.

395 『크리스천 애드버케이트*Christian Advocate*』는 미감리회가 뉴욕에서 발행하는 주간 신문이었다. 1826년에 발행을 시작하여 1830년대 중반에는 구독자 수가 3만 명 이상, 독자 수가 약 15만 명에 달하는 미국 최대의 주간지가 되었다.

396 알루샨 열도 군사작전Aleutian Islands campaign은 1942년 6월 3일부터 1943년 8월 15일까지 알래스카 남단 앞 바다 알루샨섬들에서 벌어졌으며, 제2차세계대전 중 북미주 땅에서 벌어진 유일한 전쟁이다. 일본은 더치 항구Dutch Harbor 미해군기지에 대한 두 차례의 공격 이후 아투Attu섬과 키스카Kiska섬을 1년간 점령했다.

397 공군은 제1차세계대전 후인 1926년 육군 내의 미육군항공대United States Army Air Corps: USAAC로 출발하여 제2차세계대전 때인 1941년 미육군항공군United States Army Air Forces: USAAF이 되었고, 1947년에 미공군United States Air Force: USAF으로 발전했다. 아펜젤러는 "항공대Air Corps" 혹은 "항공군Air Forces"으로 부르고 있다.

398 "왕국의 식민지Colony of the Kingdom"에서 왕국은 하나님 나라, 식민지는 하나님이 다스리

시는 곳에 대한 은유이며, 그리스도인의 시민권은 하늘에 있다는 말씀과도 연관된 표현이다(빌립보서 1: 27, 3:20 참조).

399 더들리 벅Dudley Buck(1839~1909)은 미국의 작곡가이자 오르간 연주자로서 음악에 대한 여러 권의 책을 출판했는데, 특히 1882년 뉴욕에서 출간된 『음악 용어 사전』과 『역사 속 오르간의 영향』이 유명하다.

400 그레이스 맥게리Grace Harmon McGary(1889~1985). 미감리회 WFMS의 파송을 받아 1911년 월터A. Jeannette Walter, 파이Olive F. Pye와 함께 내한하여 이화학당에 파송되었다. 고등과와 대학과에서 음악 수업을 시작하여, 성악, 오르간, 피아노 연주를 가르쳤다. 1914년 6월 학교를 사직하고 평안북도 운산금광회사에서 근무하던 맥게리Edward Manarcina McGary(1885~1954)와 결혼하기 위해 귀국했다. 그러나 그해 10월 결혼한 후 남편과 함께 다시 내한했고, 2년간 무보수로 이화학당 음악 교사로 봉사했다.

401 G. 맥아피 매큔George McAfee McCune은 1909년부터 1939년까지 미북장로회 한국 선교사로 사역한 조지 매큔George Shannon McCune(1873~1941)의 아들이다. 미감리회 선교사 아서 베커Arthur Lynn Becker(1879~1978)의 딸 에블린Evelyn과 결혼했으며, 결혼 후 샌프란시스코로 이주하여 1938년 버클리 캘리포니아대학에서 아시아 역사로 박사학위를 받았다. 로스앤젤레스 옥시덴셜대학 교수로 있다가 제2차세계대전 말기 워싱턴 미국무성 전략연구소 연구원으로 봉직했다.

402 프랭크 헤런 스미스Frank Herron Smith(1879~1965)는 미감리회 선교사로 1905년 일본에 파송되어 선교 활동을 했다. 1914년 한반도 및 만주 지역 일본인 선교의 관리 책임자로 임명받아 내한한 후 서울에 정착했다. 1920년 오랜 해외 선교 경험과 공로를 인정받아 모교인 개릿성서학원에서 명예 신학박사학위를 받았다.

403 노드-도이처 로이드Nord-deutscher Lloy는 독일 운송회사명.

404 제2차세계대전 때 연합군은 아프리카를 침공한 이탈리아군을 공격하여 1941년 1월 22일에 투브루크를 점령했다. 하지만 투브루크는 1942년 6월 독일 장군 에르빈 롬멜에 의해 점령되었고, 1942년 11월에 다시 연합군이 탈환하는 등 공방전의 중심이 되었다.

405 미드웨이해전Battle of Midway은 진주만 공습 6개월 후에 벌어진 미해군과 일본 해군 간의 대격돌이었다. 미해군이 1942년 6월 3~6일에 결정적인 승리를 거두고 미드웨이섬에 위치한 주요 기지를 성공적으로 방어함으로써 태평양에서 제2차세계대전의 전세를 효과적으로 전환시킨 전투이다.

406 러크나우기독교대학Lucknow Christian College은 인도에 있는 감리교대학으로, 1862년 J. H. 메스모어J. H. Messmore 선교사에 의해 세워진 작은 학교로부터 시작되었다.

407 아서 베커Arthur Lynn Becker(1879~1978)와 루이즈 베커Louise Anne Smith Becker(1888~1961) 부부. 아서 베커는 미감리회 선교사로 1903년 내한해 1905년 일본에서 루이즈 스미스와 결혼했다. 숭실중학교를 설립하고 부교장에 취임했으며, 1906년 대학과를 시작했다. 1914년 H. G. 언더우드와 함께 조선예수교대학을 설립하고 1917년 연희전문학교로 인가를 받았다. 1940년 11월 마리포사호로 귀국했다가, 1941년 12월 일본의 하와이 침공 후 인도로 선교지를 옮겨 감리교 계통의 러크나우대학 물리학 교수로 사역했고, 1944년 10월

은퇴 후 귀국했다. 부인은 숭실중학교, 연희전문학교, 이화학당 대학과에서 영어와 음악을 가르쳤고, 1928년부터는 연희전문학교에서 음대 교수를 역임했다.

408 앤 보로우Anne Nancy Borrow는 영국성공회 의료 선교사로 1911년 내한했다. 성공회의 의료 선교는 1890년 선교 개시와 함께 시작되었고 여섯 개 병원(서울의 성베드로, 성마태, 인천의 성누가, 진천, 여주, 배천)을 운영했으나 1940년 이후 유지하지 못하고 종결되었다. 보로우는 1911년부터 1940년까지 성공회 의료 선교 지역 대부분에서 근무하거나 개척한 이력이 있으며, 1929년 로스가 은퇴한 이후 유일하게 남은 의료 선교사로서 마지막까지 여주 성안나병원을 운영했다.

409 프랜시스 클러크Frances Louisa Clerke(1879~1956)는 호주장로회 선교사로, 1910년 3월 경상남도 지역의 첫 간호사로 내한했다. 1913년 진주선교부 소속으로서 배돈병원 초대 간호부장에 임명되었으며, 1926년 시원여학교의 교장이 되었다. 1932년, 1933년 두 번의 심장 발작을 겪은 후 1934년 호주로 돌아갔다.

410 콘스탄스 던컨Ada Constance Duncan(1896~1970)은 복지 운동가, 국제문제 전문가였으며, 1922년 일본에 있는 YWCA의 호주 총무로 임명받아 일했다. 1946년에는 유엔 구호재활국의 남서태평양 복지담당관으로 한국을 방문하기도 했다.

411 조지나 스위트Georgina Sweet(1875~1946)는 동물학자이면서 자선가였다. 1904년 멜버른대학교에서 박사학위를 받았으며, 1920년 퀸즈대학 최초의 여성 부교수가 되었다. 1927년부터 1934년까지 YWCA 호주 회장을, 1934년부터는 세계 YWCA 부회장을 역임했다.

412 로렌수마르케스Lourenco Marques는 인도양에 위치한 항만으로, 동아프리카 모잠비크의 수도이며 오늘날은 마푸투Maputo라고 불린다.

413 윌리엄 레이놀즈William Davis Reynolds Jr.(1867~1951)와 팻시 레이놀즈Patsy Bolling Reynolds(1867~1962) 부부. 윌리엄 레이놀즈는 미남장로회 '7인의 개척선교사'의 일원으로, 1892년 내한하여 1893년 장로교선교공의회에서 초대 회장에 선임되었다. 1895년부터 1937년까지 공인번역자회 위원으로 참여하여 한국 교회의 대표 성경인 개역성경의 구약성경 대부분을 번역했다. 1906년부터 1937년까지는 평양장로회신학교에서 교리와 조직신학을 전담하여 가르쳐, 사실상 한국 장로교회에 교리를 가져다준 '교회의 선생'이었다. 1937년에 한국 선교 현장에서 은퇴한 후, 부인 팻시와 함께 캘리포니아주 오클랜드를 거쳐 은퇴 선교사촌이 있는 노스캐롤라이나주 몬트리트에서 살았다.

414 윌버 스웨어러Wilbur Carter Swearer(1871~1916). 미감리회 선교사로 1898년 내한했다. 교수 사역과 전도 활동을 병행했던 스웨어러는 협성신학교에서 구약을 강의했고, 주로 충청도 지역을 관리하며 전도 활동을 했다. 뉴욕주 애덤스에서 목회하고 있던 프레더릭 마운더 Frederick A. Maunder 목사를 방문했을 때 이미 몸이 좋지 않았는데, 이 상태에서 주일 설교를 한 직후인 1916년 9월 11일 뇌졸중으로 갑작스럽게 별세했다.

415 강용흘Younghill Kang(1903~1972)은 함경남도 홍원에서 출생하여 1921년에 도미했으며, 영문 장편소설 『초당*The Grass Roof*』(1931), 『동양인 서양으로 가다*East Goes West*』(1937) 등의 작가로 유명한, 한국계 미국인 소설가이다. 『초당』으로 구겐하임Guggenheim상, 금세기서적The Book of the Century상 등을 수상했다.

416 『아메리칸 매거진*The American Magazine*』은 1906년 6월부터 1956년 8월까지 미국에서 출판되었던 잡지이다.

417 "일본인들이 행진해올 때When the Japs March In"는 강용흘이 『아메리칸 매거진』 1942년 8월호에 게재한 글이다.

418 1784년은 '최초의 한국인 천주교 신자'라고 할 수 있는 이승훈이 2월에 베이징 북당성당에서 프랑스 신부에게 영세를 받은 해이며, 그해 겨울 이승훈과 이벽은 함께 한국에서 최초의 교회를 창립했다. 이승훈은 1801년 2월 26일 조선에 천주교를 확산시킨 '원흉'으로 서소문밖 형장에서 참수당했다.

419 1866년부터 1872년까지 흥선대원군 정권에 의해 대규모로 천주교를 탄압한 병인박해가 있었는데, 당시 약 8,000명 내지 1만 명 정도의 신도와 프랑스 선교사 등이 처형되었다. 1866년 봄부터 시작된 박해는 제너럴셔먼호 사건(1866년 8월), 병인양요(1866년 10월), 남연군 분묘 도굴 사건(1868년)이 발생하자 더욱 심해졌고 6년간 계속되었다.

420 앨리스 아펜젤러의 아버지 헨리 G. 아펜젤러는 성경 번역에 많은 노력을 기울여 언더우드, 게일 등과 함께 마가복음, 로마서 등 성서의 국역에 참여했다. 1887년 한국성서위원회 서기로 성서 사업의 업무를 관장했고, 1890년 '조선성교서회'(후에 대한기독교서회)를 창설하는 데 주된 역할을 했으며, 1893년부터 1902년까지 조선성교서회 제2대 회장을 역임했다. 1902년 6월 11일 선박 침몰 사고로 순직했을 당시 그는 성서번역위원회 참석차 인천에서 목포로 가던 중이었다.

421 편지에서는 "Union Christian College"라고 지칭하고 있다. 이 학교는 1897년 미북장로회 선교사 윌리엄 베어드William Martyn Baird(1862~1931)에 의해 평양에서 숭실학당으로 출범했으며, 1906년 미국 장로교와 감리교가 합동으로 한국 최초의 대학과를 설치했고, 1908년 대한제국 학부學部로부터 인가를 받았다. 이때 교명이 "Union Christian College"(합성숭실대학)였는데, 1925년 일제의 강압에 의해 숭실전문학교로 개편되었다. 일제의 신사참배 강요에 항거하여 1938년 스스로 폐교했다가, 1954년 평양을 떠나 서울에서 숭실대학교로 다시 개교했다.

422 추축국the Axis은 제2차세계대전 때 연합국과 싸운 군사 연합체로 일본 제국, 나치 독일, 파시스트 이탈리아 3국이 해당한다.

423 그립스홀름M. S. Gripsholm호는 제2차세계대전 중 적진에 붙잡힌 민간인과 포로를 수송하기 위해 미국 정부가 임차한 스웨덴의 유람선이다. 1942년부터 1946년 사이에 미국과 적국이었던 독일, 이탈리아, 일본 간 12차례의 교환에 참여했다. 편지에서 언급된 그립스홀름호는 한국에서 선교사들을 싣고 미국으로 오고 있는 중이었던 것으로 추정된다.

424 크로우Crowe 부부는 한국을 떠나지 못한 채 막내 루시Lucy와 함께 남아 있고, 두 자녀 에드윈Edwin, Ed과 앨리스Alice는 교육을 위해 언더우드 부부에게 맡겨 미국으로 보냈다. 큰아들 허먼Herman은 필리핀에 가 있고, 큰딸 에드나Edna는 오리건대학교에서 간호학을 전공하고 있다. (이 가족의 더 자세한 형편은 1942년 10월 22일자 편지와 1942년 11월 30일자 편지 참조).

425 양주삼은 당시 재단법인 조선감리교선교회유지재단 이사장이었다. 선교사들이 떠나면서 한국에 남아 있는 선교회 재산의 처분을 이 재단에 맡겼고, 1942년 2월 초, 재단은 그때까

지 운영해오던 동대문부인병원을 매각하여 이화여전 교육기금으로 기부했다.

426 존 탤미지John Van Neste Talmage(1884~1964). 미남장로회 선교사로, 1910년 엘리자 에머슨Eliza Day Emerson과 결혼한 후 함께 내한했다. 광주선교부에 소속되어 1915년 숭일학교 제3대 교장이 되었으며, 순담 성경학원, 광덕학교 등에서 기독교 교육에 전념했는데, 광덕학교는 신사참배에 반대해 1937년 9월 28일 폐교되었다. 1940년에 선교사 대부분이 귀국한 후에도 전남노회 재단법인 이사장이자 선교회 재산 관리자로 광주에 남았다. 태평양전쟁 발발 후 1941년 12월 8일 스파이 행위 혐의로 체포되어 1942년 4월 9일까지 121일간 투옥되었으며, 6월 1일 강제 추방되었다. 해방 후 1948년에 다시 내한하여 선교사로 활동했다.

427 찰스 풀턴Charles Darby Fulton(1892~1977). 당시 미남장로회 해외선교부 실행위원회 실행총무executive secretary였다. 1925년부터 미남장로회 해외선교부에서 활동했고, 1932년부터 실행위원회 실행총무를 맡아 1961년까지 일했다. 1936년 11월 전주에서 열린 미남장로회 선교사 연례회의에서 조선총독부가 신사참배를 강요한다면 교육사업에서 철수할 수밖에 없다는 결의를 하자, 미국 선교 본부에 연락하여 급히 이 문제에 관한 결정을 해달라고 요청했다. 이에 해외선교부 실행위원회 총무였던 풀턴이 한국에 와서 1937년 2월 24일 “학생들과 교직원들에게 신사참배를 시키기보다는 차라리 학교를 폐쇄”할 것을 허락하는 “한국 학교에 대한 정책”이라는 성명서를 발표했다. 이에 따라 그해 9월 이 선교부에서 경영하던 열 개 학교가 폐교했다.

428 메리 닷슨Mary Lucy Dodson(1881~1972)과 플로런스 루트Florence Elizabeth Root(1893~1995)는 미남장로회 선교사로 광주 지역에서 활동했다. 1929년부터 광주에 여성독신자숙소The Single Ladies Home가 마련되었는데, 여기에 닷슨과 루트 등 평생 독신으로 살아온 여선교사들이 합류해 가족과 같은 생활공동체를 이루었다. 1940년 영미계 선교사들이 모두 한국을 떠날 때 닷슨, 루트, 탤미지 부부는 귀국하지 않고 남아 있었고, 태평양전쟁 발발 후 1941년 12월에 탤미지 박사가 스파이 혐의로 체포되어 1942년 4월까지 갇혀 있는 동안 그의 부인은 닷슨과 루트와 함께 이 숙소에서 지낸 것으로 추정된다. 이들은 모두 1942년 6월에 강제 송환되었다.

429 사라 뉴랜드Sarah Louise Andres Newland(1891~1981)는 퀸즈대학을 졸업하고, 모교회인 샬럿제2장로교회와 윌밍턴 세인트앤드류스장로교회에서 사역하다가 한국 선교사로 지명되었다. 1911년 5월 미남장로회 한국 선교사로 지명된 리로이 뉴랜드LeRoy Tate Newland(1885~1969)와 결혼하여 그해 8월 내한했다. 광주선교부, 목포선교부 등에서 사역하던 뉴랜드 부부는 1939년 질병으로 휴가를 얻어 귀국했고, 1942년 선교사직에서 은퇴했다.

430 로자 로우더Rosa May Lowder. 1916년 미남감리회 선교사로 내한하여 개성남성병원Ivey Memorial Hospital)에서 의료 활동을 했다. 남성병원 간호원장이 되어 병원 부설 간호원양성소의 책임을 맡아 한국인 간호사를 양성했으며, 공중위생과 유아 건강을 담당하다 1929년 귀국했다.

431 클립시트klipsheet, clipsheet는 뉴스 기사나 만화 등을 자르거나 복사하기 쉽도록 한 면에만 인쇄한 종이로, 홍보회사나 출판사 등에서 배포했다.

432 플로런스 깁슨Florence Gibson은 김활란의 미국 유학 시절 후원자였다. 이화여전 체육 교수였던 머타 스토버Myrta Olive Stover는 신촌 학교 부지에 운동장과 체육관을 건축하는 일에 매달린 바 있는데, 지하 1층-지상 2층의 석조 실내 체육관을 완공한 후 체육 전공자였던 플로런스 깁슨의 이름을 따 "깁슨홀Gibson Hall'이라 명명했다.

433 로제타 홀Rosetta Sherwood Hall(1865~1951). 미감리회 WFMS의 파송을 받아 의료 선교사로 1890년 내한했다. 정동 보구녀관 원장으로 시작된 의료 사역은 서울, 평양, 인천의 여성병원 설립으로 이어졌다. 1893년 서울 동대문에 볼드윈진료소를 개원했으며, 이곳이 동대문부인병원으로 발전했고 이후 이화의료원으로 성장했다. 홀은 1920년 동대문부인병원장을 역임했고 1921년 인천부인병원을 개원했으며, 1928년 경성여자의학전문학교를 설립했다. 맹아·농아 교육 및 여성 의료인 양성에도 힘썼다. 1891년 이화학당 학생인 박 에스더를 포함한 다섯 명의 학생들에게 간호사양성반을 통해 최초의 의학교육을 받게 했으며, 그녀의 도움으로 박 에스더가 볼티모어의과대학에 입학하여 한국 최초의 여의사가 될 수 있었다. 1935년 선교사직을 은퇴하고 귀국했으며, 1936년에 병원을 개업하여 1943년까지 진료 활동을 이어갔다.

434 한길수(1900~1976)는 한국의 독립운동가로, 미국과 일본 사이에서 이중 간첩 활동을 하여 진주만 공격을 알아낸 후 폭로했으나 크게 조명받지 못하다가 진주만 공습이 일어난 이후 재평가되었다. 어릴 때 부모와 함께 하와이로 이주했으며, 1919년 호놀룰루에 있는 하와이 방위군에 입대했고, 제대 후 하와이의 구세군에 가입하여 한인구세군에서 활동했다. 1932년 이후 하와이 내 일본인의 위협성을 고발하는 반일 운동을 펼쳤으며, 재미 일본인들이 격리된 콜로라도 수용소에서 일본인과 똑같이 분류되었던 재미 한국인들이 국적 및 재산을 되찾을 수 있게 기여하기도 했다.

435 블랜치 베어Blanche Rosa Bair. 애나 채핀Anna Margaret Bair Chaffin의 여동생으로 1931년 여선교사 13명이 양주삼 총리사에게 '한국 교회 최초 여성목사'로 안수를 받을 때 함께 안수받아 최초의 '자매 목사'가 되었다. 1938년 뇌질환(뇌암)으로 서울 세브란스병원에서 별세했으며, 양화진 외국인 선교사 묘원에 안장되었다.

436 편지 원문에는 타자의 상태가 좋지 않아서 두 줄이 거의 겹쳐서 찍혀 있다.

437 에스더 헐버트Esther Laura Hulbert. 1940년 11월 언니 지넷 헐버트와 마리포사호로 귀국했는데, 1942년 쿠바 선교사로 파송되어 1960년 은퇴할 때까지 치엔푸에고스Cienfuegos에 있는 엘리자보우먼학교Eliza Bowman School 교사로 사역했다.

438 루스 코블렌츠 윔스Ruth Coblentz Weems(1916~1966)는 1938년 서울외국인학교 교사로 내한해 1940년까지 활동하다가 미국으로 돌아간 후 벤자민 윔스Benjamin Burch Weems(1914~1986)와 1942년에 결혼했다. 벤자민 윔스는, 미남감리회 한국 선교사로 1909년부터 1940년까지 사역한 클래런스 윔스Clarence Norwood Weems(1875~1952)의 셋째 아들이었다. 이후 1963년 남편과 함께 내한했으나 1966년 암으로 별세하여 양화진에 안장됐다.

439 아서 베커Arthur Lynn Becker의 가족이다. 아서 베커는 루이즈 스미스Louise Anne Smith(1888~1961)와 1905년 결혼하여 슬하에 1남(맥스웰Maxwell) 2녀(에블린Evelyn, 올리브 바이올렛Olive Violet)를 두었다. 맥스Max는 아들이고 에블린Evelyn은 딸이며, 마거릿 (하우저) 베커

Margaret (Houser) Becker는 며느리이다. 맥아피 매큔McAfee McCune은 북장로회 선교사 조지 매큔George S. McCune의 아들로 에블린과 결혼하여 베커의 사위가 되었다.

440 엠마 녹스Emma M. Knox. 미감리교 WFMS에서 1905년에 중국으로 파견한 선교사이다.

441 에드윈 킬보른Edwin Lawson Kilbourne(1891~1980)과 헤이즐 킬보른Hazel Mae Williams Kilbourne(1894~1955) 부부. 1915년 결혼해서 1922년 미국 동양선교회 선교사로 내한하여 1925년 중국 사역을 위해 떠날 때까지 한국성결교회의 발전에 중요한 역할을 했다. 이후 중국으로 건너가 동양선교회의 중국 선교를 개척하는 일에 헌신했는데, 당시 중국은 내전뿐 아니라 일본과의 전쟁으로 혼란한 시기였다. 킬보른 부부는 일본에 의해 18개월 동안 가택 연금을 당했고, 22개월 동안 포로수용소에 수감되었다가 1943년 12월 미국과 일본 사이에서 있었던 전쟁 포로 교환을 통해 본국으로 귀환했다.

442 SME는 "Southern Missionary Evangelist"의 약자로, 남부침례교 혹은 그와 비슷한 복음주의 단체에 속한 선교사들을 흔히 가리킨다. 루시 짐 웹은 미감리회 선교사이기는 하지만 남부복음주의 단체와도 연관되어 있었던 것으로 추측된다.

443 루시 짐 웹Lucy Jim Webb(1895~1987)은 미감리회 선교사로서 1923년 상하이의 무어기념교회Moore Memorial Church로 파송되어 30년 가까이 중국 상하이에서 선교 활동을 했다. 1940년 웨슬리청년회Wesleyan Youth Fellowship를 설립하여 청년 조직에 크게 공헌했다. 1943년 2월 일본군에 의해 수용소에서 억류되었다가 9월 미국으로 송환되었으며, 1946년 다른 많은 선교사들과 함께 중국으로 돌아가 선교 활동을 계속했다.

444 이들 13인의 원어 이름은 다음과 같다. Miss Knox, Mr and Mrs Kilbourne, Lucy Jim Webb, M. Cuddleback, Hilda Hogue, I. Miller, K. McCoy, Mrs Malone, Miss Walker, Miss Thomasson, Mr and Mrs Hobbs.

445 CIMChina Inland Mission병원은 복음전도와 사회봉사를 목표로 중국 전역에 다양한 병원과 의료 선교부를 설립하여 지역사회에 의료 서비스를 제공하고 지원을 제공했다.

446 M. 윌리엄슨병원M. Williamson Hospital은 20세기 초에 M. 윌리엄슨 선교사의 이름을 따서 설립된 후 중국인 환자와 선교사를 보살폈으며, CIM과 관련이 있다.

447 앨리스 아펜젤러가 방문하고 있는 언더우드 가족을 에델을 중심으로 살펴보면, HH는 남편 호레이스 호튼 언더우드Horace Horton Underwood(1890~1951), HG는 아들 호레이스 그랜트 언더우드Horace Grant Underwood II(1917~2004)이다. 이외에도 쌍둥이 아들인 존 토머스 언더우드John Thomas Underwood(1919~1994)와 제임스 호튼 언더우드James Horton Underwood(1919~2008)가 있다. 조앤Joan Vida Davidson Underwood(1915~1976)은 HG의 아내로 에델에게는 맏며느리이며, 데이비슨Davidson네는 조앤의 친정 식구들이다.

호레이스 호튼 언더우드Horace Horton Underwood(1890~1951)는 서울에서 미북장로회 개척선교사인 호레이스 그랜트 언더우드Horace Grant Underwood(1859~1916)의 외아들로 태어났다. 1912년 9월 미북장로회 해외선교부의 파송을 받아 내한했고, 당시 서울외국인학교 교사로 부임해 있었던 에델 반와그너Ethel Van Wagoner와 만나 그해 12월 뉴욕에서 결혼식을 올렸다. 1915년 조선기독교대학(연희전문학교)에서 강의를 시작했고, 1934년 애비슨 교장이 정년퇴임한 후 제3대 교장에 취임했다. 일제의 탄압으로 1941년 교장직에서 물러나

10일간 외국인 수용소 구류 처분과 가택 연금을 당하기도 했으며, 1942년 5월 미국으로 추방되었다. 추방 이후에는 뉴욕 장로교 선교부의 특별기금국장을 역임했으며, 1945년 9월 다시 내한했고 1946년 8월에는 연희대학 명예총장으로 추대되었다.

448 번Tracy Verne Cutler Barnhart은 패트 반하트Byron Pat Barnhart의 아내로서 이들은 그립스홀름호를 타고 귀국했는데, 귀국한 지 얼마 지나지 않은 10월 9일에 패트가 심장마비로 갑자기 사망했다. 프랭크Frank와 낸시Nancy는 그들의 자녀이다.

449 아델피아카데미Adelphi Academy는 뉴욕시 브루클린에 있는 사립학교로, 유치원과 1학년부터 12학년까지의 학생들을 가르친다.

450 기독교여자절제회Woman's Christian Temperance Union: WCTU는 광범위한 개혁 프로그램을 통해 사회 개혁에 헌신한 여성 단체 중 하나로, 절제 운동에 큰 역할을 수행했다. 1874년 오하이오주 클리블랜드에서 열린 전국대회에서 공식 설립되었으며, 국제적인 차원에서 선교사업과 여성 참정권 운동을 하는 등 종교적인 활동과 사회 개혁적 활동을 했다.

451 애니 엘러스 벙커Annie J. Ellers Bunker(1860~1938). 애니 엘러스는 보스턴의과대학을 졸업하고 의료 선교사로 1886년 내한했다. 제중원에서 알렌을 도와 의료 선교에 착수하여 제중원 안에 부녀과를 신설하는 데 기여했고, 민비가 병이 들었을 때 치료해주어 왕비 전속 시의로 발탁되었다. 1887년 미북장로회 선교사 벙커Dalziel A. Bunker(1853~1932)와 결혼했으며, 한국YWCA 운동 창설에 협력하여 5,000엔을 창립 기금으로 희사했다. 1926년 선교사직을 은퇴하고 남편과 함께 귀국했다가 1937년 다시 내한했으며, 1938년 10월 정동 그레이하우스에서 별세했다.

452 홍 에스더Esther Hong(홍애시덕, 1892~1975)는 이화학당 출신으로, 1920년 김활란 등과 함께 이화7인전도대를 조직하고 활동했다. 1923년 9월 조선여자기독교절제회 초대 회장에 취임했으며, 미국 테네시주 스캐릿대학 신학부에서 공부하고 1926년 졸업한 뒤 귀국하여 감리교신학교 교수를 역임했다. 1927년 YWCA 회장, 조선여자기독교절제회 이사, 1931년 기독교조선감리회 여선교회 초대 회장을 맡았다. 1935년 YMCA 간부 이명원과 결혼했다.

453 애기능은 이화여전이 위치한 연희면延禧面 일대를 일컫는 지명으로 추정된다. 1933~1934년에 이화여전의 정초식을 애기능 솔숲에서 진행했고 본관, 음악관, 체육관을 짓기로 했다는 기사가 확인된다.

454 백낙준(1895~1985). 1927년 예일대학교에서 철학박사학위를 취득하고 귀국한 후 연희전문학교 교수로 부임했고, 조선기독교서회The Christian Literature Society: CLS의 이사를 역임했으며, 해방 후 연세대학교 초대 총장을 역임했다.

455 유복덕은 이화여전 가사과 제2회 졸업생으로, 1936년 4월 가사과 졸업생 중 최초로 모교에서 조선요리를 가르쳤다. 1943년까지 가르쳤으나 일제 말기 강제 퇴직당했다가 1945년에 복직했다.

456 후지모토 미도리藤元緑(1913~?). 제국여자전문학교를 졸업하고 1936년부터 1941년까지 이화여전에서 가정학과 가사 과목을 가르쳤다.

457 고 글래디스Gladys Koh는 고봉경으로, 가사과장을 역임한 고 에블린(고황경)의 언니이다. 고봉경은 1928년에 음악과를 졸업하고 미국 웨슬리언대학에서 유학했으며, 한동안 감리교신

학교와 이화여전에서 피아노를 가르쳤다. 동생 고황경과 함께 세교리에 '자매원'을 설립하여 사회복지 사업에도 힘을 기울였다.

458 채선엽(1911~1987)은 이화여전 음악과 제5회(1931) 졸업생으로 재학 시절부터 성악 부문에서 크게 활약했다. 1933년 도쿄 컬럼비아레코드사의 초청으로 한국 여류 성악가로는 최초로 독창곡 여섯 곡을 취입했으며, 도쿄에서 벨트라멜라 여사에게 성악을 사사받고 국내외에서 손꼽히는 여류 성악가로서의 지위를 굳혔다. 일제 말기에 강제 퇴직당했으나 해방 후 복직되었고, 정년퇴임 시까지 40여 년간 이화에서 음악과 교수, 예술대학장 등을 지냈다.

459 김영희는 예일대학에서 박사학위를 받고 1935년 도서부장으로 부임했다. 신촌 캠퍼스의 본관에 1만 6,000여 권의 장서를 갖추고 새로 개관한 도서관을 공개 서가식으로 운영하여 체계적이고 합리적인 도서관 운영을 도모했는데, 특히 도서관 장서 목록화 작업에 학생들을 참여시켜 실습하게 함으로써 도서관학에의 길을 열어주었다.

460 니카이도 신주二階堂眞壽(1894~1977). 도쿄제국대학 문학부 철학과를 졸업하고 도쿄제국대학 대학원을 수료했다. 일본 감리교회 목사, 일본여자체육전문학교 교수를 지냈으며, 1927년부터 이화여자전문학교와 이화보육학교, 연희전문학교 교원으로 부임했다. 이화여자전문학교에서는 1927년부터 수신, 철학개론, 일본어, 윤리학을 가르쳤다.

461 마츠모토 타쿠오松本卓夫(1888~1986). 감리교 목사의 아들로 태어나 1913년 드루신학대학, 펜실베이니아대학교 대학원, 유니언신학교 대학원에서 수학한 뒤 1919년 귀국하여 도쿄여자대학 강사, 츠다주쿠대학 강사, 아오야마신학부의 교수가 되었다. 1923년 일본감리교회 목사가 되었고, 언더우드의 제안을 받아 1940년 연희전문학교 종교사업 부분을 맡았으며, 1941년 봄 학기부터 연희전문학교 부교장에 취임했으나 1942년 일본으로 귀국해 히로시마여학원장, 히로시마여학원대학장이 되었다.

462 최활란(1888~1984)은 본래 김활란으로, 결혼 후 성을 최씨로 바꾸었으며, 각종 부녀 사업과 전도 사업에 투신했다. 이화학당에 다니다가 갓스이여학교에서 3년간 공부한 뒤 모교로 돌아와 중등과(1908), 대학과(1915)를 마치고 교사로 봉직했다.

463 유일한(1895~1971)은 유한양행과 학교재단인 유한재단을 설립한 한국의 기업가이자 교육자이다. 1904년 아홉 살 나이로 미국 유학을 떠났으며, 1926년에 한국인들의 건강 문제를 해결하기 위해 귀국하여 종로2가에 유한양행을 설립했다. 정직한 기업 활동을 했으며, "전 재산을 교육하는 데에다 기증하라"는 유언을 남겼다.

464 찰스Charles는 유일한의 동생인 유명한(1908~1951)으로 추정된다. 유일한은 1938년 사업 활성화를 위해 다시 미국으로 출국했을 때 임시정부를 후원하는 등 독립운동을 했고, 이로 인해 1941년 12월 15일 일제에 의해 입국 금지 조치를 당했다. 이에 유한양행 긴급이사회는 유명한을 제2대 사장(1942~1946)으로 선임했는데, 이 시기 유명한은 친일 행각을 벌였고, 유일한과 삼형제의 막내 유특한(유유제약 창업주)은 친일 행각을 한 유명한을 형제로 인정하지 않고 의절했다.

465 조 그레이스Grace Cho는 유명한의 부인 조어인으로 추정된다.

466 에드거 스노우Edgar Parks Snow(1905~1972)는 1930년대 후반까지의 중국 공산주의 운동

을 기록한 저서 『중국 위의 붉은 별*Red Star Over China*』(1937)로 잘 알려져 있는 미국의 저널리스트이다. 1942년 4월 『토요 이브닝 포스트*Saturday Evening Post*』의 전쟁 특파원으로 해외에 파견된 스노우는 인도, 중국, 러시아를 방문하여 각국의 시각에서 제2차세계대전을 보도했다. "우리가 먼저 일본을 쳐야 한다Must we beat Japan first"는 그런 기사 중 하나이다.

467 샤록스 부인Mrs. Sharrocks의 결혼 전 이름은 메리 에임즈Mary Stickney Ames(1968~1950)였으며, 캐나다 뉴브런즈윅 출신 간호사였다. 1899년 미북장로회 선교사이자 의사인 앨프레드 샤록스Alfred Manic Sharrocks(1872~1919)와 결혼하여 내한했다. 남편은 선천선교부 개척자로 파송받아 의료 사역에 전념하다 1919년 여름 장티푸스에 걸렸고, 부인과 자녀를 데리고 귀국해 치료를 받았으나 결국 47세의 나이로 별세했다. 자녀는 3녀(메리언Marian, 엘라Ella, 테오도라Theodora) 1남(호레이스Horace)을 두었는데, 샤록스 부인과 둘째 딸은 한국 선교사로 다시 내한해 활동했다.

468 릴리언 딘 밀러Mary Lillian Dean Miller(1886~?)는 1916년 내한하여 1920년까지 정신여학교에서 학생들을 가르쳤고, 이후 청주 지방을 중심으로 선교 활동을 하다가 미북장로회 선교사이자 목사인 프레더릭 밀러Frederick Scheibin Miller(1866~1937)와 결혼했다. 프레더릭 밀러는 충청북도의 많은 지역에 복음을 전한 후 1936년 정년 퇴직했으며, 1937년 뇌빈혈을 일으켜 별세했다. 릴리언 딘 밀러는 밀러 목사 사후에도 계속 청주에 남아 선교 사역을 담당했다.

469 이 편지는 타자 상태가 매우 좋지 않아 오타도 많고 대부분 철자도 분명하지 않은데, 아펜젤러는 이 점에 대해 용서를 구하고 있다.

470 밴이 편지를 보내지 않은 것이 아니라, 밴은 편지를 보냈으나 편지 배달이 중간에 지체되고 있는 것이리라고 마음을 달래며 이것을 편지가 "천천히 행차하고 있는 것"이라고 재치 있게 표현하고 있다.

471 애스트리드 페더슨Astrid Pederson(1899~1964). 평안북도 운산금광에서 일하던 노르웨이인 기술자와 일본 무역상의 딸 사이에서 태어났다. 제물포에 있는 스탠다드 석유회사에서 일했으나 외국인 포로로 잡혀 있다가 1943년 1월 29일에 풀려났다. 그녀의 동생은 한국에서 태어난 최초의 노벨상 수상자(1987년 노벨화학상)인 찰스 페더슨Charles J. Pedersen(1904~1989)이다.

472 애나 버그만Anna Leah Bergman(1894~1978). 미북장로회 선교사로 1921년 내한하여 평양 숭의여학교와 평양외국인학교 교사로 사역했다. 1940년 11월 선교사 철수 시 평양에 남아 있다가 1941년 3월 '만국부인기도회 사건' 후 연금된 상태로 지내던 중, 그해 11월 미일전쟁이 터지며 '적국 포로'로 유폐 생활을 했다. 1942년 6월 부산으로 압송되어 일본 수송선을 타고 모잠비크 로렌수마르케스로 가서 일본인들과의 '포로 교환' 형식으로 풀려나 1942년 8월 뉴욕에 도착했다. 이후 1948년 다시 내한하여 구제 및 교육 사역에 힘썼다.

473 에디스 마이어스Edith G. Myers(1907~1984). 미북장로회 선교사로 1932년 내한하여 평양연합기독병원에서 간호사로 사역하며 병원 부속 간호학교와 아동보건 사역에도 참여했다. 1940년 11월 선교사 철수 시 평양에 남아 의료 사역을 계속하다가 1941년 3월 '만국부인

기도회 사건' 후 연금된 상태로 일본 경찰의 감시를 받던 중 10월에 부산을 출발하여 중국 상하이를 거쳐 미국으로 돌아갔다. 1946년 다시 내한하여 서울 세브란스병원과 간호학교의 복구 작업에 참여했다.

474 뒷장이 없어서 편지는 여기에서 끊긴다.

475 영국성공회 선교사였던 앤 보로우Anne Nancy Borrow로 추정된다.

476 『내한선교사사전』에 따르면, 밴과 톰 홉스 부부는 "1941년 12월 일본의 하와이 침공 후 일본군에 체포되어 2년간 수용소 생활을 했다"고 되어 있다(461쪽, 1376쪽). 즉 당시 이들은 일본군에 체포되어 아직 수용소에 있는 상태이며, 1년이 더 지나서야 풀려나게 되었던 것이다.

477 메리놀Maryknoll은 가톨릭 비영리 선교 운동으로, '메이놀 신부와 수사Maryknoll Fathers and Brothers"는 미국의 가톨릭 해외 선교 단체이다.

478 브루스 테일러Bruce Taylor. 메리 테일러가 앨버트 테일러와 결혼해 1919년 2월 28일 낳은 첫 아들이다.

479 조지프 그루Joseph Clark Grew(1880~1965)는 미국 외교관으로서 1932년부터 1941년까지 일본 대사였으며, 1944년부터 1945년까지 워싱턴 국무부의 고위 관리였다. 미국 강경파에 반대하고 전쟁을 피하려 노력했으며, 1945년 일본의 완만한 항복을 이끌어내어 전후 미국의 평화적인 일본 점령을 가능하게 했다고 평가받는다.

480 임두화(1886~1948)는 1933년 하와이로 건너가 호놀룰루 제일한인감리교회에서 11년간 목사로 일했다. 1945년에 캘리포니아주의 오클랜드한인교회에 목사로 부임했으나 1948년 심장마비로 세상을 떠났다. 아펜젤러는 임두화 목사의 초청으로 하와이 호놀룰루 제일한인감리교회에서 사역할 수 있게 되었는데, 임 목사의 부인이 이화학당 졸업생인 임 블랜치 Blanche Lim였다.

481 하와이 준주T. H. Territory of Hawaii는 1898년부터 1959년까지 존재했던 미합중국의 자치령, 즉 준주이다. 1959년 8월 21일에 이 영토의 대부분이 미합중국의 50번째 주인 하와이주로 편입되었다.

482 존 하지John Reed Hodge(1893~1963)는 미국의 군인으로 제2차세계대전 종전 때 미육군 제24군단장이었으며, 1945년부터 1948년까지 주한미군USAFIK 사령관이었다. 더글러스 맥아더의 명령에 따라 군단을 이끌고 1945년 9월 9일 인천에 상륙하여 38선 이남에 주둔한 모든 일본군의 항복을 받아냈다.

483 헨리 D. 아펜젤러는 한국이 해방을 맞이한 뒤 1946년 다시 내한해 있었다. 초기에는 미군정청 공보국 소속으로 배치되었으며, 1946년 5월부터는 배재학교의 재단이사로도 참여하여 교육사업의 재건을 위해 노력했다. 조선총독부에 빼앗겼던 선교부 재산의 회복 및 법인인가와 같은 행정에 전폭적인 지원을 했으며, 1948년 대한민국 정부가 수립되고 1949년 6월 미군이 철수하면서 잠시 미국으로 돌아갔다. 그러나 한국전쟁이 발발하자 1951년 기독교세계봉사회Church World Service 한국 책임자로 다시 내한했고, 한국인에게 구호물자를 전달하며 전쟁 피해 극복과 재건에 힘썼다. 1953년 12월 백혈구 부족으로 건강이 악화되어 별세했다.

484 하단에 '1946년 12월 7일'이라는 도장이 찍혀 있다.

6장. 다시 이화로 돌아오다

1 이 편지를 비롯하여 1947년 10월 14일, 1947년 12월 15일, 1948년 5월 22일 편지에는 편지지 윗부분에 "미스 앨리스 R. 아펜젤러, 민간인, 감리회 선교부, 캘리포니아, 샌프란시스코, USAMGIK 군사우체국 235 단위 2, 군목 사무실 전교轉交"라는 문구가 인쇄되어 있다. 그리고 그 옆에는 "(편지 보낼 주소; 편지는 5센트 항공우편 소인 사용)"이라는 말이 덧붙어 있다.

2 앨리스 빌링슬리Alice Margaret Bilingsley(1903~2003). 미남감리회 선교사로 1927년 내한하여 서울 태화사회관에서 활동했으며, 한국 여성의 지위 향상과 가정의 보건, 경제 향상을 위한 교육 등 계몽운동에 참여했다. 1939년 귀국하여 미국적십자사에서 활동했고, 1947년부터 1964년까지 미감리회 세계여선교부 총무로 재임했으며 해외 선교사업으로 한국, 일본, 필리핀을 순회하며 사업을 독려했다.

3 여성기독교봉사부Womans' Division of Christian Service: WDCS는 미감리회 선교 및 교회확장국 산하 부서이다.

4 캐리 잭슨Carrie Una Jackson(1883~1962). 미남감리회 선교사로 1911년 내한했다. 1922년 배화학당 교장으로 봉직했으며, 1934년 원산 루시여자고등보통학교 교장이 되었고, 루시유치원장으로도 5년간 봉직했다. 1940년 귀국했다가 1947년 다시 내한했지만 건강이 악화해 1948년 귀국했고, 1950년 선교사직에서 은퇴했다.

5 에스더 레어드Esther J. Laird(1901~1968). 미감리회 WFMS의 파송을 받아 1926년 원주에 정착하여 여성교육사업과 사회사업을 했다. 1940년 귀국 후 40세가 넘은 나이에 공중보건학을 공부하여 간호사 자격을 취득했으며, 1947년 다시 한국으로 돌아와 원주에서 사회관 사업을 중심으로 사회사업을 계속하는 한편 무의촌 진료 활동과 결핵 퇴치 사업을 했다.

6 내니 블랙Nannie G. Black. 미남감리회 선교사로 1924년 내한하여 원산 루시여학교 음악 교사로 봉직했다. 1928년 개성 호수돈여학교 음악 교사로도 활동했으며, 1934년부터 1940년까지 고려여자관 관장으로서 개성 지방 여성사업을 전개했다. 1940년 귀국했다가 해방 후 다시 내한했으나, 개성에서의 선교 활동이 불가능해지자 1949년 귀국했다.

7 넬리 다이어Nellie Arkansas Dyer(1902~2000). 미감리회 선교사로 1927년 내한하여 개성 호수돈여학교에서 영어를 가르쳤고 교장대리를 역임했다. 1939년 휴양차 귀국했고, 1941년부터 1945년까지 필리핀에서 선교사로 활동하다가 일본군에 억류되었다. 1946년 다시 내한하여 개성 명덕중학교 교사로 재직하다가 1950년 한국전쟁 당시 개성에서 구금되었다. 1953년 석방되어 미국으로 귀국했다.

8 버사 스미스Bertha Allen Smith(1885~?). 미남감리회 선교사로 1910년 내한하여 배화학당 교장과 원산 루시여학교 교장을 역임했다. 1932년 기독교조선감리회 중부연회에서 목사 안수를 받고 1937년까지 개성, 평산, 이안, 평천 구역에서 시무했다. 일제 말에 미일 관계

악화로 귀국했다가 1947년 다시 내한하여 귀국 전 시무하던 곳에서 활동했다. 한국전쟁 중 북한에서 체포되어 3년간 옥고를 치렀으며, 출감한 후 1953년 귀국했다.

9 샐리 쿠퍼Sallie Kate Cooper(1896~1978). 1908년 미남감리회 선교사로 내한하여 원산을 중심으로 사역했고, 1920년 조선남감리회 여선교회가 조직된 이래 두 차례 총무를 역임했다. 1931년 기독교조선감리회 제1회 연합연회에서 양주삼 총리사의 집례로 여선교사 13명과 함께 목사 안수를 받았다. 1938년 조선감리회 강릉지방회의 감리사로 선출되어 한국감리교회 첫 여성 감리사가 되었다. 1940년 귀국했다가 해방 후 1947년 다시 내한하여 한국 감리교회 재건을 위해 헌신했다. 서울 충정로에 보혜성경학원을 재개하고, 월남한 기독교인을 중심으로 구국기도단을 인도했다. 한국전쟁이 발발하자 일본으로 피신했다가 1952년 부산으로 입국하여 감리교 신학교육 재건을 위해 헌신했으며, 1953년 7월 휴전협정이 체결된 후 서울로 돌아와 전쟁 후유증을 겪는 한국인들을 도왔다.

10 엘다 다니엘스Elda Scott Daniels(1906~1997). 1936년 캐나다연합교회 선교사로 내한하여 함경북도 성진에서 활동했다. 정세 악화로 1940년 3월 귀국하여 토론토 임마누엘대학에서 신학 공부를 마쳤고 캐나다연합교회에서 목사 안수를 받았다. 1947년 다시 내한하여 이화여자대학교에서 종교교육과 영어를 가르쳤다. 1950년 한국전쟁 직전에 귀국했다가 1953년 7월 휴전협정이 이루어지자 또다시 내한해 이화여자대학교 복구에 참여하면서 기독교 사회사업 분야에 헌신했다. 1957년 세브란스병원 의사로 근무하던 동료 선교사 스트러더스Ernest Black Struthers(1886~1977)와 결혼했다. 1958년 이화여대에 기독교학과를 개설하고 1963년 은퇴할 때까지 교수로서 기독교 문학과 성서 영어를 가르쳤다.

11 애다 샌델Ada Sandell(1896~1989). 캐나다연합교회 선교사로 1927년 내한하여 함흥 제혜병원 간호원장을 역임했으며, 제혜병원 부속으로 간호부양성소를 설립하고 간호학, 해부학, 약물학 등을 강의했다. 1940년 5월 안식년 휴가를 얻어 귀국했다가 정세의 변화로 복귀하지 못하고 캐나다에 머물렀으며, 1946년 다시 내한하여 이화여대 간호학과 교수, 세브란스병원 간호사 등으로 일했다.

12 플로런스 머레이Florence Jessie Murray(1894~1975). 캐나다연합교회 선교사로 1921년 내한하여 1923년 함흥 제혜병원 원장을 역임했고, 1927년 한국 최초의 결핵요양소를 설치했으며, 1928년 간호원양성소를 개설했다. 1941년 12월 태평양전쟁이 발발하자 적성국가 국민으로 취급되어 연금 상태에 있다가 1942년 6월 강제 송환되었다. 1947년 7월 이화여대 김활란 총장 초청으로 다시 내한하여 의과대학 부학장을 맡았고, 1949년 세브란스병원 소아과 과장을 맡았으며, 1953년 세브란스병원 부원장에 취임했다.

13 도로시 맥베인Dorothy C. McBain(1906~1985). 캐나다연합교회 선교사로 1935년 내한하여, 교육 선교사로서 성진여학교 교장을 맡았고 캐나다연합교회 선교부 소식지 『코리언 에코스*Korean Echoes*』 편집을 맡았다. 1940년 4월 휴가를 얻어 귀국했다가 1947년 12월 다시 내한하여 이화여대 영문과 교수로 활동하던 중 1948년 8월 모친 병환으로 귀국했다.

14 고린도전서 16장 9절, "내게 광대하고 유효한 문이 열렸으나 대적하는 자가 많음이라"에서 인용.

15 이 부분은 수기로 첨가되어 있다.

16 ‘그리스도를 위한 십자군 기금Crusade for Christ Fund’은 1940년대에 미감리회가 설립한 기금으로 해외 선교 활동과 복지 사업 등에 사용되었다. 전쟁으로 피해를 입은 지역사회를 재건하고 해외 선교지, 특히 아시아와 아프리카의 지원을 강화하여 전쟁 피해자, 난민, 빈곤층을 돕기 위한 인도적 지원과 병원, 학교, 고아원 등 사회적 인프라를 건설하고 지원했으며, 전쟁으로 인해 영적으로 지친 사람들에게 희망을 제공하고 신앙의 부흥을 도모했다.

17 박 에스더(1902~2001)는 하와이대학을 졸업하고 1929년부터 하와이 호놀룰루YWCA에서 일했다. 1947년 11월 17일 미국YWCA 연합회가 대한YWCA 연합회에 파견했다.

18 메이오클리닉Mayo Clinic은 미국 미네소타주 로체스터에 본사를 두고 플로리다주, 애리조나주 등에서 지부를 운영하고 있는 종합병원이다.

19 이 부분은 수기로 첨가되어 있다.

20 앨런 레이먼드Allen Raymond는 『뉴욕헤럴드트리뷴*New York Herald Tribune*』의 서울 특파원이었다.

21 ‘그리스도를 위한 청소년Youth for Christ: YFC’은 청소년 전도를 주요 목적으로 하는 세계적인 기독교 운동이다. 1940년 뉴욕에서 청소년을 위한 복음주의 집회를 열며 비공식적으로 시작되었고, 1944년 토리 존슨Tory Johnson을 초대 회장으로 선출하면서 공식 설립되었다. 우리나라에서는 1961년 서울, 1962년 수원에서 ‘십대 선교회’로 정식 발족되었다.

22 미스 핀리Miss Finley는 마거릿 핀리Margaret A. Finley로, 1979년까지 이화에 기부금을 보냈다. 아펜젤러는 1949년 8월 5일과 9월 1일 편지에서는 그녀를 친근하게 ‘마거릿Margaret’이라고 부르고 있다.

23 『고고학의 로맨스*The Romance of Archaeology*』는 존스홉킨스대학교에서 고대 역사와 고고학을 가르친 R. 마고핀R. V. D. Magoffin과 에밀리 데이비스Emily C. Davis에 의해 1929년에 출판된 고고학 책으로, 고대 유적과 유물 사진들이 많이 실려 있다.

24 전라남도 민사장교 해럴드 머피 대령Col Timothy Harold Murphy은 주한미군 사령관에게 “전라남도 한국 총선Korean National Election in Cholla Nam Province”이라는 제목의 보고서를 1948년 5월 24일 제출했다.

25 거트루드 스틸 브룩 윌리스Gertrude Steel-Brooke Wallis(1889~1974)는 YWCA 해외 부서 소속으로 중국 푸저우에 파견됐다가 귀국 후 YWCA 간사로 일했다.

26 이 편지는 편지지 윗부분에 “이화여자대학교, (한국여자기독교대학), 총장 김활란 박사, 한국 서울”이라는 문구가 인쇄되어 있다.

27 1938년에 조직된 ‘재미이화협동위원회Ewha Cooperating Committee in America’는 미일 관계 악화로 선교사 교수들이 철수하고 제2차세계대전이 발발하자 이화와의 연락이 끊어져 사실상 사업이 중단되었다. 미국 내에서의 비공식적 모임은 계속되었으나, 1946년 5월 동 위원회를 재조직하고 11월 23일 뉴욕에서 총회를 개최함으로써 본격적으로 다시 활성화되었다. 이때부터 “재미(북미)이화대학교협동위원회Ewha Womans University Cooperating Board in North America”로 개칭했다.

28 이 과학관은 1948년 10월에 착공하여 1950년 6월 초에 외관이 완성되었다. 광복 후 첫 공사여서 물자 부족 등 애로사항이 많았으며, 80% 정도 공정이 이루어진 상태에서 전쟁이

일어나 큰 피해를 입었다. 이 건물은 환도 후에 수리를 거쳐 완성되었고, 1955년부터 사용되기 시작했으며, 앨리스 아펜젤러를 기념하여 '아펜젤러홀'이라고 명명되었다. 현재는 약학관 A동으로 불리고 있다.

29 만주사변滿洲事變은 일본 관동군이 1931년 9월 18일 만주를 중국 침공을 위한 전쟁의 병참기지로 만들고 식민지화하기 위해 벌인 전투이다. 일제는 1932년 1월까지 만주 전역을 점령하고 3월에는 괴뢰정권인 만주국을 세웠다. 만주사변은 1945년까지 계속된 중국과의 15년 전쟁의 시작이었으며, 제2차세계대전의 서막이었다.

30 "모든 우편을 위한 새 주소"로 "미스 앨리스 R. 아펜젤러, 감리회 선교부"를 "10센트 항공우편 폴더 사용"이라는 말과 함께 편지 위 여백에 수기로 첨가해놓았다.

31 옆에 수기로 "(10월 4일)"이라고 첨가되어 있다.

32 미나카이백화점은 20세기 초반 일본제국령 조선과 만주, 중국 대륙 등에 개점한 일제의 백화점이다. 본점은 지금의 서울 명동에 해당하는 곳에 있었고, 지상 6층-지하 1층의 건물이었다. 1945년 일본이 패전하여 전쟁이 종결된 후 미나카이백화점이 가지고 있던 일체의 해외 자산은 소멸 및 해체되었다.

33 『울어라, 사랑하는 조국이여*Cry, the Beloved Country*』는 남아프리카공화국 작가 앨런 페이튼Alan Paton의 1948년 소설이다. 인종격리정책이 시작될 전조 속에 있는 남아프리카공화국을 배경으로 한 이 소설은 살인 사건 소식을 접한 흑인 마을 사제와 백인 농부의 이야기를 다루고 있다.

34 『옴니북*Omnibook*』은 1938년부터 1957년까지 뉴욕 옴니북 출판사에서 발행한 잡지로, "당시 베스트셀러인 책의 공인된 축약본"을 실었다.

35 이 편지는 위 편지(친구들에게 보낸 1948년 9월 25일자 편지)의 뒷면에 수기로 적혀 있다.

36 유머 섞인 표현.

37 이 편지는 윗부분이 잘려 있고, 발신일도 왼쪽 여백에 수기로 첨가되어 있다.

38 샐리 쿠퍼Sallie Kate Cooper. 미남감리회 선교사로 1908년 내한했으며, 1940년 귀국했다. 해방 후 1947년 6월 26일 다시 내한하여 한국감리교회 재건을 위해 헌신했을 뿐 아니라, 월남한 기독교인을 중심으로 조직된 구국기도단을 인도했다.

39 이 편지는 위 편지의 아래쪽에서 시작되어 뒷면으로 이어지며, 수기로 첨가되어 있다.

40 에델 언더우드는 일제 말 1942년 5월 강제 추방되었다가 해방 후 1946년 다시 내한했는데, 1949년 3월 17일 연희동 사택에서 연희전문 학생을 포함한 좌익계열 청년들에게 살해되었다.

41 리처드 존스턴Richard J. H. Johnston(1910~1986)은 『뉴욕 타임스*The New York Times*』 특파원으로서 1934년부터 1975년까지 41년 동안 제2차세계대전의 전장 및 극동 지역에서 광범위하게 활동했다.

42 『길*The Way*』은 1946년 첫 출판된 스탠리 존스의 책으로, 그의 모든 책 중에서 삶의 메시지를 가장 잘 요약했다고 평가받는 책이다. 모든 분야의 지식과 경험을 바탕으로 거의 모든 분야의 사람들을 인용하여 기독교적 방식(길)이 모든 것의 길임을 보여준다.

43 동대문부인병원은 1942년 매각되었으나, (재)이화학당이 1945년 3월 다시 매수했다. 10

월 이화여전에 행림원을 두고 의학과와 약학과를 설치했으며, 12월 의학과 실습병원이 되면서 '이화여자대학교부속 동대문병원'으로 개칭되었다. 1949년 1월 화재로 반소되었으나 3월에 수리·복구했으며, 1958년 신관 완공 후에는 '의과대학 부속 동대문병원 구관'으로 불렸다.

44 이 편지는 윗부분이 잘려 있고, 발신일도 왼쪽 여백에 수기로 첨가되어 있는데, 1948년이라고 적혀 있으나 편지의 내용으로 보아 1949년으로 판단된다.

45 이동욱(1897~1949). 1927년 감리교 목사 안수를 받은 뒤 1929년까지 미아리교회에서 목회자로 재직했다. 1928년 협성신학교를 졸업했으며, 왕십리감리교회와 연화봉교회, 동대문교회 등에서 목사로 시무했고, 1932년부터 1935년까지 기독교조선감리회 교육국 간사를 역임했다. 1949년 4월 16일 부활절에 사망했다.

46 강 샬롯(강서라)은 강종근 목사와 윤희성의 딸이다.

47 이 당시 학제는 중학교가 6년제이고 고등학교는 없었기 때문에, 중학교를 졸업하고 바로 대학에 입학했음을 알 수 있다.

48 전수진(1905~1985)은 1929년 이화여전 문과를 졸업하고 1936년 김일환과 결혼했다. 스캐릿대학에서 교육학과 사회학 석사학위를 받은 후 귀국하여 배화여중·고등학교 교장, 이화여대 교수, 배화학원의 이사장을 역임했다.

49 미국여학사협회American Association of University Women: AAUW는 1881년에 설립된 이래 여성의 교육 기회를 확대하고 성평등을 촉진하고 있는 비영리 단체이다. 오늘날 전국적으로 17만 명의 회원과 지원자, 1,000개의 지역 지부, 800개의 파트너 대학으로 구성된 네트워크를 보유하고 있으며, 본사는 워싱턴 D.C.에 있다.

50 플로이드 샤클럭Floyd Shacklock(1910~1998)은 능동적인 신앙을 강조하며 영성이 사회적 책임과 어떻게 교차하는지에 대한 논의에 기여했다. 1955년 출판된 대표적인 저서 『혁명적 신앙*This Revolutionary Faith*』은 기독교의 원칙을 사회 변화에 적용하려는 그의 노력을 잘 보여주고 있다.

51 미국 노동절은 9월의 첫 번째 월요일이다.

52 편지지 왼쪽 여백에 "9~10월. '다락방' 한국인들은 십자군 장학생들입니다. 강 샬롯의 아버지에 대해서는 9월 16일자 편지를 참조해주세요"라는 문구가 수기로 추가되어 있다.

참고문헌

김성은. 『아펜젤러, 한국 근대 여성 교육의 기틀을 다지다』. 서울: 이화여자대학교출판문화원, 2011.

김활란. 『그 빛 속의 작은 생명』. 서울: 여원사, 1965.

민숙현, 박해경. 『한가람 봄바람에: 이화 100년야사』. 서울: 지인사, 1981.

박형우, 김신권 편역. 『윌리엄 B. 스크랜턴 자료집』 1, 서울: 공옥출판사, 2018.

박혜수. "이승만과 하와이 감리교회와의 관계." 『신학논단』 68 (2012): 93-120.

이경숙, 이덕주, 엘렌 스완슨. 『한국을 사랑한 메리 스크랜튼』. 서울: 이화여자대학교출판문화원, 2010.

이화100년사편찬위원회. 『이화100년사』. 서울: 이화여자대학교출판문화원, 1994.

______. 『이화100년사자료집』. 서울: 이화여자대학교출판문화원, 1994.

임연철. 『지네트 월터 이야기』. 서울: 밀알북스, 2020.

한국기독교역사연구소 내한선교사사전편찬위원회. 『내한선교사사전』. 서울: 한국기독교역사연구소, 2022.

한국정신문화연구원(현 한국학중앙연구원) 편. 『한국민족문화대백과사전』. 한국정신문화연구원, 1991. https://encykorea.aks.ac.kr

Australian National University. *Australian Dictionary of Biography*. https://adb.anu.edu.au/biography

Conrow, Marion L. *Our Ewha: A Historical Sketch of Ewha Womans University*. Seoul: Ewha Womans University Press, 1956.

Kroehler, Kent E. "A Century After: The Legacy of the Appenzellers, Pioneer Missionaries to Korea." *Journal of the Historical Society of the EPA Conference* (2005): 14–34. https://static1.squarespace.com/static/5e4472037a27d41763152ccf/t/5f55ad0cf2eba344a909359e/1599450390439/2+A+Century+After_The+Legacy+of+the+Appenzellers.pdf

Lee, Elizabeth M. "In Memoriam: Alice Rebecca Appenzeller." A Memorial Address, delivered at First Methodist Church, Lancaster, Pennsylvania. April 23, 1950.

Methodist Publishing House. *A Dictionary of Methodism in Britain and Ireland*. London: Epworth Press, 1995. https://dmbi.online

The Methodist Church, *First Annual Report of the Woman's Division of Christian Service of the Board of Missions and Church Extension of the Methodist Church, 1940–1941*. https://archive.org/details/firstannualrepor01meth

Woman's Foreign Missionary Society of the Methodist Episcopal Church, *Year Book: Seventy-First Annual Report*, 1940. https://archive.org/details/yearbookwomansfo1940woma/page/n3/mode/2up

찾아보기

[ㄴ]

[ㄷ]

[ㅂ]

[ㅈ]

[ㅊ]

[ㅋ]

[ㅌ]